개정판 사료로 읽는 우리 역사

개정판 사료로 읽는 우리 역사

펴낸날 개정 1판1쇄 2023년 3월 10일
1판1쇄 2018년 9월 10일
1판4쇄 2022년 2월 15일

지은이 홍성화 · 이도남 · 권만용 · 송영대
펴낸이 전영재
편집 임경희

펴낸곳 건국대학교출판부
주소 / 05029, 서울특별시 광진구 능동로 120
전화 / 편집팀 (02) 450-3891~2 / 영업팀 (02) 450-3893
팩스 / (02) 457-7202
홈페이지 / http://press.konkuk.ac.kr
e-mail / press@konkuk.ac.kr
등록 / 제4-3 호(1971. 6. 21.)

찍은곳 네오프린텍(주)

정가 23,000원

ISBN 978-89-7107-774-0 03910

사료로 읽는 우리 역사

개정판

홍성화 · 이도남 · 권만용 · 송영대 공저

건국대학교출판부

개정판을 펴내면서

역사를 어떻게 공부해야 하고 어떻게 이해해야 할 것인가?

이에 대한 문제를 조금이라도 해결하고자 2018년 『사료로 읽는 우리 역사』를 출판한 바 있다.

그동안의 역사서가 단순히 역사적 사실과 역사가들의 해석 위주로 되어 있는 것과는 달리, 『사료로 읽는 우리 역사』는 〈탐구과제〉라는 코너를 통해 관련 주제와 사건에 대한 다양한 사료를 수록해놓아 기존 역사서와는 다른 구성으로 선보였다.

역사라는 것이 단순히 다른 사람들이 해석해놓은 것을 암기하는 것이 아니라는 명제 위에서, 독자 본인 스스로 사료를 보고 이를 통해 파악되는 내용을 객관적으로 인식할 수 있도록 관련 사료를 수록해놓았던 것이다.

역사를 제대로 공부하기 위해서는 단순히 다른 사람이 역사책에 서술한 내용만을 역사라고 생각해서는 안 되며 역사의 근간이 되는 사료를 통해 독자 스스로 엄정한 사료 비판을 실행해야만이 당시의 역사적 사실을 제대로 이해할 수 있기 때문이다. 이는 새로운 시도로서 『사료로 읽는 우리 역사』가 일각에서 호평을 받는 이유가 되기도 했다.

그러나 출판 당시에도 우려했던 바이지만, 『사료로 읽는 우리 역사』에 실린 사료만으로는 사료 부족으로 인해 우리 역사에 대한 전체 주제를 포괄하기 어려운 부분이 있음을 확인하게 되었다.

또한 〈탐구과제〉로 설정한 주제도 전 시대에 걸쳐 추가적으로 세분화하여 전면적으로 개편할 필요성이 제기되었다.

더욱이 최근 근현대사 부문이 중요시되고 있는 상황에서 근현대의 역사에 대한 주제와 관련 사료 등을 추가적으로 보강, 보완할 필요성이 생겼다.

따라서 이러한 문제점을 해결하고 좀 더 역사란 무엇인가라는 논점에 다가가기 위해 개정판 『사료로 읽는 우리 역사』를 출간하게 되었다.

그동안 개정판 『사료로 읽는 우리 역사』에 수록할 〈탐구과제〉의 주제를 선정하는 과정에서부터 핵심이 되는 관련 사료를 하나하나 신별하는 데에 이르기까지 건국대학교 글로컬캠퍼스 역사 교수님들이 밤을 지새워가며 토론하고 애써주셨다. 이 자리를 빌려 깊은 감사의 말씀을 드리는 바이다.

아울러 일정이 빠듯한 와중에도 하나의 소홀함도 없이 출판에 만전을 기해주신 건국대학교출판부 관계자분들께도 감사의 말씀을 드린다.

아무쪼록 이 책이 역사를 단순한 암기 과목으로만 생각하는 인식에서 벗어나 올바른 역사를 이해할 수 있는 교양서로 자리매김되길 바란다.

2023년 1월

집필자를 대표하여 홍성화 씀

차례

6장 조선후기 · 207

7장 근대사회 · 265

1장

역사란 무엇인가

1 역사의 의미

역사歷史란 무엇일까? 역사라는 말에 대해서는 사람에 따라 다양한 뜻으로 사용되고 있지만, 이에 대해 알아보기 위해서는 우선 역사라는 용어에 대해 살펴볼 필요가 있다.

역사라는 단어는 당초 '사史'로서 표기되었으며 중국의 갑골문자에서 나타나는 '사'는 과거에 일어난 사건을 나타내는 의미로 쓰였다. 후한後漢의 허신許愼이 작성한 『설문해자說文解字』에는 '사'라는 것이 일을 기록하는 사관史官의 의미로도 쓰였다. 즉, '사'는 문자로 기록된 일어난 일을 의미했다.

'역사'라는 단어가 처음 나타난 것은 진수陳壽의 『삼국지三國志』에서 부터인데, '사'와 더불어 '역歷'이라는 글자가 첨가되었다. 이는 사건과 더불어 인류가 지나온 시간을 의미하는 것이었다.

이처럼 '사'라는 말은 '사건 그 자체'와 '사건에 대한 기록'이라는 이중적인 의미를 담고 있으며 또한 '역사기록자'라는 의미도 포괄하고 있다.

서양에서 히스토리history라는 용어는 고대 그리스어의 히스토리아(ἱστορία)라는 단어에서 유래되었다. 이는 '탐구하여 배운 것, 알게 된 것'을 의미하는 것으로 '역사학의 아버지'라고 부르는 헤로도토스가 그의 대표적인 저서의 제목을 '히스토리아이(ἱστορίαι)'로 하였다. 그는 기원전 5세기에 있었던 페르시아 아케메네스왕조와 고대 그리스의 전쟁을 중심 주제로 기술하면서 탐구한 바를 잊지 않도록 하기 위한 것이라고 밝히고 있다.

또한 독일어로 역사를 뜻하는 '게쉬히테Geschichte'라는 단어는 '일어나다, 발생하다'라는 게쉐헨geschehen이라는 동사의 명사형으로 '과거에 일어난 일 또는 사건'이라는 의미를 갖게 된다.

이처럼 동서양에 나타난 역사라는 용어를 통해 살펴보면, 역사란 '과거의 일 또는 사건' 즉, 과거의 사실과 '과거 사건에 대한 탐구의 결과' 즉, 기록된 사실을 함께 아우르고 있는 말이라는 것을 알 수 있다.

결국 역사라는 용어는 사건 그 자체로서의 객관적인 사실로서의 역사와 역사가가 주관적으로 재구성한 역사라고 하는 두 가지 측면을 동시에 지니고 있다는 것을 의미한다. 역사연구에 종사하는 역사가가 역사적 사실을 입증해줄 자료, 즉 사료史料를 가지고 과거의 역사를 탐구하고 그 결과를 그 자신의 사관史觀에 입각하여 서술하게 되는 것이다. 따라서 사실의 해석과 기술의 과정에 있어서 필연적으로 역사가의 사관이나 가치관, 역사 인식과 같은 주관적인 면이 강하게 작용될 수도 있다. 그렇기 때문에 기록된 사실로서의 역사는 과학적 인식을 토대로 학문적 검증을 거친 사실을 담은 것이어야 한다. 역사를 제대로 이해하려면 사료를 통해 파악되는 사실을 객관적으로 인식할 수 있어야 하며 이는 엄정한 과학적 인식을 토대로 한 것이어야 한다.

2 역사를 왜 배워야 하는가

급변하는 현대 사회에서 우리는 누구도 역사와 무관할 수 없다. 모든 사람들에게는 자신을 둘러싸고 있는 개인사가 있으며 자신의 고장, 자신의 나라 그리고 전 세계의 역사 속에서 한 구성원으로 살아가고 있기 때문이다. 그렇기에 역사가 중요하다는 생각을 가져보지 않은 사람은 없을 것이다. 그렇다면 우리는 역사를 통해 무엇을 배울 수 있을 것인가?

우선 역사를 배우는 이유는 역사가 모든 지식의 보고寶庫이기 때문이다. 역사는 그 안에 정치, 경제, 사회, 문학, 예술, 사상 등 그동안 우리 인간이 살아왔던 삶이 담겨 있는, 인간에 대해 총체적으로 배우는 학문이다. 역사는 인류가 경험한 깊고 폭 넓고 다양한 온갖 지식과 지혜를 말해주고 있다.

따라서 역사를 통해서는 과거를 통찰하여 현재의 삶을 확인하고 미래를 살아나가는 지침을 얻을 수 있다. 『펠로폰네소스 전쟁사』를 서술하였던 투기디데스는 그 서술의 목적을 "이미 일어난 일들과 인간사의 속성상 언젠가 똑같게 또는 유사한 방식으로 다시 일어날 일들에 관해 명백한 진리를 얻기 위해"라고 밝히고 있다.

즉, 역사상의 사상, 사건, 제도 등에는 공통된 일반적인 경향이 존재하므로 과거에 인간들의 생활과 경험에서 교훈을 찾아내서 현재의 귀감龜鑑으로 삼을 수 있다고 보는 것이다. 예로부터 역사로부터 교훈을 얻어 현재와 미래의 삶에 대한 지침으로 삼을 수 있었던 것은 역사적 사실의 일반화를 통해서였다. 역사상 수많은 사실과 사건들이 서로 별개로 독립되어 있지만, 만약 어떤 공통된 특성으로 엮을 수만 있다는 그 공통된 특성으로부터 역사적 교훈을 얻을 수 있게 되기 때문이다.

개인으로서 한 인간이 겪는 경험은 매우 제한되어 있다. 이에 반해 역사 속에는 인류의 다양한 경험이 축적되어 있으므로 우리는 역사 속의 지식과 지혜를 통해 자신을 키워나갈 수 있다. 즉, 올바른 것들은 지켜나가고 또 잘못된 역사에 대해서는 앞으로 절대로 그러한 일이 있어서는 안 된다는 반성을 통해야 만이 우리는 성숙한 존재로 거듭날 수 있게 된다.

결국 역사를 통해서 얻는 지적 활동은 우리들이 역사인식을 통하여 자아발견에 이르게 된다는 것을 의미한다. 자신의 정체성을 깨닫고 내가 무엇을 해야 할 것인가에 대한 실마리를 얻을 수 있게 된다. 자신이 물려받은 유산이 무엇이며 자신이 누구인가를 명확히 인식함으로써 스스로가 사회의 일원으로서 무엇을 할 수 있고 또 무엇을 해야 하는가에 대한 정확한 인식을 가질 수 있다. 이를 통해 인간과 사회에 대해 깊이 이해할 수 있으며 역사구성원으로서의 임무를 수행할 수 있게 된다.

또한 역사는 인간 스스로의 종합적 사고력과 표현력을 길러주는 지식으로서 유용한 가치가 있다. 과거의 사건이 어떻게 일어나서 어떻게 전개되었는가를 정확히 인식하기 위해서 자연과학이 필요로 하는 과학적 분석력과 추리력이 요구된다. 또한 철학에서 요구되는 인식력과 판단력도 필요하며 사건과 사실을 사료를 통해 정확히 인식한 다음 그것을 말이나 글로 표현해야 하는 종합적 표현력도 필요로 한다. 작금에 회자되고 있는 소위 '융복합적 학문'의 기본이 역사인 것이다.

이처럼 역사를 통해서 과거를 알게 되면 현재, 미래에 우리가 나가야할 방향에 대한 지침을 삼을 수 있다. 현 시점에서 우리가 어디에 서 있는지를 돌아보면서 과거의 인식을 바탕으로 미래를 예측할 수 있게 해준다. 역사는 미래에 대한 좌표를 마련해주어 인간이 지혜롭고 미래지향적 삶을 살 수 있게 해주는 인생의 길잡이인 셈이다.

3 사료란 무엇인가

역사는 과거의 흔적을 통해 인간의 행위와 사상을 연구하는 학문이다. 즉, 과거의 흔적 없이 역사가 존재할 수 없다. 우리가 역사를 '흔적에 대한 인식' 또는 '증거로부터의 추리'라고 하는 것도 이 때문이다.

일반적으로 역사를 조사하고 탐구하는데 사용되는 모든 흔적, 자료들을 총칭하여 사료史料라고 일컫는다. 과거에 발생했던 사건의 목격자들이 남긴 메모, 보고서, 회고록 등과 법령, 신문, 잡지, 비문, 회화, 조각, 건축물, 생활용품 등 여러 가지가 있다. 사료는 역사탐구의 원재료로서 역사적 사실의 증거물인 셈이다. 독일어에서 사료를 의미하는 단어는 '퀠레Quelle'로서 이는 원천源泉, 샘을 의미한다.

1) 사료의 종류

우선 사료는 문헌사료와 비문헌사료로 나눌 수 있다.

문헌사료는 문자로 기록된 문헌을 말한다. 고대 이집트의 역사를 기록한 파피루스, 돌에 새겨진 비문, 메소포타미아의 설형문자판 등도 있으나 주로 종이에 기록되거나 인쇄된 문서 또는 서적이 이에 해당한다.

문헌사료는 사건의 직접적인 관찰자나 당사자가 기록한 것인지, 사건이 상당히 경과된 후대에 기록된 것인지에 따라 1차, 2차 등의 사료로 나눌 수 있다.

1차 사료는 원사료라고도 하며 어떤 사건이나 인물 혹은 제도나 사상이 발생했던 당시에 살았던 사람들에 의해 기록된 것이다. 통치자의 글이나 담화문, 금석문, 비문, 연대기, 연보, 법률과 조례에 관한 정부문서, 조약이나 협정서, 편지나 일기, 메모, 신문, 잡지, 회고록, 각종 통계자료가 이에 속하며 기록자 자신이 목격한 것과 체험한 바를 근거로 하였기 때문에 정확하고 신빙성 있는 사료로 인정되고 있다.

2차 사료는 1차 사료를 바탕으로 저술한 것으로 문헌의 기록자가 특정한 사건에 관하여 과거로부터 전해 내려온 기록과 구전, 그에 대한 자신의 연구를 근거로 편찬한 자료이다. 1차 사료를 근거로 서술된 논문, 저서, 비평, 논평, 각주, 해제,

해석집 등이 포함되며 일반적으로 추론적이며 해석적인 특성을 지니고 있다.

그러나 1차 사료와 2차 사료를 엄격히 구분하기 어려운 경우가 있다. 예를 들면 우리나라의 대표적인 기록인 『삼국사기三國史記』를 저술한 김부식이나 『삼국유사三國遺事』를 지은 일연은 모두 고려시대의 인물로 삼국시대에 살면서 사건을 직접 목격하거나 경험한 것은 아니었다. 그럼에도 이들 사서들이 한국고대사 연구에 필수적인 1차 사료로 취급되는 것은 삼국시대를 연구하는 데에 필요한 다른 문헌들이 남아있지 않기 때문이다. 또한 유득공의 『발해고渤海考』는 발해의 역사를 연구할 때는 종전의 발해의 기록을 정리한 2차 사료이지만, 유득공의 역사관을 연구할 때는 1차 사료가 된다.

일반적으로 1차 사료가 과거의 사건이나 사실을 전달하는데 2차 사료보다 더 신빙성이 있는 것으로 생각되고 있다. 하지만, 1차 사료를 남긴 사람들 모두가 사건이나 사실의 기록자들이 사건의 진상 및 전체적인 사건의 윤곽을 제대로 파악하지 못하는 경우도 적지 않기 때문에 항상 1차 사료가 더 정확하다고 이야기할 수는 없다. 때문에 역사가는 1차 사료든 2차 사료든 사료의 내용을 엄격하게 비판하여 오류나 왜곡 또는 날조를 해명하여 역사 연구의 자료로 삼아야 하는 것이다.

비문헌사료는 문헌이 아닌 사료로서 유물사료와 무형사료로 나눌 수 있다. 유물사료는 과거 사람들이 사용하였던 유물 등 오늘날까지 남아있는 사료를 말한다. 건축물, 생활용품, 각종 도구와 예술품에서부터 유적과 경관에 이르기까지 모든 물질적인 잔존물을 일컫는다. 동전의 표면이나 건축물의 벽에 문자가 새겨진 경우와 같이 유물사료이면서 동시에 문헌사료가 되는 것도 있다.

유물은 특히 기록된 역사자료가 없는 선사시대를 연구하는 고고학자들에게 무엇보다 중요한 연구자료가 된다. 유물사료는 부족한 문헌에 대한 보충자료가 될 수 있으며 문헌이 제공해주지 못한 사실을 밝혀낼 수도 있다. 또한 문헌을 통해 전해 내려오는 잘못된 사실이 훗날 유물이 발견됨으로써 수정되기도 한다.

무형사료는 과거 사건이나 언어 속에 잔존하는 화석과 같은 것으로 과거로부터 지속적으로 전승되어 전해지는 문화적인 양식을 말한다. 국가, 교회, 학교, 법률, 도량형과 같은 제도, 의식, 예절, 서양이나 고해성사 같은 관습이나 풍속, 언어, 방언, 민속무용 등이 속한다.

2) 사료 비판

일단 일어난 사건에 관한 진상을 밝혀낸다는 것은 결코 용이한 일이 아니다. 사료를 근거로 연구해야 하는 역사학에 있어서도 사료비판은 필수적으로 거쳐야 하는 작업이다. 그것은 어떤 사료든지 그 사료를 만드는 과정에서 그것을 다루는 사람의 이해관계나 감정, 편견, 욕심, 의도, 철학적 이념 등이 개입될 가능성이 적지 않기 때문이다. 사료 비판에는 객관성, 정확성, 진실성, 타당성 등이 기준이 되어야 한다.

사료 비판에는 일반적으로 외적 비판과 내적 비판이 있다.

외적 비판이란 사료의 필적, 언어, 서체, 출처 등 외형적 형태를 점검하여 사료의 손상이나 진위 여부를 밝히는 것이다. 사료에 담긴 구체적인 내용이 아니라 사료 자체를 검토하는 작업을 말한다. 외적 비판은 다시 원전 비판과 전거 비판으로 나눌 수 있다.

원전 비판은 사료가 오리지널 텍스트와 같은 것인가 아닌가 하는 것을 점검하는 것을 말한다. 역사가의 손에 들어오는 사료들은 원본일 경우도 있지만 사본일 경우도 있다. 또는 비록 원본이라 하더라도 그것이 실제로 오리지널인지를 점검하지 않으면 안 된다. 즉 역사가는 사료의 조작, 표절, 위작 여부 등을 찾아내어야 하며 나아가 부가, 삭제, 오류 여부 등을 판단해야 한다.

전거 비판은 사료를 누가, 언제, 어디서 작성하였는지를 확인하는 작업이다. 사료의 저자, 발행일, 발행 장소가 정확히 밝혀지지 않는다면 사료로서의 가치를 지니지 못하는 것은 당연한 일이다. 오래된 사료일수록 작성자와 작성 시기에 대한 기록이 없는 경우가 많다. 이런 경우에는 사료의 서체, 어법, 문체 등을 조사한다. 서체와 어법, 문체는 시대와 장소에 따라 달라지기 때문이다.

사료의 내적 비판은 사료의 내용이나 진술의 신빙성이 있는 지를 분석하여 사료의 증거 능력을 밝혀내는 작업이다. 사료들 중에는 작성자의 정치적 의도나 개인적 명예심으로 작성된 것들이 많다. 개인적, 종교적, 당파적, 계급적 이해관계나 환경의 영향, 감정 등에 의하여 사실을 왜곡하거나 조작하여 기술했을 가능성이 있기 때문이다. 예를 들어 과거 우리나라의 군부 통치시기에 신문과 방송들은 정부의 통제로 보도 지침에 따라 기사의 내용이나 편집 방향이 결정되었다는 사실을 알고 있어야 신문기사의 밑바탕에 깔려 있는 의미를 제대로 파악할 수 있다.

또한 사실의 기록자는 그 사건을 관찰하거나 보고할 능력을 지닌 사람인지 확인해야 한다. 예컨대 어떤 전쟁을 진술한 경우 그 전쟁에 직접 참여한 장군인지, 일반 사병인지, 아니면 민간인 신분인지를 고려해야 한다. 진술자의 사건에 대한 참여 정도에 따라 진술의 객관성이나 신빙성에 차이가 나기 때문이다.

또한 인간이 사용하는 언어는 같은 단어라 할지라도 시대, 지방, 저자에 따라 여러 뜻으로 달리 사용될 수 있다. 예컨대 1215년 영국의 대헌장에 나오는 자유민은 귀족층과 같은 봉건 지배계층을 말하는 것으로 고대나 20세기의 자유민과는 다른 의미를 갖는다.

어떤 저자의 경우 풍자, 비유, 상징적인 표현을 자주 쓰기도 한다. 이 경우 문자 그대로의 의미가 아닌 숨은 의도를 정확히 파악해야 사료가 갖는 의미와 당시의 상황을 정확이 이해할 수 있다. 예컨대 기원전 49년 시저의 "주사위는 던져졌다"라는 말은 이미 마음속으로 거사를 결심했다는 의미를 은유적으로 표현한 것이다.

또한 과학적으로 입증되지 않는 존재나 현상에 관한 이야기, 혹은 상식적인 경험이나 이치에 합당하지 않는 진술 등은 취사선택에 신중을 기해야 한다. 악마나 기적 따위의 초자연적 현상이나 과학적으로 일어날 수 없는 사실을 진술한 사료를 액면 그대로 받아들여서는 안 된다. 연구자는 보고 내용의 정확성과 진실성 여부를 판명하면서 왜 그런 이야기들이 기록되었는지를 면밀하게 검토하여야 한다.

참고문헌

김호연, 『역사란 무엇인가』, 울산대학교출판부, 2001

세계속의한국편찬위원회, 『세계 속의 한국』, nosvos, 2010

손영호, 『역사란 무엇인가』, 학지사, 2013

E.H. 카, 『역사란 무엇인가』, 김택현 옮김, 까치글방, 2015

임희완, 『역사학의 이해』, 건국대학교출판부, 2000

홍성화, 이도남, 권만용, 『세계 속의 한국사』, 건국대학교출판부, 2015

2장

선사시대와 국가의 성립

1 선사시대

지구상에 인류가 처음으로 나타난 것은 지금으로부터 300만 년 전으로 알려져 있다. 최초의 인류였던 오스트랄로피테쿠스의 화석은 아프리카에서 발견되고 있으며 이들은 두뇌의 용량이 현생인류의 3분의 1 정도였으나 직립보행을 하여 두 손으로 조잡한 도구를 만들어 사용할 수 있었다.

이후 인류는 불을 사용하는 법을 알게 되었고 사냥과 채집을 하며 살았다. 약 4만 년 전부터는 현생인류인 호모 사피엔스 사피엔스가 출현하였는데 두뇌 용량을 비롯한 체질상의 특징이 오늘날의 인류와 거의 같으며 현생 인류에 속하는 여러 인종들의 직계조상으로 추정되고 있다.

기원전 1만 년경에 빙하기가 끝나고 후빙기가 지나면서 인류의 생활은 또다시 바뀌게 되어 농경과 목축이 시작되고 간석기와 토기의 사용, 정착생활과 촌락공동체가 형성되었다. 이러한 획기적인 변화는 중동 지방을 비롯한 아시아 여러 지역에서 기원전 8천 년경에 시작된 것으로 추정되며 기원전 3000년경을 전후해서는 메소포타미아의 티그리스강과 유프라테스강, 이집트의 나일강, 인도의 인더스강, 중국의 황허강 유적에서 문명이 형성되었다. 이들 강을 중심으로 해서 관개농업의 발달, 청동기의 사용, 도시의 출현, 문자사용, 국가의 형성 등이 이루어졌다.

이처럼 인류의 출현부터 문자로 기록을 남긴 역사歷史시대 이전까지의 시기를 선사先史시대라고 한다. 선사시대는 기록이 없었기 때문에 이 시대 인류의 생활양태는 고고학적 유물과 유적의 분석을 통해 살펴볼 수밖에 없다. 따라서 선사시대는 인류가 사용한 도구에 따라 시대를 분류하고 있다.

1) 구석기 시대

한반도에 사람들이 살기 시작한 것은 지금으로부터 약 70만 년 전부터였다. 대체적으로 동물의 뼈나 뿔로 만든 도구와 뗀석기를 가지고 사냥과 채집을 하면서 생활하였기 때문에 구석기 시대라 일컫는다.

구석기인들은 동굴과 바위 그늘 또는 막집을 짓고 살았으며 아직 습지나 늪지에 있던 식물들을 뗀석기로 거두어들이는 재배 이전의 단계였다. 구석기 후기에 이르러서는 석회암이나 동물의 뼈 또는 뿔 등을 이용해 조각품을 만들기도 했다.

우리나라에서는 일제 강점기에 두만강가 종성 동관진에서 처음으로 구석기 유적으로 발견되었으나 식민사관에 의한 그릇된 논리로 인해 그 의미가 부정되기도 하였다. 이후 1963년에 함경북도 웅기 굴포리 유적이 발견되고 1964년 충청남도 공주 석장리 유적이 구석기 유적으로 발견되어 우리 역사의 상한을 구석기 시대로 올려놓았다.

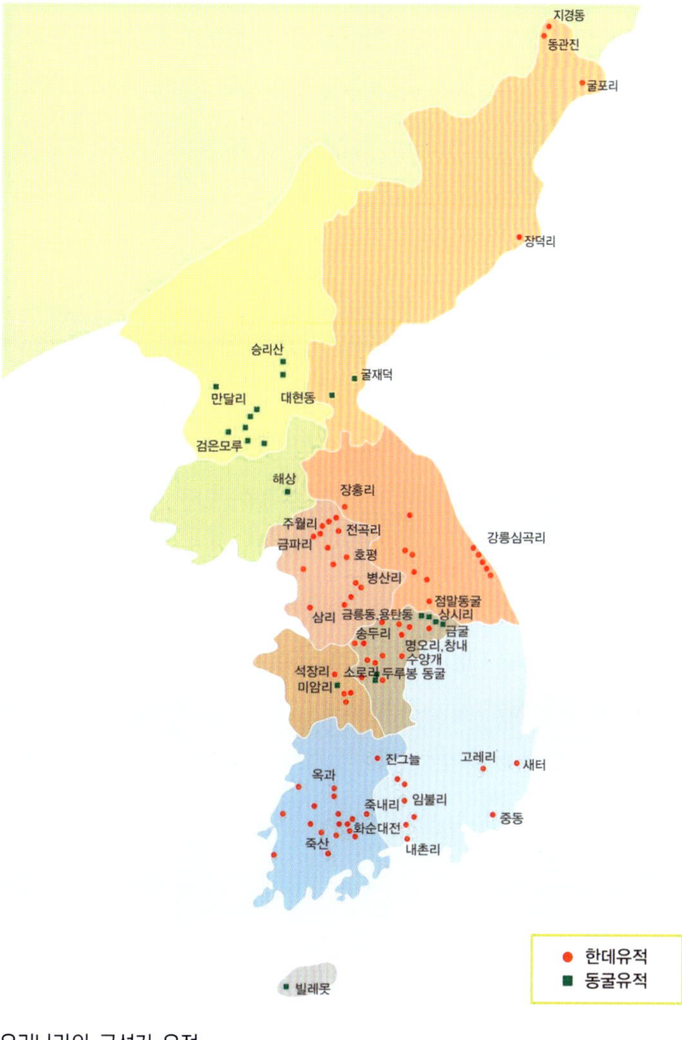

우리나라의 구석기 유적

이후 상원 검은모루, 덕천 승리산동굴, 연천 전곡리, 청주 두루봉동굴, 제천 점말동굴, 단양 수양개 유적 등 한반도 곳곳에서 구석기 유적지가 발견되고 있다. 충주 지역에서는 남한강과 달천강이 합류하는 지역인 금릉동, 용탄동, 금제 지구 유적이 있으며 최근 호암지를 중심으로 구석기 유적이 추가로 발견되고 있다.

평남 덕천 승리산 만달 동굴에서는 한반도 최초로 인골 화석이 출토되었다. 이후 충북 청주 두루봉 동굴에서는 소위 흥수아이라고 부르는 인골 화석이 발견되었고 단양 상시바위그늘 유적에서도 사람 화석이 출토되었다. 또한 경기 연천 전곡리에서는 그동안 동아시아에서 발견되지 않았던 아슐리안 주먹도끼가 출토되어 동북아시아가 찍개 문화로 대표된다는 모비우스의 학설이 무너지기도 하였다.

구석기가 끝나는 무렵에 빙하기가 지나고 다시 기후가 따뜻해지자 큰 짐승 대신 작고 빠른 짐승을 잡기 위해 활과 잔석기 등을 만들어 사용하였다. 한 개 내지 여러 개의 석기를 나무나 뼈에 꽂아 쓰는 이음도구를 만들었다.

2) 신석기 시대

신석기 시대는 기후가 비교적 온난한 시기였고 해수면이 상승하여 현재와 같은 해안선이 형성되었다. 신석기인들은 뗀석기에 이어 돌을 갈아 만든 간석기를 사용하였다. 주로 고기잡이와 사냥을 했고, 정착생활을 하면서 농경을 시작하였다. 조, 피, 수수 등을 재배하고 숲이나 구릉에 불을 놓아 만든 화전火田에서 땅을 일구었다. 후기로 갈수록 동물을 가축으로 기르기 시작하였다. 주요 농기구로는 돌괭이, 돌삽, 돌보습, 돌칼 등을 사용하였다.

이들 음식을 조리하거나 저장하기 위해 흙을 빚어 만든 토기를 사용하였는데, 우리나라에서는 초기 신석기 시대에 덧무늬토기, 이른 민무늬토기 등이 제작되었고 이후 신석기 시대의 대표적인 토기인 빗살무늬 토기가 사용되었다. 빗살무늬 토기가 나온 유적은 전국 각지에 널리 분포되어 있는데 대부분 강가나 해안가에 자리잡고 있다.

덧무늬토기

빗살무늬토기

농경 도구나 토기의 제작 외에도 가락바퀴, 뼈바늘의 출토로 옷이나 그물을 만드는 원시적 수공업의 단계에 있었음을 알 수 있다.

농경과 도구의 발달로 주거 생활도 개선되어 바닥은 원형이나 모서리가 둥근 움집에서 생활하였다. 움집의 중앙에는 취사와 난방을 위한 화덕이 위치하였으며 4~5명 정도의 한 가족이 살기에 알맞은 크기였다. 신석기인들은 모계혈연을 기초로 한 씨족 공동체를 이루었으며 점차 다른 씨족과 혼인을 통해 부족을 이루었다. 씨족 구성원은 아직 계급이 없는 평등한 사회로 원시공동체 사회를 이루었다.

이처럼 농경과 목축의 시작은 인류가 자연을 있는 그대로 이용하던 단계에서 벗어나 스스로 개발하는 단계에 이르렀던 인류사의 중대한 사건으로서 '신석기 혁명'이라고 부르기도 한다.

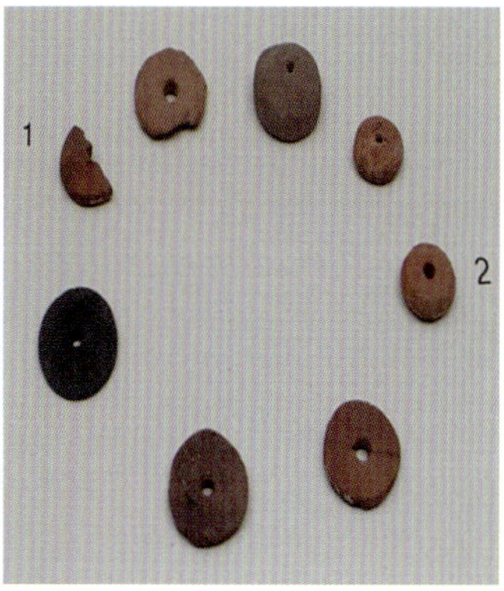

가락바퀴

암사동 움집

농경과 정착생활을 하면서 농사에 큰 영향을 주는 해, 구름, 비, 바람, 물과 같은 자연에 정령이 있다고 믿는 애니미즘이 생겨났으며 사람이 죽어도 혼령은 없어지지 않는다고 생각하는 영혼불멸사상과 조상숭배사상이 나타나게 되었다. 또한 하늘과 인간을 연결시켜주는 영매로서의 무당과 주술의 힘을 믿는 샤머니즘, 자기 씨족의 기원을 특정동물과 관련짓고 동일시하는 토테미즘도 생겨나게 되었다.

예술품으로는 조개껍데기 가면, 동물을 새긴 조각품, 짐승의 뼈나 이빨로 만든 치레걸이 등이 있었다.

우리나라의 신석기 유적

3) 청동기 시대

구리에 주석 등을 섞어 만든 청동이 주요한 도구로 사용되었던 시대를 청동기 시대라고 하는데 우리나라에서는 기원전 2000년~1500년경부터 중국의 요령성과 길림성을 아우르는 만주 일대와 한반도에 걸쳐 널리 분포되었다.

이 시기 전형적인 유물로는 반달돌칼, 바퀴날 도끼, 홈자귀 등의 석기와 비파형 동검이나 거친무늬 거울, 팔주령 등의 청동기가 있다. 초기 비파형 동검과 거친무늬 거울 등의 청동제품이 후기로 가면서 한국식 동검이라고 하는 세형동검과 잔무늬거울 등의 형태로 변화, 발전되었다.

청동제품을 제작하던 거푸집이 발견되어 한반도 내에서 직접 청동기 제작이 이루어졌음을 알 수 있다. 청동기 시대의 대표적인 토기는 민무늬 토기이고 출토지에 따라 미송리식, 송국리식으로 각 지역마다 특색 있는 민무늬 토기가 나타나고 있다. 주요한 생산 도구는 여전히 간석기였으나 전보다 다양하고 개선되어 발달된 모습을 보였다. 이들은 청동기 시대의 집터를 비롯하여 고인돌, 돌널무덤, 돌무지무덤 등에서 나오고 있다.

청동기 시대에 우리나라 전역에 걸쳐 만들어졌던 고인돌은 거석문화의 한 표본으로 우리나라에만 4만여 기가 있어 세계에서 밀집도가 가장 높다. 이러한 특수성으로 인해 우리나라의 고인돌이 유네스코 세계문화유산으로 지정되었다.

농업 생산이 증대되고 청동기 문화가 발달하게 됨에 따라 잉여생산물이 생기고 경제적 우열이 나타나고 무력의 격차도 커져 정복활동에 따른 사회의 분화는 더욱 확대되었다. 전문 장인이 출현하였으며 사유재산과 계급이 나타나게 되었다.

울산 반구대 바위그림에는 고래, 거북, 사슴, 호랑이, 새 등의 동물이 새겨져 있어 당시 사냥과 고기잡이, 가축사육 등을 통해 풍성한 수확을 바라는 마음과 활기찬 생활모습을 보여주고 있다.

또한 고령 양전동 알터 바위그림에는 동심원, 십자형, 삼각형 등의 기하학적인 무늬가 새겨져 있어 태양숭배와 풍요를 바라는 농경 사회의 생활상을 짐작할 수 있다.

/탐구과제/

○ 선사시대 사람들은 어떻게 살았는가?

- 구석기 시대, 신석기 시대, 청동기 시대의 유적과 유물을 통해 그 시대의 생활 모습은 어떠하였는지를 탐구한다.
- 선사시대의 각 시기별 발전 단계에 따른 생활의 변화에 대해 살펴본다.

문자로 기록을 남긴 역사시대 이전의 시기를 선사시대라고 한다. 따라서 선사시대는 기록이 없었기 때문에 이 시대 인류의 생활 양태는 고고학적 유물과 유적의 분석을 통해 살펴볼 수밖에 없다.

아래의 자료는 주먹도끼, 동굴유적, 토기, 가락바퀴, 청동유물, 고인돌 유적 등 선사시대의 대표적인 유물과 유적의 모습이다. 이들 자료를 통해 선사시대의 생활모습은 어떠하였는지 각 시대별로 논의해보도록 하자.

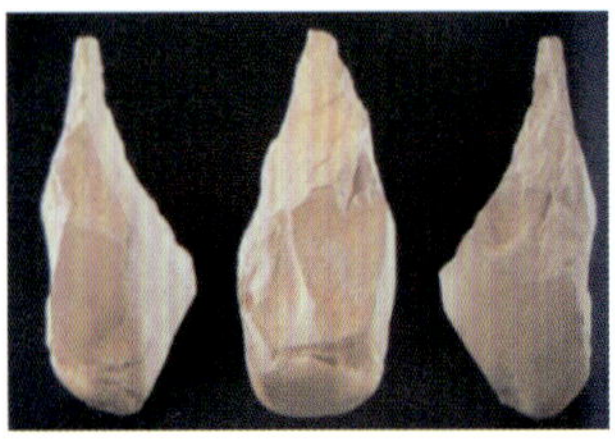

아슐리안 주먹도끼

제천 점말동굴

덧무늬토기

가락바퀴

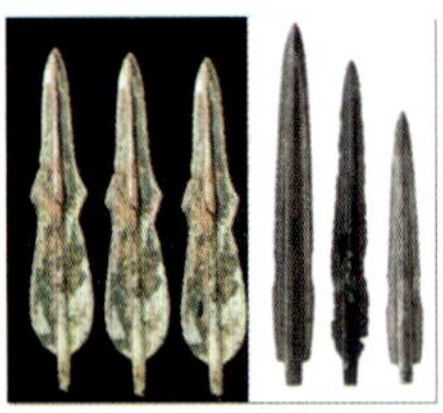

동검

강화 고인돌

2 고조선과 여러 나라의 성립

1) 단군신화와 고조선

청동기 문화가 발전하면서 요동 및 만주지방과 대동강 유역 등 한반도 북부를 아우르는 넓은 지역을 중심으로 우리나라 최초의 국가인 고조선이 건국되었다. 현재 고조선 초기의 중심지를 중국 요령 일대와 평양 일대로 보는 견해가 대립하고 있지만, 탁자식 고인돌과 비파형 동검의 분포 등을 통해 요령 지역을 중심으로 성장하여 한반도 북부에서 발전한 것으로 추정하고 있다.

『삼국유사三國遺事』의 기록에 따르면 고조선은 지금으로부터 2000년 전 단군왕검이 아사달에 도읍을 정하고 새로이 나라를 세웠다고 한다.

『삼국유사』에는 「고기古記」에 의거하여 고조선이 성립되는 과정을 단군신화의 형식으로 기술하고 있다. 단군신화의 내용 중 환인의 아들 환웅이 풍백, 우사, 운사를 거느리고 태백산에 내려와 곡식, 수명, 질병, 형벌, 선악 등 인간의 360여 가지의 일을 주관하며 다스렸다는 내용을 통해 당시는 농경사회였으며 이들 부족이 하늘의 자손임을 내세워 자기 부족의 우월성을 과시했다는 것을 알 수 있다.

또한 단군신화에 나오는 곰과 호랑이는 이전부터 그 지역에 살고 있던 선주민 집단을 상징하는 것으로 보이며 이후 환웅의 무리가 곰 집단과 혼인을 맺어 연합하는 모습을 보여주고 있다. 이들이 낳은 단군왕검檀君王儉은 그가 제정일치祭政一致의 지배자였음을 알려주고 있다.

2) 고조선의 발전과 변천

고조선은 기원전 3세기경 부왕, 준왕 등 강력한 권력을 가진 왕이 등장하여 왕위가 세습되고 상, 대부, 장군 등의 관료 조직이 마련되었다. 또한 왕권이 강화되어 중국의 연燕과 대립할 정도로 강해졌다. 중국이 전국 시대 이후 혼란에 휩싸여 유이민들이 대거 고조선으로 넘어오게 되자 고조선은 그들을 서쪽 지역에 살게 하였다.

그 뒤 진秦, 한漢 교체기에 또 한 차례의 유이민 집단이 이주해왔는데 그중 위만은 상투를 틀고 오랑캐 옷을 입고 1,000여 명의 무리와 함께 고조선에 들어왔다. 고조선의 준왕은 위만에게 서쪽 변경지대를 주고 그 지역 주민을 다스리도록 하였으나 기원전 194년경 위만은 준왕을 몰아내고 왕검성으로 들어가 고조선의 왕이 되었다. 패배한 준왕은 한반도 남쪽으로 가서 한왕韓王을 칭하였다.

고조선의 사회상을 알려주는 것으로 8조의 법이 있는데, 그중 현재 3개조만이 알려져 있다. 사람을 죽인 자는 곧 죽이고 남에게 상처를 입힌 자는 곡물로 갚으며 도둑질한 자는 노비로 삼되 그 죄를 면하려면 50만을 내야 한다(『한서』). 이를 통해 당시 사회에 권력과 경제력 차이가 생겨 사유재산을 중요시했고 노비제도와 형벌제도가 있었음을 알 수 있다.

고조선은 철기문화를 적극적으로 수용하고 한반도 남부의 진辰과 중국의 한이 직접 교역하는 것을 막고 중계무역을 하면서 경제적 이익을 얻었다. 이에 불만을 느낀 한 무제는 대군을 보내 고조선의 수도인 왕검성을 공격하였으며 우거왕이 약 1년 동안 저항하였으나 기원전 108년경 멸망하였다.

고조선이 멸망하자 한은 고조선의 일부 지역에 군현을 설치하고 지배하였지만 토착주민의 강한 반발에 부딪혀 진번, 임둔은 설치된 지 20여 년 만에 폐지되었고 몇 년 안 되어서 현도군도 고구려에 쫓겨 서쪽으로 옮겨갔다. 낙랑군은 고구려가 성장함에 따라 점차 축소되어 313년 고구려의 공격으로 멸망하였다.

3) 여러 나라의 성장

한 군현에 대한 저항은 토착민 집단의 결합과 정치력을 발전시키는 계기가 되었으며 부여, 고구려, 옥저, 동예, 삼한 등의 여러 나라가 성장하였다. 특히 『삼국지』 위지 동이전에는 이들 나라에 대한 기록을 간략하게 전하고 있다.

부여는 송화강 유역을 토대로 성장하였으며 국왕 밑에 마가, 우가, 저가, 구가가 있어 제가는 4출도를 다스렸다. 세습적인 국왕이 존재하였지만 대가들은 여전히 독립적인 세력을 유지하고 있었다. 특산물로는 말, 주옥, 모피 등이 있었고 순장과 형사취수제의 풍습이 있었다. 영고라는 제천행사를 거행하였다.

삼국지 동이전의 여러 나라들

압록강 중류에는 기원전 4세기경 예맥이라고 불리던 세력이 자리 잡고 있었으며 기원전 1세기경 고구려가 현도군을 몰아내고 성장하였다. 5부족 연맹으로 왕 아래 상가, 고추가 등의 대가와 사자, 조의, 선인 등의 관리가 있었다. 데릴사위제(서옥제), 형사취수제의 풍습이 있었고 동맹이라는 제천행사를 거행하였다.

옥저는 통일된 군왕이 없이 마을 지도자로 삼로가 있었으며 비옥한 토지와 해산물이 풍부하여 고구려에 소금, 어물을 공납하였다. 민며느리제와 가족공동무덤(골장제)의 풍습이 있었다.

동예는 대군왕이 없이 읍군, 삼로가 다스렸으며 특산물로 단궁, 과하마, 반어피 등이 있었다. 족외혼과 책화의 풍습이 있었으며 무천이라는 제천행사를 거행하였다.

삼한은 마한의 목지국이 주도하였으며 지배자 중에 세력이 큰 것은 신지, 견지, 작은 것은 읍차, 부례라 칭하였다. 정치적 지배자인 군장과 소도를 관할하는 천군으로 제정분리 단계에 있었다. 철제농기구를 사용하여 벼농사가 발달하였으며 변한의 철은 낙랑과 왜로 수출되었다. 두레조직을 통해 공동작업을 하였으며 5월과 10월에 계절제를 지냈다.

2015년 1월, 충주 호암동 일원의 종합스포츠타운 건설 현장에서 기원전 2세기~1세기경 초기 철기시대의 돌무지나무널무덤이 발견되었다. 이 무덤에서 청동세형동검 7점, 청동잔무늬거울 1점, 청동투겁창 3점, 청동 꺽창 1점, 청동 도끼 1점, 청동 새기개 4점, 청동 끌 2점 등 19점의 국보급 청동유물이 무더기로 출토되었다.

이러한 청동 유물은 수량과 종류 면에 있어서 단일 무덤 출토품으로는 국내 최대 수준으로 당시 충주를 중심으로 형성된 강력한 세력이 있었음을 보여주고 있다. 최근 이들 유물을 기원전 2세기를 전후한 시대의 것으로 보고 있기 때문에 문헌에 보이는 고조선 이남지역의 진국辰國의 정치 세력으로 보는 견해가 있어 주목된다.

호암동 돌무지나무널무덤

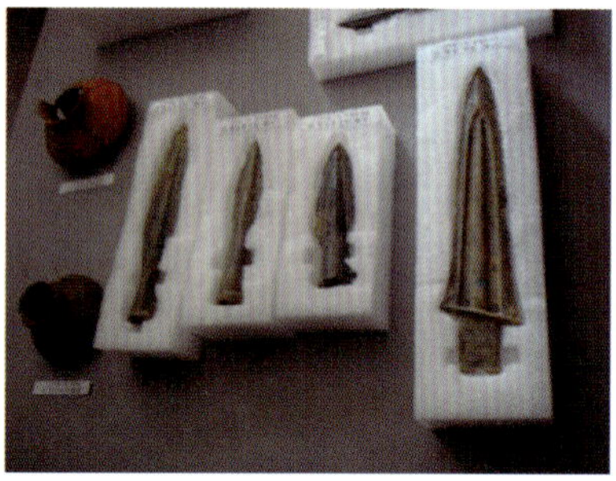

호암동 청동유물

/탐구과제/

우리나라 최초의 국가인 고조선은 어떠한 나라였는가?

- 우리나라 최초의 고조선 기록을 확인해보고 당시의 사회모습을 추론하여 본다.
- 고조선의 건국이 가지는 역사적 의의는 무엇인지 탐구해본다.
- 중국의 기록을 통해 고조선의 상황과 대외 관계에 대해 살펴본다.
- 위만조선의 성립과 멸망 과정을 고찰한다.

청동기의 사용과 농경의 발달로 사유재산과 계급이 발생하였고 부와 권력을 가진 군장이 출현하였다. 군장은 주변 지역을 아우르면서 국가를 이룩하였는데 고조선은 이 시기에 성립된 최초의 국가였다.

아래의 자료는 우리나라에서 처음으로 고조선의 이야기가 실린 『삼국유사(三國遺事)』와 고조선을 기록한 가장 오래된 역사책인 사마천의 『사기(史記)』 조선열전, 『한서』 범금 8조에 대한 내용이다. 이를 통해 고조선의 사회 모습을 살펴보고 멸망 과정에 대해 탐구해보기로 하자.

❖ 『삼국유사(三國遺事)』 권1 기이(紀異) 고조선(古朝鮮) 왕검조선

위서(魏書)에 이르되 지금으로부터 2,000년 전에 단군왕검(壇君王儉)이 있어, 도읍을 아사달(阿斯達)에 정하고 나라를 개창하여 조선(朝鮮)이라 일컬으니 고(高)와 동시라 하였다.

고기(古記)에 이르되, 옛날에 환인(桓因)[제석을 이른다]의 서자(庶子) 환웅(桓雄)이 있어, 항상 천하에 뜻을 두고 인세(人世)를 탐내었다. 아버지가 아들의 뜻을 알고 삼위태백(三危太白)을 내려다보매 인간을 널리 이롭게 할 만하였다. 이에 천부인(天符印) 세 개를 주어, 가서 (세상 사람을) 다스리게 하였다. 웅이 무리 3,000을 이끌고 태백산 꼭대기 신단수(神壇樹) 밑에 내려와 신시(神市)라 이르니 이에 환웅천왕(桓雄天王)이라 하였다. (그는) 풍백(風伯) · 우사(雨師) · 운사(雲師)를 거느리고 곡(穀) · 명(命) · 병(病) · 형(刑) · 선(善) · 악(惡) 등 무릇 인간의 360여 일을 맡아서 세상을 다스리고 교화(敎化)하였다.

그때 곰 한 마리와 호랑이 한 마리가 같은 굴에서 살며 항상 신웅(神雄)에게 빌되 화하여 사람이 되기를 원하였다. 한번은 신웅이 신령스러운 쑥 한 타래와 마늘 20개를 주고 이르기를 너희들이 이것을 먹고 100일 동안 햇빛을 보지 아니하면 곧 사람이 되리라 하였다. 곰과 호랑이가 이것을 받아서 먹고 기(忌)하기 삼칠일(三七日) 만에 곰은 여자의 몸이 되었으나 범은 기(忌)하지 못하여 사람이 되지 못하였다.

웅녀(熊女)는 그와 혼인해 주는 이가 없으므로 항상 단수(壇樹) 아래서 아이를 배기를 기원하였다. 웅이 이에 잠시 변하여 결혼하여 아들을 낳으니 이름을 단군왕검(壇君王儉)이라 하였다. (왕검)이 당고[요](唐高[堯])가 즉위한 지 50년인 경인년(庚寅年)에 평양성(平壤城)에 도읍하고 비로소 조선(朝鮮)이라 일컬었다. 또 도읍을 백악산 아사달(白岳山 阿斯達)에 옮기었는데, 그곳을 궁홀산(弓忽山), 또는 금미달(今旀達)이라고도 하니 치국(治國)하기 1,500년이었다.

주(周)의 호왕(虎王)[무왕]이 즉위한 기묘년(己卯年)에 기자(箕子)를 조선(朝鮮)에 봉하매, 단군은 장당경(藏唐京)으로 옮기었다가 후에 아사달(阿斯達)에 돌아와 숨어서 산신(山神)이 되니, 수(壽)가 1,908세였다고 한다.

❖ 『사기(史記)』 권115 조선열전(朝鮮列傳)55

조선왕 만(滿)은 옛날 연(燕)나라 사람이다. 처음 연나라 전성기로부터 일찍이 진번(眞番)과 조선(朝鮮)을 침략하여 복속시키고, 관리를 두어 국경에 성과 요새를 쌓았다. 진(秦)이 연을 멸한 뒤에는 요동 외요에 소속시켰는데, 한이 일어나서는 그곳이 멀어 지키기 어려우므로, 다시 요동의 옛 요새를 수리하고 패수에 이르는 곳을 경계로 하여 연에 복속시켰다.

연왕 노관(盧綰)이 배반하고 흉노로 들어가자 만도 망명하였다. 무리 천여 명을 모아 북상투(魋結)에 오랑캐의 복장을 하고서, 동쪽으로 도망하여 요새를 나와 패수를 건너 진의 옛 공지(空地)인 상하장(上下鄣)에 살았다. 점차 진번과 조선의 만이 및 옛 연 · 제(燕 · 齊)의 망명자를 복속시켜 거느리고 왕이 되었으며, 왕험에 도읍을 정하였다.

이때는 마침 효혜(孝惠) · 고후(高后)의 시대로서 천하가 처음으로 안정되니, 요동태수는 곧 만을 외신(外臣)으로 삼을 것을 약속하여, 국경 밖의 오랑캐를 지켜 변경을 노략질하지 못하게 하는 한편, 모든 만이의 군장들이 들어와 천자를 뵙고자 하면 막지 않도록 하였다. 천자도 이를 듣고 허락하였다. 이로써 만은 군사의 위세와 재물을 얻게 되어 그 주변의 소읍들을 침략하여 항복시키니, 진번과 임둔도 모두 와서 복속하여 사방 수천 리가 되었다.

아들을 거쳐 손자 우거(右渠) 때에 이르러서는 유인해 낸 한나라 망명자 수가 대단히 많게 되었으며, 천자에게 입현치 않을 뿐만 아니라 진번 주변의 여러 나라들이 글을 올려 천자에게 알현하고자 하는 것도 또한 가로막고 통하지 못하게 하였다.

원봉(元封) 2년(B. C.109)에 한나라는 사신 섭하(涉何)를 보내어 우거를 꾸짖고 회유하였으나, 끝내 천자의 명을 받들려고 하지 않았다. 섭하가 돌아가면서 국경인 패수에 이르러서 마부를 시켜 전송 나온 조선의 비왕(裨王) 장(長)을 찔러 죽이고 바로 [패수를] 건너 요새 안으로 달려 들어간 뒤, 드디어 천자에게 '조선의 장수를 죽였다'고 보고했다. 천자가 그 공을 기려 꾸짖지 않고 섭하에게 요동동부도위(遼東東部都尉)의 벼슬을 내렸다. 이에 조선은 섭하를 원망하여 군사를 일으켜 기습 공격해 그를 죽이니, 천자는 죄인을 모집하여 조선을 치게 하였다.

그해 가을에, 누선장군(樓船將軍) 양복(楊僕)을 파견하여 제(齊)로부터 배를 타고 발해(渤海)를 건너게 하고 군사 5만으로 좌장군(左將軍) 순체(荀彘)는 요동에서 출격하여 우거를 토벌하게 하였다. 우거는 군사를 일으켜 험준한 곳에서 대항하였다.

좌장군의 졸정(卒正)인 다(多)가 요동군사를 거느리고 먼저 출진하였으나, 싸움에 패하여 군사는 흩어지고 다도 도망하여 돌아왔으므로 법에 따라 참형을 당하였다. 누선장군은 제나라 병사 7천인을 거느리고 먼저 왕험에 이르렀는데, 우거가 성을 지키고 있으면서, 누선장군의 군사가 적음을 엿보아 알고, 곧 성을 나와 누선군을 치니 누선군은 패해 흩어져 도망갔다. 장군 양복은 그의 군사를 잃고 10여 일을 산중에 숨어 살다가 점차 흩어진 병졸들을 다시 거두어 모아들였다. 좌장군도 조선의 패수 서군을 쳤으나 깨뜨리고 전진할 수가 없었다.

천자는 두 장군의 전세가 유리하지 않다고 여기고, 위산(衛山)으로 하여금 군사의 위엄을 갖추고 가서 우거를 달래게 하였다.

우거는 사자를 보고 머리를 조아리며 사죄하기를, "항복하기를 원하였으나 두 장군이 신을 속여서 죽일까 두려워했는데, 이제 신절(信節)을 보았으니 항복하기를 청합니다." 하고, 태자를 보내 들어가 사죄하게 하고, 말 5천 필을 바침과 아울러 군량미를 내주었다. 무리 만여 인이 무기를 지니고 막

패수를 건너려 할 때 사자와 좌장군은 그들이 변을 일으킬까 두려워 태자에게 말하기를, "이미 항복했으니 사람들에게 병기를 버리라고 명하시오."라고 하였다. 태자도 역시 사자와 좌장군이 자기를 속이고 죽일까 의심하여 끝내 패수를 건너지 않고 사람들을 이끌고 돌아가 버렸다. 위산이 돌아와 천자께 보고하니 천자는 위산을 주살하였다.

좌장군이 패수 위의 군사를 격파하고 전진하여 왕험성 아래 이르러 서북쪽을 포위했다. 누선군도 또한 가서 합세하여 성의 남쪽에 주둔하였다. 우거가 끝내 성을 굳게 지키므로 몇 달이 되어도 함락시킬 수 없었다.

좌장군은 본시 시중(侍中)으로 천자의 총애를 받고 있는 데다 연(燕)과 대(代) 지방의 군사를 거느렸으므로 굳세었는데, 싸움에 이긴 기세를 타고 군사들이 더욱 교만해졌다. 누선 장군은 제나라 병사들을 이끌고 바다로 출병하였으나, 이미 여러 번 싸움에 패하고 군사를 잃었으며, 앞서 우거와의 싸움에서 곤욕을 치른 패잔한 군사들이라 군사들은 모두 두려워하고 장군은 부끄럽게 여겨 우거를 포위하고도 항상 화평을 유지했다.

좌장군이 맹렬히 성을 공격하니, 조선 대신들은 몰래 사람을 보내 사사로이 누선 장군에게 항복을 약속했으나, 말만 오고 갈 뿐 아직 확실한 결정을 내리지 못하고 있었다. 좌장군은 여러 차례 누선과 싸울 시기를 정하였으나 누선은 [조선과의] 약속을 급히 이루려고 싸움에 나가지 않았다. 좌장군 또한 사람을 보내 조선이 항복해 올 때를 탐문하였으나, 조선은 이를 반기지 않고 누선 장군 쪽에 마음을 두고 있었다. 그로 인해 두 장군은 서로 반목하게 되였다. 좌장군은 마음속으로 '누선은 전에 군사를 잃은 죄가 있는 데다 지금은 조선과 사사로이 잘 지내고 있으며, [조선] 또한 항복하지 않으니 반계(叛計)가 있는 것이 아닐까' 의심하였으나 함부로 발설하지 못하였다.

천자는, "장수들이 [일을] 이룰 수 없으므로 전에 위산으로 하여금 우거를 달래 항복하도록 하여 우거가 태자까지 보냈는데도 위산이 이를 마음대로 결정하지 못하고, 좌장군과 서로 계교가 틀려 마침내 약속이 깨어지고 말았다. 지금도 두 장군이 성을 포위하고도 역시 [의견이] 어긋나고 달라서 오래도록 결판이 나지 못하고 있다."고 말하고 제남태수(濟南太守) 공손수(公孫遂)를 보내어 이를 바로잡고 상황에 맞게 처하도록 하였다.

공손수가 도착하니 좌장군이 말했다.

"조선이 항복할 형편에 이른 지 오래되었는데도 항복하지 않는 것은 사정이 있어서입니다." 그리고 누선 장군이 여러 차례 싸우러 나오지 않은 것과 평소의 뜻하는 바를 [공손]수에게, 낱낱이 고하였다. 이어 "지금 이와 같으니 [누선 장군을] 체포하지 않으면 크게 해가 될까 두렵습니다. 누선 혼자만이 아니고 조선과 함께 우리 군사를 멸할 것입니다."라고 하니, 공손수도 이를 옳게 여기고 부절(符節)로 일을 의논하자고 누선을 불러 좌장군진영에 오게 하고는, 좌장군 휘하에 명하여 곧 누선장군을 체포하고 군사를 합친 뒤 천자에게 보고하자, 천자는 공손수를 죽였다.

좌장군이 이미 양군을 합하여 맹렬히 조선을 치니, 조선의 상(相) 노인(路人)과 상(相) 한음(韓陰)과 니계상(尼谿相) 삼(參) · 장군(將軍) 왕겹(王唊)이 서로 모의하기를, "처음 누선에게 항복하려 했으나 누선은 지금 잡혀 있고 좌장군 단독으로 장졸을 합하여 전투가 더욱 맹렬하여 맞아서 싸우기 두려운데도 왕은 항복하려 하지 않는다." 하고 한음 · 왕겹 · 노인이 모두 도망하여 한나라에 항복하였다. 노인은 도중에서 죽었다.

원봉 3년(B. C.108) 여름, 니계상 삼이 사람을 시켜 조선왕 우거를 죽이고 항복하여 왔으나, 왕험성은 함락되지 않았다. 죽은 우거의 대신(大臣) 성기(成已)가 또 반(反)하여 다시 군리들을 공격하였다. 좌장군은 우거의 아들 장항(長降)과 상(相) 노인의 아들 최(最)로 하여금 그 백성을 달래고 성이를 죽이도록 하였다. 이로써 드디어 조선을 평정하고 사군(四郡)을 설치하였다.

삼을 봉하여 홰청후(澅清候)로, 한음 적저후(荻苴候), 왕겹은 평주후(平州候), 장항은 기후(幾候)로 삼았으며, 최는 아버지가 죽은데다 자못 공이 있었으므로 온양후(溫陽候)로 삼았다.

좌장군을 불러 들여 [그가] 오자, 공을 다투고 서로 시기하여 계획을 어긋나게 한 죄로 기시(棄市)하였다. 누선 장군도 병사를 거느리고 열구(洌口)에 이르렀다면 마땅히 좌장군을 기다려야 할 것인데도 제멋대로 먼저 군사를 풀어 많은 병사들을 잃어버렸으므로 주살함이 마땅하나 속전(贖錢)을 받고 서인(庶人)으로 삼았다.

❖ 『한서(漢書)』 권28하 「지리지」 8하 연군

낙랑 조선민의 범금 8조는 남을 죽이면 즉시 죽음으로 갚고, 남을 상해하면 곡식으로 배상하며, 남의 물건을 훔친 자가 남자이면 그 집의 노(奴)로 삼으며 여자이면 비(婢)로 삼는데, 자신의 죄를 용서받으려는 자는 1인에 50만(전)이었다. 그러나 비록 죄를 사면 받아 민(民)이 된다 할지라도 풍속에서는 오히려 이를 꺼려 결혼하려고 할 때 짝하려는 자가 없었다. 이 때문에 그 민들은 끝내 도둑질하지 않아 집의 문을 닫아 놓지 않았다.

참고문헌

국사편찬위원회, 『국역 중국정사조선전』, 1986

김원룡, 『한국고고학개설』, 일지사, 1986

김철준, 『한국고대사회연구』, 지식산업사, 1975

노태돈, 『단군과 고조선사』, 사계절, 2000

송호정, 『한국고대사 속의 고조선사』, 푸른역사, 2003

이융조, 「우리의 구석기 연구 반세기」, 『韓國學報』 21-4, 1995

최몽룡, 『한국 청동기 · 철기시대와 고대사회의 복원』, 주류성, 2008

3장

고대사회

1 고대사회의 성립

동아시아 문화권의 중심이 된 중국은 초기 황허 유역을 중심으로 국가가 성립되었다. 상商, 주周 왕조를 거쳐 춘추 전국시대의 혼란기를 극복하고 진秦이 통일국가를 수립하였다. 뒤를 이은 한漢은 유학을 국가이념으로 채택하여 유교주의적 중국문화의 기틀을 확립하였다. 3세기 초 중국은 삼국시대, 5호 16국 시대, 남북조 시대로 이어지는 분열의 시대를 겪게 된다. 이 시기 문벌 귀족사회가 성립되고 불교가 융성한 귀족문화가 발달하게 된다. 6세기 말 수隋가 중국을 통일하였지만, 무리한 고구려 원정 등으로 7세기 초에는 당唐으로 교체되기에 이른다. 당은 약 300년 동안 지속하면서 한자, 유교, 불교, 율령체제 등을 우리나라를 비롯한 주변국가에 전파하면서 동아시아문화권을 형성하였다.

오리엔트 지방에서는 메소포타미아 문명과 이집트 문명이 발달하였으며, 후에 오리엔트를 통일한 페르시아는 고대 그리스 세계와 충돌하기도 하였다. 알렉산더의 동방원정 후 오리엔트 지역에서는 헬레니즘 문화가 발달하였는데, 사산 왕조 페르시아 때는 비잔티움 제국과 대립하기도 하였다. 7세기에는 아라비아 반도를 중심으로 이슬람교가 출현하여 이슬람 문화권이 형성되었다.

서양에서는 지중해를 중심으로 그리스가 발전하여 시민 중심의 민주정치, 인간 중심의 문화를 꽃피웠다. 그리스 문화를 계승 발전시킨 로마는 지중해 전역을 차지하는 대제국으로 발전하였으며 약 200년 동안 안정과 번영을 지속하여 로마에 의한 평화시대를 이룩하였다. 그러나 4세기 말에 동·서 로마제국으로 양분되었고 게르만족의 대이동으로 서로마제국은 멸망되었다(476년). 로마는 그리스 문화와 헬레니즘 문화를 종합하여 서양 고대 문화를 완성하였으며 로마제국 시대에 세계종교로 발돋움한 크리스트교는 서양 문화의 기반을 형성하였다.

1) 고구려

기원전 4~3세기경 철기문화의 보급과 이에 따른 생산력의 증대로 인해 일정한 범위의 계곡이나 하천 유역의 마을을 규합한 유력한 세력 집단이 생겨나기 시작했다. 이후 혼강渾江을 중심으로 한 세력 집단이 연합하여 고구려를 형성하고 기원전 75년에 현도군을 요동 지역으로 몰아냈다.

5부 연맹체를 이룬 고구려는 초기 소노부消奴部가 맹주권을 장악하다가 부여에서 내려온 주몽朱蒙, 鄒牟이 졸본 지역에 세력을 키우면서 주도권을 장악하였다.

졸본에서 출발하여 주변 소국을 통합했던 고구려는 1세기 초 압록강 중류의 국내성으로 천도하면서 그 기반을 닦아나갔다.

1세기경 태조왕은 옥저, 동예 등 주변 소국을 점령하고 중국의 요동군과 현도군을 공격하는 등 정복활동을 활발히 전개하였다. 이에 따른 군사력과 경제력을 토대로 왕권이 강화되어 왕위가 독점적으로 세습되었고 중앙정부의 통제가 강화되었다.

고구려의 초기 수도로 추정되는 라오닝성 환런의 오녀산성

2) 백제

철기문화가 유입된 이후 한반도 중, 남부 지역에는 마한, 진한, 변한 등이 연맹체를 구성하였으며 그중 마한의 목지국이 삼한 전체를 대표하여 중국왕조와 교류하기도 하였다. 이후 부여 등 북방의 유이민이 남하하여 위례성을 도읍으로 삼아 백제를 건국하였다. 『삼국사기』에 의하면 온조왕溫祚王이 기원전 18년에 하남 위례성에 도읍을 정하고 국가를 건설했다고 한다.

이후 백제는 3세기 후반 고이왕 대에 들어서 관등제 정비, 백관의 공복 제정, 율령 반포 등을 실시하여 통치조직을 정비하였다.

3) 신라

진한 12개 소국 가운데 하나인 경주 지역의 사로국에서 시작된 신라는 혁거세 거서간이 나라를 세웠다고 알려져 있다. 이후 석탈해 집단이 등장하면서 박, 석, 김의 세력집단이 교대로 왕위를 차지하게 되었다. 유력 집단의 우두머리는 이사금으로 추대되었고 경주 외부로 영토를 확장하여 국가의 토대를 마련하기 시작하였다.

/탐구과제/

○ 백제 온조는 고구려 주몽의 아들인가?

- 고구려의 시조관이 어떠하였는지 사료를 바탕으로 파악한다.
- 백제 온조가 고구려 주몽의 아들이 맞는지 사료를 바탕으로 탐구한다.
- 신라인은 자신의 조상을 어떻게 인식하였는지 고찰한다.

흔히 고구려의 시조는 주몽이고, 백제의 시조는 온조왕이며, 신라의 시조는 박혁거세로 알려져 있다. 이는 『삼국사기』의 고구려본기 · 백제본기 · 신라본기의 기록을 통해 확인할 수 있다. 그렇지만 이러한 인식이 삼국시대부터 동일하게 존재하였는가에 대해서는 의문의 여지가 있다. 단적인 사례를 들자면 고구려의 시조의 경우, 우리가 일반적으로 알고 있듯이 주몽이라고 불렸을지, 혹은 백제의 온조가 진정 고구려 주몽의 아들인지에 대해서는 의문의 여지가 있다.

『삼국사기』와 달리 중국 정사나 일본의 역사서에서는 고구려나 백제의 시조에 대해 서로 다르게 기록되어 있다. 고구려의 시조를 동명왕이라 하였을 때, 부여의 왕으로 동명왕이 언급되기도 한다.

아울러 백제의 시조 역시 고구려가 아닌 부여로부터 왔다고 하여, 고구려와의 연관성이 떨어지는 모습을 보이고 있다. 『삼국사기』 백제본기에서도 온조왕에 의한 건국설과 함께 비류왕에 의한 건국설이 기록되어 있으며, 그 선조가 북부여왕 해부루의 서손 우태로 기록되었다.

신라 역시도 각 성씨의 시조가 셋으로 나타나고 있다. 이처럼 삼국의 시조에 대해서는 서로 다르게 기록되어 있는 사례가 여럿 확인되고 있다. 이번 탐구과제에서는 각 시조 설화를 파악하여, 각 시조를 통해 각국에서 말하고자 하였던 시조에 대한 관념이 어떻게 차이나는지 살펴보고자 한다.

❖ 『삼국사기(三國史記)』 권13 고구려본기1 시조 동명성왕

시조 동명성왕(東明聖王)은 성이 고씨(高氏)이고 이름이 주몽(朱蒙)[추모(鄒牟) 또는 중해(衆解)라고도 하였다.]이다. 앞서 부여(扶餘)의 왕 해부루(解夫婁)가 늙도록 아들이 없어 산천에 제사를 드려 대를 이을 자식을 구하였는데 그가 탄 말이 곤연(鯤淵)에 이르러 큰 돌을 보고 서로 마주하여 눈물을 흘렸다. 왕은 이상히 여겨 사람을 시켜서 그 돌을 옮기니 어린아이가 있었는데 금색의 개구리[蛙][개구리는 또는 달팽이[蝸]라고도 한다.] 모양이었다. 왕은 기뻐하며 말하기를 "이것은 바로 하늘이 나에게 자식을 준 것이다." 하고는 거두어 길렀는데, 이름을 금와(金蛙)라 하였다. 그가 장성하자 태자로 삼았다. 후에 재상 아란불(阿蘭弗)이 말하였다.

"일전에 하느님이 내게 내려와 '장차 내 자손으로 하여금 이곳에 나라를 세우게 할 것이니 너희는 피하거라. 동쪽 바닷가에 가섭원(迦葉原)이라는 땅이 있는데, 토양이 비옥하여 오곡(五穀)이 잘 자라니 도읍할 만하다.'고 하였습니다." 아란불이 마침내 왕에게 권하여 그곳으로 도읍을 옮겨 나라 이름을 동부여(東扶餘)라고 하였다. 옛 도읍지에는 어디로부터 왔는지는 알 수 없으나 천제(天帝)의 아들 해모수(解慕漱)라고 자칭하는 사람이 와서 도읍하였다. 해부루가 죽자 금와는 뒤를 이어 즉위하였다. 이때에 태백산(太白山) 남쪽 우발수(優渤水)에서 한 여자를 발견하고 물으니 [그 여자가] 대답하였다.

"나는 하백(河伯)의 딸이며 이름이 유화(柳花)입니다. 여러 동생과 나가 노는데 그때 한 남자가 스스로 천제의 아들 해모수라 하고 나를 웅심산(熊心山) 아래 압록수(鴨淥水) 가의 집으로 꾀어서 사통하고 곧바로 가서는 돌아오지 않았습니다. 부모는 내가 중매 없이 남을 좇았다고 책망하여 마침내 우발수에서 귀양살이하게 하였습니다."

금와는 이상하게 여겨서 방 안에 가두어 두었는데, 햇빛에 비취어 [유화는] 몸을 당겨 피하였으나 햇빛이 또 좇아와 비쳤다. 그래서 임신을 하여 알 하나를 낳았는데 크기가 다섯 되쯤 되었다. 왕[금와]은 알을 버려 개, 돼지에게 주었으나 모두 먹지 않았다. 또 길 가운데에 버렸으나 소나 말이 피하였다. 후에 들판에 버렸더니 새가 날개로 덮어 주었다. 왕은 [알을] 쪼개려고 하였으나 깨뜨리지 못하고 마침내 그 어머니에게 돌려주었다. 그 어머니가 물건으로 싸서 따뜻한 곳에 두었더니, 한 사내아이가 껍질을 깨고 나왔는데 골격과 외모가 빼어나고 기이하였다. 나이가 겨우 일곱 살이었을 때에 남달리 뛰어나 스스로 활과 화살을 만들어 쏘면 백발백중이었다. 부여의 속어에 활 잘 쏘는 것을 주몽(朱蒙)이라고 하였으므로 이것으로 이름을 삼았다.

금와에게는 일곱 아들이 있어서 항상 주몽과 더불어 놀았는데 그 기예와 능력이 모두 주몽에게 미치지 못하였다. 그 맏아들 대소(帶素)가 왕에게 말하였다.

"주몽은 사람이 낳은 자가 아니어서 사람됨이 용맹스럽습니다. 만약 일찍 일을 도모하지 않으면 후환이 있을까 두렵습니다. 청컨대 없애버리십시오!"

왕은 듣지 않고 그를 시켜 말을 기르게 하였다. 주몽은 날랜 말을 알아내어 먹이를 적게 주어 마르게 하고, 둔한 말은 잘 먹여 살찌게 하였다. 왕은 살찐 말을 자신이 타고, 마른 말을 주몽에게 주었다. 후에 들판에서 사냥할 때 주몽이 활을 잘 쏘기 때문에 화살을 적게 주었으나, 주몽은 짐승을 매우 많이 잡았다. 왕자와 여러 신하가 또 죽이려고 꾀하자, 주몽의 어머니가 이것을 눈치채고 [주몽에게] 일렀다.

"나라 사람들이 장차 너를 죽일 것이다. 너의 재주와 지략으로 어디를 간들 안되겠느냐? 지체하여 머물다가 욕을 당하느니보다는 멀리 가서 뜻을 이루는 것이 나을 것이다."

그래서 주몽은 오이(烏伊)·마리(摩離)·협보(陜父) 등 세 사람을 벗으로 삼아 함께 갔다. 엄시수(淹淲水)[또는 개사수(蓋斯水)라고도 한다. 지금[고려]의 압록강(鴨淥江) 동북쪽에 있다.]에 다다라 건너려 하였으나 다리가 없어 추격병에게 잡히게 될 것이 두려워 물에게 고하기를 "나는 천제(天帝)의 아들이요, 하백의 외손이다. 오늘 도망가는데 추격자들이 다가오니 어찌하면 좋은가?" 하자 물고기와 자라가 떠올라 다리를 만들었으므로 주몽은 건널 수 있었다. 물고기와 자라가 곧 흩어지니 추격하는 기마병이 건널 수 없었다.

...... (중략) ......

마침내 그 능력을 살펴 각각 일을 맡기고 그들과 함께 졸본천(卒本川)『위서(魏書)』에서는 '흘승골성(紇升骨城)에 이르렀다.'고 하였다.]에 이르렀다. 그 토양이 기름지고 아름다우며, 산하가 험하고 견고한 것을 보고 마침내 도읍하려고 하였으나, 궁실을 지을 겨를이 없었으므로 다만 비류수(沸流水) 가에 초막을 짓고 살았다. 나라 이름을 고구려(高句麗)라 하고 그로 말미암아 고(高)로써 성을 삼았다.[다른 기록에는 이렇게 쓰여 있다. '주몽은 졸본부여에 이르렀다. [그] 왕에게 아들이 없었는데 주몽을 보고는 범상치 않은 사람인 것을 알고 그 딸을 아내로 삼게 하였다. 왕이 죽자 주몽은 왕위를 이었다.'] 이때 주몽의 나이가 22세였다. 이 해는 한(漢)나라 효원제(孝元帝) 건소(建昭) 2년(B. C. 37), 신라 시조 혁거세(赫居世) 21년 갑신년이었다. 사방에서 듣고 와서 따르는 자가 많았다. 그 땅이 말갈(靺鞨) 부락에 붙어 있어 침략과 도적질의 해를 당할 것을 염려해서 마침내 그들을 물리치니, 말갈이 두려워 굴복하고 감히 침범하지 못하였다.

❖ 『삼국사기(三國史記)』 권23 백제본기1 시조 온조왕

백제(百濟)의 시조 온조왕(溫祚王)은 그 아버지가 추모(鄒牟)인데 혹은 주몽(朱蒙)이라고도 한다. (주몽은) 북부여(北扶餘)에서 난을 피하여 졸본부여(卒本扶餘)에 이르렀다. 부여왕은 아들이 없고 딸만 셋이 있었는데, 주몽을 보고는 보통 사람이 아님을 알고 둘째 딸을 아내로 삼게 하였다. 얼마 지나지 않아 부여왕이 죽자 주몽이 왕위를 이었다.

(주몽은) 두 아들을 낳았는데 맏아들은 비류(沸流), 둘째 아들은 온조(溫祚)라고 하였다. 혹은 주몽이 졸본에 이르러서 월군(越郡)의 여자를 아내로 맞아들여 두 아들을 낳았다고도 한다.

주몽이 북부여에 있을 때 낳은 아들이 와서 태자가 되자, 비류와 온조는 태자에게 받아들여지지 않을까 두려워하여, 마침내 오간(烏干)·마려(馬黎) 등 10명의 신하와 더불어 남쪽으로 갔는데 백성들이 따르는 자가 많았다. (그들은) 드디어 한산(漢山)에 이르러 부아악(負兒嶽)에 올라가 살 만한 곳을 바라보았다. 비류가 바닷가에 살고자 하니 10명의 신하가 간언하기를, "생각건대 이곳 강 남쪽의 땅은 북쪽으로는 한수(漢水)를 띠처럼 두르고 있고, 동쪽으로는 높은 산을 의지하였으며, 남쪽으로는 비옥한 벌판을 바라보고, 서쪽으로는 큰 바다에 막혀 있습니다. 이렇게 하늘이 내려 준 험준함과 지세의 이점은 얻기 어려운 형세이니, 이곳에 도읍을 세우는 것이 좋지 않겠습니까?"라고 하였다.

(그러나) 비류는 듣지 않고 그 백성들을 나누어 미추홀(彌鄒忽)로 돌아가 살았다. 온조는 강 남쪽의 위례성(慰禮城)에 도읍을 정하고, 10명의 신하를 보좌로 삼아 나라 이름을 십제(十濟)라 하였다. 이때가 전한(前漢) 성제(成帝) 홍가(鴻嘉) 3년(B. C. 18)이었다.

비류는 미추홀의 땅이 습하고 물이 짜서 편안히 살 수가 없었다. 위례성으로 돌아와서 보니, 도읍은 안정되고 백성들은 편안하고 태평하므로 마침내 부끄러워하고 후회하다가 죽었다. 그의 신하와 백성들은 모두 위례에 귀부(歸附)하였다. 그 후 올 때 백성(百姓)들이 즐거이 따랐다고 하여 국호를 백제(百濟)로 고쳤다. 그 계통은 고구려(高句麗)와 더불어 부여(扶餘)에서 함께 나왔기 때문에 부여를 씨(氏)로 삼았다.[또는 다음과 같이 말하였다. "시조 비류왕(沸流王)은 그 아버지가 우태(優台)이니 북부여왕(北扶餘王) 해부루(解扶婁)의 서손(庶孫)이다. 어머니는 소서노(召西奴)이니 졸본(卒本) 사람 연타발(延陀勃)의 딸이다. (소서노가) 처음 우태에게 시집가서 두 아들을 낳았으니, 맏이는 비류라 하고, 둘째는 온조라 하였다. 우태가 죽자 졸본에서 과부로 지냈다. 그 후 주몽이 부여에서 받아들여지지 않자 전한(前漢) 건소(建昭) 2년(B. C. 37) 봄 2월에 남쪽으로 도망하여 졸본에 이르러 도읍을 세우고 국호를 고구려(高句麗)라고 하였으며, 소서노를 맞아들여 왕비로 삼았다. 나라의 기틀을 다지고 왕업을 세우는 데 자못 내조가 있었기 때문에 주몽은 소서노를 총애하고 대접하는 것이 특히 후하였고, 비류 등을 자기 자식처럼 대하였다. 주몽이 부여에 있을 때 예씨(禮氏)에게서 낳은 아들 유류(孺留)가 오자 그를 태자로 삼았고, 왕위를 잇기에 이르렀다. 이에 비류가 동생 온조에게 말하기를, '처음 대왕께서 부여의 난을 피해서 이곳으로 도망하여 왔을 때, 우리 어머니가 가산을 쏟아 나라의 위업을 세우는 것을 도와 애쓰고 노력함이 많았다. (그런데) 대왕께서 돌아가시자, 나라가 유류에게 돌아가게 되었으니 우리가 공연히 여기에 있으면서 쓸모없는 사람같이 답답하고 우울하게 지내는 것보다는, 차라리 어머니를 모시고 남쪽으로 가서 살만한 곳을 택하여 따로 나라의 도읍을 세우는 것이 낫겠다.'라고 하고, 마침내 그의 동생과 함께 무리를 거느리고 패수(浿水)와 대수(帶水)를 건너 미추홀에 와서 살았다." 『북사(北史)』와 『수서(隋書)』에는 모두 "동명(東明)의 후손 중에 구태(仇台)라는 사람이 있었는데, 어질고 신의가 있었다. 처음에 대방(帶方)의 옛 땅에서 나라를 세웠는데, 한(漢)의 요동태수 공손도(公孫度)가 자기의 딸을 아내로 삼게 하였으며, 마침내 동이(東夷)의 강국이 되었다."라고 하였으나, 어느 것이 옳은지 알 수 없다.]

❖ 『삼국사기(三國史記)』 권1 신라본기1 시조 혁거세 거서간

시조는 성(姓)이 박씨(朴氏)이고 이름은 혁거세(赫居世)이다. 전한(前漢) 효선제(孝宣帝) 오봉(五鳳) 원년 갑자(B.C.57) 4월 병진[또는 정월 15일이라고도 하였다.]에 즉위하여 거서간(居西干)이라 일컬었다. 이때 나이는 13세였고 나라 이름을 서나벌(徐那伐)이라 하였다.

이에 앞서 조선(朝鮮)의 유민(遺民)들이 산골짜기 사이에 나뉘어 살며 6촌(六村)을 이루고 있었다. 첫째는 알천(閼川) 양산촌(楊山村)이고, 둘째는 돌산(突山) 고허촌(高墟村), 셋째는 취산(觜山) 진지촌(珍支村)[혹은 간진촌(干珍村)이라고도 하였다.], 넷째는 무산(茂山) 대수촌(大樹村), 다섯째는 금산(金山) 가리촌(加利村), 여섯째는 명활산(明活山) 고야촌(高耶村)인데, 이것이 진한(辰韓) 6부(六部)가 되었다. 고허촌의 우두머리 소벌공(蘇伐公)이 양산 기슭을 바라보니 나정(蘿井) 옆의 숲 사이에서 말이 무릎을

꿇고 앉아 울고 있었으므로 가서 보니 문득 말은 보이지 않고 다만 큰 알만 있었다. 그것을 쪼개니 어린아이가 나왔으므로 거두어서 길렀다. 나이가 10여 세에 이르자 남달리 뛰어나고 숙성(夙成)하였다. 6부 사람들은 그 출생이 신비하고 기이하였으므로 그를 받들어 존경하였는데, 이때 이르러 그를 임금으로 삼았다. 진한 사람들[辰人]은 박[瓠]을 박(朴)이라 일컬었는데, 처음에 큰 알이 마치 박과 같았던 까닭에 박(朴)을 성으로 삼았다. 거서간은 진한의 말[辰言]로 왕을 뜻한다.[혹은 존귀한 사람을 부르는 호칭이라고도 하였다.]

5년(B. C. 53) 봄 정월에 용(龍)이 알영정(閼英井)에 나타나 오른쪽 옆구리에서 여자아이를 낳았다. 어떤 할멈[老嫗]이 보고서 이상히 여겨 거두어 키웠다. 우물의 이름을 따서 그의 이름을 지었는데, 자라면서 덕행과 용모가 뛰어났다. 시조가 이를 듣고서 맞아들여 왕비로 삼으니, 행실이 어질고 안에서 보필을 잘 하였다. 당시 사람들은 그들을 두 성인[二聖]이라 일컬었다.

❖ 『위서(魏書)』 권100 열전88 고구려

고구려는 부여(夫餘)에서 갈라져 나왔는데, 스스로 말하기를 선조는 주몽(朱蒙)이라 한다. 주몽의 어머니는 하백(河伯)의 딸로서 부여왕(夫餘王)에게 [잡혀] 방에 갇혀 있던 중, 햇빛이 비치는 것을 몸을 돌려 피하였으나 햇빛이 다시 따라와 비추었다. 얼마 후 잉태하여 알 하나를 낳았는데, 크기가 닷 되(升)들이 만하였다. 부여왕이 그 알을 개에게 주었으나 개가 먹지 않았고, 돼지에게 주었으나 돼지도 먹지 않았다. 길에다 버렸으나 소나 말들이 피해 다녔다. 뒤에 들판에 버려 두었더니 뭇새가 깃털로 그 알을 감쌌다. 부여왕은 그 알을 쪼개려고 하였으나 깨뜨릴 수 없게 되자, 결국 그 어머니에게 돌려주고 말았다. 그 어머니가 다른 물건으로 이 알을 싸서 따뜻한 곳에 두었더니, 사내아이 하나가 껍질을 깨뜨리고 나왔다. 그가 성장하여 자(字)를 주몽이라고 하니, 그 나라 속언(俗言)에 '주몽'이란 활을 잘 쏜다는 뜻이다.

부여 사람들이 주몽은 사람의 소생(所生)이 아니기 때문에 장차 딴 뜻을 품을 것이라고 하여 그를 없애 버리자고 청하였으나, 왕은 듣지 않고 그에게 말을 기르도록 하였다. 주몽은 말마다 남모르게 시험하여 좋은 말과 나쁜 말이 있음을 알고, 준마는 먹이를 줄여 마르게 하고 굼뜬 말은 잘 길러 살찌게 하였다. 부여왕이 살찐 말은 자기가 타고 마른 말은 주몽에게 주었다.

그 뒤 사냥할 때 주몽에게는 활을 잘 쏜다고 하여 [한 마리를 잡는데] 화살 하나로 한정시켰으나, 주몽이 비록 화살은 적었지만 잡은 짐승은 매우 많았다. 부여의 신하들이 또 그를 죽이려 모의를 꾸미자, 주몽의 어머니가 알아차리고 주몽에게 다음과 같이 말하였다.

"나라에서 너를 해치려 하니, 너 같은 재주와 경략을 가진 사람은 아무 데고 멀리 떠나는 것이 옳을 것이다."

주몽은 이에 오인(烏引)·오위(烏違) 등 두 사람과 함께 부여를 버리고 동남쪽으로 도망하였다. 중도에서 큰 강을 하나 만났는데, 건너려 하여도 다리는 없고, 부여 사람들의 추격은 매우 급박하였다. 주몽이 강에 고하였다.

"나는 태양의 아들이요, 하백의 외손이다. 오늘 도망길에 추격하는 군사가 바짝 쫓아오니, 어떻게 하면 건널 수 있겠는가?"

이때에 고기와 자라가 함께 떠 올라와 그를 위해 다리를 만들어 주었다. 주몽이 건넌 뒤 고기와 자라는 금방 흩어져버려 추격하던 기병들은 건너지 못하였다. 주몽은 마침내 보술수(普述水)에 이르러

우연히 세 사람을 만났는데, 한 사람은 삼베 옷을 입었고, 한 사람은 무명 옷을 입었고, 한 사람은 부들로 짠 옷을 입고 있었다. [그들은] 주몽과 함께 흘승골성(紇升骨城)에 이르러 마침내 정착하고 살면서 나라 이름을 고구려(高句麗)라 하고 인하여 성을 고씨(高氏)라 하였다.

지난날 주몽이 부여에 있었을 때, 부인이 잉태하였었는데, 주몽이 도망한 뒤에 한 아들을 낳으니, 자를 처음에는 여해(閭諧)라 하였다. 성장하여 주몽이 국왕(國王)이 되었음을 알고는 곧 그 어머니와 함께 도망하여 오니 이름을 여달(閭達)이라 하고, 나라 일을 그에게 맡겼다.

주몽이 죽자 여달이 왕이 되었다. 여달이 죽자 아들 여율(如栗)이 왕이 되었고, 여율이 죽자 아들 막래(莫來)가 왕이 되어 부여를 정벌하니, 부여는 크게 패하여 마침내 고구려에 통합 · 복속되었다.

❖ 『위서(魏書)』 권100 열전88 백제

백제국(百濟國)은 그 선조가 부여(夫餘)로부터 나왔다. 그 나라는 북쪽으로 고구려(高句麗)와 천여 리가 떨어져 있고, 소해(小海)의 남쪽에 위치하였다. 그 백성들은 토착생활(土著生活)을 하는데, 지대가 대부분 낮고 습하여 모두 산에서 산다. 오곡(五穀)이 생산되고, 의복과 음식은 고구려와 같다.

…… (중략) ……

또 말하기를, "신(臣)은 고구려와 함께 부여에서 나왔으므로 선대(先代)에는 우의를 매우 돈독히 하였습니다. 그런데 그들의 선조인 쇠(釗, 고국원왕)가 이웃간의 우호를 가볍게 깨뜨리고 몸소 군사를 거느리고 신의 국경을 짓밟았습니다. 그리하여 신의 선조(先祖)인 수(須, 근초고왕)가 군사를 정돈하고 번개처럼 달려가서 기회를 타 돌풍처럼 공격하여, 화살과 돌이 오고 간지 잠깐만에 쇠의 머리를 베어 높이 매달으니, 그 이후부터는 감히 남쪽을 엿보지 못하였습니다."라 하였다.

❖ 『속일본기(續日本記)』 권40 간무천황(桓武天皇) 엔랴쿠(延曆) 8년(789) 12월 14일

(12월) 임자(壬子)에 (황후를) 대지산릉(大枝山陵)에 장사지냈다. 황태후의 성은 화씨(和氏)이고 이름은 신립(新笠)이다. 정1위에 추증된 을계(乙繼)의 딸이다. 어머니는 정1위에 추증된 대지조신진매(大枝朝臣眞妹)이다.

황태후의 선조는 백제 무령왕의 아들인 순타태자(純陁太子)에서 나왔다. 황후는 용모가 덕스럽고 정숙하여 일찍이 명성을 드러냈다. 천종고소천황(天宗高紹天皇, 고닌천황)이 아직 즉위하지 않았을 때 혼인하여 맞아들였다. 금상(今上, 간무천왕)과 조량친왕(早良親王) 능등내친왕(能登內親王)을 낳았다. 호키(寶龜) 연간(770~780)에 성을 고야조신(高野朝臣)이라 고쳤다. 금상이 즉위하여서 높여 황태부인(皇太夫人)이라 하였는데, 9년에 존호를 높여 황태후라 하였다.

그 백제의 먼 조상인 도모왕(都慕王)이라는 사람은 하백(河伯)의 딸이 태양의 정기에 감응해서 태어난 사람인데, 황태후는 곧 그 후손이다. 이로 말미암아 시호를 받들었다.

❖ 『속일본기(續日本記)』 권40 간무천황(桓武天皇) 엔랴쿠(延曆) 8년(789) 12월 14일

가을 7월 신사(辛巳) 좌중변(左中弁) 정5위상 겸목공두(兼木工頭) 백제왕인정(百濟王仁貞), 치부소보(治部少輔) 종5위하 백제왕원신(百濟王元信), 중위소장(中衛少將) 종5위하 백제왕충신(百濟王忠信), 도서두(圖書頭) 종5위상 겸동궁학사(兼東宮學士) 좌병위좌(左兵衛佐) 이예수(伊豫守) 진련진도(津連眞道) 등이 표(表)를 올렸다.

"저희들은 본계(本系)가 백제국(百濟國) 귀수왕(貴須王)에서 나왔습니다. 귀수왕은 백제(百濟)가 처음 일어난 때로부터 제16대 왕(王)입니다. 대저 백제 태조 도모대왕(都慕大王)은 태양신이 강령(降靈)하여 부여에 머물러 개국(開國)하였습니다. 천제(天帝)가 녹(籙)을 주고 모든 한(韓)을 통솔하고 왕을 칭하게 하였습니다.

시대를 내려와 근초고왕(近肖古王)에 이르러 멀리서 성조(聖朝)의 교화를 사모하여 비로소 귀국(貴國)에 조빙(朝聘)을 시작하였습니다. 이는 진구황후(神功皇后)가 섭정하던 해의 일입니다. 그 후 경도풍명조어우(輕嶋豊明朝御宇) 오진천황(應神天皇)은 상모야씨(上毛野氏)의 먼 조상인 황전별(荒田別)을 백제에 사신으로 보내어 학식이 있는 사람을 찾아 모셔오게 하였습니다. 그 나라의 임금인 귀수왕(貴須王)은 공경하게 사신의 뜻을 받들고 종족(宗族) 중에서 택하여 그 손자인 진손왕(辰孫王)[일명 지종왕(智宗王)]을 보내어 사신을 따라 입조(入朝)하게 하였습니다. 천황(天皇)은 가상히 여겨 특별히 총애를 더하고 황태자의 스승으로 삼았습니다. 이에서 비로소 서적이 전해지고 유풍(儒風)이 크게 열렸으니, 문교(文敎)의 일어남이 진실로 여기에 있었습니다.

❖ 광개토왕비문

옛적 시조(始祖) 추모왕(鄒牟王)이 나라를 세웠는데 (왕은) 북부여(北夫餘)에서 태어났으며, 천제(天帝)의 아들이었고 어머니는 하백(河伯)의 따님이었다. 알을 깨고 세상에 나왔는데, 태어나면서부터 성(聖)스러운 …… 이 있었다(5자 불명).

길을 떠나 남쪽으로 내려가는데, 부여의 엄리대수(奄利大水)를 거쳐가게 되었다. 왕이 나룻가에서 "나는 천제(天帝)의 아들이며 하백(河伯)의 따님을 어머니로 한 추모왕(鄒牟王)이다. 나를 위하여 갈대를 연결하고 거북이 무리를 짓게 하여라"라고 하였다. 말이 끝나자마자 곧 갈대가 연결되고 거북떼가 물위로 떠올랐다. 그리하여 강물을 건너가서, 비류곡(沸流谷) 홀본(忽本) 서쪽 산상(山上)에 성(城)을 쌓고 도읍(都邑)을 세웠다. 왕이 왕위에 싫증을 내니, (하늘님이) 황룡(黃龍)을 보내어 내려와서 왕을 맞이하였다. (이에) 왕은 홀본(忽本) 동쪽 언덕에서 용(龍)의 머리를 디디고 서서 하늘로 올라갔다.

유명(遺命)을 이어받은 세자(世子) 유류왕(儒留王)은 도(道)로서 나라를 잘 다스렸고, 대주류왕(大朱留王)은 왕업을 계승하여 발전시키었다.

2 고대사회의 발전

1) 고구려

4세기 들어 고구려는 미천왕 때 낙랑군을 병합하고 요동으로 진출하는 등 중국세력을 몰아내는 성과도 있었지만, 고국원왕 때는 전연으로부터 수도가 불타는 수모를 당하기도 했고 급기야 백제 근초고왕 부자의 공격을 받아 고국원왕이 평양성에서 전사하는 위기를 맞기도 하였다.

이에 소수림왕대에는 통치의 기본이 되는 율령을 반포하고 교육기관인 태학을 설립하였으며 전진으로부터 불교를 수용하는 등 적극적으로 국가체제를 정비하였다.

이후 고구려는 광개토왕 때부터 대외팽창을 꾀하였다. 광개토왕은 396년 백제를 공격하여 아신왕의 항복을 받아내었으며 이후 백제와 연합한 왜가 신라에 침입하자 기병 · 보병 5만을 보내 신라를 구원하였다. 또한 북으로 후연을 공격하여 요동지역을 장악하였으며 거란과 동부여를 굴복시킴으로써 고구려의 영역을 크게 팽창시켰다.

장수왕은 427년 수도를 국내성에서 평양으로 옮겼으며 이를 통해 안으로는 국내성에 기반을 가진 귀족 세력들을 약화시켜 왕권을 강화할 수 있었고 밖으로는 남진 정책을 추진함으로써 백제나 신라에 큰 위협을 주었다. 이에 백제는 신라를 끌어들여 동맹을 맺었지만, 475년 장수왕은 백제 수도 한성을 함락하였으며 이로 인하여 백제의 개로왕은 죽임을 당했다.

광개토왕비(廣開土王碑)

고구려의 초기 수도인 중국 지린성(吉林省) 지안현(集安縣)에 있는 4면비로서 장수왕에 의해 414년 건립되었다. 이 비는 광개토왕의 훈적을 명기하고 후세인에게 보이기 위한 목적으로 세워졌으며 비문에 나타나는 영락(永樂)라는 글자를 통해 광개토왕 시대에 연호를 사용하였다는 것을 알 수 있다.

내용상 비문은 첫째 고구려 시조 추모왕(鄒牟王)의 고사로부터 광개토왕의 왕위계승을 간략하게 다룬 부분과 둘째 광개토왕이 수행했던 정복활동의 부분, 셋째 광개토왕릉을 안전하게 수호하기 위해 개편되었던 수묘제(守墓制)의 부분으로 나뉜다.

특히 영락 5년(395)에 비려를 정벌하고 영락 6년(396)에는 백제를 공격하였으며 영락 10년(400)

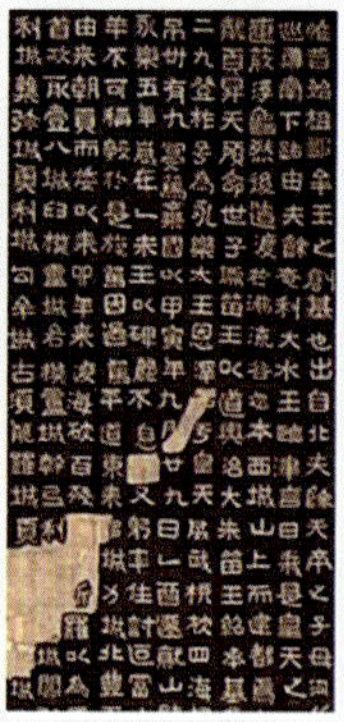

광개토왕비 탁본

에는 5만 군대를 파견해 신라 영토 안에 들어와 있던 가라와 왜(倭)의 세력을 내쫓았던 것을 구체적으로 기록하고 있다. 또한 영락 14년(404)에는 대방계(황해도) 지역까지 쳐들어온 왜를 궤멸시켰으며 영락 20년(410)에는 동부여를 공략했던 정복활동이 기재되어 있다.

세월이 지남에 따라 비문에 판독이 불가능한 부분이 있어서 비문의 해석에 대해서는 논란이 있다. 특히 '百殘新羅舊是屬民由來朝貢而倭以辛卯年來渡海破百殘ㅁㅁㅁ羅以爲臣民'의 구절이 대표적인 사례로서 이를 통해 일본에서는 소위 임나일본부설을 합리화하는 견해도 있었다. 하지만, 광개토왕비문은 고구려와 백제의 대립 구도 속에서 고구려의 입장에서 쓰인 것이기 때문에 이를 통해 임나일본부설의 증거로 삼는다는 것은 타당하지 않다.

한때 임나일본부설에 대한 비판으로 초기 탁본을 입수했던 사코(酒匂景信) 등 일본의 육군참모본부가 비문을 조작했다는 설도 제기되었지만 최근 원석탁본이 확인되어 비문조작설은 부정되고 있다.

고구려의 무덤 양식을 살펴보면 초기에는 주로 돌무지무덤積石塚을 만들었으나 점차 굴식돌방무덤橫穴式石室墳으로 바뀌어 갔다.

특히 굴식돌방무덤에는 널방의 벽과 천장에 벽화를 그리기도 하여 당시 고구려 사람들의 생활, 문화, 종교를 파악할 수 있는 귀중한 자료가 되고 있다. 고분 내부 벽면에는 청룡, 백호, 주작, 현무의 그림을 그린 사신도四神圖가 나타나기도 하는데 이는 음양오행설陰陽五行說에서 비롯된 방위신으로 죽은 자의 사후세계를 지켜주기 위한 목적으로 그려졌다. 이러한 사신도는 백제에도 영향을 미쳐 공주의 송산리 고분과 부여의 능산리 고분의 벽화에서 찾아볼 수 있으며 일본의 다카마쓰총高松塚 고분과 기토라 고분에서도 나타나고 있다.

장군총

충주 고구려비

한반도에 있는 유일한 고구려 비석으로 1979년 충북 충주시 입석마을에서 발견되었다. 4면비로 추정되지만, 판독되는 글자가 200여 자에 불과하다. 비문에서는 고구려왕을 '고려대왕(高麗大王)'이라고 칭하고 있으며, 신라를 동이(東夷), 신라왕을 매금(寐錦)이라 지칭하고 '신라토내당주(新羅土內幢主)'라는 표현으로부터 고구려군이 신라의 영토에 주둔하며 영향력을 행사했다는 사실이 확인된다. 고모루성, 대사자 등 당시의 지명과 관직명도 기록되어 있는 등 당시 고구려와 신라와의 관계를 알려주는 중요한 사료이다.

충주 고구려비

2) 백제

4세기 근초고왕은 그의 아들인 근구수왕과 더불어 정복사업을 활발히 펼쳐 낙동강 유역의 가야를 정벌하고 한반도 서남부를 정복하여 영토를 남해안까지 확대하였다. 그 여세를 몰아 평양성에 쳐들어가 고구려의 고국원왕을 사살하였다. 이때 백제는 동진, 왜와도 외교 관계를 맺음으로써 이 시기 한반도 내에서 가장 강성한 나라였다.

그러나 광개토왕의 공격으로 아신왕이 항복하는 등 큰 위기를 맞자 백제는 태자 전지를 왜에 보내 왜와 연합하여 고구려를 공격하기도 하였다.

석촌동 돌무지 무덤

이후 백제는 신라를 끌어들여 장수왕의 남하정책을 막으려 하였지만, 475년 장수왕의 공격으로 개로왕이 전사하는 위기를 맞게 된다. 결국 수도 한성이 함락되어 수도를 웅진(공주)으로 옮기게 된다.

3) 신라

4세기 말 내물마립간 대에는 김씨에 의한 왕위계승권을 확립하였으며 왕의 칭호도 이사금에서 마립간으로 바꾸는 등 집권체제를 정비하였다. 특히 침입했던 왜의 세력을 물리치는 과정에서 고구려의 영향을 받게 되었으며 고구려를 통하여 간접적으로 중국과 교류를 시작하였다.

천마총(天馬塚)

천마도

1973년 발굴 조사된 경주 대릉원 지구의 천마총은 당시 신라에서 축조되었던 돌무지덧널무덤(積石木槨墳)의 양식으로 되어 있다. 발굴 결과 유물 중에 하늘로 비상하는 천마(天馬)를 그린 채화장니(彩畫障泥)가 들어 있었기 때문에 천마총이라는 별칭을 얻게 되었다. 천마도는 자작나무 껍데기를 여러 겹으로 겹쳐서 누빈 위에 하늘을 나는 천마를 능숙한 솜씨로 그렸는데, 지금까지 회화 자료가 전혀 발견되지 않았던 고신라의 유일한 미술품이라는 데 의의가 있다.

호우총(壺杅塚)

1946년 경주 노서동고분 발굴에서 기년명(紀年銘)이 있는 고구려산 청동호우 1점이 발견되어 호우총이라 부르게 되었다. 청동호우는 뚜껑이 있는 그릇으로 그 바닥에 '을묘년국강상광개토지호태왕호우십(乙卯年國崗上廣開土地好太王壺杅十)'이라는 16자의 명문이 새겨 있어 당시 고구려와 신라의 관계 등에 시사하는 점이 많다. 신라 내물마립간(奈勿麻立干)의 아들 복호(卜好)가 광개토대왕의 치세 시 인질로 고구려에 체재하는 등 고구려의 영향력 아래에 있을 때 신라에 도입되었을 것으로 추정된다.

호태왕호우

/탐구과제/

○ 4~5세기 고구려와 백제, 누가 한반도의 주도권을 장악했는가?

▫ 4~5세기 한반도의 정세변화와 국제관계에 대해 탐구한다.
▫ 한반도의 세력 관계의 변화상을 통해 고대사회가 어떻게 운영되었는지 고찰해보기로 한다.

4세기 들어 고구려는 5호 16국 시대의 혼란 상황에서 활발하게 대외 팽창을 꾀하였으며 미천왕 때에 낙랑군을 몰아내고 남쪽으로 진출할 수 있는 발판을 마련하였다.

백제는 4세기 중엽 근초고왕 때 가야 지역에 지배권을 행사하고 남해안까지 영토를 확장했으며 북으로는 고구려의 고국원왕을 사살하는 등 크게 발전해나갔다.

이후 체제를 정비한 고구려는 광개토왕 때 대규모의 정복활동을 단행하였고 이어 장수왕 때에는 평양으로 도읍을 옮기고 백제를 공격하여 그 판도를 넓혀나갔다. 결국 백제는 한성에 있었던 도읍을 웅진으로 옮기게 된다.

아래의 자료는 이들 국가의 발전 상황을 기록한 『삼국사기』의 내용과 광개토왕비, 충주 고구려비의 내용이다. 이를 통해 4~5세기 한반도의 정세 변화를 확인해보고 당시 한반도의 주도권은 누가 장악하고 있었던 것인지 탐구해보기로 하자.

❖ 『삼국사기(三國史記)』 권24 백제본기2 근초고왕

24년(369) 가을 9월에 고구려 왕 사유(斯由)가 보병과 기병 20,000명을 이끌고 치양(雉壤)에 와서 진을 치고는 군사를 나누어 민가를 약탈하였다. 왕이 태자를 보내니, (태자는) 군사를 이끌고 지름길로 치양에 이르러서 급히 쳐부수고 5천여 명을 잡았는데, 사로잡은 포로는 장수와 군사들에게 나누어주었다.

24년(369) 겨울 11월에 한수(漢水)의 남쪽에서 크게 사열하였는데, 깃발은 모두 누런색을 썼다.

26년(371) 겨울에 왕이 태자와 정예 군사 30,000명을 이끌고 고구려를 쳤다. 평양성(平壤城)을 공격하니 고구려 왕 사유(斯由)가 힘껏 싸우며 막다가 날아오는 화살에 맞아 죽었다. 왕이 군사를 이끌고 물러났다.

❖ 광개토왕비문

비려(稗麗)가 고구려인에 대한 (노략질을 그치지 않으므로), 영락(永樂) 5년 을미(乙未)에 왕이 친히 군사를 이끌고 가서 토벌하였다. 부산(富山) · 부산(負山)을 지나 염수(鹽水)에 이르러 그 3개 부락 600~700영(營)을 격파하니, 노획한 소 · 말 · 양의 수가 이루 다 헤아릴 수 없었다.

이에 왕이 행차를 돌려 양평도(襄平道)를 지나 동으로 □城, 力城, 北豊, 五備□로 오면서 영토를 시찰하고, 수렵을 한 후에 돌아왔다.

백잔(百殘)과 신라(新羅)는 옛적부터 (고구려의) 속민(屬民)으로서 조공(朝貢)을 해왔다. 그런데 왜가 신묘년[辛卯年 (391)]에 건너와 백잔(百殘)을 파(破)하고 (2자 파손) 신라(新羅) …… 하여 신민(臣民)으로 삼았다.

영락(永樂) 6년(396) 병신(丙申)에 왕이 친히 군을 이끌고 백잔국(百殘國)을 토벌하였다. 고구려군이 남으로 내려와 일팔성(壹八城), …… 각미성(閣彌城) …… 미사성(彌沙城) …… 아단성(阿旦城) …… 미추성(彌鄒城) …… 고모루성(古牟婁城) …… (중략) …… 등을 공취(攻取)하고, 그 수도(首都)를 …… 하였다. 백잔(百殘)이 의(義)에 복종치 않고 감히 나와 싸우니 왕이 크게 노하여 아리수를 건너 정병(精兵)을 보내어 그 수도(首都)에 육박하였다. (백잔군이 퇴각하니) 곧 그 성을 포위하였다. 이에 잔주([百]殘主)가 곤핍(困逼)해져, 남녀생구(男女生口) 1천 명과 세포(細布) 천 필을 바치면서 왕에게 항복하고, 이제부터 영구히 고구려왕의 노객(奴客)이 되겠다고 맹세하였다. 태왕은 (백잔주가 저지른) 앞의 잘못을 은혜로서 용서하고 뒤에 순종해온 그 정성을 기특히 여겼다. 이에 58성 700촌을 획득하고 백잔주의 아우와 대신 10인을 데리고 수도로 개선하였다.

영락 8년(398) 무술(戊戌)에 한 부대의 군사를 파견하여 백신토곡(帛愼土谷)을 관찰(觀察), 순시(巡視)하였으며 그때에 막□라성(莫□羅城), 가태라곡(加太羅谷)의 남녀 삼백여 인을 잡아왔다. 이 이후로 (고구려 조정에) 조공(朝貢)을 하고 (그 내부의 일을) 보고하며 (고구려의) 명(命)을 받았다.

9년(399) 기해(己亥)에 백잔(百殘)이 맹서를 어기고 왜(倭)와 화통하였다. (이에) 왕이 평양으로 행차하여 내려갔다. 그때 신라왕이 사신을 보내어 아뢰기를, "왜인(倭人)이 그 국경(國境)에 가득 차 성지(城池)를 부수고 노객(奴客)으로 하여금 왜(倭)의 민(民)으로 삼으려 하니 이에 왕께 귀의(歸依)하여 구원을 요청합니다."라고 하였다. 태왕(太王)이 은혜롭고 자애로워 신라왕의 충성을 갸륵히 여겨, 신라 사신을 보내면서 (고구려 측의) 계책을 (알려주어) 돌아가서 고하게 하였다.

10년(400) 경자(庚子)에 왕이 보병과 기병 도합 5만 명을 보내어 신라를 구원하게 하였다. (고구려군이) 남거성(男居城)을 거쳐 신라성(新羅城)에 이르니, 그곳에 왜군이 가득하였다. 관군(官軍)이 막 도착하니 왜적이 퇴각하였다. (고구려군이) 그 뒤를 급히 추격하여 임나가라(任那加羅)의 종발성(從拔城)에 이르니 성(城)이 곧 항복하였다. 안라인수병(安羅人戍兵) □신라성(新羅城) …… 하였고, 왜구가 크게 무너졌다. (이하 77字 중 거의 대부분이 불명). 옛적에는 신라 매금(寐錦)이 몸소 고구려에 와서 보고를 하며 청명(聽命)을 한 일이 없었는데, 국강상광개토경호태왕대(國岡上廣開土境好太王代)

에 이르러 (이번의 원정으로 신라를 도와 왜구를 격퇴하니) 신라 매금이 …… 하여 …… 조공(朝貢)하였다.

14년(404) 갑진(甲辰)에 왜(倭)가 불궤(不軌)하여 대방(帶方) 지역에 침입하였다. 화통한 잔병([和]通殘[兵])이 석성(石城)(을 공격하고) …… 연선(連船, 수군을 동원하였다는 뜻인 듯) …… 이에 왕이 군대를 끌고 평양을 거쳐 (…… 로 나아가) 서로 맞부딪치게 되었다. 왕의 군대가 적의 길을 끊고 막아 좌우로 공격하니, 왜구가 궤멸하였다. (왜구를) 참살한 것이 무수히 많았다.

17년(407) 정미(丁未)에 왕의 명령으로 보군과 마군 도합 5만 명을 파견하여 …… 합전(合戰)하여 모조리 살상하여 분쇄하였다. 노획한 (적병의) 갑옷이 만여 벌이며, 그 밖에 군수물자는 그 수를 헤아릴 수 없이 많았다. 또 사구성(沙溝城) …… (중략) 파(破)하였다.

20년(410) 경술(庚戌) 동부여는 옛적에 추모왕의 속민(屬民)이었는데, 중간에 배반하여 (고구려에) 조공을 하지 않게 되었다. 왕이 친히 군대를 끌고 가 토벌하였다. 고구려군이 여성(餘城)에 도달하자, 동부여가 놀라 두려워하여 (투항하였다). 왕의 은덕이 동부여의 모든 곳에 두루 미치게 되었다. 이에 개선을 하였다. …… (중략) 무릇 공파한 성(城)이 64개, 촌(村)이 1,400이었다.

❖ 『삼국사기(三國史記)』 권18 고구려본기6 장수왕

〔63년(475)〕 9월에 왕이 군대 30,000명을 거느리고 백제를 침공하여, 〔백제〕왕이 도읍한 한성(漢城)을 함락시키고, 그 왕 부여경(扶餘慶)을 죽이고 남녀 8,000명을 사로잡아 돌아왔다.

❖ 『삼국사기(三國史記)』 권25 백제본기3 개루왕

21년(475) 가을 9월에 고구려왕 거련(巨璉)이 군사 30,000명을 이끌고 와서 왕도인 한성(漢城)을 포위하였다. 왕이 성문을 닫고 나가 싸우지 못하니 고구려 사람들이 군사를 네 길로 나누어 협공하고, 또한 바람을 타고 불을 놓아 성문을 불태웠다. 사람들의 마음이 매우 두려워하여 나가서 항복하려는 자들도 있었다. 왕은 군색하여 어찌할 바를 몰라 수십 명의 기병을 거느리고 문을 나가 서쪽으로 달아나니 고구려 사람이 추격하여 왕을 해쳤다. …… (중략) ……

문주는 이에 목협만치(木刕滿致)·조미걸취(祖彌桀取)[목협과 조미는 모두 복성(複姓)인데, 『수서(隋書)』에서는 목협(木刕)을 두 개의 성이라고 하였다. 어느 쪽이 옳은지 알 수 없다.]와 함께 남쪽으로 갔다. 이때에 이르러 고구려의 대로(對盧) 제우(齊于)·재증걸루(再曾桀婁)·고이만년(古尒萬年)[재증과 고이는 모두 두 글자로 된 성이다.] 등이 군사를 이끌고 와서 북성(北城)을 공격하여 7일 만에 빼앗고 옮겨서 남성(南城)을 공격하니 성 안에서는 위태롭고 두려워하였다. 왕이 나가서 도망하자 고구려 장수인 걸루 등이 왕을 보고 말에서 내려 절한 다음에 왕의 얼굴을 향해 세 번 침을 뱉고는 그 죄를 나열한 다음 포박하여 아차성(阿且城) 아래로 보내 죽였다. 재증걸루와 고이만년은 본래 백제 사람이었는데, 죄를 짓고 고구려로 도망했었다.

❖ 『삼국사기(三國史記)』 권37 잡지(雜志)6 지리(地理)4 고구려(高句麗)

한산주(漢山州), 국원성(國原城) [미을성(未乙省)라고도 하고 탁장성(託長城)이라고도 한다.]

❖ 충주 고구려비

(전면)

5월에 고려대왕의 상왕공(相王公)과 …… 신라 매금(寐錦)은 세세토록 형제같이 지내기를 원하여 서로 수천(守天)하기 위해 동으로 (왔다). 매금(寐錦) 기(忌) 태자 공(共) 전부(前部) 대사자(大使者) 다울환노(多亐桓奴)

주부(主簿) 도덕(道德) 등이 …… 로 가서 궤영(跪營)에 이르렀다. 태자 공(共)…… (중략) …… 매금의 의복을 내리고 …… 제위(諸位)에게 교(敎)를 내리고 여러 사람에게 의복을 주는 교(敎)를 내렸다. 동이매금(東夷寐錦)이 늦게 돌아와 매금 토내(土內)의 제중인(諸衆人)에게 절교사(節敎賜)를 내렸다. (태자 공이) 고구려 국토 내의 대위제위(大位諸位) 상하에게 의복과 수교(受敎)를 궤영에서 내렸다. 12월 23일 갑인에 동이매금의 상하가 우벌성(于伐城)에 와서 교(敎)를 내렸다. 전부 대사자 다우환노와 주부 도덕이 국경 근처에서 300명을 모았다. 신라토내당주 하부 발위사자 보노 …… 와 개로(蓋盧)가 공히 신라 영토 내의 주민을 모아서 …… 로 움직였다.

(좌측면)

동이 매금의 영토 …… 방 …… 환□사□사색 …… 고추가 공의 군대가 우벌성에 이르렀다. …… 고모루성수사 하부 대형 야□

3 6세기의 고대사회

1) 고구려

장수왕의 뒤를 이은 문자명왕은 부여를 복속시키는 등 장수왕의 정책을 이어 고구려의 전성기를 구가하였다. 그러나 문자명왕의 뒤를 이은 안장왕의 사후 즉위한 안원왕 시기부터 왕위 계승을 두고 내분이 벌어졌다. 외척인 추군 세력과 세군 세력이 자기네 소생의 왕자를 옹립하려고 싸움이 벌어졌고 결국 추군 측이 승리를 거두었는데, 세군 측에서 목숨을 잃은 사람이 족히 2,000명이 넘었다고 전한다. 이후 고구려의 왕권이 약화되었던 것으로 보인다.

2) 백제

동성왕, 무령왕 대에 이르러 점차 국력을 회복하기 시작한 백제는 성왕 대에 수도를 사비(부여)로 옮기고 국호를 남부여로 고치면서 중흥의 발판을 마련하였다.

이후 성왕은 신라, 가야, 왜 등과 더불어 평양성까지 진격하는 등 일시적으로 백제의 옛 지역을 수복하였다. 하지만, 신라 진흥왕의 공격을 받아 한강 유역을 다시 잃게 되었다. 이에 반발한 성왕은 관산성을 공격하였으나 크게 패하고 이 전투에서 전사하였다.

무령왕릉(武寧王陵)

1971년 공주 송산리 제6호 벽돌무덤 후면에 배수를 위한 공사를 하면서 무령왕릉이 발견되었다. 그동안 도굴 등 인위적인 피해가 없었기 때문에 무덤 안에서는 금으로 만든 관장식, 용봉으로 장식된 큰 칼 등 모두 4,600여 점에 이르는 다량의 유물이 발굴될 수 있었다.

또한 무덤 내부에서는 백제 사마왕(斯麻王)이 62세인 계묘년(523)에 붕(崩)하였다는 지석이 발견됨에 따라 무령왕릉은 무덤의 주인공이 정확하게 밝혀진 고대의 무덤이라는 점에서 그 의의가 크다.

중국 남조 양나라 계통의 벽돌무덤과 중국제 도자기, 일본산 금송(金松)을 사용한 관재 등의 존재를 통하여 당시 중국 및 일본과 활발한 교류를 전개했던 백제의 국제성과 개방성을 엿볼 수 있다.

무령왕릉 지석

3) 신라

6세기 초 지증왕 대에는 국가로서의 면모를 갖추어 나라 이름도 신라로 정하고 마립간이라는 칭호도 왕으로 바꾸었다. 또한 주변 지역을 점차 정복하여 이사부로 하여금 우산국을 복속케 하였다.

법흥왕대에 국가의 기본 법령인 율령을 반포하고 불교를 공인하여 사상적 통일을 기하였다. 백제를 통해 남조와 수교하기도 하였으며 김해의 금관가야를 정복하였다.

진흥왕은 화랑도를 국가조직으로 개편하고 거칠부로 하여금 국사를 편찬케 하였으며 개국이라는 연호를 사용하였다. 백제와 더불어 고구려를 공략하여 한강 상류를 차지하고 다시 백제로부터 한강 하류 지역까지 빼앗았다. 또한 함경도 지역까지 진출하였으며 대가야를 점령하여 낙동강 유역을 확보하였다. 현재 단양적성비와 4개의 순수비를 통해 당시 진흥왕이 정복했던 영역을 가늠해볼 수 있다.

6세기 중반 신라는 한강 유역을 확보함으로써 중국과 직접 교류할 수 있는 발판을 마련하였으며 낙동강 유역의 확보를 통해 왜와의 교류를 강화하는 등 대내외적으로 삼국의 경쟁에 있어서 주도권을 장악하는 계기를 마련하였다.

/탐구과제/

○ 신라는 어떻게 한강 유역을 장악했는가?

- ㅁ6세기 한반도의 정세변화와 국제관계에 대해 탐구한다.
- ㅁ6세기 한반도의 주도권 변천 과정을 살펴보고 신라의 한강 유역 점유의 의미에 대해 고찰해보기로 한다.

5세기 후반 백제는 국력을 회복하여 무령왕 때에는 중흥의 발판이 마련되었다. 고구려에 대한 공격을 염두에 두었던 백제는 성왕 때 사비로 천도한 후 신라, 가야, 왜를 끌어들여 고구려를 공격하게 된다.

6세기 들어 급속하게 체제를 정비했던 신라는 진흥왕 때에 이르러 내부 결속을 강화하고 활발한 정복 활동을 전개하면서 삼국간의 항쟁을 주도하기 시작하였다. 처음에는 백제와 더불어 고구려를 공략하였으나 결국은 백제로부터 한강 유역을 빼앗고 북으로는 함경도 지역까지 진출하였으며 남으로는 대가야를 정복하게 된다.

이처럼 6세기 한반도의 패권을 신라가 장악하게 되면서 한반도의 판도가 바뀌게 된다.

아래의 자료는 6세기 한반도의 정세 변화를 살펴볼 수 있는 『삼국사기』와 중국, 일본의 사료로 구성되어 있다. 6세기 한반도에 있어서 주도권 변천 과정을 살펴보고 당시 국제 관계의 변화상과 함께 신라가 한강 유역을 장악했다는 사실이 어떤 의미를 함축하고 있는지에 대해 탐구해보기로 하자.

❖ 『양서(梁書)』 동이열전 백제

보통(普通) 2년(521, 백제 무녕왕 21) 에 [백제]왕 여융(餘隆)이 비로소 다시 사신을 파견하여 표문을 올려, "여러 번 구려(句驪;고구려)를 무찌르며 [싸웠으나] 이제 비로소 우호관계를 맺게 되었습니다."라고 하니, 백제(百濟)가 다시 강국이 된 것이다.

❖ 『삼국사기(三國史記)』 권26 백제본기4 성왕

16년(538) 봄에 도읍을 사비[소부리(所夫里)라고 한다.]로 옮기고, 나라 이름을 남부여라고 하였다.

26년(548) 봄 정월에 고구려왕 평성(平成)이 예(濊)와 함께 모의하여 한수 이북[漢北]의 독산성(獨山城)을 공격하였다. 왕이 사신을 보내 신라에 구원을 요청하였다. 신라왕이 장군 주진(朱珍)에게 명하여 갑옷 입은 군사 3,000명을 거느리고 나서게 하였다. 주진은 밤낮으로 길을 가서 독산성 아래에 이르러, 고구려 군사들과 한바탕 싸워 크게 깨뜨렸다.

28년(550) 봄 정월에 왕이 장군 달기(達己)를 보내 군사 10,000명을 거느리고 고구려의 도살성(道薩城)을 공격하여 빼앗았다.

❖ 『삼국사기(三國史記)』 권4 신라본기4 지증마립간

4년(503) 겨울 10월에 여러 신하들이 아뢰기를, "시조(始祖)께서 나라를 세우신 이래, 나라 이름[國號]을 정하지 않아, 사라(斯羅)라고 부르거나 사로(斯盧)라고 부르고, 혹은 신라(新羅)라고도 말하였습니다. 신들이 생각하건대, '신(新)'은 '덕업(德業)이 날로 새로워진다.'는 뜻이고, '라(羅)'는 '사방(四方)을 망라한다.'는 뜻이니, 이를 나라 이름으로 삼는 것이 마땅합니다. 또한 살펴보건대, 예로부터 국가를 가진 이는 모두 '제(帝)' 또는 '왕(王)'이라고 칭하였습니다. 우리 시조께서 나라를 세우시고부터 지금 22세(世)에 이르기까지 단지 방언(方言)으로만 부르고 존귀한 호칭으로 바로 잡지 못하였으므로, 이제 여러 신하들이 한뜻으로 삼가 '신라국왕(新羅國王)'이라는 호칭을 올립니다."라고 하니, 왕이 이를 따랐다.

❖ 『삼국사기(三國史記)』 권4 신라본기4 법흥왕

7년(520) 봄 정월에 율령(律令)을 반포하고, 처음으로 백관(百官)의 공복(公服)에 붉은색과 자주색으로 위계(位階)를 제정하였다.

19년(532)에 금관국(金官國)의 왕 김구해(金仇亥)가 왕비 및 세 아들, 즉 맏아들 노종(奴宗), 둘째 아들 무덕(武德), 막내아들 무력(武力)과 함께 나라의 창고에 있던 보물을 가지고 와서 항복하였다. 왕은 예로써 대우하고, 상등(上等)의 관등[位]을 주었으며, 본국을 식읍(食邑)으로 삼게 하였다. 아들 무력은 벼슬이 각간(角干)까지 이르렀다.

❖ 『일본서기(日本書紀)』 권19 긴메이(欽明)

12년 이해(551)에 백제 성명왕이 친히 백제의 군사와 두 나라[두 나라는 신라와 임나를 말한다.]의 병사를 거느리고 고구려를 쳐서 한성(漢城)의 땅을 차지하였다. 또한 진군하여 평양(平壤)을 쳤다. 모두 6군(郡)의 땅을 회복하였다.

❖『삼국사기(三國史記)』 권44 열전4 거칠부

[진흥왕] 12년 신미(辛未, 551)에 왕이 거칠부 및 대각찬(大角湌) 구진(仇珍), 각찬(角湌) 비태(比台), 잡찬(迊湌) 탐지(耽知), 잡찬 비서(非西), 파진찬(波珍湌) 노부(奴夫), 파진찬 서력부(西力夫), 대아찬(大阿湌) 비차부(比次夫), 아찬(阿湌) 미진부(未珍夫) 등 여덟 장군에게 백제와 더불어 고구려를 침공하도록 명령을 내렸다. 백제 사람들이 먼저 평양(平壤)을 공격하여 깨뜨렸다. 거칠부 등은 승리를 틈타서 죽령바깥, 고현(高峴) 이내의 10군을 빼앗았다.

❖『일본서기(日本書紀)』 권19 긴메이(欽明)

13년 이해(552)에 백제가 한성과 평양을 포기하였다. 신라는 이 때문에 한성에 들어와 거주하니, 현재 신라의 우두방(牛頭方)과 이미방(尼彌方)이다.[地名은 알 수 없다.]

❖『삼국사기(三國史記)』 권4 신라본기4 진흥왕

14년(553) 가을 7월에 백제 동북 변경을 빼앗아 신주(新州)를 설치하고, 아찬(阿湌) 무력(武力)을 군주(軍主)로 삼았다.

15년(554) 백제왕 명농(明穠)이 가야[加良]와 함께 와서 관산성(管山城)을 공격하였다. 군주(軍主) 각간(角干) 우덕(于德)과 이찬(伊湌) 탐지(耽知) 등이 맞서 싸웠으나 패하였다. 신주군주(新州軍主) 김무력(金武力)이 주병(州兵)을 이끌고 나아가 서로 맞붙어 싸웠는데, 비장(裨將)인 삼년산군(三年山郡)의 고간(高干) 도도(都刀)가 갑자기 공격하여 백제왕을 죽였다. 이에 여러 군대들이 승세를 타고 크게 이겨 좌평(佐平) 4명과 사졸(士卒) 29,600명의 목을 베었고, 한 필의 말도 돌아간 것이 없었다.

16년(555) 겨울 10월에 왕이 북한산(北漢山)에 순행(巡幸)하여 강역을 넓히고 경계를 정하였다.

18년(557)에 국원(國原)을 소경(小京)으로 삼았다.

19년(558) 봄 2월에 귀족 자제와 6부(六部)의 부유한 백성[豪民]을 옮겨 국원(國原)을 채웠다.

23년(562) 9월에 가야(加耶)가 배반하였으므로 왕이 명하여 이사부(異斯夫)에게 토벌하게 하고, 사다함(斯多含)에게 그를 보좌하도록 하였다. 사다함이 5,000명의 기병(騎兵)을 거느리고 먼저 전단문(栴檀門)으로 달려 들어가 흰색 깃발을 세우니, 성 안의 사람들이 두려워 어찌할 바를 몰랐다. 이사부가 군사를 이끌고 다다르자, 일시에 모두 항복하였다. 전공(戰功)을 논함에 사다함이 으뜸이었으므로, 왕이 좋은 땅[良田]과 사로잡은 200명을 상으로 주었으나 사다함이 세 번 사양하였다. 왕이 강권하니, 이에 받은 노비[生口]는 풀어주어 양인(良人)으로 삼고, 토지는 나누어서 군사들에게 주었다. 나라 사람들이 이를 아름답게 여겼다.

4 삼국의 대외관계와 통일

1) 고구려와 수, 당의 전쟁

6세기 후반 중국이 수隋에 의해 통일되자 수나라는 중국 중심의 국제질서를 강요하여 고구려와 수의 대립은 불가피해졌다.

우선 고구려가 수의 요서 지방을 공격하자 수 문제가 고구려를 공격하였지만 대패하였다. 이후 양제가 113만의 대군을 동원하여 다시 고구려를 공격하였지만 을지문덕에게 패배하였다. 이 싸움에서 수는 막대한 피해를 입어 이에 따른 국력 소모와 농민의 반란으로 마침내 멸망하였다.

수의 뒤를 이은 당唐은 처음에는 고구려와 화친을 꾀하였으나 당 태종이 즉위하면서 고구려에게 복속을 강요하였다. 이러한 가운데 고구려에서 연개소문에 의한 정변이 일어나자 당 태종은 이를 구실 삼아 고구려를 공격하였다. 당은 초기 요동성 등 몇 개의 성을 점령하기도 하였지만, 안시성 선부에서 고구려에 패하고 철수하였다.

2) 백제, 고구려의 멸망과 나당전쟁

백제는 성왕이 관산성에서 전사한 이후 여러 차례에 걸쳐 신라를 공격하였으며 고구려는 한강 유역을 회복하기 위해 신라를 공격하는 등 7세기에 이르러 고구려와 백제의 동맹이 이루어졌다.

백제의 의자왕은 신라를 공격하여 대야성(합천)을 비롯한 40여 성을 탈취하였으며 고구려와 함께 당항성(화성)을 공격하여 신라의 대당 교통로를 끊으려 하였다.

신라는 당과 연결을 도모하고자 김춘추를 당에 보내 나당동맹을 맺고 백제와 고구려를 정벌하기로 합의하였다. 이때 신라는 군사 지원에 대한 대가로 평양 이북의 땅을 당에게 양보하고 이후 신라는 당의 연호를 사용하면서 당의 문물과 제도를 적극적으로 수용하였다.

결국 660년 당의 소정방은 13만 대군을 이끌고 바다를 건너 백제로 진격하였고 신라는 김유신이 5만의 군대를 거느리고 백제를 공격하였다. 결국 백제는 계백이 황산벌에서 신라와 맞서 싸웠으나 나당연합군의 공격을 버티지 못하고 항복하고 말았다.

당은 옛 백제 지역에 웅진도독부를 두어 백제 유민을 통치하였다. 이후 복신, 도침 등이 왜에 가 있던 왕자 풍을 맞이하여 왕으로 추대하고 백제는 주류성과 임존성 등지에서 항전을 계속하였다. 그러나 자체 분열이 있었고 663년에는 왜의 지원군마저 백강구(백촌강) 전투에서 크게 패하여 백제는 멸망하게 되었다.

고구려는 연개소문이 죽자 집권층 사이에서 내분이 일어났다. 이를 기회로 당은 고구려를 공격하여 평양성을 포위하였고 신라도 김인문이 대군을 거느리고 평양성으로 진격하였다. 나당연합군의 공격을 받은 고구려는 분전했으나 결국 668년

신라의 통일 전쟁

성이 함락되고 패하고 말았다.

당은 평양에 안동도호부를 설치하여 옛 고구려땅을 통치하였다. 이후 검모잠과 고연무는 안승을 왕으로 추대하고 한성(황해도 재령), 요동의 오골성을 근거지로 항전하였다. 이때 당이 신라마저 영토를 삼으려는 야욕을 드러내자 신라는 고구려 부흥세력을 지원하기도 하였으며 안승은 신라의 도움을 받아 고구려왕이라는 칭호를 받고 금마저(익산)에 보덕국을 세웠다.

신라는 우선 옛 백제지역에서 당군을 몰아내고 매소성 전투의 승리로 주도권을 장악한 후 676년 기벌포 전투에서 승리하였으며, 당 고종은 토번의 침공으로 안동도호부를 요동 지역으로 옮기면서 한반도에서 군대를 철수하였다. 이로써 신라는 당나라의 도움으로 백제와 고구려를 멸망시켰으나 당군을 한반도 밖으로 축출하여 삼국을 통일하였다. 비록 불완전한 통일이었지만 단일공동체에 의한 민족문화 형성의 기반이 되었으며 당과의 항쟁을 통해 공동체 의식을 자각하게 되었다. 만주지방에는 698년 고구려 유민들이 발해를 건국하여 이른바 남북국시대로 접어들었다.

아래의 자료는 『삼국사기三國史記』와 중국의 사료 중에서 신라가 당과 군사동맹을 맺어 백제와 고구려를 멸망시키는 기록, 이후 백제와 고구려에서 일어난 부흥운동, 신라와 당의 전쟁에 대한 기록을 발췌한 것이다. 신라가 마침내 대동강과 원산만을 잇는 선의 남쪽을 차지하여 삼국통일을 이룬 과정을 살펴보고 신라의 삼국통일이 민족사 전개 과정에서 가지는 의의와 한계에 대해 논의해보자.

/탐구과제/

○ 백제와 고구려의 멸망으로 삼국은 통일되었는가?

- 7세기 당시 동아시아를 둘러싼 국제 관계에 대해 탐구한다.
- 삼국통일 전쟁의 전 과정을 자세하게 고찰해보고 신라가 고구려와 백제를 제치고 삼국을 통일할 수 있었던 원동력이 무엇이었는지 생각해본다.
- 신라의 삼국통일에 대한 의의와 한계에 대해 논의해본다.

신라의 통일전쟁은 두 단계로 진행되었다. 첫 번째는 신라의 김춘추가 당에 건너가 신라-당이 연합군을 형성하여 백제와 고구려를 멸망시키는 단계로부터 시작되었다. 결국 660년과 668년, 백제와 고구려가 신라와 당의 연합군에 의해 멸망하게 된다. 그러나 이후 부흥운동이 일어났으며 그 과정에서 동아시아 최초의 국제전이 벌어지는 상황도 펼쳐진다.

두 번째는 신라가 당을 물리치는 단계로 진행되었다. 일찍이 신라는 당과 군사동맹을 맺으면서 적어도 평양 이남의 땅을 자신이 차지한다는 밀약을 맺었으나 당이 한반도 전체를 수중에 넣으려는 의도를 보이자 양국 사이에 전쟁이 벌어지게 되었다. 이 과정에서 신라는 백제, 고구려 유민을 포섭하여 함께 당의 군대를 물리침으로써 마침내 대동강에서 원산만까지를 경계로 한 이남의 땅을 차지하게 된다.

아래의 자료는 삼국통일 전쟁의 상황을 살펴볼 수 있는 한, 중, 일의 사료로 구성되어 있다. 7세기 당시의 국제 관계 및 삼국통일 전쟁의 과정을 면밀히 살펴보고 그 의의와 한계에 대해 탐구해보기로 한다.

❖ 『삼국사기(三國史記)』 권41 열전1 김유신 상

선덕대왕(善德大王) 11년 임인년(642)에 백제가 대량주(大梁州)를 함락하자 김춘추(春秋) 공의 딸 고타소랑(古陁炤娘)이 남편 김품석(金品釋)을 따라 죽었다. 김춘추는 이를 한스러워하며 고구려의 군사를 청하여 백제에 대한 원한을 갚고자 하였으며, 왕이 이를 허락하였다. …… (중략) ……

이윽고 저들의 경내에 들어서자 고구려 왕이 태대대로(太大對盧) 개금(蓋金)을 보내 객사에서 잔치를 베풀고 우대해 주었다. 혹자가 고구려 왕에게 "신라 사신은 보통 사람이 아닙니다. 지금 온 것은 아마 우리의 형세를 관찰하고자 함일 것입니다. 왕께서는 그 계책을 세우시어 후환이 없도록 하소서." 라고 고하였다. 왕이 곤란한 질문으로 대답하기 어렵게 하여 그를 욕보이고자 "마목현(麻木峴)과 죽령(竹嶺)은 본래 우리 나라의 땅이다. 만약 우리에게 돌려주지 않는다면 돌아가지 못할 것이다."라고 하였다. 김춘추가 "국가의 토지는 신하가 마음대로 할 수 있는 것이 아니니 신은 감히 명을 따를 수 없습니다."라고 대답하였다. 왕은 노하여 그를 가두고 죽이고자 하였으나 미처 실행하지는 못하였다.

김춘추가 청포(靑布) 3백 보를 [고구려] 왕이 총애하는 신하 선도해(先道解)에게 몰래 주었다. [선]도해가 음식을 차려와 함께 술을 마시다가 [술자리가] 무르익자 농담하듯 말하였다. "그대는 또한 일찍이 거북이와 토끼의 이야기를 들어보았소? 옛날 동해 용왕의 딸이 심장에 병이 났는데 의원이 '토끼의 간을 얻어 약을 지으면 치료할 수 있습니다.'라고 말하였소. 하지만 바닷속에는 토끼가 없으니 어찌하지 못하였소. [그러던 차에] 거북이 1마리가 있어 용왕에게 '제가 능히 그것을 얻을 수 있사옵니다.'라고 아뢰었소. 이윽고 육지에 올라 토끼를 보고는 '바닷속에 섬이 하나 있는데 샘은 맑으며 돌은 하얗고 수풀은 무성하고 과일은 맛이 좋으며 추위와 더위는 이르지 못하고 매와 송골매도 침입하지 못한다. 네가 만일 [그곳에] 가기만 한다면 편안하게 살 수 있어서 걱정이 없을 것이다.'라고 말하였소. 이로 인해 토끼를 등에 업고 2~3리 정도 헤엄쳐 가다가 거북이가 돌아보며 토끼에게 '지금 용왕의 딸이 병이 들었는데, 모름지기 토끼의 간이 약이 되는 까닭에 수고를 꺼리지 않고 너를 업고 왔을 따름이다.'라고 하였소. [그러자] 토끼가 말하였소. '아! 나는 신명(神明)의 후예라 능히 오장(五藏)을 꺼내 씻어 넣을 수 있다. 일전에 잠시 마음이 어지러워 마침내 간과 심장을 꺼내 씻어 잠깐 바위 아래에 두었는데 너의 달콤한 이야기를 듣고 곧바로 오느라 간은 여전히 거기에 있으니 어찌 간을 가지러 되돌아가지 않겠는가. 그렇게 하면 너는 구하는 것을 얻게 되고 나는 비록 간이 없어도 또한 살 수 있으니 어찌 양자가 서로 좋지 않겠는가.' 거북이는 그 말을 믿고 돌아가 겨우 해안에 이르렀는데 토끼가 도망치며 풀 속으로 들어가 거북이에게 '어리석구나, 그대여. 어찌 간 없이 살 수 있는 자가 있겠는가?'라고 하였소. 거북이는 근심하며 아무 말도 못하고 물러갔소."

김춘추는 그 말을 듣고서 그 뜻을 깨달아 왕에게 글을 보내 "두 영(嶺)은 본래 대국(大國)의 땅이니, 신이 귀국하여 저희 왕께 그것을 돌려주라고 청하겠습니다. 저를 믿지 못한다고 하시면 밝은 해를 두고 맹세하겠습니다."라고 하자, 왕이 이에 기뻐하였다.

김춘추가 고구려에 들어가 60일이 지나도록 돌아오지 않으니 김유신은 국내의 날랜 병사 3,000명을 뽑아 그들에게 말하기를, "내가 들으니 위태로움을 보면 목숨을 바치며, 어려움이 닥치면 자기 자신을 잊는 것이 열사(烈士)의 뜻이라 한다. 대체로 한 사람이 목숨을 다하면 100명을 당해 낼 수 있고, 100명이 목숨을 다하면 1,000명을 당해 낼 수 있고, 1,000명이 목숨을 다하면 1만 명을 당해 낼 수 있으니, 3,000명이면 곧 천하를 마음대로 할 수 있을 것이다. 지금 나라의 어진 재상이 다른 나라에 억류되어 있으니 두렵다 하여 어려움을 당해 내지 않겠는가?"라고 하였다.

이에 여러 사람이 말하기를, "비록 만 번 죽고 한 번 사는 곳으로 나가더라도 감히 장군의 명령을 따르지 않겠습니까?"라고 말하였다. 드디어 왕에게 청해 출병할 기일을 정하였다. 그때 고구려 첩자인 승려 덕창(德昌)이 사람을 시켜 김유신의 출병 준비 소식을 고구려 왕에게 고하였다. 왕은 앞서 김춘추가 맹세하는 말을 들었고 또 첩자의 이야기를 듣고서 감히 다시 붙잡아 둘 수가 없어 후하게 예우하여 돌려보냈다.

김춘추는 국경을 벗어나자 자신을 안내해 준 사람에게 이르기를, "나는 백제에 대한 원한을 풀고자 군사를 청하러 왔으나 대왕께서는 이를 허락하지 않으시고 도리어 땅을 요구하셨으니 이는 신하가 마음대로 할 수 있는 것이 아니오. 지난번 대왕께 글을 드린 것은 죽음을 면하기 위함이었을 뿐이오."라고 하였다.[이는 본기(本記) 진평왕 12년에 적혀 있는 것과 같은 사건이지만 내용은 조금 다르다. 모두 고기(古記)에 전하는 것이므로 둘 다 남겨 둔다.] …… (중략) ……

진덕왕(眞德王) 태화(太和) 원년 무신(648)에 김춘추는 앞서 고구려에 청병하였으나 이루지 못하여 마침내 당나라에 들어가 군사를 요청하였다. 태종(太宗) 황제가 말하기를, "너희 나라 김유신의 명성을 들었는데 그 사람됨이 어떠하냐?"라고 하였다. 김춘추가 대답하여 말하기를, "김유신은 비록 조금 재주와 지혜가 있지만 만약 천자의 위엄을 빌리지 않는다면 어찌 이웃한 근심거리를 쉽게 없애겠습니까?"라고 하였다. 황제가 말하기를, "진실로 군자의 나라로구나."라고 하며 이에 청병을 허락하고는 장군 소정방(蘇定方)에게 군사 20만으로 백제를 정벌하러 가라는 조서를 내렸다.

❖ 『일본서기(日本書紀)』 권25 고토쿠(孝德)

3년(647) 신라가 상신(上臣) 대아찬 김춘추 등을 파견하고 박사 소덕(小德) 다카무쿠노쿠로마로(高向黑麻呂), 소산중(小山中) 나카토미노무라지오시쿠마(中臣連押熊)를 보내와서 공작새 한 쌍과 앵무새 한 쌍을 바쳤다. 그리고 춘추를 질(質)로 삼았다. 춘추는 용모가 아름답고 담소를 잘하였다.

❖ 『삼국사기(三國史記)』 권5 신라본기5 태종무열왕

7년(660) 3월에 당 고종(高宗)이 좌무위대장군(左武衛大將軍) 소정방(蘇定方)을 신구도행군대총관(神丘道行軍大摠管)으로 삼고, 김인문(金仁問)을 부대총관(副大摠管)으로 삼아, 좌효위장군(左驍衛將軍) 유백영(劉伯英) 등 수군과 육군 13만 명을 거느리고 백제를 치게 하였다. 또한 칙명(勅命)으로 태종무열왕을 우이도행군총관(嵎夷道行軍總管)으로 삼아 군사를 거느리고 그들을 응원토록 하였다.

여름 5월 26일에 왕이 유신(庾信)·진주(眞珠)·천존(天存) 등과 함께 군사를 거느리고 서울을 출발하였다. 6월 18일에 태종무열왕이 남천정(南川停)에 다다랐다. 소정방은 내주(萊州)에서 출발하여 많은 배가 천 리에 이어져서 흐름을 따라 동쪽으로 내려왔다. 21일에 왕이 태자(太子) 법민(法敏)을 보내 병선(兵船) 100척을 거느리고 덕물도(德物島)에서 소정방을 맞이하였다. 소정방이 법민에게 말하기를, "나는 7월 10일에 백제의 남쪽에 이르러 대왕의 군대와 만나서 의자(義慈)의 도성(都城)을 깨뜨리고자 한다."고 하였다. 법민이 말하기를, "대왕은 지금 대군(大軍)을 초조하게 기다리고 계십니다. 대장군(大將軍)께서 왔다는 것을 들으시면 필시 이부자리에서 새벽 진지를 잡숫고 오실 것입니다." 하였다. 소정방이 기뻐하며 법민을 돌려보내 신라의 병마(兵馬)를 징발케 하였다. 법민이 돌아와서 소정방의 군대 형세가 매우 성대하다고 말하자 왕이 기쁨을 이기지 못하였다. 또 태자와 대장군 유신, 장군 품일(品日)과 흠춘(欽春)[춘(春)을 또는 순(純)으로도 썼다.] 등에게 명하여 정예 군사 5만 명을 거느리고 그것에 부응하도록 하고, 왕은 금돌성(今突城)에 가서 머물렀다.

가을 7월 9일에 김유신 등이 황산(黃山) 벌판으로 진군하자 백제의 장군 계백(堦伯)이 군사를 거느리고 와서 먼저 험한 곳을 차지하여 세 군데에 진영을 설치하고 기다리고 있었다. 김유신 등은 군사를 세 길로 나누어 네 번을 싸웠으나 전세가 불리하고 사졸(士卒)들은 힘이 다하였다. 장군 흠순이 아들 반굴(盤屈)에게 말하기를, "신하된 자로서는 충성만 한 것이 없고 자식으로서는 효도만 한 것이 없다. 이런 위급함을 보고 목숨을 바치면 충과 효, 두 가지 모두를 갖추게 된다."라고 하였다. 반굴이 "삼가 분부를 알아듣겠습니다."라고 하고, 곧 적진으로 뛰어들어 힘껏 싸우다가 죽었다.

좌장군(左將軍) 품일이 아들 관장(官狀)[또는 관창(官昌)이라고도 하였다.]을 불러서 말 앞에 세우고 여러 장수를 가리키며 말하기를, "내 아들은 나이가 겨우 열여섯이나 의지와 기백이 자못 용감하니, 오늘의 싸움에서 능히 삼군(三軍)의 모범이 되리라!"라고 하였다. 관장이 "예!"라고 하고는 갑옷 입힌 말을 타고 창 한 자루를 가지고 쏜살같이 적진으로 달려갔다가 적에게 사로잡혀서 산 채로 계백에게 끌려갔다. 계백이 투구를 벗기게 하였는데, 나이가 어리고 용감함을 아깝게 여겨 차마 해치지 못하고 탄식하며 말하기를, "신라에게 대적할 수 없겠구나. 소년도 오히려 이와 같은데 하물며 장정들이야!"라고 하고 살려서 보내도록 하였다.

관장이 돌아와서 아버지에게 말하기를, "제가 적진 속으로 들어가 장수를 베지도 못하고 깃발을 뽑아 오지도 못한 것은 죽음이 두려워서가 아닙니다."라고 하였다. 말을 마치자 손으로 우물물을 떠서 마시고 다시 적진으로 가서 날쌔게 싸웠는데, 계백이 사로잡아 머리를 베어 말안장에 매달아서 보냈다. 품일이 그 머리를 붙잡고 흐르는 피에 옷소매를 적시며 말하기를, "내 아이의 얼굴이 살아 있는 것 같구나! 왕을 위하여 죽을 수 있었으니 다행이다."라고 하였다. 삼군이 그것을 보고 분에 받쳐서 죽을 마음으로 북을 치고 고함을 지르며 진격하자 백제의 무리가 크게 패하였다. 계백은 죽고, 좌평(佐平) 충상(忠常)과 상영(常英) 등 20여 명을 사로잡았다.

이날에 정방은 부총관(副摠管) 김인문 등과 함께 기벌포(伎伐浦)에 도착하여 백제의 군사를 만나 맞아 싸워서 크게 깨뜨렸다. 김유신 등이 당나라 군대의 진영에 이르자, 정방은 김유신 등이 약속한 기일보다 늦었다고 하여 신라의 독군(督軍)인 김문영(金文穎)[또는 영(永)으로도 썼다.]을 군문(軍門)에서 목을 베려 하였다. 김유신이 무리들에게 말하기를, "대장군(大將軍)이 황산에서의 싸움을 보지도 않고 약속한 날짜에 늦은 것만을 가지고 죄를 삼으려고 하는데, 나는 죄가 없이 모욕을 받을 수 없다. 반드시 먼저 당나라 군사와 결전을 한 후에 백제를 깨뜨리겠다."라고 하였다. 이에 큰 도끼를 잡고 군문에 섰는데, 성난 머리털이 곧추 서고 허리에 찬 보검이 저절로 칼집에서 튀어나왔다. 정방의 우장(右將)인 동보량(董寶亮)이 발을 밟으며 말하기를, "신라의 군사가 장차 변란을 일으킬 듯합니다."

라고 하자 정방이 곧 김문영을 풀어주었다.

백제 왕자가 좌평 각가(覺伽)를 시켜서 당나라의 장군에게 글을 보내어 군대를 철수시킬 것을 애걸하였다.

12일에 당나라와 신라의 군사들이 의자의 도성을 에워싸기 위하여 소부리(所夫里) 벌판으로 나갔다. 정방이 꺼리는 바가 있어서 전진하지 않았으므로 유신이 그를 달래서 두 나라의 군사가 용감하게 네 길로 나란히 진격하였다. 백제 왕자가 또 상좌평(上佐平)을 시켜서 제사에 쓸 가축과 많은 음식을 보냈으나 정방이 거절하였다. 의자왕의 서자(庶子)가 몸소 좌평 여섯 명과 함께 앞에 나와 죄를 빌었으나 그것도 물리쳤다.

13일에 의자왕이 좌우의 측근을 데리고 밤을 타서 도망하여 웅진성(熊津城)에서 몸을 보전하였다. 의자왕의 아들인 융(隆)이 대좌평(大佐平) 천복(千福) 등과 함께 나와서 항복하였다. 법민(法敏)이 융을 말 앞에 꿇어앉히고 얼굴에 침을 뱉으며 꾸짖어 말하기를, "예전에 너의 아비가 나의 누이를 억울하게 죽여서 옥중에 묻은 적이 있다. (그 일은) 나로 하여금 20년 동안 마음이 아프고 골치를 앓게 하였는데, 오늘 너의 목숨은 내 손안에 있구나!"라고 하였다. 융은 땅에 엎드려서 말이 없었다.

18일에 의자왕이 태자와 웅진방령(熊津方領)의 군사 등을 거느리고 웅진성으로부터 와서 항복하였다. 왕이 의자왕이 항복했음을 듣고 29일에 금돌성(今突城)에서 소부리성(所夫里城)에 이르러, 제감(弟監) 천복(天福)을 당나라에 보내 싸움에서 이겼음을 알렸다.

8월 2일에 주연(酒宴)을 크게 베풀고 장병들을 위로하였다. 왕과 정방 및 여러 장수는 당상(堂上)에 앉고, 의자와 그 아들 융은 당 아래에 앉혀서 때로 의자[왕]으로 하여금 술을 따르게 하니, 백제의 좌평 등 여러 신하 중 목이 메어 울지 않는 사람이 없었다.

이날 모척(毛尺)을 붙잡아서 목을 베었다. 모척은 본래 신라 사람으로 백제로 도망한 자인데, 대야성(大耶城)의 검일(黔日)과 함께 도모하여 성이 함락되도록 하였기 때문에 목을 벤 것이다. 또 검일을 잡아서 [죄목을] 헤아리며 말하기를, "네가 대야성에서 모척과 모의하여 백제의 군사를 끌어들이고 창고에 불을 질러서 없앴기 때문에 온 성안에 식량을 모자라게 하여 싸움에 지도록 하였으니 그 죄가 하나이고, 품석(品釋) 부부를 윽박질러서 죽였으니 그 죄가 둘이고, 백제와 더불어서 본국을 공격하였으니 그것이 세 번째 죄이다."라고 하였다. 이에 사지를 찢어서 그 시체를 강물에 던졌다.

백제의 나머지 적병이 남잠성(南岑城)과 정현성(貞峴城)에서 버텼다. 또 좌평 정무(正武)가 무리를 모아서 두시원악(豆尸原嶽)에 주둔하면서 당나라와 신라 사람들을 노략질하였다.

26일에 임존(任存)의 큰 목책을 공격하였으나 군사가 많고 지세(地勢)가 험하여 이기지 못하고 다만 작은 목책만을 쳐서 깨뜨렸다.

9월 3일에 낭장(郎將) 유인원(劉仁願)이 군사 1만 명으로 사비성(泗沘城)에 남아서 지켰는데, 왕자 인태(仁泰)가 사찬(沙飡) 일원(日原), 급찬(級飡) 길나(吉那)와 함께 군사 7,000명으로써 보좌하였다. 정방은 백제 왕 및 왕족·신료 93명과 백성 1만 2,000명을 데리고 사비에서 배를 타고 당나라로 돌아갔다. 김인문과 사찬 유돈(儒敦), 대나마(大奈麻) 중지(中知) 등이 함께 갔다.

23일에 백제의 남은 적병이 사비성에 들어와서 항복하여 살아남은 사람들을 붙잡아 가려고 하였으므로 유수(留守) 유인원이 당나라와 신라 사람들을 내어 이를 쳐서 쫓았다. 적병이 물러가서 사비의 남쪽 산마루에 올라 네댓 군데에 목책을 세우고 진을 치고 모여서 틈을 엿보아 가며 성읍을 노략질하였는데, 백제 사람들 중에서 배반하여 부응한 것이 20여 성이나 되었다. 당 황제가 좌위중랑장(左衛中郎將) 왕문도(王文度)를 보내서 웅진도독(熊津都督)으로 삼았다.

28일에 왕문도가 삼년산성(三年山城)에 이르러서 조서(詔書)를 전달하였는데, 문도는 동쪽을 향하여 서고, 대왕은 서쪽을 향하여 섰다. 칙명(勅命)을 전한 후에 문도가 당 황제의 예물을 주려고 하다가 갑자기 병이 나서 곧바로 죽었으므로 그를 따라온 사람이 대신하여 일을 마쳤다.

10월 9일에 왕이 태자와 여러 군사들을 이끌고 이례성(尒禮城)을 쳐서 18일에 그 성을 빼앗아 관리를 두어 지키게 하니, 백제의 20여 성이 두려움에 떨고 모두 항복하였다.

30일에 사비 남쪽의 산마루에 있던 군대의 목책을 공격하여 1,500명의 목을 베었다.

11월 5일에 왕이 계탄(雞灘)을 건너서 왕흥사잠성(王興寺岑城)을 공격하였는데, 7일에 이겨서 700명의 목을 베었다.

22일에 왕이 백제에서 돌아와서 공을 논하였는데, 계금졸(罽衿卒) 선복(宣服)을 급찬(級湌)으로 삼고, 군사(軍師) 두질(杜迭)을 고간(高干)으로 삼았으며, 전사한 유사지(儒史知)·미지활(未知活)·보홍이(寶弘伊)·설유(屑儒) 등 네 사람에게 관작을 차등 있게 주었다. 백제 사람들도 모두 그 재능을 헤아려서 임용하였는데, 좌평 충상과 상영, 달솔 자간(自簡)은 일길찬(一吉湌)의 관등을 주어 총관(總管)의 직을 맡겼고, 은솔 무수(武守)는 대나마의 관등을 주어 대감(大監)의 직을 맡게 하였으며, 은솔 인수(仁守)는 대나마의 관등을 주어 제감의 직을 맡게 하였다.

❖『삼국사기(三國史記)』 권28 백제본기6 의자왕

20년(660) 무왕의 조카 복신(福信)은 일찍이 군사를 거느렸는데, 이때 승려 도침(道琛)과 함께 주류성(周留城)에 근거하여 반란을 일으키고, 일찍이 왜국에 인질로 있던 옛 왕자 부여풍(扶餘豊)을 맞이하여 왕으로 세웠다.

[당나라 용삭] 2년 7월에 인원, 인궤 등이 웅진 동쪽에서 복신의 남은 군사를 대파하고, 지라성(支羅城) 및 윤성(尹城), 대산(大山), 사정(沙井) 등의 목책을 함락시켰는데, 군사를 죽이고 사로잡은 것이 매우 많았으며, 군사들을 나누어 그곳에 계속하여 주둔시키고 수비하게 하였다. 복신 등은 진현성(眞峴城)이 강가에 있고, 높고 험하여 요충지로 적당하다고 판단하여 군사를 증파하여 그곳을 지키게 하였다. 인궤가 밤에 신라 군사를 거느리고, 성에 가까이 접근하여 새벽에 입성하여 8백 명의 목을 베어 죽이니, 마침내 신라에서 오는 군량 수송로가 소통되었다. 인원이 증원병을 요청하니, 당나라에서 조서를 내려 치주(淄州), 청주(靑州), 내주(萊州), 해주(海州)의 군사 7천 명을 징발하고, 좌위위장군(左威衛將軍) 손인사(孫仁師)에게 이 군사를 주어 바다를 건너 인원의 군사를 보충하게 하였다. 이때 복신은 이미 권력을 독차지하여 부여풍과 서로 질투하고 시기하게 되었다. 복신은 병이 들었다는 구실로 굴 속에 누어서 풍이 문병하러 오기를 기다려 그를 죽이고자 하였다. 풍이 이를 알고 심복들을 거느리고 복신을 급습하여 죽이고, 고구려와 왜국에 사람을 보내 군사를 요청하여 당나라 군사를 막았는데, 손인사가 중도에서 이들을 맞아 쳐부수고, 마침내 인원의 군사와 합세하니 군사의 사기가 크게 올랐다. 이에 모든 장수들이 공격의 방향을 의논하는데 어떤 자가 "가림성(加林城)이 수륙의 요충이므로 먼저 쳐버려야 한다."고 말하니, 인궤가 대답하였다. "병법(兵法)에는 강한 곳을 피하고 약한 곳을 공격해야 한다고 하였다. 가림성은 험하고 튼튼하므로 공격하면 군사들이 상할 것이요, 밖에서 지키자면 날짜가 오래 걸릴 것이다. 주류성은 백제의 소굴로서 무리들이 모여 있으니, 만일 이곳을 쳐서 이기게 되면 여러 성은 저절로 항복할 것이다." 이에 인사, 인원과 신라 왕 김법민은 육군을 거느리고 나아가고, 유인궤와 별수(別帥) 두상(杜爽)과 부여융은 수군과 군량 실은 배를 거느리

고, 웅진강에서 백강으로 가서 육군과 합세하여 주류성으로 갔다. 백강어귀에서 왜국 군사를 만나 네 번 싸워서 모두 이기고, 그들의 배 4백 척을 불사르니, 연기와 불꽃이 하늘로 오르고 바닷물도 붉은 빛을 띄웠다. 이때 왕 부여풍은 탈출하여 도주하였으므로 거처를 알지 못하게 되었는데 어떤 사람은 고구려로 달아났다고 말하기도 한다. 당나라 군사들이 그의 보검을 노획하였다. 왕자 부여충승(扶餘忠勝) · 충지(忠志) 등이 부여풍의 군사를 거느리고 왜국 군사들과 함께 항복하고, 지수신(遲受信)이 혼자 남아 임존성(任存城)에서 버티며 항복하지 않았다.

처음에 흑치상지(黑齒常之)가 도망하여 흩어진 무리들을 모으니, 열흘 사이에 따르는 자가 3만여 명이었다. 소정방이 이들을 공격하니 상지가 이들과 싸워서 승리하고, 다시 2백여 성을 빼앗으니 정방이 이길 수 없었다. 상지는 별부장(別部將) 사탁상여(沙吒相如)를 데리고 험준한 곳에 웅거하여 복신과 호응하다가, 이때에 이르러 모두 항복하였다. 인궤가 그들에게 진심을 보이면서, 그들로 하여금 임존성을 빼앗아 그들 자신의 성의를 나타내는 기회를 갖게 하려고 갑옷과 병기, 군량 등을 주었다. 인사가 말하기를 "그들은 야심이 있어 믿기 어렵다. 만일 그들이 무기와 곡식을 얻는다면 이는 그들에게 도적질을 할 방책을 제공하는 것이다."라고 하였다. 인궤가 말하기를 "내가 상여와 상지를 보니, 그들에게는 충심과 지모가 있다. 그들에게 기회를 주면 공을 세울 것이니 무엇을 의심할 것인가?"라고 하였다. 그들 두 사람이 성을 빼앗으니, 지수신은 처자를 버리고 고구려로 달아났으며 잔당들도 모두 평정되었다.

❖ 『일본서기(日本書紀)』 권27 덴지(天智)

2년(663) 가을 8월 무술(8월17일) 적의 장수가 주유(州柔)에 이르러 그 왕성을 에워쌌다. 당의 군장이 전선(戰船) 170척을 거느리고 백촌강(白村江)에 늘어섰다.

무신(27일) 일본의 수군 중 처음 도착한 배들이 당의 수군과 만나 싸웠는데, 일본이 불리하여 물러났다. 당은 굳게 진을 치고 지켰다.

기유(28일) 일본의 장수들이 백제왕과 더불어 날씨를 살피지 않고 서로 "우리들이 선두를 다투어 싸운다면 그들이 스스로 물러날 것이다."라 하였다. 다시 일본의 어지러운 대오와 중군의 군졸들을 이끌고 나아가 굳게 진치고 있는 당의 군대를 쳤다. 당(의 선박들)이 바로 좌우에서 배를 협공하여 에워싸고 싸우니 잠깐 사이에 (일본의) 관군이 계속 패하여, 물에 빠져 죽는 사람이 많고 배의 앞뒤를 돌릴 수 없었다. 에치노타쿠쓰(朴市田來津)가 하늘을 우러러 보며 맹세하고 분하여 이를 갈며 성을 내고 수십 인을 죽이고 전사했다. 이때 백제왕 풍장(豊璋)이 여러 사람과 배를 타고 고려(高麗)로 도망했다.

9월 신해 초하루 정사(7일) 백제의 주유성(州柔城)이 비로서 당에 항복했다. 이 때 나라 사람들이 서로 "주유가 항복하였으니, 일이 어찌할 수가 없게 되었다. 백제의 이름이 오늘에 끊어지게 되었다. 조상의 무덤이 있는 곳에 어떻게 다시 갈 수 있겠는가. 다만 대례성(弖禮城)에 가서 일본의 군장들과 만나 서로 현 상황에서 필요한 것을 도모할 수밖에 없다."라고 하였다. 드디어 처음부터 침복기성(枕服岐城)에 있던 처자들로 하여금 나라를 떠나려는 마음을 알게 하였다.

❖ 『삼국사기(三國史記)』 권22 고구려본기10 보장왕(하)

보장왕(寶藏王) 27년(668) 가을 9월에 이적(李勣)이 평양을 함락시켰다. 이적이 이미 대행성(大行城)에서 이기자, 다른 길로 나왔던 여러 군대가 모두 이적과 합쳐 진격하여 압록책(鴨淥柵)에 다다랐다. 우리 군사가 맞서 싸웠으나 이적 등이 이를 패배시키고, 200여 리를 쫓아와서 욕이성(辱夷城)을 함락시키니, 여러 성에서 도망하고 항복하는 자들이 이어졌다. 글필하력(契苾何力)이 먼저 군사를 이끌고 평양성 밑에 이르니, 이적의 군대가 뒤를 이어 와서 한 달이 넘도록 평양을 포위하였다.

보장왕은 천남산(泉男産)을 보내 수령 98명을 거느리고 흰 기를 들고 이적에게 나아가 항복하였다. 이적이 예로써 접대하였다. 천남건(泉男建)은 오히려 문을 닫고 항거하여 지키면서, 자주 군사를 내보내 싸웠으나 모두 패하였다. 남건은 군사의 일을 승려 신성(信誠)에게 맡겼는데, 신성은 소장(小將) 오사(烏沙)와 요묘(饒苗) 등과 함께 몰래 이적에게 사람을 보내 내응하기를 청하였다. 5일이 지난 후 신성이 성문을 여니, 이적이 군사를 놓아 성에 올라가 북치고 소리 지르며 성을 불 질렀다. 남건은 스스로 찔렀으나 죽지 않았다. 당나라 군사가 왕과 남건 등을 사로잡았다.

❖ 『신당서(新唐書)』 권220 열전145 동이열전 고려전

총장(總章) 2년(669)에 고구려민 3만 명을 강회(江淮)와 남산(山南)으로 옮겼다. 고구려의 대장(大長) 겸모잠(鉗牟岑: 검모잠)이 무리를 거느리고 반란을 일으켜 고장(高藏)의 외손(外孫) 안순(安舜: 안승)을 세워 왕으로 삼았다. 고간(高偘)을 동주도행군총관(東州道行軍總管)으로 삼고, 이근행(李謹行)을 연산도행군총관(燕山道行軍總管)으로 삼아 토벌케 하였고, 사평태상백(司平太常伯) 양방(楊昉)을 보내어 도망치고 남은 무리를 불러들이도록 하였다. 안순이 겸모잠을 죽이고 신라로 달아났다. 고간은 안동도호부(安東都護府)의 치소를 요동주(遼東州)로 옮기고, 안시성(安市城)에서 반란병을 격파하였다. 또한 반란 세력을 천산(泉山)에서 쳐부수고 신라의 구원병 2,000명을 사로잡았다. 이근행은 그들을 발노하(發盧河)에서 쳐부수고, 다시 싸워서 포로와 참수한 수가 1만에 이르렀다. 이에 평양성의 패잔병은 다시 군대의 진열을 정비할 수 없게 되었고, 함께 어울려 신라로 달아났다. 그리하여 모두 4년 만에 고구려 잔여 세력이 평정되었다.

❖ 『삼국사기(三國史記)』 권 제7 신라본기 제7 문무왕(하)

14년 9월에 안승(安勝)을 보덕왕(報德王)으로 봉(封)하였다. [〔문무왕〕 10년에 안승을 고구려의 왕으로 봉하였는데 지금 다시 봉하였다. 보덕(報德)이란 말이 명령을 따라 돌아온다는 것인지, 혹은 땅의 이름인지 알 수 없다.]

15년 2월에 유인궤(劉仁軌)가 칠중성(七重城)에서 우리 군사를 깨뜨렸다. 인궤는 병사를 이끌고 돌아가고, 조서(詔書)로 이근행(李謹行)을 안동진무대사(安東鎭撫大使)로 삼아 다스리게 하였다. 왕은 사신을 보내 특산물을 바치고 또한 사죄하였다. 황제는 용서하고 왕의 관작을 회복시켰다. 김인문(金仁問)은 오는 길에 [당으로] 되돌아갔는데, 그를 임해군공(臨海郡公)으로 고쳐서 봉하였다. 그러나 백제 땅을 많이 빼앗기에 마침내 고구려 남쪽 경계까지 주(州)와 군(郡)으로 삼았다. 당나라 군사가 거란(契丹)과 말갈(靺鞨) 군사와 함께 쳐들어온다는 말을 듣고 아홉 부대의 병사를 내보내 막게 하였다.

가을 9월에 설인귀(薛仁貴)가 숙위학생(宿衛學生) 풍훈(風訓)의 아버지 김진주(金眞珠)가 본국(本國)

에서 목베여 죽임을 당하였으므로, 풍훈을 길을 이끄는 사람으로 삼아 천성(泉城)을 쳐들어왔다. 우리 장군인 문훈(文訓) 등이 맞서 싸워 이겼는데, 1천4백 명의 목을 베고 병선(兵船) 40척을 빼앗았으며, 설인귀가 포위를 풀고 도망가자 전마(戰馬) 1천 필도 얻었다.

29일에 이근행(李謹行)이 군사 20만 명을 이끌고 매초성(買肖城)에 진을 쳤다. 우리 군사가 공격하여 도망가게 하고는 전마(戰馬) 30,380필을 얻었으며 남겨놓은 병기도 그 정도 되었다. (중략)

또한 우리 군사가 당나라 군사와 크고 작은 열여덟 번의 싸움을 벌여 모두 이겼는데, 6천 4십 7명의 목을 베었고 말 2백 필을 얻었다. (중략)

16년 겨울 11월에 사찬(沙飡) 시득(施得)이 수군[船兵]을 거느리고 설인귀(薛仁貴)와 소부리주(所夫里州) 기벌포(伎伐浦)에서 싸웠는데 연이어 패배하였다. 다시 나아가 크고 작은 22번의 싸움을 벌여 이기고서 4천여 명을 목 베었다.

❖ 『삼국사기(三國史記)』 권35 잡지4 지리(地理)2 신라(新羅)

중원경(中原京)은 본래 고구려(高句麗) 국원성(國原城)이었는데 신라(新羅)가 이를 평정하였다. 진흥왕(眞興王)이 소경(小京)을 세우고 문무왕(文武王) 때 성을 쌓았는데, 주위가 2592보였다. 경덕왕(景德王)이 중원경(中原京)으로 이름을 고쳤으며, 지금은 충주(忠州)이다.

5 남북국시대

1) 통일신라

신라는 통일전쟁을 주도한 무열왕과 문무왕에 의해 왕의 권위가 신장되어 통일 이전 불교식의 왕명 대신에 유교식의 왕명을 사용하고 유교정치 이념을 내세웠다. 이후 무열왕 직계 자손들이 왕위를 계승하고 전제왕권을 강화하기 시작하였다.

문무왕릉

신문왕 때에는 김흠돌 모역사건을 계기로 진골 귀족 세력을 숙청하였고 지방통치 강화를 위해 9주 5소경 체제를 확립하였다. 또한 문무관료들에게 등급에 따라 차등을 두어 관료전을 지급하였으며 녹읍을 폐지하고 녹봉으로 바꾸어 관리가 농민에게 직접 조세를 거두어들이는 과정에서 농민에 대한 침탈을 막으려 하였다.

또한 신라는 촌을 단위로 한 민정문서인 '촌락문서'를 작성하였다. 촌락문서에는 촌의 가호 수, 인구, 토지면적, 가축의 수, 과일 나무의 수까지 통계를 내어 기록해 놓았으며 남녀를 구분하고 연령에 따라 6등급으로 나누어 작성하였다. 이를 통해 당시 국가는 백성에게 조세를 거두고 대민지배체제를 확립하였다.

그러나 귀족들의 반발로 경덕왕 16년(757) 녹읍이 부활되는 등 신라 하대로 갈수록 점차 왕권이 약화되었다.

8세기 말 혜공왕이 어린 나이에 등극하자 진골귀족들의 권력다툼이 시작되었다. 최고 관직인 각간의 자리에 있었던 대공이 반란을 일으켰고 96명의 각간이 왕경과 각지에서 서로 다투어 3년을 끌었을 정도로 정치적 혼란은 계속되었다.

신라 촌락문서

신라 때 서원경(西原京: 청주) 지방 4개 촌의 촌락문서로, 당시 촌락의 경제 상황과 국가의 세무 행정을 알 수 있는 자료이다. 신라 민정문서 또는 신라장적, 정창원 문서(正倉院文書)라고도 부른다. 이 문서를 작성한 연대에 대해서는 695년(효소왕 4), 755년(경덕왕 14), 815년(헌덕왕 7)설 등이 있다.

1933년 일본 도다이사(東大寺) 쇼소인(正倉院)에 소장된 『화엄경론(華嚴經論)』을 수리하면서 문서가 발견되었다. 이 고문서는 해서(楷書)로 쓰였으며, 모두 62행으로 되어 있다.

서원경에 근접한 군에 속했을 것으로 추측되는 현의 관할 아래 있던 사해점촌(沙害漸村), 살하지촌(薩下知村), 모촌(某村)과 서원경(西原京)의 직접 관할 아래 있던 모촌(某村)의 사정이 기재되어 있다.

촌의 둘레, 연호수(煙戶數), 인구, 우마, 토지, 수목 등이 기록되어 있어 촌락의 생태를 잘 알 수 있다. 이 촌락문서는 3년간의 사망, 이동 등 변동 내용이 기록된 점으로 보아 3년 만에 한 번씩 작성된 듯하다. 특히 사람은 남녀별로 구분하고, 16세에서 60세의 남자의 연령을 기준으로 나이에 따라 6등급으로 구분하여 기록하였다. 가구는 사람의 많고 적음에 따라 상상호(上上戶)에서 하하호(下下戶)까지 9등급으로 나누어 파악하였다.

신라 촌락문서에는 호구의 이동이 자세히 기록되었다. 이는 국가가 조(租)·용(庸)·조(調)와 같은 세금과 군역(軍役)을 부과하기 위해 호구를 자세히 파악해 둘 필요가 있었기 때문이다. 농민은 다른 촌락으로 전출하려고 할 경우 관아의 허락을 받아야 했으며, 신고를 하지 않고 마을에서 무단으로 이탈한 농민의 이동 사항까지도 자세히 파악하고 있었다.

토지는 연수유답(烟受有畓), 연수유전(烟受有田), 관모답(官謨畓), 관모전(官謨田), 내시령답(內視令畓), 촌주위답(村主位畓), 마전(麻田) 등으로 종류별로 나누고 그 규모를 결수(結數)로 기재하였다. 연수유전답은 연(烟)이 국가로부터 받아서 소유한 전답이라는 뜻으로, 일반 백성의 토지였다. 관모전답은 고려 시대의 공해전(公廨田)과 유사한 토지로 관청에 지급된 토지였다. 내시령답은 관료인 내시령에게 지급한 관료전으로 추정되며, 촌주위답은 지방에 있는 촌주에게 지급된 토지였다. 마전은 마포(麻布)를 공납으로 수취하기 위하여 국가가 설정한 토지였다.

이 밖에도 이 문서에는 뽕나무·잣나무·호두나무 등의 숫자가 자세히 기록되어 있는 등 신라 지방 촌락의 모습과 내용을 매우 자세하고 구체적으로 보여 주고 있다. 따라서 신라 촌락문서는 신라의 농민에 대한 지배 실태와 농민의 생활 모습, 나아가 통일 이후 신라의 사회 변동 등을 연구하는 데 매우 중요한 사료로 활용되고 있다.

780년에는 상대등 김양상과 이찬 김경신이 연합하여 혜공왕을 죽이고 김양상이 선덕왕이 되었으며, 785년에는 김경신이 왕위계승자로 정해진 김주원을 밀어내고 즉위하여 원성왕이 되었다. 이후 귀족들의 다툼에 의한 왕위 쟁탈전이 치열하게 진행되었다. 혜공왕이 죽은 뒤 155년에 걸쳐 20명의 왕이 바뀌는 등 점차 왕권이 약화되었다.

지방에서도 반란이 일어나 822년에는 김주원의 아들인 웅천주 도독 김헌창이 반란을 일으켰으며, 846년에는 청해진을 설치하여 해적을 소탕하고 국제교역기반을 다졌던 장보고가 진골귀족의 견제를 받게 되자 반란을 일으켰다.

/탐구과제/

○ 신문왕은 왜 녹읍을 폐지하였는가?

- ㅁ신라 중대의 토지제도 변화 양상 및 경제 상황을 파악한다.
- ㅁ김흠돌의 난을 통하여 신문왕 때의 신라 왕실 상황을 살펴본다.
- ㅁ신문왕부터 혜공왕에 이르는 신라의 변화 양상을 탐구한다.

신문왕은 문무왕의 아들이자 통일신라의 왕이다. 신문왕은 즉위하자 김흠돌의 난이 일어나면서 왕권이 흔들리는 상황을 맞게 되었다. 김흠돌의 난을 극복한 신문왕은 왕권을 강화시키기 위하여 여러 정책을 펼쳤으며, 이 과정에서 녹읍을 폐지하고 녹봉을 지급하게 되었다.

녹읍은 신라시대 관료에게 직무의 대가로 지급되었던 논밭을 의미한다. 관료 귀족이 토지를 소유하고, 해당 지역에서 세금을 수취할수 있을 뿐만 아니라 토지의 노동력과 공물도 수취할 수 있는 권한이 주어졌다. 신문왕대에 들어서 녹읍이 폐지되고 녹봉을 지급하였다. 이후 경덕왕대에 이르러서는 귀족들의 반발로 인하여 녹봉 지급을 그대로 유지하기 어려워 다시 녹읍을 부활하여 지급하게 되었다.

이번 탐구과제에서는 신라시대 관료들의 토지제도가 어떤 식으로 바뀌어나갔는지 살펴보면서 당시의 경제 상황을 파악하는 것을 목적으로 한다. 녹읍제도의 폐지와 관련하여 신문왕 당대의 상황을 파악하고, 이후 경덕왕 때 다시 부활하는 과정을 고찰하는 것을 목표로 한다. 나아가 신문왕이 왜 녹읍제도를 폐지하였는지 살펴보고, 혜공왕대에 이르는 신라의 변화 양상을 탐구하도록 한다.

❖ 『삼국사기(三國史記)』 권8 신라본기8 신문왕 원년

신문왕(神文王)이 왕위에 올랐다. 이름은 정명(政明)[정명의 자(字)는 일초(日怊)이다.]으로 문무대왕(文武大王)의 맏아들이다. 어머니는 자의(慈儀)[또는 의(義)라고도 적는다.] 왕후(王后)이며, 왕비는 김씨(金氏) 소판(蘇判) 흠돌(欽突)의 딸이다. 왕이 태자였을 때에 (그녀를) 맞아들였으나 오래도록 아들이 없었고, 뒤에 아버지(흠돌)가 난을 일으킨 데에 연루시켜 궁 밖으로 내쳐졌다. 문무왕 5년(665)에 태자가 되었다가, 이때에 이르러 왕위를 이었다. 당(唐) 고종(高宗)이 사신을 보내 (조칙을 내려) 신라왕으로 책봉하고, 선왕(先王)의 관작(官爵)을 그대로 잇게 하였다.

[원년(681) 8월] 8일에 소판 김흠돌(金欽突), 파진찬 흥원(興元), 대아찬 진공(眞功) 등이 반란을 꾀하였다가 처형당하였다. …… (중략) …… 16일 왕이 교서(敎書)를 내려 다음과 같이 말하였다. "공(功)이 있는 자에게 상(賞)을 주는 것은 옛 성인(聖仁)의 좋은 규범[往聖之良規]이고, 죄가 있는 자를 처형하는 것은 선왕(先王)의 법도(法度)이다.[先王之令典] 과인(寡人)은 보잘것없고 박덕함에도 불구하고 숭고한 기틀[王業]을 이어받아 지키느라 끼니마저 거르거나 잊어버리고, 아침 일찍 일어나 밤늦게

잠자리에 들기까지 여러 중신들과 함께 나라를 편안케 하려 하였다. (그런데) 어찌 상중(喪中)에 경성(京城)에서 반란이 일어날 줄 생각이나 하였겠는가! 역적의 우두머리 흠돌, 흥원, 진공 등은 관위(官位)는 재능으로 승진한 것이 아니고, 관직(官職)은 실상 은전(恩典)을 받아 오른 것임에도 불구하고 처음부터 끝까지 근신하여 부귀(富貴)를 보전하지 못하였다. 게다가 어질고 의롭지 못하여 마음대로 복(福)과 위세를 지어내고 관료들을 업신여기며 위아래를 속이고 능멸(凌蔑)하였다. 근래에 무한한 탐욕스러운 뜻을 (거침없이) 드러내고, 잔인하고 난폭한 마음을 제멋대로 부렸으며, 흉악하고 간사한 자들을 불러들이고 궁중의 근시(近侍)들과 교제하여 화란(禍亂)이 안팎으로 통하게 되자, 나쁜 무리들이 서로 도와 기일을 정하여 반역을 꾀하려고 하였다. 과인이 위로는 하늘과 땅의 도움을 받고, 아래로는 종묘(조상)의 신령스러운 보살핌을 받아 흠돌 등의 악이 쌓이고 죄가 가득 차서 역모가 탄로하게 되었다. 이는 곧 사람과 신이 함께 버린 바요, 하늘과 땅 사이에 (그들이) 용납될 수 없는 바였다. 의리를 어기고 풍속을 해치는 것이 이보다 심한 것이 없을 것이다. 이에 군사들을 불러 모아 흉악한 무리들[梟獍]을 제거하려 하자, 혹은 산골짜기로 도망쳐 숨고, 혹은 궁궐의 뜰에 와서 항복하였다. 그러나 가지와 잎사귀 같은 잔당(殘黨)까지 샅샅이 찾아내 모두 처형하였다. 삼사일 사이에 역적의 우두머리들이 모두 소탕되었다. 부득이한 일로 관리와 백성들(士人)을 놀라게 하였으나 걱정스럽고 부끄러운 마음이야 어찌 한시라도 잊을 수 있으랴! 지금 이미 요망한 무리들이 말끔하게 제거되어 먼 곳이나 가까운 곳 모두에 걱정거리가 없게 되었으니, 불러 모은 군사와 말들을 마땅히 신속하게 돌려보내라. 사방에 포고하여 이 뜻을 알게 하라."

(8월) 28일에 이찬 군관(軍官)을 처형하였다. (왕이) 교서를 내려 다음과 같이 말하였다. "임금을 섬기는 법은 충성(忠誠)을 다하는 것을 근본으로 삼고, 관직을 맡은 자의 의리는 (임금에게) 두 마음을 갖지 않는 것을 으뜸으로 삼는다. 병부령(兵部令) 이찬 군관(軍官)은 반열(班列)의 순서로 인하여 마침내 높은 관위까지 승진하였으면서도 (임금의) 과실을 바로 잡아 주거나 결점을 보완해주고, 조정(朝庭)에 결백한 절개를 드러내 보이지 않았으며, 목숨을 바치고 자기 몸을 잊으면서 사직(社稷)에 진심에서 우러나오는 정성을 표하지도 않았다. (여기다가) 저번에 적신(賊臣) 흠돌(欽突) 등과 사귀면서 (그들이) 반역을 꾀하고 있는 일을 알면서도 일찍이 알리지 않았다. 이미 나라를 걱정하는 마음이 없을 뿐만 아니라 다시 공사(公事)를 위해 목숨을 바칠 뜻도 저버렸으니, 어찌 중요한 재상의 자리에 앉아 국헌(國憲)을 흐리게 할 수 있겠는가! 마땅히 무리들과 함께 내쳐 후진(後進)들에게 경계(警戒)로 삼고자 한다. 군관과 그의 친아들 한 명은 자결하게 할 것이다. 멀고 가까운 곳에 포고하여, 이를 모두가 알게 하라."

❖ 『삼국사기(三國史記)』 권8 신라본기8 신문왕

7년(687) 5월에 교서를 내려, 문무관료전(文武官僚田)을 차등을 두어 하사하였다.

9년(689) 정월에 교서를 내려, 중앙과 지방 관리들의 녹읍(祿邑)을 혁파하고 해마다 조(租)를 차등을 두어 사여하는 것을 법식(法式)으로 정하였다.

가을 윤 9월에 왕이 장산군(獐山郡)에 거둥하였다. 서원경(西原京)에 성을 쌓았다. 왕이 달구벌(達句伐)로 도읍을 옮기려 하다가 실행하지 못하였다.

❖ 「신라촌락문서(新羅村落文書)」 사해점촌(沙害漸村)

이 현(縣)의 사해점촌(沙害漸村)을 조사해 보니, 지형은 산과 평지로 이루어져 있으며, 마을의 둘레는 5725보(步), 공연(孔烟)의 수는 합하여 11호(戶)가 된다. 계연(計烟)은 4, 나머지 3이다. 이 가운데 중하연(仲下烟) 4호, 하상연(下上烟) 2호, 하하연(下下烟) 5호이다. 마을의 모든 사람을 합치면 147명이며, 이 중 3년 전부터 살아온 사람과 3년 사이에 태어난 자를 합하면 145명이 된다.

정(丁) 29명(노(奴) 1명 포함), 조자(助子) 7명(노(奴) 1명 포함), 추자(追子) 12명, 소자(小子) 10명이며, 3년 사이에 태어난 소자 5명, 제공(除公) 1명이다.

여자는 정녀(丁女) 42명(비(婢) 5명 포함), 조여자 9명, 소여자 8명이며, 3년간에 태어난 소여자 8명(비 1명 포함), 제모(除母) 2명, 노모(老母) 1명 등이다. 3년 사이에 이사 온 사람은 둘인데, 추자 1명, 소자 1명이다.

가축으로는 말 25마리가 있으며, 전부터 있던 것 22마리, 3년 사이에 더해진 말이 3마리이다. 소는 22마리인데, 전부터 있던 것 17마리, 3년 사이에 더해진 소 5마리이다.

논[畓]은 전부 102결(結) 2부(負) 4속(束)인데, 관모전(官謨田)이 4결, 내시령답(內視令畓)이 4결, 연수유답(烟受有畓)이 94결 2부 4속이며 그 중 촌주가 그 직위로 받은 논이 19결 70부가 포함되어 있다. 밭은 전부 62결 10부 5속인데 모두 연(烟)이 받은 것이다. 마전(麻田)은 전부 1결 9부이다. 뽕나무는 1004그루인데, 3년 사이에 심은 것이 90그루, 전부터 있던 것이 914그루이다. 잣나무는 모두 120그루이고, 3년 사이에 심은 것이 34그루, 전부터 있던 것이 86그루이다. 호두나무는 모두 112그루이고, 3년 사이에 심은 것이 38그루, 전부터 있던 것이 74그루이다.

❖ 『삼국사기(三國史記)』 권8 신라본기8 성덕왕

21년(722) 봄 정월에 중시 문림이 죽었으므로 이찬 선종(宣宗)을 중시로 삼았다. 2월에 서울에 지진이 일어났다. 가을 8월에 처음으로 백성들에게 정전(丁田)을 지급하였다. 겨울 10월에 대나마 김인일(金仁壹)을 당나라에 보내 새해를 축하하고 아울러 토산물을 바쳤다. 모벌군성(毛伐郡城)을 쌓아 일본 도적들이 [노략질하는] 길을 막았다.

❖ 『삼국사기(三國史記)』 권9 신라본기9 경덕왕

16년(757) 봄 정월에 상대등 사인(思仁)이 병으로 관직을 그만두었으므로 이찬 신충(信忠)을 상대등으로 삼았다. 3월에 중앙과 지방의 여러 관리들에게 매달 주던 녹봉을 없애고 다시 녹읍(祿邑)을 주었다. 가을 7월에 영창궁(永昌宮)을 다시 수리하였다. 8월에 조부(調府)에 사(史) 2인을 더 두었다.

겨울 12월에 사벌주(沙伐州)를 상주(尙州)로 고치고 1주 · 10군 · 30현을 거느리게 하였고, 삽량주(歃良州)를 양주(良州)로 고치고 1주 · 1소경 · 12군 · 34현을 거느리게 하였으며, 청주(菁州)를 강주(康州)로 고치고 1주 · 11군 · 27현을 거느리게 하였다. 한산주(漢山州)를 한주(漢州)로 고치고 1주 · 1소경 · 27군 · 46현을 거느리게 하였고, 수약주(首若州)를 삭주(朔州)로 고치고 1주 · 1소경 · 11군 · 27현을 거느리게 하였으며, 웅천주(熊川州)를 웅주(熊州)로 고치고 1주 · 1소경 · 13군 · 29현을 거느리게 하였다. 하서주(河西州)를 명주(溟州)로 고치고 1주 · 9군 · 25현을 거느리게 하였고, 완산주(完山州)를 전주(全州)로 고치고 1주 · 1소경 · 10군 · 31현을 거느리게 하였으며, 무진주(武珍州)를 무주(武州)로 고치고 1주·14군·44현을 거느리게 하였다.[양주(良州)를 또는 양주(梁州)로도 썼다.]

❖ 『삼국사기(三國史記)』 권9 신라본기9 혜공왕

4년(768) 봄에 살별[彗星]이 동북쪽에 나타났다. 당나라 대종(代宗)이 창부랑중(倉部郎中) 귀숭경(歸崇敬)에게 어사중승(御史中丞)을 겸직시켜 보내, 부절과 책봉조서를 가지고 와 왕을 개부의동삼사(開府儀同三司) 신라왕(新羅王)으로 책봉하고 아울러 왕의 어머니 김씨를 대비(大妃)로 책봉하였다.

여름 5월에 사형죄 이하의 죄수들을 사면하였다. 6월에 서울에 천둥이 치고 우박이 내려 풀과 나무들이 상하였다. 큰 별이 황룡사 남쪽에 떨어졌는데, 땅이 진동하는 소리가 천둥소리와 같았다. 우물과 샘이 모두 말랐고 호랑이가 궁궐 안에 들어 왔다.

가을 7월에 일길찬 대공(大恭)이 아우 아찬 대렴(大廉)과 함께 반란을 일으켰는데, 무리를 모아 33일간 왕궁을 에워쌌으나 왕의 군사가 이를 쳐서 평정하고 9족(九族)을 목베어 죽였다. 9월에 당나라에 사신을 보내 조공하였다. 겨울 10월에 이찬 신유(神猷)를 상대등으로 삼고 이찬 김은거를 시중으로 삼았다.

…… (중략) ……

16년(780) 봄 정월에 누런 안개가 끼었다. 2월에 흙이 비처럼 내렸다. 왕은 어려서 왕위에 올랐는데, 장성하자 음악과 여자에 빠져 나돌아 다니며 노는 데 절도가 없고 기강이 문란해졌으며, 천재지변이 자주 일어나고 인심이 등을 돌려 나라가 불안하였다. [이에] 이찬 김지정(金志貞)이 반란을 일으켜 무리를 모아서 궁궐을 에워싸고 침범하였다. 여름 4월에 상대등 김양상(金良相)이 이찬 경신(敬信)과 함께 군사를 일으켜 김지정 등을 죽였으나, 왕과 왕비는 반란군에게 살해되었다. 양상 등이 왕의 시호를 혜공왕(惠恭王)이라 하였다. 첫째 왕비 신보왕후(新寶王后)는 이찬 유성(維誠)의 딸이고 둘째 왕비는 이찬 김장(金璋)의 딸인데 사서(史書)에는 궁중에 들어온 날짜가 빠져 있다.

❖ 『삼국유사(三國遺事)』 권2 기이2 혜공왕

7월 3일에 각간 대공의 반란이 일어나고, 서울과 오도(五道) 주군(州郡)의 총 96명의 각간들이 서로 싸워 [나라가] 크게 어지러웠다. 각간 대공의 집이 망하자, 그 집의 재산과 보물과 비단 등을 모두 왕궁으로 옮겼다. 신성(新城)의 장창(長倉)이 불에 타자 사량(沙梁)·모량(牟梁) 등의 마을 안에 있던 역적들이 보(寶)에 보관한 곡식도 왕궁으로 실어들였다.

난리가 3개월만에 멎었다. 상을 받은 사람도 제법 많았으나 죽임을 당한 자도 수없이 많았으니, 표훈(表訓)의 말에 나라가 위태롭다고 한 것이 이것이었다.

사회가 혼란해지면서 지방에서는 호족이라 부르는 새로운 세력이 등장하여 중앙정부의 통제를 벗어나 반독립적인 세력으로 성장하였다. 호족들은 성을 쌓고 군대를 보유하여 성주, 장군이라 칭하면서 그 지방의 행정권, 군사권, 경제권을 장악하였다.

당에 유학하였다가 돌아온 6두품 출신의 일부 유학생들과 선종 승려 등은 신라 골품제 사회를 비판하면서 지방의 호족 세력과 연계하여 사회 개혁을 추구하기도 하였다.

신라는 삼국을 통일한 뒤 새로 확대된 경제적 · 사회적 기반 위에서 고구려와 백제의 문화를 통합하여 계승하고 종래 신라문화의 폭을 넓혀 민족문화의 토대를 마련하였다.

통일신라기에는 불교신앙이 널리 확산되면서 많은 절과 불상, 탑이 조성되었다. 통일신라기의 예술은 대부분 종교생활에서 나온 불교 미술로서 통일신라 때처럼 종교적인 정열을 미술에 쏟은 때는 일찍이 없었다.

불국사의 다보탑과 석가탑, 석굴암의 건축과 장엄한 불상, 성덕대왕신종(에밀레종), 경주 남산의 문화유산, 화엄사의 4사자삼층석탑 등은 이 시대의 불교문화 모습을 잘 나타내주고 있다. 1966년 석가탑을 수리할 때 탑 안의 사리함에서 여러 가지 유물이 나왔는데, 그 중에서 『무구정광대다라니경』은 751년 이전에 만들어진 것으로 보여 현전하는 세계최고의 목판인쇄물로 알려져 있다.

이 시기 예술은 통일과 균형의 미를 통해 불국토의 이상 세계를 실현하려는 의도를 보여주고 있다. 이러한 통일기의 예술은 주로 귀족 중심으로 발달하였는데, 진골 귀족뿐만 아니라 6두품 귀족들의 활동도 부각되었으며, 문화가 중앙에서 지방으로 확산되어 나갔다.

성덕대왕 신종

신라시대의 충주

557년(진흥왕 18)에 신라가 고구려의 국원을 장악하면서 충주에 소경(小京)을 설치하였다. 국원소경(國原小京)은 757년(경덕왕 16)에 중원경(中原京)으로 개칭되면서 중원문화의 중심으로 자리했으며 문무왕 13년(673)에는 둘레 2,592보 규모의 성을 쌓았다.

탑평리 유적 부근에는 국토 중앙에 있어서 중앙탑으로도 부르는 탑평리 7층 석탑이 자리하고 있다. 이 탑은 통일신라 시기의 전형적인 석탑으로 유적의 남쪽에 다른 유구와 연관성 없이 위치하고 있어서 삼국통일의 상징적인 기념물로서 또는 남한강 수운 교통의 안녕을 기원하는 신앙적 예배 대상으로 제작되었을 것으로 보기도 한다.

그런데 진흥왕 때 신라가 소경을 설치하던 무렵, 귀족 자제와 왕경(王京) 6부(部)의 부유한 백성을 국원소경으로 이주시켰다는 기록이 있어 이 과정에서 멸망한 대가야의 귀족 세력들도 다수 이주된 것으로 보인다. 우륵이나 강수는 바로 그러한 가야계 인물들이었고, 충주 지역의 문화 발달에 많은 영향을 끼쳤다.

충주 탑평리 7층 석탑

특히 탄금대는 우륵이 가야금 음악의 한 악조인 하림조를 연주하였던 곳으로 전해지고 있다.

건국대학교 부지와 연결된 단월동 일대에서도 통일신라시대의 고분이 발굴되어 다양한 토기와 금속 제품들이 출토되었다.

9주 5소경

/탐구과제/

○ 장보고는 어떻게 동아시아의 무역을 주도했는가?

- ▫ 통일신라 및 남북국시대의 국제관계에 대해 탐구한다.
- ▫ 『입당구법순례행기』는 어떠한 책이며 이 책을 통해 어떠한 내용을 탐구할 수 있는지 살펴본다.
- ▫ 장보고 관련 기록을 통해 그 의미와 한계에 대해 논의해본다.

신라는 통일 이후 삼국문화를 폭넓게 수용하고 당의 문화까지 포용하여 귀족들의 경제적 기반의 확대와 왕권 전제화 과정을 통해 8~9세기 문화적 번영을 이루고 있다.

이에 따라 대외관계도 활발히 이루어져 견당사와 구법승의 활동, 신라방(新羅坊)과 같은 산둥반도 일원에서의 신라인의 활동 등 신라인의 해외진출이 돋보인다. 이러한 사실은 9세기 일본 교토 엔랴쿠사(延曆寺)의 승려로서 일본 큐슈(九州) 하카타를 출발하여 9년간(838~847) 당나라에 머문 동안의 행적을 기록한 엔닌(圓仁)의 『입당구법순례행기(入唐求法巡禮行記)』에도 나타나 있다.

특히 장보고 및 해외에서 보이는 신라인의 활동을 통해 남북국시대의 국제관계의 실상에 대해 고찰해보기로 하자.

❖ 『삼국사기(三國史記)』 권44 열전4 장보고(張保皐) · 정년(鄭年)

장보고(張保皐)[신라본기에는 궁복(弓福)으로 썼다.]와 정년(鄭年)[연(年)은 혹은 연(連)으로 썼다.]은 모두 신라 사람이다. 다만 (그들의) 고향과 아버지와 할아버지는 알 수 없다. 두 사람 모두 싸움을 잘하였는데, 정년은 또 바다 속에서 잠수하여 50리를 다녀도 숨이 막히지 않았다. 그 용맹과 씩씩함을 비교하면, 장보고가 (정년에게) 조금 미치지 못하였다. (그러나) 정년이 장보고를 형으로 불렀다. 장보고는 나이로, 정년은 기예로 항상 서로 맞지 않아 서로 아래에 들지 않으려 하였다. 두 사람은 당나라에 가서 무령군소장(武寧軍小將)이 되어 말을 타고 창을 사용하는데, 대적할 자가 없었다.

후에 장보고가 귀국하여 (흥덕)대왕을 뵙고, "중국을 두루 돌아보니, 우리 나라 사람들을 노비로 삼고 있습니다. 바라건대, 청해(淸海)에 진영을 설치하여 도적들이 (우리나라) 사람을 붙잡아 서쪽으로 데려가지 못하게 하십시오."라고 아뢰었다. 청해는 신라 해로의 요충지로, 지금(고려)은 그곳을 완도(莞島)라 부른다.

(흥덕)왕이 장보고에게 (군사) 만 명을 주었다. 이후 해상(海上)에서 우리나라 사람을 파는 자가 없었다. …… (중략)

희강왕이 시해되어 나라가 어지럽고 임금의 자리가 비었다는 소식을 들었다 장보고가 군사를 나누어 5천 명을 정년에게 주며, 정년의 손을 잡고 눈물을 흘리면서, "그대가 아니면 환란을 평정할 수 없다."고 말하였다. 정년이 왕경에 들어가 반역자를 죽이고, 신무왕을 세웠다.

신무왕이 장보고를 불러 재상으로 삼고, 정년으로 대신 청해를 지키게 하였다.[이것은 신라의 전기(傳記)와는 매우 많이 다르나, 두목(杜牧)이 전(傳)을 지었기 때문에 둘 다 남겨 둔다.]

❖ 『삼국사기(三國史記)』 권11 신라본기11 문성왕

8년(846) 봄에 청해진(淸海鎭)의 궁복(弓福)이 왕이 딸을 (차비로) 받아들이지 않은 것에 원한을 품고 청해진을 근거로 반란을 일으켰다. 조정에서는 장차 그를 토벌하자니 예측하지 못할 환난이 생길까 두렵고, 그대로 두자니 그 죄를 용서할 수 없어서, 우려하면서도 어떻게 해야 할지를 몰랐다. 무주(武州) 사람 염장(閻長)이란 자는 용맹하고 씩씩하기로 당시에 소문이 났는데, 와서 아뢰기를, "조정에서 다행히 신의 말을 들어주신다면 신은 한 명의 병졸도 번거롭게 하지 않고 맨주먹으로 궁복의 목을 베어 바치겠습니다."라고 하였다. 왕이 그의 말을 따랐다. 염장이 거짓으로 나라를 배반한 것처럼 하고서 청해진에 몸을 의탁하였다. 궁복은 힘센 무사를 아끼던 터라 아무런 꺼림이나 의심도 없이 이끌어 상객(上客)으로 삼고, 그와 함께 술을 마시면서 매우 기뻐하였다. 술에 취하게 되자 궁복의 칼을 빼앗아 목을 베고는, 그 무리를 모아놓고 설득하니, 굴복하여 감히 움직이지 못하였다.

❖ 『입당구법순례행기(入唐求法巡禮行記)』 권2

개성사년(開成四年, 839) 4월 20일. 이른 아침에 신라인이 작은 배를 타고 왔다. 문득 듣건대 "장보고(張寶高)가 신라 왕자와 합심하여 신라국을 징벌하고 곧 그 왕자를 신라국의 왕자로 삼았다." 고 하였다. 남풍이 다소 세차게 불고 역류하는 조수의 물결이 거셌기 때문에 한 곳에 가만히 머물 수가 없었다. 동서로 왔다 갔다 하여 요동이 매우 심했다

6월 7일. 낮 12시경에 북서풍이 불었으므로 돛을 올리고 나아갔다. 오후 2시경에서 4시경 적산(赤山)의 동쪽 언저리에 도착해 배를 정박시켰다. 북서풍이 더욱 세차게 불었다. 이 적산은 순전히 암석으로 된 높이 우뚝 솟은 곳으로, 곧 문등현 청녕향(淸寧鄕) 적산촌(赤山村)이다. 산에는 절이 있어, 그 이름을 적산 법화원(法花院)이라 하는데 본래 장보고가 처음으로 세운 것이다. 오랫동안 장전(莊田)을 갖고 있어, 그것으로 절의 식량을 충당한다. 그 장전은 1년에 500석의 쌀을 거두어들인다. 이 절에서는 겨울과 여름에 불경을 강설하는데, 겨울에는 『법화경(法花經)』을 강설하고 여름에는 8권짜리 『금광명경(金光明經)』을 강설한다. 여러 해 동안 그것을 강설해왔다. 남쪽과 북쪽에는 바위 봉우리가 솟아 있고 물은 법화원의 마당을 관통하여 서쪽에서 동쪽으로 흐른다. 동쪽으로는 멀리 바다를 바라볼 수 있게 터져 있고, 남쪽과 서쪽 그리고 북쪽은 봉우리가 이어져 벽을 이루고 있다. 다만 서남쪽은 비스듬히 경사지게 흘러내리고 있다. 지금 신라 통사 압아 장영(張詠)과 임대사(林大使) 그리고 왕훈(王訓) 등이 전적으로 맡아 관리하고 있다.

개성오년(開成五年, 840) 2월 17일. 생전에 만나 뵙지 못했지만 오래전부터 높은 풍격(風格)을 들었는지라 엎드려 흠모하고 우러르는 마음이 더합니다. (중략) 옛날부터 품었던 생각을 이루기 위해 당나라 땅에 체류하고 있습니다. 부족한 이 몸은 다행히도 대사께서 발원하신 곳[적산원]에 머물 수 있게 된 것에 대해 감사와 기쁨 이외에는 달리 비길 말이 없습니다. 제가 고향을 떠날 때 지쿠젠 태수(筑前太守)의 서신 1통을 부탁받아 대사께 전해 올리려 하였습니다. 그런데, 배가 바다에 침몰하면서 모든 물건이 유실되어 그때 부탁받은 서찰도 파도에 떠내려가고 말았습니다. 이로 인한 슬픔을 하루도 느끼지 않은 적이 없었습니다. 엎드려 바라건대 괴이하게 여겨 책망하지 마십시오. 언제 뵙지 기약할 수 없으나 다만 경모(敬慕)하는 정은 더해갑니다. 삼가 글을 올려 안부를 여쭙습니다. 다 적지 못하고 삼가 서장을 올립니다.

❖ 『입당구법순례행기(入唐求法巡禮行記)』 권4

회창오년(會昌五年, 845) 8월 27일. 구당신라소에 도착하였다. 평로군절도동십장(平盧軍節度同十將) 겸 등주제군사(登州諸軍事) 압아(押衙) 장영은 문등현 내의 신라인 호구를 관할한다. 그의 집으로 찾아가니 서로 알아보고 기뻐하며 친절히 안부를 물었다. 지난 840년에 이 포구에서 오대산으로 들어갈 때 힘을 다하여 오로지 주와 현에서 공문 발송하는 일을 처리해줘서 우리를 떠날 수 있게 해주었다. 이제 다시 만나니 또한 친절하게 맞이해주었다. 현에서 발급한 공문을 건네주면서 내가 생각하는 바를 이야기해주었다. 그는 이곳에 머물면서 배를 구해 귀국할 것을 허락해주었다.

당(唐) 선종(宣宗) 대중원년(大中元年, 847) 6월 9일. 소주(蘇州)에서 출항한 배를 타고 있던 당나라 사람 강장(江長)과 신라 사람 김자백(金子白), 흠량휘(欽良暉), 김진(金珍) 등으로부터 편지를 받았는데, "5월 11일 소주의 송강(松江) 어귀에서 일본으로 갑니다. 여러 사람이 의논하기를 일본국의 승려 등이 지금 등주의 적산촌에 머물고 있으니 곧 그곳으로 가서 그들을 데리고 가자고 하였습니다. 그런데 지난 날에 떠나려고 할 즈음 어떤 사람을 만났는데 말하기를 '그 승려 등은 이미 남쪽 주로 가서 본국으로 가는 배를 찾아 떠났다'라 하였습니다. 지금 바로 노산에서 기다리고 있으니 반드시 배를 타고 돌아오십시오." 운운하였다.

6월 20일. 유산의 장회포(長淮浦)에 도착하였다. 김진 등의 배를 찾을 수가 있었다. 곧 사람과 물건을 싣고 배에 올라 출발하였다.

2) 발해

발해는 698년 고왕高王 대조영大祚榮이 고구려 유민을 중심으로 동모산東牟山(현재 중국 지린성 소재)에서 진振, 震이란 국호로 건국하였으며 당시 발해가 교류했던 여러 나라의 사료를 통해 보아도 발해는 고구려를 계승하였던 나라였음을 알 수 있다. 일본에 보낸 외교 문서에서 발해왕은 스스로 고구려왕이라 칭했고 일본도 발해를 고구려라고 불렀다.

발해는 당 및 돌궐, 거란, 남쪽의 신라, 동해 건너 일본과 개방적 대외교류를 지속하여 해동성국海東盛國으로 칭송되었다. 또한 발해는 중국과 대등한 관계에 있음을 과시하면서 인안, 대흥 등 독자적인 연호를 사용하였다. 이처럼 발해는 시호 및 연호를 사용하여 황제국가를 표방하였으며 일본과 교류한 국서를 통해서 부여와 고구려를 계승하였던 독립국가였음을 확인할 수 있다.

남쪽의 신라와는 신라도新羅道를 두어 국가교류를 하며 남북국시대를 이루어 나갔다. 발해의 정치, 종교, 교육 및 문화 제도는 고구려의 것을 바탕으로 당나라 및 주변 국가의 문물을 수용하여 발해국의 국격을 높여 나갔다.

8세기 초 무왕 때 이르러 발해의 국력이 신장되자 당은 흑수말갈과 연합하여 발해와 대립하게 하였다. 이에 발해의 장문휴가 당의 산둥 지방을 공격하여 대응하자 당은 신라와 연계하여 발해를 공격하였다. 그러나 추운 날씨와 발해의 완강한 저항에 부딪혀 실패하였다.

무왕의 뒤를 이은 문왕 때는 당에 안사의 난이 일어나 혼란한 틈을 타서 요동반도까지 지배 영역을 확장하였다. 당과 친선관계를 맺고 수도를 상경 용천부로 하였다가 동경 용원부로 옮기는 등 국가의 성장에 부응해 여러 차례 수도를 옮겼다.

문왕이 죽고 나서 왕위 다툼으로 잠시 혼란기에 접어들었다가 9세기 초 선왕이 이를 수습하고 발해의 중흥을 이루었다. 영토를 북쪽으로는 흑룡강, 동쪽으로는 연해주, 서쪽으로는 요하 유역까지 진출하여 최대 영토를 확보하였고 당에서도 해동성국이라 칭하였다.

그러나 9세기 말 내분으로 국력이 약화되었고 결국 926년 거란의 공격을 받아 멸망하였다.

/탐구과제/

○ 발해는 고구려를 계승한 나라인가?

- ▫ 발해의 역사를 어떻게 볼 것인지를 탐구한다.
- ▫ 발해의 선조에 대해 각 기록에서 어떻게 나오는지 살펴본다.
- ▫ 각종 자료를 통해 발해가 고구려를 계승한 나라인지 파악한다.

만주의 동부 지역을 거점으로 고구려의 장군 출신 대조영이 건국한 발해는 고구려의 전통을 계승하였으며 옛 고구려의 영토 대부분을 차지하였다. 따라서 7세기 말부터는 남쪽의 신라와 북쪽의 발해가 공존하는 남북국의 형세를 이루게 되었다. 그럼에도 불구하고 현재 중국은 발해를 소수민족에 의한 지방 정권, 당의 지방 정권으로 인식하면서 중국사로 편입시키려 하고 있는 실정이다.

아래의 자료는 한국과 중국, 일본의 발해에 대한 사료를 모아놓은 것이다. 한국에서는 『삼국사기』 이래로 발해사에 대한 기록이 보이지만, 발해사를 본격적으로 다룬 서적은 조선 후기 실학자인 유득공의 『발해고』만 있다고 해도 과언이 아니다. 중국에서는 역대의 정사에서 발해에 대한 열전을 남겨 놓았으며, 이를 통해 발해사를 어떻게 인지하고 있는지를 확인할 수 있다. 일본은 『속일본기』와 『유취국사』를 통해 발해에 대한 인식이 드러나고 있다. 이들 자료를 분석하여 발해의 역사를 어떻게 볼 것인지 탐구한다. 더 나아가 발해의 선조가 어떻게 기록되었는지 살펴보고, 여러 자료를 바탕으로 발해가 고구려를 계승한 나라인지 파악하는 것을 탐구과제로 한다.

❖ 『삼국유사(三國遺事)』 권1 기이 말갈과 발해

말갈(靺鞨)[물길(勿吉)이라고도 한다.]과 발해(渤海)

『통전(通典)』에 이르기를 "발해는 본래 속말말갈(粟末靺鞨)로서 그 추장 조영(祚榮)에 이르러 나라를 창건하고 자칭 진단(震旦)이라 부르더니 선천(先天) 연간[현종(玄宗)의 임자(壬子)년이다.]에 비로소 말갈이라는 이름을 버리고 오로지 발해라 불렀다. 개원(開元) 7년(719) 기미(己未)에 조영이 죽으니 시호를 고왕(高王)이라 하였다. 세자(世子)가 이어서 왕위에 오르니 명황(明皇)이 왕위 계승의 책문을 내리고 왕위를 계승하게 하였던바, 사사로이 연호(年號)를 고치고 마침내 해동성국(海東盛國)이 되어 이 지역에 5경(京) 15부(府) 62주(州)를 두었다. 후당(後唐) 천성(天成) 초년에 거란(契丹)이 이 나라를 부수고 그 후 거란의 지배를 받게 되었다."라고 하였다.

『삼국사(三國史)』에 이르기를 "의봉(儀鳳) 3년 고종(高宗) 무인(戊寅)에 고(구)려의 남은 자손들이 한데 모여 북쪽으로 태백산(太白山) 밑을 의지 삼아 나라 이름을 발해라 하였다. 개원(開元) 20년(732) 중에 명황이 장수를 보내어 이를 토벌하였다. 또 성덕왕(聖德王) 32년(734) 현종(玄宗) 갑술(甲戌)에 발해말갈이 바다를 건너 당나라 등주(登州)를 침범하였으므로 현종이 이를 토벌하였다."라고 하였다. 또 『신라고기(新羅古記)』에 이르기를 "고(구)려의 옛 장수 조영의 성(姓)은 대씨(大氏)니 남은 군사를 모아 태백산 남쪽에서 나라를 세우고 나라 이름을 발해라고 하였다."라고 한다. 이상의 여러 글을 참고해 보면 발해는 말갈의 별종으로 다만 그의 창건과 병합이 같지 않을 뿐이다. 『지장도(指掌圖)』에 보면 "발해는 만리장성(長城) 동북쪽 모서리 밖에 있다."라고 하였다.

가탐(賈耽)의 『군국지(郡國志)』에 이르기를 "발해국의 압록(鴨綠) · 남해(南海) · 부여(扶餘) · 추성(橻城) 4부(四府)는 모두 함께 고(구)려의 옛 땅이니, 신라의 천정군(泉井郡)으로부터 [『지리지(地理志)』에는 삭주(朔州)에 소속된 고을(領縣)로 천정군이 있으니 지금의 용주(湧州)이다.] 추성부까지는 39역이 있다."라고 하였다.

또 『삼국사(三國史)』에 이르기를 "백제(百濟) 말년에 발해와 말갈과 신라가 백제의 땅을 갈랐다."라고 하였다.[이에 의하면 말갈발해(鞨海)가 또 갈라져 두 나라로 된 것이다.] (신)라(羅) 사람들이 이르기를 "북쪽에는 말갈이 있고 남쪽에는 왜인이 있고 서쪽에는 백제가 있으니 이것들이 나라에 해악이다."라고 하였고 또 "말갈의 땅은 아슬라주(阿瑟羅州)에 접하였다."라고 하였다.

❖ 『고려사』 권1 세가1 태조(太祖) 8년(925) 9월

[9월 10일] 경자 발해(渤海) 예부경(禮部卿) 대화균(大和鈞)과 균로사정(均老司政) 대원균(大元均), 공부경(工部卿) 대복모(大福謨), 좌우위장군(左右衛將軍) 대심리(大審理) 등이 백성 100호를 거느리고 귀부(歸附)해왔다. 발해는 본래 속말말갈(粟末靺鞨)이었으나 당(唐) 무후(武后, 측천무후) 때 고구려인(高句麗人) 대조영(大祚榮)이 달아나 요동(遼東)을 지키자 당 예종(睿宗)이 [그를] 봉(封)하여 발해군왕(渤海郡王)으로 삼았다. 이로 인하여 스스로 발해국(渤海國)이라 칭하고 부여(扶餘)와 숙신(肅愼) 등 10여 개의 나라를 병합하였다.

문자와 예악(禮樂), 관부제도(官府制度)가 있으며 5경(京) · 15부(府) · 62주(州)에 땅이 사방 5,000여 리이고 인구가 수십만 명이나 되었는데, 우리와 국경을 접하였으며 거란(契丹)과는 대대로 원수 사이였다. 이에 이르러 거란의 왕이 좌우 신하에게 말하기를, "대대로 이어져 내려온 원수를 아직도 씻지 못하였으니 어찌 편안히 있는 것이 마땅한가?"라고 하고, 군사를 크게 일으켜 발해의 대인선(大諲譔)을 공격하여 홀한성(忽汗城)을 포위하였다. 대인선이 패배하여 항복하기를 청함으로 드디어 발해는 멸망하였다. 이에 그 나라 사람들 중 다투어 오는 자들이 계속 이어졌다.

❖ 유득공 『발해고(渤海考)』 서

고려가 발해의 역사를 편찬하지 않았으니 그것만으로 고려의 국력이 떨치지 못했음을 알 수 있다. 옛날 고씨가 북쪽에 자리 잡아 고구려라 하였고, 부여씨가 서남쪽을 차지하여 백제라 하였으며, 박·석·김씨가 동남쪽을 다스려 신라라 하였으니 이를 일러 3국이라 하였다. 마땅히 3국의 역사가 있어야 했는데, 고려가 그것을 했으니 잘한 일이다. 부여씨와 고씨가 망한 뒤 김씨가 그 남쪽을 차지하였고, 대씨가 북쪽을 다스려 발해라 하였다. 이를 남북국이라 하니 의당 남북국의 역사가 있어야 하는데, 이를 편찬하지 않은 것은 잘못된 일이다. 무릇 대씨는 누구인가. 바로 고구려 사람이다. 그가 차지한 땅은 누구의 땅인가. 고구려 땅이다. 동서북쪽을 개척하여 크게 넓혔던 것이다. 김씨와 대씨가 망하고 왕씨가 나라를 통일하여 고려라고 했다. 남쪽의 땅은 다 차지했지만 북쪽 대씨의 땅은 거두지 못했으니 일부는 여진에 들어가고 거란의 차지가 되었다. 당시 고려를 위해 계책을 세운 자라면 의당 서둘러 발해사를 편찬하여 이를 가지고 여진을 꾸짖어 "어찌 우리 발해 땅을 돌려주지 않는가? 발해의 땅은 옛 고구려의 땅이거늘."라 하고, 장군 하나를 보내 거두게 했다면 토문강 북쪽의 땅을 손에 넣었을 것이다. 또 이를 가지고 거란을 꾸짖어, "어찌 우리 발해 땅을 돌려주지 않는가? 발해의 땅은 옛 고구려의 땅이거늘."라 하고, 장군 하나를 보내 거두게 했다면 압록강 서쪽의 땅을 가졌을 것이다. 그러나 끝내 발해사를 짓지 않았으니 토문강 북쪽과 압록강 서쪽의 땅이 누구의 땅인지 알지 못하게 되었다. 여진을 꾸짖으려 해도 할 말이 없고, 거란에게 따지고 싶어도 할 말이 없게 되었다. 고려가 끝내 약한 나라가 되고 만 것은 발해의 땅을 얻지 못한 까닭이니, 크게 한탄할 일이다. 누군가는 "발해는 요나라에게 망했는데 고려가 무슨 수로 역사를 짓는단 말인가?"라고 말할지 모르나, 그렇지 않다. 발해는 중국의 제도를 모방하였으니 사관을 두었을 것이 틀림없다. 홀한성(忽汗城)이 함락되었을 때, 세자 이하 고려로 달아난 이가 10만이 넘었다. 사관이 없다면 역사서라도 있었을 것이요, 사관과 문헌이 없었다고 하더라도 세자에게 물으면 그 세계(世系)를 알 수 있었을 것이고, 대부 은계종(隱繼宗)에게 물었다면 예법을 알 수 있었을 것이다. 10만이 넘는 사람에게 물었다면 무엇을 알아내지 못했을까? 장건장(張建章)은 당나라 사람인데도 『발해국기』를 지었는데, 고려 사람으로 발해사를 지을 수 없었단 말인가! 슬프다, 문헌이 흩어져 없어진 지 수백 년이 지난 뒤, 짓고자 한들 자료를 얻을 방법이 없다. 내가 내각에 있으면서 그 안의 비서를 제법 읽어 발해의 일을 편찬하였다. 군신(君臣)과 지리(地理), 직관(職官)과 의장(儀章), 물산(物産)과 국어(國語), 그리고 국서(國書) 등 9고(考)를 만들었다. 세가(世家)나 전(傳), 지(志)라 아니 하고 고(考)라 이름붙인 것은 아직 온전한 역사가 못 되기 때문이며, 내가 감히 사가(史家)를 자처하기 어려운 이유도 작용했다.

갑진년(1784) 윤 3월 25일

❖ 『구당서(舊唐書)』 권199하 열전149하 북적 발해말갈

발해말갈(渤海靺鞨)의 대조영(大祚榮)은 본래 고려(高麗)의 별종(別種)이다. 고려(高麗)가 멸망하자 조영(祚榮)은 가속(家屬)을 이끌고 영주(營州)로 옮겨와 살았다.

만세통천(萬世通天) 연간(696)에 거란(契丹)의 이진충(李盡忠)이 반란을 일으키니, 조영은 말갈(靺鞨)의 걸사비우(乞四比羽)와 함께 각각 [그들의 무리를] 거느리고 동쪽으로 망명하여 요해지(要害地)를 차지하여 수비를 굳혔다. 진충(盡忠)이 죽자, 측천(則天, 측천무후)가 우옥검위대장군(右玉鈐衛大將軍)

이해고(李楷固)에게 명하여 군대를 거느리고 가서 그 여당(餘黨)을 토벌케 하니, [이해고는] 먼저 걸사비우를 무찔러 베고, 또 천문령(天門嶺)을 넘어 조영을 바짝 뒤쫓았다. 조영이 고려·말갈(靺鞨)의 무리를 연합하여 해고(楷固)에게 항거하자, 왕사(王師)는 크게 패하고 해고만 탈출하여 돌아왔다. [이때] 마침 거란과 해(奚)가 모두 돌궐(突厥)에게 항복을 하므로 길이 막혀서 측천은 [그들을] 토벌할 수 없게 되었다. 조영은 마침내 그 무리를 거느리고 동으로 가서 계루(桂婁)의 옛 땅을 차지하고, 동모산(東牟山)에 웅거하여 성을 쌓고 살았다.

조영이 굳세고 용맹스러우며 용병(用兵)을 잘 하자, 말갈의 무리 및 고려의 여당(餘黨)이 점점 모여 들었다. 성력(聖曆) 연간(698~699)에 스스로 진국(振國)에 올라 돌궐에 사신을 보내어 통교(通交)하였다.

그 땅은 영주 동쪽 2천리 밖에 있으며, 남쪽은 신라와 서로 접하고 있다. 월희말갈(越喜靺鞨)에서 동북으로는 흑수말갈(黑水靺鞨)에 이르는데, 사방이 2천리이며, 편호(編戶)는 십여만이고 승병(勝兵)은 수만명이다. 풍속은 고려 및 거란과 같고, 문자 및 전적(典籍)도 상당히 있다.

중종(中宗)이 즉위하여, 시어사(侍御史) 장행급을 보내어 초위(招慰)하니, 조영이 아들을 보내어 입시(入侍)시켰다. 이때 책립(冊立)을 하려 하는데, 마침 거란과 돌궐이 해마다 변경을 침입하므로 사명(使命)이 전달되지 않았다.

예종(睿宗) 선천(先天) 2년(713)에 낭장(郎將) 최흔(崔訢)을 보내어 조영을 책봉하여 좌효위원외대장군(左驍衛員外大將軍) 발해군왕(渤海郡王)으로 삼고, 아울러 거느리고 있는 지역을 홀한주(忽汗州)로 삼아서 홀한주도독(忽汗州都督)의 직(職)을 더 주었다. 이로부터 해마다 사신을 보내어 조공하였다.

❖『신당서(新唐書)』 권219 열전144 북적 발해

발해는 본래 속말말갈(粟末靺鞨)로서 고려(高麗)에 부속(附屬)되어 있었으며, 성(姓)은 대씨(大氏)이다. 고려(高麗)가 멸망하자, 무리를 이끌고 읍루(挹婁)의 동모산(東牟山)을 차지하였다.

그곳은 영주(營州)에서 동으로 2천 리 밖에 위치하며, 남쪽은 신라(新羅)와 맞닿아, 니하(泥河)로 경계를 삼았다. 동쪽은 바다에 닿고, 서쪽은 거란(契丹)과 [접하고 있다.] 성곽(城郭)을 쌓고 사니, 고려(高麗)의 망명자들이 점점 모여 들었다.

만세통천(萬歲通天) 연간(696)에 거란의 (이)진충(盡忠)이 영주도독(營州都督) 조홰(趙翽)를 죽이고 반란을 일으키자, 사리(舍利) 걸걸중상(乞乞仲象)이라는 자가 말갈의 추장 걸사비우(乞四比羽) 및 고려의 남은 종족과 동쪽으로 달아나, 요수(遼水)를 건너서 태백산(太白山)의 동북을 거점으로 하여 오루하(奧婁河)를 사이에 두고 성벽을 쌓고 수비를 굳혔다. 무후(武后)는 걸사비우를 허국공(許國公), 걸걸중상(乞乞仲象)을 진국공(震國公)으로 책봉하여 그 죄를 용서하였다. 비우가 그 명령을 받아들이지 않자, 무후는 옥검위대장군(玉鈐衛大將軍) 이해고(李楷固)와 중랑장(中郎將) 색구(索仇)에게 조서를 내려 그를 쳐 죽였다.

이때 중상은 이미 죽고 그의 아들 (대)조영(祚榮)이 패잔병을 이끌고 도망쳐 달아났는데, 해고는 끝까지 추격하여 천문령(天門嶺)을 넘었다. 조영이 고려병(高麗兵)과 말갈병(靺鞨兵)을 거느리고 해고에게 저항하니, 해고는 패전하고 돌아왔다. 이에 거란이 돌궐(突厥)에 붙으므로 왕사(王師)의 길이 끊겨서 그들을 치지 못하게 되었다. 조영은 곧 비우의 무리를 합병하여 지역이 [중국과] 먼 것을 믿고, 나라를 세워 스스로 진국왕(震國王)이라 부르며, 돌궐에 사자를 보내어 통교하였다.

땅은 사방 5천 리이며, 호구(戶口)는 십여만이고, 승병(勝兵)은 수만이다. 서계(書契)를 제법 안다. 부여(扶餘) · 옥저(沃沮) · 변한(弁韓) · 조선(朝鮮) 등 바다 북쪽에 있던 여러 나라의 땅을 거의 다 차지하였다.

예종(睿宗) 선천(先天) 연간(712~713)에 사신을 보내어 조영을 좌효위대장군발해군왕(左驍衛大將軍渤海郡王)에 배수(拜授)하고, 거느리고 있는 지역을 홀한주(忽汗州)로 삼아서 홀한주도독(忽汗州都督)을 겸임시켰다. 이로부터 비로소 말갈(靺鞨)이라는 이름을 버리고, 오로지 발해(渤海)로만 불렀다.

❖ 『유취국사(類聚國史)』 권193 수속부(殊俗部) 발해(渤海)

발해국은 고구려의 옛 땅이다(高麗之故地). 텐지(天智) 7년 고구려왕 고씨는 당에 멸망했다. 그 후 문무(文武) 2년에 대조영이 발해국을 세웠다. 화동(和銅) 6년(713)에 당에서 책립 받았다. 그 나라는 사방 2천 리이며, 주현(州縣)과 관역(館驛)이 없고 곳곳에 촌리가 있는데 모두 말갈(靺鞨) 부락이다. 그 백성은 말갈인이 많으며, 토인(土人)은 적다. 모두 토인을 촌장(村長)으로 삼는데, 대촌(大村)의 촌장은 도독(都督)이라 부르고 그 다음 [촌의 촌장]은 자사(刺史)라 부르며, [도독과 자사] 아래의 [촌장은] 백성들이 모두 수령(首領)이라 부른다. 토지는 극도로 춥고, 논농사에 적합하지 않으며 자못 풍속에 글을 안다.

❖ 『속일본기(續日本紀)』 권10 쇼무(聖武) 진키(神龜) 4년(727) 12월

[727년 12월 29일] 병신(丙申)일에 사신을 보내어 고제덕(高齊德) 등에게 의복과 관(冠), 신발을 내렸다. 발해군(渤海郡)이란 옛날의 고려국(고구려)이다. 담해조정[淡海朝廷, 덴지천황(天智天皇)] 7년(668) 겨울 10월에 당(唐)의 장군 이적(李勣)이 고려(高麗)를 정벌하여 멸망시켜 그 후로 조공(朝貢)이 오랫동안 끊어졌다. 이에 발해군왕(渤海郡王)이 영원장군(寧遠將軍) 고인의(高仁義) 등 24인을 보내어 조빙(朝聘)하게 했는데, 하이(蝦夷)의 경계에 도착하여 인의(仁義) 이하 16인은 모두 살해되고 수령(首領) 제덕(齊德) 등 8인은 겨우 죽음을 면하여 온 것이다.

❖ 『속일본기(續日本紀)』 권10 쇼무(聖武) 진키(神龜) 5년(728) 봄 정월

갑인(甲寅)일에 천황이 중궁(中宮)에 나아갔는데, 고제덕(高齊德) 등이 왕의 교서(敎書)와 방물(方物)을 바쳤다. 그 교서에서 다음과 같이 말하였다. “무예(武藝)가 아룁니다. 산하(山河)가 다른 곳이고 국토가 같지 않지만 어렴풋이 풍교도덕(風敎道德)을 듣고 우러르는 마음이 더할 뿐입니다. 공손히 생각하건대 대왕은 천제(天帝)의 명을 받아 일본의 기틀을 연 이후 대대로 명군(明君)의 자리를 이어 자손이 번성하였습니다. 무예는 황송스럽게도 대국(大國)을 맡아 외람되게 여러 번(蕃)을 총괄하며, 고려의 옛 땅을 회복하고 부여의 습속(習俗)을 가지고 있습니다. 그러나 다만 너무 멀어 길이 막히고 끊어졌습니다. 어진 이와 가까이하며 우호를 맺고 옛날의 예에 맞추어 사신을 보내어 이웃을 찾는 것이 오늘에야 비롯하게 되었습니다. (후략)”

❖ 『속일본기(續日本紀)』 권22 준닌(淳仁) 덴표호지(天平寶字) 3년(759) 1월

경오(庚午)일에 천황이 임석한 가운데 고려 사신 양승경(揚承慶) 등이 방물(方物)을 바치고 아뢰기를 "고려국왕(高麗國王) 대흠무(大欽茂)가 아룁니다. 일본에서 팔방(八方)을 비추던 성명황제(聖明皇帝)께서 천궁(天宮)으로 승하(升遐)하였다는 소식을 듣고 슬프고 추모하는 마음에 가만히 있을 수 없었습니다. 이 때문에 보국장군 양승경(輔國將軍揚承慶)과 귀덕장군 양태사(歸德將軍揚泰師) 등을 뽑아 표문(表文)과 상공(常貢)의 물품(物品)을 갖고 가서 입조(入朝)하게 합니다."라 하였다.

조를 내리기를 "고려국왕(高麗國王)이 멀리서 전왕(前王)이 천궁으로 승하하였다는 소식을 듣고 가만히 있을 수 없어서 양승경 등으로 하여금 와서 위문하게 하였습니다. 듣고 나니 마음이 아프고 추모하는 마음이 더욱 깊어집니다. 다만 해가 이미 바뀌었고 나라가 길(吉)함을 따르므로 그 예로써 대접하지는 않습니다. 또 옛 정을 잃지 않고 사신을 보내어 공물을 바치니 정성이 지극하여 매우 가상(嘉尙)하게 여깁니다."라 하였다.

❖ 『속일본기(續日本紀)』 권32 고닌(光仁) 호키(寶龜) 3년(772) 2월

기묘(己卯)일에 발해왕에게 칙서를 내려 말하기를, "천황(天皇)은 삼가 고려국왕(高麗國王)에게 문안한다. 짐이 선대(先代)의 뒤를 이어 왕위에 올라 천하를 다스림에 은혜가 다른 사람에게 두루 미치기를 생각하고 백성을 편안하게 하였으니, 온 천하가 화합하여 한자리에 모이고 온 천하가 은혜로워 특별한 이웃으로 격의가 없게 되었다. 옛날 고구려의 전성기 때에 그 왕 고무(高武)는 조상 대대로 바다 밖에 있으면서 형제와 같이 친하고 군신(君臣)과 같이 의로워, 바다를 건너고 산을 넘어 조공(朝貢)을 계속하였다. (그런데) 말기가 되어 고씨(高氏)가 망한 이래로 소식이 끊어졌다. 그러다가 신구(神龜) 4년(무왕 9, 727)에 이르러 왕의 선고(先考)인 좌금오위대장군발해군왕(左金吾衛大將軍渤海郡王)이 사신을 보내어 내조(來朝)하여 비로소 조공을 닦았다. 선조께서는 그 참된 마음을 가상히 여겨 총애하여 대우함이 더욱 두터웠다. 왕은 유풍(遺風)을 계승하고 전왕(前王)의 유업(遺業)을 이어 정성스럽게 직공(職貢)을 닦아 집안의 명성을 떨어뜨리지 않았다. 그런데 이제 보내온 글을 살펴보니 갑자기 부친이 행하던 법식을 고쳐, 날짜 아래에 관품(官品)과 성명을 쓰지 않고 글의 말미에 거짓되어 천손(天孫)임을 참칭하는 칭호를 써 놓았다. 멀리 왕의 뜻을 헤아려 보면 어찌 이럴 수 있을까 싶으며, 가깝게는 일의 형편을 생각건대 착오일 듯 의심된다. 그러므로 담당 관리에게 명하여 손님에 대한 예우를 멈추도록 하였다. 다만 사신 만복(萬福) 등은 전의 허물을 깊이 뉘우치고 왕을 대신하여 사죄하므로 짐이 멀리서 온 것을 불쌍히 여겨 그 뉘우치고 고침을 들어 주었다. 왕은 이 뜻을 모두 알아서 길이 좋은 계획을 생각하라. 고씨의 때에는 병란이 그치지 않아 (우리) 조정의 위엄을 빌리기 위하여 그쪽에서 형제를 칭하였다. 바야흐로 이제 대씨(大氏)는 일찍이 아무 일 없이 편안한 연고로 함부로 외숙과 생질이라 칭하는데, (그것은) 예(禮)를 잃은 것이다. 뒷날의 사신은 다시는 그래서는 안 된다. 만약 지난날을 뉘우치고 스스로 새로워진다면 진실로 우호를 이음이 끝이 없을 것이다. 봄날의 날씨가 점점 따뜻해지고 있다. 왕은 즐겁게 지내기를 바란다. 이제 돌아가는 사신 편에 이러한 마음을 표하고, 아울러 별도와 같이 물건을 보낸다."라고 하였다.

6 주변국가의 고대사 왜곡

1) 임나일본부설

임나일본부설이란 고대 일본의 야마토 정권이 4세기 중반에서 6세기 중반까지 약 200여 년간 가야(임나) 지역을 중심으로 해서 한반도 남부를 통치했다는 일본 학계의 학설이다.

이 학설은 근대 일본이 한국을 지배하기 위한 역사적 근거로서 사용되기도 하였다. 특히 광개토왕비문의 기록과 칠지도를 『일본서기』와 연결시켜 임나일본부설의 증거로 삼기도 하였다.

현재 일본 학계에서 고대 일본의 지배기관으로서 기존의 임나일본부설을 주장하는 연구자는 없다. 하지만 어떠한 형태로든 야마토 정권의 가야 지방에 대한 영향력 행사, 한반도 남부에 대한 세력 확대 등 가야에 대한 연고권을 주장하는 흐름은 계속되고 있다.

1980년대 이후 『일본서기』에 대한 사료적 재검토가 이루어졌고 가야 지역에 대한 고고학적 발굴조사가 이루어짐에 따라 임나일본부설 연구에 대한 새로운 계기와 인식이 생기게 되었다.

일단 주요 학설을 보면 가야지역에 파견된 왜국사신설, 가야국의 대왜 외교기관설, 교역기관설, 백제에 의한 지배기관설 등이 제기되어 야마토 정권에 의한 가야 지배설이 부정되고 있다.

특히 『일본서기』에 나오는 임나일본부는 독자의 실체로 움직이는 일이 없이 532년 신라에 의해 멸망한 금관국 등을 부흥시킨다는 임나부흥회의 속에서 나타나고 있다. 『일본서기』에 의하면 왜왕이 임나부흥을 갈망하고 있지만, 회의의 주역은 백제로 되어 있으며 그들이 왜왕의 지시에 반하는 행동을 보이고 있어 고대 야마토 정권에 의한 가야 지배설과 배치되고 있다.

칠지도(七支刀)

칠지도

1870년대 일본 나라현 텐리시 이소노카미(石上) 신궁에서 발견된 칠지도는 한때 일본에서는 임나일본부설을 증명하는 자료로 인식되기도 하였다. 칠지도에는 앞, 뒷면에 62자의 글자가 새겨져 있지만, 잘 보이지 않는 글자가 있어서 한, 일간 역사논쟁의 중심에 서 있다.

우선 현재 일본학계의 통설은 제일 앞 구절에 나오는 '泰□'를 중국 동진의 연호로 간주하여 태화(泰和)로 보고 있다. 그러나 고대 중국의 연호 중 태화(泰和)라는 연호는 없고 태화(太和)라는 연호밖에 없으며, 두 번째 글자 또한 和로 보기 어렵다. 그런데도 일본학자들은 동진의 태화(太和)라는 연호와 동일한 것으로 생각하고 369년을 가리킨다고 주장하고 있다. 그러나 실제 칠지도의 글자는 상감으로 이루어져 있어서 많은 부분 약자로 씌어있는 것을 발견할 수 있는데, 이러한 정황을 보면 太를 굳이 번잡한 泰로 바꾸었다는 것은 석연치 않은 해석임에 틀림없다.

어쨌든 이들의 주장대로 명문에 나타나 있는 시기를 동진의 연호인 태화 4년으로 본다면, 그때는 서기 369년에 해당된다. 『일본서기』에 따르면, 진구(神功) 49년에 해당하는 시기로 백제와 왜가 한반도의 남부를 점유했다는 연도와 일치한다. 특히, 『일본서기』 진구 52년조에는 백제의 근초고왕이 사신인 구저를 통해 칠지도 1구와 칠자경 1면 및 각종의 중보(重寶)를 바쳤다고 하는 내용이 있다. 이를 근거로 이 칠지도를 백제가 일본에 헌상한 것으로 해석하고 있는 것이다.

이처럼 칠지도의 명문은 『일본서기』 진구조에 나오는 삼한 정벌의 기사와 광개토왕비문에 나와 있는 신묘년의 기사를 기초로 고대에 일본이 한반도를 지배했다고 하는 임나일본부설의 기원으로 삼고 있는 데 이용되고 있다.

그러나 칠지도 명문에 "후세에 길이 전하여 보일지어다(傳示後世)"라는 부분은 『일본서기』의 기록대로 근초고왕이 왜왕에게 헌상했다고 보기보다는 오히려 지위가 높은 사람이 낮은 사람에게 하사하는 듯한 표현으로 씌어 있다. 또한, 앞면의 공공후왕(供供侯王)이라는 글자도 후왕이나 제후에게 하사했다는 뜻이 더욱 강하게 느껴진다. 이와 같은 이유 때문에 백제가 일본 왕에게 하사했던 칼이라는 인상을 더욱 짙게 해주고 있다.

태화라는 연호에 대해서도 태화라는 연호는 중국에 없을 뿐만 아니라, 일본에서 연호를 쓰기 시작한 것도 7세기는 되어서부터이기 때문에 백제의 연호일 수밖에 없다는 주장도 대두되었다.

따라서 고구려도 광개토왕비문에서 보듯이 4세기부터 영락(永樂)이라는 연호를 썼으며, 신라도 6세기에는 고유한 연호를 설정한 것을 참작해 보면 백제의 연호일 가능성이 크다.

특히 그동안 명문에 나타난 칠지도의 제작연월에 대해 글자를 주조하기 좋은 때라고 여겨지던 5월로 보았는데, 일본의 NHK가 촬영한 X-레이 사진 등을 통해 '11월 16일 병오'로 판독된다. 따라서 이에 합당한 '일간지(日干支)'를 4~6세기 사이에서 찾으면 11월 16일이 병오(丙午)인 날 가운데 408년, 즉 백제 전지왕 4년이 주목된다.

이 시기는 백제가 고구려의 침공에 어려움을 겪자 왜를 끌어들여 대응했던 시기였다. 광개토왕비문에 고구려의 침공을 받은(396년) 백제가 "왜와 화통했다(百殘違誓 與倭和通)"는 기록이 있고,

『삼국사기』에는 전지왕이 왜국에 갔다가 온 기록이 있다. 따라서 칠지도는 백제왕이 연호를 써서 군대를 파견해준 왜왕을 후왕(侯王)의 지위로 승인하고, 고구려와의 전쟁이라는 복잡한 국제관계에서 백제의 입지를 확고하게 굳히는 의미에서 왜국에 하사되었던 것이다. 따라서 광개토왕비문의 내용이 고구려와 백제의 대립구도 속에 고구려의 입장에서 쓰인 것으로써 이를 근거로 임나일본부설을 주장하는 것은 타당하지 않다는 것이 확인되었다.

2) 고구려사 왜곡

중국은 2002년부터 시행한 소위 동북공정 연구사업을 통해 고구려가 중국의 고대 소수 지방정권으로 중국사에 포함되어야 한다는 인식하에 고구려사 연구를 진행하였다.

고구려사를 바라보는 중국학계의 인식은 고구려가 중국의 고대 민족이 세운 중국 고대의 지방정권이며 고구려는 한사군의 현도군 고구려현 경내에서 건국했고, 427년 낙랑군 경내인 평양으로 천도했으므로 시종일관 중국 영역 내에 존재했다는 것이다. 또한 고구려는 중국왕조의 책봉을 받고 조공을 했던 중국의 지방정권으로 수·당과의 전쟁도 중국 내부의 통일전쟁으로, 중앙에 항거한 지방정권의 반란을 평정한 것이라고 주장하고 있다.

이러한 인식은 현재 중국의 '통일적 다민족국가론'을 이론적 배경으로 하고 있는 것으로서 현재의 중국 영토 안에 있는 지역들의 과거사는 모두 중국사라고 하는 자의적 역사왜곡에 근거하고 있는 것이다.

실제 고구려는 예맥족이 건국한 나라로서 고구려 스스로나 중국 역사책에서도 중국과는 별개로 인식하고 있었다. 중국정사에서는 고구려 관련 내용을 시종 외국 열전外國列傳에 배치했고, 『송사宋史』 이래 고구려와 고려를 계승관계로 서술해왔다. 또한 고구려는 현도군을 몰아내는 과정에서 건국했으며, 나라를 세운 이후 한 번도 중국의 영토 안에 속했던 적이 없다.

조공·책봉의 관계에 대해서도 이는 전근대 시기 동아시아의 국제외교형식이자 무역활동에 불과한 것으로서 조공을 하고 책봉을 받았다는 사실만으로 속국을 판단할 수는 없다. 조공·책봉의 관계를 모두 속국과 영토의 개념으로 본다면 당시 고구려뿐만 아니라 백제 등 한반도 남부 국가와 왜까지도 중국의 영토라는 모순이 발생한다.

특히 고구려와 수 · 당 간의 전쟁은 국가 간에 일어난 국제전으로서 수 · 당은 중원 통일 후 동아시아 일대에 중화세계를 구현하는 데 걸림돌이 되고 있던 고구려를 정복하려고 침략전쟁을 일으켰다.

고구려 멸망 후 신라는 '일통삼한一統三韓' 의식을 통해 고구려를 계승했다는 인식을 가지고 있었으며 이러한 계승의식이 발해, 후삼국과 고려를 거쳐 오늘에까지 이어져 오고 있다. 고려는 국호에서부터 고구려 계승을 표방했고, 건국 초기부터 고구려의 수도였던 서경을 중시하면서 북진정책을 추진했다. 고려가 『삼국사기』를 펴냈다는 것은 고려 사람들이 고구려를 선대의 역사라고 여기고 있었음을 보여준다.

이에 대해 논란이 이어지자 2006년 한국 정부의 시정요구가 있었고 중국 측의 이행 화답이 있었으며 2007년 2월로 5년 계획으로 추진된 '동북공정' 프로젝트는 외견상 종료되었다.

하지만, 사업이 종료되었다고 해서 동북공정식 고구려 연구가 종료된 것은 아니다. 동북3성의 사회과학원과 대학 산하 연구소 들이 고구려 연구를 기반으로 하여 설립, 개편되고 있어 향후 동북공정식 고구려연구는 활성화되리라고 예상된다.

3) 발해사 왜곡

현재 발해의 영역은 중국 동북 지방과 러시아 연해주, 그리고 북한에 걸쳐 있고, 발해 관련 사료도 중국을 비롯하여 일본, 한국에 남아 있어 역사 해석에 많은 이견이 도출되고 있다.

동아시아 각국은 발해사를 자국 중심적으로 해석하여 중국에서는 발해를 말갈족이 세운 당나라 지방정권으로 규정하였고, 러시아에서는 극동 소수민족이 중심이 된 독자적인 연해주 최초의 중세국가로, 또 일본은 전통적인 만선사관滿鮮史觀에 입각한 발해인식을 이어오고 있다.

특히 중국에서는 발해의 건국 주체민족이 말갈족이라고 보면서 발해 건국 이후에 당이 대조영을 발해군왕에 봉하였다는 『당서唐書』 기록을 통해 중국의 소수민족에 의한 지방 정권, 당의 지방 정권으로 인식하려는 경향이 있다.

그러나 정혜 · 정효 공주 묘에서 출토된 묘비를 통해 발해도 연호와 황상이라는 용어를 사용했음을 알 수 있게 되었으며 길림성 화룡시 용두산 고분에서 효의황후,

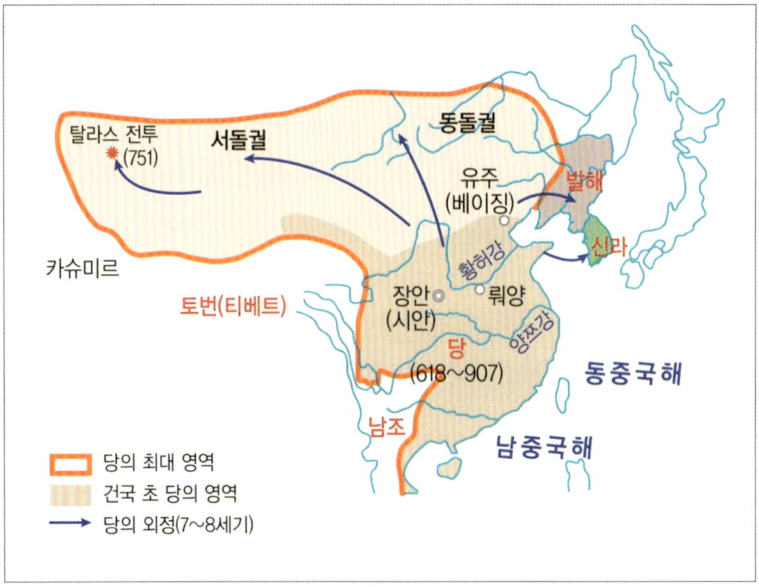

당의 성장

중국의 역사교과서(출처: 『중국역사』, 인민교육출판사 7년급 하책)

순목황후의 묘지가 발굴되어 발해도 황제라는 칭호를 썼음을 알 수 있게 되었다. 또한 당시 발해가 교류했던 여러 나라의 사료를 통해 발해는 고구려를 계승하였던 나라였음을 알 수 있다.

중국의 발해사 왜곡 역시 현재 중국의 '통일적 다민족국가론'을 배경으로 하고 있다. 중국의 이러한 인식을 잘 보여주는 것이 중국 교과서의 당나라 영토 표기이다. 중국의 인민교육출판사의 역사 교과서는 발해와 토번(티벳)을 당나라의 영토로 표기하고 있다. 그러나 이는 현재의 중국 영토 안에 있는 지역들의 과거사 또한 모두 중국사로 엮으려 하는 역사 왜곡으로서 같은 중화권인 홍콩이나 대만의 인식과도 차이가 있는 것이다.

/탐구과제/

○ 임나일본부설은 사실인가?

- 『일본서기(日本書紀)』라는 책은 어떤 역사서이며, 이들 기록과 관련해서는 어떠한 관점에서 역사를 해석해야 하는지를 탐구한다.
- 광개토왕비문의 신묘년조와 칠지도의 앞뒷면에 새겨진 글자를 확인해보고 그 내용의 의미가 무엇인지를 탐구한다.
- 임나일본부설이란 무엇인지 그 내용을 고찰해보고 임나일본부설을 비판할 수 있는 사료 해석 능력을 함양한다.

소위 임나일본부설이란 고대 일본의 야마토 정권이 4세기 중반에서 6세기 중반까지 약 200여 년간 가야(임나) 지역을 중심으로 해서 한반도 남부를 통치했다는 일본 학계의 학설이다. 이 학설은 광개토왕비문의 기록과 칠지도를 『일본서기』와 연결시켜 임나일본부설의 증거로 삼기도 하였다.

아래의 자료는 임나일본부설을 연상케 하는 『일본서기』의 기록과 광개토왕의 훈적을 기록한 광개토왕비문 및 백제가 일본에 전달했던 칠지도의 명문이다.

이들 자료의 해석을 통해 4~5세기 당시 한반도의 상황과 한일 관계가 어떠했는지 살펴보기로 하자. 이를 통해 임나일본부설의 부당성에 대해서 탐구해보기로 하자.

❖ 『일본서기(日本書紀)』 권9 진구(神功)

섭정전기 겨울 10월 기해(己亥) 초하루 신축(辛丑) 와니쓰(和珥津)로부터 출발했다. 이 때 바람의 신은 바람을 일으키고 파도의 신은 파도를 일으켰으며 바다 속의 큰 고기가 모두 떠올라 배를 도왔다. 곧 큰 바람이 순조롭게 불고 배는 물결을 따라 갔으므로 노젓는 데 힘들이지 않고 바로 신라에 도착하였다. 이 때 배를 실은 물결이 멀리 나라 가운데까지 미쳤으니 곧 하늘과 땅의 신들이 모두 도왔음을 알겠다. 신라왕은 이에 두려워 떨며 몸둘 바를 모른 채 여러 사람을 모아놓고 "신라의 건국 이래 일찍이 바닷물이 나라에 넘친 일을 듣지 못했다. 만약 천운이 다했다면 나라가 바다가 될 것이다."라고 하였다. 이 말이 끝나기도 전에 배가 바다에 가득 차고 깃발들이 햇빛에 빛났다. 북과 나팔소리가 나니 산천이 모두 떨었다. 신라왕이 멀리서 바라보고 심상치 않은 군대가 장차 자기 나라를 멸망시킬 것으로 여겨 두려워하며 싸울 뜻을 잃었다. 잠시 후 정신을 차리고 "내가 듣으니 동쪽에 신국(神國)이 있는데 일본(日本)이라고 하며 성스러운 왕이 있어 천황(天皇)이라고 한다. 반드시 그 나라의 신병(神兵)일 것이니 어찌 병사를 일으켜 막을 수 있겠는가"라 하고 곧 흰 기를 들고 스스로 항복하여 왔다. 흰 끈을 목에 걸어 항복하고 도적(圖籍)을 봉인하여 왕의 배 앞에 와서 항복하였다. 인하여 머리를 조아리고 "지금 이후로는 하늘과 땅과 같이 길이 엎드려 사부(飼部)가 되겠습니다. 배의 키가 마를 틈없이 봄 가을로 말의 털을 씻는 빗과 말채찍을 바치겠습니다. 또한 바다가 먼 것을 번거롭게 여기지 않고 해마다 남녀의 조(調)를 바치겠습니다."라고 하였다. 거듭 맹세하여 "동쪽의 해가 다시 서쪽에서 떠오르지 않는다면, 또한 아리나레강(阿利那禮河)이 오히려 거꾸로 흐르고, 냇돌이 올라가 별이 되는 일이 없는 한, 봄 가을의 조공을 거르고 빗과 채찍을 바치지 않거나 게을리하면 하늘과 땅의 신이 함께 토벌할 것입니다."라고 하였다. 이 때 어떤 사람들은 "신라왕을 죽여야 한다."고 말하였는데 황후는 "처음에 금은의 나라를 주겠다고 한 신의 가르침을 받들고 3군(軍)에 호령하여 '스스로 항복하는 자는 죽이지 말라'고 하였다. 지금 이미 재국(財國)을 얻었고 또 사람들이 스스로 항복했으니 죽이는 것은 좋지 않다."고 하였다. 이에 항복의 결박을 풀고 사부(飼部)로 삼았다. 드디어 그 나라 안에 들어가 보물 창고를 봉하고 도적문서(圖籍文書)를 거두었다. 그리고 황후가 가지고 있던 창을 신라왕의 문에 세워 후세의 증거로 삼았다. 그래서 그 창은 지금도 신라왕의 문에 서 있다. 이에 신라왕 파사매금(波沙寐錦)은 미질기지파진간기(微叱己知波珍干岐)를 볼모로 하여 금은·채색릉라·겸견(縑絹)을 배 80척에 싣고 관군(官軍)을 따르게 했다. 이리하여 신라왕은 항상 80척의 조(調)를 일본국에 바쳤는데 이러한 연유 때문이다.

이때 고려와 백제의 두 나라 국왕이 신라가 도적(圖籍)을 거두어 일본국에 항복하였다는 것을 듣고 몰래 그 군세(軍勢)를 살피도록 하였다. 이길 수 없음을 알고 스스로 군영 밖에 와서 머리를 조아리고 서약하여 "지금 이후로는 길이 서쪽 번국(蕃國)이 되어 조공을 그치지 않겠습니다."라고 하였다. 그리하여 내관가(內官家) 미야케(屯倉)로 정하였다. 이것이 이른바 삼한(三韓)이다. 황후가 신라로부터 돌아왔다.

49년 봄 3월 아라타와케(荒田別)와 가가와케(鹿我別)를 장군으로 삼아 구저(久氐) 등과 함께 군대를 거느리고 건너가 탁순국(卓淳國)에 이르러 신라를 치려고 하였다. 이 때 어떤 사람이 "군대가 적어서 신라를 깨뜨릴 수 없으니, 다시 사백(沙白) · 개로(蓋盧)를 보내어 군사를 늘려 주도록 요청하십시오"라 하였다. 곧 목라근자(木羅斤資)와 사사노궤(沙沙奴跪)에게[이 두 사람은 그 姓을 모르는데 다만 木羅斤資는 백제 장군이다.]정병을 이끌고 사백 · 개로와 함께 가도록 명하였다. 함께 탁순국에 모여 신라를 격파하고, 비자발(比自炑) · 남가라(南加羅) · 록국(喙國) · 안라(安羅) · 다라(多羅) · 탁순(卓淳) · 가라(加羅)의 7국을 평정하였다. 또 군대를 옮겨 서쪽으로 돌아 고해진(古奚津)에 이르러 남쪽의 오랑캐 침미다례(忱彌多禮)를 무찔러 백제에게 주었다. 이에 백제왕 초고(肖古)와 왕자 귀수(貴須)가 군대를 이끌고 와서 만났다. 이 때 비리(比利) · 벽중(辟中) · 포미(布彌) · 지반고(支半古)의 4읍이 스스로 항복하였다. 그래서 백제왕 부자(父子)와 아라카와케 · 목라근자 등이 의류촌(意流村)[지금은 주류수기(州流須祇)라 한다.]에서 함께 서로 만나 기뻐하고 후하게 대접하여 보냈다. 오직 지쿠마나가히코(千熊長彦)와 백제왕은 백제국에 이르러 벽지산(辟支山)에 올라가 맹세하였다. 다시 고사산(古沙山)에 올라가 함께 반석 위에 앉아서 백제왕이 "만약 풀을 깔아 자리를 만들면 불에 탈까 두렵고 또 나무로 자리를 만들면 물에 떠내려갈까 걱정된다. 그러므로 반석에 앉아 맹세하는 것은 오래도록 썩지 않을 것임을 보여주는 것이니, 지금 이후로는 천 년 만 년 영원토록 늘 서쪽 번국이라 칭하며 봄 가을로 조공하겠다."라고 맹세하였다. 그리고 지쿠마나가히코를 데리고 도읍에 이르러 후하게 예우를 더하고 구저(久

氏) 등을 딸려서 보냈다.

52년 가을 9월 정묘(丁卯) 초하루 병자(丙子) 구저(久氐) 등이 지쿠마나가히코(千熊長彦)를 따라와서 칠지도(七枝刀) 1자루와 칠자경(七子鏡) 1개 및 여러 가지 귀중한 보물을 바쳤다. 그리고 (백제왕의) 계(啓)에 "우리나라 서쪽에 시내가 있는데 그 근원은 곡나철산(谷那鐵山)으로부터 나옵니다. 7일 동안 가도 미치지 못할 정도로 멉니다. 이 물을 마시다가 문득 이 산의 철을 얻어서 성스러운 조정에 길이 바치겠습니다.

❖ 광개토왕비문

백잔(百殘)과 신라(新羅)는 옛적부터 (고구려의) 속민(屬民)으로서 조공(朝貢)을 해왔다. 그런데 왜가 신묘년(辛卯年[391년])에 건너와 백잔(百殘)을 파(破)하고 (2자 파손) 신라(新羅) …… 하여 신민(臣民)으로 삼았다.

영락(永樂) 6년(396) 병신(丙申)에 왕이 친히 군을 이끌고 백잔국(百殘國)을 토벌하였다.

❖ 칠지도 명문

(앞면) 봉(奉)□ 4년 11월 16일 병오일 한낮에 백 번이나 단련한 철로 된 칠지도(七支刀)를 만들었다. 나아가 백병(百兵)을 물리칠 수 있어 마땅히 후왕(侯王)에 제공한다. □□□□가 만든 것이다.

(奉□四年十一月十六日丙午正陽造百練[銕]七支刀[出]辟百兵宜供供侯王□□□□作)

(뒷면) 선세(先世) 이래 아직까지 이런 칼이 없었는데 백제왕세자(百濟王世子)가 진기하게 성음(聖音)으로 태어난 까닭에 왜왕(倭王)을 위하여 만든 것을 지시하니 후세에 전하여 보이도록 할 것이다.

(先世以來未有此刀百濟王世[子]奇生聖音故爲倭王旨造傳示後世)

❖ 『일본서기(日本書紀)』 권19 긴메이(欽明)

2년(541) 여름 4월 안라(安羅)의 차한기이탄해(次旱岐夷呑奚) · 대불손(大不孫) · 구취유리(久取柔利) 등과 가라(加羅)의 상수위고전해(上首位古殿奚), 졸마(卒麻)의 한기(旱岐), 산반해(散半奚)의 한기(旱岐)의 아들, 다라(多羅)의 하한기이타(下旱岐夷他), 사이기(斯二岐)의 한기(旱岐)의 아들, 자타(子他)의 한기(旱岐) 등이 임나일본부(任那日本府)의 기비노오미(吉備臣)[이름이 빠졌다.]와 더불어 백제에 가서 함께 조칙(詔勅)을 들었다. 백제의 성명왕(聖明王)이 임나(任那)의 한기(旱岐)들에게, "일본의 천황이 명령한 바는 오로지 임나(任那)를 재건하라는 것이다. 지금 어떤 계책으로 임나를 다시 일으키겠는가. 어찌 각기 충성을 다하여 천황의 마음을 받들어 펼치지 않겠는가"라고 말하였다. 임나의 한기(旱岐) 등이, "전에 두세 번 신라와 더불어 의논하였으나 대답이 없었습니다. 도모하려는 뜻을 다시 신라에 이른다 하여도 여전히 대답하는 바가 없을 것입니다. 이제 마땅히 함께 사신을 보내어 천황에게 아뢰어야 합니다. 임나를 재건하는 일은 대왕의 뜻에 달려 있습니다. 공경하게 (왕의) 교지(敎旨)를 받들려 하는데 누가 감히 다른 말을 하겠습니까. (중략)

4년(543) 겨울 11월 정해(丁亥) 초하루 갑오(甲午) 쓰모리노무라지(津守連)를 보내어 백제에 명령하기를, "임나의 하한(下韓)에 있는 백제의 군령(郡令)과 성주(城主)는 일본부(日本府)에 귀속시켜야 한다."라고 하였다. 아울러 조서(詔書)를 가지고 가서 선포하여, "그대가 여러 번 표(表)를 올려 꼭 임나를 세우겠다고 말한 것이 10여 년이 되었다. 표에서 아뢴 바는 이와 같지만 아직도 이루지 못하였다. 대저 임나는 그대 나라의 동량(棟梁)이다. 만일 동량이 부러지면 어떻게 집을 짓겠는가. 짐의 걱정이 바로 여기에 있다. 그대는 모름지기 빨리 세우도록 하라. 그대가 만약 빨리 임나를 세운다면, 가와치노아타이(河內直)[가와치노아타이는 이미 윗글에 나왔다.] 등은 자연히 물러나게 될 것이니, 어찌 말할 필요가 있겠는가"라고 말하였다. (중략)

5년(544) 3월 (중략) 이에 조를 내려, "이쿠하노오미(的臣) 등[등이라 한 것은 기비노오토기미노오미(吉備弟君臣)·가와치노아타이(河內直) 등을 말한다.]이 신라를 왕래한 것은 짐의 뜻이 아니다. 옛날 인지미(印支彌)[자세하지 않다.]와 아로한기(阿鹵旱岐)가 있을 때 신라의 핍박을 받아 논밭을 갈고 씨를 뿌리지 못하였는데, 백제는 길이 멀어 그 위급함을 구하지 못하였다. 이쿠하노오미(的臣) 등이 신라를 왕래함으로 말미암아 바야흐로 논밭을 갈고 씨를 뿌릴 수 있게 되었다고 짐은 일찍이 들었다. (중략)" 엎드려 이 조를 듣고 기쁨과 두려움이 교차하며, 신라가 천조를 속이고 칙명을 따르지 않음을 알았습니다. (중략) 인지미(印支彌)의 뒤에 온 허세신(許勢臣)의 때에는[『백제본기(百濟本記)』에는 "우리가 인지미(印支彌)를 머무르게 한 뒤에 온 기주신(旣酒臣)의 때"라고 하였으나 모두 자세하지 않다.] 신라가 다시 남의 경계를 침범하지 못하였습니다. (중략)

참고문헌

국사편찬위원회, 『한국사』 7, 1995

김영심, 「남한학계의 동북공정 대응논리에 대한 비판적 검토」, 『역사문화연구』 39, 2011

김철준, 『한국고대사회연구』, 지식산업사, 1975

나행주, 「6세기 한일관계의 연구사적 검토」, 『임나문제와 한일관계』, 경인문화사, 2005

노중국, 『백제정치사연구』, 일조각, 1988

노태돈, 『고구려사연구』, 사계절, 1999

______, 『삼국통일전쟁사』, 서울대학교출판부, 2009

송기호, 『발해정치사연구』, 일조각, 2006

신형식, 『통일신라사연구』, 삼지원, 1990

이기백, 『신라정치사회사연구』, 일조각, 1975

이종욱, 「신라장적을 통하여 본 통일신라의 촌락지배 체제」, 『역사학보』 86, 1980

한국고대사연구회, 『신라말 고려초의 정치사회변동』, 신서원, 1994

한규철, 『발해의 대외관계사』, 신서원, 1994

홍성화, 「이소노카미신궁 칠지도에 대한 일고찰」, 『한일관계사연구』 34, 2009

4장

고려시대

1 중세사회로의 전환

10세기 초 중국에서는 당唐의 멸망 후 5대10국의 흥망이 거듭되고 이후 송宋, 원元으로 이어지는 왕조가 성립된다. 대체로 이 기간은 북방민족의 활동이 왕성한 때로서 귀족사회가 무너지고 신흥지주층이 대두하면서 송대에는 사대부라는 새로운 지배층이 성장하였다. 송은 중앙집권적 황제 독재체제를 강화하고 과거제도를 강화하여 문치주의 체제를 확립하였지만, 국방력의 약화로 거란족, 여진족 등 북방민족의 침입을 받았다. 12세기 초 여진족의 침입으로 송이 멸망하고 그 후 재건된 남송南宋도 몽골이 세운 원에 의하여 멸망당하였다. 13세기에 수립된 몽골은 아시아 대부분과 러시아 일부까지 지배하는 세계제국을 이룩하여 동서 문화 교류에 공헌하였다.

9세기 중엽, 일본은 왕권이 약화되어 지방호족이 장원을 소유하고 무사를 고용함으로써 특유의 봉건제도를 발전시켰다.

서양은 게르만민족의 이동 이후 프랑크 왕국이 로마교회를 후원하는 등 서유럽세계의 중심이 되어 성장하였다. 프랑크 왕국은 9세기에 이르러 분열하여 독일, 프랑스, 이탈리아의 원형이 되었다. 서유럽에서는 봉건제도가 성립되어 귀족과 기사들이 소유한 장원을 중심으로 지방분권체제가 이루어졌다. 서로마제국이 멸망한 후에도 동로마제국인 비잔티움제국은 약 1000년 동안 지속되어 황제교황주의의 그리스정교가 문화의 중심을 이루었다. 비잔티움 문화는 동유럽 슬라브 사회에 큰 영향을 주었다.

이처럼 서양의 중세문화권은 로마카톨릭 중심의 서유럽문화권, 그리스정교 중심의 비잔티움 문화권, 그리고 이베리아반도와 북아프리카에 걸친 이슬람 문화권으로 나누어 발전하였다.

1) 후삼국의 성립과 고려 건국

신라는 9세기 말에 이르러 사회적 모순이 심화되어 중앙정부의 권위는 실추되고 지방 세력에 대한 통제력도 상실하여 갔다. 부패하고 무능한 신라 정부에 대한 불평과 불만이 높아지면서 마침내 각지에서 농민들이 봉기하였다. 사벌주(경북 상주)에서는 원종과 애노가 봉기하였고 죽주(경기 안성)에서는 기훤이, 북원(강원 원주)에서는 양길이 많은 농민과 유랑민을 모아 세력을 확대하였다.

이러한 상황에서 지방 호족들이 점차 두각을 나타냈다. 그 중에서 상주 지방 호족 출신으로 신라 서남 지역 방위군 장군으로 세력을 키웠던 견훤이 차령산맥 이남의 충청도와 전라도 지역을 확보하고 완산주(전주)에 도읍을 정하여 후백제를 세웠다.(900년)

그러나 견훤은 신라에 적대적이었고 농민으로부터 지나치게 조세를 수취하였으며 호족을 포섭하는 데 실패하는 등의 한계를 갖고 있었다.

헌안왕의 서자로 전하는 궁예는 권력다툼에 밀려난 왕족 후예로서 신라 왕실에 대한 적개심이 컸다. 초기 죽주 기훤의 무리를 거쳐 북원지방의 양길 아래 들어가 강원, 경기 일대의 중부 지방을 점령하였다. 궁예는 세력이 커지자 송악(개성)에 도읍을 정하고 901년 후고구려를 세웠다. 이후 영토가 확장되자 도읍을 철원으로 옮기면서 국호를 마진(904년)으로 하였다가 다시 태봉(911년)으로 바꾸는 등 후삼국 가운데 가장 강력한 세력으로 부상하였다.

그러나 궁예는 죄 없는 관료와 장군을 살해하였으며 미륵신앙을 이용하여 전제정치를 도모하다가 백성의 신망을 잃게 되어 결국 축출되었다.

왕건은 본래 송악 지방의 호족 출신으로 중국과의 해상 무역을 통해 성장한 호족들과 연합하여 세력을 강화하였다. 왕건은 궁예에 귀부한 뒤 경기도, 충청도의 여러 지역으로 나가 영토를 넓히고 서해 바닷길을 통해 후백제의 서남단인 나주까지 진출하여 후백제의 배후를 위협하였다. 많은 전공을 세우며 궁예의 신임을 얻은 왕건은 태봉의 최고 벼슬인 시중에 올랐다.

궁예의 실정을 계기로 홍유, 신숭겸, 배현경, 복지겸 등이 궁예를 축출한 뒤 신하들의 추대 형식을 빌려 왕건이 왕위에 올랐다. 왕건은 고구려 계승을 내세워 국호를 고려라 하고(918년) 수도를 자신의 세력 근거지였던 송악으로 옮겨 개경이라고 하였다.

고려를 세운 왕건은 안으로는 각 지방에 할거한 호족 등의 지방 세력을 흡수 통합하는 데 힘을 썼다. 밖으로는 중국의 5대 여러 나라와 외교관계를 맺어 대외관계의 안정을 꾀하는 한편, 신라에 대해서는 적극적인 우호정책을 내세우고, 후백제와는 대립하는 정책을 취하였다.

2) 후삼국의 통일

후백제는 막강한 군사력을 앞세워 먼저 신라를 무너뜨리고 고려를 공략하고자 하였다. 반면, 고려는 쇠약해진 신라를 도와주고 우호관계를 맺으면서 후백제와 전쟁을 벌일 준비를 하였다.

이에 불만을 품은 후백제는 신라를 공격하여 포석정에서 잔치를 벌이고 있던 경애왕을 죽이고 경순왕을 왕으로 세웠다. 왕건은 신라를 구하기 위해 군사를 출동시켰지만 공산(대구) 전투에서 신숭겸 등이 전사하는 등 크게 패배하였다.

이후 다시 힘을 기른 고려는 고창(안동) 전투에서 승리를 거두고(930년) 후백제는 신라의 외곽으로 후퇴하게 되었다.

후백제는 정권다툼으로 견훤이 맏아들 신검에 의해 김제 금산사에 유폐되는 내분이 일어났다. 이후 견훤은 금산사를 빠져나와 고려로 투항하였으며 왕건은 견훤을 개경으로 맞아들여 양주를 식읍으로 주는 등 극진히 대우하였다.

이러한 소식은 신라에도 전해졌고 경애왕의 피살 후에 즉위한 경순왕은 국가 유지의 힘을 잃어 마의태자麻衣太子 등의 반대에도 불구하고 고려에 투항하였다(935년). 태조 왕건은 경순왕도 융숭하게 대접하여 벼슬은 태자와 같게 하고 경주를 식읍으로 삼아 그대로 다스리게 하였다.

고려와 후백제의 마지막 전투는 선산의 일리천에서 벌어졌는데, 치열한 다툼 끝에 후백제의 항복을 받아 936년 고려는 후삼국을 통일하였다.

발해가 거란에 멸망당하였을 때 유민을 비롯한 많은 이들을 받아 들여 고려는 후삼국뿐만 아니라 민족의 재통일을 이룩하였다.

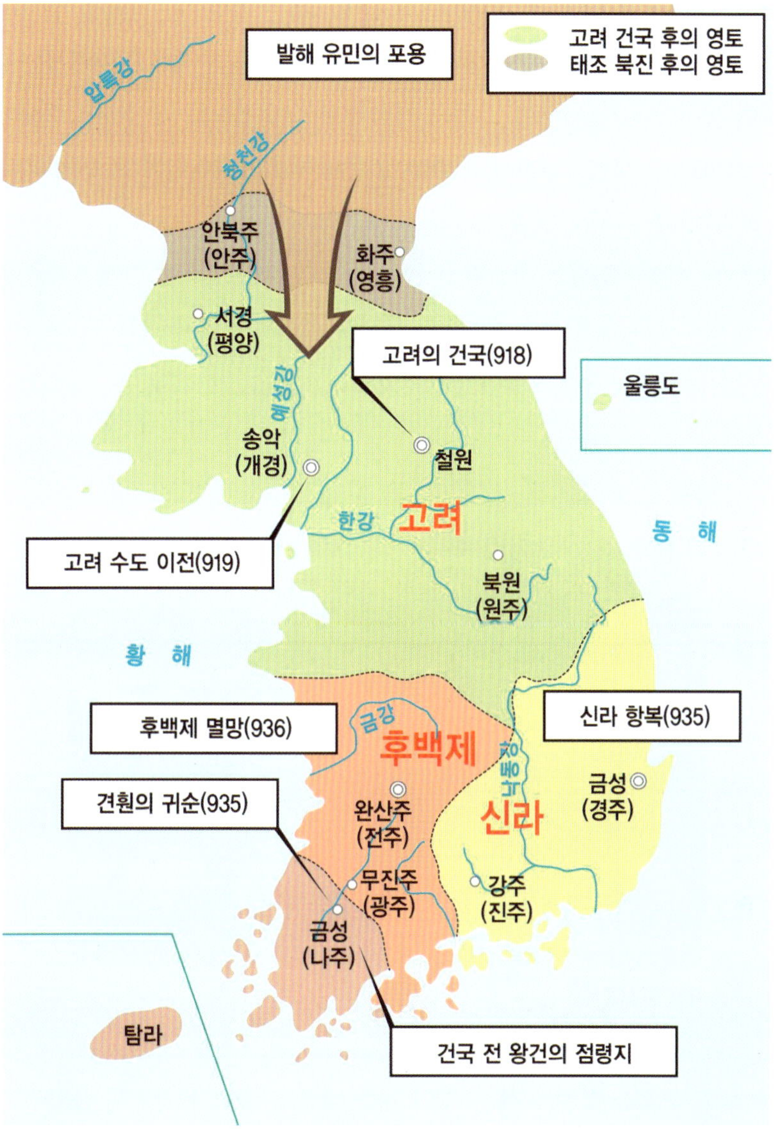

발해 유민의 포용
고려 건국 후의 영토
태조 북진 후의 영토
압록강
청천강
안북주 (안주)
화주 (영흥)
서경 (평양)
고려의 건국(918)
울릉도
예성강
송악 (개경)
철원
한강
고려
동 해
고려 수도 이전(919)
북원 (원주)
황 해
후백제 멸망(936)
금강
후백제
신라 항복(935)
낙동강
견훤의 귀순(935)
완산주 (전주)
신라
금성 (경주)
무진주 (광주)
강주 (진주)
금성 (나주)
탐라
건국 전 왕건의 점령지

후삼국의 통일

3) 고려 초기의 정책

태조는 후삼국의 분열이 신라 사회의 모순과 지방 세력의 대두로 인한 것으로 판단하고 한편으로는 호족을 우대하면서 한편으로는 억누르는 정책을 실시하였다. 호족의 기반을 가진 공신들을 개경에 머무르게 하고 그들의 세력 근거지에는 관리를 임명하여 통치하게 하는 한편, 그들의 자식은 수도에 볼모로 잡아두어 견제하였다. 유력한 호족과는 혼인을 통하여 관계를 깊게 다져갔고 반독립적 호족 세력과 연합하여 왕권 안정을 도모하였다.

태조는 국가의 자주성을 강조하기 위해 천수天授라는 연호를 사용하였으며 건국 직후부터 강력한 북진 정책을 추진하여 평양을 서경으로 삼고 말년에는 청천강에서 영흥에 이르는 국경선을 확보할 수 있었다.

개성 만월대

태조 사후 혜종과 정종 대에는 왕위 계승 다툼이 일어나 왕권이 불안정하였다. 이후 광종이 들어서면서 호족 세력을 꺾고 왕권의 안정과 중앙집권체제를 확립하기 위한 정책을 추진하였다.

광종은 노비안검법을 실시하여 양인이었다가 호족의 노비가 된 경우는 다시 양인이 될 수 있도록 하였다. 이로써 많은 노비들이 호족의 지배에서 풀려나 호족 세력은 약화되었으며 국가 재정기반과 왕권이 안정되기에 이르렀다.

또한 광종은 과거제를 실시하여 유학 지식과 문장 실력을 평가하여 관료로 뽑았으며 이를 통해 신구 세력의 교체를 도모하였다.

국왕의 권위를 높이기 위해 황제라 칭하고 독자적 연호를 사용하였으며 개경을 황도로 하였다.

성종 대에는 최승로의 시무28조를 받아들여 유교 이념에 의한 통치를 강화하였으며, 현종 대에는 전국을 5도와 양계로 나누어 지방 행정조직을 정비하기 시작하였다.

고려의 행정구역

/탐구과제/

○ 왕건의 라이벌은 궁예인가, 견훤인가?

- 신라 말에 호족 세력이 성장할 수 있었던 시대적 배경에 대해 탐구해본다.
- 왕건의 라이벌은 궁예인지, 견훤인지 파악해 본다.
- 왕건이 어떻게 후삼국을 통일하게 되었는지 알아본다.
- 고려의 건국과 민족의 재통일이 갖고 있는 의의에 대해 살펴본다.

후삼국의 분열은 신라 귀족사회 내부의 모순과 호족 및 6두품 세력의 대두를 배경으로 하여 나타났다. 고려 태조 왕건은 후삼국 시대의 혼란을 마감하고 통일국가의 기반을 확충하였다. 고려를 건국한 주역은 6두품 출신의 지식인과 호족 출신으로 선종을 사상적 기반으로 하였으며 새로운 정치 지도 이념으로 유교사상을 받아 들였다. 고려의 건국과 후삼국의 통일은 단순한 왕조교체에 그치는 것이 아니라 고대 사회에서 중세 사회로의 전환을 의미하는 것이었다.

아래의 자료는 후삼국 시대를 열었던 궁예와 견훤의 이야기가 실린 『삼국사기(三國史記)』 열전의 내용과 태조 왕건의 정책을 엿볼 수 있는 『고려사(高麗史)』 세가의 내용이다. 더 나아가 왕건의 라이벌을 궁예로 보아야 할지, 견훤으로 보아야 할지 파악하도록 하자. 아울러 후삼국의 성립과 고려 건국의 배경 및 의의를 살펴보고 중세사회로의 전환이 무엇을 의미하는 것인지 탐구해보기로 하자.

❖ 『삼국사기(三國史記)』 권11 신라본기11 진성여왕

2년(888) 봄 2월에 소량리(少梁里)의 돌이 저절로 움직여 갔다. 왕은 평소 각간 위홍(魏弘)과 더불어 정을 통해 왔는데, 이때 이르러서는 늘 궁궐에 들어와 일을 마음대로 처리하였다. 이에 그에게 명하여 대구화상(大矩和尙)과 함께 향가(鄕歌)를 모아 편찬하도록 하였는데, 그 책을 일러 삼대목(三代目)이라 하였다. 위홍이 죽자 혜성대왕(惠成大王)으로 추존하였다. 이후에는 젊은 미남자 2~3명을 몰래 끌어들여 음란한 짓을 하고는 그들에게 중요한 관직을 주어서 나라의 정치를 맡겼다. 이로 말미암아 아첨하여 임금의 총애를 받게 된 사람들이 뜻을 마음대로 펴게되어 뇌물이 공공연하게 행해지고, 상(賞)과 벌(罰)이 공정하지 못하여 나라의 기강이 무너지고 느슨해졌다.

그때 이름을 알 수 없는 어떤 사람이 당시의 정치를 거짓으로 비방하는 글을 지어 조회 들어가는 길에 붙혀 놓았다. 왕이 사람들에게 명하여 찾아내게 하였으나 찾을 수가 없었다. 어느 사람이 왕에게 말하였다.

"이는 문인(文人)으로서 뜻을 얻지 못한 자가 한 짓임이 틀림없습니다. 아마 이는 대야주(大耶州)에 은거하고 있는 사람 거인(巨仁)이 아닐까 합니다."

왕이 명하여 거인을 묶어서 서울의 감옥에 가두고 장차 형벌을 집행하려고 하자, 거인(巨仁)이 분하고 원통하여 감옥의 벽에 다음과 같이 썼다.

'우공(于公)이 통곡하자 3년 동안 가물었고, 추연(鄒衍)이 슬픔을 머금으니 5월에 서리가 내렸도다. 지금 이내 가슴 속 깊이 품은 근심은 옛날과 비슷한데, 하늘은 아무 말 없이 다만 푸르기만 하구나!'

그날 저녁에 갑자기 구름과 안개가 끼고 천둥이 치고 우박이 내렸다. 왕이 두려워하여 거인(巨仁)을 석방하여 돌려 보냈다. 3월 초하루 무술에 일식이 있었다. 왕이 병환이 들어, 죄수의 정상을 살펴 사형죄 이하를 사면하고 60명에게 승려가 되는 것을 허락하니 왕의 병이 나았다. 여름 5월에 가물었다.

3년(889) 나라 안의 여러 주와 군에서 공물과 조세[貢賦]를 보내오지 않아, 나라의 창고가 텅 비어 나라의 씀씀이가 궁핍하게 되었으므로 왕이 사자를 보내 독촉하였다. 이로 말미암아 도적들이 곳곳에서 벌떼처럼 일어났다. 이에 원종(元宗)과 애노(哀奴) 등이 사벌주를 근거로 하여 반란을 일으켰으므로, 왕이 나마 영기(令奇)에게 명하여 붙잡게 하였다. 영기가 적의 보루(堡壘)를 멀리서 바라보고는 두려워 앞으로 나아가지 못하였으나, 촌주(村主) 우련(祐連)은 힘껏 싸우다가 죽었다. 왕이 칙명을 내려 영기를 목베고 나이 10여 세된 우련의 아들로 촌주의 직을 잇게 하였다.

…… (중략) ……

10년(896) 도적들이 나라의 서남쪽에서 일어났는데, 그들은 바지를 붉은 색으로 하여서 스스로를 [다른 사람과] 다르게 하였으므로 사람들은 그들을 적고적(赤袴賊)이라 불렀다. 주현(州縣)을 무찔러 해치고 서울의 서부 모량리(牟梁里)에까지 이르러 민가를 약탈하여 갔다.

11년(897) 여름 6월에 왕이 좌우의 신하들에게 말하였다.

"근년 이래로 백성은 곤궁하고 도적들은 벌떼같이 일어나니, 이는 내가 덕이 없는 탓이다. 어진 이에게 자리를 비켜 왕위를 양보하고자 하는 나의 뜻은 결정되었다."

이에 왕위를 태자 요(嶢)에게 물려주었다.

❖ 『삼국사기(三國史記)』 권12 신라본기12 경애왕

[4년(927)] 가을 9월에 견훤이 고울부(高鬱府)에서 우리 군사를 공격하였으므로 왕이 태조에게 구원을 요청하였다. [태조가] 장군에게 명하여 굳센 군사 1만 명을 내어가서 구원하게 했는데, 견훤은 구원병이 미처 이르기 전인 겨울 11월에 갑자기 서울에 쳐들어갔다. 왕은 왕비와 궁녀 및 왕실의 친척들과 함께 포석정(鮑石亭)에서 잔치를 베풀며 즐겁게 놀고 있어, 적의 군사가 닥치는 것을 깨닫지 못하여 허둥지둥하며 어찌해야 할 바를 알지 못하였다. 왕은 왕비와 함께 후궁(後宮)으로 달아나 들어가고 왕실의 친척과 공경대부(公卿大夫)와 사녀(士女)들은 사방으로 흩어져 도망하여 숨었다. 적병에게 사로잡힌 사람은 귀한 사람이나 천한 사람 할 것 없이 모두 놀라 식은 땀을 흘리며 엉금엉금 기면서 종이 되기를 빌었으나 화(禍)를 면하지 못하였다. 견훤은 또 군사들을 풀어놓아 공·사(公私)의 재물을 거의 모두 약탈하고, 궁궐에 들어가 거처하면서 좌우의 사람들에게 명하여 왕을 찾도록 하였다. 왕은 왕비와 첩 몇 사람과 함께 후궁에 있다가 붙잡혀 군대의 진영에 이끌려 왔다. [견훤은] 왕을 핍박하여 자살하도록 하고 왕비를 강제로 욕보였으며, 그 부하들을 풀어놓아 궁녀들을 욕보였다. 이에 왕의 족제(族弟)를 세워 임시로 나라 일을 맡아 다스리도록 하니, 이가 경순왕(敬順王)이다.

❖ 『삼국사기(三國史記)』 권12 신라본기12 경순왕

9년(935) 겨울 10월에 왕은 사방의 토지가 모두 다른 사람의 차지가 되었고 나라는 약하고 형세는 외롭게 되어 스스로 힘으로 안정시킬 수 없다고 여겨, 여러 신하들과 더불어 도모하여 땅을 들어 태조에게 항복하려고 하였다. 여러 신하들이 의논하기를 어떤 사람은 그렇게 하는 것이 좋다 하고 어떤 이는 그렇게 해서는 안된다고 하였다. 왕자가 말하였다.

"나라가 존속하고 망함에는 반드시 하늘의 명(命)이 있습니다. 단지 충성스러운 신하와 의로운 선비들과 더불어 합심하여 백성의 마음을 한데 모아 스스로 지키다가 힘이 다 한 이후에 그만둘 일이지, 어찌 1천 년 사직을 하루 아침에 가볍게 남에게 줄 수 있겠습니까?"

그러자 왕이 말하였다.

"외롭고 위태로움이 이와 같으니 형세를 보전할 수가 없다. 이미 강해질 수도 없고 더 약해질 것도 없으니 죄없는 백성으로 하여금 간(肝)과 뇌(腦)를 땅에 바르도록 하는 것은 내가 차마 할 수 없는 바이다."

이에 시랑(侍郎) 김봉휴(金封休)로 하여금 서신을 가지고 가서 태조에게 항복을 청하게 하였다. 왕자는 울면서 왕에게 하직하고 떠나 곧바로 개골산(皆骨山)에 들어가 바위에 의지하여 집을 삼고 삼베옷을 입고 풀을 먹으며 살다가 일생을 마쳤다.

11월에 태조가 왕의 글을 받고 대상(大相) 왕철(王鐵) 등을 보내 그를 맞이하게 하였다. 왕은 백관을 이끌고 서울에서 출발하여 태조에게 귀순하였다. 아름다운 수레와 보배로 장식한 말들이 30여 리에 이어져 뻗쳐 길을 꽉 메웠으며 구경하는 사람들은 담을 두른 듯하였다. 태조가 교외에 나가 맞이하여 위로하고 궁궐 동쪽의 가장 좋은 집 한 채를 내려 주었으며 맏딸 낙랑공주(樂浪公主)를 아내로 삼게 하였다. 12월에 [경순왕을] 정승공(正丞公)으로 봉하고 지위를 태자(太子)보다 위에 있게 했으며, 봉록(俸祿) 1천 섬을 주었다. 시종(侍從)한 관원과 장수들도 모두 등용해 썼고 신라(新羅)를 경주(慶州)로 고쳐 공의 식읍(食邑)으로 삼았다.

❖ 『삼국사기(三國史記)』 권50 열전 궁예(弓裔)

궁예(弓裔)는 신라 사람으로 성은 김씨이다. 아버지는 제47대 헌안왕 의정(誼靖)이며 어머니는 헌안왕의 후궁이었는데 그 성과 이름은 전하지 않는다. 또는 48대 경문왕 응렴(膺廉)의 아들이라고도 한다. 5월 5일에 외가에서 태어났다. 그때 지붕 위에 흰 빛이 있어 마치 긴 무지개가 위로 하늘에 이어진 것 같았다. 일관(日官)이 아뢰기를 "이 아이는 중오일(重午日)에 태어났고, 나면서부터 이가 있었으며, 또 광염이 이상하였습니다. 아마도 장차 국가에 이롭지 못할 것이오니 마땅히 그를 키우지 마십시오."라고 하였다. 왕이 중사(中使)에게 명하여 그 집에 가서 그를 죽이도록 하였다. 사자가 포대기에서 빼앗아 그를 다락 아래로 던졌다. 유모인 여자 종이 몰래 그를 받았는데 실수하여 손가락으로 눈을 찔러 한쪽 눈을 멀게 하였다. 안고 도망가서 힘들고 고생스럽게 길렀다.

…… 나이가 들자 승려의 계율에 구애받지 않았으며, 헌칠하고 담력이 있었다. 일찍이 재(齋)에 참석하려고 가는데 까마귀가 입에 물었던 물건을 들고 있는 바리때(鉢) 안에 떨어뜨렸다. 그것을 보니 상아로 만든 점대에 '왕(王)'자가 쓰여 있었다. 비밀로 하고 말을 하지 않았으나 자못 자부하였다. 신라가 쇠약하여진 말기에 정치가 잘못되고 백성이 흩어져 왕기(王畿) 밖의 주현들로 배반하여 적에게 붙은 것과 [그렇지 않은 것이] 서로 반반이고, 먼 곳과 가까운 곳에서 떼를 이룬 도적들이 벌떼처럼 일어나고 개미처럼 모여드는 것을 보고, 선종[궁예의 법명]은 혼란을 틈타 무리를 모으면 뜻을 이룰 수 있겠다고 생각하였다. 진성왕 즉위 5년 즉 대순(大順) 2년 신해년(891)에 죽주(竹州)의 도적 괴수 기훤(箕萱)에게 의탁하였다. 기훤이 얕보고 거만하여 예로서 대접하지 않자, 선종은 속이 답답하고 불안해하여 기훤의 휘하에 있었던 원회(元會), 신훤(申煊)과 몰래 결합하여 벗으로 삼았다. 경복(景福) 원년 임자년(진성왕 6, 892)에 북원(北原)의 도적 양길(梁吉)에게 의탁하니 양길이 잘 대우하여 일을 맡기고 드디어 병사를 나누어 주어 동쪽으로 땅을 점령하도록 하였다.

…… 사졸과 더불어 즐거움과 괴로움, 어려움과 편안함을 함께 하였고, 상벌에 있어서 공정히 하고 사사로움이 없었다. 이로써 뭇 사람들이 마음으로 두려워하고 사랑하여 추대하여 장군으로 삼았다.

…… 천복(天復) 원년 신유(901)에 선종은 스스로 왕이라 칭하고 사람들에게 말하기를 "지난날 신라가 당나라에 군사를 청하여 고구려를 깨뜨렸다. 그런 까닭에 평양 옛 도읍은 무성한 잡초로 꽉 차 있다. 내 반드시 그 원수를 갚겠다."고 하였다.

아마도 태어나자마자 버림받은 것을 원망하였으므로 이런 말을 한 듯하다. 일찍이 남쪽으로 순행하여 흥주(興州) 부석사(浮石寺)에 이르러 벽에 그려진 신라 왕의 초상을 보고 칼을 뽑아 그것을 쳤다. 그 칼자국이 지금도 남아 있다. 천우(天祐) 원년 갑자(904)에 나라를 세워 이름을 마진(摩震)이라고 하고, 연호를 무태(武泰)라고 하였다.

…… 평양성주 장군 검용(黔用)이 항복하였고, 증성(甑城)의 적의(赤衣)·황의(黃衣)의 도적 명귀(明貴) 등이 복속하여 오자 선종은 강성해졌다고 자만하여 [신라를] 병탄하고자 하여 나라 사람들로 하여금 신라의 [경주를] 멸도(滅都)라고 부르게 하였고 신라로부터 오는 자는 모두 죽여버렸다. 주량(朱梁) 건화(乾化) 원년 신미(911)에 성책(聖冊)을 고쳐 수덕만세(水德萬歲) 원년으로 하고, 국호를 고쳐 태봉이라고 하였다.

…… 선종이 미륵불을 자칭하였다. 머리에는 금색 두건을 쓰고 몸에는 가사를 걸쳤다. 큰아들을 청광보살(青光菩薩), 막내아들을 신광보살(神光菩薩)이라고 하였다. 외출하면 항상 흰 말을 탔는데 비단으로 말갈기와 꼬리를 장식하였다. 어린 남자아이와 어린 여자아이들로 하여금 깃발, 일산, 향(香), 꽃을 들고 앞에서 인도하게 하였고, 비구 2백여 명을 시켜 범패를 부르며 뒤를 따르게 하였다. 또 스스로 경전 20여 권을 지었는데, 그 말이 요망하여 모두 도리에서 벗어나는 일이었다. 어떠 때에는 반듯하게 앉아 강설하였다. 승려 석총(釋聰)이 "모두 사악한 설과 괴이한 말로써 교훈이 될 수 없다."고 하였다. 선종이 이를 듣고 노하여 철퇴로 그를 때려 죽였다. …… 이후 의심이 많아지고, 화를 급하게 내어 모든 관료, 장수, 아전들과 아래로 평민에 이르기까지 죄 없이 죽음을 당하는 경우가 매우 자주 있었다. 부양(斧壤), 철원 사람들은 그 해독을 견디지 못하였다.

…… 여러 장수들이 태조[왕건]를 호위하고 문을 나섰다. 앞에 있는 자들로 하여금 "왕공께서 이미 의로운 깃발을 들었다!"고 외치게 하였다. 이에 앞뒤에서 분주하게 달려와 따르는 자가 몇 사람인지 알지 못했다. 또 먼저 궁성의 문에 이르러 북을 치며 떠들면서 기다리는 자들이 또한 1만여 명이었다. 왕이 이를 듣고 어찌할 바를 몰라 이에 미천한 차림으로 산림에 달아나 들어갔다가 곧 부양 백성들에게 살해당하였다. 궁예는 당나라 대순(大順) 2년(891)에 일어나 주량(朱梁) 정명 4년(918)에 이르기까지 28년만에 망하였다.

❖ 『삼국사기(三國史記)』 권50 열전 견훤(甄萱)

견훤(甄萱)은 상주(尙州) 가은현(加恩縣) 사람이다. 본래의 성은 이(李)씨였으나 후에 견(甄)으로 씨(氏)를 삼았다. 아버지 아자개(阿慈介)는 농사를 지으며 자기 힘으로 살다가 후에 가문을 일으켜 장군이 되었다. 처음 견훤이 태어나 아기 포대기에 싸여 있을 때 아버지가 들에서 일하면 어머니가 그에게 식사를 날라다 주었는데, 아이를 숲 밑에 놓아두면 호랑이가 와서 젖을 먹였다. 마을에서 들은 사람들이 기이하게 여겼다. 장성하자 생김이 뛰어났으며, 뜻이 크고 기개가 있어 평범하지 않았다. 군대를 따라 왕경에 들어갔다. [후에] 서남 해안에 가서 국경을 지켰는데, 창을 베고 자면서 적을 기다렸고, 그의 용기는 항상 군사들 중 첫째였다. [그런] 노고로 비장(裨將)이 되었다.

당나라 소종(昭宗) 경복(景福) 원년, 즉 신라 진성왕(眞聖王) 재위 6년(892)에 왕의 총애를 받던 아이들이 (왕의) 옆에 있으면서 정권을 마음대로 휘둘러 기강이 문란하고 해이해졌고, 그 위에 기근까지 겹쳐 백성들이 떠돌아다니고 도적들이 벌떼처럼 일어났다. 이에 견훤은 은근히 왕위를 엿보는 마음을 가져 무리를 불러 모아 왕경(王京)의 서남쪽 주(州)와 현(縣)을 치자 이르는 곳마다 메아리처럼 호응하였다. 한 달 사이에 무리가 5,000명에 이르자 드디어 무진주(武珍州)를 습격하여 스스로 왕이 되었으나 아직 감히 공공연히 왕을 칭하지 못하고, 신라서면도통지휘병마제치(新羅西面都統指揮兵馬制置) 지절(持節) 도독전 · 무 · 공등주군사(都督全武公等州軍事) 행전주자사(行全州刺史) 겸어사중승(兼御史中丞) 상주국(上柱國) 한남군개국공(漢南郡開國公) 식읍이천호(食邑二千戶)라고 스스로 칭하였다.

…… 견훤이 서쪽으로 순행하여 완산주에 이르니 주(州)의 백성들이 환영하고 고마움을 표하였다. 견훤이 인심을 얻은 것을 기뻐하여 좌우에게 다음과 같이 말하였다. "내가 삼국의 시초를 찾아보니, 마한이 먼저 일어나고 후에 혁거세가 일어났다. 그러므로 진한과 변한은 그를 뒤따라 일어났던 것이다. 이에 백제는 금마산(金馬山)에서 개국하여 6백여 년이 되었는데, 총장(總章) 연간에 당나라 고종이 신라의 요청으로 장군 소정방(蘇定方)을 보내 배에 군사 13만을 싣고 바다를 건너게 하였고, 신라의 김유신(金庾信)이 흙먼지를 날리며 황산(黃山)을 거쳐 사비(泗沘)에 이르러 당나라 군사와 합세하여 백제를 공격하여 멸망시켰다. 지금 내가 감히 완산에 도읍하여 의자왕의 오래된 울분을 씻지 않겠는가?" 드디어 후백제왕을 자칭하고 관부를 설치하고 관직을 나누니 이때는 당나라 광화(光化) 3년(900)이며 신라 효공왕 4년이었다.

……[천성(天成) 2년(927)] 겨울 10월에 태조가 군사를 출동시켜 원조하였는데 견훤이 별안간 신라 서울에 들어갔다. 그때 신라왕은 부인과 궁녀를 데리고 포석정에 놀러 나와 술을 마시고 즐기고 있었는데 적병이 이르자 낭패하여 어찌할 바를 몰랐다. [왕은] 부인을 데리고 성 남쪽의 별궁으로 돌아왔고 여러 시종하던 신료와 궁녀, 악사들은 모두 침략군에 잡혔다. 견훤이 군대를 풀어 크게 약탈하고 왕을 잡아오게 하여 앞에 이르자 왕을 죽이고 문득 궁중에 들어가 거처하면서 부인(왕비)을 강제로 끌어내 능욕하고 왕의 집안 동생 김부(金傅)로 하여금 왕위를 잇게 하였다. 그런 후에 왕의 동생 효렴(孝廉)과 재상 영경(英景)을 포로로 잡고 국가 창고의 진귀한 보물과 무기를 취하고, [귀족의] 자녀, 백공 중 기예가 뛰어난 자 등은 스스로 따르게 하여 돌아왔다.

태조는 정예의 기병 5천 명으로써 견훤을 공산(公山) 아래에서 맞아 크게 싸웠다. 태조의 장수 김락(金樂)과 숭겸(崇謙)이 전사하고 모든 군사가 패배하여 태조는 겨우 몸만 빠져 나왔다.

…… 견훤은 아내를 많이 취하여 아들이 10여 명이었다. 넷째 아들 금강(金剛)은 몸이 크고 지략이 많았다. 견훤이 특별히 그를 총애하여 그 왕위를 전해주려고 하였다. 그의 형 신검(神劍), 양검(良劍), 용검(龍劍) 등이 이를 알고서 걱정하고 번민하였다. 당시 양검은 강주(康州)도독이었고, 용검은 무주(武州)도독이었으며, 신검만이 왕의 옆에 있었다. 이찬 능환(能奐)이 사람을 강주, 무주에 보내 양검 등과 더불어 몰래 모의하였다. 청태(淸泰) 2년(935) 봄 3월에 이르러 파진찬 신덕(新德) · 영순(英順) 등이 신검에게 권하여 견훤을 금산불사에 가두고, 사람을 보내 금강을 살해하도록 하였다. 신검이 대왕을 자칭하였다.

…… 견훤이 금산사에 있은 지 3개월만인 6월에 막내아들 능예(能乂), 딸 애복(哀福), 총애하는 첩 고비(姑比) 등과 더불어 금성으로 도주하여 사람을 보내 태조에게 만나기를 청하였다. 태조가

기뻐하여 장군 유금필(庾黔弼), 만세(萬歲) 등을 보내 수로(水路)를 경유하여 가서 그를 위로하여 따라오도록 하였다. [견훤이] 도착하자 두터운 예로써 대접하였다. 견훤이 10년 연장자라고 하여 높여서 상보(尙父)로 삼았다. 남쪽 궁궐을 머물 곳으로 주었으며, 지위는 백관의 위에 두었다. 양주를 하사하여 식읍으로 삼도록 하고 겸하여 금과 비단, 병풍과 금침, 노(奴)와 비(婢) 각각 40구, 내구마(內廏馬) 10필을 주었다.

……먼저 태자 무(武)와 장군 술희(述希)를 보내 보병과 기병 1만 명을 거느리고 천안부에 나가게 하고, 가을 9월에 태조가 삼군을 통솔하고 천안에 이르러 군사를 합쳐 일선(一善)에 진군하였다. 신검이 군사로 막으니 갑오일에 일리천(一利川)을 사이에 두고 맞서 진을 쳤는데 태조와 상보(尙父) 견훤이 군사를 사열하였다.……태조는 장군 공훤(公萱)에게 명하여 중군을 곧바로 치게 하여 전군이 일제히 진격하여 협공하니 백제 군대가 붕괴되어 도망했다. 신검 및 두 동생과 장군 능달(能達), 소달(小達), 능환(能奐) 등 40여인이 항복해오자 태조는 항복을 받고 능환을 제외한 다른 모든 사람은 위로하고 아내와 자식을 데리고 서울에 와 살도록 허락하였다. 능환을 심문하기를 "처음 양검 등과 몰래 모의할 때 대왕을 가두고 그 아들을 세우자고 한 것은 너의 꾀이다. 신하된 의리상 이럴 수 있는가?" 하니 능환이 머리를 숙이고 말을 하지 못하자 드디어 명하여 목을 베었다. 신검이 왕위를 차지한 것은 남의 협박에 의한 것으로 그의 본심이 아닐 것이라 여기고 또 목숨을 바쳐 처벌을 청했으므로 특별히 사형을 면제시켜 주었다.[또는 삼형제가 모두 목 베어졌다고도 하였다.] 견훤은 근심으로 등창이 나서 수일만에 황산의 절에서 죽었다. 태조가 군령을 엄하게 밝혀 사졸들이 추호도 [백성을] 범하지 못하게 하였으므로 주현(州縣) 백성의 생활이 편안하게 여겼고, 노인으로부터 어린이까지 모두가 만세를 불렀다. 이에 [백제의] 장군과 군졸들을 위문하고 재능을 헤아려 임용하니 가난한 백성이 자기 직업에 편안히 종사하였다. 신검의 죄는 앞에서 말한 것처럼 생각하여 그에게 관위를 내려주고, 그 두 동생과 능환의 죄는 같다고 여겨 드디어 진주(眞州)에 유배보냈다가 곧 얼마 아니 되어 죽였다. [태조가] 영규에게 이르기를 "앞의 임금이 나라를 잃은 후 그 신하들 중에 위로해 주는 사람이 없었는데 오직 그대의 부부가 천리 밖에서 소식을 전하여 성의를 전하였고, 겸하여 나에게 귀부하였으니 그 의로움은 잊을 수가 없다!" 하고는 그에게 좌승 벼슬을 내려주고 토지 1천 경(頃)을 내려주었다. 역마 25필을 빌려주어 집안 사람들을 맞이하게 하였고 그의 두 아들에게도 관직을 내려 주었다. 견훤은 당나라 경복 원년(892)에 나라를 일으켜 후진(後晉) 천복 원년(935)에 이르기까지 45년 만에 멸망하였다.

❖ 『고려사』 권1, 세가1 태조 원년 6월 병진

원년 6월 병진(丙辰)일에 포정전(布政殿)에서 즉위하여 국호를 고려라 하고 연호(年號)를 고쳐 천수(天授)라고 하였다.

❖ 『고려사(高麗史)』 권1 세가1 태조 원년 9월 병신

병신(丙申)일에 신하들에게 말하기를, "옛 도읍인 평양이 황폐해진 지 비록 오래되었으나 터는 아직도 남아 있다. 하지만 가시밭이 우거져 오랑캐, 즉 여진인들이 그 사이에서 돌아다니며 사냥하다가 변방을 침략하기도 하니 해로움이 크다. 마땅히 백성을 옮겨 이곳을 채우고 변방을 굳게 지켜 대대손손 이롭게 하라."고 하였다. 그리고 드디어 평양을 대도호(大都護)로 삼고는 사촌 동생 왕식렴(王式廉)과 광평시랑(廣評侍郎) 열평(列評)을 보내 이곳을 지키게 하였다.

4) 고려의 토지제도

고려시대의 토지제도는 사유제의 바탕 위에 관념적인 왕토사상을 더하여 전시과 체제로 확립되었다. 즉, 토지에 대한 소유권을 부여한 것은 아니고 단지 그 토지에 대한 수취권(수조권)을 인정해준 것이다. 전시과 규정에 따라 관료에게 지급한 토지는 과전이다. 전시과에서 모든 토지는 지급받은 관료가 퇴직하거나 사망을 하면 국가에 반납하는 것을 원칙으로 하였다.

전시과가 처음 실시된 것은 경종 때(976년)로 관직의 높고 낮음은 물론 인품까지 고려하여 토지를 차등 있게 지급하였다. 목종 때(998년)의 개정전시과는 문무백관을 18등급으로 나누어 차등 있게 토지를 지급하였다. 이때 인품이 제외되었고 문관이 무관보다, 현직이 전직보다 우대되었으며 군인층이 토지지급 대상에 포함되었다. 문종 때(1076년)의 경정전시과는 지급 토지가 종전보다 감소되었으며 무관에 대한 대우가 보다 상승되고 현직관리에게만 지급되었다는 점이 특색이다.

토지는 수조권의 귀속에 따라 공전과 사전으로 나눌 수 있는데, 공전은 수조권이 국가나 관청에 소속된 토지이며 사전은 수조권이 개인이나 사원에 귀속된 토지를 말한다. 공전은 수확량의 1/4을, 사전은 수확량의 1/2을 조로 납부하였다.

5) 고려의 불교 예술

석탑의 경우 신라 양식을 일부 계승하면서 독자적인 조형 감각을 가미한 다양한 형태가 제작되었다. 고려의 석탑은 대체로 안정감이 없어 조형 감각 면에서는 신라보다 뒤떨어지지만, 오히려 형식에 구애받지 않는 자연스러운 면을 보여주고 있다. 대표적인 석탑으로는 오대산 월정사 8각 9층 석탑이 유명하며 고려 후기

경천사 10층 석탑은 원元의 석탑을 본뜬 것으로 조선시대로 이어져 원각사지 10층 석탑에 영향을 주기도 하였다.

고려시대의 불상은 시기와 지역에 따라 독특한 모습을 보이면서 지방 토속적 특색을 보여주고 있다. 제작 기법에 있어서는 인체 구성이 불균형을 이루고 있어 조형미가 퇴화된 감이 있으나 틀에 얽매이지 않는 자유분방한 면이 나타나고 있다. 논산의 관촉사 석조 미륵보살 입상과 같이 사람들이 많이 지나가는 길목에 지역 특색이 잘 드러난 거대한 불상들이 건립되기도 하였다.

또한 초기에는 하남 하사창동 철조 석가여래 좌상과 같은 대형 철불이 많이 조성되어 시대적 특징을 이루고 있다. 부석사 소조 아미타여래 좌상과 같이 신라 시대 양식을 계승한 걸작도 있다.

고려시대의 건축은 대개 궁궐과 불교 사원이 중심이었는데, 주심포 양식으로 13세기 이후에 지은 사원 건축물이 일부 남아 있다. 안동의 봉정사 극락전은 가장 오래된 건물로 알려져 있고 영주 부석사 무량수전과 예산 수덕사 대웅전은 균형 잡힌 외관과 배흘림기둥 등 고려시대 건축의 고졸하면서도 세련된 특성을 잘 보여주고 있다.

안동 봉정사 극락전

2 고려의 대외 관계와 문벌 귀족사회의 동요

1) 거란의 침략과 격퇴

10세기 들어 당이 멸망한 후 5대10국(907~960년)의 혼란기를 거쳤던 중국은 북방에 거란족이 큰 세력을 이루어 발해를 멸망시키고 국호를 요遼라고 하였다(947년).

중국은 960년 송이 다시 통일 국가를 이루게 되자 북방의 요를 견제하기 위해 고려와 친선관계를 맺고 있었다. 이러한 상황에서 요는 송을 공격하기에 앞서 배후에 있는 고려를 먼저 침략하였다. 성종 12년(993) 요는 고구려의 옛 땅을 반환하고 송과 단교하라는 명분을 앞세워 소손녕이 80만 대군을 이끌고 쳐들어왔다.

이때 담판에 나섰던 서희는 고려가 고구려의 계승자임을 내세웠고 앞으로 송과의 관계를 끊고 요를 적대시하지 않겠다는 조건을 걸었다. 이로써 거란군은 물러났고 고려는 압록강과 청천강 사이의 강동 6주를 확보하였다.

강동 6주와 천리장성

그러나 고려가 계속 송과 교류를 하고 요와 적극적인 외교관계를 수립하지 않자 요는 강동 6주를 넘겨 줄 것을 요구하였으며 목종을 폐위하고 현종을 옹립한 강조의 정변을 구실로 하여 재침략하였다. 이때 개경이 함락되어 현종은 나주로 피난하는 등 위기에 빠지기도 하였다. 하지만, 서경 이북은 곳곳에서 고려군이 버티고 있었기 때문에 거란군은 식량 보급이 끊어지는 상황에 처하게 되자 현종의 입조를 조건으로 하여 화친을 맺고 돌아갈 수밖에 없었다.

그러나 고려왕이 직접 입조하고 강동 6주를 돌려달라는 요구에 응답하지 않자 소배압이 10만 군사를 이끌고 다시 쳐들어왔다. 거란군은 개경까지 이르렀으나 고려군의 협공을 받아 후퇴하다가 귀주에서 강감찬이 지휘하는 고려군에게 섬멸되었다.

이로써 고려, 송, 거란 사이에는 세력 균형이 유지될 수 있었으며 고려는 강감찬의 주장으로 개경에 나성을 쌓아 도성 수비를 강화하고 압록강 어귀에서 도련포에 이르는 천리장성을 쌓았다.

2) 여진의 침략과 9성 개척

12세기 초 거란의 세력이 약해진 틈을 타서 만주 하얼빈 지방에서 일어난 완안부의 추장이 여진족을 통합하면서 고려와 충돌을 빚게 되었다.

고려는 임간과 윤관을 대장으로 삼아 두 번의 군대를 보냈지만 기병 위주의 여진족에게 모두 패하였다. 이에 윤관의 건의에 따라 기병을 보강한 특수부대인 별무반을 편성하여 여진 정벌을 준비하였다.

1107년 윤관은 별무반을 이끌고 천리장성을 넘어 여진족을 동북변경지대에서

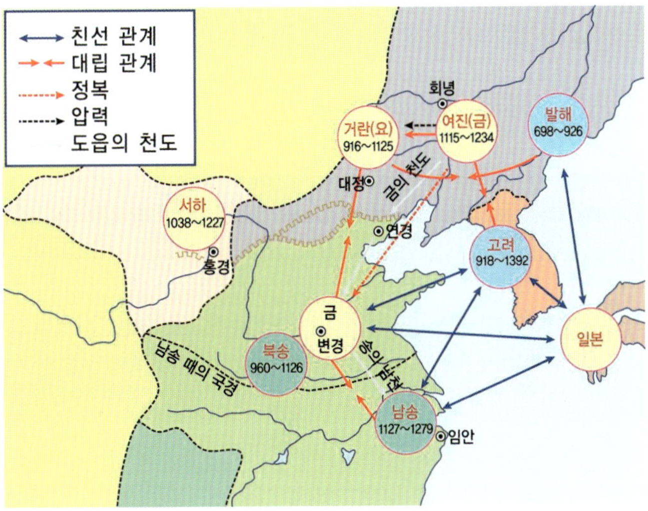

10~12세기의 동아시아

몰아내고 그곳에 9성을 쌓았다. 하지만 여진족의 계속된 침입으로 인해 1년 만에 9성을 돌려주게 된다.

이후 아골타가 나서서 통일을 이루고 세력을 키운 여진은 금나라를 세우고(1115년) 요를 멸망시킨 뒤(1125년) 고려에 군신관계를 요구해왔다.

당시 집권자인 이자겸은 정권 유지를 위하여 금과 평화관계를 유지하는 것이 유리하다고 판단하여 금과 사대관계를 맺고 평화관계를 유지하였다. 금이 고려를 침략하지는 않았지만, 북진정책은 좌절되었고 이는 귀족사회의 모순을 격화시켜 후에 이자겸의 난과 개경파와 서경파의 대립이 일어나는 계기가 되었다.

/탐구과제/

○ 고려의 국제적 위상은 어떠했는가?

- ㅁ고려 초기의 국제 관계를 탐구해본다.
- ㅁ고려-거란 사이에 벌어진 일련의 전쟁을 통해 고려의 국제관계 변화 상황을 고찰해본다.
- ㅁ고려-송과의 관계를 통한 고려의 국제적 위상을 탐구해본다.

10세기 북방의 거란족이 발해를 멸망시키고 요(遼)를 건국하자 고려는 초기부터 적대적 관계를 지속해왔다. 이후 송과의 단교 문제 등으로 고려는 거란으로부터 3차례에 걸친 침략을 받게 된다. 2차 침입 때에는 현종이 나주로 피난을 가는 등 고려가 위기에 빠지기도 하였다. 결국 고려는 거란의 침입을 극복하였고 고려, 송, 거란 사이의 세력 균형을 유지할 수 있었다. 고려-거란의 전쟁을 통한 이후 고려의 위상과 국제관계의 변화에 대해 탐구해보기로 하자.

또한 고려-송과의 관계를 통해 당시 고려의 국제적 위상에 대해 탐구해보기로 하자.

❖ 『고려사(高麗史)』 권2 세가2 태조(太祖)

25년(942) 겨울 10월 거란(契丹)에서 사신을 파견하여 낙타 50필을 보냈다. 왕은 거란이 일찍이 발해(渤海)와 지속적으로 화목하다가 갑자기 의심을 일으켜 맹약을 어기고 멸망시켰으니, 이는 매우 무도(無道)하여 친선관계를 맺을 이웃으로 삼을 수는 없다고 생각하였다. 드디어 교빙(交聘)을 끊고 사신 30인을 섬으로 유배 보냈으며, 낙타는 만부교(萬夫橋) 아래에 매어두니 모두 굶어죽었다.

❖ 『고려사(高麗史)』 권81 지(志)35 병(兵)2 병제(兵制)

정종(定宗) 2년(947)에 거란(契丹)이 장차 침입하려고 하므로 군사 300,000을 선발하여 광군(光軍)이라 부르고 광군사(光軍司)를 설치하였다.

❖ 『고려사절요(高麗史節要)』 권2 성종(成宗)

12년(993) 10월. 서희가 국서(國書)를 받들고 거란의 군영으로 갔는데, 소손녕과 더불어 동등한 예로 대하면서 조금도 굽힘이 없었다. 소손녕이 마음속으로 기이하게 여기면서 서희에게 말하기를, "너희 나라는 신라(新羅)의 땅에서 일어났으니, 고구려의 땅은 우리의 소유인데도 너희들이 침범하여 갉아먹고 있다. 또 우리와 더불어 영토를 맞대고 있으면서도 바다를 건너 송(宋)을 섬기고 있으니, 우리 대국(大國)이 이 때문에 토벌을 하러 온 것이다. 이제 영토를 나누어 바치고 조빙(朝聘)의 예를 취한다면 무사할 수 있을 것이다."라고 하였다. 서희가 말하기를, "그렇지 않습니다. 우리나라가 고구려의 옛 땅이니, 그렇기 때문에 국호를 고려(高麗)라고 하고 평양(平壤)에 도읍을 정한 것입니다. 토지의 경계를 논하자고 한다면, 상국(上國)의 동경(東京)도 모두 우리의 영역에 있는 것이 되는데, 어찌 침식하였다고 할 수 있겠습니까. 또 압록강(鴨綠江) 안팎도 역시 우리의 영역 안쪽인데, 지금 여진이 그 사이를 도적질하여 기거하면서 완악하고 교활하게 변덕을 부리므로 길이 막혀 통하지 못함이 바다를 건너는 것 보다 더 심하니, 조빙이 통하지 못하는 것은 여진 때문입니다. 만약 여진을 쫓아내고 우리의 옛 땅을 되돌려주어 성(城)과 보(堡)를 쌓고 길이 통하게 하여 준다면 감히 조빙의 예를 갖추지 않겠습니까. 장군께서 신의 말을 가지고 가서 천자께 전달하신다면, 어찌 불쌍히 여겨 받아들이지 않겠습니까."라고 하였다. 말의 기운이 강개하므로 소손녕도 억지로 하지 못할 것임을 알고 마침내 그대로 갖추어서 아뢰니, 거란의 황제가 말하기를, "고려가 이미 강화를 요청하였으니, 마땅히 군사들을 철수시키도록 하라."라고 하였다. 서희가 거란의 군영에 7일간 머무르다가 돌아오니 왕이 크게 기뻐하면서 강나루로 나와 맞이하고, 곧 시중 박양유로 하여금 예폐사(禮幣使)가 되어 [거란 조정에] 들어가 [황제를] 뵙게 하였다. 서희가 다시 아뢰기를, "신이 소손녕과 약속하기를, 여진을 평정하여 옛 땅을 수복한 후에야 조정에 들어가 뵙고 통교를 할 수 있을 것이라고 하였습니다. 지금은 겨우 강 안쪽만을 수복하였으니, 강 바깥쪽까지 점령하기를 기다렸다가 조빙의 예를 취하여도 늦지 않을 것입니다."라고 하였다. 왕이 말하기를, "오랫동안 조빙을 하지 않으면 후환이 있게 될까 두렵다."라고 하고는 마침내 보내었다.

❖ 『고려사(高麗史)』 권4 세가4 현종(顯宗)

원년(1010) 10월. 계축 거란(契丹)이 급사중(給事中) 고정(高正)과 합문인진사(閤門引進使) 한기(韓杞)를 보내 군대를 일으켰음을 알렸다. 참지정사(叅知政事) 이예균(李禮均)과 우복야(右僕射) 왕동영(王同穎)을 거란에 보내 화해를 청하였다.

2년(1011). 정월 정해. (왕이) 노령(蘆嶺)을 넘어 나주(羅州)에 들어갔다.

10년(1019) 봄 정월 신유. 소손녕(蕭遜寧; 소배압의 오류)이 신은현(新恩縣)에 이르렀는데, 개경(京城)과의 거리가 1백 리(里)였다. 왕이 성 밖의 백성들을 거두어 성 안으로 들어오게 하여 청야(淸野) 전술로 (거란군을) 대비하였다. 소손녕이 보낸 야율호덕(耶律好德)이 서신을 가지고 통덕문(通德門)에 이르러 군대를 돌리겠다고 아뢰었다. 몰래 정찰 기병 3백 여 명을 보내 금교역(金郊驛)에 이르렀는데, 우리가 보낸 군사 1백 명이 밤을 틈타 엄습하여 죽였다.

2월 기축 초하루. 거란군[丹兵]이 귀주(龜州)를 지나가는데, 강감찬(姜邯贊) 등이 맞아 싸워 크게 무찔러서 살아 돌아간 자가 겨우 수천 명이었다.

❖『고려사절요(高麗史節要)』 권3 현종(顯宗)

9년(1018) 12월 무술. 거란(契丹)의 부마(駙馬) 소손녕(蕭遜寧; 소배압의 오류)이 군사들을 거느리고 와서 침략하면서 100,000명의 군대라 칭하였다. 왕은 평장사(平章事) 강감찬(姜邯贊)을 상원수(上元帥)로 삼고 대장군(大將軍) 강민첨(姜民瞻)으로 하여금 그를 보좌하게 하여 병사 208,300명을 거느리고 영주(寧州)에 주둔하게 하였다. 흥화진(興化鎭)에 이르자 기병 12,000명을 선발하여 산골짜기 한가운데에 매복시키고 또한 굵은 줄로 쇠가죽을 꿰어서 성 동쪽의 큰 강을 막고서 적군을 기다리다가, 적군이 이르자 막았던 강을 터뜨리고 복병들을 내보내서 적을 크게 격파하였다. 소손녕이 병사들을 이끌고 곧장 경성으로 달려가자 강민첨이 추격하여 자주(慈州)의 내구산(來口山)에 이르러 그들을 크게 패배시켰다. 시랑(侍郞) 조원(趙元)도 또한 마탄(馬灘)에서 공격하여 만여 급의 목을 베거나 사로잡았다.

10년(1019) 2월 기축 초하루. 거란(契丹)의 병사들이 귀주(龜州)를 지나가자 강감찬(姜邯贊) 등이 동쪽 교외에서 격전을 벌였으나 양쪽 진영이 서로 대치하여 승패가 나지 않았다. (이때) 김종현(金宗鉉)이 병사들을 이끌고 도달하였는데, 홀연히 비바람이 남쪽으로부터 불어와 깃발들이 북쪽을 향해 휘날렸다. 아군이 그 기세를 타고 분발하여 공격하니, 용맹한 기운이 배가 되었다. 거란군이 북쪽으로 달아나자 아군이 그 뒤를 쫓아가서 공격하였는데, 석천(石川)을 건너 반령(盤嶺)에 이르기까지 쓰러진 시체가 들을 가득 채우고, 노획한 포로·말·낙타·갑옷·투구·병장기는 이루 다 셀 수가 없었으며, 살아서 돌아간 적군은 겨우 수천 인에 불과하였다. 거란의 병사들이 패배한 것이 이때처럼 심한 적이 없었다. 거란의 군주가 그 소식을 듣고 크게 노하여 사자를 보내어 소손녕을 책망하며 말하기를, "네가 적을 가볍게 보고 깊이 들어감으로써 이 지경에 이르게 되었으니, 무슨 면목으로 나를 볼 것인가? 짐이 마땅히 너의 낯가죽을 벗겨낸 이후에 죽일 것이다."라고 하였다.

❖『고려사(高麗史)』 권13 예종(睿宗)

가을 7월 무술 초하루 왕양(王襄) 등이 귀국하는데 왕이 표문을 부쳐 사의를 표하며 말하기를, "[저를] 특별히 생각하여 주니 고개가 숙여져 더욱 공손해지는데, 하물며 공적이 보잘 것 없으니 부끄러워 낯을 들 수가[寘顔] 없습니다. 엎드려 생각건대, 신(臣)은 멀리 궁벽한 땅에 메어 살다가 점점 번성해가는 시절을 만나게 되었습니다. 모름지기 자식은 아버지가 개간한 밭에 즐거이 씨를 뿌려야 하고, 작은 나라는 진심으로 큰 나라에 복종하고 따라야 합니다. 이는 선대 조상이 신에게 남긴 교훈으로, 미천한 신은 이에 따라 충성을 다해 왔습니다. 외람되게 제후의 자리를 계승한 이후 겨우 한 차례 조공을 보냈는데, 가신(家臣)이 돌아오는 편에 두터운 은혜를 과분하게 입었습니다. 단지 부끄럽고 두렵지만 미처 사의를 표할 겨를이 없었는데, 뜻밖에 황제폐하께서 먼 나라까지 어진 마음으로 생각하여 비상(非常)한 예를 들어 사신의 수레를 영광스럽게도 내려 주고 융숭한 상전(賞典)을 베풀어 주셨습니다. 선조 때로부터 공손히 받은 것이 비록 여러 해가 되었지만 아! 은총의 예수(禮

數)를 융숭하게 더한 것이 오늘 같은 날이 없었습니다. 더구나 보내신 조서[勅墨]와 겸하여 받은 유음(諭音)을 살펴보니 신의 직함에서 '권(權)'자를 없애고, 이른바 '책봉의 명령과 정삭(正朔)의 반포는 이미 대요(大遼)로부터 받았으므로 별도로 상국(上國)에서 행하지 않겠다.'라고 한 것은 참작(參酌)의 의리를 보이고 북조(北朝)에 대한 우려를 관대히 살핀 것입니다. 폐하의 언행은 치밀하게 보살피니, 어찌 산같이 크고 무거운 은혜를[丘山之戴] 감당하겠습니까? 마음에서 우러러나오는 뜨거운 충정으로 몸이 벌벌 떨리니 마치 얼음 골짜기에 선 듯합니다. 오직 성심을 다해 폐하의 은택을 저버리지 않으려 할 따름입니다."라고 하였다.

또 황제의 밀지[密諭]에 대한 답으로 말하기를, "우리나라는 동쪽 끝의 사이에 끼어 있어 조상 이래로 풍속을 교화하는 일을 사모하여, 때에 따라 입조하여 공물을 바쳤으며 황제의 두터운 은총을 입었습니다. 숭녕(崇寧) 연간에 국신사(國信使) 유시랑(劉侍郎)과 오급사(吳給事)가 성지(聖旨)를 받들고 와서 책봉의 의례를 행한 일을 물었는데, 선고(先考)께서 당시 나라의 경계가 대요(大遼)와 맞닿아 있어 이미 오랫동안 작위를 수여받고 정삭(正朔)을 받아 행해 왔던 까닭으로 감히 상국의 명령을 따르지 못한 사실을 간곡하게 알렸습니다. 그 후 온 나라 사람들이 [상국에 대해] 두렵고 무서워서 잠시도 편안하지 못했습니다.

이제 국신사(國信使)로 온 상서사인(尙書舍人)이 전한 밀지를 들어보니, '황제의 총명함이 하늘의 해와 같아서 국왕이 비록 만 리 밖에 있더라도 그 충효공순(忠孝恭順)함을 황제는 환하게 비추지 않음이 없어서 항상 남다른 은혜를 넉넉하게 더해 주었습니다. 저희들이 조정에 들어가 하직인사를 드리는 날 황제는 모두 알고서는 "[고려가] 이미 요의 책명을 받았고 남조(南朝)와 북조(北朝) 두 나라가 백년 넘게 친교를 통하여 의리상 골육의 형제와 같기 때문에 더 이상 책봉을 하지 않겠다."라고 하시었습니다. 지금 가지고 온 조서에 이미 '권(權)'자를 없앴으니, 이것이 바로 진정한 왕으로 인정하는 예를 통하여 국왕을 높이는 것입니다.'라고 하였습니다. 명령을 들은 처음에는 두렵고 놀라 입이 빠져 끝내 사양하는 표문을 올리려 하였습니다. 그러나 다시 생각해 보니, 황제가 성은으로 세심하게 위로하여 '권'자를 떼어 이름을 바로 잡음을 보이시고, 책봉의 명령을 영원히 없애서 한 쪽의 후환도 없게 하였습니다. 지금 이미 조서를 따라 '권'자를 떼어버렸고, 더욱이 내리신 조서가 황제께서 직접 쓰신 것이라는 말을 들으니 이러한 영예는 이전에 한 번도 없었던 일이라 유달리 더 감격스럽습니다. 또 다시 충성과 공경을 기약하여 황제께서 베풀어 주신 은덕에 보답하고자 하니 상서사인이 돌아가 복명할 때 잘 아뢰어주기를 바랍니다."라고 하였다.

3) 이자겸의 난과 귀족 사회의 동요

고려 초기 문벌 귀족들은 과거와 교육, 관직을 독점하면서 특권을 누렸다. 관계에 진출한 후 공음전 등을 지급받고 이를 세습하여 부를 축적하였으며 면세, 면역의 특권으로 대토지를 겸병하여 막대한 부를 독점하기도 하였다. 이들 귀족들은 혈연을 기반으로 가문과 문벌을 형성하였으며 왕실과의 혼인을 통해 외척으로서 특권을 강화하였다.

11세기 이래 문벌귀족인 인주(경원) 이 씨는 왕실의 외척으로 80년간 정권을 잡았다. 이자연은 세 딸을 문종의 왕비가 되게 하였고 손자인 이자겸 또한 자신의 딸을 예종의 왕비가 되게 하였으며 외손자인 인종에게도 셋째와 넷째 딸을 왕비로 맞게 했다.

세력이 막강해진 이자겸은 왕위까지 넘보아 이씨 성을 가진 자가 왕이 된다는 도참설을 퍼뜨려 인종을 독살하려고까지 하였다. 이때 심복인 척준경이 이자겸에게 등을 돌려 척결함으로써 이자겸의 세력은 몰락하게 되었다.

이자겸의 난 이후 문벌 귀족의 세력 다툼은 계속되어 김부식을 비롯한 보수적 관리들과 금에 사대를 반대하는 서경 출신의 묘청, 정지상 등이 서로 대립하였다.

묘청은 풍수지리설을 내세워 개경이 왕도로서 기운이 쇠퇴하였기 때문에 서경을 도읍으로 삼아야 하며 황제를 칭하고 금을 정벌하자고 주장하였다.

인종은 서경에 대화궁을 짓기도 하였지만, 김부식 등 개경 귀족들의 반대로 인해 서경 천도는 실행에 옮겨지지 못했다. 묘청 등은 서경 천도가 어렵게 되자 국호를 대위국, 연호를 천개로 정하고 거병하였다(1135년). 그러나 김부식이 이끄는 관군의 공격으로 1년 만에 진압되었다.

/탐구과제/

○ 묘청의 난인가, 서경천도운동인가?

- 묘청의 난으로 볼 것인지, 묘청의 서경천도운동으로 볼 것인지 탐구해본다.
- 12세기 당시의 고려의 국내 정치 상황과 고려가 처한 국제 관계에 대해 살펴본다.
- 묘청은 어떤 인물이었는지 살펴본다.
- 신채호가 조선 역사상 일천년래 제일대사건으로 규정한 근거는 무엇인지 고찰한다.

고려전기 문벌 귀족사회가 전개되면서 사회 모순이 나타나기 시작하였다. 12세기에 들어오면서 귀족들 사이의 대립과 갈등이 심화되었고 이 과정에서 김부식을 중심으로 한 보수적 관리들과 묘청, 정지상을 중심으로 한 지방 출신의 개혁적 관리들 사이에 대립이 벌어졌다. 묘청 세력은 풍수지리설을 내세워 천도를 적극적으로 추진하여 칭제 건원과 금국 정벌을 주장하였다. 그러나 서경 천도를 통한 정권 장악이 어렵게 되자 묘청 세력은 서경에 대위국이라는 나라를 세우고 연호를 천개로 정하고 거병하였다. 결국 김부식이 이끈 관군의 공격으로 진압되어 묘청의 서경 천도는 실패로 끝나고 말았다.

아래의 자료는 묘청에 대해 서술한 『고려사(高麗史)』 열전의 기록과 묘청의 서경천도를 조선 역사상 일천년래 제일대사건으로 규정한 신채호의 『조선사연구초』의 내용이다. 묘청의 서경천도 사건에 대해서는 묘청의 난으로 볼 것인지 자주적 전통사상과 사대적 유교 정치사상의 충돌로 볼 것인지 등 다양한 시각이 상존하고 있다. 소위 묘청의 난을 어떻게 볼 것인지 탐구해보기로 하자.

❖ 『고려사(高麗史)』 권127 열전40 반역 묘청(묘청의 난)

묘청(妙淸)은 서경(西京)의 승려로 뒤에 정심(淨心)이라 개명하였다. 인종(仁宗) 6년(1128)에 일자(日者) 백수한(白壽翰)이 검교소감(檢校少監)으로서 서경의 분사(分司)에 있으면서 묘청을 스승이라 불렀다. 두 사람은 음양가의 비술(秘術)에 의탁하여 뭇사람을 현혹시켰다.

정지상(鄭知常) 또한 서경 사람이라 그 말을 깊이 믿고 이르기를, "개경은 이미 왕업이 쇠하며 궁궐은 모두 불타버리고 남은 것이 없지만 서경은 왕기(王氣)가 있으니 마땅히 (임금이) 이어(移御)하여 상경(上京)으로 삼는 것이 마땅하다."라고 하였다. (중략) ……

근신 홍이서(洪彛敍)·이중부(李仲孚)와 대신(大臣) 문공인(文公仁)·임경청(林景淸)도 그들에 따라서 화답하면서 마침내 이르기를, "묘청은 성인(聖人)이며 백수한(白壽翰)도 또한 그 다음가는 사람입니다. 국가의 일을 일일이 (그들에게) 자문한 후에 시행하고 진언하고 간청하는 바를 받아들이지 않음이 없다면 곧 정치가 마침내 성사되고 국가를 가히 보존할 수 있을 것입니다."라고 하였다. 이에 여러 관리들에게 서명할 것을 두루 요청하였으나 평장사(平章事) 김부식(金富軾), 참지정사(參知政事) 임원애(任元敱), 승선(承宣) 이지저(李之氐)만은 서명하지 않았다.

글을 올려 아뢰니, 왕이 비록 의심이 가기는 했지만 뭇 사람이 힘써 말하므로 그 말을 믿지 않을 수 없었다. 이에 묘청(妙淸) 등이 말하기를, "신등이 보건대 서경(西京) 임원역(林原驛)의 지세(地勢)는 음양가(陰陽家)들이 말하는 대화세(大華勢)에 해당합니다. 만약 궁궐을 세워 그곳으로 이어하신다면 가히 천하를 아우르게 되니 금(金)이 예물을 가지고 스스로 항복하여 올 것이며 36국(國)이 모두 신하가 될 것입니다."라고 하였다. 왕이 드디어 서경에 행차하여 호종한 재추들에게 묘청 및 백수한(白壽翰)과 함께 임원역(林原驛)의 지세를 살펴보게 하였으며 김안(金安)에게 명하여 궁궐을 짓게 하였다. 부역을 감독하기를 매우 독촉하는데다 때도 바야흐로 엄동설한이니 백성들의 원성이 자자하였다. 인종 7년(1129), 새 궁궐이 완성되니, 왕이 또한 서경에 행차하였다. 묘청 일당은 또한 표를 올려 왕에게 황제를 칭하고 연호를 제정할 것을 권하였으며 또한 청하기를 유제(劉齊)와 협약을 맺어 금을 협공하여 멸망시키자고 하였으나 식자들은 다들 불가능한 일이라고 여겼다. 묘청 일당들이 주절대는 것이 그치지 않았으나 왕은 끝내 듣지 않았다. (중략) ……

이에 묘청을 수가복전(隨駕福田)으로 삼고 백수한을 내시(內侍)로 들여 서경으로 행차하였다. 행차가 금암역(金巖驛)에 이르니 비바람이 심하게 몰아쳐 한낮임에도 갑자기 어두워졌다. 호위 병사들이 자빠지고 왕도 고삐를 잡은 채 길을 잃어 간혹 진흙탕에 빠지기도 하고 간혹 나무등걸과 돌에 부딪치기도 하였다. 시종들이 왕의 행방을 잃어버리자 궁인들 중에는 간혹 통곡하는 자도 있었다. 저녁이 되자 진눈깨비가 내리고 추위가 더욱 심하여 사람과 말과 낙타(駱駝)가 많이 죽었다. 묘청이 말하기를, "내가 일찍이 이날 비바람이 불 것을 알고 우사(雨師)와 풍백(風伯)을 달래며 말하기를, '임금께서 행차하실 것이니 비바람을 일으키지 말라.'라고 하여 이미 허락을 받았는데 이처럼 식언을 하다니 매우 가증스럽구나."라고 하였다.

서경의 원로들과 검교태사(檢校太師) 치사(致仕) 이제정(李齊挺) 등 50인은 묘청과 정지상의 뜻에 맞추어, 표를 올려 왕을 황제로 존칭할 것과 연호를 만들 것을 청하였는데 정지상 등이 이에 힘을 얻어 왕을 설득하기를, "대동강에 서기(瑞氣)가 있으니 이는 신령한 용이 침을 토한 것으로 천년에 한번 보기도 어렵습니다. 청하건대 위로는 하늘의 뜻에 응하고 아래로는 사람들의 소망을 따라 금을 제압하십시오."라고 하였다. 왕이 이지저(李之氐)에게 물으니 대답하여 말하기를, "금은 강적(强敵)이니 가벼이 할 수 없습니다. 하물며 양부(兩府)의 대신들이 개경에 머물러 있는데 한두 사람의 말을 치우쳐 듣고 큰 문제를 결정할 수는 없습니다."라고 하니 왕이 허락하지 않았다. 묘청과 백수한 등이 일찍이 몰래 큰 떡을 만들어 그 속에 구멍을 뚫고 숙유(熟油)를 넣어 대동강에 가라앉혀두니 기름이 조금씩 새어 수면에 떠올랐는데 멀리서 보면 오색과 같았다. 인하여 말하기를, "신룡(神龍)이 침을 토하여 오색구름을 만들었으니 이는 상서로운 징조이다."라고 하고 백관들에게 청하여 하례하는 표문을 올리도록 하였다. 왕이 문공인(文公仁)과 참지정사(叅知政事) 이준양(李俊陽) 등을 보내어 자세히 살펴보게 하였는데, 마침 말다래에 기름칠하는 자가 말하기를, "숙유(熟油)가 물에 뜨면 기이한 빛이 난다."라고 하므로, 자맥질 잘하는 자를 시켜 수색하여 큰 떡을 찾아내어 이에 그것이 속임수임을 알았다. 임원애(任元敱)가 상서하여 말하기를, "묘청과 백수한 등은 방자하게 간사한 음모를 꾸미고 해괴한 말로써 뭇 사람들의 마음을 현혹시켰으며 한두 대신과 주상의 근신들도 그 말을 깊이 믿고서 주상의 귀를 어지럽혔습니다. 신은 장차 예측하지 못할 환란이 생길까 두렵습니다. 청하건대 묘청 등을 저잣거리에서 처형함으로써 재앙의 싹을 근절하십시오."라고 하였으나 회답을 주지 않았다. (중략)

…… 13년(1135)에 묘청이 분사시랑(分司侍郎) 조광(趙匡), 병부상서 유참(柳旵), 사재소경(司宰少卿) 조창언(趙昌言)·안중영(安仲榮) 등과 함께 서경을 근거지로 삼고 반란을 일으켰다. 그리고 왕명을 사칭하여 부유수(副留守) 최재(崔梓), 감군사(監軍事) 이총림(李寵林), 어사(御史) 안지종(安至宗) 등을 잡아 가두었다. 또 가짜 승선(承宣) 김신(金信)을 보내어 서북면병마사(西北面兵馬使) 이중(李仲)과 그 휘하의 모든 막료 및 각 성을 지키던 무장들을 체포해 모두 서경의 소금 창고에 가두었으며, 대개 개경 사람으로 서경에 머무르고 있던 자들을 귀천(貴賤)과 승속(僧俗)을 물론하고 모두 구금하였다. 군사를 파견하여 절령(岊嶺)의 길을 끊고 또한 사람을 파견하여 각 성으로 보내 군사를 겁박하여 징발하게 하였으며 인접한 도(道)의 기르던 말을 약탈하여 모두 평양성으로 몰아넣었다. 국호(國號)를 대위(大爲), 연호를 천개(天開), 그 군대를 천견충의군(天遣忠義軍)이라 불렀다. 관속을 두는데, 양부(兩府)로부터 주 · 군(州郡) 수령에 이르기까지 모두 서경 사람으로 임명하였다. (중략)

…… 마침내 김부식을 원수(元帥)로 삼아 정벌에 나서게 하고, 내시(內侍) 유경심(柳景深) · 조진약(曹晋若) · 황문상(黃文裳)을 서경으로 보내 병란을 그칠 것을 설득하게 하였다. 서경 사람들이 성문을 열고 관풍전(觀風殿)으로 들어오게 하였다. 유참(柳旵)과 조광(趙匡)은 동쪽에 묘청은 서쪽에 각각 앉았으며 그 나머지 문무관들은 관풍전 뜰에 모여 있었는데, 모두 군복을 입고 있었다. 유경심 등이 관풍전의 문에 이르자 유참 등이 뜰로 내려와 절하면서 왕의 안부를 묻고는 술과 음식을 대접한 뒤 되돌려 보내며 말하기를, "마땅히 표문을 올려 아뢰어야 하나 창졸간이라 그렇게 하지 못하였다. 청하건대 우선 이 글을 가지고 돌아가 아뢰시오."라고 하며 편지 한 통을 주었는데 그 편지에 이르기를, "엎드려 바라옵건대 주상께서는 이곳으로 도읍을 옮기셔야 하니 그렇지 않으면 반드시 변고가 있을 것입니다."라고 하였는데 그 어투가 매우 불손하였다.

이어서 검교첨사(檢校詹事) 최경(崔京)을 보내어 표문을 올려 이르기를, "폐하께서는 음양(陰陽)의 지극한 말을 믿고 도참(圖讖)의 비설(秘說)을 상고하여 대화궁(大華宮)을 창건하시었으니 천하의 황제의 도읍을 만드신 것입니다. 신 등은 누경(婁敬)이나 반경(盤庚)이 모의하여 실행한 것과 같은 천도의 위업을 희망하였습니다. [그러나] 어찌 신하들이 임금의 마음을 본받지 않고 다만 자신들의 고토(故土)만을 생각하여 천도를 주저할 뿐 아니라 사업을 가로막고 방해할 줄을 어찌 생각했겠습니까? 인심이 두렵고 백성들의 분노를 막기 어렵지만 폐하께서 수레를 타고 만약 임하신다면 병기를 버리고 전쟁을 멈출 수 있을 것입니다."라고 하였다. 표문이 이르자 모두 말하기를, "신하가 임금을 부르니 그 사자의 목을 베어야 합니다."라고 하였다. 왕은 병란을 막아보고자 하여 이에 최경에게 술과 음식 그리고 폐백(幣帛)을 하사하고 분사호부원외랑(分司戶部員外郎)으로 삼하서 위로하고 달래어 돌려보내었다. (중략)

…… 김부식의 대군이 이르자 각 성들이 모두 벌벌 떨며 두려워하였다. 김부식이 막료를 서경으로 보내 설득하기를 일곱에서 여덟 차례 하니 조광(趙匡) 등은 대항할 수 없음을 알고 나와서 항복하려 하였으나 아직 결단을 내리지 못하였다. 마침 김순부(金淳夫)가 조서(詔書)를 가지고 성에 들어가자 서경 사람들이 마침내 묘청(妙淸)·유참(柳旵) 및 유참의 아들 유호(柳浩)의 머리를 벤 뒤, 윤첨(尹瞻) 등을 파견하여 김순부의 뒤를 따라 나가 그 머리를 바치게 하고 또 스스로 죄를 청하였다. 이에 세 사람의 머리를 저잣거리에 효시하고, 윤첨을 하옥시키니 조광은 형벌을 면할 수 없을 것으로 판단하고 다시 항거하였다. 김부식은 성이 험준하므로 조급히 공격에 나서지 않고 군영을 벌여놓고 지구전을 전개하였다. 성안의 양식이 떨어져 노약자를 쫓아내었다. 김부식은 성을 함락시킬 수 있음을 알고 흙산을 쌓고 포기(砲機)를 설치하여 공격 도구로 삼았다.

인조 14년(1136)에 정예군 1만여 명을 선발하여 세 갈래로 나누어 진공하니 적병이 완전히 궤멸되었다. 조광이 어찌할 바를 몰라 온 집안 식구와 함께 분신하여 죽으니 서경이 평정되었다. 묘청 · 백수한 · 정지상 · 유참 · 조광(趙匡) 등의 처자식을 모두 적몰(籍沒)하여 노비로 삼았다.

❖ 신채호 『조선사연구초』

조선 역사상 일천년래 제일 대사건

(일) 서론

민족의 성쇠는 항상 사상이 어떤 방향으로 흘러가는가에 달린 것이며 그 방향성은 매번 어떤 사건의 영향을 받는다. 그러면 조선 근세에 종교 · 학술 · 정치 · 풍속이 사대주의의 노예가 된 것은 어떤 사건이 원인일까? ……(중략) …… 어떤 사건이 앞서 서술한 종교 · 학술 · 정치 · 풍속 등의 방면에 노예성을 낳게 하였는가? 나는 한마디로 고려 인종 13년(1135) 서경 전역(西京戰役), 즉 묘청의 난이 김부식(金富軾, 1075~1151)에게 패한 데서 그 원인을 찾으려 한다.

서경 전역 때 양쪽 병력이 각기 수만에 불과하고 전란의 시작과 끝이 불과 2년에 그쳤지만, 그 전란의 결과가 조선 사회에 끼친 영향은 서경 전역 이전 고구려의 후예로서 북방의 대국으로 자리 잡았던 발해 멸망보다도, 서경 전역 이후 고려와 몽고 간의 60년 전쟁보다도 몇 배나 중요하였다. 대개 고려에서 조선까지 1,000여 년 동안 서경 전역보다 중요한 사건이 없을 것이다.

서경 전역 전역을 역대 역사가들은 다만 국왕의 군대가 반란군을 친 전쟁으로만 알고 있었지만 이는 근시안적인 관찰에 불과하다. 그 실상은 이 전역이 낭불 양가(郎佛兩家) 대 유가의 싸움이며, 국풍파(國風派) 대 한학파의 싸움이며, 독립당 대 사대당의 싸움이며, 진취 사상 대 보수 사상의 싸움이었다. 묘청(妙淸, ?~1135)은 곧 전자의 대표요, 김부식은 후자의 대표였던 것이다. 이 싸움에서 묘청 등이 패하고 김부식이 승리함으로써 조선의 역사는 사대적 · 보수적 · 속박적 사상, 즉 유교 사상에 굴복되고 말았다. 만일 이와 반대로 김부식이 패하고 묘청 등이 이겼다면 조선사는 독립적 · 진취적 방향으로 나아갔을 것이니 이 전역을 어찌 1000년 동안의 제일 대사건이라 하지 않겠는가?

…… (중략) ……

(십) 결 론

이상 서술한 바를 다시 간략히 총괄하면 다음과 같다. 조선의 역사는 원래 낭가의 독립사상과 유가의 사대주의로 나눠져 있었다. 그런데 갑자기 불교도인 묘청이 낭가의 이상을 실현하려다 그 거동이 지나치게 이치에 맞지 않음으로써 패망하고 드디어 사대주의파의 천하가 되고 말았다. 낭가의 윤언이(尹彦頤, ?~1149) 등은 유가의 압박 아래에서 겨우 남은 목숨을 유지하게 되었다. 그 뒤 몽고의 난을 지나면서 더욱 유가의 사대주의가 득세하게 되었고, 조선의 창업이 유가의 사대주의로 이루어지자 낭가는 완전히 없어지고 말았다.

4) 무신정권 시대

고려는 문신이 중심이 된 문벌 귀족사회로 이들이 군대의 최고 지휘권까지 쥐었다. 무신은 문신보다 지위도 낮고, 문신들의 호위병 노릇이나 문신을 보조하는 전투기술자로 취급받는 등 차별대우를 받았다.

이에 정중부, 이의방 등의 무신들이 정변을 일으켜(1170년) 문신을 죽이고 의종을 폐하여 동생을 명종으로 옹립하고 실권을 잡았다.

그러자 동북면병마사 김보당과 서경 유수 조위총 등이 무신 세력에 항거하여 군사를 일으켰지만 곧 진압되었다.

정중부는 이의방을 제거하고 중방을 중심으로 정권을 독점하였으나 이후 무신 경대승에게 제거당하였다. 정중부를 제거한 경대승은 사병집단인 도방을 설치하고 권력을 유지하려 하였지만 병사하였다. 이후 김보당의 난 때 의종을 제거한 공으로 정계에 진출한 천민출신의 이의민이 정권을 잡았지만, 최충헌에 의해 피살되었다.

이의민을 제거하고 무단 정치의 기반을 확립한 최충헌은 그동안 무신들이 설치한 기관을 줄이고 1인 독재체제를 강화하였다. 최충헌은 최고 집정부의 구실을 하는 교정도감을 설치하여 권력을 행사하였으며 명종, 희종을 폐하고 신종, 희종, 강종, 고종을 세우는 등 왕권을 무력화하였다.

최충헌의 아들인 최우는 자기 집에 독자적인 인사행정기구인 정방을 두어 인사와 행정을 마음대로 운영하였다. 또한 서방이라는 기구를 집안에 두어 유능한 학자를 모아 자문하게 하였다.

그러나 최우는 1230년 몽골군이 침략해오자 이듬해 강화도로 도읍을 옮겨 권력을 유지하였고 강화도로 천도한 이후에도 백성들로부터 조세를 거두어들이는 등 안락한 생활을 유지하였다.

몽골과 전쟁이 계속되는 동안 최항과 최의에게 권력이 넘어갔지만, 최의는 김준, 임연 등에게 쫓겨났고 왕과 문신들이 몽골과 화의를 맺고 무신 임유무를 몰아냄으로써 무인집권기는 막을 내리게 된다.

/탐구과제/

○ 무신들은 왜 정변을 일으켰는가?

- ▫무신정변이 일어나기 전, 고려 조정 내에서 무신들의 위치를 살펴본다.
- ▫무신정변이 왜 일어나게 되었는지 당시 상황을 파악한다.
- ▫무신정변 이후 무신정권의 전개 과정과 신분제의 변동에 대하여 탐구한다.

무신정변은 고려 문벌귀족사회의 모순으로 인하여 발생하게 되었다. 고려시대에는 문관을 무관보다 우선시하는 사례가 많았다. 이는 전시과를 보더라도 문신의 관직은 제1과와 제2과에서 확인되는 것에 비하여, 무신은 제일 높은 관직이 제3과의 상장군, 제4과의 대장군으로 나타나고 있는 것을 통해 알 수 있다. 마찬가지로 문무반록에서도 상장군과 대장군은 문관보다 더 적은 대우를 받는 것으로 확인된다. 전쟁이 많았던 고려 초기의 경우에도 무신이 아닌 문신이 전군을 지휘한 사례가 많으며, 우리가 알고 있는 서희 · 강감찬 · 윤관 등도 모두 문신에 해당한다.

문신과 무신의 위계 차이는 무신들에게 불만으로 작용하게 되었다. 결국 무신들은 보현원에서 정변을 일으키게 되었으며 문신들을 대거 죽이게 되었다. 이후 무신정권이 수립되었으며, 무신정권은 그 최고 권력자가 연거푸 교체되는 혼란을 맞이하게 되었다. 이후 최씨무신정권이 수립되었으며, 최우 때에는 몽골에 항전하는 상황에 놓이게 되었다. 이번 탐구과제에서는 무신정권의 발생 배경과 무신정변의 발생, 이후의 전개 과정 및 신분제의 변동 등에 대해 탐구하도록 하겠다.

❖ 『고려사(高麗史)』 권78 지32 식화1 전제 전시과

문종(文宗) 30년(1076)에 양반전시과(兩班田柴科)를 경정(更定)하였다.

제1과(科), 전지[田] 100결(結), 시지[柴] 50결[중서령(中書令), 상서령(尙書令), 문하시중(門下侍中)]

제2과, 전지 90결, 시지 45결[문하시랑(門下侍郞), 중서시랑(中書侍郞)]

제3과, 전지 85결, 시지 40결[참지정사(叅知政事), 좌복야(左僕射), 우복야(右僕射), 상장군(上將軍)]

제4과, 전지 80결, 시지 35결[육상서(六尙書), 어사대부(御史大夫), 좌상시(左常侍), 우상시(右常侍), 태자첨사(太子詹事), 태자빈객(太子賓客), 대장군(大將軍)]

❖ 『고려사(高麗史)』 권19 세가19 의종 24년(1170) 8월 30일

정축일에 왕이 보현원(普賢院)에 행차하는 길에 오문(五門) 앞에 이르러 시신(侍臣)을 불러 술을 마셨다. 술에 취하자 좌우 신하를 돌아보며 말하기를, "훌륭하구나! 이 땅에서는 병법을 익힐 만하도다."라고 하였다. 무신(武臣)에게 명하여 오병수박희(五兵手搏戱)를 하게 하였다. 저물 무렵 어가(御駕)가 보현원 근처에 이르렀을 때 이고(李高)와 이의방(李義方)이 앞질러 가서 왕의 명령을 위조하여 순검군(巡檢軍)을 모았다. 왕이 원문(院門)에 막 들어가고 여러 신하들이 물러나려는데 이고 등이 임종식(林宗植) · 이복기(李復基) · 한뢰(韓賴)를 죽였으며, 왕을 모시던 문관 및 대소 신료(臣僚)·환관[宦寺]들도 모두 살해되었다. 또 개경에 있던 문신 50여 명도 살해되었다. 정중부(鄭仲夫) 등이 왕을 모시고 궁으로 돌아왔다.

❖ 『고려사(高麗史)』 권128 열전41 반역2 정중부

정중부(鄭仲夫)는 해주(海州) 사람이다. 용모가 웅장하고 뛰어나며, 눈동자가 네모나고 이마가 넓었다. 살결이 희고 수염이 아름다웠으며, 신장이 7척(尺)이나 되어 그를 바라보는 것이 두려울 정도였다. 처음에 주(州)에서 군적(軍籍)에 이름을 올리고 그의 팔을 봉(封)하여 개경(開京)으로 보내었다. 재상 최홍재(崔弘宰)가 선군(選軍)하다가 그를 보고 비범하게 여겨서, 봉한 팔을 풀어주고 위로하고 격려한 뒤 공학금군(控鶴禁軍)으로 충당하였다.

[정중부는] 인종(仁宗) 때에 비로소 견룡대정(牽龍隊正)으로 임명되었다. 섣달 그믐날 밤에 나례(儺禮)를 베풀고 잡기(雜技)를 실시하였는데, 왕이 와서 관람하였다. 내시(內侍)·다방(茶房)·견룡 등이 서로 뛰어다니며[騰躍] 즐겼다. 그때 내시 김돈중(金敦中)이 나이는 어렸지만 기백이 날카로웠는데, 그만 촛불로 정중부의 수염을 태웠다. 정중부가 김돈중을 때리고 욕을 보이니, 김돈중의 아버지 김부식(金富軾)이 화를 내고 왕에게 정중부를 처벌하자고 아뢰었다. 왕이 이를 허락하였지만, 정중부의 사람됨을 비범하게 생각하여 몰래 명령을 내려 달아나서 피하도록 하였다. 정중부는 이 일로 김돈중에게 앙심을 품게 되었다. 뒤에 정중부가 다시 관직에 나아가[復進] 좌우에서 [왕을] 모시게 되었다.

…… (중략) ……

[의종] 18년(1164), 왕이 인지재(仁智齋)로 거처를 옮기는데, 법천사(法泉寺) 승려 각예(覺倪)가 달령원(獺嶺院)으로 와서 어가(御駕)를 맞이하였다. 왕이 여러 학사들과 연이어 시를 주고받으니, 정중부 이하 여러 장수들이 지치고 피곤하여 화가 나서 그들을 원망하였으며, 비로소 불궤(不軌)하는 마음이 생겼다. 좌부승선(左副承宣) 임종식(林宗植)과 기거주(起居注) 한뢰(韓賴)가 깊이 생각하지 않고 그저 왕의 총애만을 믿고 거만하게 무관들을 업신여기니, 사람들의 노여움이 더욱 심해졌다.

[의종] 24년(1170), 왕이 화평재(和平齋)로 행차하여 또다시 가까이 모시는 문신들과 함께 술을 마시면서 시를 읊다가 돌아오는 것을 잊어버리니, 호종하던 장사(壯士)들의 배고픔이 심하였다. 정중부(鄭仲夫)가 잠시 나가자 견룡행수(牽龍行首) 산원(散員) 이의방(李義方)·이고(李高)가 그를 따라 나와 은밀히 정중부에게 말하기를 "문신들은 의기양양하게 취하도록 퍼마시는데, 무신들은 모두 굶주려 피곤합니다. 이것이 참을만한 일입니까?"라고 하였다. 정중부는 예전에 [김돈중이] 수염을 태운 악감이 있었으므로 곧 말하기를, "그렇구나[然]."라고 하고는 마침내 흉모(兇謀)를 꾸몄다.

후에 왕이 연복정(延福亭)에서 흥왕사(興王寺)로 갔는데, 정중부가 이의방·이고에게 말하기를 "오늘 거사하는 것이 좋겠다. 그러나 만약 왕이 환궁(還宮)한다면 그만 참기로 하고, 만일 [왕이] 보현원(普賢院)으로 행차한다면 이 기회를 놓쳐서는 안 된다."라고 하였다. 다음 날, 왕이 보현원으로 행차하는 길에 오문(五門) 앞에 이르자 시신(侍臣)들을 불러 잔을 돌리고 술을 마셨다. 술자리가 흥겨워지자 좌우를 돌아보면서 말하기를 "좋구나! 이곳은 군사들을 훈련시키기에 좋겠구나!"라고 하였다. [그리고서] 무신들에게 명령하여 오병수박희(五兵手搏戱)를 시행도록 하였다. [이는] 대개 무신들이 원망하는 줄을 알고, 후하게 베풀어 그들을 위로하기 위해서였다.

한뢰(韓賴)는 무신들이 왕의 총애를 얻을까 우려하였는데 마침내 시기심을 품었다. 대장군(大將軍) 이소응(李紹膺)은 비록 무인이었으나 야위고 힘이 약하여, 다른 사람과 수박희를 하다가 이기지 못하자 도망갔다. 한뢰가 갑자기 앞으로 나가서 이소응의 뺨을 때리니 [이소응이] 계단 아래로 떨어졌다. 왕과 여러 신하들이 손뼉을 치고 크게 웃었으며, 임종식(林宗植)과 이복기(李復基)도 이소응을 욕하였다. 그러자 정중부·김광미(金光美) · 양숙(梁肅) · 진준(陳俊) 등은 놀라서 얼굴색이 변하고 서로 눈짓을 하였다. 정중부가 성난 목소리로 한뢰에게 따져 말하기를 "이소응이 비록 무인이기는 하나 벼슬이 3품인데 어째서 이처럼 심하게 모욕을 하는가?"라고 하였다. 왕이 정중부의 손을 잡고 위로하면서 달래었다. 이고가 칼을 빼들고 정중부에게 눈짓하였지만, 정중부는 이를 그만두게 하였다.

날이 저물면서 어가(御駕)가 보현원에 가까워지니, 이고와 이의방이 앞서가서 거짓 왕명[矯旨]으로 순검군(巡檢軍)을 모이도록 하였다. 왕이 막 문에 들어서고 여러 신하들이 물러나는 순간, 이고 등이 문에서 직접 임종식과 이복기를 죽였다. 한뢰는 친한 환관(宦官)의 도움으로 어상(御床) 아래로 숨어 들어갔다. 왕이 매우 놀라 환관 왕광취(王光就)를 시켜 한뢰를 죽이지 말도록 하니, 정중부가 말하기를 "화근은 한뢰인데도, 오히려 왕 옆에 있습니다. 그를 내보내서 죽이기를 청합니다."라고 하였다. 내시(內侍) 배윤재가 또한 들어가서 아뢰니, 한뢰가 왕의 옷을 잡고 어상에서 나오지 않았다. 이고가 칼을 빼들고 위협하니 그제야 [한뢰가] 나왔으며 즉각 그를 죽였다.

…… (중략) ……

왕이 더욱 두려워서 정중부를 불러 난을 중지할 것을 설득하니, 정중부가 "예, 예."라고만 하고 확답하지 않았다. 왕이 곧 이고와 이의방을 응양군(鷹揚軍)과 용호군(龍虎軍) 중랑장(中郎將)으로 임명하고, 나머지 무인들도 상장군(上將軍)에게 수사공 복야(守司空 僕射)를 더해 주고 대장군(大將軍)에게 상장군(上將軍)을 더해 주었다. 정중부 등이 왕을 궁궐로 돌아오게 하니, 환관 왕광취가 동료들을 모아서 정중부 등을 토벌하려고 하였다. 한숙(韓淑)이 그 모의를 누설하자, 정중부 등이 또 어가를 따르던 내시 10여 명과 환관 10명을 찾아내서 죽였다. 정중부가 왕을 협박하여 군기감(軍器監)으로 옮기게 하고 태자는 영은관(迎恩館)으로 옮기게 하였다가, 끝내는 왕을 거제현(巨濟縣)으로 추방하고 태자를 진도현(珍島縣)으로 추방하고 나이 어린 태손(太孫)은 죽였다.

❖ 『고려사(高麗史)』 권128 열전41 반역2 이의민

이의민(李義旼)은 경주(慶州) 사람이다. 그의 아버지 이선(李善)은 소금과 체(篩)를 팔아 생업으로 삼았으며, 어머니는 영일현(延日縣) 옥령사(玉靈寺)의 비(婢)였다. 이의민이 어렸을 때, 이선이 꿈에서 이의민이 푸른 옷을 입고 황룡사(黃龍寺) 9층탑을 올라가는 것을 보고서 생각하기를, "이 아이는 반드시 귀하게 될 것이다."라고 하였다. 장성해서는 키가 8척이나 되었고 완력이 다른 사람보다 뛰어나서, 형 두 명과 함께 마을에서 횡포를 부려 사람들의 근심거리가 되었다. 안렴사(按廉使) 김자양(金子陽)이 이들을 잡아들여 고문했는데, 두 형은 감옥에서 굶어죽었지만 이의민만은 죽지 않았다.

김자양이 그의 사람됨을 장하게 여기고 경군(京軍)으로 선발하였다. 그리하여 이의민이 아내를 데리고 짐을 지고 개경에 도착하였다. 마침 날이 저물고 이미 성문이 닫혀서, 성 남쪽에 있는 연수사(延壽寺)에 투숙하였다. 그날 꿈에 어떤 긴 사다리가 성문에서 대궐까지 쭉 이어져 있었으므로 그것을 타고 올라가다가 깨었으므로 이상하게 생각하였다. 이의민은 수박(手搏)을 잘 했으므로, 의종(毅宗)이 그를 총애하여 대정(隊正)에서 별장(別將)으로 승진시켰다. 정중부(鄭仲夫)의 난에 이의민이 많은 사람을 죽였으므로 중랑장(中郎將)이 되었다가, 곧이어 장군(將軍)으로 승진하였다.

명종(明宗) 3년(1173), 김보당(金甫當)이 군사를 일으키고서 장순석(張純錫)·유인준(柳寅俊)을 남로병마사(南路兵馬使)로 임명하였다. 장순석과 유인준 등은 거제(巨濟)로 가서 의종을 받들고 계림(雞林)으로 나와 기거하였다. 정중부(鄭仲夫)와 이의방(李義方)은 이 소식을 듣고, 이의민 및 산원(散員) 박존위(朴存威)로 하여금 군사를 거느리고 남로(南路)로 빨리 가도록 하였다. 이의민 등이 계림에 도착하니, 어떤 사람이 길을 가로막고 말하기를 "전 임금이 여기에 온 것은 이곳 사람들의 뜻이 아니라 장순석과 유인준 등의 뜻입니다. 그 무리들은 수백에 불과하며 모두 오합지중(烏合之衆)이니, 그 우두머리를 없앤다면 나머지는 모두 흩어져서 도망갈 것입니다. 청하건대 조금만 머물러 계시면 제가 돌아가서 그들을 없앨 것이니, 경주 사람들에게는 죄주지 마시길 바랍니다."라고 하였다. 이의민이 말하기를 "나는 여기에 있을 것이니 걱정하지 말라."라고 하였다.

그 사람이 마침내 경주로 들어가 여러 사람들과 의논하면서 말하기를 "장순석의 무리는 지금의 임금이 파견한 사람이 아니므로, 그를 죽인다고 해서 무슨 해가 있겠는가?"라고 하였다. 밤에 군사들로 포위를 하고 그들을 공격하여 수백 명의 목을 베었다. 그리고 죽은 사람들의 머리를 길 좌우에 늘어놓고 이의민이 오기를 기다렸으며, 의종을 객사(客舍)에 가두고 사람을 시켜서 지키면서, 이에 이의민 등을 인도하여 성에 들어오도록 하였다. 의종을 곤원사(坤元寺) 북쪽 연못가[北淵上]로 불러내어 술을 여러 잔 올렸다. 그때 이의민이 의종의 척추를 꺾어 버렸는데, 손을 놀리자 소리가 나니 이의민이 크게 웃었다.

박존위가 의종의 시체를 이불에 싸서 가마솥 두 개와 함께 묶어서 연못 가운데로 던져 넣자, 갑자기 회오리바람이 크게 불고 모래먼지가 일어나니 사람들이 모두 소리를 지르며 흩어졌다. 절의 승려 중에서 헤엄을 잘 치는 사람이 있었는데, 가마솥만 건져내고 시체는 그대로 버려버렸다. 시체가 며칠 동안 떠 있어도, 물고기·자라·까마귀·솔개 등이 감히 해치지 못하였다. 전 부호장(副戶長) 필인(弼仁) 등이 몰래 관을 마련하여 시신을 물가에 묻어주었다. 이의민은 스스로 공을 내세워 대장군(大將軍) 벼슬을 받았다.

❖ 『고려사(高麗史)』 권129 열전42 반역3 최충헌

최충헌(崔忠獻)은 초명(初名)은 최란(崔鸞)으로, 우봉(牛峯) 사람이다. 아버지 최원호(崔元浩)는 상장군(上將軍)이었고, 최충헌은 음서로 양온령(良醞令)에 임명되었다.

명종(明宗) 4년(1174), 원수(元帥) 기탁성(奇卓誠)이 조위총(趙位寵)을 공격할 때 최충헌이 용감하다는 것을 듣고 별초도령(別抄都令)으로 선발하였으며, [이러한] 공로로 여러 번 승진하여 섭장군(攝將軍)이 되었다. 동생 최충수(崔忠粹)는 동부녹사(東部錄事)로, 성격이 시샘이 많고 험악하며 용맹하고 사나웠다.

…… (중략) ……

마침 왕이 보제사(普濟寺)로 행차했는데, 이의민이 병을 칭탁하여 왕을 호종하지 않고 몰래 미타산(彌陁山) 별서(別墅)로 갔다. 최충헌은 최충수 및 조카 대정(隊正) 박진재(朴晉材), 족인(族人) 노석숭(盧碩崇)과 함께 칼을 소매에 숨기고 별서 문밖에 도착하여 그를 기다렸다. 이의민이 돌아가려고 문을 나와 말을 타려는 순간, 최충수가 돌진하여 그를 쳤지만 맞지 않았다. 최충헌이 곧장 나아가 그의 목을 베니, [이의민의] 종자 수십 명이 벌벌 떨면서 모두 달아났다. 최충헌이 노석숭을 시켜 이의민의 머리를 들고 말을 타고 개경으로 들어가 저자에 머리를 내걸도록 하니, 보는 사람들이 놀라 떠드는 소리가 서울을 진동시켰다.

…… (중략) ……

최충헌(崔忠獻)이 많은 신료들을 죽이자 인심이 흉흉해졌으므로, 사신을 여러 도(道)에 파견하여 사람들을 위로하도록 하였다. 최충헌은 최충수(崔忠粹)와 함께 봉사(封事)를 올려 [다음과 같이] 말하였다.

"엎드려 살펴보건대, 적신 이의민(李義旼)은 성품이 맹수처럼 잔인하여 임금님을 업신여기고 아랫사람들을 능멸하였으며, 임금의 자리[神器]마저 흔들려고 했기 때문에 화가 불꽃처럼 일어나고 민들은 살길이 아득해졌습니다. 신들은 폐하의 신령스러운 위엄을 빌어 단번에 그들을 소탕하였습니다. 원하건대 폐하께서는 낡은 제도를 혁파하고 새로운 정치를 도모하심에 오로지 태조(太祖)의 올바른 법을 따르시어 중흥의 길을 환히 여시길 바랍니다. 삼가 10가지 사항을 아뢰옵니다.

옛날에 태조가 삼한(三韓)을 통일하시고 송악군(松嶽郡)을 수도로 정하시고 명당에 궁궐을 지어서 후대 임금들이 만세토록 다스리도록 하였습니다. 얼마 전 궁궐에 화재가 나자, 옛터에다 궁궐을 지었으니 그 얼마나 화려하고 웅장하였습니까? 그런데도 그곳이 좋지 않다는 말을 믿어 오랫동안 거처하지 않았으니, 이것이 도리어 음양(陰陽)에 배치된다는 것을 어찌 알았겠습니까? 바라건대 폐하께서는 좋은 날을 택해 새 궁궐에 들어가신다면 길이 천명을 받으실 수 있을 것입니다.

…… (중략) ……

성대(省臺)의 신하들은 간쟁을 담당하기 때문에 임금이 혹시 잘못이 있으면 과감하게 간언을 하며, 비록 도끼로 허리를 베이거나 가마솥에 삶기더라도 달갑게 받아들여야 합니다. 지금은 모두 주저하고 머뭇거리며 상황에 따라 왔다 갔다 하면서 구차하게 임금의 뜻에 영합하고 있습니다. 바라건대 폐하께서는 적합한 사람을 선발하시어 조정에서 직언하게 하시며 일에 임해서는 끝까지 자기의 주장을 펴게 하십시오."

최충헌이 글을 올리자, 왕이 기꺼이 그 건의를 받아들였다.

❖ 『고려사(高麗史)』 권129 열전42 반역3 최충헌

[신종(神宗)] 원년(1198), 사동(私僮) 만적(萬積) 등 6명이 북산(北山)에서 땔나무를 하다가, 공사(公私)의 노예(奴隸)들을 불러 모아서는 모의하며 말하기를, "국가에서 경인년(1170)과 계사년(1173) 이래로 높은 관직도 천예(賤隷)에서 많이 나왔으니, 장상(將相)에 어찌 [타고난] 씨가 있겠는가? 때가 되면 [누구나] 차지할 수 있는 것이다. 우리들이라고 어찌 뼈 빠지게 일만 하면서 채찍 아래에서 고통만 당하겠는가?"라고 하였다. 여러 노(奴)들이 모두 그렇다고 하였다. 누런 종이 수천 장을 잘라서 모두 정자(丁字)를 새겨서 표지로 삼고, 약속하여 말하기를, "우리가 흥국사(興國寺) 회랑에서 구정(毬庭)까지 한꺼번에 집결하여 북을 치고 고함을 치면, 궁궐 안의 환관들이 모두 호응할 것이며, 관노(官

奴)는 궁궐 안에서 나쁜 놈들을 죽일 것이다. 우리가 성안에서 벌떼처럼 일어나, 먼저 최충헌을 죽인 뒤 각기 자신의 주인을 죽이고 천적(賤籍)을 불태워 그리하여 삼한(三韓)에서 천인을 없애면, 공경장상(公卿將相)이라도 우리가 모두 할 수 있을 것이다."라고 하였다.

약속한 날이 되어 모두 모였으나 그 수가 수백 명에 불과하자 일이 성공하지 못할 것을 염려하여 보제사(普濟寺)에서 다시 모이자고 약속하면서 경계하며 말하기를, "비밀이 보장되지 못하면 성사되지도 못한 것이다. 누설하지 않도록 조심하라."라고 하였다. 율학박사(律學博士) 한충유(韓忠愈)의 가노(家奴) 순정(順貞)이 한충유에게 변란을 고하자 한충유가 최충헌에게 알렸다. 마침내 만적 등 100여 명을 체포하여 강에 던져버렸다. 한충유에게 합문지후(閤門祗候)를 제수하였고, 순정에게는 백금(白金) 80냥을 하사하고 면천하여 양인으로 삼았다. 잔당들을 모두 죽일 수가 없어서 조서를 내려 불문에 붙이기로 하였다.

❖ 『고려사(高麗史)』 권19 세가19 명종

[1176년 1월] 공주(公州) 〈관할지인〉 명학소(鳴鶴所)의 백성 망이(亡伊)·망소이(亡所伊) 등이 당여(黨與)를 모아서 산행병마사(山行兵馬使)라고 자칭하고는 공주를 공격하여 함락시켰다.……[6월] 병술 망이(亡伊)의 고향인 명학소(鳴鶴所)를 충순현(忠順縣)으로 승격시키고, 내원승(內園丞) 양수탁(梁守鐸)을 현령(縣令)으로, 내시(內侍) 김윤실(金允實)을 현위(縣尉)로 임명하여 그들을 달래었다.

…… (중략) ……

[정유] 7년(1177) 봄 정월 기유 망이(亡伊)·망소이(亡所伊)가 투항해 와서 국고의 곡식[廩粟]을 하사하고, 감찰어사(監察御史) 김덕강(金德剛)에게 명하여 고향으로 압송하게 하였다. …… [7월] 정사일에 남적처치병마사(南賊處置兵馬使) 정세유(鄭世猷) 등이 남적 우두머리인 망이(亡伊)·망소이(亡所伊) 등을 체포하여 청주옥(淸州獄)에 가두고, 사람을 보내어 승전을 보고하였다.

❖ 『고려사(高麗史)』 권130 열전43 반역4 김준

김준(金俊)은 초명(初名)이 김인준(金仁俊)이다. 아버지 김윤성(金允成)은 원래 천예(賤隷)였는데, 주인을 배반하고 최충헌(崔忠獻)에게 투신하여 그의 노(奴)가 되어 김준과 김승준(金承俊)을 낳았다.

김준은 용모가 늠름하고 성품이 너그럽고 후하여 아랫사람들에게도 겸손하였다. 또 활을 잘 쏘고 베푸는 것을 좋아하여 여러 사람들의 마음을 얻었다. 날마다 유협자제(遊俠子弟)들과 술을 마셔 집에 쌓아놓은 것이 없었다. 술수를 부리는 어떤 승려가 그를 보고 말하기를, "이 사람은 뒤에 반드시 국권(國權)을 잡을 것이다."라고 하였다. 박송비(朴松庇)와 송길유(宋吉儒) 등이 최이(崔怡)에게 천거하니, 최이가 신임하여 출입할 때마다 반드시 김준에게 호위하도록 하고 전전승지(殿前承旨)에 제수(除授)하였다. [그런데] 김준은 최이가 총애하는 첩 안심(安心)과 사통하여 고성(固城)으로 유배되었다가 몇 년 뒤에야 돌아왔다.

3 대몽 항쟁

1) 몽골의 침입

금과 남송이 대립하던 시기에 몽골 초원에서는 테무친이 유목부족을 통합하고 칭기즈칸으로 추대되었다(1206년). 그는 서하와 금을 원정하는 등 사방으로 정복사업에 나서 영토를 확대하였다.

거란족 일부가 몽골에 쫓겨 고려에 침입해오자 1219년 강동성에 웅거한 거란군을 고려와 몽골군이 함께 공략한 사건이 있었다. 그 이후로 몽골은 자신들을 거란족을 몰아내 준 은인으로 내세우면서 막대한 공물을 요구하였다. 중국과 서아시아를 정복하면서 대제국을 건설한 몽골은 사신 저고여가 압록강가에서 피살당한 사건으로 계기로 고려와 국교를 단절하였고, 1231년 살리타撒禮塔를 선봉으로 하여 고려를 침략하였다.

이때 몽골군은 귀주를 공격하였으나 박서의 저항으로 실패하였고 우회하여 개경을 포위하고 청주, 충주를 향해 계속 진격하였다. 충주에서는 노군奴軍의 지휘관인 지광수와 승려 우본 등이 노군 및 잡류를 이끌고 관리들까지 달아나 버린 충주를 지켜냈다. 하지만, 고려는 사태가 급박해지자 몽골의 요청대로 강화를 맺었다.

강화를 맺은 후에도 몽골은 막대한 양의 공물과 인질을 요구하였고 다루가치의 국정간섭도 심해지자 고려 조정은 최우를 중심으로 1232년 강화도로 천도하고 항전을 결의하였다.

이에 몽골은 재침하였지만, 처인부곡(용인) 전투에서 김윤후가 적장 살리타를 사살하는 전과를 올리자 퇴각하였다.

몽골은 금을 멸망시키고 이어서 남송을 공격하는 한편, 1235년부터 다시 고려를 침략하였다. 1253년 예쿠(야굴)의 군대가 내침하자 충주산성에서는 김윤후의 지휘하에 70여 일간 싸움으로 방어해내었다. 양식은 바닥이 났지만 노비들까지 합세하여 성을 끝까지 지켜내었다.

계속되는 몽골의 침략이 이어졌지만, 백성과 지방 야별초군은 몽골의 침략을 막아내었고 철기를 제작하는 충주의 다인철소는 주민들이 용감하게 싸운 공으로 익안현으로 승격되기도 하였다.

고려는 몽골에 항쟁을 계속하여 몽골의 침입을 약 40년간이나 막아내었다. 몽골이 여러 차례 침입해왔을 때 고려가 몽골의 침략을 물리칠 수 있었던 것은 일반 민중들이 침략군에 대항하여 용감히 싸웠기 때문이다. 특히 사회적으로 천대받던 노비와 천민들까지도 용감히 싸움으로써 고려군은 충주 등 여러 곳에서 승리할 수 있었다.

대몽항쟁 시 강화도의 고려 정부는 부처의 힘으로 외적을 방어하겠다고 하여 팔만대장경을 조판하였다. 그러나 장기간 전쟁으로 국토는 황폐화되고 백성들은 도탄에 빠졌으며 황룡사 9층 목탑 등 많은 문화재가 소실되었다.

그럼에도 불구하고 최씨 정권은 농민에 대한 적극적인 보호 대책을 세우기는커녕 수탈로 인해 농촌경제는 파탄할 지역에 이르게 되었다. 결국 원종은 1270년 개경 환도령을 내렸고 이로써 39년간의 강화도 시대는 막을 내렸다.

그러나 삼별초를 중심으로 한 일부 군대는 이에 불만을 품고 배중손의 지휘하에 반란을 일으켰다. 삼별초는 최우 집권기 이래 무신정권의 군사기반이었으나 그동안 몽골군과 싸워 많은 전과를 올리기도 하였다. 이후 삼별초는 거점을 강화도에서 진도로 옮겨 저항하였고 여몽연합군의 공격으로 인해 진도가 함락되자 일부는 제주도로 가서 김통정의 지휘하에 저항을 계속하다가 4년 만에 평정되었다.

2) 몽골의 간섭

1271년 국호를 원으로 바꾼 몽골은 우선 1274년과 1281년 두 차례에 걸친 일본 원정을 단행하면서 고려로부터 전쟁 물자와 인적 자원을 징발하였다.

또한 고려의 왕은 원의 공주를 왕비로 맞아들여 부마국이 되었다. 왕실 용어도 격하되어 '조祖, 종宗'으로 붙였던 묘호를 '왕王'으로 칭하였고 왕호의 앞에 '충忠'자를 넣어 몽골에 충성을 표시하게 하였다.

몽골은 일본원정을 준비하기 위해 설치했던 정동행성을 연락기구로 삼고 다루가치라는 감찰관을 파견하여 고려의 내정을 간섭하였다.

원은 쌍성총관부, 동녕부, 탐라총관부 등 고려의 영토 일부를 강점하여 직접 다스리기도 하였다. 또한 공녀라 하여 고려의 처녀들을 뽑아갔으며 금, 은, 베를 비롯하여 인삼, 약재, 매 등의 특산물을 징발하는 경제적 수탈도 나타났다.

고려와 원의 관계가 확대되면서 문화와 풍속교류도 빈번해졌다. 고려에서 몽골어가 사용되고 몽골의 의복과 변발이 유행하였으며 몽골식 이름을 가진 사람들까지 등장했다. 한편 고려의 문화가 몽골에 소개되고 고려양이라는 고려의 풍습과 생활양식이 몽골사회에서 유행되기도 하였다.

원의 압력과 친원파의 책동으로 고려의 정치는 비정상적으로 운영되었다. 몽골어를 잘하여 통역관으로 출세한 자, 매를 사육하여 바치는 응방 출신으로 출세한 자, 왕비가 된 원 공주와 결탁하여 출세한 자, 원에서 자신의 딸이나 일족이 크게 출세하자 덩달아 출세한 자 등 원과 결탁한 권문세족들이 높은 관직과 권력을 차지하고 대토지를 소유하면서 세력을 떨쳤다.

충주에서의 대몽항쟁

대몽항쟁전승기념탐

몽골군의 충주지역에 대한 침략은 1231년의 첫 번째 침입으로부터 고종 45년(1258) 사이에 무려 9차례나 있었다. 충주에서의 대몽항쟁은 1차 침입 때 충주성에서의 노비, 잡류군의 승리에서부터 5차 침입인 고종 40년(1253)에 충주산성의 방어전, 이듬해인 다인철소민의 승리에 이르기까지 매우 뜻깊은 항전의 연속이었다. 전쟁의 말기에도 이러한 항전사례는 꾸준히 등장한다.

『고려사』 1254년 9월 14일자 기록에 "자랄타이(차라대)군이 충주산성을 공격하는데 갑자기 비바람이 크게 휘몰아쳤다. 성안 사람들이 정예를 뽑아 맹렬히 반격하자 자랄타이가 포위를 풀고 드디어 남쪽으로 내려갔다."라고 하여 자랄타이군이 직접 충주를 공격하였다는 사실을 전하고 있다.

그 이듬해 고종 42년(1255) 10월 2일자 기록에는 "몽골이 대원령을 넘으므로 충주에서 정예병을 파견, 기습 공격하여 몽골 1천여 명을 사살하였다."고 기록하고 있다. 대원령은 지금의 충주시 상모면 미륵리와 문경시 관음리를 연결하는 하늘재로 추정된다.

고종 43년(1256) 4월에 몽골군은 또 다시 충주에 들어와 주성(州城)을 도륙하였다. 이것이 대몽 항쟁사에 있어 충주민이 몽골에게 당한 유일한 기록이다. 주성을 도륙한 몽골은 바로 충주 등에서 피난 온 이들을 공격하기 위해 월악신사로 올라갔는데 이때 홀연 운무가 끼고 비바람과 우뢰가 몰아치자 몽골군이 두려워 공격을 못하고 돌아갔다고 한다.

고종 45년(1258) 충주의 별초가 박달현에 숨어 있다가 몽골병을 저격하고 포로된 사람들과 우마 및 무기를 빼앗기도 하였다.

아직 대몽항쟁의 주 무대가 되었던 충주산성의 위치 비정 문제가 학계에서 통일되지 않고 있다. 즉, 제5차 몽골 침략 시에 항전하였던 충주성의 위치가 현 충주시 남산에 있는 남산성을 가리키는 것인지, 충주 대림산에 위치한 대림산성인지, 월악산에 있는 덕주산성을 지칭하는 것인지, 아니면 김윤후가 처인부곡에서 평지전투를 승리로 이끌었다는 점에 착안하여 현재의 충주읍성보다 더 큰 규모의 충주읍성이 있었는지 등은 논란이 되고 있다. 이러한 것들에 대한 규명은 새로운 사실들이 발견되기 전까지는 해결하기 어려운 문제이지만, 현재까지의 자료로는 충주 대림산성이 가장 타당한 장소로 여겨진다. 어쨌든 현재까지의 대몽항쟁사에 있어 충주의 전부가 전장이었다고 하여도 과언이 아니다.

/탐구과제/

○ 대몽항쟁의 주역은 누구였는가?

- 39년간 대몽항쟁에 대한 실상을 탐구해본다.
- 대몽항쟁기 최씨 무신 정권 등 고려 지배층의 행태에 대해 살펴본다.
- 몽골과 장기 항쟁할 수 있었던 원동력이 무엇이었으며 몽골과 싸워 승리를 거두었던 대몽항쟁의 주역은 누구였는지 고찰해보기로 한다.
- 몽골과의 항쟁 마무리 과정 및 삼별초의 항쟁에 대해 탐구한다.

1270년 무신 정권의 몰락과 함께 개경환도가 이루어지고 원이 지배를 받기 전까지 고려는 몽골에 맞서 39년 동안 장기 항쟁을 벌였다. 그렇다면 천하무적으로 세계를 제패하고 있던 몽골의 침입을 오랫동안 막아내고 종묘사직을 유지할 수 있었던 이유는 무엇이었을까? 당시 고려에서 무신 정권이 집권하고 있었기 때문일까?

다음의 자료는 대몽항쟁기의 고려 사회의 단면을 엿볼 수 있는 『고려사(高麗史)』와 『고려사절요(高麗史節要)』의 기록이다. 이들 기록을 통해 보면 대몽항쟁 기간 중에도 최씨 무신 정권의 부패와 수탈은 여전히 계속되고 있었음을 알 수 있다. 몽골과 싸워 승리를 거두었던 대몽항쟁의 주역은 무신 정권이 아니라 농민, 천민들이었다. 당시 고려 조정이 몽골과의 강화, 항쟁 어느 쪽을 선택했어야 했을까? 39년 간 있었던 대몽항쟁의 실상에 대해 탐구해보기로 하자.

❖ 『고려사(高麗史)』 권23 세가23 고종 18년(1231) 12월 2일

어사(御史) 민희(閔曦)를 파견하여 [몽고군에게] 음식을 대접하고 화친을 맺었다. 다음날 민희가 다시 몽고군 주둔지에 가서 몽고 사신 2인, 하절사[下節] 20인과 함께 왔다. 지합문사(知閤門事) 최공(崔珙)을 접반사(接伴使)로 임명하여 의장(儀仗)을 갖추게 명하였더니, 선의문(宣義門) 밖으로 나가 [몽고 사신을] 맞이하여 선은관(宣恩館)으로 들어왔다. 그때 살례탑(撒禮塔, 살리타이)은 안북도호부(安北都護府)에 주둔하고 있었는데, 역시 사신 3인을 보내와 강화를 설득하였다. 다음날 [몽고 사신들이] 궁궐로 찾아오자 왕은 대관전(大觀殿) 뜰로 내려와 북쪽을 향해 서서[北面] 사신을 맞이하였으나 몽고의 사신들이 만류하였으므로 왕은 그제야 남쪽을 향해 서서[南面] [사신과] 절하는 절차를 마쳤다. 몽고 사신은 털로 만든 옷과 관을 썼으며 활과 칼을 차고 있었으므로 우리 조정에서 자주색 비단으로 만든 도포와 허리띠를 주고 옷을 갈아입도록 하였지만 몽고 사신을 따르지 않고 다만 겉에 걸치기만 하였다. 왕은 잔치를 베풀어 그들을 위로하였다.

몽고 사신이 왕에게 문서[文牒] 한 통을 바쳤는데, 문서에 이르기를, "하늘에 힘과 하늘의 도리로 써의 말씀이시다. [우리에게] 항복하지 않고 [대항하다가] 잡힌 자들은 눈이 있어도 보지 못하고, 손이 있어도 없는 것 같으며 다리가 있어도 다리를 저는 사람과 같다. [황제께서] 성지(聖旨)를 [내려] 살리타(撒里打, 살리타이) 화리적(火里赤, 코르치)의 군대를 보내 너희들이 투항[投拜]하려는지 [아니면] 죽임을 당하려는지 묻게 하셨다. 쥐의 해[鼠兒年, 1216]에 흑거란(黑契丹)이 너희 고려국에 들어가 토벌을 하였을 때 너희는 잠시도 [그들을] 쫓아내지 못하였고, [우리가] 보낸 찰랄(札剌, 차라)와 하칭(何稱, 카치운) 두 사람에게 군대를 이끌고 가서 흑거란을 잡아 모두 죽이게 하였다. 너희가 [흑거란을] 죽이지 못하였으므로 우리가 온 것이니 만약 우리가 흑거란을 처리하지 못하였다면 너희는 [흑거란을 물리치지] 못하였을 것이다. [너희는] 어찌하여 사신 화리일녀(禾利一女)에게 항복하지 않았는가. [너희가] 항복해서 사신 과고여(瓜古與, 저고여)를 보내 너희들에게 왕래시키지 않았는가. 저고여[瓜古與]가 사라져서 사신이 저고여를 찾으러 갔으나 너희들은 활과 화살로 찾으러 온 사람을 쏘아서 돌아가게 했다. 그로 미루어 너희가 저고여를 살해한 것이 확실하다. 따라서 우리들은 책임을 물으러 갔다. [이와 같이] 황제의 성지(聖旨)에서 말씀하셨다. 만약 너희들이 싸우기를 바란다면 우리는 더불어 끝까지 싸울 것이고, 만약 투항하고자 한다면 이전에 투항한 자들처럼 할 것이다. 너희가 백성[民戶]를 사랑하고 불쌍히 여긴다면 이전에 투항한 자들처럼 모두 일시에 투항하라. [우리가] 파견한 사신을 빨리 돌아오게 하라. 만약 전쟁을 하려 한다면 네가 알아서 할 일이다. 황제의 대국토에 사는 몽고인[達達]들은 사방 주위의 국토를 모두 병합하였고, 투항하지 않은 나라의 땅을 모두 거두어들였는데, 너희들은 듣지 못하였는가? [우리는] 도망친 자들은 남김없이 모두 타격하는데, 너희들은 듣지 못하였는가? 우리가 너희의 본거를 점령할 때에 [너희] 모두를 거두어들여 선무(宣撫)할 수는 없다. 들어라. [우리가] 너희에게 왔다. 고려국왕이여. 너희의 백성 가운데 투항한 사람은 옛날처럼 살 것이고, 투항하지 않는 사람들은 죽일 것이다. 호랑이 해[虎兒年, 1218]에 [이미] 항복하였으니, 우리들은 한 집안이 아닌가? 너희에게 보낸 사신의 이름은 아토(阿土)이다."라고 하였다.

❖『고려사(高麗史)』 권103 열전16 제신 이자성

당초 충주부사 우종주(于宗柱)가 문서를 처리하는 데 매번 판관(判官) 유홍익(庾洪翼)과 의견이 충돌하곤 하였다. 몽골군이 온다는 소식을 듣고 성을 수비하는 문제를 논의할 때도 의견이 달랐다. 그래서 우종주는 양반 별초를 이끌고 유홍익은 노군(奴軍)과 잡류(雜類)로 편성된 별초를 통솔하면서 서로 시기하였다.

몽골군들이 침공하자 우종주 · 유홍익과 양반 별초들은 모두 성을 버리고 도망쳤으나 오직 노군과 잡류 별초들은 합력하여 적을 격퇴하였다. 몽골군이 물러간 뒤에 우종주 등이 돌아와 관아와 사저에서 사용하던 은그릇을 검사하였다. 노군들은 은그릇이 부족한 것은 몽골군이 가져간 것이라고 말하였으나 호장(戶長) 광립(光立) 등은 비밀리에 노군의 두목을 암살하고자 하였다.

노군들이 이를 알고 말하기를, "몽골군이 오면 모두 도망쳐 숨고 성을 지키지 않던 자들이 이제 와서 그들이 약탈하여 간 것을 도리어 우리에게 죄를 뒤집어씌워 죽이려 하는가? 이렇게 될 바에야 어찌 먼저 손을 쓰지 않겠는가?"라고 하였다. 그리고 장례를 지내는 데 참여한다고 속이고 나각(螺角)을 불어 무리들을 소집하였다. 먼저 주모자의 집으로 몰려가서 집에 불을 질러 태워 버리고 권세가 가운데 평소에 불만이 있었던 사람들을 남김없이 잡아 죽였다. 한편으로 고을 안에 명령하기를 "만일 이들을 숨기는 자가 있으면 그 가족도 모두 죽이겠다."고 하였다. 그래서 혹 숨겨 둔 흔적이 발각되면 부인과 어린아이까지 모두 죽였다.

왕이 이자성(李子晟, ?~1251) 등에게 3군을 이끌고 가서 (노군들을) 토벌토록 했다. 3군이 달천(達川)에 이르렀으나 물이 깊어 건너지 못하였다. 그래서 다리를 만들려 하는데 노군 괴수 몇 사람이 개울 건너편에서 말하기를 "우리가 주모자를 죽이고 항복하려 한다."고 하였다. 이자성이 대답하기를 "그렇게 한다면 너희를 다 죽이지는 않을 것이다."라고 하였다. 적의 괴수들이 성안으로 돌아가서 주모자인 승려 우본(牛本)의 머리를 베어 왔다. 관군이 이틀간 (달천 건너편에서) 머물렀는데 노군 중에서 건장하고 용맹한 자들은 모두 도망쳐 숨었다. 이후 관군이 성안으로 들어와 그 잔당을 모조리 잡아 죽이고 노획한 재물과 우마(牛馬) 등을 가져다 바쳤다.

❖ 『고려사(高麗史)』 권103 열전16 제신 김윤후

김윤후(金允侯)는 고종(高宗) 때 사람이다. 일찍이 승려가 되어 백현원(白峴院)에서 살았는데, 몽고군이 오자 김윤후는 처인성(處仁城)으로 피난하였다가 몽고 원수(元帥) 살례탑(撒禮塔, 살리타이)이 와서 성을 공격하니 김윤후가 그를 사살하였다. 왕이 그 공을 가상히 여겨 상장군(上將軍)을 제수하였으나 김윤후는 다른 사람에게 공을 양보하면서 말하기를, "전시(戰時)를 맞았지만 나에게는 궁전(弓箭)이 없었으니 어찌 헛되이 무거운 상을 받을 수 있겠는가?"라고 하며 고사하여 받지 않자 이에 섭랑장(攝郎將)으로 고쳤다. 후에 충주산성방호별감(忠州山城防護別監)이 되었는데 몽고군이 쳐들어 와 충주성을 포위하기를 70여 일간 하니 군량을 저축한 것이 거의 바닥났다. 김윤후가 괴로워하는 군사들을 북돋우며 말하기를, "만약 힘을 내어 싸울 수 있다면, 귀천을 가리지 않고 모두 관작을 제수하려 하니 너희는 불신함이 없도록 하라."라고 하고는 드디어 관노(官奴) 문서를 취해 불사르고 또 노획한 우마를 그들에게 나누어 주었다. 사람들이 모두 죽음을 무릅쓰고 적에게 다가가니 몽고군은 조금씩 기세가 꺾였고 결국 남쪽을 도모할 수 없었다. 이 공으로 감문위상장군(監門衛上將軍)이 되었고, 그 나머지 군공이 있는 자들은 관노와 백정(白丁)에 이르기까지 모두 관작을 차등있게 하사하였다. 외관으로 동북면병마사(東北面兵馬使)가 되었지만 당시 동북면은 이미 몽고에 함락되었으므로 부임하지 못하였다. 관직이 수사공 우복야(守司空 右僕射)에 이르러, 치사하였다.

❖ 『고려사(高麗史)』 권129 열전42 반역3 최충헌[최이(崔怡)]

고종(高宗) 21년(1233), 왕이 천도한 공을 논하여 최이(최우)를 후(侯)로 책봉하고 부(府)를 세워주려고 하였다. 백관들이 모두 최이의 집으로 가서 축하하려고 했지만, 최이는 조서를 가지고 오는 사신을 영접할 예물이 갖추어지지 않았다고 사양하였다. 이에 주군(州郡)마다 앞다투어 선물을 보내자, 결국 진양후(晉陽侯)로 책봉되었다. 최이가 사제(私第)를 짓는데, 도방(都房)과 4영군을 부려 옛

수도의 재목을 실어왔다. 또 소나무와 잣나무를 많이 뽑아다가 정원 안에 옮겨 심었는데, 모두 배로 실어오니 인부들 중에서 물에 빠져 죽은 사람이 많았다. 그 정원의 숲은 몇 십 리에 달하였다. 최이가 서산(西山)에다 민을 동원하여 사적으로 얼음저장소를 만드니 민들이 큰 고통을 겪었다. 또 안양산(安養山)은 강화도에서 며칠이나 걸리는 곳이었지만, 최이는 문객 장군 박승분(朴承賁)을 보내 잣나무를 뽑아다가 심게 하였다. 마침 그때 혹한이 닥쳐 인부들 중에 얼어 죽는 사람이 생겼고, 그 길옆의 주군에 사는 사람들은 집을 버리고 산에 올라가 노역을 피하였다. 어떤 사람이 승평문(昇平門)에 방을 붙여 말하기를, "사람과 잣나무 중에서 누가 소중한가?"라고 하였다. 또 최종준(崔宗俊)의 집을 지어주는데 이틀 만에 완성하였으며, 길 가는 사람의 말을 빼앗아서 목재와 기와를 실어 날랐다. 당시 최이에게 부탁하여 자신의 물건을 수송하는 사람들은 이와 같이 하였으므로 길 가는 사람들이 탄식하고 원망하였다.

…… 최이는 적자(嫡子)가 없고, 총애하던 기생 서련방(瑞蓮房)과의 사이에서 두 아들 만종(萬宗)과 만전(萬全)을 낳았다. 이전에 최이가 김약선(金若先)에게 병권을 넘기려고 하면서 두 아들이 변란을 일으킬까 염려하여 모두 송광사(松廣社)로 보내 머리를 깎고 선사(禪師)에 제수하였다. 만종은 단속사(斷俗寺) 주지로, 만전은 쌍봉사(雙峯寺) 주지로 있으면서, 모두 무뢰배 승려들을 모아다가 문도로 삼고 오직 재물을 늘리는 것만 일삼으니, 금과 비단이 엄청나게 많았다. 경상도(慶尙道)에서 비축해둔 쌀 50여만 석을 빌려주고 이자를 받으면서 가을에 곡식이 익기 시작하면 가혹하게 징수를 독촉하였기 때문에 사람들에게 남는 곡식이 없어 조세도 자주 내지 못하였다. 그의 문도들은 이름난 절에 나누어 거주하면서 권세를 믿고 제멋대로 행동하였으며, 안마(鞍馬)와 복식이 모두 달단(韃靼)을 모방하여 서로 관인(官人)이라고 불렀다. 다른 사람의 처를 강간하거나 제멋대로 역말을 타고 다니면서 주현의 관리들을 업신여기기도 하였다. 다른 승려들이 좋은 옷에 살진 말을 타고 다니면서 만종과 만전의 제자라고 사칭하여 가는 곳마다 빼앗고 말썽을 일으켜도, 각 고을에서는 두려워서 어느 누구도 뭐라고 하지를 못하였다. 형부상서(刑部尙書) 박훤(朴暄)이 최이에게 말하기를, "지금 북방의 군대가 해마다 침략하여 민심이 이반되고 있습니다. 은혜와 신뢰로 민들을 위무해도 오히려 난이 일어날까 두려운데, 지금 두 선사의 문도들이 만들의 재산을 마구 빼앗아 큰 원망을 사고 있습니다. 남쪽 지방이 소란해진 상황에서 만약 북방의 군대가 침략한다면, 서로 호응하여 변란이 일어날까 두렵습니다."라고 하였다. 최이가 이 말을 듣고 주저하고 있었는데, 마침 경상도순문사(慶尙道巡問使) 송국첨(宋國瞻)이 서한을 보내 또한 그렇게 말하였다. 최이가 박훤에게 "어떻게 하면 좋겠는가?"라고 물으니, 박훤이 말하기를, "공이 만약 두 선사를 소환한 뒤, 순문사와 안찰사(按察使)를 시켜 무뢰배 승도들을 가두어 민심을 위로하시면 변란이 없을 것입니다."라고 대답하였다. 이에 최이가 그렇다고 여겨 즉시 어사(御史) 오실(吳贇)과 행수(行首) 정영계(周永珪)를 쌍봉사와 단속사로 파견하여 돈과 곡식을 압수하고 모두 그 주인에게 돌려주었다. 또한 계권(契券)을 불태우고 문도들 중 악한 짓을 승려들을 가두도록 하자 중외(中外)가 서로 경사로 여겼다. 만종과 만전이 개경으로 와서 그 누이인 송서(宋情)의 처와 함께 울면서 최이에게 하소연하기를, "공께서 살아계실 때에도 우리를 이렇게 핍박하는데, 돌아가신 뒤에는 우리 형제가 언제 죽을지 모르겠습니다."라고 하였다. 최이가 후회하여, 박훤은 부자 사이를 이간질시켰다고 하여 흑산도(黑山島)로 유배를 보내고, 송국첨을 동경부유수(東京副留守)로 좌천시키고, 만종과 만전의 문도들을 모두 석방시켜 주었다. 만전을 환속시키고, 이름을 최항(崔沆)으로 고쳤다.

❖『고려사절요』 권16 고종안효대왕 3 을사 32년 5월

(고종 32) 5월에 최이(崔怡, ?~1249)가 종실의 사공(司空) 이상과 재추들을 위해 자신의 집에서 연회를 베풀었다. 이때 산처럼 높게 채붕(綵棚)을 세워 비단 휘장을 두르고 가운데는 그네를 매어 문수채화(文繡綵花)로 장식하고, 8면(八面)을 은단추와 자개로 장식한 4개의 큰 동이에 각각 얼음을 산더미처럼 담고, 또 4개의 큰 물통에 붉은 작약과 자줏빛 작약 10여 종을 가득히 꽂았는데, 얼음과 꽃이 서로 비춰 겉과 속에서 찬란한 빛을 발하였다. 그리고 기악과 온갖 잡희를 베풀고, 팔방상(八坊廂)의 공인(工人) 1,350여 명이 모두 호화롭게 단장하고 뜰에 들어와 풍악을 연주하니, 거문고와 노래와 북과 피리 소리들이 천지를 진동하였다. 팔방상에게는 각각 백은(白銀) 3근씩을 주고, 영관(伶官)과 양부(兩部)의 기녀(伎女)와 광대에게도 각각 금과 비단을 주니, 그 비용이 엄청났다.

사신(史臣)이 말하기를, "팔방상(八坊廂)이란 것은 나라가 태평하였을 때나 있을 법한 성대한 것이다. 그런데 지금은 몽골군이 침략하여 해도(海島)로 숨어 들어가 사직을 겨우 보전하고 있는 상태로, 진실로 군신이 걱정을 같이하여 마치 연못 위의 엷은 얼음을 밟고 지나가는 것과 같은 상황이었다. 그런데 최이가 나라의 권력을 도둑질하여 망령스럽게 사치하고 과장하며 조금도 두렵게 생각하거나 거리낌이 없었으니, 그 죄가 진실로 죽어도 용서받을 수 없을 것이다."라고 하였다.

❖『고려사(高麗史)』 권25 세가25 원종 원년(1260) 3월

처음에 몽고의 헌종(憲宗) 황제가 남방을 정벌하면서 조어산(釣魚山)에 머물고 있었는데, 왕이 연경(燕京, 북경)에서부터 황제의 행재소(行在所)로 가는 길에 경조(京兆)와 동관(潼關)을 지나게 되었다. 그 지방을 지키는 관리가 왕을 화청궁(華淸宮)으로 맞아들여서 온천욕을 하라고 권하자, 왕이 사양하며 말하기를 "이 곳은 당(唐)의 현종(玄宗)께서 목욕하던 곳인데, 비록 지금은 다른 세상이지만 신하인 내가 어찌 감히 더럽힐 수 있겠는가?"라고 하였고 이 소리를 들은 사람들이 왕이 예를 안다고 탄복하였다.

육반산(六槃山)에 도착하니 헌종 황제는 승하하고 아리발가(阿里孛哥, 아릭부케)는 북방 평야지대에서 군대를 맡고 있어서 제후(諸侯)들은 걱정하며 누구를 따라야 할지 결정하지 못하고 있었다. 그때 황제의 동생 홀필열(忽必烈, 쿠빌라이)이 강남(江南)에서 군세를 과시하고 있었으므로, 왕은 드디어 남쪽으로 방향을 돌려 험한 길을 거쳐서 양주(梁州)와 초주(楚州)의 교외에 도착하니 마침 황제의 동생 홀필열이 양양(襄陽)에 있다가 군대를 돌려서 북상하고 있었다. 왕은 연각오사복두(軟角烏紗幞頭)를 쓰고 소매가 넓은 자줏빛 비단 도포[廣袖紫羅袍]를 입고 물소 띠[犀鞓]를 띠고 상아로 만든 홀[象笏]을 들고 폐백을 받들어 길가에서 맞이하여 알현하였다. 왕의 얼굴은 그림 같고 행동거지는 예법에 맞았으며, 여러 신하가 모두 직위에 따라 관복을 입고 뒤에 배열하여 서 있었다.

황제의 동생이 놀라고 기뻐하면서 말하기를, "고려는 만 리나 떨어져 있는 나라이고, 당(唐) 태종(太宗)이 친히 정벌하였으나 굴복시키지 못하였는데 지금 그 나라의 세자가 스스로 나에게 귀부(歸附)해 오니 이것은 하늘의 뜻이다."라고 하면서 크게 칭찬하고, 함께 개평부(開平府)에 도착하였다. 고려(高麗)에서 고종(高宗)의 흉서를 부고하니 바로 달로화적(達魯花赤, 다루가치) 속리대(束里大, 쉬리다이) 등에게 명령하여 세자의 귀국행을 호위하라고 하였다.

강회선무사(江淮宣撫使) 조양필(趙良弼)이 황제의 동생에게 말하기를, "고려는 비록 작은 나라라고는 하지만 산과 바다가 가로막혀서 우리나라가 무력을 쓴 지 20여 년이 지났지만 아직 신하로 복속시키지 못하였습니다. 지난해에 고려 태자 왕전(王倎)이 내조(來朝)하였는데, 마침 황제께서 서쪽으로 정벌을 나가셔서 체류한 지 2년이 되었지만 그에 대한 대접이 소박하여 그 마음을 어루만지지는 못하였으므로 일단 돌아가면 앞으로는 다시 오지 않을 것입니다. 그러니 마땅히 숙소와 음식을 후하게 하여 번왕(藩王) 수준의 예로 대접하십시오. 지금 그 아비가 이미 죽었다고 하니 진실로 왕전을 세워서 국왕으로 임명하여 귀국시켜준다면 필시 은덕에 감격하여 신하의 직분을 다하기를 원할 것입니다. 이것은 1명의 병사를 수고롭게 하지 않고도 1개의 나라를 얻는 일입니다."라고 하였다. 섬서선무사(陝西宣撫使) 염희헌(廉希憲)도 역시 같은 말을 하였으므로 황제의 동생은 그렇겠다고 여기고 그날로 숙소를 바꾸어주고 더욱 후대하였다.

❖『고려사(高麗史)』 권130 열전43 반역4 배중손

배중손(裵仲孫)은 원종(元宗) 때에 여러 차례 승진하여 장군(將軍)에 이르렀다.

[원종] 11년(1270), 도읍을 다시 개경(開京)으로 옮기면서 방(榜)을 붙여 기한을 정해 모두 돌아오라고 재촉하였지만, 삼별초(三別抄)는 딴 생각이 있어 따르지 않았다. 왕이 장군 김지저(金之氐)를 보내 강화(江華)로 들어가 삼별초를 혁파하고 그 명단[名籍]을 가지고 돌아오게 하였더니, 삼별초는 그 명단이 몽골에게 알려질까 염려하여 반란할 마음을 더욱 갖게 되었다.

배중손은 야별초 지유(夜別抄 指諭) 노영희(盧永禧) 등과 함께 난을 일으키고, 사람을 시켜 도성[國中]을 돌아다니면서 외치게 하기를, "몽골군이 대거 와서 인민(人民)을 살육(殺戮)할 것이니, 무릇 나라를 도우려는 사람들은 모두 구정(毬庭)으로 모여라!"라고 하였다. 잠시 뒤 나라 사람들이 많이 모였으나, 사방으로 흩어져 도망가거나 앞 다투어 배를 타고 강을 건너다가 물에 빠져 죽는 사람도 많았다. [이에] 삼별초는 사람들의 출입을 금지하고, 강을 따라가면서 큰소리로 외치기를, "무릇 양반(兩班)으로 배 안에 있으면서 내리지 않은 사람은 모두 목을 베리라!"라고 하니, 듣는 사람들이 모두 두려워서 배에서 내렸다. 혹 배를 띄워서 개경으로 가고자 하는 사람도 있었으나, 적(賊)들이 작은 배를 타고 쫓아와서 활을 쏘므로 모두 감히 움직일 수 없었다. 성(城)안의 사람들이 놀라서 흩어지고 숲으로 숨었으며, 어린아이와 부녀자들의 곡소리가 길을 가득 메웠다. 적들은 금강고(金剛庫)에서 무기를 꺼내어 군졸들에게 나누어 주고 성을 굳게 지키었다. 배중손과 노영희는 삼별초를 이끌고 저잣거리의 행랑(行廊)에 모여서, 승화후(承化侯) 왕온(王溫)을 핍박하여 왕으로 삼고 관부(官府)를 설치하였는데, 대장군(大將軍) 유존혁(劉存奕)을 상서좌승(尙書左丞)으로, 이신손(李信孫)을 좌우승선(左右承宣)으로 임명하였다.

처음에 적들이 반란을 모의할 때 장군 이백기(李白起)는 응하지 않았으므로, 이때에 이르러 이백기와 몽골에서 파견한 회회(回回) 사람을 거리에서 목을 베었다. 장군 현문혁(玄文奕)의 처(妻), 직학(直學) 정문감(鄭文鑑)과 그의 처도 모두 죽였다. 참지정사(叅知政事) 채정(蔡楨), 추밀부사(樞密副使) 김련(金鍊), 도병마녹사(都兵馬錄事) 강지소(康之紹)가 난을 피해 도망쳐서 교포(橋浦)를 출발했는데, 적의 기병들이 쫓았지만 잡지 못하였다.

강화를 지키던 병사들 중 대부분이 도망쳐 뭍으로 나갔기 때문에, 적들은 [강화도를] 지킬 수 없다고 판단하여 선박과 군함을 모아 공사(公私)의 재물과 자녀들을 모두 싣고서 남쪽으로 내려가니, 구포(仇浦)에서 항파강(缸破江)까지 고물과 뱃머리가 [꼬리를 물고] 이어졌으며, 무려 1,000여 척이었다. 당시 백관(百官)들은 모두 왕을 영접하러 나갔는데, 그의 처자식들이 모두 적에게 잡히자 통곡소리가 천지(天地)에 진동하였다. 전 중서사인(中書舍人) 이숙진(李淑眞)과 낭장(郎將) 윤길보(尹吉甫)는 노예(奴隷)를 모두 모아 구포에서 남은 적들을 후미에서 공격하여 5명을 죽이고, 부락산(浮落山)으로 가 바다를 향해 군세(軍勢)를 과시하였다. 적들이 이를 바라보다가 몽골군이 이미 온 줄 알고 겁을 집어먹고 마침내 달아났다. 이숙진은 낭중(郎中) 전문윤(田文胤)과 함께 창고를 봉하고 사람을 시켜 그것을 지키게 하니, 무뢰배(無賴輩)들이 감히 도둑질할 수 없었다.

적들이 진도(珍島)로 들어가 버티면서 주군(州郡)을 노략질하니, 왕이 김방경(金方慶)에게 명령하여 가서 그들을 토벌하게 하였다.

다음 해(1271), 김방경이 몽골 원수 흔도(忻都, 힌두) 등과 함께 3군(軍)을 인솔하고 적들을 공격하여 격파하였다. 적들은 모두 처자(妻子)를 버리고 달아났지만, 적장(賊將) 김통정(金通精)은 남은 무리를 이끌고 도망쳐서 탐라(耽羅)로 들어갔다.

처음 수사공(守司空)으로 치사(致仕)한 이보(李甫), 판태사국사(判太史局事) 안방열(安邦悅), 상장군(上將軍) 지계방(池桂芳), 대장군(大將軍) 강위보(姜渭輔), 장군(將軍) 김지숙(金之淑), 대장군으로 치사한 송숙(宋肅), 소경(少卿) 임굉(任宏) 등이 모두 적진(敵陣)에 있었는데, 적들이 패망하자 이보와 지계방은 죽임을 당하였고, 강위보·김지숙·송숙·임굉은 겨우 목숨을 건져 조정(朝廷)으로 돌아왔다. 이신손은 적을 따라 탐라로 가다가 중도에서 돌아왔다.

안방열은 환도(還都)할 때에 봉은사(奉恩寺)에 있는 태조(太祖)의 어진(御眞) 앞에서 점을 보았는데, 반은 살고 반은 죽을 것이라는 점괘를 얻었다. 생각하기를, "죽을 자는 뭍으로 나가는 자요, 사는 자는 삼별초(三別抄)를 따라 바다로 들어가는 자이다."라고 하고는 적을 따라 남쪽으로 내려갔다. 적들에게 말하기를, "용의 자손은 12대(代)에서 끝나고, 남쪽으로 향해 가서 도읍을 건설한다는 예언[讖]이 지금 여기에서 증험(證驗)되었다."라고 하면서 마침내 모주(謀主)가 되었다. 적들이 패망하자 몸을 빼내어 김방경을 찾아가려고 하였으나, 병사들이 그를 때려 죽었다.

유존혁(柳存奕)은 남해현(南海縣)을 거점으로 하면서 연해 지역을 노략질하였는데, 적들이 탐라로 들어간다는 소식을 듣고 또한 80여 척의 배를 이끌고 따라갔다. 적들이 이미 탐라에 들어가 안팎으로 성(城)을 쌓고 때때로 [뭍으로] 나가서 약탈하고 주군을 마음대로 돌아다니면서 수령들을 죽이니 연해 지역이 쓸쓸할 지경이었다. 왕이 김통정의 조카 김찬(金贊)과 오인절(吳仁節) 등 6명을 파견하여 가서 적들을 회유하였으나, 김통정은 김찬만 남겨두고 나머지는 모두 죽였다.

[원종(元宗)] 14년(1273), 왕이 다시 김방경에게 토벌을 명령하니, 김방경이 흔도 등과 함께 탐라로 진격하여 그들을 공격하니 적들이 크게 무너졌다. 김통정이 70여 명을 이끌고 산속으로 도망해 들어가 목을 매고 죽으니, 탐라가 마침내 평정되었다.

4 고려후기의 변동

1) 공민왕의 반원 개혁운동

원의 간섭기에 고려사회는 원과의 관계를 통하여 성장한 권문세족이 권력을 잡으면서 농장을 확대하고 양민을 수탈하는 등 사회의 모순이 심화되었다. 이러한 문제를 시정하고 원의 간섭에서 벗어나기 위한 노력이 충선왕 때부터 있었으나 성공하지는 못했다

1350년대에 들어서서 원 나라 내부에서 내분이 일어나고 한족漢族들의 항쟁이 시작되자 고려의 공민왕은 고려의 자주성을 회복하기 위한 개혁에 나섰다. 당시 기철로 대표되던 친원 세력의 숙청을 시작으로 하여 고려의 내정을 간섭하던 정동행성 이문소를 폐지하였으며 원의 간섭으로 바꾸었던 관제를 복구하고 쌍성총관부를 공격하여 철령 이북의 땅을 수복하였다.

또한 공민왕은 권문세족의 영향력을 줄이고 왕권을 강화하기 위하여 전민변정도감을 설치하고 신돈을 등용하여 권문세족들이 부당하게 빼앗은 토지를 농민에게 돌려주고 권문세족의 농장으로 들어갔던 백성들도 원래의 양인 신분을 회복시켰

『상정고금예문』과 『직지심체요절』

『상정고금예문』은 고려 인종 때 최윤의 등이 왕명으로 고금의 예의를 수집, 고증하여 50권으로 엮은 책으로 현존하지 않으나 고려 고종 때 이규보가 엮은 『동국이상국집』에 이 책을 1234년(고종 21)에 금속 활자로 찍어냈다는 기록이 남아 있어 세계 최초의 금속활자본으로 추정하고 있다.

『직지심체요절』은 현존하는 세계 최고(最古)의 금속활자본으로, 이 책을 엮은이는 조계대선사인 백운 경한(1287~1374)이며 1372년(고려 공민왕 21)에 저술되었고 1377년(고려 우왕 3)에 청주 흥덕사에서 금속활자로 인쇄되었다. 독일의 구텐베르크 금속활자 인쇄보다 약 70여 년이 앞선 때였다.

『직지심체요절』은 1887년 프랑스의 대리공사로 서울에서 근무하던 꼴랭 드 쁠랑시(Collin de Plancy)가 다른 장서와 함께 한국에서 수집한 이 책을 본국으로 가지고 간 뒤 파리의 골동품수집가에게 넘겨졌다. 현재 프랑스 파리에 있는 국립도서관 동양문헌실에 보관되어 있다.

다. 아울러 성균관을 통하여 유학교육을 강화하고 과거제도를 정비하여 신진사대부들이 진출할 수 있는 계기를 만들었다. 이로 인하여 이색, 정몽주, 정도전, 권근 등 새로운 인물들이 대거 관직에 진출하게 되었다.

그러나 원을 배경으로 한 권문세족들이 왕권을 견제하여 개혁은 뜻대로 이루어지지 못하였다. 신돈이 반역 혐의로 처형되었으며 급기야 공민왕까지 시해됨으로써 개혁정치는 중단되었다.

2) 신진사대부와 성리학의 수용

안향

새로운 유학인 성리학이 원을 통하여 고려에 들어왔다. 성리학은 정치 도덕으로서 군신의 의리를 강조하고 대의명분을 중시하였으며 이단을 엄격하게 배척하였다.

특히 고려 말 새로이 중앙에 진출한 신진사대부들은 권문세족을 비판하고 견제하였으며 새로운 사회세력을 이끌어 가기 위한 이념적 기반으로 성리학을 받아들였다. 신진사대부들은 고려사회에 만연한 불교의 폐단을 비판하고 성리학의 명분의식에 기초하여 제도를 개혁할 것을 주장하였다.

신진사대부는 공민왕 때 교육, 과거제도가 정비된 후 중앙에 진출하여 세력을 확대해나갔다. 그러나 신진사대부 사이에는 개혁의 방향을 둘러싸고 다른 의견이 존재하였다. 이색, 정몽주 등의 온건 개혁파는 고려왕조의 틀 안에서 점진적인 개혁을 추진하려 했던 반면에 정도전, 조준 등 급진개혁파는 역성혁명을 주장하였다. 이들 급진개혁파는 이성계를 중심으로 한 신흥 무인 세력과 손을 잡으면서 사회의 불안과 국가적 시련을 해결하고자 하였다. 후에 이들 급진개혁파는 역성혁명을 반대하던 정몽주를 선죽교에서 살해하는 등 온건개혁파를 제거하고 조선을 건국하게 된다.

선죽교

3) 홍건적과 왜구의 침입

황산대첩비

원말 한족의 비밀결사인 백련교도를 이끌고 반란을 일으켰던 홍건적이 원에 쫓기자 고려에 침입하였다. 1차 침입(1359년) 때 압록강을 건너 서경을 점령하였으나 고려의 이승경, 이방실 등이 격퇴하였으며, 2차 침입(1361년) 때는 개경이 함락되어 공민왕이 복주(안동)까지 피난을 가는 등의 시련도 있었지만 정세운, 안우, 이성계 등이 격퇴하였다.

고려 말에는 왜구의 침입으로 인해 전국이 황폐해졌다. 이에 최영 등이 홍산(부여)에서, 나세, 최무선 등이 화포를 이용하여 진포에서, 이성계 등이 황산(운봉)에서 침입해온 왜구를 전멸시켰다. 창왕 1년에는 박위가 전함 100척을 이끌고 왜구의 소굴인 대마도를 정벌하기도 하였다.

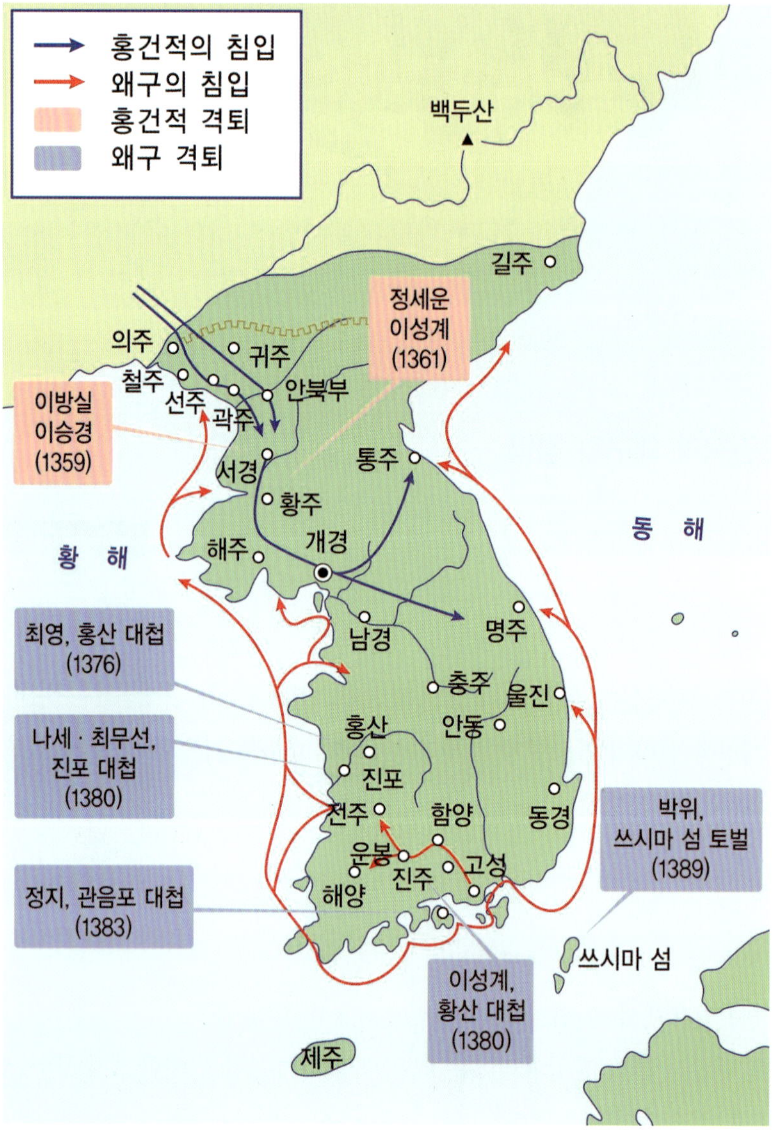

홍건적의 침입
왜구의 침입
홍건적 격퇴
왜구 격퇴
백두산
길주
정세운
이성계
(1361)
의주
귀주
철주
선주
곽주
안북부
이방실
이승경
(1359)
서경
통주
황주
황 해
동 해
해주
개경
최영, 홍산 대첩
(1376)
남경
명주
충주
울진
나세 · 최무선,
진포 대첩
(1380)
홍산
안동
진포
전주
함양
동경
박위,
쓰시마 섬 토벌
(1389)
운봉
진주
고성
해양
정지, 관음포 대첩
(1383)
쓰시마 섬
이성계,
황산 대첩
(1380)
제주

고려 말 홍건적과 왜구

참고문헌

국사편찬위원회, 『한국사』 12, 1993

김기섭, 「고려전기 농민의 토지소유와 전시과의 성격」, 『한국사론』 17, 1987

김상기, 『고려시대사』, 동화문화사, 1961

민현구, 『한국중세사산책』, 일지사, 2005

박용운, 『고려시대사』, 일지사, 2008

박종기, 『5백년 고려사』, 푸른역사, 1999

변태섭, 『고려정치제도사연구』, 일조각, 1968

윤용혁, 『고려 대몽항쟁사 연구』, 일지사, 1991

한국사교재연구회, 『교양 한국사의 이해』, 삼경사, 2001

허흥식, 『고려사회사연구』, 아세아문화사, 1981

5장

조선전기

1 15~16세기의 세계

14세기 후반 중국에서는 명이 건국되어 전통적인 한문화가 회복되었다. 명대에는 강력한 전제 황권이 확립되고 서민 문화가 발전하였다. 명은 15세기 초 대외적으로 팽창하여 인도양과 아프리카 동해안까지 국위를 떨쳤다.

이때부터 중국인이 동남아시아 지역에 본격적으로 진출하기 시작하였다. 그러나 이후 명은 북쪽으로는 몽고족의 침입과 남쪽으로는 왜구의 약탈에 시달리게 되었다. 16세기 말 명의 국력은 더욱 쇠약해졌고 결국 17세기 중엽 만주에서 일어난 청에게 중국의 지배권을 넘겨주었다.

일본에서는 14세기에 무로마치 막부가 수립되었다가 15세기 중엽에는 전국 시대가 되었다. 16세기 후반 전국 시대의 혼란을 수습하였으나 조선 침략에 실패하고, 에도에 새 막부가 설치됨으로써 집권적 봉건 제도가 마련되었다. 이 시대에 일본은 평화와 안정을 이루고 크게 발전하였으며, 특히 네덜란드와 교류하면서 서양 문물을 수용하였다.

15~16세기에 이르는 동안 서양에서는 중세 봉건 사회가 무너지고 새로운 근대사회와 근대 문화가 싹트기 시작하였다. 이 시기에 일어난 르네상스, 새로운 항로의 개척과 유럽 세계의 확대, 종교 개혁 등은 바로 근대의 시작을 알리는 큰 움직임이었다.

르네상스는 14~15세기에 이탈리아를 중심으로 전개되어 16세기에는 유럽 각지에 널리 퍼졌는데. 이것은 그리스 · 로마의 고전 문화의 부흥을 통하여 지성과 감성이 조화된 인간성을 추구하려는 인문주의 운동으로부터 시작하였다. 특히 문학과 예술 분야가 두드러지게 발전하였고, 근대 과학이 태동하였다. 이것은 인간 중심적이며 현세적인 근대 문화의 창조 운동이기도 하였다.

포르투갈과 에스파냐를 중심으로 시작된 새로운 항로의 개척은 유럽 세계를 확대시켰다. 그 결과, 유럽 무역의 중심이 지중해로부터 대서양으로 이동하였고. 유럽 각국은 무역과 함께 식민지 개척에 나섰다. 포르투갈은 주로 동양 무역을 독점하였고, 에스파냐는 주로 아메리카 대륙으로 진출하여 광대한 식민지를 개척하였다. 뒤이어 네덜란드, 영국, 프랑스 등도 앞 다투어 해외로 진출하여 유럽 세력은 전 세계로 팽창하였다.

무역과 식민 활동의 결과, 유럽의 경제가 비약적으로 발전하여 상업 혁명이 일어나고, 자본주의가 발전하기 시작하여. 이에 따라 각국의 절대 왕정들은 중상주의 정책을 적극적으로 추진하였다.

16세기에 독일에서 시작된 종교 개혁은 루터파, 칼뱅파, 영국 국교회 등의 프로테스탄트 교회를 성립시켰다. 이에 중세 크리스트교 세계의 통일이 무너졌다. 종교 개혁 운동은 사회 개혁 운동이나 민족 운동 등과 연결되어 전개되었으므로 그 영향이 매우 컸다. 한편 신교의 성립에 자극을 받은 가톨릭교회의 개혁 운동으로 예수회가 창설되었고. 예수회 선교사들은 동양과 아메리카대륙에서 활동하며 로마 가톨릭을 널리 전파하였다.

서아시아와 남아시아에서는 이슬람 국가들이 여전히 번성하였다. 오스만제국은 서아시아, 아프리카, 유럽의 3대륙에 걸친 제국으로 발전하였고, 중앙아시아에서 건국된 티무르 제국과 이란 지방의 사파비 왕조도 한때 번성하였다. 인도에서는 무굴 제국이 세워져 인도 문화와 이슬람 문화가 융합하며 발전하였다. 이슬람 세력은 동남아시아에도 진출하여 오늘날 인도네시아와 말레이시아 일대에 이슬람교가 성행하게 되었다.

2 조선의 개창

1) 고려의 멸망과 조선의 건국

홍건적과 왜구의 침입을 물리치는 데에 공을 세운 신흥무장 중에 대표적인 인물은 독자적인 무력 기반을 형성하였던 이성계였다. 당시 쌍성총관부가 있던 철령위 이북 지역을 요구하는 명에 반발했던 최영 등이 요동정벌을 계획하자 이성계는 군사를 이끌고 출동하였다가 압록강 위화도에서 회군하여 정치적 실권을 장악하였다.

이로써 구세력은 도태되고 친명파가 승리하였으며 이성계 세력은 정도전, 조준 등 신흥사대부 세력과 연합하여 사회개혁을 실현할 방안과 힘을 갖춘 정치세력으로 결집되었다. 이후 전제 개혁을 단행하여 과전법을 마련함으로써 자신들의 지지기반을 확대하였으며 권문세족뿐만 아니라 왕조교체에 반대하는 정몽주를 선죽교에서 살해하는 등 온건개혁세력까지 제거하였다. 그러고는 고려를 멸망시키고 조선을 건국하였다(1392년).

태조는 고조선을 계승하는 의미에서 국호를 조선이라 정하고 교통과 국방의 중심지로 떠오른 한양으로 천도를 단행하였다. 한양으로의 천도 작업은 고려의 구 귀족세력을 약화시키는 계기를 마련하였으며, 풍부한 농업생산력을 바탕으로 한 교통의 요지라는 이점을 안고 있는 한양으로 천도하면서 왕실의 권위를 상징하는 경복궁을 창건하였다.

건원릉(태조 이성계의 무덤)

경복궁(景福宮)

서울특별시 종로구 세종로에 있는 조선시대의 정궁(正宮)으로 사적 제117호이다. 도성의 북쪽에 있다고 하여 북궐(北闕)이라고도 불리었다. 조선왕조의 건립에 따라 창건되어 초기에 정궁으로 사용되었으나 임진왜란 때 전소된 후 오랫동안 폐허로 남아 있다가 조선 말기 고종 때 중건되어 잠시 궁궐로 이용되었다. 이성계가 왕이 되어 곧 도읍을 옮기기로 하고, 즉위 3년째인 1394년에 신도궁궐조성도감(新都宮闕造成都監)을 열어 궁의 창건을 시작하였으며 이듬해에 완성하였다. 궁의 명칭은 『시경』 주아(周雅)에 나오는 "이미 술에 취하고 이미 덕에 배부르니 군자만년 그대의 큰 복을 도우리라(旣醉以酒 旣飽以德 君子萬年 介爾景福)."에서 두 자를 따서 경복궁이라고 지었다.

정종이 즉위하면서 도읍을 다시 개성으로 옮기어 궁을 비우게 되었으나, 제3대 태종 때 또 다시 환도하여 정궁으로 이용되었다. 태종은 궁내에 경회루(慶會樓)를 다시 지었는데, 연못을 넓게 파고 장대한 누각을 지어 임금과 신하가 모여 잔치를 하거나 사신을 접대하도록 하였으며, 파낸 흙으로는 침전 뒤편에 아미산(蛾眉山)이라는 동산을 만들었다.

세종은 이곳에 집현전을 두어 학문하는 신하들을 가까이에 두었으며, 경회루 남쪽에 시각을 알리는 보루각(報漏閣)을 세우고 궁 서북 모퉁이에 천문관측시설인 간의대(簡儀臺)를 마련하였으며, 강녕전 서쪽에는 흠경각(欽敬閣)을 짓고 그 안에 시각과 사계절을 나타내는 옥루기(玉漏器)를 설치하였다.

1553년에는 궁내에 불이 났는데 강녕전에서 불이 나 근정전 북쪽의 전각 대부분이 소실되었다. 이듬해에 강녕전 외에 교태전(交泰殿) · 연생전 · 흠경각 · 사정전(思政殿)을 복구했다. 그러나 1592년 임진왜란으로 궁은 전소되고 말았다. 이때 창덕궁 · 창경궁 등도 모두 불에 타버려 난이 끝나고 왕이 환도하였을 때 정릉동의 구(舊) 월산대군가(月山大君家)를 임시 어소(御所)로 정하였다.

궁이 중건된 것은 소실된 지 약 270년이 흐른 1867년의 일이다. 흥선대원군 이하응(李昰應)의 강력한 의지로 여느 궁궐의 규모나 격식을 훨씬 능가하는 대규모로 다시 세워지게 되었다. 그 규모는 7,225칸 반이며 후원에 지어진 전각은 융문당(隆文堂)을 포함하여 256칸이고 궁성 담장의 길이는 1,765칸이었다. 궁이 완성되고 나서 1868년에 왕은 경복궁으로 옮겼다. 그러나 이때 조선왕조는 외국 열강들의 세력다툼으로 혼란에 빠져 있었다. 1895년에는 궁 안에서 명성황후(明成皇后)가 시해되는 사건이 벌어지고, 왕은 이어(移御)한 지 27년째인 1896년에 러시아 공관으로 거처를 옮겨, 경복궁은 주인을 잃은 빈 궁궐이 되었다.

1910년 국권을 잃게 되자 일본인들은 궁안의 전(殿) · 당(堂) · 누각 등 4,000여 칸의 건물을 헐어서 민간에 방매(放賣)하고, 1917년 창덕궁의 내전에 화재가 발생하자 경복궁의 교태전 · 강녕전 · 동행각 · 서행각 · 연길당(延吉堂) · 경성전 · 연생전 · 인지당(麟趾堂) · 흠경각 · 함원전(含元殿) · 만경전(萬慶殿) · 흥복전(興福殿) 등을 철거하여 그 재목으로 창덕궁의 대조전 · 희정당 등을 지었다. 궁전 안에는 겨우 근정전 · 사정전 · 수정전(修政殿) · 천추전(千秋殿) · 집옥재 · 경회루 등과 근정문 · 홍례문 · 신무문(神武門) · 동십자각 등이 남게 되었으며 정문인 광화문도 건춘문 북쪽으로 이건하였다.

또한, 궁의 중심건물인 근정전 정면 앞에 매우 큰 석조건물인 총독부청사를 지어 근정전을 완전히 가려 버렸다. 이 밖에 자선당 자리에도 석조건물이 들어서고 건청궁(乾淸宮) 자리에는 미술관을 지어 궁의 옛 모습을 거의 인멸시켰다.

경복궁 근정정

/탐구과제/

○ 조선 건국은 역성혁명인가?

- 고려 말 공민왕의 개혁정책으로부터 고려 왕조의 멸망, 이후 조선의 건국으로 이어지는 과정에 대해 살펴본다.
- 이성계를 비롯한 신흥군부 세력과 정도전을 비롯한 신진사대부 세력에 의해 이루어진 조선 왕조의 개창을 '역성혁명'으로 정의할 수 있는지 탐구한다.

고려 말 공민왕의 개혁으로부터 고려 왕조의 멸망, 이후 조선의 건국으로 이어지는 여말선초의 시기를 대개 '역성혁명'을 통한 왕조의 교체로 정의한다. 그러나 고려 후기의 모습과 조선전기의 모습이 과연 진정 변화가 있었던 것인지에 대해서 아직도 논란이 벌어지고 있다. 과연 조선의 건국은 '역성혁명'이라고 정의할 수 있는 것인지 아래 자료를 통해 살펴보고 논의해 보자.

아래 자료는 『고려사(高麗史)』와 『고려사절요(高麗史節要)』, 그리고 『조선왕조실록(朝鮮王朝實錄)』과 『삼봉집(三峯集)』에서 발췌하여 제시하였다. 『고려사』와 『고려사절요』는 조선전기에 찬술된 역사서로 『고려사』는 기전체 형식의 왕권중심 사관을 대표하는 역사서인데 반하여 『고려사절요』는 편년체 형식을 취하고 있어 신권주의 사관을 대표하는 역사서이다. 아울러 왕권주의 사관의 대표사서인 『조선왕조실록』과 신권주의 사관을 담고 있는 정도전의 『삼봉집』을 비교 검토하면서 조선 건국을 바라보는 당대의 시각을 면밀히 검토해 보도록 하자.

❖ 『고려사』 권38 세가38 공민왕 원년(1352) 임진년 2월

병자일. 전국에 다음과 같이 유지(宥旨)를 선포했다.

"우리 태조께서 삼한(三韓)을 통일하시고 역대 선왕들께서 왕위를 이으시면서 큰 나라를 섬겨오던 중 원나라가 개국하자 남보다 앞서 귀부했다. 우리 충경왕(忠敬王: 원종)이 입조해 원나라 세조황제께 조회하니 황제의 총애가 각별했고 충렬왕(忠烈王)과 충선왕(忠宣王)께서 대를 이어 황제의 부마가 되었으며 우리 부친이신 충숙왕(忠肅王)께서도 또한 공주와 결혼하는 영광을 입어 스물다섯 해나 덕으로 나라를 다스렸다. 충목왕(忠穆王)과 충정왕(忠定王)이 일찍 세상을 버리자 원로대신들이 충선왕의 손자이자 충숙왕의 아들인 내가 덕망이나 나이로 보아 종묘의 제사를 받드는 것이 합당하다고 여겨 나를 임금으로 받들겠다는 글을 천자에게 올렸으며, 천자께서는 그 건의를 받아들여 국왕으로 책봉한다는 명령을 내리셨다.

이에 따라 지난 지정(至正) 11년(1351) 12월 경자일에 노국공주(魯國公主)와 함께 본국으로 돌아와 모친을 뵙게 되었다. 그 동안 모자가 헤어진 지 열 한 해 만에 비로소 서로 만나게 되었다. 이는 그 지극한 효성이 온 천지를 감동시킨 결과이다. 임인일에 경령궁(景靈宮)에서 제사를 지내 왕위 계승을 고하고 강안전(康安殿)에서 왕위에 올랐으니 의관과 예악은 유구한 역사를 가진 나라의 풍모를 갖추었다.

돌이켜 보면 내가 무슨 덕이 있어 이 자리에 오를 수 있었겠느냐마는, 현재 국가의 상황은 쇠퇴의 길을 밟고 있고 풍속은 타락했으며 조정에는 부적절한 인사가 횡행하고 나라 재정은 고갈 상태이다. 또한 이웃의 왜적들이 우리 강토를 침구하고 하늘에 재변이 나타나고 있으니, 이제 내가 스스로를 가다듬고 정신을 쏟아 하루도 빠짐없이 근신하여 사악한 자들과 간특한 소인배들을 제거하는 한편 백성들을 가엾이 여기는 마음으로 관후한 정치를 행하지 않는다면 무엇으로 천자의 덕에 보답하며 선조가 남긴 왕업을 보존할 수 있을 것이며 어떻게 모친의 마음을 위로하고 국가원로들의 기대에 부응하겠는가? 관직에 있는 백관들은 내가 부족한 점을 질정해 유종의 미를 거둘 수 있도록 노력하라.

종묘에 올리는 제향이야말로 정성을 다해야 할 중요한 일이기에 내가 진작 근신(近臣)으로 하여금 은으로 제기를 준비하게 하고 사당을 수리하게 한 바 있으며 앞으로 절후에 따른 제사는 내가 친히 지낼 것이다.

태조와 역대 선왕께는 마땅히 덕호(德號)를 올릴 것이며 산릉(山陵)을 지키는 인호(人戶) 가운데 도망친 자가 있거든 담당 관청에서 그를 찾아다가 다른 요역(徭役)은 면제해 주라. 각 능을 지키는 능지기[陵直]들은 직무를 충실히 이행해 벌목과 방목행위를 엄금할 것이며 능에는 소나무와 개오동나무를 심어 조상을 추모하는 나의 마음을 밝히도록 하라.

사직(社稷)과 각 사당[諸祠]에 올리는 제물은 반드시 정결하게 준비할 것이며, 사전(祀典)에 등재되어 있는 명산과 대천 및 신묘(神廟)에도 덕호(德號)를 덧붙여 주도록 하라. 기자(箕子)는 우리 땅에 봉해져 지금까지 우리가 그 교화와 예악의 은택을 받고 있으니 평양부(平壤府)로 하여금 그 사당을 수축해 제사를 지내게 할 것이며 그 나머지 충의(忠義)의 인물들에 대한 제사도 모두 옛날처럼 지내도록 하라.

근래 들어 측근신하들이 임금의 눈과 귀를 가려 백성들의 실정이 제대로 위에 전달되지 못해 결국 임금을 그르치는 지경에 이르렀다. 대언(代言)들의 정기적인 건의와 각 관청의 보고는 반드시 내가 직접 청취할 것이며 서연(書筵)에 참여하는 문신들과 나를 호위하는 무신들은 반드시 적합한 인물로 충당해야 할 것이다. 그리하면 올바르고 착실한 인재들이 늘 나의 곁에 있게 되어 언관(言官)과 현사(賢士)들의 간언이 막히지 않을 것이니, 이를 시행할 구체적인 방안을 해당 관청에서는 의논해 보고하도록 하라.

선왕대에 불교 사원을 창건한 것은 지덕(地德)을 도와 국가를 이롭게 하려는 의도였는데 지금은 대부분 퇴락해 그 터만 남아 있는 형편이다. 그 가운데 현재 토지를 보유하고 있는 사원은 조(租)를, 노비를 소유하고 있는 사원은 역(役)을 각각 비축해 두었다가 사원을 중수하는 데 사용하도록 하라. 또한 태조의 유훈에 따라, 사람들이 마음대로 사원을 짓는 행위를 금지할 것이며 승려가 되려는 자는 반드시 도첩(度牒)을 소지하게 하고 개인집에 거주하지 못하게 하라.

가난한 백성으로부터 자녀를 사들인 자가 3년이 지나도 놓아 보내지 않으면 감찰사(監察司)와 안렴사(按廉使)가 철저히 조사해 형벌을 내리도록 하라. 전민(田民)의 송사가 나날이 늘어가고 있으니 감찰사(監察司)와 전법사의 도관(都官)은 먼저 전민을 잉집거집(仍執據執)하는 행위를 적발해 원고로부터 공문을 받은 다음 기일을 정해 공정한 판결을 내리되, 거짓으로 고소한 자는 되레 그를 처벌하라. 또한 권호(權豪)로서 잉집거집(仍執據執)한 자도 또한 스스로 과오를 인정하고 그 전민을 원래의 주인에게 되돌려 줄 것이며 이를 이행하지 않은 자는 치죄할 것이다.

또한 「예기(禮記)」의 월령(月令)에는, 산림에 불을 놓지 말 것과 갓 알에서 깨어난 벌레를 죽이지 말 것과 길짐승새끼와 날짐승의 알을 포획하지 말 것이 기재되어 있다. 앞으로 봄 3월과 여름 4월에 걸쳐 사람들이 불을 놓거나 수렵하는 행위를 일절 금지하며 이를 어기는 자는 철저히 치죄할 것이다.

사화(絲花)와 홍대촉(紅大燭)은 아무 짝에도 쓸모없는 낭비에 지나지 않는 물건으로 충선왕(忠宣王) 대부터 진작 그 제조를 금지시킨 바 있으니, 차후로도 금지시키되 이를 위반하는 자가 있으면 감찰사에서 그 죄를 물어 탄핵하라.

왜적이 변방을 침구해 인명을 잔혹하게 살상하고 민가를 불 지르며 세미(稅米)를 수송하는 조운선을 약탈하고 있는바, 이는 수비군의 군율이 제대로 서지 않고 평소 적을 막을 전략이 세워져 있지 않기 때문이다. 적을 막을 계책을 가지고 있는 사람이 있으면 누구든지 조목별로 건의하도록 허용할 것이며, 그 중 우수한 것을 택해 시행하는 한편 특별히 포상할 것이다. 각종 전투에서 공을 세운 사람에게는 전리사(典理司)와 군부사(軍簿司)에서 아울러 관작을 올려주며, 자원해 왜적을 추격 체포한 사람의 경우, 양반(兩班)은 세 등급을 올려 관직을 줄 것이고 천민에게는 상금을 줄 것이다. 관청에서는 왜적으로부터 노략질을 당한 주군(州郡)의 피해 정도를 조사해 부역과 조세를 삭감해 주고 그 군인으로 군무를 이탈한 자는 범죄의 유형에 따라 장형에 처하도록 하라. 죄를 저지른 이민(吏民)들 또한 태형과 장형에 처하고, 베를 속전(贖錢)으로 받는 일이 없도록 하되, 뇌물을 받아 챙긴 탐관오리는 이 규정과는 달리 취급하라.

홀아비와 홀어미, 고아와 자식 없는 자, 중환자와 장애자는 삶을 이어갈 수 있도록 관청에서 돌보아주고, 효자와 효손, 의부(義夫)와 열녀는 전례에 따라 표창함으로써 미풍양속을 선양하도록 하라.

또한 태조 대의 개국공신(開國功臣)과 역대의 공신 및 충선(忠宣)·충숙왕(忠肅王) 대의 공신의 자손은 모두 선발해 녹용하고 현재 생존해 있는 공신에게는 모두 후한 상을 줄 것이다.

내가 십년 동안 상국에 입조해 있을 때 호종한 신하 가운데 일편단심으로 나를 섬겨 특히 공적이 현저한 사람에게는 이미 관직을 내려 포상했으나 해당관청에서는 또한 옛 규범에 의거해 공신호를 내리도록 하라. 광산군(光山君) 김인연(金仁沇)과 밀직사(密直司) 박인간(朴仁幹) 및 정승 왕후(王煦)는 불행히 먼저 세상을 떠나 내가 애도하는 마음을 금할 수 없으니 시호를 추증하고 그 자손을 녹용하도록 하라.

지정 12년(1352) 2월 2일 새벽 이전에 죄를 저지른 자 가운데 불충 · 불효한 자와 고의로 살인한 자 및 상국의 형법에 저촉된 자를 제외한 나머지 전국의 모든 죄수의 형벌을 면제해 주노니, 이는 심기일전하여 온 나라와 함께 새롭게 출발하려고 하는 뜻이다. 선대의 신료들도 각자의 재능에 따라 서용할 것이니 너희들 또한 딴 마음을 가지지 말고 전심전력함으로써 나의 뜻에 부응하라. 아아! 이제 국가의 기강을 확립하는 것은 백성을 편안하게 만들고자 함이며, 어진 이와 재능 있는 자를 등용하는 것은 오늘날 올바른 통치를 이루고자 함이로다."

❖『고려사』 권136 열전49 우왕 14년(1388) 무진년 4월

초하루 을사일. 우왕이 봉주(鳳州: 지금의 황해북도 봉산군)에 당도했다. 당초 우왕이 최영과 둘이서만 의논해 요동 공격을 결정지어놓고 드러내어 말하지 못하고 있다가 이날 최영과 우리 태조를 불러, "과인이 요양(遼陽)을 공격하려고 하니 경들은 힘을 다해야 할 것이오."라고 당부했다. 그러나 태조는 다음과 같은 이유를 들어 반대했다.

"지금 군사를 동원하는 것이 안 될 이유가 네 가지 있습니다. 첫째, 작은 나라가 큰 나라를 역격(逆擊)하는 것은 안 될 일입니다. 둘째, 여름철에 군사를 동원해서는 안 됩니다. 셋째, 온 나라의 군사들이 원정에 나서면 왜적이 허점을 노려 침구할 것입니다. 넷째 때가 장마철이라 활을 붙여놓은 아교가 녹고 대군이 전염병에 걸릴 것입니다."

이 말을 들은 우왕이 자못 수긍하는 빛을 보이자 태조가 물러 나와 최영더러, 방금 했던 말로 내일 다시 왕을 설득해야 한다고 말하니 최영은 그 자리에서는 좋다고 했으나 밤에 다시 입궐해 공격 이외 다른 간언을 용납하지 말라고 일렀다.

❖『고려사절요(高麗史節要)』 임신 4년(1392)

가을 7월 갑신일에 왕이 우리 태종과 사예 조용(趙庸)을 불러서 이르기를, "내가 장차 이 시중(李侍中)과 함께 같이 맹서(盟誓)를 하려고 하니, 경 등은 시중의 말을 듣고 맹서하는 글을 초하여 오라." 하고, 또 이르기를, "반드시 고사(故事)가 있을 것이다." 하였다. 조용이 대답하기를, "맹서는 중한 것이 아니니, 성인이 싫어하는 바입니다. 열국이 동맹하는 것은 옛날에 있었지마는, 임금이 신하와 함께 동맹하는 것은 경적(經籍)과 고사에 의거할 데가 없습니다." 하였다. 왕이 이르기를, "다만 초를 잡으라." 하였다. 조용이 태종과 함께 태조에게 나아가서 왕의 명령대로 전하니, 태조가 말하기를, "내가 무슨 말을 하겠느냐. 네가 마땅히 왕의 명령대로 초를 잡으라." 하였다. 조용이 물러나서 초를 잡았는데, 그 초고에, "경(卿)이 있지 않았더라면 내가 어찌 이런 자리에 이르겠는가. 경의 공과 덕을 내가 감히 잊겠는가. 하늘이 위에 있고 땅이 곁에 있으니, 대대로 자손들이 서로 해치지 말 것이다. 내가 경을 저버림이 있다면 이와 같은 맹서가 있다." 하였다. 조용이 태종과 함께 왕에게 초고를 바치니, 왕이, "되었다." 하였다.

신묘일에 왕이 왕위를 사양하고 원주(原州)로 물러났다. 얼마 후에 간성군(杆城郡, 강원도 고성군 간성면)으로 옮기고, 공양군(恭讓君)으로 봉하였다. 왕은 그 후 3년 갑술년에 삼척부(三陟府)에서 훙(薨)하였다. 후에 공양왕(恭讓王)으로 추봉(追封)되었다.

찬(贊)에 "우(禑)가 왕위를 차지하고 있을 그때에 이미 왕씨가 없어졌다. 16년의 오랜 세월을 지나도록 우가 음흉하여 주색에 빠져 포학을 부렸고, 창(昌)이 또 혼암하고 유약하였다. 하늘이 광망한 동자로 하여금 명기[名器, 왕위(王位)]를 더럽히게 하지 않고 덕이 있는 사람을 기다려 이를 주려고 하였는데, 그 뜻이 분명하니, 충신과 의사들이 반드시 왕씨의 후손을 구하여 왕으로 세우고자 하였다. 이에 공양왕(恭讓王)이 자기 집에서 그대로 일어나 보위(寶位)에 올랐으니, 왕씨의 종사가 이미 끊어졌다가 다시 이어지고, 왕씨의 나라가 이미 망하였다가 다시 흥하게 되었다. 이에 마땅히 공훈이 있는 어진 사람에게 성심으로 대하고 충언을 받아들이고 직간을 용납하여, 서로 함께 새로운 다스림을 도모하여야 될 것인데, 어찌하여 다만 인척들의 사사로운 감정을 담은 호소와 부녀자와 내시들의 사욕을 따르는 청만을 들어주고 믿으며, 원훈(元勳)을 꺼리고 멀리하며 충량(忠良)을 무함하여 해치니, 정사가 문란해져서 인심이 저절로 떠나가고 천명이 저절로 가버리게 되어, 왕씨 5백 년의 종사가 홀연히 망하게 되었으니 슬픈 일이다." 하였다.

백관(百官)이 국새(國璽)를 받들어 왕대비(王大妃) 안씨(安氏)의 전(殿)에 두고 정사를 청단(聽斷)하였다.

❖ 『태조실록』 1권 태조 1년 7월 17일 병신

태조가 수창궁(壽昌宮)에서 왕위에 올랐다. …… 이날 마침 족친(族親)의 여러 부인들이 태조와 강비(康妃)를 알현하고, 물에 만 밥을 먹는데, 여러 부인들이 모두 놀라 두려워하여 북문으로 흩어져 가버렸다. 태조는 문을 닫고 들어오지 못하게 했는데, 해 질 무렵에 이르러 극렴(克廉) 등이 문을 밀치고 바로 내정(內庭)으로 들어와서 국새(國璽)를 청사(廳事) 위에 놓으니, 태조가 두려워하여 거조(擧措)를 잃었다. 이천우(李天祐)를 붙잡고 겨우 침문(寢門) 밖으로 나오니 백관(百官)이 늘어서서 절하고 북을 치면서 만세(萬歲)를 불렀다. 태조가 매우 두려워하면서 스스로 용납할 곳이 없는 듯하니, 극렴 등이 합사(合辭)하여 왕위에 오르기를 권고하였다.

"나라에 임금이 있는 것은 위로는 사직(社稷)을 받들고 아래로는 백성을 편안하게 할 뿐입니다. 고려는 시조(始祖)가 건국(建國)함으로부터 지금까지 거의 5백 년이 되었는데, 공민왕에 이르러 아들이 없이 갑자기 세상을 떠나셨습니다. 그때에 권신(權臣)이 권세를 마음대로 부려 자기의 총행(寵幸)을 견고히 하고자 하여, 거짓으로 요망스런 중[妖僧] 신돈(辛旽)의 아들 우(禑)를 공민왕의 후사(後嗣)라 일컬어 왕위를 도둑질해 있은 지가 15년이 되었으니, 왕씨(王氏)의 제사(祭祀)는 이미 폐(廢)해졌던 것입니다. 우(禑)가 곧 포학한 짓을 마음대로 행하고 죄 없는 사람을 살육하며, 군대를 일으켜 요동(遼東)을 공격하는 지경에 이르렀는데, 공(公)이 맨 먼저 대의(大義)를 주창하여 천자(天子)의 국경을 범할 수 없다고 하고는 군사를 돌이키니, 우(禑)는 스스로 그 죄를 알고 두려워하여 왕위를 사양하고 물러났습니다. 이에 이색(李穡)·조민수(曹敏修) 등이 신우(辛禑)의 처부(妻父)인 이임(李琳)에게 가담하여 그 아들 창(昌)을 도와 왕으로 세웠으니, 왕씨(王氏)의 후사(後嗣)가 두 번이나 폐(廢)해졌습니다. 이것은 하늘이 왕위(王位)로써 공(公)에게 명한 시기이었는데도, 공은 겸손하고 사양하여 왕위에 오르지 아니하고 정창 부원군(定昌府院君)을 추대하여 임시로 국사(國事)를 서리(署理)하게 했으니, 거의 사직(社稷)을 받들어 백성을 편안하게 할 수가 있었습니다. 전일에, 신우(辛禑)의 악(惡)은 여러 사람이 다 같이 아는 바인데, 그 무리 이색·우현보(禹玄寶) 등은 미혹됨을 고집하여 깨닫지 못하고 신우(辛禑)를 맞아 그 왕위를 회복할 것을 모의하다가 간사한 죄상이 드러나매, 그 죄를 모면하려고 하여 그 무리 윤이(尹彝)·이초(李初) 등을 몰래 보내어 중국에 도망해 들어가서, '본국(本國)이 이미 배반했다.'고 거짓으로 호소하고는, 친왕(親王)에게 청하여 천하의 군사를 움직여 장차 본국(本國)을 소탕하고자 하였으니, 그 계책이 과연 행해졌다면 사직(社稷)은 장차 폐허(廢墟)에 이르고 백성도 또한 멸망에 가까울 것입니다. 이것을 차마 하는데 무슨 일을 차마 하지 못하겠습니까? 간관(諫官)과 헌사(憲司)가 소(疏)를 번갈아 올려 계청(啓請)하기를, '이색 · 우현보 등이 사직(社稷)에 죄를 얻고 백성에게 화(禍)를 끼쳤음으로써 마땅히 그 죄를 다스려야 되겠습니다.' 하여 글이 수십 번 올라갔는데, 정창군(定昌君)은 인아(姻婭)의 관계라는 이유로써 법을 굽혀 두호(斗護)하여 언관(言官)을 곤장을 쳐서 쫓으니, 이로 말미암아 간사한 무리들이 중앙과 지방에 흩어져 있으면서 더욱 법을 두려워하지 않았습니다.……"

태조는 굳이 거절하면서 말하기를, "예로부터 제왕(帝王)의 일어남은 천명(天命)이 있지 않으면 되지 않는다. 나는 실로 덕(德)이 없는 사람인데 어찌 감히 이를 감당하겠는가?" 하면서, 마침내 응답하지 아니하였다. 대소 신료(大小臣僚)와 한량(閑良) · 기로(耆老) 등이 부축하여 호위하고 물러가지 않으면서 왕위에 오르기를 권고함이 더욱 간절하니, 이날에 이르러 태조가 마지못하여 수창궁(壽昌宮)으로 거둥하게 되었다. 백관(百官)들이 궁문(宮門) 서쪽에서 줄을 지어 영접하니, 태조는 말에서 내려 걸어서 전(殿)으로 들어가 왕위에 오르는데, 어좌(御座)를 피하고 기둥 안[楹內]에 서서 여러 신하들의 조하(朝賀)를 받았다.

❖ 『고려사절요』 34권 / 공양왕(恭讓王) 1 기사 원년(1389)

(12월에) 대간이 번갈아 소를 올리기를, "지금은 전하께서는 위로는 천자의 명을 받들고, 아래로는 신민의 기대에 응하여 난리를 평정하고, 질서 있는 세상으로 회복시켜 우리 조성(祖聖)의 끊어졌던 대통을 계승하셨고, 신우(辛禑) 부자를 폐하여 서인으로 삼았으니, 이것은 명분을 바로잡고 백성의 뜻을 정한 것으로, 만세의 태평을 열 시기입니다. 옛날에 위(衛) 나라 임금이 공자를 보시고 정사를 하려 하니, 공자는 먼저 명분을 바로잡고자 하여 말하기를, '명분이 바르지 않으면 백성들이 손발을 둘 곳이 없어진다.' 하였습니다. 한(漢) 나라 여후(呂后)가 궁첩의 아들 홍(弘)을 데려와서 혜제(惠帝)의 후사로 삼으니, 태위(太尉) 주발(周勃)이, 홍이 혜제의 아들이 아니라고 하여 이를 목 베고, 대왕(代王)을 맞이하여 세워서 백성의 뜻을 정하고 4백 년의 태평을 열었습니다. 당(唐)나라 측천무후(則天武后)가 그 아들 중종(中宗)을 폐위하고 이성(異姓)인 무삼사(武三思)를 세워 태자로 삼으려하니, 승상 장간지(張柬之)가 측천후의 무리 장역지(張易之) · 장창종(張昌宗) 등을 목 베고 다시 중종(中宗)을 세웠는데, 무삼사만은 남겨두어 중종이 스스로 베어 죽이기를 기다렸더니, 설계창(薛季昶) 등이 장간지에게 말하기를, '풀을 제거하면서 뿌리를 뽑지 않으면 뒤에 반드시 다시 살아날 것입니다. 삼흉(三凶)은 비록 목 베었으나 무삼자가 아직 살아 있으니, 공들은 마침내 장사지낼 곳이 없게 될 것입니다. 만약 일찍이 도모하지 않으면 후회해도 소용없을 것입니다.' 하니, 장간지 등이 그 말을 따르지 않고 말하기를, "큰일이 정하여졌으니 저 무삼사 한 사람은 도마 위의 고기와 같을 뿐이다." 하더니, 후에 무삼사가 과연 장간지 등을 죽이고 중종도 시해를 당하였습니다. 군자가 이를 논하기를, "측천후는 이미 당나라의 종묘에 죄를 지었으니, 중종이 그 어머니에게 사정(私情)을 둘 수 없으며, 장간지 등이 이미 중종을 세웠으니 측천후를 사사하여도 중종이 대의로써 그 의논에 간여하지 않는다면 조종의 노여움을 풀게 될 것이며 천지의 떳떳한 법도가 서게 될 것이다." 하였으니, 역시 공자의 명분을 바로잡아야 한다는 뜻입니다.

지금 한둘의 대신이 전하를 추대하여 공민왕의 뒤를 계승하게 하고, 신우(辛禑)가 공민왕의 아들이 아닌 것을 바로잡아 조정과 백성에게 포고하니, 삼한 억조의 백성이 서로 말하기를, "우리 평생에 다시 태조의 손자를 보게 되었다."고 하였습니다.

❖『성호사설』 제25권 / 경사문(經史門) 신우(辛禑)

정인지(鄭麟趾)의 『고려사(高麗史)』에 신우(辛禑) 부자(父子)를 반역열전(叛逆列傳)에 편입시켰는데, 그 의의가 공평하지 못하다. 『강목(綱目)』에 진 시황(秦始皇)은 영(嬴)씨가 아니고 진 원제(晉元帝)는 사마(司馬)씨가 아니라고 단언하면서도 오히려 그 위호(位號)를 떼어 버리지 않았다. 만약 별도로 진·진(秦晉)의 역사를 만든다면 이 두 임금도 반역의 열에 끼어야 한단 말인가?

왕망(王莽)은 몸소 역적질을 하였고, 나라도 대를 물리지 못했기 때문에 본기(本紀)에 들지 않았지만 만약 왕망의 자손이 대를 길게 누리게 되었다면 그것을 장차 어떻게 처리할 것인가? 반(叛)이란 나라를 배반한 것이고, 역(逆)이란 시역(弑逆)을 이른 것인데 신우로 말하면 선왕(先王)이 자기의 아들로 삼아 아비로서 물려주고 자식으로서 이어받았으니, 그 마음속에 어찌 털끝만큼이라도 나쁜 뜻이 싹텄을 리가 있었겠는가? 그런데도 불구하고 반역이라 이른다면 어찌 차마 할 일이겠는가?

❖『용비어천가』

조선의 여섯 용이 나시어, 하는 일마다 하늘이 내리신 복이시니.
옛날 중국 성인이 하신 일들과 다르지 않으니.
뿌리가 깊은 나무는 바람에 흔들리지 아니하므로, 꽃이 좋고 열매도 많으니.
샘이 깊은 물은 가뭄에도 그치지 않고 솟아나므로, 내가 되어 바다에 이르니.
옛날 주나라 대왕이 빈곡에 사시어 제업을 여시니, 우리 시조가 경흥에 사시어 왕업을 여시니
…… (중략) ……
주무 왕이 하늘의 영을 받들고 상나라 주왕의 죄를 치매,
사방의 제후들이 모이더니, 주나라의 성스런 교화가 오라시어 서이까지 또 모이니,
우리 태조가 의를 부르짖고, 위화도에서 군사를 돌이키매,
천리의 인민이 보이더니, 이씨의 성스러운 교화가 깊으시어 북적까지도 또 모이니,
…… (중략) ……
천년 전에 미리 정한 한강 북쪽에, 여러 대에 걸쳐 어진 덕을 쌓아 나라를 여시어,
나라의 복이 끝이 없으시니.
성스럽고 신령스러운 임금이 왕위를 이으셔도
하늘을 공경하고 백성을 위하여 힘쓰셔야 나라가 더욱 굳건할 것입니다.
임금님이시여, 아소서. 태강 왕처럼 낙수에 사냥가 있으면서 할아버지의 공덕만을 믿었던 것입니까?

❖ 『성호사설』 제15권 / 인사문(人事門) 용비어천가(龍飛御天歌)

용비어천가는 우리나라 태조(太祖)와 태종(太宗)의 묘악(廟樂)으로서 대제학 정인지(鄭麟趾) 등이 찬술했는데, 민속에서 칭송한 말을 채택하여 시를 지었으니, 무릇 1백 25장이 된다.

먼저 옛날 제왕의 유적을 서술하고 다음에 우리 조종(祖宗)의 이룩한 왕업을 서술하여 흥(興)의 체제와 같이 그 유에 따라 비유하고 의를 풍악에 올렸으니, 지금 세상에서 이르는 여민락(與民樂)이란 것이 이것이다.

그러나 그 말이 비속하여 아름답지 못하고, 대개 사저(私邸)에 있을 때에 활 쏘고 사냥하며 격구(擊毬) 등속의 잡회로써 주장을 삼았으니, 이는 무슨 뜻이었던가? 반드시 후세의 기롱거리가 됨이 적지 않을 것이다.

나는 생각하건대, 이것이 이미 전례(典禮)가 되었으나, 만부득이한 것은 변통하지 않을 수 없으니, 이제 별달리 아악(雅樂)에 능통한 선비를 뽑아서 풍악을 고치는 것이 옳을 것이다.

옛날 노(魯) 나라 희공(僖公)은 백금(伯禽)의 19세 손인데, 비궁(閟宮) 1편에 후직(后稷) 이하 여러 선조의 덕을 추술했으니, 그 증거가 없지 않은 것이다.

2) 종묘와 사직

조선의 건국을 도왔던 정도전은 한양을 설계하는 데 중요한 역할을 하였는데, 유교의 정신을 담아 경복궁, 종묘, 사직단의 위치와 이름을 정하였다. 이어 도성 둘레에 성곽을 쌓고 성벽의 동서남북에 사대문(동-흥인지문, 서-돈의문, 남-숭례문, 북-숙정문)을 만들었다. 경복궁의 정문인 광화문 앞쪽 육조거리에는 관청이 들어섰고, 그 아래 운종가에는 상점이 들어섰다.

숭례문

종묘(宗廟)

사적 제125호이다. 종묘는 원래 정전(正殿)을 말하며, 태묘(太廟)라고도 한다. 태묘는 태조의 묘(廟)가 있기 때문이다. 역대 왕과 왕후는 사후에 그 신주를 일단 종묘에 봉안하였다.

공덕이 높아 세실(世室 : 종묘의 神室)로 모시기로 정한 제왕 이외의 신주는 일정한 때가 지나면 조묘(祧廟)인 영녕전(永寧殿)으로 옮겨 모셨다. 이것을 조천(祧遷)이라고 한다. 종묘 즉 정전에는 현재 19실(室)에 19위의 왕과 30위의 왕후의 신주를 모셔놓고 있다. 정전 서쪽에 있는 영녕전에는 정전에서 조천된 15위의 왕과 17위의 왕후, 그리고 의민황태자(懿愍皇太子)의 신주를 16실에 모셔 놓고 있다.

정전의 신실은 서쪽을 상(上)으로 해 제1실에 태조의 신주가 봉안되어 있다. 영녕전은 주나라의 제도를 본받아 정중(正中)에 추존조사왕(追尊祖四王)을 모시고 서쪽과 동쪽으로 구분, 서쪽을 상으로 차례대로 모시고 있다. 이것을 소목 제도(昭穆制度: 신주를 모시는 차례로, 왼편을 소[昭], 오른편을 목[穆]이라 하며, 천자[天子]는 1세를 가운데 모시고 2 · 4 · 6세를 소에, 3 · 5 · 7세를 목에 모시는 제도)라 한다.

유교 사회에서는 왕이 나라를 세우고 궁실(宮室)을 영위하기 위해 반드시 종묘와 사직(社稷)을 세워 조상의 은덕에 보답하며 경천애지사상(敬天愛地思想)을 만백성에게 널리 알리고, 천지신명에게 백성들의 생업인 농사가 잘되게 해 달라고 제사를 올렸던 것이다.

따라서 왕이 도읍을 정하면 궁전 왼편에 종묘를 세우고 오른편에 사직을 세우게 하였다. 조선을 창건한 태조는 송경(松京: 松都)에서 한양으로 천도한 뒤 현재의 종묘와 사직을 세웠다.

태조는 1394년(태조 3년) 8월 종묘 터를 보았고, 9월 감산(坎山)을 주산(主山)으로 하는 임좌병향(壬坐丙向)한 그곳에 종묘 터를 결정하였다. 12월부터 영건(營建)을 시작해 다음해 9월에 일차 영건이 끝났으며, 그 뒤 1546년(명종 1년)까지 계속되었다.

임진왜란으로 불에 타자, 1604년(선조 37년)부터 중건이 논의되어, 선조 41년 터를 닦고 기둥을 세우는 등 공사를 개시한 후 광해군이 즉위하던 해인 1608년 5월 중건되었다. 그 뒤 몇 차례의 개수와 증건을 거쳐 오늘에 이르렀다. 정전은 국보 제227호, 영녕전은 보물 제821호로 지정되었다.

종묘 정전

/탐구과제/

○ 조선은 왜 종묘와 사직을 소중히 여겼는가?

- ㅁ 조선의 창건과 한양천도의 배경에 대해 살펴본다.
- ㅁ 조선시대 수도인 한양도성과 사대문의 모습을 살펴보고, 경복궁과 창덕궁에 대해 탐구해 본다.
- ㅁ 조선시대 조상숭배사상에 의해 만들어진 종묘와 경천애지사상과 애민사상이 깃들어져 있는 사직단에 대해 살펴본다.
- ㅁ 종묘에 있는 정전과 영녕전의 건축구조의 특징과 그 의미에 대해 탐구한다.
- ㅁ 한양을 비롯한 전국 각 군현마다 설치된 사직단의 구조와 특징, 그리고 그 의미에 대해 탐구한다.

조선은 창건과 더불어 한양천도를 단행하였다. 풍수지리 사상의 '배산임수'에 입각하여 한양에 도읍을 설정하고 한양도성을 축조하는 한편 사대문을 조성하였다. 아울러 도성 안으로 내간수인 청계천이 흐르도록 인위적인 시설도 만들었다. 아울러 왕의 침전인 경복궁과 창덕궁도 만들었다.

한편 유교 사회에서는 왕이 나라를 세우고 궁실(宮室)을 영위하기 위해 반드시 종묘와 사직(社稷)을 세워 조상의 은덕에 보답하며 천지신명에게 백성들의 생업인 농사가 잘되게 해 달라고 제사를 올려야 했다. 따라서 왕이 도읍을 정하면 궁전 왼편에 종묘를 세우고 오른편에 사직을 세우게 하였다. 조선을 창건한 태조는 송도에서 한양으로 천도한 뒤 현재의 종묘와 사직을 세웠다.

종묘(宗廟)는 조선시대 역대 왕과 왕비의 신주(神主)를 봉안한 사당을 말한다. 정전은 19실(室)로, 19위의 왕과 30위의 왕후 신주가 모셔져 있다. 정전 서쪽에 있는 영녕전에는 15위의 왕과 17위의 왕후, 그리고 의민황태자(懿愍皇太子)의 신주가 16실에 모셔져 있다.

종묘의 제도는 고대 중국의 문명사에 그 기원을 두고 있다. 주(周)나라는 천자는 7묘, 제후는 5묘를 두는 것을 원칙으로 삼았고, 조선은 이에 따라 시조 묘와 당대 군주의 4대조를 모시는 것을 제도로 삼았다.

사직단의 사(社)는 토지신(土地神), 직(稷)은 곡신(穀神)을 상징한다. 예로부터 중국의 천자나 제후 또는 우리나라의 왕이 나라를 세워 백성을 다스릴 때는 사직단(社稷壇)을 만들어 국태민안(國泰民安)을 기원하는 제사를 지내왔다. 우리나라에서는 새로 나라를 건국하게 되면 그에 따라 새로운 사직단을 세워 제사를 지냈으므로 사직을 국가나 조정(朝廷) 자체로 인식해 왔다.

아래 자료는 「한양도성도」·『태조실록』·『태종실록』·『종묘의궤』와 『선조수정실록』·『인조실록』·『사직서의궤』의 기록을 발췌하여 제시하였다. 이러한 기록들에 나타난 한양도성과 사대문의 축조, 경복궁과 창덕궁의 조성과정을 살펴보고, 조상숭배사상과 경천애지사상 및 애민사상이 깃들어 있는 종묘와 사직에 대해 탐구해 보자. 아울러 종묘와 사직을 자신의 목숨보다 소중히 여기고 있는 당시 사람들의 생각은 어디서 기인하고 있는지에 대해서 탐구해 보자.

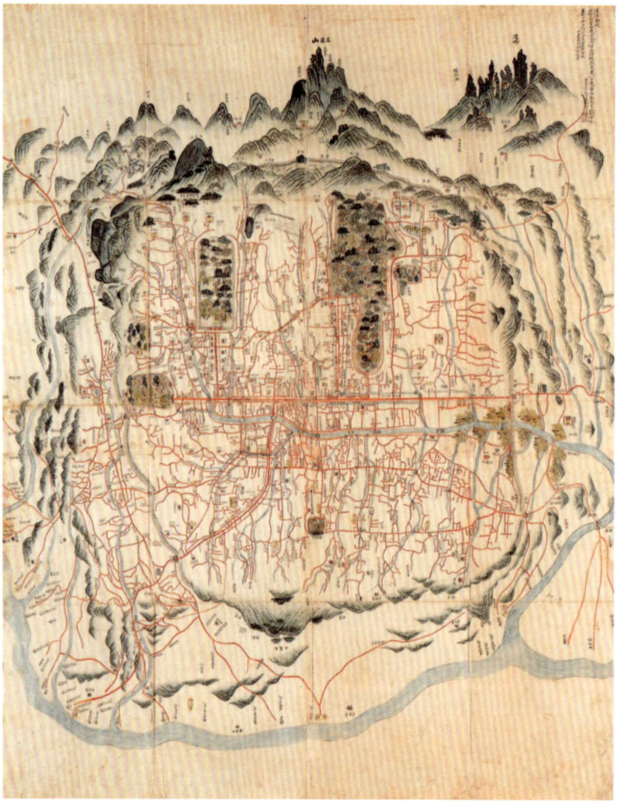

「한양도성도」

❖ 『태조실록』 8권 태조 4년 10월 7일 정유

판삼사사 정도전(鄭道傳)에게 분부하여 새 궁궐의 여러 전각의 이름을 짓게 하니, 정도전이 이름을 짓고 아울러 이름 지은 의의를 써서 올렸다. 새 궁궐을 경복궁(景福宮)이라 하고, 연침(燕寢)을 강녕전(康寧殿)이라 하고, 동쪽에 있는 소침(小寢)을 연생전(延生殿)이라 하고, 서쪽에 있는 소침(小寢)을 경성전(慶成殿)이라 하고, 연침(燕寢)의 남쪽을 사정전(思政殿)이라 하고, 또 그 남쪽을 근정전(勤政殿)이라 하고, 동루(東樓)를 융문루(隆文樓)라 하고, 서루(西樓)를 융무루(隆武樓)라 하고, 전문(殿門)을 근정문(勤政門)이라 하며, 남쪽에 있는 문[午門]을 정문(正門)이라 하였다.

그 경복궁에 대하여 말하였다. "신이 살펴보건대, 궁궐이란 것은 임금이 정사하는 곳이요, 사방에서 우러러보는 곳입니다. 신민(臣民)들이 다 조성(造成)한 바이므로, 그 제도를 장엄하게 하여 존엄성을 보이게 하고, 그 명칭을 아름답게 하여 보고 감동되게 하여야 합니다. …… (중략) ……『시경(詩經)』 주아(周雅)에 있는 '이미 술에 취하고 이미 덕에 배부르니 군자는 영원토록 그대의 크나큰 복을 모시리라.'라는 시(詩)를 외우고, 새 궁궐을 경복궁이라고 이름짓기를 청하오니, 전하와 자손께서 만년 태평의 업(業)을 누리시옵고, 사방의 신민으로 하여금 길이 보고 느끼게 하옵니다."

❖ 『태조실록』 10권 태조 5년 9월 24일 기묘

성 쌓는 역사를 마치고 정부(丁夫)들을 돌려보내었다. 봄철에 쌓은 곳에 물이 솟아나서 무너진 곳이 있으므로, 석성(石城)으로 쌓고 간간(間間)이 토성(土城)을 쌓았다. 운제(雲梯)도 빗물로 인하여 무너진 곳이 있으므로 다시 쌓고, 또 운제(雲梯) 1소(所)를 두어서 수세(水勢)를 나누게 하고, 석성(石城)으로 낮은 데가 있는 데는 더 쌓았다. 또 각문(各門)의 월단 누합(月團樓閤)을 지었다. 정북(正北)은 숙청문(肅淸門), 동북(東北)은 홍화문(弘化門)이니 속칭 동소문(東小門)이라 하고, 정동(正東)은 흥인문(興仁門)이니 속칭 동대문(東大門)이라 하고, 동남(東南)은 광희문(光熙門)이니 속칭 수구문(水口門)이라 하고, 정남(正南)은 숭례문(崇禮門)이니 속칭 남대문이라 하고, 소북(小北)은 소덕문(昭德門)이니, 속칭 서소문(西小門)이라 하고, 정서(正西)는 돈의문(敦義門)이며, 서북(西北)은 창의문(彰義門)이라 하였다.

❖ 『태종실록』 8권 태종 4년 10월 6일 갑술

다시 한양(漢陽)에 도읍(都邑)을 정하고, 드디어 향교동(鄕校洞)에 이궁(離宮)을 짓도록 명하였다.

❖ 『태종실록』 10권 태종 5년 10월 25일 정해

이궁(離宮)을 창덕궁(昌德宮)이라 하였다.

❖ 『종묘의궤』 2책 종묘 제도(廟制)

• 『오례의(五禮儀)』 「도설(圖說)」에, "종묘는 도성 안 동쪽에 있다. [지금 살펴보건대, 창덕궁(昌德宮) 궁성(宮城) 남쪽에 있으니, 즉 동부(東部) 연화방(蓮花坊) 지역이다.] 태실(太室)은 중앙에 위치하고 남향이며 모두 7칸(間)이다. [동당이실(同堂異室)이다. 신실(神室)마다 오른쪽 벽에 함실(陷室)을 만들어 모두 동향하고, 오른쪽이 상위이다. 지금 살펴보건대, 각 신실의 북쪽 벽에 감실(龕室)을 설치하여 남향하고, 오른쪽이 상위이다. 『오례의』는 성화(成化) 10년에 완성되었으니, 곧 우리나라 성종조(成宗朝)이다. 지금 살펴보건대, 종묘의 태실은 모두 11칸이니, 이후 중건할 때에 더 지은 것이다.] 앞에 세 개의 계단이 있고, 동쪽과 서쪽에 각각 협실(夾室) 2칸이 있으며, 협실의 남쪽에 각각 월랑(月廊)이 있다. [지금 살펴보건대, 좌우의 월랑은 각각 5칸씩이다.] 묘정(廟庭) 동쪽과 서쪽에 또 각각 사당 3칸이 있는데, 서쪽 사당에는 칠사(七祀)의 신주(神主)를 모셨고, 동쪽 사당에는 배향 공신(配享功臣)의 신주를 모셨다.

• 『오례의(五禮儀)』 「도설」에, "영녕전[조천(祧遷)된 신주를 봉안하였다.]은 종묘의 서쪽에 있다. 태실은 북쪽에 앉아 남향하며, 모두 4칸이다. [동당이실이다. 제도는 종묘와 같다. 지금 살펴보건대, 태실은 모두 12칸이니, 정전(正殿) 4칸이 중앙에 있고, 좌우의 익실(翼室)이 각각 4칸이다. 익실 남쪽에 각각 월랑 4칸이 있다. 현종(顯宗) 정미년(1667, 현종8)에 중건할 때 더 지은 것이다.] 앞에 3개의 계단이 있다. 신좌는 목조(穆祖), 익조(翼祖), 도조(度祖), 환조(桓祖)이니, 각각 신실 안에서 남향하고 서쪽이 상위이다. [지금 본전(本殿)을 살펴보건대, 4조(祖)를 정전에 봉안하고, 좌우의 익실에 조천한 신주 7위를 봉안하여 모두 11실이다.]" 하였다.

❖ 『선조수정실록』 26권 선조 25년(1592) 5월 1일

적이 종묘를 불태웠다. 적이 처음 도성에 침입했을 때 궁궐은 모두 타버리고 종묘만 남아있었으므로 왜의 대장 평수가(平秀家)가 그 곳에 거처하였는데, 밤중에 괴이한 일이 많고 따르던 졸개 중에 갑자기 죽는 자도 생겼다. 어떤 사람이 말하기를 "이곳은 조선의 종묘로서 신령(神靈)이 있는 곳이다." 고 하자, 평수가가 두려워하여 마침내 종묘를 태워버리고 남방(南坊)에 [바로 남별궁(南別宮)이다.] 이거(移居)하였다.

❖ 『인조실록』 33권 인조 14년 12월 14일 갑신

개성 유수(開城留守)가 치계하여 적병이 이미 송도(松都)를 지났다고 알려오자, 마침내 파천(播遷)하는 의논을 정하였다. 예방 승지 한흥일(韓興一)에게 명하여 종묘사직의 신주(神主)와 빈궁을 받들고 먼저 강도(江都)로 향하게 하였다. 김경징(金慶徵)을 검찰사로, 이민구(李敏求)를 부검찰사로 삼아 빈궁의 행차를 배행(陪行)하며 호위하게 하였다.

❖ 『인조실록』 34권 인조 15년 2월 4일 갑술

영중추부사 윤방이 강도(江都)에서 종묘와 사직의 신주(神主)를 받들고 오니, 상이 불러 보았다. 윤방이 상을 보고 울자 상도 울었다. 이어 어제 봉안(奉安)한 곳을 하문하니, 답하기를, "어제 밤이 깊었기 때문에 미처 계품하지 못하고 신이 우거(寓居)하는 곳의 정결한 곳에 봉안하였습니다." 하였다. 상이 즉시 예관(禮官)에게 명하여 시민당(時敏堂)에 봉안하도록 하고, 근신(近臣)을 거느리고 곡(哭)하며 절하는 예를 행하였다.

❖ 『태조실록』 7권 태조 4년 1월 29일 갑자

사직단(社稷壇)을 영조(營造)하였다.

❖ 『사직서의궤』 제3권 / 고사 상(故事上)

난리를 겪은[經亂] 사실(事實)

• 선조 25년 임진(1592)

4월 그믐에 상이 왜구(倭寇)를 피하여 서쪽으로 행행(幸行)할 때 사관(祠官)에게 명하여 종묘와 사직의 신주를 받들고 먼저 출발하도록 하였다. 송경(松京)에 이르러서 목청전(穆淸殿)에 봉안하였다. 5월 3일에 거가(車駕)가 급히 출발할 때 경황이 없어서 예관(禮官)이 신주를 전정(殿庭)의 오른쪽에 묻었다. 거가가 보산참(寶山站)에 이르러 종실(宗室) 해풍군(海豐君) 이기(李耆)와 금산군(錦山君) 이성윤(李誠胤) 등이 좌의정 윤두수(尹斗壽)의 손을 잡고 통곡하며 "고금에 어찌 종묘와 사직이 없는 나라가 있겠습니까?" 하니, 윤두수가 "공의 말이 없었다면 나라가 나라답지 못하게 되었을 것입니다." 하였다. 드디어 예관을 보내어 신주를 모시고 오도록 하였다. 10일에 사직서 참봉 조공근(趙公瑾)이 사직의 신주를 받들고 평양(平壤)에 이르렀다. 6월에 거가가 의주(義州)로 방향을 바꾸고, 세자에게 명하여 종묘와 사직의 신주를 받들고 특별히 다른 길을 경유하여 박천(博川)으로부터 황해도와 강원도 등으로 들어와서 부흥을 도모하도록 명하였다. 26년 계사(1593) 1월에 상이 의주를 출발하여 정주(定

州)로 돌아와서 머물렀다. 세자가 성천(成川)으로부터 종묘와 사직의 신주를 받들고 행재소(行在所)로 갔다. 4월에 왜적이 물러갔다. 9월에 상이 장차 환도(還都)하려고 할 때, 왕비와 세자는 남아서 종묘와 사직의 신주를 받들고 해주(海州)에 머물도록 하였다. 10월에 거가가 환도하고, 임시로 종묘와 사직의 신주를 정릉동(貞陵洞)에 있는 척신(戚臣) 심연원(沈連源)의 집에 봉안하였다. [박동량(朴東亮) 잡기(雜記), 『문헌비고』, 구 『춘관지』의 기록을 합하였다.]

• 인조 14년 병자(1636)

12월 10일에 청(淸)나라 군사가 갑자기 경성(京城)에 밀어닥쳤다. 14일 아침에 먼저 종묘와 사직의 신주를 강화(江華)로 옮겨 들였다. 오시(午時)에 대가(大駕)가 이어서 출발하여 숭례문(崇禮門)에 이르렀는데, 청나라 기병(騎兵)이 이미 홍제원(弘濟院)에 당도했다는 말을 듣고 곧바로 남한산성(南漢山城)으로 들어갔다. 15일 저녁에 산성이 포위되었다.

3 통치체제의 정비

1) 왕권주의와 신권주의의 대립

조선을 건국한 태조는 정도전, 조준 등 개국공신을 주축으로 하여 고려후기 국가의 중대사와 현안문제를 결정하기 위해 설치되었던 도평의사사를 중심으로 통치하였다. 이에 불만은 품은 이방원은 두 차례에 걸친 왕자의 난을 통해 개국공신 세력을 몰아내고 왕위에 올라 도평의사사를 혁파하고 의정부를 두면서 왕권을 강화하였다.

호패

태종은 국왕 중심의 통치체제를 정비하기 위하여 6조 직계제를 실시하고 사간원을 독립하여 대신들을 견제하였다. 아울러 국가 기반을 안정시키고 군사력을 강화하기 위하여 양전사업과 호패법을 실시하고 억울한 노비를 해방하는 한편 사병제도를 폐지하였다.

또한 태종의 뒤를 이은 세종은 안정된 왕권과 경제력을 바탕으로 유교정치를 실현하였다. 집현전을 통해 젊고 능력 있는 학자들을 모아 국가의 중요한 제도를 마련하였고 의정부의 권한을 강화하여 왕권과 신권의 조화를 이루었다. 특히 황희와 같은 청백리 재상을 등용하여 유교적 민본사상의 실현을 위해 노력하였다.

그러나 세종 이후 문종이 일찍 죽고 나이 어린 단종이 즉위하면서 왕권이 크게 약화되었으나 단종의 숙부였던 수양대군이 정변을 일으켜 왕위에 올라 강력한 왕권을 꾀했다. 그는 태종의 왕권강화책을 그대로 사용하여 6조 직계제를 부활하고 집현전과 경연을 폐지하는 한편 정치 참여가 제한되었던 종친들을 대거 등용함으로써 막강한 왕권을 행사하였다.

성종 때에는 500년 기본법전인 경국대전이 완성되어 조선의 통치기구를 관리, 운영하는 제도 및 규정이 완비되었으며, 세종 때의 집현전을 계승한 홍문관을 설치하여 왕권과 신권의 조화에 애씀으로써 조선사회의 기본 통치 방향과 이념이 제시되었다.

가) 중앙정치 체제와 지방행정 조직

중앙정치체제는 경국대전으로 법제화되었다. 문무양반체제의 18등급으로 당상관(정3품 상계 이상 통칭)과 당하관(실무담당)으로 구성되었다. 의정부는 최고 관부로 재상 합의로 국정을 총괄하였다. 6조는 행정을 분담하여 집행하는 기관으로 행정의 전문성과 효율성을 높였다.

3사는 사헌부, 사간원, 홍문관을 말하는 것으로 언론기관의 역할을 하면서 정사를 비판하고, 관리의 비리를 감찰하여 권력의 독점과 부패를 방지하였다. 이외 왕권 강화 기구로 승정원(왕명 출납), 의금부(반역죄 등 국가의 큰 죄인 처벌), 한성부(수도 행정과 치안) 등이 있었으며, 역사서를 편찬하는 춘추관도 존재하였다.

한편 지방행정 조직은 군현을 정비하여 모든 군현에 지방관을 파견하였다. 전국을 8도로 나누어 하부에 부 · 목 · 군 · 현을 설치하였으며, 전국 8도에 관찰사를 임명하여 수령의 비행을 견제하였고, 아울러 병마사와 수군절도사를 겸직하게 하였다. 각 지방의 수령은 왕의 대리인으로 지방의 행정, 사법, 군사권을 장악하였으며, 특이하게 개성, 강화, 수원, 광주에는 특별 행정구역으로 유수관을 파견하여, 국왕 직속으로 관찰사의 지시를 받지 않고 왕실과 한양을 호위하도록 하였다.

나) 군역제도와 군사 조직

원칙적으로 16~60세의 모든 양인 남자는 군역의 의무를 졌다. 정군(현역 군인으로 복무)과 보인(봉족이라고도 하며 정군의 비용 부담), 고급 특수군(종친, 외척, 공신이나 고급 관료의 자제)에 편성되어 국방의 의무를 다하였지만 현직 관료와 학생은 군역이 면제되었다.

군사 조직의 경우 중앙군은 5위로 편성되어 궁궐과 서울 수비를 맡았으며, 정군, 갑사 특수병으로 구성되었다. 지방군은 영진 체제에서 진관 체제로 바뀌어 편성되었으며, 서리, 잡학인, 노비 등으로 구성된 일종의 예비군을 잡색군이라 불렀다.

이밖에 군사적 위급 사태와 연락을 담당하는 봉수와 물자수송과 통신을 담당하는 역참을 설치하여 국방과 중앙집권적인 행정을 운영하였다.

다) 관리 등용 제도

관리 등용 제도로는 과거시험이 일반화되었다. 응시 자격은 양인 이상이면 모두 응시가 가능하였으나, 실제로는 양반이 주로 응시하였다. 시험의 종류로는 문과(문반 선발), 무과(무반 선발), 잡과(기술관 선발), 승과(중종 때 폐지) 등이 있었다. 기타 관리 등용 방법으로는 취재(특별 채용 시험), 천거(추천제도), 음서(고려에 비해 축소) 등이 있었다.

라) 경제 정책

조선전기 경제 정책은 농본주의로서 국가의 재정을 확충하고 민생안정을 추구하여 왕도정치의 이상을 실현하고자 하였다. 이에 부합하기 위해 농경지를 확대하고자 토지개간을 장려하였으며 양전사업을 실시하여 15세기 중엽에는 농경지가 160여 만 결로 증가하였다.

상대적으로 상공업은 규제하였다. 유교적 경제관에 따른 소비 억제 정책으로 사치, 낭비, 빈부의 격차를 방지하고자 하였다. 사 · 농 · 공 · 상에 대한 직업적 차별을 두어 농업을 중시하는 풍토를 조성하였다. 도로와 교통수단의 미비로 상업 활동이 발전할 수 있는 사회적 기반시설이 부족하였으며, 자급자족적 경제구조로 농업 중심의 사회구조를 만들어 나갔다. 그러나 16세기 이후에는 통제력이 약화되면서 상공업과 무역이 발달해 나갔다.

① 과전법

국가재정 기반을 확충하고 관리의 경제 기반을 확보하면서 고려 후기 이후 누적된 토지제도의 모순점을 해결하기 위해 실시한 정책이 과전법이다. 과전법은 경기 지방의 토지로 전직 · 현직 18관등에 따라 수조권을 부여하였다. 사망 · 반역 시에는 반드시 반납(수신전, 휼양전, 공신전은 세습 가능함)하도록 하였다. 그러나 시간이 지나면서 토지가 부족해지자 직전법(세조), 관수관급제(성종)로 변하다가 명종 때(16세기 중엽 이후)에 접어들어 수조권 지급제도가 소멸되고 지주전호제가 일반화되면서 녹봉제도가 정착되었다.

② 수취 체제의 확립

조세는 토지 소유자에게 부과하는 세금이었지만 지주가 소작농민에게 전가하였다. 생산된 곡식(쌀, 콩)으로 징수하였으며, 수확량의 10분의 1을 납부하도록 했으나 풍흉에 따라 납부액을 조정하였다. 조운을 이용하여 군현에서 조창으로 그리고 다시 그곳에서 경창으로 운송하였다.

토지제도의 정비

주요 개념	과전법	직전법	관수관급제	녹봉
시기	1391년(공양왕)	세조	성종	명종(16세기)
지급 대상	현직 · 퇴직 관리	현직 관리	직전법 계속	현직 관리
배경	권문세족의 대농장 재정 궁핍	경기도의 과전 부족	과전 경작농민에 대한 과도한 수취	과전법 체제 붕괴
목적	사대부의 경제 기반	토지부족의 보완 (국가재정 안정)	국가의 토지 지배권 강화	관리들의 생활 수단 마련
원칙	경기도에만 지급, 병작반수제 금지	현직자에게만 지급	국가에서 수조권 행사	현물 녹봉만 지급
영향	농민의 경작권 인정	훈구파의 농장 확대	농장 확대 가속화	농장의 보편화

*세종 때 전분6등법, 연분9등법을 실시하여 1결당 4두에서 20두까지 거둠. 1결은 절대면적이 아니고 쌀 300두라는 생산량을 단위로 한 것

*전분6등법: 토지의 등급을 비옥도에 따라 1~6등전으로 나눈 것

*연분9등법: 그 해의 풍흉에 따라 세액을 결정하는 것. 아주 큰 풍년일 때는 1결당 20두, 혹독한 흉년일 때는 1결당 4두만 걷는 것

공납은 중앙 관청에서 군현에 물품과 액수를 할당하였다. 각 지방 토산물(수공업 제품, 광물, 수산물, 모피, 과실, 약재)을 가호별로 징수하였다. 그러나 공물의 생산량 감소, 생산 여건의 변화로 공물 확보에 어려움이 컸다. 전세보다 더 큰 부담으로 농민 부담이 가중되는 결과를 낳았다.

역은 군역과 요역으로 구분되었다. 우선 군역은 16세 양인 남자가 대상이었으며, 정군(일정기간 군복무)과 보인(정군의 비용 보조)으로 구성되었으나 양반, 서리, 향리, 성균관 유생은 면제되었다. 요역은 가호 당 정남의 수를 고려하여 성, 왕릉, 저수지 공사에 동원하였다. 토지 8결당 1명을 동원하였으나, 1년에 6일 이내로 동원을 제한하는 규정이 있으나 임의로 징발하는 경우가 많았다.

마) 신분제도

조선은 양반 관료중심의 신분제 사회였다. 15세기에는 양천제도가 실시되어 양인과 천민으로 구분하는 제도를 법제화하였다. 양인은 양반 중인 상민으로 구성되었으며, 과거에 응시할 수 있었고 조세와 국역의 의무를 졌다. 천민은 비자유민으로 개인이나 관청에 소속되어 천역을 담당하였다.

16세기 접어들면서 사림세력이 중앙 정계에 진출하게 되자 반상제도라는 실질적 신분 구분 제도가 정착되었다. 지배층인 양반과 피지배층인 상민의 반상 제도가 일반화되면서 4신분제(양반, 중인, 상민, 천민)가 엄격하게 구분되었다.

그러나 조선 시대는 엄격한 신분제 사회였으나 신분 이동은 가능하였다. 법적으로 양인이면 과거에 응시하여 관직에 진출할 수 있었고, 양반도 죄를 지으면 노비가 되거나 경제적으로 몰락하여 중인이나 상민이 되기도 하였다.

바) 사회정책과 제도

조선전기 사회정책은 농민생활 안정과 양반 중심의 봉건적 지배체제 강화를 목적으로 진행되었다. 우선 빈민 구호책으로는 환곡제도(국가에서 운영하여 농민생활 안정책), 의창(춘궁기에 곡식을 빌려주고 가을에 받음), 상평창(물가안정, 빌려준 곡식의 1/10을 더 거둬들임) 등이 있었다.

의료시설로는 서민 환자의 구제와 약재를 판매하는 혜민국와 동서대비원이 있었으며, 유랑자를 수용하고 구휼을 담당하는 동서활인서가 있었다. 최소한의 보장책으로 농민들의 이탈을 방지하고자 하였으며, 오가작통법과 호패법 등의 농민 통제책을 적극적으로 실시하였다.

사) 법률제도

법률체제의 경우 형법은 대명률이 적용되었으며, 반역죄 강상죄에는 연좌제를 실시하여 가족이 처벌되고 고을 명칭이 강등되었으며 수령이 파면되기도 하였다.

형벌은 태 · 장 · 도 · 유 · 사형 등 5종이 기본으로 시행되었고, 민법에 관한 사항은 지방관이 관습법에 따라 처리하였다. 상속은 종법에 따라 이루어졌으며 제사와 노비상속도 중시하였다.

대표적인 사법기관으로는 중앙에 사헌부 · 의금부 · 형조가 있어 관리의 잘못이나 중대한 사건의 재판을 담당하였다.

특히 의금부는 왕족과 양반에 대한 중대범죄 · 반역죄 · 강상죄 등을 처벌하였다. 포도청은 서민재판과 경찰업무를 담당하였으며, 한성부는 수도의 치안 및 토지 가옥소송을 맡아서 처리하였다. 장예원은 노비문서 및 노비 범죄를 관장하였고, 각 지방에서는 관찰사와 수령이 각각 관할구역 내의 사법권을 행사하였다.

재판에 불만이 있을 경우에는 사건에 따라 다른 관청이나 상부 관청에 소송을 제기할 수 있었다. 신문고 등으로 임금에게 직접 호소하는 방법도 있었으나 일반적으로 시행되지는 못하였다.

/탐구과제/

○ 조선 초기, 왕권주의 대 신권주의 무엇이 올바른 길이었나?

▫ 정도전을 비롯한 개국공신 세력과 이방원의 대립 과정에서 벌어진 '왕자의 난'에 대해 살펴본다.
▫ '계유정란'을 통해 권력을 찬탈한 세조(수양대군)과 단종을 옹호한 '사육신'에 대해 살펴본다.
▫ 조선 초기 권력을 둘러싼 '왕권주의' 세력과 '신권주의' 세력을 면밀히 살펴보면서 과연 무엇이 올바른 길이었는지 탐구한다.

아버지와 아들의 권력다툼인 '왕자의 난'을 통해 권력을 잡은 태종 이방원과 정도전을 비롯한 신진사대부 세력의 싸움, 그리고 삼촌과 조카의 피비린내 나는 권력쟁탈전으로 묘사되고 있는 '계유정란'을 통해 권력을 찬탈한 세조(수양대군)과 단종을 옹호하는 사육신의 싸움을 통해 과연 조선 초기 왕권주의와 신권주의, 무엇이 올바른 길이었는지 아래 자료를 통해 살펴보고 탐구해 보자.

아래 자료는 『조선왕조실록』과 『연려실기술』에서 발췌하여 수록하였다. 조선시대 대표적인 정사이며 왕권주의 사관을 보여주는 『조선왕조실록』의 서술 내용과 조선 후기에 들어와 찬술된 대표적인 사찬사서(私撰史書)로서 기사본말체 형식을 취하고 있는 『연려실기술』의 서술 내용을 면밀히 비교 검토하면서 왕권주의와 신권주의에 대하여 생각해 보자.

❖ 『연려실기술』 1권 태조조 고사본말(太祖朝故事本末)

태종 정사(太宗定社) 무인년(1398) 가을

신의왕후가 아들 여섯을 낳았는데, 정종은 둘째이고 태종은 다섯째이다. 신덕왕후는 방번·방석과 공주 하나를 낳았는데, 공주는 이제(李濟)에게 시집갔다. 태조가 일찍이 배극렴(裵克廉)과 조준(趙浚) 등을 내전에 불러서 세자 세울 것을 의논하니, 극렴 등이 말하기를, "시국이 평온할 때에는 적자를 세우고, 세상이 어지러울 때에는 먼저 공 있는 자를 세워야 합니다." 하였다. 신덕왕후가 몰래 듣고 통곡했는데, 우는 소리가 밖에까지 들렸다.

배극렴 등이 드디어 의논을 끝내고 나왔다. 뒷날 또 배극렴 등을 불러서 의논하니, 다시는 적자를 세워야 하느니, 공 있는 이를 세워야 하느니 하고 말하는 사람이 없었다. 극렴 등이 물러가서 의논하기를, "강씨(康氏, 신덕왕후)는 필시 자기 아들을 세우고자 할 텐데, 방번은 광패(狂悖)하니, 막내아들 방석이 조금 낫다." 하고, 드디어 방석을 봉하여 세자로 삼기를 청하였다.

정도전과 남은(南誾)이 방석에게 붙어서 다른 왕자를 꺼리고 제거하고자 모의하여 은밀히 아뢰기를, "중국에서 모든 왕자를 왕으로 봉하는 예(例)에 의하여 모든 왕자를 각 도에 나누어 보내기를 청합니다." 하니, 태조가 대답을 하지 않고, 태종에게 이르기를, "외간의 의논을 너희들이 몰라서는 안 되는 것이니 마땅히 너의 형들에게 일러서 경계하고 조심하게 해라." 하였다. 점쟁이인 안식(安植)이 말하기를, "세자의 배다른 형들 가운데 왕이 될 사주를 타고난 이가 하나만이 아닙니다." 하니, 정도전이 말하기를, "곧 그들을 제거할 것이니, 어찌 근심하리요." 하였는데, 의안군 화(義安君和)가 알고 몰래 태종에게 고하였다.

무인년(1398) 가을에 태조가 병이 들었는데, 정도전이 태조의 요양을 위하여 다른 곳으로 옮길 것을 의논하자고 핑계하여 모든 왕자를 불러 이 기회에 난을 일으켜서 자기 당이 안에서 어떻게 처치하고자 하였다. 전(前) 참찬(參贊) 이무(李茂) 또한 정도전의 당인데, 모의한 것을 다 태종에게 몰래 누설하였다. 그때에 태종이 모든 형들과 더불어 항상 근정전(勤政殿) 문밖에서 잤었는데, 원경왕후(元敬王后; 태종의 비)가 아우 민무질(閔無疾)과 모의하여 종 김소근(金小斤)을 보내어 후(后; 원경왕후)가 갑자기 배가 아프다고 고하니, 태종이 곧 집으로 돌아왔다.

태종이 후와 민무질과 더불어 한참 동안 가만히 이야기하였는데, 후가 울면서 태종의 옷깃을 잡고 궐내에 가지 말라고 하였다. 태종이 말하기를, "어찌 죽음을 두려워하여 가지 않겠는가. 또 모든 형들이 다 궐내에 있으니, 이 일을 알리지 않을 수 없다." 하며, 분연히 나갔다. 후가 문밖까지 따라 나와서 말하기를, "조심하고 조심하소서." 하고, 곧 동생 대장군 민무구(閔無咎)와 장군 민무질과 함께 모의하여 병기와 말을 몰래 준비하여 태종을 응원할 계책을 세워놓고 기다렸다.

태종이 대궐에 이르니, 한 내시가 안에서 나와 말하기를, "전하께서 병세가 중하여 다른 곳으로 피우(避寓) 하고자 하오니, 모든 왕자는 다 들어오시오." 하였다. 그전에는 궁문에 모두 등불이 밝혀져 있었는데, 이 밤엔 등불이 없어서 사람들이 더욱 의심하였다.

태종이 거짓으로 뒷간에 가서 생각하고 있을 때, 익안군 방의(益安君 芳毅)와 회안군 방간(懷安君 芳幹)과 상당군(上黨君) 이백경(李伯卿)이 뒤따라와서 불러 말하기를, "정안군 정안군(靖安君), 장차 어이할꼬." 하였다. 태종이 말하기를, "왜 소리를 높이는가." 하고, 또 손으로 소매를 치면서 말하기를, "계책이 없으니, 어떻게 할까." 하고는 방의 · 방간 · 백경과 함께 달아나 영추문(迎秋門)으로 나왔다. 태종이 말하기를, "우리 형제는 말을 광화문 밖에 세워놓고 천명을 기다리는 것이 좋겠다." 하고, 사람을 보내서 정승 조준(趙浚)과 김사형(金士衡) 등을 불렀다. 조준은 한창 점쟁이에게 길흉을 점치고 있었던 참이라 계속 재촉하므로 겨우 일어나서 오는데, 갑옷을 입은 사람들이 많이 따라왔다.

태종이 사람을 시켜서 예빈시(禮賓寺) 앞 돌다리에서 가로막고 다만 몇 사람만 데리고 오게 하였다. 태종이 조준을 보고 말하기를, "공들은 이씨의 사직을 근심하지 않느냐." 하였다. 조금 있다가 조신들이 많이 모여들었다. 조준과 사형 등이 정청에 들어가 앉으려고 하는데, 태종이 말하기를, "만약 궁중에서 출병을 하여 우리 군사들이 조금 물러간다면, 저들은 궁중에서 나온 군사들 가운데로 들어갈 것이다." 하고, 그들에게 말하기를, "우리 형제는 노상에 말을 세우고 있는데, 정승이 정청에 들어가 앉는 것은 마땅하지 않다." 하면서 운종가(雲從街)에 앉게 하고는, 백관을 불러 모았다.

찬성 유만수(柳曼殊)가 그의 아들을 데리고 오자, 태종이 그에게 갑옷을 주며 자기 뒤에 세우니, 이무(李茂)가 말하기를, "만수는 방석의 당입니다." 하였다. 만수가 말에서 내려 태종의 말고삐를 잡고 말하기를, "내가 마땅히 여쭙겠습니다." 하였는데, 김소근(金小斤)이 칼로 그 부자를 찔러 죽였다.

태종이 무사를 거느리고 정도전 등을 정탐하니, 그때 이직(李稷)과 함께 남은(南誾)의 첩의 집에 모여서 등불을 밝히고 즐겁게 웃고 반종(伴從)들은 다 졸고 있었다. 이숙번으로 하여금 일부러 활을 쏘아 기왓장 위에 떨어지게 하고는 불을 놓아 집을 태우니, 도전이 이웃집 봉상시 판사 민부(閔富)의 집에 숨었는데, 민부가 소리 질러 말하기를, "배가 불룩하게 나온 사람이 우리 집에 들어 왔다." 하였다.

군사가 들어가 수색해서, 도전이 칼을 짚고 기어서 나오는 것을 잡아 태종 앞으로 나오니, 도전이 우러러보고 말하기를, "만약 나를 살려 주시면 힘을 다하여 보좌하겠습니다." 하였다. 태종이 말하기를, "네가 이미 왕씨를 저버리고 또 이씨를 저버리고자 하느냐." 하며, 즉시 목을 베어 죽였다. 그의 아들 정유(鄭游)와 정영(鄭泳)도 피살되었다. 남은은 남몰래 미륵원(彌勒院) 포막(圃幕)에 숨었는데 뒤쫓는 병사들에게 죽었고, 이직은 거짓으로 하인이 되어 지붕에 올라가서 불 끄는 시늉을 하여 죽음을 면하였다.

궁중에서는 불나는 것을 바라보고 크게 소동이 나서 포(砲)를 쏘니, 방석(芳碩)의 당이 출군하고자 하였다. 군사들로 하여금 세자를 모시고 성에 올라가서 정찰하게 하였는데, 광화문으로부터 남산에 이르기까지 철기(鐵騎)가 가득 뻗쳐 있었기 때문에 두려워서 감히 출동하지 못하니, 사람들이 말하기를, "신이 도운 것이다." 하였다.

태종이 궁중에 입직한 여러 군사에게 말을 전하여 나오라고 하니, 서로 거느리고 담을 넘어 나와서 근정전(勤政殿) 이남은 텅 비었다. 새벽에 태조가 처소를 청량전(淸凉殿)으로 옮기니, 조준 등이 백관을 거느리고 정도전과 남은 등의 죄를 아뢰고, 또 세자를 폐하고 새로 책봉하고자 청하였다. 태조가 방석에게 이르기를, "너한테는 편하게 되었구나." 하였다. 방석이 절하고 나갈 때 현빈(賢嬪; 방석의 부인)이 옷을 붙들고 우는데, 방석이 옷을 뿌리치고 나갔다. 또 방번을 쫓아낼 것을 청하니 태조가 이르기를, "세자도 이미 그만두었으니, 네가 나간들 무슨 해가 있겠느냐." 하였다.

흥안군(興安君) 이제가 곁에 있다가 오히려 칼을 빼어 두리번거리자, 공주가 이제에게 말하기를, "우리 부부가 만약 정안군 집으로 간다면 살 것이다." 하였다. 방번이 서쪽 문으로 나갔는데, 태종이 손을 잡고 말하기를, "네가 내 말을 듣지 아니하여 이런 지경에 이르렀다. 잘 가거라, 잘 가거라." 하더니, 도당(都堂)에서 뒤쫓아 가 중도에서 죽였다. 『동각잡기』

방간(芳幹)의 난 정종(定宗) 2년 경진 봄 정월

정종에게 적자가 없었다. 동모제(同母弟)인 익안군 방의는 성격이 순실하고 근신하여 다른 마음이 없었고, 방간은 차례로는 자기가 마땅히 왕위에 오를 것이라고 생각하였으나, 배우지 않고 성격이 광패(狂悖)하고 어리석었다. 태종이 영특하고 지혜로워 민심이 거기로 돌아가는 것을 몹시 꺼려서, 자기 처질(妻姪) 이래(李來; 종직(宗直)의 아들)에게 말하였다. 이래는 우현보(禹玄寶)의 문하생으로, 그 말을 우현보에게 다 알리면서 말하기를, "이 사람이 그믐날에 일을 일으키려 합니다." 하니, 현보가 그의 아들 홍부(洪富)를 시켜서 태종에게 고하였다.

태종이 하륜 · 이무(李茂) 등과 더불어 이에 대응할 계책을 몰래 모의했다. 방간이 자기 휘하인 오용권(吳用權)을 시켜서 정종에게 아뢰기를, "정안군이 나를 모해하려 하므로 부득이 군사를 일으켜 치겠습니다." 하였다. 정종이 크게 노하여 지신사(知申事) 이문화(李文和)를 시켜, "군사를 두고 궐내에 와야 네가 보전할 수 있을 것이다." 하고 타일렀다. 문화가 가기 전에 방간이 이미 인친되는 민원공(閔原功) 등의 선동을 받아 아들 맹종(孟宗)과 부하 수백 명을 거느리고 갑옷을 입고 병기를 갖추고 있었다. 문화가 임금의 뜻을 알렸으나, 방간이 듣지 않았다.

태종 또한 이숙번 등과 더불어 군사를 정돈하여 나가서 양군이 교전하니, 방간의 군사가 무너져서 방간이 잡혔다. 이에 삼성(三省)이 모두 죽이자고 글을 올렸는데, 허락하지 않고 그의 소원대로 토산(兎山)에 안치하였다. 『야언별집(野言別集)』

❖ 『태조실록』 14권 태조 7년 8월 26일 기사

정도전의 자(字)는 종지(宗之), 호(號)는 삼봉(三峰)이며, 본관(本貫)은 안동(安東) 봉화(奉化)이니, 형부 상서(刑部尙書) 정운경(鄭云敬)의 아들이다. 고려왕조 공민왕 경자년에 성균시(成均試)에 합격하고, 임인년에 진사(進士)에 합격하여 여러 번 옮겨서 통례문 지후(通禮門祗候)에 이르게 되었다. 병오년 연달아 부모(父母)의 상(喪)을 당하여 여막(廬幕)을 짓고 상제(喪制)를 마치니, 신해년에 불러서 태상

박사(太常博士)로 임명하였다. …… (중략) …… 도전은 타고난 자질이 총명하고 민첩하며, 어릴 때부터 학문을 좋아하여 많은 책을 널리 보아 의논이 해박(該博)하였으며, 항상 후생(後生)을 교훈하고 이단(異端)을 배척하는 일로써 자기의 임무로 삼았다. 일찍이 곤궁하게 거처하면서도 한가하게 처하여 스스로 문무(文武)의 재간이 있다고 생각하였다. …… (중략) …… 개국(開國)할 즈음에 왕왕 취중(醉中)에 가만히 이야기하였다. "한(漢) 고조(高祖)가 장자방(張子房)을 쓴 것이 아니라, 장자방이 곧 한 고조를 쓴 것이다." 무릇 임금을 도울 만한 것은 모의(謀議)하지 않은 것이 없었으므로, 마침내 큰 공업(功業)을 이루어 진실로 상등의 공훈이 되었던 것이다. 그러나 도량이 좁고 시기가 많았으며, 또한 겁이 많아서 반드시 자기보다 나은 사람들을 해쳐서 그 묵은 감정을 보복하고자 하여, 매양 임금에게 사람을 죽여 위엄을 세우기를 권고하였으나, 임금은 모두 듣지 않았다. 그가 찬술(撰述)한 『고려국사(高麗國史)』는 공민왕 이후에는 가필(加筆)하고 삭제한 것이 사실대로 하지 않은 것이 많으니, 식견(識見)이 있는 사람들이 이를 그르게 여겼다.

❖ 『태종실록』 9권 태종 5년 1월 15일 임자

의정부 · 육조 · 승정원 등의 관제를 개정하다

관제(官制)를 고쳤다. 국초(國初)에는 전조(前朝)의 구제(舊制)에 따라 의정부(議政府)에서 각사(各司)를 총관(總管)하고, 사평부(司平府)에서 전곡(錢穀)을 관장하고, 승추부(承樞府)에서 갑병(甲兵)을 관장하고, 상서사(尙瑞司)에서 전주(銓注)를 관장하게 하고, 좌 · 우정승(左右政丞)으로 판사(判事)를 겸하게 하여, 육조(六曹)에서는 조정(朝政)에 참여하지 못하였는데, 이때에 이르러 사평부를 혁파(革罷)하여 호조(戶曹)로 귀속(歸屬)시키고, 승추부를 병조(兵曹)로 귀속시켰으며, 동서반(東西班) 전선(銓選)을 이조(吏曹)와 병조(兵曹)로 귀속시키고, 의정부의 서무(庶務)를 나누어서 육조(六曹)로 귀속시켰으며, 육조에 각각 판서(判書) 한 명을 두고, 직질(職秩)을 정 2품으로 하였으며, 전서(典書)와 의랑(議郎) 각각 두 사람씩을 없애고 좌 · 우참의(左右參議) 각각 하나씩을 두었는데, 계급은 통정(通政)으로 하고, 정랑(正郎)과 좌랑(佐郎) 각각 한 사람씩 새로 더 두었다. 그리고 상서사(尙瑞司)에 비로소 문 · 무관(文武官)을 교차(交差)하였는데, 다만 보새(寶璽)와 부신(符信)만을 관장하게 하고, 겸판사(兼判事)는 두지 아니하였으며, 삼군 도총제부(三軍都總制府)에 각각 경력(經歷)과 도사(都事)를 두고, 동부대언(同副代言) 한 사람을 새로 더 두었다. 이 앞서는 대언(代言) 다섯 사람으로 이조(吏曹) · 병조(兵曹) · 호조(戶曹) · 예조(禮曹) · 공조(工曹)의 일을 맡게 하고, 타관(他官) 종3품 이상으로써 형조(刑曹)의 일을 맡게 하여, 도관(都官)에 나가 앉아서 노비(奴婢)의 소송(訴訟)을 판결하였으므로 이를 '지부(知部)'라 하였는데, 이때에 이르러 비로소 대언(代言)으로써 형조의 일을 맡게 하고, 형조 우참의(右參議)로 하여금 오로지 도관(都官)의 소송(訴訟)을 맡게 하였다. 가선(嘉善)은 비록 종2품의 산관(散官)이 될지라도 육조 전서(六曹典書)의 계함(階銜)이 되고, 외방(外方)의 수령(守令)으로서 벼슬이 정3품에 이른 자도 또한 계함(階銜)이 될 수 있었는데, 이날에 모두 개혁하여 통정(通政)으로 고쳐서 낮추었다.

❖『태종실록』 27권 태종 14년 4월 17일 경신

정부(政府)의 모든 일을 나누어서 육조(六曹)에 돌렸다. 처음에 하윤(河崙)이 알현하기를 청하여 아뢰었다. "마땅히 정부(政府)를 개혁하여 육조로 하여금 계사(啓事)하게 하여야 합니다." 한참 만에 임금이 예조 판서 설미수(偰眉壽)를 불러서, "지난번에 정부를 개혁하자는 의논은 나의 마음에서 나온 것이다. 지난겨울에 대간(臺諫)에서 조그마한 실수로 인하여 이를 개혁하자고 청하였으나 내가 곧 따르지 않았다. 이제 좌정승(左政丞)이 나에게 고(告)하여 이르기를, '아조(我朝)의 제도는 모두 중조(中朝)를 모방하니, 마땅히 정부의 일을 육조에 나누어 붙이어 육부(六部)의 예를 본받자고 하였다. 경 등이 참고하여 정하여 아뢰도록 하라." …… (중략) ……

육조로 하여금 서무(庶務)를 분장(分掌)하도록 하고 의정부(議政府)에 영부사(領府事) 1인, 판부사(判府事) 2인, 동판부사(同判府事) 2인, 사인(舍人)을 그대로 두고, 참찬(參贊) 1인, 지부사(知府事) 2인, 참지부사(參知府事) 2인을 파(罷)하였다. …… (중략) …… 처음에 임금이 정부(政府)의 권한이 무거운 것을 염려하여 이를 개혁할 생각이 있었으나 정중히 여겨 서둘지 않았는데, 이때에 이르러 단행하여 정부(政府)의 관장하는 것은 오직 사대문서(事大文書)와 무거운 죄수[重囚]를 다시 안핵(按覈)하는 것뿐이었다. 이제 비록 의정부(議政府)의 권한이 무거운 폐단을 개혁하였다고 하나, 권력이 육조(六曹)에 분산되어 통일되는 바가 없고 모든 일을 제때 품승(稟承)하지 못하여 일이 많이 막히고 지체되었다고 한다.

❖『태종실록』 35권 태종 18년 6월 3일 임오

세자 이제를 폐하고 충녕 대군으로서 왕세자를 삼다

세자 이제(李禔)를 폐하여 광주(廣州)에 추방하고 충녕 대군(忠寧大君)[휘(諱)]으로서 왕세자를 삼았다. 임금이, "백관(百官)들의 소장(疏狀)의 사연을 내가 읽어 보니 몸이 송연(竦然)하였다. 이것은 천명이 이미 떠나가 버린 것이므로, 이에 이를 따르겠다." 하니, 영의정 유정현(柳廷顯) · 좌의정 박은(朴訔) · 우의정 한상경(韓尙敬) · 옥천 부원군(玉川府院君) 유창(劉敞) · 청성 부원군(清城府院君) 정탁(鄭擢) · 찬성 최이(崔迤) · 병조 판서 박신(朴信) · 한평군(漢平君) 조연(趙涓) · 평성군(平城君) 조견(趙狷) · 장천군(長川君) 이종무(李從茂) · 판좌군 도총제부사(判左軍都摠制府事) 이화영(李和英) · 이조 판서 이원(李原)·곡산군(谷山君) 연사종(延嗣宗) · 공조판서 심온(沈溫) · 도총제(都摠制) 박자청(朴子靑) · 이징(李澄) · 대제학(大提學) 변계량(卞季良) · 지돈녕부사(知敦寧府事) 김구덕(金九德) · 형조 판서 박습(朴習) · 참찬 김점(金漸) · 총제(摠制) 권희달(權希達) · 유은지(柳殷之) · 최윤덕(崔閏德) · 최운(崔沄) · 문계종(文繼宗) · 홍부(洪敷) · 홍섭(洪涉) · 이배(李培)·김귀보(金貴寶) · 문효종(文孝宗) · 윤유충(尹惟忠) · 예조 참판 신상(申商) · 병조 참판 이춘생(李春生) · 동지돈녕부사(同知敦寧府事) 이담(李湛)·공조참판 이적(李迹) · 부윤(府尹) 이원항(李原恒)·호조 참판 이발(李潑)·부윤(府尹) 민계생(閔繼生) · 사간(司諫) 정상(鄭尙) · 집의(執義) 허규(許揆) 등이 조계청(朝啓廳)에 모이니, 지신사(知申事) 조말생(趙末生) · 좌대언(左代言) 이명덕(李明德) 등에게 명하여 전지(傳旨)하기를, "세자의 행동이 지극히 무도(無道)하여 종사(宗社)를 이어 받을 수 없다고 대소 신료(大小臣僚)가 청(請)하였기 때문에 이미 폐(廢)하였다. 무릇 사람이 허물을 고치기는 어려우니, 옛사람으로서 능히 허물을 고친 자는 오로지 태갑(太甲)뿐이었다. 말세(末世)에 해외(海外)의 나라에 있어서 내 아들이 어찌 능히 태갑과 같겠는가? 나라의 근본은 정하지 아니할 수가 없으니, 만약 정하지 않는다면 인심이 흉흉(洶洶)할 것이다. 옛날에는 유복자(遺腹者)를 세워 선왕(先王)의 유업(遺業)을 이어받게 하였고, 또 적실(嫡室)의 장자(長子)를 세우는 것은 고금(古今)의 변함없는 법식이다. 제(禔)는 두 아들이 있는데, 장자(長子)는 나이가 다섯 살이고 차자(次子)는 나이가 세 살이니, 나는 제(禔)의 아들로써 대신 시키고자 한다. 장자가 유고(有故)하면 그 동생을 세워 후사(後嗣)로 삼을 것이니, 왕세손(王世孫)이라 칭할는지, 왕태손(王太孫)이라 칭할는지 고제(古制)를 상고하여 의논해서 아뢰어라." 하였다.

❖ 『세종실록』 72권 세종 18년 4월 12일 무신

교서(敎書)를 내리기를, "우리 태조께서 개국하시던 처음에 도평의사사(都評議使司)를 설치하여 일국의 정치를 도맡게 했으며, 뒤에 의정부가 되어서도 그 임무는 당초와 같았는데, 지난 갑오년에 예조에서 아뢰기를, '대신은 작은 일까지 친히 간섭할 필요가 없고, 군사와 관계되는 나라의 중대한 일만을 의정부에서 회의하여 아뢰게 하고, 그 외의 일은 육조(六曹)로 하여금, 맡은 자가 직접 아뢰어서 시행하게 하소서.' 하였으므로, 이로부터 일의 경중과 대소가 없이 모두 육조로 돌아가고, 정부에서는 관계하지 않게 되어, 정부에서 참예하여 아뢰는 것은 오직 사형 죄수들의 논결(論決)뿐이었다. 그러므로, 옛날 대신에게 위임하던 일과 어긋남이 있고, 갑오년에 입법(立法)하던 본의(本意)도 이렇지는 아니하였다. 하물며, 조종께서 이미 제정하여 놓은 법령을 다만 수시로 손익할 뿐이니, 지금 태조께서 제정하여 놓으신 법에 의하여 육조에서는 각각 맡은 직무를 먼저 정부에 품의(稟議)하고, 의정부에서는 가부를 의논하여 아뢴 뒤에 분부를 받아서 도로 육조로 돌려보내서 시행하게 하고, 오직 이조와 병조에서의 관리 제수나, 병조에서 군사를 쓰는 것과, 형조에서 사형수 이외의 형결은 해당 조(曹)로 하여금 직접 아뢰어서 시행하게 하고 즉시 정부에 보고하여, 만일에 합당하지 못한 일이 있으면 정부에서는 이에 따라 반대하고 다시 계문해서 시행하게 하라.

❖ 『연려실기술』 4권 단종조 고사본말(端宗朝故事本末)

세조(世祖)의 정난(靖難) 계유 4월

제조가 한명회 · 권람 등과 더불어, 10월 10일에 거사하기를 약속하였더니 일이 상당히 누설되어 어떤 사람들이 걱정하므로 세조는, "설사 계획이 누설되더라도 저편에 모의하는 자가 9인도 못 된다. 그중 김종서가 가장 교활하니 먼저 이 사람만 죽이면 나머지 적은 없애기가 쉽다." 하면서 10일 이른 아침에 강곤(康袞) · 홍윤성(洪允成) · 임자번(林自蕃) · 최윤(崔潤) · 안경손(安慶孫) · 홍순로(洪純老) · 홍귀동(洪貴童) · 민발(閔發) · 곽연성(郭連城) 등을 세조의 집[후원 혹은 운성위(雲城尉)의 집이라 한다.]에 모아놓고 활을 쏘며, 주석을 베풀고 거사를 의논했다. 홍달손(洪達孫)은 순라(巡邏)를 감시하려고 먼저 나갔고, 송석손(宋碩孫) · 민발 등은 모두 먼저 임금께 아뢰어야 한다고 주장하여 의논이 분분하자, 더러는 북문으로 빠져나가므로 한명회가 말하기를, "길옆에서 집을 지으면 삼 년이 되어도 집을 못 짓는 법이니, 대군은 스스로 결단을 내리시오."라 하고, 홍윤성은 말하기를, "용병(用兵)하는 데는 주저하는 것을 가장 꺼립니다." 하였다. 송석손 등이 세조의 옷자락을 잡고 말리니 세조가 노해서, "너희들은 모두 가서 고발하라." 하고 드디어 활을 집어 들고 일어나 그 말리는 자를 발로 차면서, "나는 너를 강제로 잡지 아니한다. 따르지 않을 자는 가라. 장부가 죽으면 사직을 위해 죽어야 한다. 나는 혼자 가겠다. 만약 어리석은 고집으로 기회를 그르치는 자가 있으면 마땅히 먼저 죽이리라." 하고 드디어 나서서 중문에 이르니 정희왕후(貞熹王后)가 갑옷을 들어 입혔다. 그리고 갑옷을 속에 입고 가동(家僮) 임운(林芸)을 데리고 갔다. 한명회는, "왕자가 홀로 가니 후원이 없을 수 없다." 하면서 권언(權偃)·권람(權擥)·한서귀(韓瑞龜)·한명진(韓明溍) 등을 시켜 돈의문(敦義門) 성 위에 복병케 하고[『동각잡기(東閣雜記)』에는 세조가 어둠을 타고 김종서 집에 가면서 "한명회 등으로 하여금 돈의문을 지키되 비록 마지막 종소리가 나더라도 문을 닫지 말고 기다리라."고 일렀다고 했다.] 또, 양정(楊汀)·홍순손(洪順孫)·유수(柳洙)에게 일러서 평복을 입고 대군을 따르게 하였다. 세조가 성문[김종서 집이 문 밖에 있었다.] 밖에 나서니, 말 탄 군사 여남은 명이 길가에 섰다가 세조를 보더니 모두 흩어져 갔다. 종서의 집에 이르니 김종서의 아들 승규(承珪)가 신사면(辛思勉)·윤광은(尹匡殷)과 더불어 문 앞에 앉았으므로 세조는 승규를 시켜 김종서에게 통하니, 조금 뒤에 김종서가 나오기는 했으나 물러서서 앞으로 다가서지 아니하고 세조가 들어오기를 청했다. 세조는 해가 저물고, 성문이 닫힐 것을 이유로 들어가지 아니하고 다만, "종부시(宗簿寺)에서 영응부인(永膺夫人)의 일을 탄핵하였으니 정승은 모름지기 지휘해 주셔야겠소."[때에 부인 송씨(宋氏)가 동래온정(東萊溫井)에 가서 목욕했는데 대간이 그 그릇됨을 지적했으므로 세조는 이것으로써 말했다.] 하였다. 세조가 짐짓 사모 뿔을 떨어뜨리니 김종서는 급히 자기의 것을 뽑아 드렸다.[『동각잡기(東閣雜記)』에 김승규가 좌우를 떠나지 아니하는데, 세조는 사모 뿔이 빠졌으므로, 정승의 사모 뿔을 빌려 달라고 청해서 김종서가 김승규로 하여금 안으로 들어가 사모 뿔을 가져오게 했을 때, 정(汀)·운(芸) 등이 종서를 쳤다."고 했다.] 이때에 사면(思勉)·광은(匡殷)이 굳이 지키고 물러가지 아니하니 세조는, "비밀히 논할 것이 있으니 너희들은 그만 물러가라."고 일렀으나 사면 등은 그래도 멀리 피하지 아니하였다. 세조는 또, "청촉하는 편지가 있다."고 하였다. 종서가 그것을 달빛에 비춰보는데, 세조는 임운(林芸)을 재촉하여 김종서를 철퇴로 쳐서 땅바닥에 쓰러뜨리니 김승규가 놀라서 쓰러진 아버지 위에 엎드리매 양정이 칼을 뽑아 찔렀다. 세조는 곧 양정을 시켜 말고삐를 잡고 돌아왔다. 이때에 한명회·권람 등은 세조의 집에서 무사를 사열하였다. 한명회가 돌다리 가에 나와 기다리다가 말 탄 사람이 달려오기에 쳐다보니 세조가 웃으면서, "이미 적을 죽였노라." 하였다. 세조가 순청(巡廳)에 이르니 이미 달손에게 명하여 순라군(巡邏軍)을 모아두었으니 달손으로 하여금 그 순라군을 이끌고 뒤를 둘러싸게 하고 시재소(時在所)[『동각잡기』에 "이때에 노산군(魯山君)이 향교동(鄕校洞) 영양위(寧陽尉) 정종(鄭悰)의 집에 나와 있었는데 세조는 대문 틈으로 정원에 얘기하여 김종서가 반역을 꾀하여 일이 급하므로 주달 못하고 이미 죽였으니 임금께 친계(親啓)하겠다고 했다."함]로 나아가 내금위(內禁衛) 봉석주(奉石柱)로 하여금 군사들을 뜰 가운데 배열시켜 사람들이 함부로 나들지 못하게 한 다음 입직승지(入直承旨) 최항(崔恒)을 불러 손을 잡고 김종서 죽인 연유를 말하고, 또한 황보인·김종서·이양(李穰)·민신(閔伸)·조극관(趙克寬)·윤처공(尹處恭)·이명민(李命敏)·원구(元矩)·조번(趙藩) 등이 함길도 절제사 이징옥(李澄玉)·종성 부사 이경유(李耕睬)·평안도 관찰사 조수량(趙遂良)·충청도 관찰사 안완경(安完慶)과 연결하여 임금이 어린 틈을 타서 사직을 도모하려 하며, 김연(金衍)·한숭(韓崧) 모두 내시이 또한 임금의 곁에 붙어 있으므로 적의 괴수는 이미 제거하였지만 그 나머지 당도 이제 위에 아뢰어서 토벌하겠다." 하였다.

『해동야언(海東野言)』, 『동각잡기(東閣雜記)』

2) 사림의 대두와 사화

가) 훈구와 사림

16세기를 전후하여 조선에는 사림이라는 새로운 정치세력이 성장하여 기존 훈구세력과 대립하게 되었다.

훈구파는 건국 초기부터 성종 초기까지 중앙권력을 장악하던 공신으로서 정치적 실권을 장악한 세력이었다.

사림파는 조선 건국 과정에 직접 참여하지 않았던 길재 등 재지사족들의 후예들로서 조선 건국 이후에 차츰 중앙정계로 진출하기 시작하였다. 이들은 중소 지주적인 배경을 가지고 성리학에 투철한 지방사족들로서 성장한 새로운 관인 계층이었다.

관학파와 사학파의 비교

관학파(훈구파)	사학파(사림파)
정도전, 권근 학통 계승	정몽주, 길재 학통 계승
역성혁명 찬성	역성혁명 반대
성리학 이외의 타 학문, 타 종교 관용	성리학 이외의 타 학문, 타 종교 배척
중앙집권추구	향촌자치 추구
군사학 · 기술학 중시	의리와 도덕 중시
자주적 민족사상(단군 중시)	사대적 중화사상(기자 중시)
사장 중시	경학 중시
왕도정치 추구, 패도정치 인정	왕도정치 주장
15세기 민족문화 정리에 공헌	16세기 성리철학 발달에 공헌

그동안 훈구세력이 지배하고 있던 현실사회의 모순이 드러나고 훈구세력이 권세를 이용하여 자신들의 농장을 확대하여 정치적 · 경제적 · 사회적으로 사림의 세력 기반을 침해하게 되자 훈구와 사림 두 세력 사이에는 학문적 · 정치적인 입장 차이가 생겨나게 되었다.

사림은 성종 대부터 중앙정계에 본격적으로 진출하기 시작하여 강력한 중앙집권 체제보다는 향촌자치를 내세웠으며 언론과 문필직을 담당하면서 정치적 영향력을 발휘하였다.

나) 사화와 중종반정

이처럼 사림파가 성리학에 바탕을 둔 새로운 가치질서를 수립하고 성리학적 도덕정치를 실현하고자 했던 노력은 훈구파의 반발을 일으켜 4차례의 사화로 이어졌다.

우선 무오사화는 김종직이 세조를 비방하면서 쓴 '조의제문弔義帝文'이 사초에 기록된 것을 트집 잡아 훈구파가 연산군을 충동하여 사림파를 제거한 사건이었다.

갑자사화는 연산군의 생모 윤비 폐출 사사 사건을 들추어서 연산군을 충동하여 이 사건에 관련된 훈구파와 사림파의 잔존세력까지 제거했던 사건이었다.

한편 두 번에 걸친 사화와 폐악을 문제 삼은 신하들에 의해 연산군을 내쫓고 왕권을 교체하는 조선왕조 최초의 반정인 중종반정이 일어났다.

반정에 의해 왕위에 오른 중종은 당시 명망이 높았던 조광조를 중용하면서 급진개혁이 추진되었다. 이에 위협을 느낀 훈구세력은 '주초위왕走肖爲王'을 빌미로 기묘사화를 일으켜 조광조를 비롯한 사림세력을 제거하였다.

그 뒤 중종이 훈구세력을 견제하기 위해 사림을 등용하기도 하였지만, 명종이 즉위하면서 윤임과 윤원형 등 외척끼리의 권력다툼에 휩쓸린 사림세력은 또다시 정계에서 밀려났다.

/탐구과제/

○ 사림은 누구이고, 사화는 왜 일어났는가?

- ㅁ사림파와 훈구파의 개념에 대해 살펴본다.
- ㅁ사림파의 계보를 살펴본다.
- ㅁ사화의 발생 배경과 그 과정을 통해 사화가 일어난 근본 원인이 무엇인지 탐구한다.

사림은 조선 중기에 성리학을 바탕으로 정치를 주도한 양반 지배층이다. 유교 경전을 중시했으며, 의리와 명분, 절개를 강조했다고 한다. 사림파가 중앙 정계에 진출한 이후 조선 초기에 권력을 잡았던 훈구파의 공격으로 여러 차례 커다란 피해를 입었는데, 이를 사림이 당한 재앙이라는 뜻에서 사화라고 한다. 그렇다면 과연 사림파가 의도하였던 것이 진정 무엇이었으며, 과연 그들의 생각은 올바른 것이었는지, 그리고 진정 사화가 일어난 이유가 훈구파와의 대립 때문이었는지 아래 자료를 살펴보면서 논의해 보자.

아래 제시한 자료들은 『조선왕조실록』과 조선 후기 사찬사서로서 기사본말체 형식을 취하고 있는 이긍익의 『연려실기술』에 수록되어 있는 사화 관련 기록들이다. 훈구파의 생각과 사림파가 추구하고 있는 내용이 무엇인지 생각하면서 자료를 면밀히 비교 검토하면서 사림의 문제에 다가서보자.

❖ 『연산군일기』 30권 연산 4년 7월 17일 신해

김일손의 사초에 실린 김종직의 조의제문에 대한 왕의 전교와 신하들의 논의

전지하기를, "김종직은 초야의 미천한 선비로 세조조에 과거에 합격했고, 성종조에 이르러서는 발탁하여 경연(經筵)에 두어 오래도록 시종(侍從)의 자리에 있었고, 종경에는 형조 판서(刑曹判書)까지 이르러 은총이 온 조정을 경도하였다. 병들어 물러가게 되자 성종께서 소재지의 수령으로 하여금 특별히 미곡(米穀)을 내려주어 그 명을 마치게 하였다. 지금 그 제자 김일손(金馹孫)이 찬수한 사초(史草) 내에 부도(不道)한 말로 선왕조의 일을 터무니없이 기록하고 또 그 스승 종직의 조의제문을 실었다. 그 말에 이르기를, "정축 10월 어느 날에 나는 밀성(密城)으로부터 경산(京山)으로 향하여 답계역(踏溪驛)에서 자는데, 꿈에 신(神)이 칠장(七章)의 의복을 입고 헌칠한 모양으로 와서 스스로 말하기를 '나는 초(楚)나라 회왕(懷王)의 손자 심(心)인데, 서초 패왕(西楚霸王)에게 살해되어 빈강(郴江)에 잠겼다." 하고 문득 보이지 아니하였다. 나는 꿈을 깨어 놀라며 생각하기를 "회왕(懷王)은 남초(南楚) 사람이요, 나는 동이(東夷) 사람으로 지역의 거리가 만여 리가 될 뿐이 아니며, 세대의 선후도 역시 천년이 훨씬 넘는데, 꿈속에 와서 감응하니, 이것이 무슨 상서일까? 또 역사를 상고해 보아도 강에 잠겼다는 말은 없으니, 정녕 항우(項羽)가 사람을 시켜서 비밀리에 쳐 죽이고 그 시체를 물에 던진 것일까? 이는 알 수 없는 일이다 하고, 드디어 문(文)을 지어 조문한다.

하늘이 법칙을 마련하여 사람에게 주었으니, 어느 누가 사대(四大) 오상(五常) 높일 줄 모르리오. 중화라서 풍부하고 이적이라서 인색한 바 아니거늘, 어찌 옛적에만 있고 지금은 없을손가. 그러기에 나는 이인(夷人) 이요 또 천년을 뒤졌건만, 삼가 초 회왕을 조문하노라. 옛날 조룡(祖龍)이 아각(牙角)을 농(弄)하니, 사해(四海)의 물결이 붉어 피가 되었네. 비록 전유(鱣鮪), 추애(鰌鯢)라도 어찌 보전할손가. 그물을 벗어나기에 급급했느니, 당시 육국(六國)의 후손들은 숨고 도망가서 겨우 편맹(編氓)가 짝이 되었다오. 항량(項梁)은 남쪽 나라의 장종(將種)으로, 어호(魚狐)를 종달아서 일을 일으켰네. 왕위를 얻되 백성의 소망에 따름이여! 끊어졌던 웅역(熊繹)의 제사를 보존하였네. 건부(乾符)를 쥐고 남면(南面)을 함이여! 천하엔 진실로 미씨(芈氏)보다 큰 것이 없도다. 장자(長者)를 보내어 관중(關中)에 들어가게 함이여! 또는 족히 그 인의(仁義)를 보겠도다. 양흔 낭탐(羊狠狼貪)이 관군(冠軍)을 마음대로 축임이여! 어찌 잡아다가 제부(齊斧)에 기름칠 아니 했는고. 아아, 형세가 너무도 그렇지 아니함에 있어, 나는 왕을 위해 더욱 두렵게 여겼네. 반서(反噬)를 당하여 해석(醢腊)이 됨이여, 과연 하늘의 운수가 정상이 아니었구려. 빈의 산은 우뚝하여 하늘을 솟음이야! 그림자가 해를 가리어 저녁에 가깝고, 빈의 물은 밤낮으로 흐름이여! 물결이 넘실거려 돌아올 줄 모르도다. 천지도 장구(長久)한들 한이 어찌 다하리. 넋은 지금도 표탕(飄蕩)하도다. 내 마음이 금석(金石)을 꿰뚫음이여! 왕이 문득 꿈속에 임하였네. 자양(紫陽)의 노필(老筆)을 따라가자니, 생각이 진돈(螴蜳)하여 흠흠(欽欽)하도다. 술잔을 들어 땅에 부음이어! 바라건대 영령은 와서 흠향하소서." 하였다. 그 "조룡(祖龍)이 아각(牙角)을 농(弄)했다."는 조룡은 진시황(秦始皇)인데, 종직이 진 시황을 세조에게 비한 것이요, 그 "왕위를 얻되 백성의 소망을 따랐다."고 한 왕은 초 회왕(楚懷王) 손심(孫心)인데, 처음에 항량(項梁)이 진(秦)을 치고 손심을 찾아서 의제(義帝)를 삼았으니, 종직은 의제를 노산(魯山)에게 비한 것이다. 그 "양흔낭탐(羊狠狼貪)하여 관군(冠軍)을 함부로 무찔렀다."고 한 것은, 종직이 양흔 낭탐으로 세조를 가리키고, 관군을 함부로 무찌른 것으로 세조가 김종서(金宗瑞)를 베인 데 비한 것이요, 그 "어찌 잡아다가 제부(齊斧)에 기름칠 아니 했느냐."고 한 것은, 종직이 노산이 왜 세조를 잡아버리지 못했는가 하는 것이다. 그 "반서(反噬)

를 입어 해석(醢腊)이 되었다."는 것은, 종직이 노산이 세조를 잡아버리지 못하고, 도리어 세조에게 죽었느냐 하는 것이요. 그 "자양(紫陽)은 노필(老筆)을 따름이여, 생각이 진돈하여 흠흠하다."고 한 것은, 종직이 주자(朱子)를 자처하여 그 마음에 부(賦)를 짓는 것을, 『강목(綱目)』의 필(筆)에 비의한 것이다. 그런데 일손이 그 문(文)에 찬(贊)을 붙이기를 "이로써 충분(忠憤)을 부쳤다." 하였다. 생각건대, 우리 세조 대왕께서 국가가 위의(危疑)한 즈음을 당하여, 간신이 난(亂)을 꾀해 화(禍)의 기틀이 발작하려는 찰나에 역적 무리들을 베어 없앰으로써 종묘사직이 위태했다가 다시 편안하여 자손이 서로 계승하여 오늘에 이르렀으니, 그 공과 업이 높고 커서 덕이 백왕(百王)의 으뜸이신데, 뜻밖에 종직이 그 문도들과 성덕(聖德)을 기롱하고 논평하여 일손으로 하여금 역사에 무서(誣書)하는 지경에까지 이르렀으니, 이 어찌 일조일석의 연고이겠느냐. 속으로 불신(不臣)의 마음을 가지고 세 조정을 내리 섬겼으니, 나는 이제 생각할 때 두렵고 떨림을 금치 못한다. 동·서반(東西班) 3품 이상과 대간·홍문관들로 하여금 형을 의논하여 아뢰도록 하라." 하였다. 정문형(鄭文炯)·한치례(韓致禮)·이극균(李克均)·이세좌(李世佐)·노공필(盧公弼)·윤민(尹慜)·안호(安瑚)·홍자아(洪自阿)·신부(申溥)·이덕영(李德榮)·김우신(金友臣)·홍석보(洪碩輔)·노공유(盧公裕)·정숙지(鄭叔墀)가 의논드리기를,

"지금 종직의 조의제문(弔義帝文)을 보오니, 입으로만 읽지 못할 뿐 아니라 눈으로 차마 볼 수 없사옵니다. 종직이 세조조에 벼슬을 오래하자, 스스로 재주가 한 세상에 뛰어났는데 세조에게 받아들임을 보지 못한다 하여, 마침내 울분과 원망의 뜻을 품고 말을 글에다 의탁하여 성덕(聖德)을 기롱했는데, 그 말이 극히 부도(不道)합니다. 그 심리를 미루어 보면 병자년에 난역(亂逆)을 꾀한 신하들과 무엇이 다르리까. 마땅히 대역(大逆)의 죄로 논단하고 부관참시(剖棺斬屍)해서 그 죄를 명정(明正)하여 신민의 분을 씻는 것이 실로 사체에 합당하옵니다." 하고, 유지(柳輊)는 의논드리기를, "종직의 불신(不臣)한 그 심리는, 죄가 용납될 수 없사오니 마땅히 극형에 처하옵소서." 하고, 박안성(朴安性)·성현(成俔)·신준(申浚)·정숭조(鄭崇祖)·이계동(李季仝)·권건(權健)·김제신(金悌臣)·이계남(李季男)·윤탄(尹坦)·김극검(金克儉)·윤은로(尹殷老)·이집(李諿)·김무(金碔)·김경조(金敬祖)·이숙함(李叔瑊)·이감(李堪)은 의논드리기를, "종직이 요사한 꿈에 가탁하여 선왕을 훼방(毁謗)하였으니, 대역 부도(大逆不道)입니다. 마땅히 극형에 처해야 하옵니다." 하고, 변종인(卞宗仁)·박숭질(朴崇質)·권경우(權景祐)·채수(蔡壽)·오순(吳純)·안처량(安處良)·홍흥(洪興)은 의논드리기를, "종직이 두 마음을 품었으니 불신(不臣)한 죄가 이미 심하온즉, 율(律)에 의하여 처단하는 것이 편하옵니다." 하고, 이인형(李仁亨)·표연말(表沿沫)이 의논드리기를, "종직의 조의제문과 지칭한 뜻을 살펴보니 죄가 베어 마땅하옵니다." 하고, 이극규(李克圭)·이창신(李昌臣)·최진(崔璡)·민사건(閔師蹇)·홍한(洪瀚)·이균(李均)·김계행(金係行)이 의논드리기를, "종직의 범죄는 차마 말로 못하겠으니, 율문에 의하여 논단해서 인신(人臣)으로 두 마음 가진 자의 경계가 되도록 하옵소서." 하고, 정성근(鄭誠謹)이 의논드리기를, "종직이 음으로 이런 마음을 품고 세조를 섬겼으니, 그 흉악함을 헤아리지 못하온즉 마땅히 중전(重典)에 처해야 하옵니다." 하고, 이복선(李復善)이 의논드리기를, "종직이 조의제문을 지은 것이 정축년(丁丑年) 10월이었으니, 그 불신(不臣)의 마음을 품은 것이 오래이었습니다. 그 조문(弔文)을 해석한 말을 살펴보니, 비단 귀로 차마 들을 수 없을 뿐 아니라 역시 눈으로도 차마 보지 못하겠습니다. 그 몸이 비록 죽었을지라도 그 악을 추죄(追罪)할 수 있사오니, 마땅히 반신(叛臣)의 율에 따라 논단하소서. 종직의 귀신이 지하에서 반드시 머리를 조아리며 달갑게 복죄(伏罪)할 것입니다." 하고, 이세영(李世英)·권주(權柱)·남궁찬(南宮璨)·한형윤(韓亨允)·성세순(成世純)·정광필(鄭光弼)·김감(金勘)·이관(李寬)·이유녕(李幼寧)이 의논드리기를, "지금 종직의 글을 보오니, 말이 너

무도 부도(不道)하옵니다. 난역(亂逆)으로 논단하는 것이 어떠하옵니까?" 하고, 이유청(李惟淸)·민수복(閔壽福)·유정수(柳廷秀)·조형(趙珩)·손원로(孫元老)·신복의(辛服義)·안팽수(安彭壽)·이창윤(李昌胤)·박권(朴權)이 의논드리기를, "종직의 조의제문은 말이 많이 부도(不道)하오니, 죄가 베어도 부족하옵니다. 그러나 그 사람이 이미 죽었으니 작호(爵號)를 추탈하고 자손을 폐고(廢錮)하는 것이 어떠하옵니까?" 하였는데, 문형 등의 의논에 따랐다. 어필(御筆)로 집의(執義) 이유청(李惟淸) 등과 사간(司諫) 민수복(閔壽福)의 논의에 표를 하고, 필상 등에게 보이며 이르기를, "종직의 대역이 이미 나타났는데도 이 무리들이 논을 이렇게 하였으니, 이는 비호하려는 것이다. 어찌 이와 같이 통탄스러운 일이 있느냐. 그들이 앉아 있는 곳으로 가서 잡아다가 형장 심문을 하라." 하였다. 이때 여러 재상과 대간과 홍문 관원이 모두 자리에 있었는데, 갑자기 나장(羅將) 십여 인이 철쇄(鐵鎖)를 가지고 일시에 달려드니, 재상 이하가 놀라 일어서지 않는 자가 없었다. 유청 등은 형장 30대를 받았는데, 모두 다른 정(情)이 없음을 공초하였다.

❖ 『연려실기술』 6권 연산조 고사본말(燕山朝故事本末)

갑자년의 사화

갑자년 봄에 임금은 그 어머니가 비명에 죽은 것을 분하게 여겨 그 당시 논의에 참여하고 명을 수행한 신하를 모두 대역죄로 추죄(追罪)하여 팔촌까지 연좌시켰으니, 그때 사약을 가져갔던 승지 이세좌(李世佐)의 친족도 연좌되어 화를 입었다. 『국조기사』

윤필상(尹弼商)·한치형(韓致亨)·한명회(韓明澮)·정창손(鄭昌孫)·어세겸(魚世謙)·심회(沈澮)·이파(李坡)·김승경(金升卿)·이세좌(李世佐)·권주(權柱)·이극균(李克均)·성준(成俊)을 십이간(十二奸)이라 하여 어머니를 폐한 사건에 좌죄(坐罪)시켜 모두 극형에 처하였다. 윤필상·이극균·이세좌·권주·성준은 죽음을 당하고 그 나머지는 관을 쪼개어 송장의 목을 베고 골을 부수어 바람에 날려 보냈으며, 심하게는 시체를 강물에 던지고 그 자제들을 모두 죽이고 부인은 종으로 삼았으며 사위는 먼 곳으로 귀양 보냈다. 연좌되어 사형에 처할 대상자 중에 미리 죽은 자는 모두 송장의 목을 베도록 하고 동성의 삼종(三從)까지 장형(杖刑)을 집행하고 여러 곳으로 나누어 귀양 보내고, 『미수기언』에는, "한치형·윤필상·이극균·이파·성준·이세좌는 모두 그 가족을 멸망시켰다." 하였다. 또 그들의 집을 헐어 못을 만들고 비(碑)를 세워 그 죄명을 기록하였다. 『미수기언』·『풍암집화』

❖ 『연산군일기』 52권 연산 10년 3월 20일 신사

안양군과 봉안군을 곤장 때리다

전교하기를, "안양군(安陽君) 이항(李㤚)과 봉안군(鳳安君) 이봉(李㦀)을 목에 칼을 씌워 옥에 가두라." 하고, 또 전교하기를, "숙직 승지 두 사람이 당직청에 가서 항과 봉을 장 80대씩 때려 외방에 부처(付處)하라. 또 의금부 낭청(郎廳) 1명은 옥졸 10인을 거느리고 금호문(金虎門) 밖에 대령하라."하고, 또 전교하기를, "항·봉을 창경궁(昌慶宮)으로 잡아오라." 하고, 항과 봉이 궁으로 들어온 지 얼마 뒤에 전교하기를, "모두 다 내보내라." 하였다. 항과 봉이 나오니 밤이 벌써 3경이었다.

항과 봉은 정씨(鄭氏)의 소생이다. 왕이, 모비(母妃) 윤씨(尹氏)가 폐위되고 죽은 것이 엄씨(嚴氏)·정씨(鄭氏)의 참소 때문이라 하여, 밤에 엄씨·정씨를 대궐 뜰에 결박하여 놓고, 손수 마구 치고 짓밟다가, 항과 봉을 불러 엄씨와 정씨를 가리키며 '이 죄인을 치라.' 하니 항은 어두워서 누군지 모르고

치고, 봉은 마음속에 어머니임을 알고 차마 장을 대지 못하니, 왕이 불쾌하게 여겨 사람을 시켜 마구 치되 갖은 참혹한 짓을 하여 마침내 죽였다.

왕이 손에 장검을 들고 자순 왕대비(慈順王大妃) 침전 밖에 서서 큰 소리로 연달아 외치되 '빨리 뜰 아래로 나오라.' 하기를 매우 급박하게 하니, 시녀들이 모두 흩어져 달아났고, 대비는 나오지 않았다. 그런데, 왕비 신씨(愼氏)가 뒤쫓아가 힘껏 구원하여 위태롭지 않게 되었다.

왕이 항과 봉의 머리털을 움켜잡고 인수 대비(仁粹大妃) 침전으로 가 방문을 열고 욕하기를 "이것은 대비의 사랑하는 손자가 드리는 술잔이니 한 번 맛보시오." 하며, 항을 독촉하여 잔을 드리게 하니, 대비가 부득이하여 허락하였다. 왕이 또 말하기를, "사랑하는 손자에게 하사하는 것이 없습니까?" 하니, 대비가 놀라 창졸간에 베 2필을 가져다주었다. 왕이 말하기를 "대비는 어찌하여 우리 어머니를 죽였습니까?" 하며, 불손한 말이 많았다. 뒤에 내수사(內需司)를 시켜 엄씨·정씨의 시신을 가져다 찢어 젓 담가 산과 들에 흩어버렸다.

❖『선조실록』 2권 선조 1년 9월 21일 정묘

『중종실록』에 누락된 남곤 등이 조광조를 모해한 전말

당초에 남곤이 조광조 등에게 교류를 청하였으나 조광조 등이 허락하지 않자 남곤은 유감을 품고서 조광조 등을 죽이려고 하였다. 이리하여 나뭇잎의 감즙(甘汁)을 갉아 먹는 벌레를 잡아 모으고 꿀로 나뭇잎에다 '주초위왕(走肖爲王)' 네 글자를 많이 쓰고서 벌레를 놓아 갉아먹게 하기를 마치 한(漢)나라 공손(公孫)인 병이(病已)의 일처럼 자연적으로 생긴 것같이 하였다. 남곤의 집이 백악산(白岳山) 아래 경복궁 뒤에 있었는데 자기 집에서 벌레가 갉아먹은 나뭇잎을 물에 띄워 대궐안의 어구(御溝)에 흘려보내어 중종이 보고 매우 놀라게 하고서 고변(告變)하여 화를 조성하였다. 이 일은 『중종실록』에 누락된 것이 있기 때문에 여기에 대략 기록하였다.

❖『연려실기술』 7권 중종조 고사본말(中宗朝故事本末)

기묘사화(己卯士禍)

기묘년에 공론을 주장하는 선비들은 착한 것을 칭찬하고 악한 것을 미워하기를 원수같이 해서, 그 행실이 효제(孝悌)를 어기거나 인의(仁義)에 맞지 않는 자와는 함께 조정에 서려고 하지 않았다. 좋아하고 미워하는 것이 명백하고 옳고 그른 것이 뚜렷해서, 착한 사람들이 높이 등용되고 사람들이 깨끗한 이름을 사모해서 어진 이들이 조정에 오르는 일이 성대하게 되었다. 나이 젊은 신진(新進)들이 개혁하는 데 용감하여 공자(孔子)가 말한 "반드시 한 세대가 지난 뒤에야 인정(仁政)이 행해질 것이다."는 뜻을 헤아리지 않았으니, 이 때문에 벼슬을 얻으려고 애쓰고 잃을까 걱정하는 무리들이 중요한 자리에 서지 못하여 겉으로는 칭찬하나 속으로는 욕하였다. 이에 임금이 모든 어진 이들을 사랑하고 대접함에, 그들은 매양 경연에서 임금을 모시고 한 장(章)을 진강(進講)하고는 의리를 인용하여 비유하고 경서를 두루 끌어내어 미묘한 이치를 캐었는데, 아침에 강론을 시작하면 해가 기울어서야 파하므로 임금이 몸이 피로하고 괴로워서 하품을 하고, 기지개를 펴고 고쳐 앉기도 하고 때로는 용상(龍床)에서 퉁하는 소리를 내기도 하니, 남곤과 심정 두 사람이 임금의 뜻에 선비들을 싫어하는 기색이 있는 것을 짐작하고 드디어 꾀를 내어 일을 꾸미기 시작했다. 『기묘당적보(己卯黨籍補)』

남곤과 심정이, 홍경주(洪景舟)가 일찍이 찬성이 되었다가 논박을 받아 파면되어 항상 분함을 품고 있는 것을 알고 드디어 서로 통하여, 홍경주로 하여금 그의 딸 희빈(熙嬪)을 시켜서, "온 나라 인심이 모두 조씨(趙氏)에게로 돌아갔다." 하고, 밤낮으로 임금께 말하여 임금의 뜻을 흔들었다. 또 산 벌레가 나무 열매의 감즙(甘汁)을 먹기 좋아하니 일부러 그 즙으로 '주초위왕(走肖爲王)' 4자를 금원(禁苑)의 나뭇잎에 써서 산 벌레가 갉아먹게 하여 자국이 생겼는데, 글자가 마치 부참서(符讖書)와 같았다. 이것을 따서 임금께 아뢰니 임금이 듣고 의혹하였다. 심정이 또 경빈(敬嬪) 박씨(朴氏)의 문안비(問安婢)를 꾀어서 말하기를, "조씨가 나라를 마음대로 하매 사람들이 모두 칭찬한다." 하여 마치 여염 사이의 보통 말처럼 만들어서 궁중에 퍼트려 임금의 마음으로 하여금 두렵고 위태롭게 여기게 하였다. 그렇게 한 뒤에 홍경주가 언문 편지를 가지고 밀지(密旨)라 일컬으면서 불평을 가진 정승들에게 말하여 시일을 정해 모이게 하니, 지중추 안윤덕(安潤德)은 대답하기를, "신은 능히 하지 못할 일입니다." 하고, 권균(權鈞)은 지위가 낮다고 사양하였으며, 여성부원군(礪城府院君) 송일(宋軼)은 병이 있어 일어나지 못한다고 사양하였다. 『기묘당적보』

❖ 『명종실록』 1권 명종 즉위년 8월 29일 기미

공신의 서열을 정하여 빈청에 내려보내다

좌승지 최연(崔演)으로 하여금 교서를 짓게 하였는데, 교서는 다음과 같다.

"천운이 불행하고 국가에 복이 없어 중종 대왕께서 승하하신 지 얼마 안 되어 인종 대왕께서 또 신민을 버리셨다. 나는 어리고 부족한 자질로 왕업을 이어받았으나 아직 위에 있지 않은 것과도 같아 구제할 줄을 모르고, 인심이 안정되지 않아 나라의 형세가 위태롭게 되었다. 윤임(尹任)은 본디 흉악하고 간특한 자질로 오래도록 성사(城社)의 형세를 빙자하여 처음에는 삼흉(三兇)과 결탁해서 국모를 해치려고 계획하였고, 동궁(東宮)에서 불이 난 뒤에는 또 부도(不道)한 말을 발설하여 대중을 미혹하게 하는 등 흉악한 흔단을 쌓아왔다. 오늘에 이르러서는 항상 불안한 생각을 품고 곡진하게 스스로 보전하고자 하는 계책으로 여러 신하들과 결탁, 가슴속에 품은 흉악한 생각을 시행하여 종사를 위태롭게 하려던 자취가 드러났다.

유관(柳灌)·유인숙(柳仁淑)은 윤임과 밀접한 친교를 맺기도 하고 혼인 관계를 맺기도 하는 등 서로 의지하는 형세를 이루었다. 유관은 선왕께서 병이 위독하실 때를 당하여 후사를 취품(取稟)하려 하였고 모후(母后)가 청정(聽政)해서는 안 된다는 말을 하였으며, 유인숙은 내가 즉위하는 것이 자기에게 불리하다고 생각하여 나를 현명하다고 하는 말을 들으면 싫어하였고, 나에게 병이 있다고 지칭하는 등 몰래 다른 생각을 기르고 비밀스런 계책을 꾸미는 데 못하는 짓이 없었다. 종묘사직의 위기가 조석간에 임박했을 때 오직 그대들 다른 생각을 갖지 않은 신하들은 기미를 밝혀 결의하는데 마음과 계책을 합하여 일이 일어나기 전에 도모, 대간(大姦)을 숙청하고 위태한 국운을 다시 안정시켜 놓았다. 나는 그 공로를 가상하게 생각하고 이에 상전(賞典)을 거행한다."

❖ 『연려실기술』 10권 명종조 고사본말(明宗朝故事本末)

을사년의 당적(黨籍)

윤임(尹任)

윤임은, 자는 임지(任之)이며, 본관은 파평(坡平)이다. 정미년에 출생하여 무과에 급제하고, 벼슬은 찬성에 이르렀다. 을사년에 남해(南海)로 귀양 가다가 충주에 이르러 사사(賜死)되니 나이는 59세였다. 경오년에 두 아들의 관직을 복직해 주고 몰수하였던 재산도 돌려주었으며, 정축년에는 관작에 복직하고 세 아들을 등용하였다.

• 인종의 병이 위중할 때에 공이 들어가서 모시고 있었는데, 이기와 원형 등은 이것을 가지고 죄를 얽어 만들려 하였으니 충순당(忠順堂)에 입시하였을 때에 이기가 나와서 말하기를, "윤임이 스스로 불안한 마음을 가지고 있으며, 유관(柳灌)·유인숙(柳仁淑)도 그와 같은 형적이 있다." 하자 홍언필(洪彦弼)은, "윤임은 귀양 보내고 유인숙은 파면하고 유관은 사임하도록 하자." 하였다. 모든 사람의 의견도 이와 같았으므로 사흘 후 세 사람에게 죄를 집행하였다.

이때, 정순붕이 말하기를, "윤임은 나쁜 생각을 품고 있었으니, 죄를 용서 받을 수 없다. 그러나 만일 꼭 법률에 의하여 처형한다면 너무 중할 듯하다. 유관과 유인숙은 종사를 위태롭게 할 것을 모의하였으나 협박에 의하여 따라간 것뿐이니, 같은 법률로 처단해서는 안 된다." 하였으니, 대개 반역의 생각을 품어서, 종사를 위태롭게 할 것을 모의하였다면 국법상 용서받을 수 없는 것인데, 순붕이 저들 세 사람에 대하여 무엇이 애석하여 이렇듯 구호하였을까. 아마도 거짓말로 죄를 얽어 가지고 바로 큰 죄로 처단하면, 여론이 해괴하게 여길 것을 염려하여 점차적으로 형을 가하다가 나중에 가서 극형에 처하려는 것이었던 듯하다.

뒤에 순붕이 소를 올려 윤임의 죄를 논할 때, "몰래 역적을 도모했다." 하였을 뿐, 역석실한 내용은 밝히지 아니하였으니, 이것은 '막수유(莫須臾)'란 세 글자와 무엇이 다르겠는가. 또 충순당(忠順堂)에 입시한 날로부터 이 소를 올린 때까지가 겨우 6일간이니, 6일 동안에 이미 죄를 받은 사람이 또 역적을 도모했단 말인가. 이덕응의 진술에는, "대행왕께서 돌아가신 뒤에 대비가 내시를 보내어 임과 여필(汝弼)에게 죽을 먹으라고 권하였더니 임은, '아마도 내가 병환 중에 입시한 것을 가지고 반역을 도모하는 것으로 여겼으나, 마침내 아무런 말씀 없이 임금에게로 왕위를 전하게 되었으므로 나를 고맙게 생각해서 그렇게 하신 것일 터이니, 마음이 매우 편안하다.' 하였고, 또 말하기를, "윤임이 유관과 유인숙에게 연락을 하고자 한다."고 하였습니다. 신이 말하기를, '저들이 당신을 못났다고 생각하여 도리어 당신을 해치지 아니할는지를 어찌 알겠소.' 하였더니 임도, '과연 그렇다.'고 하였습니다." 하였다. 이러한 말로 본다면, 혹은 공의 마음이 매우 편안하였다 하고, 혹은 유관과 유인숙이 공을 못났다고 의심하였다 하였으니, 공이 유관과 유인숙과 공모했다는 말과 심히 어긋난다. 『국조기사(國朝記事)』

• 을사 사건에 관련된 여러 사람들이 인종을 위하여 충성과 의분을 쌓았었는데, 결국에는 사태가 별안간 크게 변하여 인종이 승하하고 명종의 왕위 계승이 결정되자, 곧 충신이 도리어 간사하다는 의심을 받게 되고, 간사한 자가 올바른 것처럼 되었다. 이에 간사한 자들이 이런 추세를 타고 원수를 갚으려고 크게 무함하여, 마침내는 반역이라는 죄명을 입혔다. 이것을 이황이, "죄 없는 사람도 함께 도륙을 당했다."고 말한 것이다. 윤임의 사건은 당시에 실제로 있었다 해서 큰 죄를 가하였지만, 여론은 그것이 꼭 실제로 있었다고 단정하지 않았거늘 하물며 오늘에 이르러 그런 사실이 없다고 하여

큰 죄를 씻어 준다면, 여론이 어찌 윤임의 죄가 실제로 없었던 일이라고 믿을 수 있겠는가. 이렇기 때문에 처리하기도 어렵고 판단하기도 어렵다. 『퇴계집』

• 율곡(栗谷)은, "공은 죄가 없다." 하였고 퇴계(退溪)는, "사직(社稷)에 대한 죄가 없지 않다."고 하였다. 그 당시의 사정을 자세히 알 수는 없지만 다만 율곡이 처음, "공신의 호를 삭탈하자."고 주장할 때에, 기고봉(奇高峯)은 찬성하지 않았다. 아마도 이는 퇴계가 항상 산림(山林)에 은퇴하여 듣는 것이 모두가 고봉의 말 뿐이었기 때문이었을 것이다. 대개 공이 무인(武人)으로 임금을 가까이 모시고 있었는데, 퇴계의 생각에는, 저가 본시 무식한 사람으로서 높은 자리에 있었으니, 어떻게 정대하고 단아한 사람과 같이 할 수 있었겠는가 하고, 이것으로 의심하였을 것이다.

율곡은 저가 비록 무인이지만 드러난 죄는 없었고 당대에 여러 선비들과 모두 서로 좋게 지냈으며, 원형과 원로는 본시 말할 수 없는 소인인 데다가 인종의 죽음이 후세에 의심거리가 없지도 않았으므로, 단연코 만일 공에게 죄가 있었다면 여러 선비들도 죄가 있는 것이요, 여러 선비들에게 죄가 없었다면 공도 죄가 없는 것이다. 또한 공에게 죄가 없는 것이라면 원형의 잘못된 공훈을 삭탈하지 않고 어쩌겠는가 하고 생각했던 것이다. 이로써 율곡은 잘못된 공훈의 삭제를 강력히 주장하여, 후세에 큰 공안(公案 여기서는 미해결된 문제란 뜻)이 되었다. 『강산문답(江山問答)』

4 조선전기의 문화

1) 한글의 창제와 기록문화의 우수성

조선을 건국한 신진사대부 세력은 민생안정과 부국강병을 추구하면서 실용적인 성격의 학문과 과학기술을 발달시켰다. 그러한 문화가 꽃피웠던 시기는 세종 시대였다. 세종은 한글을 창제하여 한자음의 혼란을 방지하면서 피지배층에 대한 도덕적 교화를 이룩하고자 하였다. 한글의 보급을 위해 『용비어천가』와 『월인천강지곡』을 간행 반포하였다. 이는 민족문화의 기반을 확대하는 데 중요한 역할을 하였다.

아울러 역사서 편찬에 심혈을 기울여 우리의 찬란한 기록문화를 수립해 나가는 데 결정적 역할을 하였다. 특히 『조선왕조실록』을 비롯한 여러 역사서가 편찬되어 현재도 조선시대 연구의 기본 자료로 활용되고 있다. 특히 조선왕조실록은 춘추관 안의 실록청에서 주관하여 편찬하였으며, 주로 왕과 신하들의 대화를 기록한 사초와 각 관청의 공문서인 시정기를 중심으로 편찬하여 그 사료적 가치가 매우 높아 세계기록 문화유산으로 등재되어 있다.

/탐구과제/

○ 기록의 나라 조선, 역사 편찬 작업은 무엇을 추구하였는가?

- 조선은 기록의 나라라고 불린다. 특히 세계기록유산으로 지정된 조선왕조실록을 비롯하여 승정원일기, 일성록, 조선 왕조 의궤 등은 역사적으로 중요한 의미를 담고 있다. 그 중 특히 조선의 역사 전개 과정에서 실록의 편찬 과정과 양대 전란으로 인한 수난의 과정에 대해 살펴본다.
- 조선 왕조는 조선왕조실록을 비롯한 각종 역사 기록물의 편찬을 통해 무엇을 추구했는지, 그리고 그러한 기록을 소중하게 여긴 이유는 무엇인지 탐구해 본다.

조선왕조실록은 조선시대 제1대 왕 태조로부터 제25대 왕 철종에 이르기까지 25대 472년간의 역사를 연월일 순서에 따라 편년체로 기록한 역사서이다. 1997년에는 훈민정음과 함께 유네스코 세계기록유산으로 등록되었다.

조선왕조실록은 일시에 편찬된 사서가 아니라 대대로 편찬한 것이 축적되어 이루어진 것이다. 대체로 조선시대에는 왕이 승하하면 다음 왕 때에 임시로 실록청(實錄廳)을 설치하여 전 왕대의 실록을 편찬하는 것이 상례였다.

실록 편찬 시 이용되는 자료는 정부 각 기관에서 보고한 문서 등을 연월일 순으로 정리하여 작성해둔 춘추관 시정기(春秋館時政記)와 전왕 재위 시의 사관(史官)들이 각각 작성해둔 사초(史草)를 비롯하여, 『승정원일기』·『의정부등록』 등 정부 주요 기관의 기록과 개인 문집 등이었다. 후세에는 『조보(朝報)』·『비변사등록』·『일성록』 또한 중요 자료로 추가되었다.

조선시대의 실록은 1413년(태종 13)에 『태조실록』을 편찬한 것이 처음이며, 이어 1426년(세종 8)에 『정종실록』, 1431년에 『태종실록』을 편찬하였다. 그리고 『태종실록』 편찬 직후 정부에서 보관의 필요성을 느껴 위의 삼조 실록(三朝實錄)을 고려시대의 실록이 보관되어 있는 충주사고에 봉안하였다.

그런데 충주사고는 민가가 밀집한 시내에 위치하여 화재의 염려가 있어, 1439년 6월 사헌부의 건의에 따라 전주와 성주에 사고를 새로 설치하였다. 그리고 1445년 11월까지 3부를 더 등사하여 모두 4부를 만들어 춘추관·충주·전주·성주의 4사고에 각기 1부씩 봉안하였다.

조선왕조실록은 임진전쟁과 병자호란의 참화를 겪으면서 사고가 불타자 정족산·태백산·적상산·오대산의 4사고에 보다 안전하게 보관해 오다가 일제강점기와 6·25전쟁의 갖은 수난에도 살아남은 우리의 소중한 문화유산이다.

조선왕조실록은 권질(卷秩)의 방대함과 아울러 조선시대의 정치·외교·군사·제도·법률·경제·산업·교통·통신·사회·풍속·천문·지리·음양·과학·의약·문학·음악·미술·공예·학문·사상·윤리·도덕·종교 등 각 방면의 역사적 사실을 망라하고 있어서 세계에서 유례를 찾아보기 어려운 귀중한 역사 기록물이다. 현재 국사편찬위원회 홈페이지에서 번역본과 원문을 공개하고 있다.(http://sillok.history.go.kr/)

아래 기록은 『태종실록』·『세종실록』·『문종실록』·『선조실록』·『선조수정실록』·『현종개수실록』에서 발췌하여 제시하였다. 조선을 기록의 나라라고 부르게 된 이유는 무엇이고, 왜 조선이라는 나라가 그렇게 기록을 중요하게 여겼는지 탐구해 보자.

❖『태종실록』 8권 태종 4년 9월 16일 갑인

춘추관(春秋館) 기사관(記事官) 등이 상서(上書)하여 편전(便殿)에 입시(入侍)하기를 청하니, 윤허(允許)하지 아니하였다. 상서(上書)는 이러하였다.

"예전에 열국(列國)에서는 각기 사관(史官)이 있어서, 무릇 군상(君上)의 일이라면 크게는 언행(言行)과 정사(政事)를, 작게는 동정(動靜)과 언동(言動)을 상세히 기록하여 후세에 보이지 않은 것이 없었으므로, 권계(勸戒)하는 바가 있었습니다. 이것이 선왕(先王)이 관직(官職)을 설치한 뜻입니다. 그러므로 전(傳)에 이르기를, '움직이면 좌사(左史)가 이를 쓰고, 말하면 우사(右史)가 이를 쓴다.' 하였고, 또 말하기를, '임금의 행동거지는 반드시 적는다.' 하였습니다. 이 때문에 옛 선철왕(先哲王)은 좌우를 두어 그 견문(見聞)을 밝게 하고, 기주(記注)를 상세히 하고자 아니함이 없었습니다. 전하께서는 천종(天縱)의 학문으로 고금(古今)에 두루 통하고, 천조(踐祚)하신 이래, 무릇 시행하시는 바는 움직이면 옛 선철왕(先哲王)을 본받으십니다. 그 정전(正殿)에 임어(臨御)하여 대신을 접견하시고, 만기(萬機)를 청단(聽斷)하실 때에는 반드시 신 등으로 하여금 전(殿)의 섬돌에 입시(入侍)하게 하여, 신 등이 천일(天日)의 광명(光明)과 가언(嘉言)·선행(善行)의 선포(宣布)와 대신·대간(臺諫)의 계사(啓事)를 몸소 보고, 모두 견문할 수 있게 하여, 신 등의 직책을 덜 막으신다면, 옛 선철왕(先哲王)의 사관(史官)을 대우한 것이 어찌 이에 지났겠습니까? 그러나 전하께서는 봄부터 가을까지 청화정(淸和亭)에 임어하기도 하고, 혹은 편전(便殿)에 임어하기도 하여, 만기(萬機)를 청단(聽斷)하고 대신을 예(禮)로 접견하면서도, 신 등으로 하여금 입시(入侍)하게 하지 못하도록 하니, 그 사이에 언어(言語)와 정사(政事)가 가히 본받을 만하고, 가히 권계(勸戒)할 만한 것이 많을 터인데, 신 등이 바깥에 있으므로, 비록 일의 전말과 사유를 기록하고자 하더라도 그만입니다.

신 등이 가만히 생각하건대, 오로지 성시(盛時)의 한 가지 흠일 뿐만 아니라, 우러러 후대의 사군(嗣君)이 이를 또한 본받아 드디어 사신(史臣)의 입시(入侍)를 폐지하게 된다면, 작은 실수가 아닙니다. 하물며 지금 전하께서는 특별히 삼부(三府) 대신으로 하여금 매일 입시(入侍)하여 치도(治道)를 돕게 하시니, 이는 진실로 세상에 드문 아름다운 법입니다. 그러나 그 사이에 부주(敷奏)하고 문답하는 것도 또한 의당 신 등이 갖추 기록하여 후세에 보이는 것이 마땅한 것입니다. 원하건대 이제부터 만기(萬機)를 청단(聽斷)하고 대신을 예(禮)로 접견할 때이면, 비록 청화정이나 편전(便殿)에서라도 반드시 신 등에게 명하여 입시(入侍)하도록 하소서."

❖『세종실록』 110권 세종 27년 11월 21일 경인

춘추관(春秋館)에서 아뢰기를,

"『태조실록(太祖實錄)』 15권, 『공정왕실록(恭靖王實錄)』 6권, 『태종실록(太宗實錄)』 36권을 이제 이미 각각 네 본(本)씩을 썼사오니, 한 본(本)은 본관(本館)의 실록각(實錄閣)에 간직하여 두고, 세 본(本)은 충주(忠州)·전주(全州)·성주(星州)의 사고(史庫)에 나누어 간직하소서." 하니, 그대로 따랐다.

❖『선조수정실록』 37권 선조 36년 5월 1일 병진

이때 여러 대의 『실록』이 단지 한 부만 남아있었는데 호남에서 관서(關西)로 옮겨놓고 오랫동안 수정하지 않았다. 춘추관(春秋館)이 4부를 등서하여 각처에 나누어 저장하기를 청하니, 상이 따랐다.

❖ 『선조실록』 198권 선조 39년 4월 28일 병인

실록 인출청 낭청(實錄印出廳郎廳)이 영사(領事) · 감사(監事) · 제당상(諸堂上)의 뜻으로 아뢰기를, "선왕조의 『실록』을 이제 이미 교정을 끝냈고 개보(改補)도 마무리 지었습니다. 구건(舊件)은 모두 5백76권인데, 이번 새로 인출한 것은 4~5권을 합쳐 1책으로 하기도 하고 2~3권을 1책으로 합치기도 했으므로 신건(新件)은 모두 2백59권입니다. 따라서 신건과 구건을 통틀어 5건으로 계산하면 거의 1천5백여 권이나 됩니다.

선왕의 비사(秘史)는 사체가 지엄한데, 허다한 권질(卷秩)을 한 곳에 합쳐 둔다는 것은 지극히 미안한 일이니, 외방의 사고에 나누어 보관하는 것이 하루가 시급합니다. 그런데 강화의 사각(史閣)은 작년에 이미 수축했고, 태백산(太白山) · 오대산(五臺山) · 묘향산(妙香山) 등처의 사각도 거의 공사가 끝나가고 있다고 들은 듯합니다. 관상감으로 하여금 봉안할 길일을 간택하여 계품하게 한 뒤에 외방의 경우는 실록청 당상 및 사관을 파견하여 배봉(陪奉)케 하되 장마가 지기 전에 급히 서둘러 봉안토록 하고, 서울의 경우는 춘추관을 수축할 때까지는 우선 병조에 봉안토록 하는 것이 타당하겠습니다. ……(중략)…… 근래 국가에서 일으킨 공역(工役) 중에서도 이번의 역사(役事)가 가장 거창했으며, 공정(工程) 역시 착실하게 진행되었습니다. 국(局)을 개설한 이래 4년이 다 되도록 각색(各色)의 장역(匠役) 및 해리(該吏) 등이 날마다 입역(立役)하면서 새벽에 나와 저녁에 돌아가는 등 한 시각도 쉴 틈이 없었습니다. 그리하여 이런 대역사를 다행히도 아무 탈 없이 완료하게 되었으니, 노고에 보답하는 상전(賞典)을 특별히 베푸는 것이 마땅할 듯싶습니다. 황공하게도 감히 아룁니다." 하니, 답하기를, "윤허한다. 당상과 낭청을 모두 서계(書啓)하여 논상하라." 하였다.

❖ 『현종개수실록』 6권 현종 2년 8월 20일 병인

『효종대왕실록』을 강도(江都) 및 오대산(五臺山), 적상산(赤裳山), 태백산(太白山) 등의 곳에 봉안하였다.

❖ 『문종실록』 12권 문종 2년 2월 22일 병술

『세종실록(世宗實錄)』을 비로소 찬술(撰述)하였는데, 허후(許詡) · 김조(金銚) · 박중림(朴仲林) · 이계전(李季甸) · 정창손(鄭昌孫) · 신석조(申碩祖) 등은 연대(年代)를 나누어 찬수(撰修)하고 황보인(皇甫仁) · 김종서(金宗瑞) · 정인지(鄭麟趾)는 총재 감수(摠裁監修)하였다. 이때 사관(史官)들로서 피기(避忌)하는 자가 많았으므로, 혹은 먹으로 사초(史草)의 자구(字句)를 지우고 고쳐 쓴 것도 있었고, 혹은 다만 『승정원일기(承政院日記)』만 등사(謄寫)해서 책임을 면할 뿐이었다.

❖ 『선조실록』 201권 선조 39년 7월 19일 병술

춘추관이 아뢰기를,

"법전에 '춘추관의 시정기(時政記)는 『승정원일기(承政院日記)』 및 각 아문의 긴요한 문서들을 찬집하여 연말마다 그 책의 수효를 아뢴다.'고 하였습니다. 예문관의 참하관(參下官)에 봉교(奉敎) 이하로 8명을 두어 오로지 사기(史記)의 편수만을 맡깁니다. 하번(下番) 검열(檢閱)은 항상 정원에 출근하여 『정원일기』를 베껴 내고, 상번 이상은 항상 춘추관에 출근하여 각 아문의 긴요한 문서를 가져다 상고하여 시정기를 찬수합니다. 하번이 써낸 것이 만일 소루함이 있으면 상번이 규검(糾檢)하고 그래도 소루함이 있으면 차차로 규검합니다. 매양 포폄의 시기를 당하면 편찬한 시정기를 가져다 춘추관의 당상관이 모두 모여 살펴보고 전최(殿最)에 참고합니다. 입법한 의도가 자상하지 않다고 할 수 없습니다. 그런데 난리를 겪은 뒤로 일이 두서가 없게 되어 하번 검열은 대충대충 엮어내고 상번 이상의 관원들은 다시금 살펴보지 않으므로 비록 소루한 곳이 있지만 다시는 규검할 기회가 없으니 자못 사관(史官)을 설립한 본뜻이 없어지고 말았으니 매우 부당합니다. 이제부터는 일체 구례대로 시행하여 하번 검열은 오로지 『정원일기』와 각 아문의 긴요한 문서를 맡아 베껴 내게 하고, 상번 검열 이상의 관원은 정원의 단초책(單抄冊)을 상고하여 각사로 하여금 일일이 가져오게 하고, 만일 제때에 가져오지 않으면 해사(該司)의 관리를 추고하기를 계청하게 하여 사국(史局)의 사체를 중하게 하는 것이 마땅하겠습니다. 감히 아룁니다." 하니, 윤허한다고 전교하였다.

2) 과학기술의 발달

세종 시대의 문화 융성기에 괄목할 만한 발전을 이룩한 부분은 과학기술 분야이다. 우선 천문 역법의 부분에서는 경험을 중시하는 격물치지의 학풍이 진작되면서 유학자들이 기술학을 겸비하게 되었다. 이를 바탕으로 천체 관측기구인 혼의와 간의가 제작되었으며, 시간을 측정하는 도구로 물시계인 자격루와 해시계인 앙부일구가 제작되었다. 특히 중국의 수시력와 아라비아의 회회력을 참고로 우리식 역법서인 칠정산 내외편이 만들어짐으로써 우리나라 최초로 서울 한양을 기준으로 천체운동을 계산하였으며, 당시 농민들이 실제 경험한 경험농사법을 기록한 농사직설과 강우량을 측정하는 측우기가 만들어짐으로써 우리식 농법의 발달과 농업 생산량의 증대에 많은 영향을 끼쳤다.

/탐구과제/

○ 조선시대 세종은 왜 장영실을 통해 자격루를 만들었는가?

- 조선 세종 때 장영실에 의해 만들어진 측우기, 자격루, 앙부일구 등 각종 과학기기에 대해 살펴본다.
- 조선 세종 때 발간된 칠정산 내외편과 농사직설에 대해 살펴본다.
- 세종 때 자격루와 앙부일구 등의 시계를 제작한 이유가 무엇인지 탐구해 본다.
- 세종은 장영실을 통한 각종 과학기기의 발명과 칠정산, 농사직설 등 책자 발간을 통해 무엇을 추구했는지 탐구해 보자.

시계가 없었던 옛날, 사람들은 어떻게 시간을 알았을까? 아마도 낮에는 해가 움직이는 것을 보고 시간을 추측했을 것이고, 밤에는 달이나 별이 움직이는 것을 보고 시간을 가늠했을 것이다. 그렇다면 구름이 잔뜩 끼어 흐린 날이나 비가 오는 날에는 어떻게 시간을 알았을까? 그래서 물이 계속 흐르면서 밤이나 낮이나 비가 오나 눈이 오나 시간을 항상 알려줄 수 있는 물시계와 같은 국가 표준 시계가 필요했던 것이다.

자격루는 조선 세종 16년(1434)에 장영실 등이 제작한 물시계로서, 우리나라에서 처음으로 저절로 움직여 시간을 알려주는 장치를 부착하여 제작되었다. 세종 때 자격루의 모습은 아쉽게도 현재 보루각기 속에 기록으로만 남아있지만 자격루의 본 모양은 우리가 국사책에서 보아온 단순한 기계장치만은 아니었다. 자격루의 가장 중요한 용도는 운종가(현 종로)에 세워진 종루의 대종에 정확한 시각을 제공하는 것이었다. 현재 세계과학사가 서양위주로 구성되어있는데 자격루는 15세기 동양과학기술을 대표하는 제어계측 기술의 백미이며, 우리나라 자동제어사의 역작으로 역사에 길이 남을 위대한 발명이다.

한편 인류가 최초로 활용한 자연시계는 태양이었다. 하지만 태양만 올려다보고는 시간을 정확히 알 수 없었기 때문에 그림자의 길이로 시간을 알 수 있는 해시계가 만들어졌다.

조선 세종 때 대표적인 해시계인 앙부일구(仰釜日晷)는 '하늘을 떠받드는 가마솥[仰釜]'과 같이 오목한 모양의 해시계라는 뜻이다. 보통 해시계는 해그림자가 표시되는 시반면(時盤面)이 평면인 경우가 많은데, 앙부일구는 특이하게도 시반면이 오목한 반구형으로 이루어져 있다. '일구'는 '해그림자'라는 뜻으로 해시계를 이르는 말이다.

『세종실록』에 따르면, 앙부일구는 세종 16년(1434) 10월 2일 혜정교(惠政橋)와 종묘 앞 두 곳에 처음으로 설치되었다. 당시 한양의 동서를 가로지르는 대로가 혜정교와 종묘 남쪽을 지나 서대문과 동대문으로 이어졌으니, 백성들이 많이 지나다니던 종로 내로에 해시계가 설치되있던 것이다

아래 자료는 『세종실록』에서 발췌하여 제시하였다. 세종은 우리식 달력인 칠정산 내편과 우리식 농법을 정리한 농사직설 등을 편찬하였다. 아울러 농사에 실질적 도움을 줄 수 있는 측우기도 만들었다. 과연 세종 때 어떤 일이 있었기에 이러한 책자들과 측우기를 비롯한 과학기기들이 발명되었으며, 세종은 과연 이러한 책자 발간과 과학기기의 발명을 통해 무엇을 추구하고자 했는지 탐구해 보자.

❖ 『세종실록』 66권 세종 16년 10월 2일 을사

처음으로 앙부일구(仰釜日晷)를 혜정교(惠政橋)와 종묘(宗廟) 앞에 설치하여 일영(日影)을 관측하였다. 집현전 직제학(直提學) 김돈(金墩)이 명(銘)을 짓기를, "모든 시설(施設)에 시각보다 큰 것이 없는데, 밤에는 경루(更漏)가 있으나 낮에는 알기 어렵다. 구리로 부어서 그릇을 만들었으니 모양이 가마솥과 같고, 지름에는 둥근 톱니를 설치하였으니 자방(子方)과 오방(午方)이 상대하였다. 구멍이 꺾이는 데 따라서 도니 겨자씨를 점찍은 듯하고, 도수(度數)를 안에 그었으니 주천(周天)의 반이요, 신(神)의 몸을 그렸으니 어리석은 백성을 위한 것이요, 각(刻)과 분(分)이 소소(昭昭)하니 해에 비쳐 밝은 것이요, 길 옆에 설치한 것은 보는 사람이 모이기 때문이다. 지금부터 시작하여 백성들이 일할 때를 알게 될 것이다." 하였다.

❖『세종실록』 80권 세종 20년 1월 7일 임진

흠경각(欽敬閣)이 완성되었다. 이는 대호군 장영실(蔣英實)이 건설한 것이나 그 규모와 제도의 묘함은 모두 임금의 결단에서 나온 것이며, 각은 경복궁 침전 곁에 있었다. 임금이 우승지 김돈(金墩)에게 명하여 기문을 짓게 하니, 이에 말하기를, "상고하건대, 제왕이 정사를 하고 사업을 이루는 데에는 반드시 먼저 역수(曆數)를 밝혀서 세상에 절후를 알려 줘야 하는 것이니, 이 절후를 알려 주는 요결(要訣)은 천기를 보고 기후를 살피는 데에 있는 것이므로, 기형(璣衡)과 의표를 설치하게 되는 것이다. 그러므로 이를 상고하고 징험하는 방법이 지극히 정밀하여 한 기구 한 형상만으로는 능히 바르게 할 수 없다. 우리 주상 전하께서 이 일을 맡은 자에게 명하여 모든 의기(儀器)를 제정하게 하였는데, 대소 간의(大小簡儀)·혼의(渾儀)·혼상(渾象)·앙부일구(仰釜日晷)·일성정시(日星定時)·규표(圭表)·금루(禁漏) 같은 기구가 모두 지극히 정교하여 전일 제도보다 훨씬 뛰어나 오직 제도가 정밀하지 못하고, 또 모든 기구를 후원(後苑)에다 설치하였으므로 시간마다 점검하기가 어려울까 염려하여, 이에 천추전(千秋殿) 서쪽 뜰에다 한 간 집을 세웠도다.

풀[糊] 먹인 종이로 일곱 자 높이의 산을 만들어 집 복판에 설치하고, 그 산 안에다 옥루기(玉漏機) 바퀴를 설치하여 물로써 쳐올리도록 하였다. 금으로 해를 만들었는데 그 크기는 탄자만 하고, 오색구름이 둘러서 산허리 위를 지나도록 되었는데, 하루에 한 번씩 돌아서 낮에는 산 밖에 나타나고 밤에는 산속에 들어가며, 비스듬한 형세가 천행에 준하였고, 극의 멀고 가까운 거리와 돋고 지는 분수가 각각 절기를 따라서 하늘의 해와 더불어 합치하도록 되어 있다. 해 밑에는 옥녀(玉女) 넷이 손에 금탁(金鐸)을 잡고 구름을 타고 사방에 서서, 인·묘·진시 초정에는 동쪽에 있는 옥녀가 금탁을 울리고, 사·오·미시 초정에는 남쪽에 있는 옥녀가 금탁을 울리며, 서쪽과 북쪽도 모두 그렇게 한다. 밑에는 네 가지 귀형(鬼形)을 만들어서 각각 그 곁에 세웠는데 모두 산으로 향하여 섰으며, 인시가 되면 청룡신(靑龍神)이 북쪽으로 향하고, 묘시에는 동쪽으로 향하며, 진시에는 남쪽으로 향하고, 사시에는 돌아서 다시 서쪽으로 향하는 동시에 주작신(朱雀神)이 다시 동쪽으로 향하는데, 차례로 방위를 향하는 것은 청룡이 하는 것과 같으며, 딴 것도 모두 이와 같다.

산 남쪽 기슭에는 높은 축대(築臺)가 있어, 시간을 맡은 인형 하나가 붉은 비단옷 차림으로 산을 등지고 섰으며, 인형 무사 셋은 모두 갑옷 차림인데 하나는 종과 방망이를 잡고서 서쪽을 향해서 동쪽에 섰고, 하나는 북[鼓]과 부채를 잡고 동쪽을 향해 서쪽에서 약간 북쪽으로 가까운 곳에 섰고, 하나는 징[鉦]과 채쭉을 잡고 동쪽을 향해서 서쪽에서 약간 남쪽으로 가까운 곳에 서 있어서, 매양 시간이 되면 시간을 맡은 인형이 종 치는 인형을 돌아보고, 종 치는 인형도 또한 시간을 맡은 인형을 돌아보면서 종을 치게 되며, 매경(每更)마다 북과 부채를 잡은 인형이 북을 치고, 매점마다 징과 채를 잡은 인형은 징을 치는데, 서로 돌아보는 것은 종 치는 인형과 같으며, 경·점마다 북 치고 징 치는 수효는 모두 보통 시행하는 법과 같다.

또 산 밑 평지에는 열두 방위를 맡은 신들이 각각 제자리에 엎드려 있고, 열도 방위 신 뒤에는 각각 구멍이 있어 상시에는 닫혀 있다가 자시(子時)가 되면 쥐 모양으로 만든 신 뒤에 구멍이 저절로 열리면서 인형 옥녀(玉女)가 자시패를 가지고 나오며, 쥐 모양으로 만든 신은 그 앞에 일어선다. 자시가 다 가면 옥녀는 되돌아서 구멍에 들어가는 동시에 구멍이 저절로 닫히고 쥐 모양의 신도 제 위치에 도로 엎드린다. 축시가 되면 소 모양으로 만든 신 뒤의 구멍이 저절로 열리면서 옥녀가 또한 나오며, 소 모양의 신도 일어나게 되는데, 열두 시간이 모두 이렇게 되어 있다. 오방위(午方位)

앞에는 또 축대가 있고 축대 위에는 기울어진 그릇을 놓았고 그릇 북쪽에는 인형 관원이 있어, 금병(金甁)을 가지고 물을 따르는 형상인데 누수 남은 물을 이용하여 끊임없이 흐르며, 그릇이 비면 기울고 반쯤 차면 반듯해지며, 가득 차면 엎어져서 모두 옛말과 같이 되어 있다. 또 산 동쪽에는 봄 3개월 경치를 만들었고, 남쪽에는 여름 경치를 꾸몄으며, 가을과 겨울 경치도 또한 만들어져 있다. 『시경 빈풍도(詩經豳風圖)』에 의하여 인물·조수·초목 여러 가지 형용을 나무를 깎아 만들고, 절후에 맞추어 벌려 놓았는데 칠월 한 편의 일이 갖추어지지 않은 것이 없다. 집 이름을 흠경이라 한 것은 『서경』 요전(堯典)편에 '공경함을 하늘과 같이 하여, 백성에게 절후를 알려 준다.[欽若昊天, 敬授人時]'는 데에서 따온 것이다.

❖『세종실록』 96권 세종 24년 5월 8일 정묘

호조에서 아뢰기를, "우량(雨量)을 측정(測定)하는 일에 대하여는 일찍이 벌써 명령을 받았사오나, 그러나, 아직 다하지 못한 곳이 있으므로 다시 갖추어 조목별로 열기(列記)합니다.

1. 서울에서는 쇠를 주조(鑄造)하여 기구(器具)를 만들어 명칭을 측우기(測雨器)라 하니, 길이가 1척(尺) 5촌(寸)이고 직경(直徑)이 7촌입니다. 주척(周尺)을 사용하여 서운관(書雲觀)에 대(臺)를 만들어 측우기를 대(臺) 위에 두고 매양 비가 온 후에는 본관(本觀)의 관원이 친히 비가 내린 상황을 보고는, 주척(周尺)으로써 물의 깊고 얕은 것을 측량하여 비가 내린 것과 비 오고 갠 일시(日時)와 물 깊이의 척·촌·분(尺寸分)의 수(數)를 상세히 써서 뒤따라 즉시 계문(啓聞)하고 기록해 둘 것이며,

1. 외방(外方)에서는 쇠로써 주조(鑄造)한 측우기(測雨器)와 주척(周尺) 매 1건(件)을 각도(各道)에 보내어, 각 고을로 하여금 한결같이 상항(上項)의 측우기의 체제(體制)에 의거하여 혹은 자기(磁器)든지 혹은 와기(瓦器)든지 적당한 데에 따라 구워 만들고, 객사(客舍)의 뜰 가운데에 대(臺)를 만들어 측우기를 대(臺) 위에 두도록 하며, 주척(周尺)도 또한 상항(上項)의 체제(體制)에 의거하여 혹은 대나무로 하든지 혹은 나무로 하든지 미리 먼저 만들어 두었다가, 매양 비가 온 후에는 수령(守令)이 친히 비가 내린 상황을 살펴보고는 주척(周尺)으로써 물의 깊고 얕은 것을 측량(測量)하여 비가 내린 것과 비 오고 갠 일시(日時)와 물 깊이의 척·촌·분(尺寸分)의 수(數)를 상세히 써서 뒤따라 계문(啓聞)하고 기록해 두어서, 후일의 참고에 전거(典據)로 삼게 하소서." 하니, 그대로 따랐다.

❖『세종실록』 101권 세종 25년 7월 6일 기미

예조에서 서운관(書雲觀)의 첩정(牒呈)에 의거하여 아뢰기를, "금후(今後)에는 일·월식(日月食)에 내·외편법(內外篇法)과 수시(授時)·원사법(元史法)과 입성법(立成法)과 대명력(大明曆)으로 추산(推算)하는데, 내편법(內篇法)에 식분(食分; 일식이나 월식 때 해와 달이 가리어 보이지 않는 정도)이 있으면, 내편법(內篇法)으로 경·외관(京外官)에게 알려 주고, 기타의 역법(曆法)은 곧 아뢰게 하며, 만약 내편법에 식분(食分)이 없는데, 다른 역법(曆法) 중에 비록 한 역법에라도 식분(食分)이 있으면, 외관(外官)은 제외하고 경중(京中) 각 아문(衙門)에만 알려 주게 하고, 수시역(授時曆)과 회회역법(回回曆法)은 이미 내·외편(內外篇)에 갖추어 있으니 반드시 다시 추산(推算)할 것이 없사옵고, 선명역(宣明曆)은 편질(編帙)이 빠져서 누락되었으며, 법[術]도 역시 어긋나고 그릇되었고, 경오원력(庚午元曆)은 이차(里差)의 법이 실로 빙고(憑考)하기 어렵사오니, 예전 네 가지 역법은 취재(取才)할 때에 쓰지 말도록 하시고, 칠정산 내외편(七政算內外篇)과 대명력(大明曆)으로써 취재(取才)하는데, 또 전(前)에

올린 바의 칠정력(七政曆)은 술법(術法)이 미진(未盡)하여, 중국에서 추산(推算)한 것과 합하지 아니하기 때문에, 근년에는 그만두었사오니, 청하옵건대, 이제 내편(內篇)의 법으로 추산하여 전(前)과 같이 성책(成冊)해서 올리게 하소서." 하니, 그대로 따랐다.

❖ 『세종실록』 44권 세종 11년 5월 16일 신유

총제(摠制) 정초(鄭招) 등에게 명하여 『농사직설(農事直說)』을 찬술(撰述)하게 하는데, 그 서문에, "농사는 천하의 대본(大本)이다. 예로부터 성왕(聖王)이 이를 힘쓰지 아니한 사람이 없었다. 순제(舜帝)가 9관(官)과 12목(牧)에게 명하실 적에 맨 먼저 '먹는 것은 농사 시기에 달렸다.' 하였으니, 진실로 자성(粢盛)의 용도(用度)와 생양(生養)의 자료(資料)도 이것을 떠나서는 될 수 없기 때문이다. 삼가 생각하건대 태종 공정 대왕(太宗恭定大王)께서 일찍이 유신(儒臣)에게 명하시어 옛날 농서(農書)로서 절실히 쓰이는 말들을 뽑아서 향언(鄕言)으로 주(註)를 붙여 판각(板刻) 반포하게 하여, 백성을 가르쳐서 농사를 힘쓰게 하셨다. 우리 주상 전하께서는 명군(明君)을 계승하여 정사에 힘을 써 더욱 민사(民事)에 마음을 두셨다. 오방(五方)의 풍토(風土)가 같지 아니하여 곡식을 심고 가꾸는 법이 각기 적성(適性)이 있어, 옛 글과 다 같을 수 없다 하여, 여러 도(道)의 감사(監司)에게 명하여 주현(州縣)의 노농(老農)들을 방문(訪問)하게 하여, 농토의 이미 시험한 증험에 따라 갖추어 아뢰게 하시고, 또 신(臣) 초(招)에게 명하시어 그 까닭을 더하게 한 다음, 신(臣)과 종부시 소윤(宗簿寺 少尹) 변효문(卞孝文)이 낱낱이 살피고 참고(參考)하게 하시어 그 중복(重複)된 것을 버리고 그 절요(切要)한 것만 뽑아서 찬집하여 한 편(編)을 만들고 제목을 『농사직설(農事直說)』이라고 하였다. 농사 외에는 다른 설(說)은 섞지 아니하고 간략하고 바른 것에 힘을 써서, 산야(山野)의 백성들에게도 환히 쉽사리 알도록 하였다. 이미 위에 바쳐 주자소(鑄字所)에 내려서 약간 본(本)을 인쇄하여 장차 중외(中外)에 반포하여 백성을 인도하여 살림을 넉넉하게 해서, 집집마다 넉넉하고 사람마다 풍족하는 데 이르도록 할 것이다. 신이 주(周)나라 시(詩)를 보건대, 주가(周家)에서도 농사로써 나라를 다스려 8백여 년의 오랜 세월에 이르렀는데, 지금 우리 전하께서도 이 나라 백성을 잘 기르고 나라를 위하여 길이 염려하시니, 어찌 후직(后稷)과 성왕(成王)과 규범(揆範)을 같이하지 않으랴. 이 책이 비록 작더라도 그 이익됨은 이루 말할 수 있겠는가." 하였다.

5 조선전기의 대외관계와 임진전쟁

1) 조선전기의 대외관계

조선의 기본적인 대외관계 방침은 사대교린事大交隣이었다. 명과는 사대정책을 실시하였고, 명[중국] 이외의 국가와는 교린정책을 추진하였다.

명과의 사대외교는 왕권의 안정과 국제적 지위를 확보하기 위한 실리외교였다. 조선은 왕위를 계승할 때 명으로부터 책봉冊封을 받았으나, 실질적인 내정간섭은 받지 않았다. 또 명의 주요명절에 조공朝貢하였으나, 회사품廻賜品을 받았다. 사무역私貿易이 통제된 당시 상황에서 조공품과 회사품의 교환은 경제교역의 한 방법이었다.

명과의 사대외교는 태조와 정도전이 요동정벌을 추진하면서 중단될 위기에 처했다. 그러나 태종이 요동정벌을 백지화하면서 사대외교는 다시 진행되었다. 태종 이후 명과의 사대외교는 지속되었으며, 양국의 관계도 비교적 안정화되었다.

조선이 여진에게 취한 외교정책은 회유懷柔와 토벌을 병행하는 양면정책이었다. 실례로 귀화하는 여진 사람들은 조선정부로부터 관직을 받았고, 무력도발을 일삼는 여진 사람들은 토벌되었다. 조선의 양면정책은 영토의 확보와 국경의 안정을 위한 조치였다.

조선과 여진은 공식적으로 무역을 하지 않았다. 다만 여진이 조공품을 바치면 조선이 회사품을 내릴 뿐이었다. 여진은 동물가죽 등을 조공품으로 바쳤고, 조선은 철·노비 등을 회사품으로 주었다.

조선은 일본에게도 양면정책을 실시하였다. 조선은 건국 초부터 왜구의 침략을 막기 위해 해안방어를 강화하는 한편, 왜구에게 경제적 혜택을 주어 평화관계를 유지하였다. 실례로 조선 초기 조선정부는 이종무李從茂를 시켜 대마도를 토벌하는 한편, 3포(부산포·제포·염포)를 개항하여 일본인에게 교역을 허락하였다.

3포 개항 후, 조선에 들어오는 일본인이 증가하면서 조선의 재정부담이 늘어났다. 조선정부는 재정부담을 줄이기 위해 입국하는 일본인의 수를 제한하였다. 조선정부의 일본인 입국제한 조치는 양국의 갈등을 심화시켰다. 결국 중종 때 삼포왜란이 발발하였다. 삼포왜란 후 일본의 요구로 양국의 통교通交가 다시 시작되었으나, 조선이 통교를 허락한 일본인 및 선박의 수는 삼포왜란 전에 비해 훨씬 적었다. 무역규모가 줄면서, 일부 일본인들이 왜구가 되어 조선의 해안지역을 노략질을 하였다. 삼포왜란 후 조선과 일본의 관계는 긴장과 평화가 공존하였다.

2) 임진전쟁의 발발과 극복

16세기부터 명의 만주 경략經略이 점차 약화되면서, 여진족은 누르하치를 중심으로 힘을 키웠다. 그러나 명은 여진족의 움직임을 눈치채지 못하였다.

비슷한 시기 일본에서는 1590년 도요토미 히데요시豊臣秀吉가 100여 년간 지속되었던 전국전쟁을 끝냈다. 신무기였던 조총鳥銃은 도요토미가 승리하는 데 큰 역할을 하였다. 1543년부터 일본의 영주들은 포르투갈 상인들과 교역을 시작하였다. 당시 전쟁 중이었던 일본 영주들은 포르투갈 상인들로부터 조총을 얻어 무력을 강화하였다. 조총을 얻기 위해 영주들은 포르투갈의 상선을 서로 다투어 환영했고, 천주교 선교사들의 입국도 환영했다. 이때부터 일본에 조총과 천주교가 전파되었다. 조총이 일본에 널리 퍼지면서, 새로운 군사전술이 나타났다. 바로 조총부대를 활용한 전술이었다. 도요토미 히데요시는 강력한 조총부대를 앞세워 전국을 통일하였다.

도요토미 히데요시는 무인정부를 세우지 않고, 고대古代에 왕실을 받드는 관직이었던 관백關白을 부활시켰다. 자신이 관백의 자리에 앉아, 경제적 · 군사적 권력을 장악하였다. 그는 먼저 영주들의 군사력을 약화시키기 위해 엄격한 신분제도를 만들어 병농분리兵農分離를 추진하였다. 다음으로 영주들의 경제력을 약화시키기 위해 서부의 상업도시를 장악해 무역권을 독점하였으며, 천주교금령天主教禁令을 발표해 영주들과 포르투갈 상인들의 무역을 막았다. 국내를 장악한 도요토미 히데요시는 국외로 눈을 돌렸다. 그는 자신의 권력을 안정화시키고 무사세력의 불만을 잠재우기 위해, 대륙침략의 꿈을 꾸었다.

도요토미 히데요시는 세이이타이쇼군征夷大將軍이 될 수 없었다. 쇼군은 일왕을 대신해 국토를 수호하는 총사령관이었다. 쇼군들은 일왕을 대신한다는 명목으로 막부를 열고, 다이묘들을 다스렸다. 하지만 미천한 신분 출신이었던 도요토미 히데요시는 쇼군이 될 수 없었다. 관행상 쇼군이 아니었던 도요토미 히데요시는 다이묘들에게 직접적인 명령을 내리는 데 한계가 있었다. 실제로 많은 다이묘가 도요토미 히데요시의 위세에 밀려 임진전쟁에 참여했지만, 일일이 작전 지시를 받지 않았다.

도요토미 히데요시는 전국을 통일하였지만, 권력기반은 완벽하지 않았다. 이 때문에 도요토미 히데요시는 대륙정벌과 같은 거창한 사업을 벌여 불온한 세력을 제거하고, 무사세력에게 해외의 영지를 분배하여 가신家臣을 늘리려고 했다. 결국

1592년 임진전쟁은 16세기 동아시아의 상황과 도요토미 히데요시의 야욕에 의해 발발했던 전쟁이다.

일본군은 선조 25년(1592) 4월 13일에 약 15만 명의 대규모 병력과 조총을 앞세워 조선을 침략하였다. 고니시 유키나가小西行長의 제1군이 4월 14일 부산 앞바다에 상륙한 뒤, 후속부대가 계속 상륙하였다. 일본군이 부산 앞바다에 상륙하자 동래부사東萊府使 송상현宋象賢과 군민軍民들이 동래성을 수호하려 했으나, 칼과 활을 주로 사용하는 상황에서 조총을 가진 일본군을 막기에는 역부족이었다. 부산진과 동래성을 점령한 일본군은 세 갈래로 나누어 북상하였다. 고니시 유키나가의 제1군은 중로中路(부산-대구-조령-충주-용인-한양), 가토 기요마사加藤淸正의 제2군은 동로東路(울산-경주-죽령-원주-여주-한성), 구로다 나가마사黑田長政의 제3군은 서로西路(김해-성주-김천-추풍령-청주-한성)를 통해 북상하였다.

임진전쟁인가, 임진왜란인가?

1592년부터 1598년까지 벌어졌던 조선과 일본의 전쟁을 우리는 대개 '임진왜란'으로 부른다. 임진왜란이란 명칭은 17세기부터 고착화되었다. 중화사상을 바탕으로 한 일본 이적관(夷狄觀)과 일본을 향한 적개심이 가장 큰 원인이었다.

'왜란(倭亂, 왜인이 일으킨 난동)'은 역사용어로 부적합하다. 1592년부터 1598년까지 벌어졌던 전쟁은 조선군 약 30만 명 · 명군 약 10만 명 · 일본군 약 30만 명이 참전했던 대규모 국제전쟁이었다. 또 조선을 침략했던 적국(敵國)은 일본이라는 정식국호가 있었다.

왜란이란 용어는 역사 감정을 앞세운 비칭(卑稱)이다. 비칭은 역사적 사건의 성격과 의미를 축소시키며, 객관성을 떨어뜨린다. 역사는 시간과 공간 속에서 인간의 사회활동을 기록한 것이다. 전쟁은 국가와 국가 간의 무력투쟁이며, 투쟁하는 집단 사이에서 정치 · 경제 · 심리 · 사상 등을 사용하여 한 쪽의 의사를 다른 쪽에게 강요하는 행위이다. 필자는 '임진전쟁'이 역사의 특성과 전쟁의 개념을 반영한 객관적인 명칭이라고 생각한다.

조선정부는 이일李鎰과 신립申砬을 보내 일본군을 저지하려고 하였다. 그러나 이일이 상주에서, 신립이 충주에서 패배하면서 도성都城은 풍전등화風前燈火 속에 놓였다. 결국 조정은 도성을 버리고 평양으로 피난했다가 나중에는 의주로까지 옮겨갔다. 그 후 일본군은 한양을 점령하고 북상을 계속하여 평양과 함경도 지방에까지 이르렀다. 일본군이 파죽지세로 북상하는 동안 이를 저지해야 할 관군은 연전연패를 거듭하였다.

그러나 전국에서 일어난 의병과 이순신이 지휘하는 수군의 활약은 전세역전의 기회를 만들었다. 이순신과 수군은 옥포 · 당포 · 한산도 등에서 잇따라 승리하여 제해권을 장악하였다. 조선 수군의 제해권 장악은 일본군의 군량 및 무기 보급로를 끊는 역할을 하였다. 또한 내륙에서는 의병이 일어나 적의 연락망과 식량 보급을 끊는 싸움을 벌였다. 전직 관료 · 사족 · 승려 등이 주도하여 의병부대를 조직하였으며, 농민들도 적극적으로 참여하였다. 대표적인 의병으로는 경기도의 우성전 · 홍계남, 경상도의 곽재우 · 정인홍 · 김면, 함경도의 정문부, 충청도의 조헌 · 박춘무, 전라도의 고경명 · 김천일 등이 있었다. 수군과 의병의 승전으로 조선은 전쟁 초기의 수세에서 벗어나 반격을 시작할 수 있었다.

한편 명은 조선의 파병 요청을 수락하여, 1592년 7월에 만주에 있던 군대를 보내 평양성을 수복하였다. 그 후 전국에 흩어져 있던 일본군은 한양에 집결하여 항전抗戰하였으나, 제해권의 상실로 보급에 어려움을 겪으면서 수세에 몰렸다. 결국 전쟁은 소강상태에 빠지고, 그 사이 명나라와 일본 사이에 화의和議가 진행되었다.

그러나 화의가 결렬되고 선조 30년(1597)에 정유재란丁酉再亂이 일어났다. 초반에 원균이 이끄는 수군이 칠천량해전漆川梁海戰에서 대패하여 위기를 맞이하였으나, 이순신에 의해 재정비된 수군이 명량해전鳴梁海戰에서 대승을 거두어 전세를 역전시켰다. 그 후 아군과 일본군의 전투는 교착상태에 빠져 양자 간 일진일퇴하는 상황만 반복되었다. 그 가운데 도요토미 히데요시가 병사하였고, 결국 일본군은 철수하기에 이르렀다. 이 과정에서 일본군을 섬멸하기 위해 추적하던 이순신이 노량해전露梁海戰에서 일본군의 유탄에 맞아 전사하였다. 이로써 도요토미 히데요시의 정치적 목적과 탐욕에서 비롯된 7년간의 전쟁이 끝났다.

임진전쟁은 조선에 막대한 피해를 끼쳐 사회 전반에 커다란 영향을 주었을 뿐만 아니라, 명과 일본에도 큰 영향을 미쳤다. 임진전쟁은 조선의 국가기능을 마비시켰다. 인구는 전란 전에 비해 2/3가 감소하였으며, 경작지는 150만 결에서 40만 결로 줄었다. 전쟁 중 많은 농민이 포로와 노예로 잡혀갔고, 노비문서의 소실과 양반의 권위 추락으로 양반 중심의 신분제는 동요하였다. 또 사고(史庫) · 경복궁 · 불국사 등의 많은 문화재가 소실되었다. 반면에 일본은 조선에서 약탈해간 활자·서적 · 도자기 · 그림 등의 문화재와 학자 · 도공 등을 통해 문화를 발전시켰다. 특히 이때 전해진 조선의 성리학은 일본의 사상과 문화의 발전에 큰 영향을 주었다.

또한 임진전쟁은 동아시아 질서를 재정립하는 계기가 되었다. 명은 전쟁을 치르면서 국력이 쇠락했다. 결국 만주의 여진족이 성장하여, 명을 몰락시키고 중국 대륙의 주인이 되었다. 일본도 도쿠가와 이에야스 정권이 들어서고, 에도시대로 들어갔다. 이렇듯 임진전쟁은 동아시아 국제질서의 변화에 큰 영향을 미친 전쟁이다.

임진전쟁 초기 항전

/탐구과제/

○ 임진전쟁 극복의 주역은 누구였는가?

ㅁ 임진전쟁 발발의 국내외적 원인과 배경을 살펴본다.
ㅁ 임진전쟁 초기 전세역전(戰勢逆戰)의 발판을 마련할 수 있었던 계기들을 파악한다.
ㅁ 임진전쟁이 국내와 동아시아에 미친 영향을 살펴본다.

임진전쟁의 근본적인 원인은 도요토미 히데요시가 가졌던 대륙침략의 야욕이었다. 하지만 조선의 정치적 혼란과 국방력 쇠락이 전쟁의 피해를 더욱 키웠다. 100여 년에 걸친 전국시대의 혼란을 수습한 도요토미 히데요시는 지방의 세력가인 다이묘들의 눈을 해외로 돌리고, 신흥 세력을 억제하기 위해 대륙진출의 야망을 품었다. 도요토미 히데요시는 정탐꾼을 보내 지리와 정세를 탐망하고, 조총으로 군사들을 무장시켰다. 그리고 침략의 명분을 쌓기 위해, 조선에게 명나라를 침략하러 가기 위한 길을 빌려달라는 요구를 하였다. 반면에 조선은 15세기에 구축한 통치체제의 기반이 무너진 상태였다. 붕당정치는 자리를 잡지 못해 동인과 서인 간에 갈등이 고조되었으며, 200여 년간의 평화로 국방체제는 허설화(虛泄化) 되었다.

일본군은 선조 25년(1592) 4월 14일에 약 15만 명의 병력과 조총을 앞세워 조선을 침략하였다. 부산진과 동래성을 점령한 일본군은 세 갈래로 나누어 북상하였다. 일본군이 파죽지세로 북상하는 동안 조선의 관군은 연전연패를 거듭하였다. 전국에서 일어난 의병과 이순신이 지휘하는 수군이 전세역전(戰勢逆戰)의 발판을 만들었다. 그리고 명나라가 평양성을 수복하면서, 조선은 수세에서 벗어나 반격을 시작할 수 있었다. 그 후 전쟁은 소강상태에 빠지고, 명나라와 일본의 평화협상이 진행되었다. 그러나 화의가 결렬되고 선조 30년(1597)에 정유재란(丁酉再亂)이 일어났다. 초반에 원균이 이끄는 수군이 칠천량해전(漆川梁海戰)에서 대패하여 위기를 맞이하였으나, 이순신이 명량해전(鳴梁海戰)에서 대승을 거두어 전세를 역전시켰다. 그 후 도요토미 히데요시가 병사하면서 7년 간 진행되었던 전쟁이 끝났다. 임진전쟁은 조선에게 막대한 피해를 끼쳐 사회 전반에 커다란 영향을 주었을 뿐만 아니라, 동아시아의 국제질서를 바꾸었다.

임진전쟁은 조선군 약 30만 명, 명군 약 10만 명, 일본군 약 30만 명이 참전했던 대규모 국제전쟁으로서, 동아시아 역사를 바꾼 큰 사건이었다. 그럼에도 불구하고 우리는 지금까지 임진전쟁을 국내적 · 국사적 관점에서만 바라보았다. 아래의 자료들은 『속선린국보기』·『징비록』·『선조수정실록』·『대동야승』에서 발췌한 자료들로서, 임진전쟁 직전의 국내외 상황 · 전쟁의 극복과정 · 결과 등을 담고 있다. 임진전쟁의 발발원인 · 전개 · 결과 등을 폭넓고 다양한 관점에서 정리하고, 임진전쟁이 가진 역사적 의미를 탐구하자.

❖ 『속선린국보기(続善隣國宝記)』

우리나라(일본) 풍속으로 중국 400여 주를 바꾸어 놓고, 황제의 조정에서 억만 년이나 정치를 행할 것을 마음에 품고 있습니다. 그러니 귀국(조선)이 먼저 달려와 우리나라에 입조한다면, 원대한 희망이 생겨 가까운 근심이 없어질 것입니다.

❖ 류성룡 『징비록(懲毖錄)』 권1

히데요시라는 인물에 대해 어떤 사람은 이렇게 말하였다.

"원래는 중국 사람인데 일본으로 흘러들어와 땔나무를 팔아 생계를 이어갔다. 하루는 국왕이 외출하였다가 우연히 길에서 마주쳤는데, 그를 비범하게 여겨 군사로 삼았다. 용맹하고 싸움에 능한 히데요시는 전투에서 공을 세워 대관(大官)이 되었고, 마침내 권력을 얻어 미나모토 씨의 자리를 빼앗고 왕이 되었다."

또 다른 사람은 이렇게 말하였다.

"미나모토 씨는 다른 사람에게 시해되었는데, 히데요시가 그 사람을 죽이고 나라를 뺏었다."

히데요시는 병력을 이용하여 일본의 여러 섬을 평정하고 66주(州)를 하나로 병합한 다음, 마침내 다른 나라를 침략하려는 마음을 품었다.

"우리 사신은 매번 조선에 가는데 조선의 사신은 오지 않으니, 이는 우리를 업신여기는 것이다."

히데요시는 다치바나 야스히로를 보내 조선에서 사신을 파견할 것을 요구하였다. 야스히로가 가지고 온 국서의 언사는 심히 거만하여, "이제 천하는 짐의 손아귀에 들어왔다."라는 말까지 있었다. 이때는 미나모토 씨가 망한지 이미 10여 년이나 지난 뒤였다. 해마다 조선을 왕래하면서도 여러 섬의 왜인들은 일본의 법령이 워낙 엄중해 그 사실을 발설하지 않았다. 그런 까닭에 조선의 조정은 왜의 정황을 전혀 알지 못했다.

❖ 류성룡 『징비록(懲毖錄)』 권1

당시 왜가 보내온 국서에는 이런 말이 있었다.

"군사를 이끌고 조선을 지나 명나라로 들어갈 것이다."

나는 당장 지금 일어나는 일의 정황을 정리하여 명나라에 알려야 한다고 했다. 그런데 영의정 이산해(李山海)의 생각은 달랐다. 명나라에서 우리가 사사로이 왜국과 내통했다고 생각해 나무랄 수도 있으니 숨기는 것이 좋겠다는 것이었다.

그래서 내가 이렇게 말했다.

"일이 있어서 이웃 나라와 왕래하는 것은 나라의 입장에서 피할 수 없는 일입니다. 성화(1465~1487) 연간에도 일본이 우리나라를 통해 명나라에 조공하는 것을 요청한 적이 있습니다. 그때도 우리는 곧바로 이러한 사실을 명나라에 알렸고, 명나라에서 조칙을 내려 명나라의 뜻을 전하게 하였습니다. 예전에도 이런 일이 있었으니 비단 어제오늘의 일이 아닙니다. 그런데 지금 왜국의 정황을 숨기고 알리지 않는 것은 대의로 볼 때 옳은 일이 아닙니다. 게다가 실제로 왜국이 명나라 침범을 계획하고 있는데 이러한 정보를 다른 곳에서 먼저 보고하면, 명나라에서는 오히려 우리나라가 왜국에 동조하여 숨겼다고 의심할 것입니다. 그렇게 되면 사사로이 일본에 사신을 보낸 것에 대해 죄를 그치지 않을 것입니다."

조정에는 내 의견이 옳다고 생각하는 사람이 많았다. 그리하여 김응남(金應南) 등을 명나라에 보내 보고하였다. 당시 일본에 사로잡혀 있던 복건성 사람 허의후(許儀後)와 진신(陳申) 등이 이미 왜국의 정세를 은밀하게 보고하였고, 또 류큐 국의 세자 쇼네이도 잇달아 사신을 보내 소식을 전하였다. 그런데 유독 조선의 사신만 오지 않자 명나라에서는 우리나라가 왜국과 내통한다고 의심하는 견해가 자자하였다고 한다. 그러나 조선에 사신으로 온 적이 있는 명나라의 재상 허국(許國)만은 "조선은 성심으로 우리나라를 섬기고 있으니, 분명 왜국과 손을 잡고 우리를 배반하지는 않을 것입니다. 좀 더 기다려 봅시다."라고 했다고 한다.

얼마 뒤에 김응남 등이 주문(황제에게 아뢰는 글)을 가지고 명나라에 당도하자 허국이 크게 기뻐하였고, 우리나라에 대한 명나라 조정의 의심도 풀렸다.

❖ 류성룡 『징비록(懲毖錄)』 권1

우리나라에는 예부터 왜의 사신이 지나는 길에 인근 고을의 사내들을 불러, 길 양편에 창을 잡고 서 있게 해 군대의 위엄을 보이는 전례가 있었다. 야스히로가 인동(경북 구미)을 지날 때 창을 들고 서 있는 사내들을 보더니 이렇게 말하며 비웃었다.

"너희들은 창 자루가 매우 짧구나."

그가 상주에 도착하자 목사 송응형(宋應泂)이 그를 위해 기생과 악공을 불러 잔치를 열었다. 야스히로가 송응형의 하얗게 샌 머리를 보고 역관을 통해 이렇게 말하였다.

"이 늙은이는 수년 동안 전쟁을 치르느라 수염과 머리카락이 하얗게 샜습니다. 하지만 목사께서는 음악소리와 기생이 있는 곳에서 지내니, 근심할 것이 전혀 없을 텐데도 백발이 되었으니 어찌된 일입니까?"

이는 송응형을 비꼬아 말한 것이다.

한양에 도착하자 예조판서가 잔치를 열고 술과 음식을 대접하였다. 그런데 그 자리에서 야스히로가 후추를 뿌리니 기생과 악공들이 그것을 줍느라 서로 다투어 아수라장이 되었다. 숙소로 돌아온 후 야스히로는 탄식을 하면 역관에게 이렇게 말하였다고 한다.

"너희 나라는 망할 것이다. 이미 기강이 무너졌으니 망하지 않겠는가?"

❖ 류성룡 『징비록(懲毖錄)』 권1

배가 부산에 정박하자 황윤길(黃允吉)은 반드시 전란(戰亂)이 일어날 것이라는 내용의 일본 정황을 급하게 보고하였다. 얼마 뒤 임금을 만난 자리에서도 황윤길의 대답은 이전과 같았다. 그러나 김성일(金誠一)의 대답은 달랐다.

"신은 그러한 정황을 보지 못하였습니다."

그리고 또 이런 말을 하였다.

"황윤길이 인심을 동요시키니 옳은 일이 아닙니다."

이에 조정의 사람들은 황윤길을 지지하거나 김성일을 지지하며 의견이 나뉘었다. 내가 김성일에게 "그대의 말이 황윤길의 말과 다르니 만약 전쟁이 일어나면 어찌할 것이오?"라고 묻자 그는 이렇게 대답하였다.

"왜인들이 끝내 움직이지 않는다고 제가 어떻게 장담할 수 있겠습니까? 다만 황윤길의 말은 너무 지나쳐서 안팎의 사람들을 놀라게 하고 미혹시킵니다. 그래서 사람들의 의혹을 풀어주려고 했을 뿐입니다."

❖ 『선조수정실록(宣祖修正實錄)』 선조 25년 4월 14일(계묘)

14일 왜적이 크게 군사를 일으켜 침략해 와서 부산진(釜山鎭)을 함락시켰는데 첨사(僉使) 정발(鄭撥)이 전사하고, 이어 동래부(東萊府)가 함락되면서 부사 송상현(宋象賢)도 전사하였다. 평수길(平秀吉)이 우리나라가 그들에게 명나라를 공격하는 길을 빌려주지 않는다는 이유로 마침내 여러 섬의 군사 20만을 징발하여 직접 거느리고 일기도(一岐島)까지 이르러 평수가(平秀家) 등 36명의 장수에게 나누어 거느리게 하고, 대마 도주 평의지(平義智)와 평조신(平調信) · 행장(行長) · 현소(玄蘇)를 향도로 삼아 4~5만 척의 배로 바다를 뒤덮고 와 이 달 13일 새벽안개를 틈타 바다를 건너왔다. 부산에서 망을 보던 관리가 처음에 먼저 온 4백여 척을 보고 주진(主鎭)에 전보(轉報)하였는데, 변장(邊將)이 단지 처음 보고받은 것을 근거로 이를 실제 수효로 여겼다. 그리하여 병사(兵使)가 장계하기를 '적의 배가 4백 척이 채 못 되는데 한 척에 실은 인원이 수십 명에 불과하니 그 대략을 계산하면 약 만 명쯤 될 것이다.'고 하였으므로, 조정에서도 그렇게 여겼다.

부산첨사 정발은 절영도(絶影島)에 사냥하러 갔다가 급히 돌아와 성에 들어갔는데 전선(戰船)은 구멍을 뚫어 가라앉히게 하고 군사와 백성들을 모두 거느리고 성가퀴를 지켰다. 이튿날 새벽에 적이 성을 백 겹으로 에워싸고 서쪽 성 밖의 높은 곳에 올라가 포(砲)를 비 오듯 쏘아대었다. 정발이 서문(西門)을 지키면서 한참 동안 대항하여 싸웠는데 적의 무리가 화살에 맞아 죽은 자가 매우 많았다. 그러나 정발이 화살이 다 떨어져 적의 탄환에 맞아 전사하자 성이 마침내 함락되었다.

❖ 류성룡 『징비록(懲毖錄)』 권1

일본군이 충주에 들어왔다. 신립이 맞서 싸웠으나 패하여 전사하였으며 우리 군도 크게 무너졌다. 신립이 충주에 도착하니 충청도의 각 고을에서 8,000여 명의 군사들이 모였다. 신립은 처음에 조령을 지키고자 하였으나 이일이 패전하였다는 소식을 듣고는 낙담하여 충주로 돌아왔다. 또 이일과 변기 등의 장수를 모두 충주로 불렀다. 조령 같은 험한 요새를 버리고 지키지 않았으며 명령은 번잡할 뿐이었으니, 사람들은 그가 반드시 패전할 것이라고 생각하였다.

신립과 친분이 있는 군관은 일본군이 이미 조령을 넘었다고 은밀하게 알려주었는데, 그때가 4월 27일 초저녁이었다. 이 말을 들은 신립이 갑자기 성을 뛰쳐나가자 군사들이 술렁거렸다. 사람들은 그가 어디로 갔는지 알 수가 없었는데, 한밤중이 되어서야 신립은 몰래 객사로 돌아왔다.

다음 날 아침 신립은 군관이 망언을 하였다며 끌어내 목을 베고 적은 아직 상주를 떠나지 않았다고 장계를 올렸다. 이미 일본군이 10리 가까이에 와 있음을 알지 못했던 것이다.

신립은 군사를 이끌고 나가 탄금대 앞 강물 두 줄기 사이에 진을 쳤다. 그곳은 좌우로 논이 많고 물풀이 뒤섞여 나 있어 말을 달리기에 불편하였다.

잠시 뒤에 일본군이 단월역(충주의 역참)에서 길을 나누어 쳐들어왔는데 그 기세가 비바람이 몰아치는 듯하였다. 적의 한쪽 부대는 산을 돌아 동쪽으로 쳐들어오고 다른 한쪽 부대는 강을 따라 아래에서 쳐들어 왔다. 총소리는 땅을 뒤흔들고 먼지는 하늘에 닿을 지경이었다.

신립은 어찌할 바를 모르고 말에 채찍질하여 두 차례나 직접 적진을 향해 돌진하려고 하였지만 적진을 뚫지 못하고 돌아와서 강물에 뛰어들어 죽었다. 여러 군사들도 모두 강물에 뛰어들어 시체가 강물을 뒤덮은 채 떠내려갔다. 김여물도 적과 뒤섞여 싸우는 군사들 사이에서 죽었다. 이일은 동쪽 산골짜기를 지나 달아났다.

처음에 조정에서는 일본군의 기세가 왕성하다는 소식을 듣고, 이일이 혼자 힘으로는 버티기 어려울 것이라고 걱정하였다. 신립은 당대의 명장으로서 사졸들이 그를 두려워하고 복종하였기 때문에 막강한 군대를 이끌고 이일의 뒤를 따르게 해서 두 장수가 협력한다면 적을 막아낼 수 있을 것이라고 기대하였다. 이 계책은 잘못된 것이 없었지만 불행하게도 경상도의 수군과 육군의 장수들은 모두 겁쟁이였다.

바다에 있던 경상좌수사 박홍(朴泓)은 한 명의 군사도 보내지 않았다. 수로가 조금 떨어져 있었지만, 경상우수사 원균(元均)은 거느리고 있는 배가 많았다. 게다가 일본군이 하루 만에 모두 쳐들어온 것도 아니었다. 따라서 군사를 모두 동원하여 우리의 위세를 보이며 전진시켜 서로 대치하다가 다행히 한 번이라도 이겼다면 일본군은 분명 후방에 대한 우려 때문에 그토록 빨리 우리나라 깊숙이 들어오지는 못하였을 것이다. 그런데 박홍과 원균은 적을 멀리서 보고도 달아나버리니 제대로 한번 싸우지도 못하였다.

일본군이 육지에 올랐을 때 경상좌병사 이각(李珏)은 도망가고 경상우병사 조대곤(曺大坤)은 교체되었기 때문에 일본군은 북소리를 울리며 아무도 없는 길을 수백 리나 마음대로 짓밟고 다녔다. 적은 밤낮으로 북상하였는데 어느 곳에서도 감히 그들을 가로막고 그 기세를 늦추는 자가 없었다. 그리하여 채 열흘도 되기 전에 일본군은 상주에 도착하였다. 이일(李鎰)은 객장의 신분이라 지휘하는 군사가 없었는데 갑자기 적과 싸우게 되니 진실로 적의 형세를 감당할 수 없었다. 신립(申砬)이 충주에 이르기 전에 이일이 먼저 패하니 우리 군대는 갈 곳을 잃게 되었고, 이 때문에 일이 크게 어긋나고 말았다.

아, 애통하다! 나중에 들으니 일본군은 상주를 나갈 때 여전히 험한 곳을 지나는 것을 꺼렸다고 한다. 문경현 남쪽 10여 리쯤 되는 곳에 고모성이 있었는데, 이곳은 경상좌도와 우도가 서로 만나는 장소로 양쪽 골짜기가 묶어놓은 듯이 좁으며, 그 사이로 큰 강이 흐르고 길이 그 아래로 나 있다. 일본군은 우리 군사들이 이곳을 지키고 있으리라 생각해 여러 차례 사람을 보내 살폈는데, 아무도 없다는 사실을 알고 마침내 노래를 부르고 춤을 추며 지나갔다고 한다.

❖ 류성룡 『징비록(懲毖錄)』 권2

전라수군절도사 이순신이 경상우수사 원균, 전라우수사 이억기(李億祺) 등과 함께 거제 바다에서 일본군을 크게 물리쳤다. …… 한산도에서의 승전보를 들은 조정은 크게 기뻐하였고 임금께서는 이순신에게 일품 벼슬을 주려고 하였다. 너무 지나치다고 말하는 자들이 있어서 이순신은 정헌대부로 승진시키고 이억기와 원균은 가선대부로 승진시켰다.

이 전투가 있기 전에 왜장 고니시 유키나가가 평양에 도착하여 다음과 같은 글을 보냈다.

"일본의 수군 10만여 명이 서해로부터 오고 있는데, 임금의 어가가 여기에서 또 어디로 가실지 모르겠군요."

일본군은 원래 수군과 육군을 합세하여 서쪽으로 진격할 계획이었다. 그런데 이 한 번의 전투에서의 패배로 마침내 일본군의 한 팔이 잘리고 말았다. 고니시 유키나가의 부대가 비록 평양을 탈환하였지만 고립된 세력이니 감히 다시 진군할 수 없었다.

이 전투로 전라도, 충청도, 황해도, 평안도 연해 일대를 지켜냄으로써 군량미를 적절히 조달할 수 있게 되었고 명령 및 연락체계를 통일시킴으로써 중흥에 성공할 수 있었다. 또한 요동의 금주, 복주, 해주, 개주, 천진 등이 전란을 입지 않게 되었다. 명나라 원병이 육로로 들어와 우리 군을 도와 일본군을 몰아내게 한 것도 모두 이 한산도 전투에 힘입은 것이다. 아아, 이 어찌 하늘의 도움이 아니겠는가! 이순신이 삼도의 수군을 이끌고 한산도 주둔하여 일본군의 서쪽 침범로를 막았도다.

❖ 『선조수정실록(宣祖修正實錄)』 선조 25년 6월 1일 기축

상이 의주에 이르렀다.[이달 22일이었다.] 목사의 아사(衙舍)를 행궁(行宮)으로 삼았다. 황진(黃璡)이 당시 의주 목사였는데, 판관 권황(權滉)이 부지런히 주관하여 공응(供應)을 잘하였으므로 상하가 편하게 여겼다.

❖ 『선조수정실록(宣祖修正實錄)』 선조 25년 9월 1일 정사

설번은 의주(義州)에 하루 동안 머물고 즉시 돌아가 먼저 병부(兵部)에 치자(馳咨)하였는데, 그 치자에 다음과 같이 말했다.

"…… 돌아보건대 안타깝게 여겨야 할 상황은 조선에 문제가 있지 않고 우리나라의 강역에 있다는 점이며 어리석은 제가 깊이 염려하는 바는 강역에만 그치지 않고 내지(內地)까지 진동할까 하는 점입니다. 그러니 군사를 징발하는 것을 한 순간인들 늦출 수 있겠습니까. 대저 요진(遼鎭)은 경사(京師)의 팔과 같으며 조선은 요진의 울타리와 같습니다. 그리고 영평(永平)은 기보(畿輔)의 중요한 지역이며 천진(天津)은 또 경사의 문정(門庭)입니다. 2백 년 동안 복건성(福建省)과 절강성(浙江省)이 항상 왜적의 화를 당하면서도 요양과 천진에까지 이르지 않았던 것은 어찌 조선이 울타리처럼 막아주었기 때문이 아니겠습니까. 압록강에 길이 셋이 있습니다만 서쪽에 가까운 두 곳의 길은 물이 얕고 강이 좁아서 말이 뛰어 건널 만하고, 또 한 길은 동서의 거리가 얼마 되지 않으니 어떻게 그 곳을 거점으로 하여 방수(防守)할 수 있겠습니까. 만약 왜노들이 조선을 점거하다면 요양의 주민들은 하루도 편안하게 잠을 잘 수 없을 것입니다. 그리고 순풍에 돛을 달고 서쪽으로 배를 띄우면 영평과 천진이 가장 먼저 그 화를 받게 될 것이니, 경사가 놀라 진동하지 않겠습니까? …… 어떤 이는 '군사를 일으켜 가서 정벌하면 그들의 침입을 초래할 뿐이다.'라고 하지만 본인의 생각으로는 정벌을 해도 올 것이고 정벌하지 않아도 올 것이며, 정벌을 할 경우 평양의 동쪽에서 견제할 수 있어 그들이 오는 것이 더디어 화(禍)가 작게 될 수 있지만, 정벌하지 않을 경우 그들이 평양 서쪽에서 저희 마음대로 할 수 있어 그 침입의 속도가 빠르고 화도 커지게 될 것으로 여겨집니다. 그리고 빨리 정벌하면 우리가 조선의 힘을 빌릴 수 있지만 늦게 정벌하면 왜노가 조선 사람을 거느려 우리를 대적할 것이기 때문에 적은 군사를 동원하여 정벌하는 일을 한시라도 늦출 수 없다고 생각합니다. 돌아보건대 군사를 일으키는 비용으로는 양향(粮餉)보다 더 중요한 것이 없습니다. 본인이 그 저축되어 있는 것을 물어본바 겨우 7천~8천 명의 한 달 양식에 불과했으니, 그 부족량은 우리가 계속 대주어야 할 것입니다. 해국에서도 인마(人馬)를 많이 징발하여 강변에 두고 있습니다. 그 나라 신민들도 우리 군사가 그들의 부모 형제의 원수를 갚아주는 것을 다행으로 여겨 즐거이 곡식을 수송하며 자진하여 지역을 따라 양식을 대줄 것인데, 더구나 왜놈들이 쌓아둔 것이 있음이겠습니까. 당직(當職)이 말한 것은 여러 신하들이 모두 먼저 말한 것입니다. 다시 생각건대 이번의 거사를 하루라도 빨리 하면 조선이 하루라도 빨리 멸망하는 화를 면할 것이고, 하루 늦게 하면 우리 강역에 하루의 근심을 더 끼치게 될 것입니다. 간절히 바라건대 성명(聖明)께서는 예단(睿斷)을 내리시어 해부(該部)에 조칙을 내려 병마를 어서 떠나도록 재촉하신다면 강역과 종묘사직에 매우 다행이겠습니다."

이때 석성(石星)이 아뢴 의논도 그러하였기 때문에 이론(異論)이 끼어들 수 없었다. 설번이 우리나라에 사신으로 왔다가 맨 먼저 이 의논을 아뢰었는데, 중국 조정에서 시종 군사를 출동시켜 접응하며 구원하게 된 것은 대체로 이렇게 아뢴 때문이다.

❖ 『선조수정실록(宣祖修正實錄)』 선조 26년 1월 11일 병인

처음에 제독 이여송(李如松)이 군사 3만 명을 거느리고 부총병(副總兵) 양원(楊元)을 중협 대장(中協大將)으로, 부총병 이여백(李如栢)을 좌익 대장(左翼大將)으로, 부총병 장세작(張世爵)을 우익 대장(右翼大將)으로 삼고, …… (중략) …… 임진년 12월 25일에 압록강을 건넜고 계사년 1월 5일에 순안현(順安縣)에 주차(駐箚)하여 먼저 부총병 사대수를 보내어 왜장과 부산원(斧山院)에서 만나기로 약속하게 하였는데, 평양성의 적장 평행장(平行長)이 그의 비장(裨將) 평후관(平後寬)을 시켜 가서 영접하게 하였다. 사대수가 사로잡아 제독의 군중(軍中)으로 보내었는데, 밤에 적 몇 명이 기회를 틈타 도망하자 여러 군사가 쫓아가 죽이고 인해서 평후관을 단단히 가두었다.

6일 새벽에 제독이 군사를 진격시켜 평양성 밑에 닿게 하고 여러 장수를 나누어 본성(本城)을 에워싸고 백기(白旗)에다가, "조선 군민으로서 자진하여 기(旗) 아래로 투항하는 자는 죽이지 않겠다." 고 써서 세워 놓았다. 왜적이 1천여 명의 군사를 내어 성의 북쪽에 있는 모란봉(牧丹峯)에 웅거하여 청백기를 세우고 함성을 지르며 포를 쏘았다. 또 군사 약 5천여 명을 나누어 북성(北城)에서부터 보통문(普通門)까지 성 위에 줄을 지어 서서 앞에는 녹각 책자(鹿角柵子)를 박았으며 방패로 가리고 칼을 번뜩였다. 그 가운데 대두아(大頭兒)가 강한 군사 수백여 명을 거느리고서 대장기(大將旗)를 세우고 나팔을 불며 북을 울리면서 성 위를 순시하고 여러 적을 지휘하였다. 제독이 한 지병(枝兵)을 내어 모란봉을 경유하여 올라가 쳐다보며 공격하는 것처럼 하도록 하자 적이 높은 지세를 이용하여 아래로 조총을 쏘므로 군사들이 물러났다. 적이 성을 나와서 추격하므로 명나라 군사가 쇠방패[鐵盾] 수십 개를 버리고 가자 적이 그것을 다투어 가지므로 명나라 군사가 되돌아서서 공격하니 적이 성으로 들어갔다. 포시(晡時)에 제독이 징을 울려 군사를 거두어 군영으로 돌아왔다. 이날 밤에 적 수백여 명이 재갈을 물고 몰래 나와 우영(右營)을 습격하였는데, 명나라 군사가 일시에 기(旗)를 거두고 등불을 끄며 거마목(拒馬木) 아래에서 일제히 화전(火箭)을 발사하니, 밝은 빛이 낮과 같았으므로 적이 도망하여 성으로 일제히 되돌아갔다.

7일 사시(巳時) 끝 무렵에 삼영(三營)이 함께 출동하여 보통문에 이르러 성을 공격한 다음 짐짓 물러나는 척하니 적이 문을 열고 나와서 추격하므로, 명나라 군사가 되돌아서서 싸워 30여 급을 베고 문 입구까지 추격하였다가 되돌아왔다.

8일 이른 아침에 제독이 향을 피우고 좋은 날을 점쳐서 가린 다음 삼군(三軍)이 전식(傳食)하기를 마치자, 삼영의 장수와 함께 각 해당 군사들을 나누어 통솔하여 성밖 서북쪽을 포위하였다. 유격장군(遊擊將軍) 오유충과 원임 부총병(原任副總兵) 사대수는 모란봉을 공격하고, 중군(中軍) 양원과 우협 도독(右協都督) 장세작은 칠성문(七星門)을 공격하고, 좌협 도독(左協都督) 이여백과 참장(參將) 이방춘은 보통문을 공격하고, 부총병 조승훈과 유격 낙상지는 본국(本國)의 병사(兵使) 이일(李鎰), 방어사(防禦使) 김응서(金應瑞) 등과 함구문(含毬門)을 공격하였다. 여러 군사가 비늘처럼 늘어서서 점차로 진격하였는데, 빙판길을 바라보니 말발굽에 날리는 얼음 조각과 잡다한 티끌이 흰 안개처럼 공중에 가득하였으며, 해가 떠올라 투구와 갑옷에 내려비치자 은빛이 찬란하고 만상(萬狀)이 현란하게 빛나 매우 장관이었다. 적도 성가퀴 위에서 오색의 깃발을 많이 펼치고 긴 창과 큰 칼을 묶어 날을 가지런하게 하여 밖으로 향하게 하여 항거하며 지킬 계획을 하였다. 제독이 친병(親兵) 1백여 기(騎)를 거느리고 성 아래로 바싹 진격하여 장사(將士)들을 지휘하였다. 조금 있다가 대포 1호(號)를 발사하자 각진에서 잇따라 일제히 발사하니 소리가 우레와 같아 산악이 흔들리는 듯하였으며, 어지럽게 화전(火

箭)을 발사하자 연기와 화염이 수십 리에 가득하여 지척을 분간할 수 없었으며, 단지 고함소리만 포(砲) 소리에 섞여 들리는 것이 수많은 벌이 윙윙대는 것 같았다. 잠시 후에 서풍이 갑자기 일어 포연(砲烟)을 거두어 곧바로 성안으로 몰려갔는데 세찬 바람에 불길이 몹시 거세었다. 먼저 밀덕 토굴(密德土窟)에 불이 붙으니 붉은 화염이 하늘에 뻗치고 부근으로 번져 모두 태웠으며 성 위의 적의 깃발도 잠깐 사이에 바람에 쓰러졌다. 제독이 여러 군사들을 고무시켜 성에 다가가자 적이 성가퀴 안에 엎드려 있다가 어지럽게 연환(鉛丸)을 쏘며, 끓는 물을 붓고 큰 돌을 굴리며 저항하였다. 많은 군사들이 조금 퇴각하자 제독이 손수 겁을 먹고 퇴각하는 자 중 한 사람의 목을 베어 진(陣) 앞에서 돌려가며 보인 다음 제독이 앞장서서 진격하면서, "먼저 성에 오르는 자는 은 5천 냥을 상으로 주겠다."고 소리쳤다. 오유충(吳惟忠)은 탄환을 맞아 가슴을 다쳤는데도 전투를 더욱 힘써 독려하였으며, 낙상지(駱尙志)는 함구문(含毬門) 쪽의 성을 따라 긴 창을 가지고 마패(麻牌)를 짊어지고 몸을 솟구쳐 성가퀴에 오르는데 적이 던진 큰 돌을 발에 맞아 다쳤지만 그것을 무릅쓰고 곧바로 올라갔다. 여러 군사들이 북을 치고 함성을 지르며 그를 따르니, 적이 감히 저항하지 못하였다. 절강(浙江)의 군사가 먼저 올라가 적의 깃발을 뽑아 버리고, 명나라 군사의 기를 세웠다. 제독이 좌협 도지휘(左協都指揮) 장세작(張世爵) 등과 칠성문을 공격하였으나 적이 문루(門樓)에 웅거하였으므로 쉽게 공격하여 빼앗지 못하자 대포를 쏘며 공격하도록 명하였다. 포(砲) 2지(枝)를 문루에 충돌시켜 부수자 무너져 모두 타버리니 제독이 군사를 정돈하여 들어갔다. 여러 군사들이 승세를 틈타 앞다투어 진격하니 기병과 보병이 구름같이 모여 사방으로 쳐 죽였다. 적들이 형세가 위축되어 달아나 여러 막사(幕舍)로 들어가자 명나라 군사들이 차례로 태워 모두 죽이니 냄새가 십여 리까지 났다.

❖『난중잡록(亂中雜錄)』3 계사년 하 만력 21년, 선조 26년(1593) 9월

적의 괴수 수길(秀吉)이 또 구혼(求婚)·할지(割地)·봉왕(封王)·망포(蟒袍)등 일곱 가지 조건으로써 천조(天朝)에 요구하였다 한다. 이것도 역시 당시의 소문이다. 대개 할지(割地)라는 것은 우리 한강 이남의 3도를 베어 달라는 것이다. 통분하다. 전에 이미 7도를 짓밟고 만백성을 도륙하고 임금의 욕됨은 파천하기에 이르고 종묘는 비참하게 잿더미가 되었으니, 귀가 있는 자는 적괴(賊魁)가 죽었다는 소식을 듣고자 하고, 눈을 가진 자는 적괴의 죽음을 보고자 하고, 입을 가진 자는 적괴의 고기를 먹고자 하고, 코를 가진 자는 적괴의 비린내를 맡으려 하고, 손을 가진 자는 적괴의 머리를 베고자 하고, 발을 가진 자는 적괴의 창자를 짓밟으려 하여 이 땅에 신하나 백성이 된 이는 죽기 전에 원수를 갚기를 생각하여 칼을 어루만지며 쓸개를 맛보면서 잠시라도 잊지 않고, 어리석은 남녀라도 모두 호미와 따비를 던지고 한 왜놈이라도 죽여서 만고에 없던 원수를 갚기를 생각하지 않는 이가 없는데 흉악하고 추한 적은 죄악을 자꾸 쌓아 그치지 아니하여 오히려 엿본다. 말이 이에 미치니 이것은 일시 힐난할 원수가 아니라 만세에 잊지 못할 적이다. 그런데도 사실(私室)에서 잠자고 밥을 먹으며 당장 눈앞의 편안함을 찾는 자가 있고, 백성을 토색(討索)하고 학대하며 원수 갚기를 생각하지 않는 자가 있어 저 적의 견디기 어려운 말을 듣고도 국사에 무심하니, 아! 통분하다. 죽여도 모자란다.

❖ 『선조수정실록』 31권 선조 30년 9월 1일 기축

통제사 이순신(李舜臣)이 진도(珍島) 벽파정(碧波亭) 아래에서 적을 격파하여 왜장 마다시(麻多時)를 죽였다. 순신이 진도에 도착해 병선을 수습하여 10여 척을 얻었다. 이때 배를 타고 피난해 있던 연해(沿海)의 사민(士民)들이 순신이 왔다는 말을 듣고는 기뻐하였다. 순신은 길을 나누어 그들을 불러 모아 군대 후면에 있으면서 군사의 형세를 돕도록 했다. 적장 마다시는 수전을 잘한다고 소문난 자인데, 2백여 척을 거느리고 서해를 범하려고 하여, 벽파정 아래에서 접전하게 되었다. 순신은 12척의 배에다 대포를 싣고는 조수를 타고 순류(順流)하여 공격하니, 적이 패주(敗走)하였으므로, 수군의 명성이 크게 진동하였다.

❖ 『난중잡록(亂中雜錄)』 3 정유년 만력 25년 선조 30년(1597) 9월 23일

왜적의 괴수인 내도수(來島守)는 병선 수백 척을 거느리고 먼저 서해로 향하여 진도(珍島)의 벽파정(碧波亭) 밑에 이르렀다. 이때 통제사 이순신(李舜臣)은 명량(鳴梁)에 유진하고 피란한 배 백여 척이 뒤에서 성원하였다. 이순신은 왜적이 들어온다는 말을 듣고 여러 장수에게 명령하기를, "적은 많고 우리는 적으니 경솔히 대적하지 말고 기회를 따라 대책을 세워야 할 것이니, 이렇게 이렇게 하라." 하였다. 왜적은 우리 군대가 외롭고 힘이 약함을 보자 삼킬 듯이 서로 다투어 먼저 올라와 사면을 포위하고 엄습하여 왔다. 아군은 싸울 뜻이 없는 양 보이며 거짓으로 적의 포위 속으로 들어가니, 왜적은 아군의 두려워하고 겁냄을 기뻐하였다. 육박하여 난전이 되었을 때 홀연히 장수 배에서 주라를 번갈아 불어대고, 지휘기가 일제히 흔들리고 도고(鼗鼓) 소리가 울리는 가운데, 불이 적의 배에서 일어나 여러 배가 연소되니, 불길은 하늘을 뒤덮었고, 화살을 쏘아대고 돌을 던지고 창검이 어울려서 찌르니, 죽는 자는 삼대가 쓰러지듯 하였고, 불에 타 죽고 빠져 죽는 자가 그 수효를 알 수 없었다. 먼저 내도수(來島守)를 베어 머리를 돛대 꼭대기에 매달으니, 장수와 사병이 용맹을 떨쳐 달아나는 놈을 추격하고 패배하여 가는 놈을 따라가 목 베어 죽인 것이 수백여 급이 되었으며, 도망하여 탈출한 것은 겨우 10여 척뿐이었고 아군의 병선은 모두 무사하였다. 왜적들이 고국으로 돌아가 전쟁담을 논할 때에는 반드시 명량의 싸움을 말하였다 한다.

❖ 류성룡 『징비록(懲毖錄)』 권4

10월에 명나라 제독 유정이 다시 순천의 적진을 공격하였다.

통제사 이순신은 수군을 이끌고 바다에서 일본군의 구원병을 크게 격파하였지만, 이 싸움에서 전사하였다. 적장 고니시 유키나가는 성을 버리고 달아났고, 부산 · 울산 · 하동 등 해안가에 주둔하고 있던 적들이 모두 물러났다.

이때 고니시 유키나가는 순천 예교에 성을 쌓고 굳게 지키고 있었다. 제독 유정이 대군을 이끌고 나아가 공격하였으나, 이기지 못하고 순천으로 돌아왔다.

얼마 후 다시 진격하여 성을 공격하였는데, 이순신과 명나라 도독 진린은 바다 어귀를 끼고 접근하였다. 고니시 유키나가가 사천에 있던 왜장 시마즈 요시히로에게 구원을 요청하니, 시마즈 요시히로가 뱃길을 따라 구원하러 왔다. 이순신이 진격하여 시마즈의 군대를 크게 격파하고 적의 배 200여 척을 불태웠으며, 수많은 일본군을 죽이거나 사로잡았다.

달아나는 일본군을 추격하여 남해의 경계에 이르렀을 때 이순신은 일본군의 화살과 돌을 무릅쓰고 직접 힘을 다해 싸웠다. 그때 날아오는 총알이 이순신의 가슴을 뚫고 등 뒤로 나가니 주변에 있던 사람들이 그를 부축하여 장막 안으로 들어갔다. 이순신이 말하였다.

"전투가 급박하니 나의 죽음을 말하지 말라."

그러고 나서 숨을 거두었다. 이순신의 조카 이완(李莞)은 평소 담력과 기량을 갖추고 있었다. 이순신의 죽음을 비밀로 하고 이순신의 명령이라며 더욱 강하게 싸움을 독려하니 군사들은 그의 죽음을 알지 못하였다.

진린(陳璘)이 탄 배가 적에게 포위당하자 이완이 멀리서 이를 보고는 군사들을 지휘하여 그를 구원하니, 적들이 흩어져 달아났다. 진린은 자기를 구원해준 것에 감사를 표시하기 위해 이순신에게 사람을 보냈다가 그제야 이순신의 죽음을 알게 되었다. 의자에 앉아 있던 진린이 땅바닥에 주저앉으며 말하였다.

"나는 영감께서 나를 구원하러 오셔서 살아계신 줄로만 알았는데, 어째서 돌아가셨습니까?"

진린은 가슴을 치며 크게 통곡하였다. 온 군대가 모두 통곡하니 그 소리가 바다를 흔들었다.

고니시 유키나가는 우리 수군이 시마즈의 군대를 추격하느라 자기 진영을 앞질러 간 틈을 타서 뒤로 빠져 달아났다. 이보다 앞선 7월에 왜의 우두머리인 도요토미 히데요시가 이미 죽었기 때문에 바닷가에 주둔하고 있던 일본군들이 모두 물러난 것이다.

이순신이 죽었다는 소식을 들은 우리 군대와 명나라 군대는 잇닿아 있는 진영마다 모두 통곡하며 마치 친부모가 죽었을 때처럼 슬퍼하였다. 또 이순신의 관이 지나는 곳마다 사람들이 곳곳에 제단을 설치하고, 상여를 붙잡고 통곡하며 말하였다.

"공께서는 실로 우리를 살려주신 분인데, 지금 공은 우리를 버리고 어디로 간단 말입니까."

통곡하는 사람들로 길이 막혀 상여가 앞으로 나가지 못하였고, 지나가는 사람들도 모두 눈물을 흘리며 길을 갔다.

조정에서는 이순신을 의정부 우의정에 추증하였다. 명나라 총독군문 형개(邢玠)는 마땅히 바다에 사당을 세워 이순신의 충성스러운 넋을 기려야 한다고 하였지만 그 일은 결국 성사되지 않았다. 이에 바닷가 사람들이 서로 협력하여 사당을 세우고 '민충사(愍忠祠)'라는 이름을 지어 때마다 제사를 지냈다. 사당 아래를 오가는 상선과 어선에 탄 사람들도 모두 이순신에게 제사를 지냈다고 한다.

❖ 『선조수정실록(宣祖修正實錄)』 선조 25년 6월 1일 기축

제도(諸道)에서 의병(義兵)이 일어났다. 당시 삼도(三道)의 수신(帥臣)이 모두 인심을 잃은 데다가 변란이 일어난 뒤에 군사와 식량을 징발하자 사람들이 모두 밉게 보아 적을 만나기만 하면 모두 패하여 달아났다. 그러다가 도내(道內)의 거족(巨族)과 명인(名人)이 유생(儒生) 등과 함께 조정의 명을 받들어 창의(倡義)하여 일어나자 듣는 사람들이 격동하여 원근에서 응모하였다. 크게 성취하지는 못했으나 인심을 얻었으므로 국가의 명맥이 그들 덕분에 유지되었다. 호남(湖南)의 고경명(高敬命)·김천일(金千鎰), 영남(嶺南)의 곽재우(郭再祐)·정인홍(鄭仁弘), 호서(湖西)의 조헌(趙憲)이 가장 먼저 의병을 일으켰다.

참고문헌

김동현, 『서울의 궁궐건축』, 시공사, 2002
김용섭, 『한국 중세 농업사 연구』, 지식산업사, 2000
유동호, 「임진전쟁 초기 청주지역 의병진의 성격과 활동—박춘무와 조강 의병진을 중심으로」, 『한국민족문화』 66, 2018
윤돌, 『마음으로 읽는 궁궐이야기』, 이비컴, 2004
정만조 · 한충희 · 김인걸 외, 『조선의 정치와 사회』, 집문당, 2002
정옥자, 『조선시대 문화사 상』, 일지사, 2007
한국사연구회, 『한국사 연구입문』, 지식산업사, 1987
한국역사연구회, 『조선시대 사람들은 어떻게 살았을까 1 · 2』, 청년사, 2005
한국역사연구회, 『한국역사 입문, 중세편』, 풀빛, 1995
한영우, 『조선전기 사회경제 연구』, 을유문화사, 1983
홍순민, 『우리 궁궐 이야기』, 청년사, 1999

6장

조선후기

1 임진전쟁 이후의 정국변화와 청의 침략

1) 광해군대의 정치와 인조반정

선조는 1608년에 승하昇遐한다. 임진왜란이 끝난 지 10년 되는 해이다. 전후戰後 처리는 고스란히 선조의 뒤를 이은 광해군의 몫으로 남았다. 광해군은 전후 처리뿐만 아니라, 왕권을 재확립하고 새로운 국제환경에 적응해야 했다.

선조는 중종의 서자인 덕흥군의 셋째 아들로서, 최초의 방계 출신 임금이었다. 선조는 정통성이 취약했기 때문에, 후계는 적장자 원칙을 고수했다. 하지만 왕비였던 의인왕후와의 사이에서 자식을 얻지 못했다. 대신에 공빈 김씨에게서 임해군과 광해군을, 인빈 김씨에게서 의안군 · 신성군 · 정원군 · 의창군을 얻었다. 선조는 많은 왕자가 있었지만, 모두 적장자가 아니라는 이유로 후계를 정하지 않았다. 하지만 전쟁 발발 후 분조分朝하면서 어쩔 수 없이 광해군을 세자로 정했다. 전쟁 종료 후 의인왕후가 죽었고, 선조는 새로운 왕비를 맞이하였다. 인목왕후였다. 인목왕후에게서 고대하던 적장자인 영창대군이 탄생했다. 선조는 말년에 세자인 광해군과 적장자인 영창대군 사이에게 후계를 고민하였다. 선조의 고민은 각 세력 간의 정치적 갈등을 일으켰다. 결국 광해군이 대북파의 힘을 얻어 왕위에 올랐다.

광해군은 영창대군에 비해 정통성이 약했기 때문에 왕권강화라는 큰 과제를 안았다. 조선의 정치적 · 사회적 혼란 속에 국제환경은 급박하게 돌아갔다. 중국 대륙에서 명이 쇠락하면서, 후금이 성장하였다. 그리고 후금은 조선을 압박하였다. 광해군은 전후처리, 왕권강화, 새로운 국제환경 적응이라는 큰 과제를 해결해야 했다.

광해군은 토지 및 호적조사 사업 · 경기도 대동법 등을 시행하여 국가재정을 확보하였고, 성곽과 무기의 수리 · 군사훈련 강화를 통해 국방력을 강화하였다. 또한 전후 질병으로 인한 인명의 손실을 방지하기 위해 큰 힘을 기울였다. 허준의 『동의보감東醫寶鑑』이 광해군의 지원 속에 탄생한 것이다. 한편 명과 후금 사이에서 중립외교를 하며, 새로운 국제환경에 적응했다. 강홍립姜弘立의 투항사건은 광해군 중립외교의 대표적 사건이다. 여진족을 통합한 누르하치는 1616년에 국호를 후금後

金으로 정하고, 1618년에 요동지방에서 명과 충돌하였다. 명은 조선에 지원병을 강요하였고, 조선은 불가피하게 일만여 명의 지원병을 파견하였다. 다행히 조선의 지휘관이었던 강홍립이 전세가 불리해지자, 후금에게 투항하여 조선과 후금 사이에는 별 문제가 발생하지 않았다. 강홍립의 투항은 '현지에서 형세를 보아 향배向背를 정하라'는 광해군의 밀명을 따른 것이었다. 이후에도 명의 지원군 요청이 계속되었지만, 광해군은 적절히 거절하면서 후금과 친선을 꾀하였다.

광해군의 전후처리 사업과 중립외교는 강력한 왕권이 뒷받침되어야 가능했다. 하지만 광해군은 정통성이 취약한 임금이었으며, 광해군을 뒷받침하는 대북파는 서인과 남인에 비해 미약했다. 결국 광해군과 대북파는 왕권강화를 위해 인목대비 폐위, 영창대군 살해[계축옥사], 이황 · 이언적의 문묘제사 삭제 등 급진적이며 무리한 정책을 추진하였다. 광해군과 대북파의 무리한 정책은 성리학적 명분론을 강조하는 서인과 남인의 반발을 불러일으켰다. 결국 서인의 주도 아래 1623년 인조반정仁祖反正이 일어났고, 광해군은 강제로 퇴위 당하였다.

인조와 반정세력은 광해군의 실정을 크게 부각시켰다. 광해군이 추진했던 대부분의 정책은 무산되었다. 인조와 반정세력은 광해군의 중립외교를 치명적인 결함으로 여겼다. 인조정권은 명의 재조지은再造之恩을 강조하면서, 친명배금親明排金 외교정책을 추진하였다. 명분론에 집착한 나머지 국제 역학관계를 무시한 인조정권의 정세 판단은 엄청난 결과를 가져왔다. 바로 정묘호란과 병자호란이다. 두 전쟁은 조선의 역사 흐름을 변화시켰으며, 백성들에게 큰 고통을 주었다.

/탐구과제/

○ 인조반정(仁祖反正), 진정 반정(反正)인가?

- ㅁ 광해군대 정국(政局)과 광해군의 정책들을 인조반정의 배경으로서 살핀다. 더 나아가 광해군이 가진 역사상(歷史像)을 다시 생각한다.
- ㅁ 정묘호란과 병자호란의 배경 · 전개 · 결과를 살피고, 두 호란의 원인을 인조반정과 연계하여 생각한다.
- ㅁ 인조반정이 훗날 조선사회에 미친 영향을 찾아본다.

인조반정은 서인과 남인이 광해군의 폐륜을 징벌하고, 명과의 의리를 지키기 위해 일으킨 사건이다. 반정(反正)이란 '성리학적 명분론에 입각해 잘못된 것을 되돌려 바로 잡는 것'을 뜻한다.

반정세력이 정권을 장악한 후, 서둘러 추진한 일은 명에게 책봉을 받는 일이었다. 그런데 전혀 예상치 못한 일이 발생하였다. 숭명반청(崇明反淸)의 기치를 내걸고 출범한 인조정권을 명나라가 부정한 것이다. 『명실록(明實錄)』에 "조선 국왕 이혼(광해군)이 그의 조카 종(인조)에게 찬탈당하였다."고 기록되어 있다. 인조와 반정세력은 광해군의 배반을 강조하고 충성을 서약한 후에야 명으로부터 책봉을 받을 수 있었다. 인조반정 22개월 만이었다. 인조 정권은 백성들에게도 외면 받았다. 인조 즉위 후 백성들 사이에 유행한 상시가(傷時歌)가 유행하였다. '시절을 아파하는 노래'라는 뜻이다. 백성들은 권력의 주인만 바뀌었을 뿐, 광해군 대와 달라진 점이 없다고 생각했다. 한편 반정 2등 공신이었던 이괄이 논공행상(論功行賞)에 불만을 품고 난을 일으켰다. 이괄의 난은 백성들로부터 상당한 지지를 받았다. 이괄의 난 이후에도 이인기의 역모, 유효립의 역모, 이충겸의 난, 심기원의 역모 등 역모사건이 꼬리에 꼬리를 문다. 특히 심기원은 반정 1등 공신이었다. 반정공신들의 부정부패와 역모는 인조반정의 진정성을 의심케 한다. 인조반정은 성리학적 명분론이 강화되는 분기점이 되었으며, 사림정치의 새 판이 만들어지는 계기가 되었다.

아래의 자료들은 광해군의 중립외교, 인조반정의 목적과 결과, 병자호란의 배경과 전개 등을 담고 있다. 『광해군일기』의 두 기사(記寫)는 광해군대 중립외교의 단편을 보여주며, 『인조실록』의 기사들은 반정교서의 내용과 반정 후 국내의 혼란한 상황을 담고 있다. 『연려실기술』과 『병자록』은 호란의 발생배경과 남한산성에 고립된 조정의 급박한 상황을 보여준다.

인조반정의 성격을 파악하기 위해서는 반정의 배경으로서 광해군대 정치를 알아야 하며, 반정의 결과로서 병자호란을 보아야 한다. 제시한 자료들을 읽고, 인조반정이 진정 반정이었는지, 아니면 반역이었는지를 탐구해 보자.

❖ 『광해군일기(光海君日記)』 권128 광해군 10년 5월 1일 무자

"우리나라가 천조(天朝)에 대해서 의리상으로는 군신(君臣)의 관계에 있다 할지라도 의리상으로는 부자지간과 같다. 더구나 임진왜란 때 위급한 상황을 구제해 준 큰 은혜가 있는데 말해 무엇 하겠는가. 따라서 천조에 만약 사변이 발생했을 경우에는 우리나라 군신들로서는 국내 모든 역량을 총동원하여 달려가서 선봉이 되어야 마땅할 것이다. 다만 우리나라는 평소 병(兵)과 농(農)을 분리하지 않아 왔으므로 아침에 명을 내려 저녁에 집결시키기는 형세 상 불가능한데, 이런 사정은 동정(東征)한 여러 대인(大人)들이 일찍부터 환히 알고 있을 것이다. 더구나 이번의 노추(老酋)는 실로 천하의 강적이니 결코 건주위(建州衛)의 이만주(李滿住) 따위에 비할 바가 아니다. 그러니 왕사(王師)는 단지 병력을 배치하여 무위(武威)를 보여주고 크게 성세(聲勢)를 떨쳐 호랑이가 산속에 웅거하고 있는 형세를 지은 다음에 다시 적의 동태를 관찰하면서 기미를 보아 움직이는 것이 어떻겠는가. 지금 만약 깊이 들어가 섣불리 행동하며 진격한다면 만전(萬全)의 계책이 못 될 듯하니 한 번 더 깊이 생각해야 한다. 그리고 생각건대 우리나라의 군병이 잔약한 것도 돌아보지 않은 채 하루아침에 깊이 들여보낸다면 필시 전진(戰陣)에 임하여 먼저 동요된 나머지 천위(天威)를 손상시킬 걱정이 있게 될 것이다. 그러므로 과군(寡君)은 생각하기를 '급히 군병 수천 명을 뽑아 천조의 국경과 가까운 의주(義州) 등 여러 곳에 정비시켜 대기하게 한 뒤 기각(掎角)의 형세를 지어 성원하는 것이 지금의 상황에 적합할 듯하다' 하고 있다. 우리나라의 군병을 조금이라도 실제로 활용할 수 있다면 얼마나 좋겠는가. 2백년 동안 대대로 황제의 은혜를 입어 왔으므로 밤이나 낮이나 감격하면서도 보답할 길을 얻지 못했는데 또 임진년부터는 나라를 다시 세워준 은덕을 중하게 받고 있다. 더구나 지금은 국왕이 왕위를 이은 이래로 호소하기만 하면 반드시 들어주면서 전후에 걸쳐 선왕 때보다도 배나 은총을 쏟아주고 있다. 그러므로 혈기를 갖고 이 땅의 곡식을 먹는 우리나라의 백성들도 모두 황제의 은혜에 감사할 줄을 알고 있으니, 어찌 털끝만큼이라도 다른 뜻이 있겠는가."라는 내용으로 잘 말을 만들어 기필코 허락을 얻어내도록 이잠(李埁)에게 상세히 말해 보내라.

❖ 『광해군일기(光海君日記)』 권137 광해군 11년 2월 3일 정사

도원수 강홍립에게 하유하였다.

"당초 도료군(渡遼軍) 1만 명은 오로지 양서(兩西)의 정예병만을 선발하여 단속하고 훈련시켰으므로 장수와 졸개들이 서로 익숙하니, 지금에 와서 경솔히 바꾸기는 곤란하다. 중국 장수의 말을 그대로 따르지만 말고 오직 패하지 않을 방도를 강구하는 데에 힘을 쓰라. 경략이 징발하는 포수는 비록 보내지 않을 수는 없겠지만, 정문(呈文)으로 회답할 때에 만약 '우리나라의 군사 1만 명이라고 말은 하지만 숙달된 포수는 매우 적은데 지금 그 중에서 4백 명을 차출하게 되면 동쪽 방면의 형세가 매우 위태롭게 될 것이다.'고 말했다면, 경략이 다른 진영에 배치하지 않고 우리나라로 돌려보냈을 수도 있었을 것이다. 그런데 지금 털끝만큼도 곤란해 하는 기색 없이 들여보낼 것을 흔쾌히 허락하였으니, 경의 이 조치는 잘못 생각한 일인 듯하다. 만약 우승은(于承恩)의 왕래하는 인편을 만나게 되면 사정을 갖추어 말하여 그로 하여금 경략의 아문에 주선하게 함으로써 진영을 나누는 일이 없도록 하라."

❖『인조실록(仁祖實錄)』 권1 인조 1년 3월 13일 계묘

왕대비가 교서를 내려 중외에 선유하였는데, 내용은 다음과 같다.

"하늘이 만백성을 내고 그 중에다 임금을 세운 것은, 대개 인륜을 펴고 기강을 세워 위로는 종묘를 받들고 아래로는 온 백성을 안정시키기 위해서이다. 선조 대왕께서 불행히도 적사(嫡嗣)가 없어 임시 방편으로 장유(長幼)의 차례를 어기고 광해로 세자를 삼았었는데, 동궁으로 있을 때 이미 실덕(失德)이 드러나 선묘(宣廟) 말년에 자못 후회하여 마지않았다. 즉위한 처음부터 못하는 짓이 없이 도리를 어겼는데, 우선 그 중 큰 것만을 거론하겠다.

내 비록 부덕하나 천자의 고명(誥命)을 받아 선왕의 배우자가 된 사람으로 일국의 국모가 된 지 여러 해가 되었으니, 선묘의 아들이 된 자는 나를 어미로 삼지 않을 수 없는 것이다. 그럼에도 광해는 참소하는 간신의 말을 믿고 스스로 시기하여 나의 부모를 형살하고 나의 종족을 어육으로 만들고 품안의 어린 자식을 빼앗아 죽이고 나를 유폐하여 곤욕을 주는 등 인륜의 도리라곤 없었다. 이는 대개 선왕에게 품은 감정을 펴는 것이라 미망인에게야 그 무엇인들 하지 못하랴. 심지어는 형을 해치고 아우를 죽이며 여러 조카를 도륙하고 서모(庶母)를 쳐 죽였고, 여러 차례 큰 옥사를 일으켜 무고한 사람들을 해쳤다. 그리고 민가 수천 채를 철거하고 두 채의 궁궐을 건축하는 등 토목공사를 10년 동안 그치지 않았으며, 선왕조의 구신들은 하나도 남김없이 다 내쫓고 오직 악행을 조장하며 아첨하는 인아(姻婭)와 부시(婦寺)들만을 높이고 신임하였다. 인사는 뇌물만으로 이루어져서 혼암한 자들이 조정에 차있고, 돈을 실어 날라 벼슬을 사고파는 것이 마치 장사꾼 같았다. 부역이 번다하고 가렴주구는 한이 없어 백성들은 그 학정을 견디지 못하여 도탄에서 울부짖으므로 종묘사직의 위태로움은 마치 가느다란 실끈과 같았다.

이것뿐이 아니다. 우리나라가 중국 조정을 섬겨온 것이 2백여 년이라, 의리로는 곧 군신이며 은혜로는 부자와 같다. 그리고 임진년에 재조(再造)해 준 그 은혜는 만세토록 잊을 수 없는 것이다. 선왕께서 40년 동안 재위하시면서 지성으로 섬기어 평생에 서쪽을 등지고 앉지도 않았다. 광해는 배은망덕하여 천명을 두려워하지 않고 속으로 다른 뜻을 품고 오랑캐에게 성의를 베풀었으며, 기미년 오랑캐를 정벌할 때에는 은밀히 수신(帥臣)을 시켜 동태를 보아 행동하게 하여 끝내 전군이 오랑캐에게 투항함으로써 추한 소문이 사해(四海)에 펼쳐지게 하였다. 중국 사신이 본국에 왔을 때 그를 구속하여 옥에 가두듯이 했을 뿐 아니라 황제가 자주 칙서를 내려도 구원병을 파견할 생각을 하지 않아 예의의 나라인 삼한(三韓)으로 하여금 오랑캐와 금수가 됨을 면치 못하게 하였으니, 그 통분함을 어찌 이루 다 말할 수 있겠는가. 천리를 거역하고 인륜을 무너뜨려 위로는 종묘사직에 득죄하고 아래로는 만백성에게 원한을 맺었다. 죄악이 이에 이르렀으니 그 어떻게 나라를 통치하고 백성에게 군림하면서 조종조의 천위(天位)를 누리고 종묘사직의 신령을 받들겠는가. 그러므로 이에 폐위하고 적당한 데 살게 한다."

❖『인조실록(仁祖實錄)』 권4 인조 2년 1월 21일 병자

인조가 밤에 국청(鞫廳)의 신하들을 불러 만났다. 좌찬성 이귀(李貴, 1557~1633)가 "이괄이 몰래 다른 뜻을 품고 강한 군사를 장악하고 있으니, 일찍 꾀하지 않으면 훗날 반드시 제압하기 어려울 것입니다. 하물며 모든 역적들의 공초로 흉악한 모의가 드러났으니, 의금부에 잡아다 정상을 국문하지 않을 수 없습니다."라고 아뢰었다. 인조가 "이괄은 충성스럽고 의로운 사람인데 어찌 반역의 마음을 가졌겠는

가. 이는 필시 흉악한 무리가 그의 위세를 빌리고자 한 말이다. 경은 어찌하여 그가 반드시 반역할 것이라는 상황을 자세히 알고 있는가?"라고 물었다. 이귀가 아뢰기를, "이괄의 반역 모의는 신이 잘 모르지만 그 아들 이전(李栴)이 반역을 꾀한 정상은 신이 잘 알고 있습니다. 어찌 아들이 아는데 아버지가 모를 리가 있겠습니까."라고 하였다. 인조가 이르기를, "사람들이 경이 반역한다고 고한다면 내가 믿겠는가. 이괄의 일이 어찌 이와 다르겠는가." 하니, 이귀가 아뢰기를, "고변한 사람이 있다면 어찌 신이라 해서 온전히 놓아두고 묻지 않을 수 있겠습니까? 잡아 가두고 국문하여 그 진위를 살핀 뒤에 처치해야 할 것입니다." 하였으나, 인조는 답하지 않았다.

❖ 이긍익 『연려실기술(練藜室記述)』 권25 인조조고사본말(仁祖朝故事本末)

일찍이 홍립이 한윤과 함께 여러 차례 계책을 꾸며 오랑캐 추장에게 우리나라에 쳐들어 갈 것을 청하였으나, 누루하치는 그들이 제 나라를 배반한 것을 미워하여 꾸짖어 물리쳤다. 홍타시(弘他時)가 대신 위에 오르자 홍립과 한윤이 간청하여 드디어 이런 화가 이루어졌다고 한다.

적의 추장이 서신을 보내어 힐책하기를, "너의 나라에는 네 가지 죄가 있다. 천극한(天可汗)이 돌아가셨는데도 즉시 조문하지 않았으며, 선천(宣川)의 전투에서는 우리가 하나도 살육하지 않았는데도 곧장 사신을 보내어 사례하지 않았으며, 모문룡은 우리의 큰 원수인데도 국내로 맞아들여 먹을 것을 주고 돌보아주었으며, 요(遼)의 백성은 나의 적자(赤子)인데 망명자를 초대하고 반란자를 받아들였으므로 내가 매우 한스럽게 여기노라." 하였다.

❖ 이긍익 『연려실기술(練藜室記述)』 권26 인조조고사본말(仁祖朝故事本末)

그 밖에 부인들이 절개를 위하여 죽은 것은 모두 다 기록할 수 없었으며, 천인(賤人)의 아내와 첩도 자결한 사람이 많았다. 적에게 사로잡혀 적진에 이르러 욕을 보지 않고 죽은 자와 바위나 숲 속에 숨었다가 적에게 핍박을 당하여 물에 떨어져 죽은 자들이 얼마나 되는지 알 수 없다. 사람들이 전하기를, "머릿수건이 물에 떠 있는 것이 마치 연못물에 떠 있는 낙엽이 바람을 따라 떠다니는 것 같았다." 하였다.

❖ 이긍익 『연려실기술(練藜室記述)』 권25 인조조고사본말(仁祖朝故事本末)

임금이 세자와 함께 남색 군복을 입고 서문을 통해 나갔다. 청주(淸主)는 일찍이 마전포(麻田浦)에서 진을 치고 마전포 남쪽에 단(壇)을 설치하여 9층의 계단을 만들고 누런 장막과 누런 일산을 펴놓고 성대하게 병갑(兵甲)과 기독(旗纛)을 진열하고 수하의 정병(精兵) 수만 명으로 네모진 진을 치게 하고는, 우리나라 임금으로 하여금 1백 보 가량을 걸어서 삼공과 육경을 인솔하여 삼배(三拜)와 구고두(九叩頭)의 예를 평지에서 행하도록 하고 여러 신하들이 포석(鋪席)을 청하였는데, 답하기를, "황제 앞에서는 스스로 높을 수 없다." 하였다. 또 앞에 나아가 삼배 고두하게 하고 나서, 이끌고 들어가 계단을 올라가 서쪽을 향하여 제왕자(諸王子)의 위에 앉아 몽고 왕과 마주하도록 하였다. 청주는 단의 상층에 남면(南面)하고 앉아서 주례(酒禮)를 행하고 군악을 울렸다. 파할 때에 우리나라 임금에게 담비 가죽 갖옷 2벌을 주니, 임금이 한 벌을 입고 사례로 뜰에서 삼배를 하였다. 차례로 대신과 육경과 승지에게 각각 한 벌씩을 주니, 대신들이 또 차례로 뜰에서 사례하였다. 이때 숙의(淑儀)와 빈궁(嬪宮)과 대군(大

君)과 대군 부인이 강화도로부터 진중에 와 있었는데, 임금을 뵙도록 해 주었다. 또 최명길의 가속들을 내어 주니, 명길이 머리를 숙여 사례하였다. 저녁에 임금에게 서울로 돌아가도록 하므로 삼배를 하고 나오니, 청주가 금 안장에 흰 말을 뒤따르게 하였다.

세자와 봉림대군(鳳林大君)과 그 부인이 장차 심양(瀋陽)에 들어가야 하므로 진중에 그대로 머물면서 들판에서 묵었다. 임금이 성을 나갈 때 온 성중 사람이 곡하면서 보내니, 곡하는 소리가 천지를 진동하였다.

❖ 나만갑 『병자록(丙子錄)』 급보이후일록(急報以後日錄)

1월 14일 김신국과 함께 양식을 마련할 계획이었는데, 하루 먹는 양식을 군졸은 3홉으로 백관은 5홉으로 줄여야만 다음 달 24일까지 버틸 수 있었다. 군사들이 양식이 없음을 알고 적이 만약 오래 포위하면 어떤 일을 저지를지 몰라, 김신국과 나는 대궐에 들어가 전하께 이 뜻을 알렸다.

2) 정묘호란과 병자호란

광해군을 몰아내고 인조를 옹립한 서인정권은 중립외교를 지양하고, 평안도 철산 앞바다 가도에 주둔한 명나라 장수 모문룡毛文龍의 군대를 지원하는 등 친명배금親明排金 정책을 뚜렷이 하였다. 후금에서도 조선의 정복을 주장하였던 주전론主戰論자 태종[홍타이지]이 즉위하면서, 후금과 조선의 관계는 일촉즉발의 위기상태로 치달았다.

외교정책의 변화 속에서 인조반정의 공신이었던 이괄李适이 논공행상論功行賞에 불만을 품고 반란을 일으켰다가 실패하는 사건이 일어났다. 이괄의 잔당들은 후금으로 도망쳐 조선의 사정을 전하며, 광해군의 폐위가 부당하다고 호소하였다. 후금은 광해군의 복수를 명분으로 인조 5년(1627)에 조선을 침공하였다. 바로 정묘호란丁卯胡亂이다.

청 태종은 아민阿敏 등에게 3만 명의 병력을 주어 조선을 침공하였다. 청나라 군대는 평안도를 거쳐 황해도 평산까지 내려왔으나, 관군과 의병들의 거센 저항으로 어려움을 겪었다. 또한 후금은 명과 대치하고 있는 상황이었기 때문에 전쟁을 더 이상 확대하기 어려웠다. 후금은 조공 및 관무역官貿易을 조건으로 조선과 화약和約을 맺고 철수하였다.

그러나 후금은 군대를 압록강 이북으로 완전히 철수시키지 않은 채 의주義州에 주둔시켜 명나라 군대를 견제하였다. 한편 조선도 명나라와의 관계를 지속하였다. 이러한 상황 속에서 후금은 명나라를 정벌하기 위한 병선兵船과 식량을 조선에서 계속 징발하였으며, 조선 국경에 주둔하고 있었던 명의 군대를 토벌한다는 명목으로 자주 내침하였다. 급기야 인조 14년(1636) 후금은 국호를 청淸이라 고치고, 노골적으로 사대관계를 요구했다. 조선정부가 척화파斥和派의 주장에 따라 청의 요구를 거절하자, 인조 14년 12월에 청 태종은 약 10만 명의 군사를 앞세워 조선을 침공하였다. 바로 병자호란丙子胡亂이다.

청의 군대가 파죽지세로 남하하여 도성이 함락당할 위기에 처하자, 당황한 조선정부는 왕자 2명과 왕실을 강화도로 피난시키고 청과 강화를 추진했다. 그러나 화평교섭은 실패하였다. 인조는 어쩔 수 없이 소현세자昭顯世子 및 대신들과 함께 남한산성南漢山城으로 들어가 항전을 시작하였다.

그러나 한양과 강화도가 청의 군대에게 함락되면서 남한산성은 고립되었다. 고립 상황에서도 산성 안의 조선군과 산성 일대의 백성들은 청의 군대에 맞서 싸웠다. 그러나 혹독한 추위와 식량의 부족으로 병들고 얼어 죽는 군사들이 점차 늘었다. 성내에서는 최명길崔鳴吉 등 주화파主和派와 김상헌金相憲 등 주전파主戰派 사이에 논쟁이 거듭되었다. 결국 주화파의 주장에 따라 성문을 열고 항복하기로 하였다. 이때가 전쟁이 시작된 지 45일 만이었던 인조 15년(1367) 1월 30일이었다.

청 태종은 조선의 항복을 받아들이는 조건으로 인조가 직접 성 밖으로 나와 항복하고, 굴욕적인 요구사항을 받아들이라고 강요하였다. 어쩔 수 없이 인조는 세자와 함께 삼전도三田度(현재의 송파)에서 청 태종에게 삼배구고두례三拜九叩頭禮를 올리는 치욕을 감수해야 했으며, 조선은 다음과 같은 굴욕적인 요구사항을 받아들여야 했다.

① 청에게 군신君臣의 예禮를 지킬 것
② 명의 연호年號를 폐하고, 명과 관계를 끊으며, 명에서 받은 고명誥命 · 책인冊印을 내놓을 것
③ 조선 왕의 장자 · 제2자 및 여러 대신의 자제를 선양에 인질로 보낼 것
④ 성절聖節(중국황제의 생일) · 정조正朝 · 동지冬至 · 천추千秋(중국 황후·황태자의 생일) · 경조慶弔 등의 사절使節은 명나라의 예에 따를 것

⑤ 명을 칠 때 출병出兵을 요구하면 어기지 말 것
⑥ 청의 군대가 돌아갈 때 병선兵船 50척을 보낼 것
⑦ 내외 제신諸臣과 혼연을 맺어 화호和好를 굳게 할 것
⑧ 성城을 신축하거나 성벽을 수축하지 말 것
⑨ 기묘년己卯年(1639)부터 일정한 세폐歲幣를 보낼 것

조선은 항복 후 명과의 관계를 끊고 청과 사대관계를 맺었다. 그리고 소현세자와 봉림대군 두 왕자가 청에 인질로 끌려갔으며, 청과의 전쟁을 강력히 주장했던 홍익한洪翼漢 · 윤집尹集 · 오달제吳達濟 등의 3학사三學士는 청에 끌려가서 처형되었다. 대표적인 주전파였던 김상헌도 끌려가서 옥중생활을 했다.

훗날 봉림대군이 귀국해 왕위(효종)에 오른 후, 굴욕을 씻기 위해 청을 정벌하기 위한 북벌정책을 추진하였다. 송시열 · 송준길 · 임경업 등이 북벌운동을 주도한 대표적 인물이었다. 효종은 군사력을 키우는 등 북벌을 계획했으나, 성공하지 못했다.

삼전도비

/탐구과제/

○ 병자호란 당시 주전파와 주화파, 무엇이 올바른 길이었는가?

□ 병자호란이 일어난 배경과 그 결과에 대해 살펴본다.

□ 인조가 남한산성으로 몽진한 이유에 대해 살펴보고, 그곳에서 주전파와 주화파로 갈린 신하들에 대해 자세하게 살펴본다.

□ 주전파와 주화파가 주장한 주요 내용에 대해 검토하면서, 과연 어떤 선택이 올바른 길이었는지 탐구해 본다.

병자호란은 1636년(병자년) 12월 청 태종이 2만 명의 대군을 이끌고 조선을 침략한 사건이다. 정묘호란의 약속을 지키지 않는다는 명분으로 침략하였으나 실제로는 명을 공격하기 전 조선을 군사적으로 복종시키는 것이 목적이었다. 인조는 남한산성으로 피하여 적의 포위 속에서 혹한과 싸우며 버텼으나 식량마저 끊어져 청에 항복할 수밖에 없었다. 1637년 1월 30일 인조가 삼전도에서 청에 항복하는 의식을 치르며 전쟁이 끝났다. 비교적 짧은 전쟁 기간에도 불구하고 항복 후 수많은 전쟁 포로가 발생하면서 조선은 막대한 피해를 받았다.

당시 남한산성 안에서는 주화파(主和派)와 주전파(主戰派)가 여러 차례 논쟁을 거듭했다. 최명길(崔鳴吉)을 중심으로 한 주화파는 강화를 주장하였고, 주전파 역시 난국을 타개할 방도가 있었던 것은 아니었다. 예조판서 김상헌(金尙憲), 이조참판 정온(鄭蘊) 등의 반대에도 불구하고 대세는 강화를 지지하는 쪽으로 기울게 되었다.

결국 1637년 1월 3일 최명길 · 이식(李植) · 장유(張維)로 하여금 회답하는 국서를 초(草)하도록 했는데, 최명길의 글이 공손하다 하여 그것을 채택하고 좌의정 홍서봉(洪瑞鳳), 호조판서 김신국(金藎國) 등을 청군 진영에 보내 화호(和好)를 청함으로써 굴욕적인 삼전도의 항복이 이루어짐으로써 병자호란은 끝을 맺게 된다.

아래 자료는 『인조실록』에서 발췌하여 제시하였다. 병자호란 당시 남한산성으로 급하게 피신하여 온 인조와 조정의 대신들이 과연 어떤 선택을 할 것인가를 놓고 치열하게 논쟁하는 과정에서 주화파와 주전파로 갈리게 된다. 이때 조선을 지키고 백성들의 안녕을 도모할 수 있는 방법으로 어떤 선택이 올바른 것이었는지 탐구해 보자.

❖ 『인조실록』 33권 인조 14년 12월 14일 갑신

개성 유수(開城留守)가 치계하여 적병이 이미 송도(松都)를 지났다고 알려오자, 마침내 파천(播遷)하는 의논을 정하였다. 예방 승지 한흥일(韓興一)에게 명하여 종묘 사직의 신주(神主)와 빈궁을 받들고 먼저 강도(江都)로 향하게 하였다. 김경징(金慶徵)을 검찰사로, 이민구(李敏求)를 부검찰사로 삼아 빈궁의 행차를 배행(陪行)하며 호위하게 하였다.

❖ 『인조실록』 33권 인조 14년 12월 15일 을유

대가가 새벽에 산성을 출발하여 강도로 향하려 하였다. 이때 눈보라가 심하게 몰아쳐서 산길이 얼어붙어 미끄러워 말이 발을 디디지 못하였으므로, 상이 말에서 내려 걸었다. 그러나 끝내 도착할 수 없을 것을 헤아리고는 마침내 성으로 되돌아 왔다.

❖ 『인조실록』 34권 인조 15년 1월 14일 갑인

당시 날씨가 매우 추워 성 위에 있던 군졸 가운데 얼어 죽은 자가 있었다.

❖ 『인조실록』 34권 인조 15년 1월 18일 무오

최명길이 마침내 국서(國書)를 가지고 비국에 물러가 앉아 다시 수정을 가하였는데, 예조 판서 김상헌이 밖에서 들어와 그 글을 보고는 통곡하면서 찢어 버리고, 인하여 입대(入對)하기를 청해 아뢰기를, "명분이 일단 정해진 뒤에는 적이 반드시 우리에게 군신(君臣)의 의리를 요구할 것이니, 성을 나가는 일을 면하지 못할 것입니다. 그리고 한번 성문을 나서게 되면 또한 북쪽으로 행차하게 되는 치욕을 면하기 어려울 것이니, 군신(羣臣)이 전하를 위하는 계책이 잘못되었습니다. 진실로 의논하는 자의 말과 같이 이성(二聖)이 마침내 겹겹이 포위된 곳에서 빠져나오게만 된다면, 신 또한 어찌 감히 망령되게 소견을 진달하겠습니까. 국서를 찢어 이미 사죄(死罪)를 범하였으니, 먼저 신을 주벌하고 다시 더 깊이 생각하소서." 하였다. 상이 한참 동안이나 탄식하다가 이르기를, "위로는 종사를 위하고 아래로는 부형과 백관을 위하여 어쩔 수 없이 이 일을 하는 것이다. 경의 말이 정대하다는 것을 모르지 않으나 실로 어떻게 할 수 없기 때문에 나온 것이다. 한스러운 것은 일찍 죽지 못하고 오늘날의 일을 보게 된 것뿐이다." 하니, …… (중략) …… 이때 김상헌의 말뜻이 간절하고 측은하였으며 말하면서 눈물이 줄을 이었으므로 입시한 제신들로서 울며 눈물을 흘리지 않는 이가 없었다. 세자가 상의 곁에 있으면서 목놓아 우는 소리가 문밖에까지 들렸다. 그 글은 다음과 같다.

"조선 국왕은 삼가 대청국 관온 인성 황제에게 글을 올립니다.[이 밑에 폐하(陛下)라는 두 글자가 있었는데 제신이 간쟁하여 지웠다.] 삼가 명지(明旨)를 받들건대 거듭 유시해 주셨으니, 간절히 책망하신 것은 바로 지극하게 가르쳐 주신 것으로서 추상과 같이 엄한 말속에 만물을 소생시키는 봄의 기운이 같이 들어 있었습니다. 삼가 생각건대 대국이 위덕(威德)을 멀리 가해 주시니 여러 번국(藩國)이 사례해야 마땅하고, 천명과 인심이 돌아갔으니 크나큰 명을 새롭게 가다듬을 때입니다. 소방은 10년 동안 형제의 나라로 있으면서 오히려 거꾸로 운세(運勢)가 일어나는 초기에 죄를 얻었으니, 마음에 돌이켜 생각해 볼 때 후회해도 소용없는 결과가 되고 말았습니다. 지금 원하는 것은 단지 마음을 고치고 생각을 바꾸어 구습(舊習)을 말끔히 씻고 온 나라가 명을 받들어 여러 번국과 대등하게 되는 것뿐입니다. 진실로 위태로운 심정을 굽어 살피시어 스스로 새로워지도록 허락한다면, 문서(文書)와 예절(禮節)은 당연히 행해야 할 의식(儀式)이 저절로 있으니, 강구하여 시행하는 것이 오늘에 있다고 하겠습니다. 그리고 성에서 나오라고 하신 명이 실로 인자하게 감싸주는 뜻에서 나온 것이긴 합니다만, 생각해보건대 겹겹의 포위가 풀리지 않았고 황제께서 한창 노여워하고 계시는 때이니 이곳에 있으나 성을 나가거나 간에 죽는 것은 마찬가지일 것입니다. 그래서 용정(龍旌)을 우러러보며 반드시 죽고자 하여 자결하려 하니 그 심정이 또한 서글픕니다. 옛날 사람이 성 위에서 천자에게 절했던 것은 대체로 예절도 폐할 수 없지만 군사의 위엄 또한 두려웠기 때문입니다. 그러나 소방의 진정한 소원이 이미 위에서 진달한 것과 같고 보면, 이는 변명도 궁하게 된 것이고 경계할 줄 알게 된 것이며 마음을 기울여 귀순하는 것입니다. 황제께서 바야흐로 만물을 살리는 천지의 마음을 갖고 계신다면, 소방이 어찌 온전히 살려주고 관대하게 길러주는 대상에 포함되지 못할 수가 있겠습니까. 삼가 생각건대 황제의 덕이 하늘과 같아 반드시 불쌍하게 여겨 용서하실 것이기에, 감히 실정을 토로하며 공손히 은혜로운 분부를 기다립니다."

❖ 『인조실록』 34권 인조 15년 1월 19일 기미

오랑캐가 성안에 대포를 쏘았는데, 대포의 탄환이 거위알 만했으며 더러 맞아서 죽은 자가 있었으므로 사람들이 모두 놀라고 두려워하였다.

❖ 『인조실록』 34권 인조 15년 1월 30일 경오

용골대(龍骨大)와 마부대(馬夫大)가 성 밖에 와서 상의 출성(出城)을 재촉하였다. 상이 남염의(藍染衣) 차림으로 백마를 타고 의장(儀仗)은 모두 제거한 채 시종(侍從) 50여 명을 거느리고 서문(西門)을 통해 성을 나갔는데, 왕세자가 따랐다. 백관으로 뒤쳐진 자는 서문 안에 서서 가슴을 치고 뛰면서 통곡하였다. …… (중략) …… 상이 단지 삼공 및 판서·승지 각 5인, 한림(翰林)·주서(注書) 각 1인을 거느렸으며, 세자는 시강원(侍講院) · 익위사(翊衛司)의 제관(諸官)을 거느리고 삼전도(三田渡)에 따라 나아갔다. …… (중략) …… 상이 세 번 절하고 아홉 번 머리를 조아리는 예를 행하였다. 용골대 등이 상을 인도하여 진의 동문을 통해 나왔다가 다시 동북쪽 모퉁이를 통하여 들어가서 단(壇)의 동쪽에 앉게 하였다. 대군(大君) 이하가 강도(江都)에서 잡혀 왔는데, 단 아래 조금 서쪽에 늘어섰다. 용골대가 한의 말로 상에게 단에 오르도록 청하였다. 한은 남쪽을 향해 앉고 상은 동북 모퉁이에 서쪽을 향해 앉았으며, 청나라 왕자 3인이 차례로 나란히 앉고 왕세자가 또 그 아래에 앉았는데 모두 서쪽을 향하였다. …… (중략) …… 사로잡힌 자녀들이 바라보고 울부짖으며 모두 말하기를, "우리 임금이시여, 우리 임금이시여. 우리를 버리고 가십니까." 하였는데, 길을 끼고 울며 부르짖는 자가 만 명을 헤아렸다. 인정(人定) 때가 되어서야 비로소 서울에 도달하여 창경궁(昌慶宮) 양화당(養和堂)으로 나아갔다.

❖ 『인조실록』 36권 인조 16년 2월 8일 임인

장유(張維)와 이경석(李景奭)이 지은 삼전도 비문(三田渡碑文)을 청나라에 들여보내 그들로 하여금 스스로 택하게 하였다. 범문정(范文程) 등이 그 글을 보고, 장유가 지은 것은 인용한 것이 온당함을 잃었고 경석이 지은 글은 쓸 만하나 다만 중간에 첨가해 넣을 말이 있으니 조선에서 고쳐 지어 쓰라고 하였다. 상이 경석에게 명하여 고치게 하였다. 그 글은 다음과 같다.

"대청(大淸) 숭덕(崇德) 원년 겨울 12월에, 황제가 우리나라에서 화친을 무너뜨렸다고 하여 혁연히 노해서 위무(威武)로 임해 곧바로 정벌에 나서 동쪽으로 향하니, 감히 저항하는 자가 없었다. 그때 우리 임금은 남한산성에 피신하여 있으면서 봄날 얼음을 밟듯이, 밤에 밝은 대낮을 기다리듯이 두려워 한 지 50일이나 되었다. 동남 여러 도의 군사들이 잇따라 무너지고 서북의 군사들은 산골짜기에서 머뭇거리면서 한 발자국도 나올 수 없었으며, 성안에는 식량이 다 떨어지려 하였다. 이때를 당하여 대병이 성에 이르니, 서릿바람이 가을 낙엽을 몰아치는 듯, 화롯불이 기러기 털을 사르는 듯하였다. 그러나 황제가 죽이지 않는 것으로 위무를 삼아 덕을 펴는 일을 먼저 하였다. 이에 칙서를 내려 효유하기를 '항복하면 짐이 너를 살려주겠지만, 항복하지 않으면 죽이겠다.' 하였다. 영아아대(英俄兒代)와 마부대(馬夫大) 같은 대장들이 황제의 명을 받들고 연달아 길에 이어졌다. 이에 우리 임금께서는 문무 여러 신하들을 모아 놓고 이르기를 '내가 대국에 우호를 보인 지가 벌써 10년이나 되었다. 내가 혼미하여 스스로 천토(天討)를 불러 백성들이 어육이 되었으니, 그 죄는 나 한 사람에게 있는 것이다. 황제가 차마 도륙하지 못하고 이와 같이 효유하니, 내 어찌 감히 공경히 받들어 위로는 종사를 보전하고 아래로는 우리 백성들을 보전하지 않겠는가.' 하니, 대신들이 그 뜻을 도와 드디어 수십 기(騎)만 거느리고 군문에 나아가 죄를 청하였다. 황제가 이에 예로써 우대하고 은혜로써 어루만졌다. 한번 보고 마음이 통해 물품을 하사하는 은혜가 따라갔던 신하들에게까지 두루 미쳤다. 예가 끝나자 곧바로 우리 임금을 도성으로 돌아가게 했고, 즉시 남쪽으로 내려간 군사들을 소환하여 군사를 정돈해서 서쪽으로 돌아갔다. 백성들을 어루만지고 농사를 권면하니, 새처럼 흩어졌던 원근의 백성들이 모두 자기 살던 곳으로 돌아왔다. 이 어찌 큰 다행이 아니겠는가. 우리나라가 상국에 죄를 얻은 지 이미 오래되었다. 기미년 싸움에 도원수 강홍립(姜弘立)이 명나라를 구원하러 갔다가 패하여 사로잡혔다. 그러나 태조 무황제(太祖武皇帝)께서는 홍립 등 몇 명만 억류하고 나머지는 모두 돌려보냈으니, 은혜가 그보다 큰 것이 없었다. 그런데도 우리나라가 미혹하여 깨달을 줄 몰랐다. 정묘년에 황제가 장수에게 명하여 동쪽으로 정벌하게 하였는데, 우리나라의 임금과 신하가 강화도로 피해 들어갔다. 사신을 보내 화친을 청하자, 황제가 윤허하고 형제의 나라가 되어 강토가 다시 완전해졌고, 홍립도 돌아왔다. 그 뒤로 예로써 대우하기를 변치 않아 사신의 왕래가 끊이질 않았다. 그런데 불행히도 부박한 의논이 선동하여 난의 빌미를 만들었다. 우리나라에서 변방의 신하에게 신칙하는 말에 불손한 내용이 있었는데, 그 글이 사신의 손에 들어갔다. 그런데도 황제는 너그러이 용서하여 즉시 군사를 보내지 않았다. 그러고는 먼저 조지(詔旨)를 내려 언제 군사를 출동시키겠다고 정녕하게 반복하였는데, 귓속말로 말해 주고 면대하여 말해 주는 것보다도 더 정녕스럽게 하였다. 그런데도 끝내 화를 면치 못하였으니, 우리나라 임금과 신하들의 죄는 더욱 피할 길이 없다. 황제가 대병으로 남한산성을 포위하고, 또 한쪽 군사에게 명하여 강도(江都)를 먼저 함락하였다. 궁빈·왕자 및 경사(卿士)의 처자식들이 모두 포로로 잡혔다. 황제가 여러 장수들에게 명하여 소란을 피우거나 피해를 입히는 일이 없도록 하고, 종관(從官) 및 내시로 하여금 보살피게 하였다. 이윽고 크게 은전을 내려 우리나라 임금과 신하 및 포로가 되었던 권속들이 제자리로 돌아가게 되었다. 눈·서리가 내리던 겨울이 변하여 따뜻한 봄이 되고, 만물이 시들던 가뭄이 바뀌어 때맞추어 비가 내리게 되었으며, 온 국토가 다 망했다가 다시 보존되었고, 종사가 끊어졌다가 다시 이어지게 되었다. 우리 동토 수천 리가 모두 다시 살려주는 은택을 받게 되었으니, 이는 옛날 서책에서도 드물게 보이는 바이니, 아 성대하도다! 한강 상류 삼전도(三田渡) 남쪽은 황제가 잠시 머무시던 곳으로, 단장(壇場)이 있다. 우리 임금이 공조에 명하여 단을 증축하여 높고 크게 하고, 또 돌을 깎아 비를 세워 영구히 남김으로써 황제의 공덕이 참으로 조화(造化)와 더불어 흐름을 나타내었다. 이 어찌 우리나라만이 대대로 길이 힘입을 것이겠는가. 또한 대국의 어진 명성과 무의(武誼)에 제아무리 먼 곳에 있는 자도 모두 복종하는 것이 여기에서 시작될 것이다. 돌이켜보건대, 천지처럼 큰 것을 그려내고 일월처럼 밝은 것을 그려내는 데 그 만분의 일도 비슷하게 하지 못할 것이기에 삼가 그 대략만을 기록할 뿐이다."

2 붕당정치의 격화와 탕평책

1) 붕당 정치의 출현

여러 차례 사화에도 불구하고 서원과 향약을 바탕으로 향촌에 깊은 뿌리를 내렸던 사림들은 16세기 후반 선조가 즉위하면서 대거 중앙 정계에 진출하여 주도권을

주리론과 주기론의 비교

구 분	이황의 주리론	이이의 주기론
학 파	영남학파 (김성일, 유성룡)	기호학파 (조헌, 김장생)
성 향	-도덕적 원리, 인간의 심성 -근본적이고 이상주의적	-통치체제의 정비와 수취 체제 개혁 -현실적이며 개혁적, 도덕 세계 중요, 경세가 -이와 기가 일물이지만 이는 형체가 없고 기는 형체가 있다.
이기론	1) 이기 이원론 -이와 기는 상호 의존적인 관계에 있으며 다르다. 2) 이는 기를 움직이는 근본적 법칙, 기는 형질을 갖춘 형이하학적 존재로 이의 법칙에 기의 형질이 구체화한다. 3) 이기호발설 -이가 작용하여 기가 이에 따르기도 하고 (이발이기수지), 기가 작용하여 이가 그 귀에 타기도 한다.(기발이이승지) 4) 이귀기비	1) 일원론적인 이기 이원론: 우주 만물의 존재 근원은 기에 있으며, 기의 움직임에 따라 다르게 나타나게 되는데, 이는 이러한 기의 작용에 내재하는 보편적인 원리에 지나지 않는다. 2) 기발이승일도설: 이가 스스로 활동 하지 않고, 기가 활동 작용하는 원인, 기가 발하는 데 이가 타고 있다. 3) 사회경장론: 유교적 도덕 가치인 이는 현실의 기에 속하여 구현, 경제가 안정되어야 도덕이 핀다.
이 · 기의 관점	* 이귀기천, 이존기비 1) 이(본연의 성): 사물의 원리, 이치 - 절대적으로 선하고 존귀한 것(순선무악) = 사단 2) 기(기질의 성): 사물의 현실적 측면(물질적 측면) - 선악이 뒤섞여 있으며 비천한 것(가선가악) = 칠정	* 이통기국론 1) 이는 통하고(보편성), 기는 국한(특수성) 2) 이통: 본체로서 이가 내재해 있다는 점에서 인간이나 사물은 모두 동일 3) 기국: 인간을 포함한 모든 사물의 특성이 다른 것은 기의 국한성 때문이다. 4) 이기지묘: 이와 기는 상호 의존, 보완, 조화의 관계
향 약	예안향약	해주향약
서 원	도산서원	소현서원
별 칭	동방의 주자	동방의 공자
저 서	-주자서절요: 일본 성리학의 발달에 영향 -성학십도: 군주가 스스로 성학을 따를 것 제시 -이학통록 -전습록변: 치양지를 주장하는 양명학을 비판	-동호문답: 왕도정치의 구현과 현실 문제인 수미법 주장 -성학집요: 현명한 신하가 성학을 군주에게 가르쳐 그 기질을 변화시켜야 한다고 주장 -만언봉사: 10만 양병설 -격몽요결: 소학
영 향	일본 성리학과 위정척사 운동에 영향	북학파 실학, 개화사상에 영향

장악하게 되었다. 이러한 가운데에 정치에 참여하려는 양반의 수가 증가하면서 붕당이 출현하게 되었다.

우선 사림 세력은 척신정치의 잔재를 어떻게 청산할 것인가를 둘러싸고 갈등을 겪게 되었다. 즉, 명종 이후 정권에 참여해온 기성사림은 척신정치의 과감한 개혁에 소극적이었던 반면, 새롭게 정계에 등장한 신진 사림들은 원칙에 철저하여 사림정치의 강력한 실현을 내세웠다.

두 세력 간 갈등이 심화되면서 왕실의 외척이면서 기성사림의 신망을 받던 심의겸과 당시 명망이 높고 신진사림의 지지를 받던 김효원 사이에 이조전랑직을 놓고 대립하면서 붕당이 이루어졌다. 김효원을 지지하는 세력을 동인, 심의겸을 지지하는 세력을 서인이라 불렀다.

이황과 조식, 서경덕의 학문을 계승한 사림들을 중심으로 동인을 이루었고 이이와 성혼의 문인들이 서인에 가담함으로써 붕당의 모습을 갖추었다.

붕당정치는 처음에는 학문과 이념의 차이에서 출발하여 서로의 공론을 형성하고 정치운영 활성화와 정치 참여의 폭을 넓히는 데 공헌하기도 하였다. 하지만, 시간이 지남에 따라 백성들의 의견을 반영하기보다는 자기 당파의 이익을 앞세우고 학벌, 문벌, 지연과 연결되는 등의 폐단도 있었다.

2) 붕당 정치의 전개

선조 때 권력을 먼저 잡은 쪽은 동인이었다. 그러나 동인은 정여립 모반 사건을 계기로 남인(온건파, 임진왜란 이전 정국 주도)과 북인(급진파, 임진왜란 이후 광해군 때까지 정국 주도)으로 분열되었다. 임진왜란 이후 왕위에 오른 광해군은 정권을 독점한 북인의 도움을 받으면서 명과 후금 사이에서 중립 외교 정책을 전개하였다. 그러나 무리한 토목 공사로 인해 민심이 이탈되었고, 인목대비의 폐출과 관련된 도덕성 논란에 휩싸이면서 서인 주도의 인조반정에 의해 북인은 영원히 축출되는 결과를 낳았다.

인조반정 이후 서인은 남인과 연합하여 정국을 운영하면서 상호 비판적인 공존 체제를 형성하였다. 그러나 효종의 왕위계승에 대한 정통성 문제가 불거지면서 예송논쟁이 벌어져 숙종 때 치열한 정권 쟁탈전인 환국정치를 맞게 된다.

붕당정치는 붕당 간의 상호 견제와 협력을 통해 정치를 운영하는 것으로 공론을 중시하여 항상 비변사를 통해 의견을 수렴하였으며, 3사의 언관과 이조 전랑의 정치적 비중이 증가하였다. 그러나 붕당정치는 백성의 의견보다 지배층의 의견을 수렴하는데 그치는 한계점을 보임으로써 정치적 이념과 학문적 경향에 따라 붕당이 결집되었다는 특징에서 벗어날 수 없었다.

3) 인조반정 후 붕당정치의 전개

조선후기의 대표적 정치형태는 붕당정치朋黨政治였다. 붕당정치는 사대사화四大士禍(무오·갑자·기묘·을사사화) 끝에 정치적 승리를 쟁취한 사림士林이 학문적 · 지역적 분열을 하면서 나타났다. 최초의 붕당은 선조 8년(1575)에 나타난 동인과 서인이었다.

그 후 동인은 남인과 북인으로, 서인은 노론과 소론으로 재차 분열하면서 조선후기의 정치를 이끌었다. 동인은 기축옥사己丑獄死 이후 발생한 건저의 사건建儲議 事件에서 정치적 주도권을 잡은 뒤, 서인의 처결방안을 두고 남인과 북인으로 나누어졌다. 남인이 잠시 집권하였으나 임진왜란의 책임을 지고 실각하였다. 그 후 북인이 득세하였다. 북인은 광해군 즉위과정에서 대북과 소북으로 갈라졌고, 광해군 즉위 후 대북이 잠시 동안 집권하였다. 한편 서인과 남인은 광해군 대에 연합하여, 1623년 인조반정을 성공으로 이끌었다.

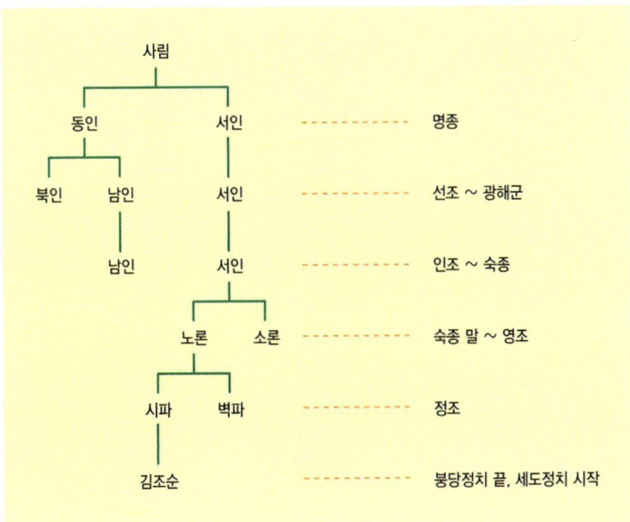

4색붕당 변화도

인조반정 후 서인과 남인 중심의 붕당정치가 전개되었다. 인조가 즉위한 후 두 정치세력은 서로 견제하고 타협하면서 정국政局을 운영하였다. 즉 서로가 공도公道를 실현하는 정파政派라는 것을 인정하면서, 정국을 운영하였다.

효종 즉위 후 서인과 남인은 산림山林을 중심으로 정국을 이끌었다. 산림은 관직에 오르지 않았지만, 학문과 이름이 높았던 선비를 뜻한다. 당시 각 붕당은 산림을 붕당의 영수로 삼고, 정국을 운영했다. 조정도 산림을 중앙정계에 불러들여, 관직에 임명하였다.

붕당정치가 궤도에 오르면서, 학파의 성격을 갖던 각 붕당은 성리학을 깊이 연구하였다. 특히 예학禮學에서 커다란 성과를 거두어, 붕당마다 특색을 지닌 예학서적을 편찬하였다. 이때 각 붕당은 조선이 곧 중화中華라는 문화의 자존감을 내세웠다.

현종 대에 두 차례의 예송논쟁禮訟論爭이 발생하였다. 제1차 예송논쟁은 효종이 세상을 떠난 1659년에 발생했다. 인조의 계비繼妃였던 '자의대비가 효종의 상례에 몇 년 상복을 입어야 하는가'를 두고 서인과 남인 간에 논쟁이 붙었다. 그리고 1674년 효종의 비였던 인선왕후가 세상을 떠난 해에 제2차 예송논쟁이 발생했다. 시어머니인 '자의대비가 인선왕후의 상례에 상복을 몇 년 입어야 하는가'를 두고 서인과 남인 간에 또 논쟁이 붙었다. 서인은 왕실이 사대부의 상례喪禮를 따라야 한다고 주장하였으나, 남인은 왕실의 특수성이 있기 때문에 사대부의 상례를 따르지 않아도 된다고 주장했다. 두 차례의 예송논쟁에서 제1차 논쟁은 서인이, 제2차 논쟁은 남인이 승리하였다. 당시 치열하게 논쟁이 이어졌지만, 서인과 남인은 붕당 간에 필요한 협조와 균형의 원칙을 지켰다.

숙종 대 정국의 모습은 사뭇 다르다. 숙종의 주도 아래 여러 차례의 환국換局이 발생했기 때문이다. 환국은 정국을 주도하는 붕당이 급격하게 바뀌는 것을 의미한다. 환국이 일어나면서 붕당 사이의 협조와 균형의 원리가 무너졌다.

숙종 대 세 차례의 환국(경신환국·기사환국·갑술환국)이 발생하는 과정에서 정국을 주도하는 붕당은 남인 · 서인 · 남인 · 서인 순으로 계속 바뀌었다. 1680년 경신환국庚申換局 후 서인은 훈척勳戚에 우호적인 노장세력과 훈척을 배제하려는 신진세력 사이에 갈등이 생겨, 노론과 소론으로 분열되었다. 그리고 1689년 기사환국己巳換局 때 노론의 영수 송시열宋時烈이 사약을 받았다. 이때부터 환국은 정국을 주도하는 붕당을 교체하는데 머무르지 않고, 상대 당에 속한 사람들을 가혹하게 처벌하였다. 각 붕당은 권력을 유지하고 살기 위해, 권력을 잡으면 일당전제一黨專制를 추구하였다. 붕당정치의 원리가 변질되기 시작한 것이다.

한편 붕당정치의 변질은 왕권의 기반을 크게 약화시켰다. 권력을 잡은 붕당은 왕위계승에 개입하였으며, 더 나아가 왕권을 위협하였다. 숙종은 붕당 간의 정치적 균형관계를 재정립하고, 국왕의 위상을 강화하기 위해 탕평책을 제기하였다. 탕평책은 인사관리를 통해 정치세력 사이의 균형을 잡으려는 정책이었다. 숙종 대에 제기된 탕평론은 영조 대에 이르러 본격적으로 실현되었다.

/탐구과제/

○ 붕당정치(朋黨政治)인가? 당쟁(黨爭)인가?

- ㅁ 붕당(朋黨)의 개념을 이해하고, 붕당정치의 전개과정을 살핀다.
- ㅁ 조선중기 사림이 붕당을 바라보는 관점과 조선후기 실학자들이 붕당을 바라보는 관점이 어떻게 다른지 살피고, 서로 관점이 다른 이유를 생각한다.
- ㅁ 일제강점기 식민사학자들이 조선의 붕당정치를 '사쟁(私爭)'이라고 규정한 이유를 생각하고, 비판한다.

조선후기의 정치는 사림이 이끄는 사림정치였다. 사림은 학문과 뜻이 맞는 사람끼리 당(黨)을 이루어, 붕당정치(朋黨政治)를 하였다. 붕당정치는 각 붕당이 상호 비판 및 경쟁을 하는 정치형태였다. 각 붕당은 정치과정에서 발생한 갈등을 해소하는 과정에서 당쟁(黨爭)의 모습을 보였다.

붕당은 원래 유교의 정치사상에서 용납이 안 되는 개념이었다. 실제로 중국의 한나라와 당나라 때 붕당은 정치세력 간 분쟁을 일으키는 원인으로 지목되어, 붕당을 만든 자들은 처벌을 받았다. 그러나 송나라 때부터 붕당을 바라보는 인식이 달라졌다. 즉 사람들에게 '붕당이 나쁜 것이 아니라, 정치하는 자들의 자세가 중요하다'는 인식이 퍼졌다. 구양수(歐陽脩)는 사적인 이익을 탐하는 무리를 소인당(小人黨) 및 위붕(僞朋)으로, 공적인 도리를 실현하려는 무리를 군자당(君子黨) 및 진붕(眞朋)으로 규정하였다. 또 구양수는 '군자당과 진붕이 우세하면, 바른 정치가 실현된다'고 주장했다. 주희(朱熹)는 구양수의 주장을 받아들여, '재상 및 군주는 붕당을 우려하지 말고, 진붕이 우세하도록 정치를 이끌어야 한다'고 말했다.

구양수와 주희의 붕당론은 조선후기에 사림이 정치의 주도세력으로 등장하면서 제기되었다. 특히 율곡(栗谷) 이이(李珥)가 적극적으로 붕당을 주장하였다. 선조는 이이의 주장에 동조하면서, '율곡의 당에 가고 싶다'고 말하였다. 사림을 중심으로 붕당이 긍정적으로 받아들여지면서, 조선후기에 붕당정치가 펼쳐졌다. 반면 실학자들은 붕당을 비판적으로 생각했다. 실학자들이 붕당을 부정적으로 바라본 이유는 일당전제로 변질된 붕당의 폐해를 직접 경험하였기 때문이었다. 이러한 실학자들의 비판적 붕당관은 조선왕조가 무너지는 과정에서 더욱 집대성되었다.

조선후기에 펼쳐진 붕당정치는 붕당 간 상호 비판 및 공존을 전제한 정치형태였다. 하지만 붕당 간 발생했던 갈등을 해소하는 과정에서 당쟁이 격화되어, 붕당정치는 차츰 일당전제의 방향으로 변해갔다. 그런데 일제의 식민사학자들은 식민통치의 합리화를 위해, 붕당정치의 파행성만을 강조하였다. 그리고 붕당정치를 당파싸움으로 날조하였다. 붕당과 붕당정치가 무엇인지, 사림과 실학자들은 붕당정치를 어떻게 바라보았는지, 식민사학자들은 붕당정치를 왜 허위로 조작하였는지 등을 아래의 자료들을 통해 탐구해 보자.

『율곡전서』의 자료는 '정치하는 자들이 군자라면, 붕당을 얼마든지 만들어도 된다'는 이이의 주장을 담고 있으며, 『선조실록』 16년 9월 3일 기사는 붕당을 주장하는 율곡 이이를 두둔하는 선조의 모습을 보여준다. 『성호집』은 관직을 다투는 과정에서 발생했던 여러 가지 붕당정치의 폐해를 지적하며, 『택리지』는 각 붕당의 당쟁으로 각박해진 팔도의 인심을 보여준다. 『당의통략』은 소모적인 당쟁에서 발생했던 폐해를 지적한 이건창의 주장을 담고 있다. 이건창은 당쟁이 격화된 이유로 '①도학(道學, 유가의 학문)이 너무 지나친 것, ②명분과 의리가 지나치게 엄한 것, ③문사(文詞)가 지나치게 번잡한 것, ④옥사와 형벌이 지나친 것, ⑤대각(臺閣, 사헌부와 사간원)이 너무 높은 것, ⑥관직이 너무 맑은 것, ⑦문벌이 너무 성대한 것, ⑧나라가 너무 오랫동안 태평한 것' 등을 지목한다. 『한국정쟁지』는 '조선이 식민지화된 이유는 고질적인 정쟁(政爭)이며, 조선시대의 정쟁은 사적인 이익을 탐하는 사쟁(私爭)이다'라는 시데하라 타이라의 주장을 담고 있다.

❖ 『율곡전서(栗谷全書)』 권3 소차(疏箚)2 논붕당소(論朋黨疏)

붕당에 관한 이론이야 어느 시대인들 없었겠습니까. 오직 그들이 군자인가 소인인가를 살피는 것이 중요할 따름입니다. 진실로 군자라면 곧 1,000명이나 100명이 붕당을 이룬다고 해도 많을수록 좋습니다. 그러나 소인이라면 곧 한 사람이라 하더라도 용납해서는 안 될 것입니다. 하물며 붕당을 이루게 해서야 되겠습니까. …… 예부터 붕당을 논한 것으로는 구양수의 붕당론보다 조리 있게 쓴 것이 없고, 주자가 유정에게 답하는 글보다 절실하게 쓴 것이 없습니다. 전하께서 시험 삼아 그것들을 찾아 읽어보시면 곧 군자와 소인들의 정상을 분명히 알 수 있게 될 것입니다.

다만 오늘날의 일을 두고 얘기한다면 이준경이 말한 붕당이란 것이 어떤 사람을 가리키는 것인지 모르겠습니다. 지금은 권세를 가진 간신들이 이미 없어졌고 나머지 도당들은 기식조차 없으니, 비록 소인이 없다고 말하는 것은 안 될는지 몰라도 감히 공연히 여럿이 합쳐서 남을 비판하는 일이 없고 무리를 모아 함께 악한 짓을 하는 흔적도 없으니, 본래 붕당이라 지목할 수 없습니다.

❖ 『선조실록』 14권 선조 13년 7월 1일 무진

심의겸(沈義謙)이 척리(戚里)의 신분으로 자기 몸을 낮추고 선비와 사귀어 여론이 자못 그를 칭찬하였다. 이양(李樑)이 권력을 장악했을 때 그 처지는 한집과 같았는데도 서로 대립하였고, 이양을 제거할 때에 이르러서 도움이 되었다. 중간에 김효원(金孝元)과 틈이 벌어지면서부터 동서설(東西說)이 발생되었으니 심의겸의 집은 서쪽에 있었으므로 심의겸과 교제하는 자를 서당(西黨)이라 이르고 김효원의 집은 동쪽에 있었으므로 김효원과 잘 지내는 자를 동당(東黨)이라 하여 한 시대의 사론(士論)이 각각 피차로 나뉘어져서 분분한 논의가 지금까지도 그치지 않고 있는데, 노성하고 둔한 자를 가리켜 서인

(西人)이라 하고 연소하고 예리한 자는 모두 동인(東人)이라 일컬었다. 대개 한때 의논이 모두 이와 같았는데 당초에 이처럼 얽혀진 이유는 다음과 같다.

김효원이 포의(布衣) 시절에 윤원형(尹元衡)의 집에 출입한 것을 심의겸이 보았다. 그 후 온 조정이 윤원형의 죄를 논계할 때 김효원에게 그 상소문을 짓도록 하였더니, 심의겸이 그 친구에게 말하기를, "김효원이 윤원형의 집에 출입하였으니 그의 사정을 상세히 알 것이어서 반드시 잘 지을 것이다." 하고 소장을 지을 사람의 선발에서 삭제하려고 하자 그 친구가 이를 제지하였다. 그 말이 한번 퍼지자 서로 헐뜯게 되었는데, 심의겸이 김효원을 해하려고 한다 하여 김효원과 지내는 자는 심의겸을 사실과 다르게 공박하였으나 사실상 심의겸은 김효원을 해하려는 마음은 없었다. 김효원이 비록 윤원형의 집에 드나들었다고는 하나 젊었을 때의 일이었고, 또한 과실이 있었어도 고쳐서 착한 사람이 되었다면 기왕의 일을 들추어 허물하는 것은 옳지 못한 일이다. 그리고 심의겸이 비록 그런 말을 했다 하더라도 김효원을 해하려는 마음이 없었다면 또한 피차를 다 논하지 말고 평탄한 마음으로 놓아두어야 하는데 조정에서 논의하는 사이에 각각 피차를 갈라서 서로가 지목하였고 이를 격동하게 하는 말도 분분하게 일어나서 사대부의 마음을 요동 현혹시켰으니, 이는 오늘날 당면한 깊은 근심거리인 것이다.

❖ 『사계전서』 9권 행장(行狀) 송강(松江) 정 문청공(鄭文淸公) 철(澈)행록(行錄)

역적 정여립이 거짓으로 그럴듯하게 꾸미고 세상 사람들을 속여 독서로써 명망을 얻었다. 그리고 율곡을 당대의 대유학자라 생각하여 율곡의 문도들에게 심지어는 "이미 성인의 지위에 이르렀다."라고 하였다. 박근원(朴謹元), 송응개(宋應漑), 허봉(許篈)이 귀양 갔을 때에는 율곡에게 편지를 보내어 이르기를, "도깨비 같은 놈들은 이미 죄를 받고 죽었으나 거간(巨姦)[유성룡을 지칭함]은 아직도 시론(時論)을 장악하고서 화(禍)를 만들어 내기 좋아하는 마음을 그만두지 않고 있습니다. 만일 그를 제거하지 않으면 훗날의 화는 오늘보다도 더 심할 것입니다……" 하였다. 율곡이 죽자 동인의 세력이 매우 커진 것을 보고 또한 이발(李潑)의 말을 듣고서 그들에게 아첨하여 경연(經筵)에서 율곡과 공과 사암[思菴 박순(朴淳)]을 심하게 욕하니, 상이 그의 말을 미워하여 몹시 배척하였다. 그러나 유성룡은 그가 자기에게 붙은 것을 이롭게 생각하였고 또한 당파를 심고자 그를 끌어들여 부추기고 권장하면서 자주 상 앞에서 칭찬하여 심지어는 산야(山野)에 묻혀 사는 소박하고 정직한 선비라고까지 인정하였다.

후일 율곡의 조카 이경진(李景震)이 율곡에게 보낸 정여립의 편지를 상소와 함께 올리면서 이로 인하여 정여립이 이랬다저랬다 번복한 간악스러운 형상을 아뢰자, 상이 시신(侍臣)들에게 묻기를, "정여립의 편지를 본 사람이 있는가?" 하니, 교리(校理) 이덕형(李德馨)이 나아가 아뢰기를, "신의 벗 이귀(李貴)가 보고서 저에게 보여 줬던 까닭에 볼 수 있었습니다." 하자, 상이 "정여립은 오늘날의 형서(邢恕)이다." 하고서 배척하여 멀리하였다.

그의 역모가 드러나게 되자 공이 사람들에게 말하기를, "유이현(柳而見 유성룡(柳成龍))이 산야에 묻혀 사는 소박하고 정직한 선비라고 보았는데 지금은 어떤가?" 하였다. 유성룡은 이 말에 큰 원한을 품게 되었고 또한 그의 성명이 죄인의 문서에서 나오자 죄를 입을까 아주 두려워한 나머지 곧 상소를 올려 논변하기를, "신이 평소 정여립을 미워하여 조금도 인정하지 않았던 까닭에 신의 벗 이경중(李敬中)은 정여립을 멀리하여 청망(淸望)에 올리지 않음으로써 논박을 당하기에 이르렀습니다." 하였다.

상이 이경중에게 관작을 추증하도록 명하였고 그 당시 대관(臺官)들을 조사하여 정인홍(鄭仁弘), 박광옥(朴光玉)의 직첩을 삭탈하였다. 정인홍은 이로 인해서 공이 자기를 미워하는 것으로 깊이 의심하였고 또한 유성룡의 상소에 원한을 품고서 '정철과 유성룡이 기어이 나를 죽이고자 한다.'고 생각하였다. 그리하여 공이 죽은 후에 무덤 속에 묻힌 시체에까지 화(禍)를 끼치고자 하였고, 유성룡 또한 결국은 그 당인들에게 배척당하게 되었다.[정인홍 역시 일찍이 상소에서 유성룡을 '흉악한 사람'이라고 배척하였다.]

동서의 당이 나누어진 다음 율곡이 화평(和平)과 보합(保合)의 논의를 강력히 주장하여 이발, 김응남(金應南), 정인홍 등이 마음대로 배척할 수 없게 되자 이에 생각지도 못할 악명(惡名)을 서인에게 더하여 극형에 몰아세우려고 하였다. 유성룡이 말하기를, "이와 같이 하면 반드시 많은 사람들이 다칠 것이다. 우리들은 따를 수 없다." 하였고, 우성전 역시 유성룡과 일치되어 이발 등과 의견이 달랐다. 동인 가운데에서 남인(南人), 북인(北人)의 호칭이 여기에서 비롯되었다. 이는 우성전의 집은 남쪽에, 이발의 집은 북쪽에 있었기 때문이다. 유성룡이 파직을 당하여 안동(安東)에 있을 때 첨지(僉知) 한교(韓嶠)에게 이처럼 말했다고 한다. 지난날 율곡이 말했던 "저들은 공신이 되려고 한다."는 말을 여기에서 더욱 증험할 수 있다.

❖ 『서계집』 제7권 / 변론(辨論) 4수(四首) 예송변(禮訟辨)

인열왕후(仁烈王后)가 세 아들을 탄육(誕育)하였으니, 장자(長子)는 소현세자(昭顯世子)요, 차자(次子)는 효종대왕(孝宗大王)이다. 효종은 인조(仁祖)의 둘째 아들이니, 이른바 '차장자(次長子)'이다. 소현세자가 죽으매 여러 아들이 불초하자 인조가 어진 자를 택하여 효종을 세워 저사(儲嗣)로 삼았으니, 이는 인조가 신성(神聖)하여 자식을 알아본 밝음이요, 종사(宗社)와 생령(生靈)의 억만년토록 무궁하게 이어 갈 기반이 된 것이다. 그렇게 하지 않았으면 나라가 어찌 오늘날까지 안팎으로 우환이 없고 상하가 편안할 수 있겠으며, 게다가 신성한 자손들이 보위를 계승하여 광대(光大)한 공렬이 이처럼 성대할 수 있겠는가.

효종이 죽으매 대왕대비(大王大妃)가 모복(母服)을 입어야 하는데, 당시의 의논하는 자들이 각각 하나의 설을 주장하여, 한쪽은 "삼년복(三年服)을 입어야 한다." 하고, 한쪽은 "기년복(朞年服)을 입어야 한다." 하였다. 삼년복을 입어야 한다고 하는 쪽은 "차장자는 비록 본래 장자는 아니지만 장자가 죽음으로 인하여 차자가 이어 적사(嫡嗣)가 되었으니, 이 또한 장자라 이름한다. 그러므로 장자 삼년복을 입어야 한다."라고 하고, 기년복을 입어야 한다고 하는 쪽은 "차장자는 진실로 중자(衆子)일 수밖에 없으니, 비록 장자가 죽으매 차자가 이어 저사가 되었을지라도 이미 본래 장자가 아니다. 그러므로 중자 기년복을 입어야 한다."라고 하였다.

지금 가령 제삼자의 입장에서 살펴본다면, 삼년복을 입어야 한다고 하는 쪽은 효종을 차장자라 하지 않을 수 없고, 기년복을 입어야 한다고 하는 쪽 또한 효종을 차장자라 하지 않을 수 없다고 하여서 갑(甲)도 '차장자'라 하고, 을(乙)도 '차장자'라 한다. 그런데도 갑의 설은 "차장자이므로 삼년복을 입어야 한다."라고 하고, 을의 설은 "차장자이므로 기년복을 입어야 한다."라고 하니, 비록 기년과 삼년이 같지는 않으나 그 차장자가 되는 실상은 끝내 바꿀 수 없는 것이다. 차장자라는 설은 똑같은데 단지 복제(服制)에서 갈라져 서로 다른 설을 내세우면서 어지럽게 다투어 배격하여 마지않으니, 아, 괴이하도다.

❖ 『숙종실록』 65권 숙종 대왕 행장(行狀)

기사년 정월(正月)에 원자(元子)의 위호(位號)를 정할 것을 명하였다. 원자는 소의(昭儀) 장씨(張氏)의 소생이다. 장씨를 봉하여 희빈(禧嬪)으로 삼았다. …… (중략) …… 5월에 인현 왕후(仁顯王后)를 사제(私第)에 물러가 있도록 하고, 희빈(禧嬪) 장씨(張氏)를 올려 왕비(王妃)로 삼으라고 명하였다. …… (중략) ……

갑술년에 …… (중략) …… 이때 간사한 소인들이 멋대로 정권을 농락하여 흉도(凶徒)들을 유혹하고 위협해서 무옥(誣獄)을 일으켰다. 밤낮 단련(鍛鍊)하여 진신(搢紳)을 어육(魚肉)으로 만드는 화(禍)가 호흡지간에 닥쳤는데, 왕이 그 간사한 정상을 살피고 특별히 비망기(備忘記)를 내려 주모(主謀)한 대신 민암(閔黯)과 국문(鞫問)에 참여한 의금부(義禁府)의 당상관(堂上官)을 모두 절도(絕島)에 안치(安置)했다. 그리고 드디어 훈련 대장(訓鍊大將) 이의징(李義徵)의 병부(兵符)를 빼앗아 신여철(申汝哲)로 대신하게 하였다.

하교하기를, "지난 기사년의 일을 돌이켜 생각해보건대, 나도 모르게 절로 마음속으로 부끄러움을 느낀다. 곤픽(悃愊; 진실하고 정성스러움)을 살피지 못하고 어진 보필을 잘못 의심하여, 급기야 은례(恩禮)가 쇠하고 답답한 마음을 펴지 못하게 되었다. 내가 일찍이 깊은 밤중에 가라앉은 마음으로 찬찬히 궁구하던 끝에 환히 깨닫고 크게 후회하면서 자나깨나 고민해 온 지 어언 몇 년이 되었다. 이번에 윤음(綸音)을 환발(渙發; 임금의 명령을 천하에 널리 선포함)하여 곤위(壼位; 왕비)를 다시 바르게 하니, 이는 천리(天理)의 공정함을 회복하고 종사(宗社)의 은밀한 도움에 힘입은 데서 나온 것이다." 하였다. 마침내 6월 1일에 다시 중궁(中宮)의 책례(冊禮)를 거행하였다. 고묘(告廟)하고 하례를 받았으며, 중외(中外)에 대사령(大赦令)을 내렸다.

또 하교하기를, "나라의 운수가 회태(回泰)하여 중곤(中壼)이 복위(復位)되었으니, 백성들에게 두 임금이 없는 것은 고금(古今)의 공통된 의리이다. 장씨(張氏)의 왕후(王后) 인수(印綬)를 회수하고 이어 희빈(禧嬪)이란 구작(舊爵)을 내려 세자(世子)에게 정성(定省)하는 예를 폐하지 않게 하라." 하였다.

❖ 이익 『성호집(星湖集)』 권45 잡저(雜著) 논붕당(論朋黨)

붕당은 투쟁에서 생기고 투쟁은 이해에서 생기므로 이해가 절박하면 붕당 관계도 깊어지고 이해관계가 오래가면 붕당관계도 굳어짐은 형세가 그렇게 만드는 것이다.

무엇 때문에 그렇게 되었는지를 분명히 아는가. 여기에 열 사람이 있어 모두 굶주렸는데, 밥 한 그릇을 함께 먹게 되면 밥그릇을 비우기도 전에 싸움이 일어난다. 이를 꾸짖어도 말이 불손한 자가 있을 것이다. 그러면 사람들은 모두 이 싸움은 말 때문에 일어났다고 믿을 것이다. 다른 날에 또 밥 한 그릇을 먹어도 밥그릇을 비우기도 전에 싸움이 일어날 것이다. 이를 꾸짖으면 얼굴빛이 공손하지 못한 자가 있을 것이다. 그러면 사람들은 모두 이 싸움은 얼굴빛이 공손하지 못했기 때문에 일어났다고 믿을 것이다. ……

가령 오늘은 밥이 한 그릇 뿐이라 싸웠으나 다음 날에는 각 상에 차려서 배부르게 먹게 하여 싸우게 된 원인을 없앤다면 한 때 헐뜯고 나무라던 사이는 서로 타협이 되어 무사하고 다시 남는 분한도 없을 것이다.

그러므로 처첩이 한 집안에서 싸우면 반드시 한 사람을 그르다고 한다. 그러나 그르다 하더라도 싸우기까지 되는 것은 재물이 넉넉하지 못하기 때문이다. ……

나라의 붕당도 이것과 무엇이 다르랴. 그 시초를 따지면 한 사람의 선악과 한 사건의 경중에 불과한 것이다. 마음속으로 노여워하고 입으로 헐뜯는 일은 있었으나, 그저 털끝만한 일이었다. 그런데 어찌 붕당으로 갈려서 창칼로 서로 다투게 되는가?

그러면 붕당이란 무엇 때문에 갈리는 것인가. 대개 과거를 자주 보여서 사람을 너무 많이 뽑았고 애증이 치우쳐서 진퇴가 일정하지 못하였기 때문이다. ……

이 밖에도 벼슬하는 길이 어지럽게 많아서 관직은 적은데 임용할 사람은 많으니 조처할 수가 없었다. 이러므로 더러는 자주 교체시키고 더러는 기왕의 관직을 없애기도 하고 새로 마련하기도 하였다. 그러나 교체에는 서운함이 따르고 폐직에는 원한이 따르니 이것은 남에게 보호를 주기로 승낙해 놓고 끝내 주지 않아 그 사람의 욕심난 더욱 사납도록 한 것과 같다. 유한의 보화(寶貨)로써 무궁한 사람을 대접하려 하니 싸움이 일어나는 것은 당연하다.

❖ 이중환 『택리지(擇里志)』 복거총론(卜居總論) 인심(人心)

당파를 만들어 유객(遊客)을 거두어들이며, 권세를 부려서 평민을 침해하기도 한다. 이미 자신의 행실을 단속하지 못하면서 남이 자기를 평함을 싫어한다. 모두 홀로 한 지방에서 제패하기를 좋아한다. 당색이 다르면 같은 마을에서 함께 살지 못하고 마을과 마을이 서로 상상할 수 없을 정도로 비방하고 욕한다. 신임(신축년과 임인년)이래, 조정의 윗자리에 노론 · 소론 · 남인의 삼색의 구원(원수)은 날이 갈수록 더하여, 서로 역적이란 이름으로 죄를 덮어씌우며, 그 영향이 아래로 시골에까지 미치어 한 싸움터를 만들었다. 비단 서로 혼인하지 않을 뿐만 아니라, 서로 용납하지 아니하는 형세였다. 이색이 타색과 친하면 절의를 잃었다고 하고, 또는 항복하였다고 말하며 서로 배척하였다. 유사(有司)와 천예(賤隷)들까지도 한번 아무개 집신이라고 이르면 비록 타족을 다시 섬기고자 하더라도 또한 용납하지 않았다.

사대부의 어질고 어리석고 높고 낮은 품위는 자파 중의 일색 가운데서만 홀로 통해지고, 타색 중에서는 통하지 못하였다. 이색 가운데 인물이 다른 색에서 배척하게 되면 이 색에서는 더욱 귀히 여기고, 저 색에서도 또한 그러하였다. 비록 죄가 천하에 가득 차 있더라도 한번 다른 색에 의하여 공격을 당하면 시비곡직을 논할 것도 없이 모두가 일어나 이를 도우며, 도리어 허물이 없는 사람을 만든다. 비록 돈독한 행위를 하고 숨은덕이 있더라도 동색이 아니면 반드시 먼저 그 옳지 못한 곳부터 살핀다. 대개 당색이 처음 일어날 때에는 미미했으나, 자손이 그 조상의 논의를 지킴으로 인해서 2백 년에 드디어 굳어서 깨뜨릴 수가 없는 당이 되었다.

노론 · 소론은 서인으로부터 분열한 지 겨우 40여 년밖에 되지 않은 까닭에 혹 형제 · 숙질 간에 서로 노론 · 소론으로 갈려진 자가 있었다. 명색이 한번 갈라지면 마음이 초나라와 월나라처럼 대립하고, 동색과는 더불어 의논하여도 지극히 가까운 친족 사이에도 서로 말하지 않았다. 이 지경에 이르면 하늘에서 내린 떳떳한 성품과 윤리도 없어졌다고 하겠다. 근래에 와서는 4색이 모두 진출하여 오직 벼슬만 할 뿐, 옛날부터 지켜 내려오는 의리는 모두 고깔 씌우듯 숨겨버렸다. 사문의 시비와 국가 충역에 대한 논란도 모두 지나간 일로 돌려 버렸다 기운을 내고 피를 흘리며 싸움하던 버릇은 비록 전에 비하여 조금 적어졌으나, 구속 중에 신체나 기력이 차츰 약해지고, 줏대 없고, 매끈한 새로운 병을 첨가하게 되었다. 그 마음은 처음부터 스스로 갈라져 있었으나, 외면적으로 입으로 말하면 모두가 혼연히 한 색으로 된 것 같았다. 매양 공석상과 대중이 모인 곳에서 조정의 일을 이야기하게 되면 규각(圭角)을 나타내지 않고, 대답이 곤란하면 곧 쓴 웃음으로써 임시변통하여 그 자리를 넘기고 흘려버린다.

그런 까닭에 의관한 사람들이 모여들면 오직 들리는 것은 만당(滿堂)의 웃음소리뿐이었고, 정령의 실시에 있어서는 오직 자기 이익만을 도모하고, 실제로 나라를 근심하고 공을 받드는 사람이 드물었다. 관작을 매우 가벼이 보고, 관청을 주막집 같이 여긴다. 재상은 중용(中庸)을 잡음으로써 어질다 하고, 삼사(三司)는 말하지 아니함으로써 높게 평가되며, 외관(外官)은 결백하고 검소함을 어리석게 여기니, 이대로 달려서 종말에 가서는 어떤 지경에 이를 것인가?

❖ 이건창 『당의통략(黨議通略)』 원론(原論)

붕당이란 이름이 생긴 지는 벌써 오래다. …… 옛날 구양수의 글을 보면 붕당이란 멀리 당우(唐虞)와 은(殷)·주(周) 대부터 시작되었다고 한다. …… 그런데 온 나라 사람들이 전부 붕당에 참여해서 둘·셋·넷으로 나뉘어 200여 년의 오랜 세월을 지나도록 사정(邪正)과 역순(逆順)의 분별이 합당하지 못하고, 정론(定論)을 세울 수 없었던 붕당을 든다면 오직 우리 조선을 들 수 있다. 또 이것은 고금의 붕당을 통틀어서 더없이 크고 더없이 오래고, 더없이 말하기 어려운 것이라 하겠다. 그 까닭을 생각하면 여덟 가지 원인이 있다. 도학(道學)의 태중(太重), 명의(名義)의 태엄(太嚴), 문사(文詞)의 태번(太繁), 형옥(刑獄)의 태밀(太密), 대각(臺閣)의 태준(太峻), 관직(官職)의 태청(太淸), 벌열(閥閱)의 태성(太盛), 승평(昇平)의 태구(太久). …… 이 여덟 가지는 실로 당론의 유래로 그 득실이 서로 같으니 나는 여기에서 어느 당에 치우쳐서 말한 것이 아니다.

❖ 시데하라 타이라(幣原坦) 『한국정쟁지(韓國政爭志)』

한국의 정치는 사권의 쟁탈에서 유래한다. 정가는 한번 정국을 담당해 일을 행하려 하면 여러 의론이 백 가지로 나오고 유언이 떠들썩하게 퍼지며, 음모를 꾸미면 암살을 꾀하고 한번 집권하면 정적을 일망타진하는 참화를 불사한다. 대신의 교체가 주마등과 같으니 국정의 개혁을 기할 수 없는 것도 우연이 아니다. 나는 일찍이 한국 정부의 초빙을 받아 그 학정에 참여하게 되었는데, 과거에 대한 조사는 현재의 착수에 자신을 주고 장래의 계획을 안전하게 하는 소이라는 것을 느껴 공사를 보는 여가에 국정의 연혁에 대해 탐구해 보았다. 본서의 정쟁에 관한 연구도 그 중 하나이다. 그러나 나의 생각 가운데 열의 하나도 글로 나타내지 못했다. 그러니 어찌 감히 대방의 고사에 비할 바 있겠는가? 그럼에도 불구하고 이조 500년의 현상순치의 주원인 중 하나가 정쟁인 만큼 이에 관해 누군가는 그 연원을 천명해야 한다고 생각한다. 이 책이 반도의 정치와 역사에 취미를 가진 사람들의 일고를 얻으면, 내 바람은 그것으로 족하다. ……

조선인의 오늘날의 작태를 이해하려면, 그 원인을 과거의 역사에서 찾지 않으면 안 된다. 그런데 그 역사적 사실의 근원으로 고질적인 것은 당쟁이었다고 단언할 수 있다. 대저 당쟁의 원인을 밝히는 것은 정쟁의 문제를 해결하는 데 가장 편리하고, 또 국정의 심사에 가장 유익하다.

4) 영 · 정조의 탕평책과 왕권 강화

18세기 내내 정국을 주도한 세력은 서인에서 갈라진 노론이었다. 서인은 예송논쟁禮訟論爭과 환국換局 등을 통해 정국의 주도권을 잡은 후, 경종과 영조 즉위과정에서 노론과 소론으로 분열하였다. 그리고 영조 즉위과정에서 노론이 소론과 남인을 배제하면서 주도권을 잡았다.

노론은 일당전제를 강화하였다. 노론이 일당전제를 추구하면서, 소수의 가문이 권력을 독점하는 현상이 일어났다. 이때부터 각 붕당은 공론公論보다 개인 및 가문의 이익을 우선하였다. 개인과 가문을 우선하는 중앙의 정치세력은 향촌사회를 기반으로 재생산되었다. 중앙의 정치세력과 연결된 지역별 또는 지역 내의 유림들이 서로 다른 당파적 성향을 띠었다. 지역사회에서 표출되는 유림들의 서로 다른 당색黨色은 갈등을 일으켰고, 이 갈등은 지역의 주도권을 쟁취하기 위한 다툼으로 확산되었다. 그리고 지역 내 다툼은 필연적으로 주도세력과 소외세력을 만들어냈다. 소외세력들은 결국 반집권적 세력으로 결집되어 반란 등의 큰 사건을 일으켰다. 영조 4년(1728)에 청주지역을 중심으로 발생하였던, 이인좌의 난이 대표적인 사건이다.

이인좌의 난(무신난)

영조 4년(1728)에 조선 전역을 뒤흔든 큰 반란이 청주지역을 중심으로 발생하였다. 바로 이인좌(李麟佐) · 신천영(申天永)의 난으로도 불리어지는 무신난이다. 무신난은 당시 정권에서 소외된 소론 · 남인 · 북인 세력들이 백성의 동조를 이끌어 내어 영조와 노론을 제거하고자 했었던 조선후기 최대의 변란(變亂)이었다.

무신난은 17~18세기 붕당의 급격한 교체과정 속에서 발생한 양반 지배층의 분열과 대립이 만들어낸 결과였다. 숙종 대부터 영조 초기까지는 당쟁으로 인한 양반 지배층 간의 반목이 극에 달했던 시기였다. 이때 몰락한 양반들은 기존 집권층 중심의 사회질서에 반하는 세력으로 변하였다. 그러한 양상은 청주지역에서도 나타났다. 무신난에 가담한 청주지역의 양반들의 수가 200여 명이 넘었다는 것이 그 증거이다. 이들 대부분은 중앙정계로의 진출이 막힌 남인 · 소론을 비롯한 반노론 성향의 양반들이었다.

한편 양반들 외에도 군관(軍官) · 향임(鄕任) · 유민(流民) · 노비 · 화전민(火田民) · 소상인 · 소작인 등의 하층민도 무신난에 대거 참여하였다. 이들 대부분은 무신난에 가담했던 양반들의 인척이거나, 그들의 영향력 아래 있었던 가속 및 노비들이었다. 그러나 이들이 경제발전과 신분제의 동요 속에서 소외당했던 계층이었다는 점도 생각해 볼 필요가 있다. 즉 급격한 사회변동 속에서 소외당했던 하층민들이 기존 사회질서에 대한 반발의 표현으로서 이 난에 가담했을 수도 있다는 얘기이다. 이러한 모습들은 무신난이 정치적 성격과 함께 급격한 사회변동 속에서 발생한 계층 간의 갈등이 폭발한 사건이었다는 것을 의미한다.

무신난은 다양한 반체제 세력이 참여했음에도 불구하고, 주도층의 내부 결속력 취약 · 영호남의 반란군들의 북상 실패 · 중앙세력의 내응 실패 등을 이유로 1개월 만에 진압 당하였다. 그러나 무신난의 중심지였던 청주지역에서는 영조와 노론에 대한 반집권적 성향이 수십 년 동안 사라지지 않았다. 이러한 청주지역의 정서는 경술년(庚戌年) 역옥사건(逆獄事件), 이제동(李濟東) 등의 모반사건, 양시박(楊始搏)의 고변사건, 이지서(李之曙) 모반사건 등으로 이어졌다.

반란군이 최초로 점령했던 충청병영의 영문(정조루)

붕당 간의 싸움이 격화되면서 왕권이 크게 약화되었다. 영조는 왕권을 강화하기 위해 당파를 고루 등용하는 탕평책을 실시하였다. 영조는 한 당파의 의리를 옳다고 판단하지 않고, 각 당파의 의리를 절충하는 완론탕평緩論蕩平을 추진하였다. 완론탕평은 각 당파에서 온건한 인물(완론자: 緩論者)을 등용하여 붕당 간 타협을 이끄는 온건한 탕평책이었다. 영조는 각 당파에서 온건한 인물을 등용하여 탕평파를 육성한 후, 탕평파 가문과 왕실이 혼인을 맺어 탕평의 기반을 다지려고 하였다. 하지만 영조의 완론탕평은 특정세력을 용인하는 결과를 가져왔고, 결국 노론의 일당전제를 강화시켰다.

영조는 탕평책 추진과 함께 균역법을 시행하고, 군영軍營을 정비하였다. 균역법은 조선시대 군역軍役의 부담을 경감하여, 사회안정을 유도하기 위한 세법이었다. 균역법 시행으로 양인의 군역부담은 이전에 비해 절반 가까이 줄었다. 또한 영조는 붕당의 군사 · 경제 기반이었던 군영도 정비하였다. 그 결과 훈련도감 · 금위영 · 어영청 세 군문이 도성을 나누어 방위하는 체제를 갖추었고, 붕당의 권력도 일정부분 약화시켰다. 한편 제도와 권력구조를 개편하기 위해 『속대전續大典』을 편찬하였다.

정조는 영조의 탕평책을 계승하였으나, 시행방법은 사뭇 달랐다. 정조의 탕평책은 임금과 신하 간 의리를 강조하고, 당파의 옳고 그름을 명백히 가리려는 준론탕평峻論蕩平이었다. 정조는 완론탕평에 참여한 관리들이 탕평의 근본 목적을 훼손했다고 비판한 청류와 남인들을 대거 등용하여 준론탕평을 펼쳤다.

탕평비

탕평비

탕평비는 성균관의 반수교(泮水橋) 위에 세워졌다. 영조는 왕세자 시절부터 당정의 폐해를 직접 경험하였기에 즉위 이후 당쟁의 조정에 힘썼다. 탕평책을 실시하면서 청요직의 자리에 각 파의 인물들 균형있게 등용하였다. 이로 인하여 남인과 소북 등 정계에 밀려난 인물도 등용하게 되었다. 1742년 영조의 아들이었던 사도세자(思悼世子)가 관학의 최고학부인 성균관에 입학하자, 이를 기념하며 탕평비를 건립하게 되었다. 탕평비에는 『논어(論語)』 위정편 14장의 구절을 재구성하고 친서(親書)한 글이 적혀 있다. 탕평비에 적힌 내용은 아래와 같다.

두루 원만하고 편향되지 않는 것은 군자의 마음이요, 편향되고 원만하지 못함이 소인의 사사로운 마음이다.(周而弗比 乃君子之公心 比而弗周 寔小人之私意)

한편 정조는 규장각을 강력한 정치기구로 육성하였으며, 장용영을 설치하여 병권을 장악하였다. 붕당의 비대화를 막고, 자신의 권력과 정책을 뒷받침할 수 있는 기구가 필요했기 때문이다. 정조는 초계문신제도抄啓文臣制度를 만들어 임금이 스승으로서 신하들을 가르치려고 하였다. 또한 시전상인의 특권인 금난전권을 철폐하는 신해통공辛亥通共을 시행하여, 자유로운 상업 활동의 기반을 마련했다. 한편 정조는 생부인 사도세자의 무덤을 수원의 옛 치소로 옮기고, 수원에 화성을 축조하였다. 화성을 정치적·군사적 중심지로 키워, 자신의 정치적 이상을 실현하는 상징적 도시로 만들기 위해서였다.

수원 화성의 장안문

영·정조대의 탕평책은 붕당정치의 폐단을 근본적으로 해결하지 못하였다. 탕평책의 실시로 왕권이 어느 정도 강화되었고, 강화된 왕권은 붕당

간의 격렬한 당쟁을 일단 억제하였다. 하지만 영조와 정조의 탕평책은 정치세력의 폭넓은 지지를 얻지 못하였으며, 정치권력이 소수의 정치집단으로 집중되는 결과를 가져왔다. 두 임금의 탕평책이 가진 취약성은 하나의 정치세력이 권력을 독점할 수 있는 여지를 남겼다. 결국 정조가 세상을 떠난 뒤, 몇몇 가문이 권력을 독점하는 세도정치가 시작되었다.

/탐구과제/

○ 영조 · 정조는 성군이었는가?

- ㅁ 탕평(蕩平)의 개념을 이해하고, 영조 · 정조가 탕평책을 실시한 배경을 살핀다.
- ㅁ 영조와 정조가 실시한 왕권강화 정책을 이해한다.
- ㅁ 세도정치가 무엇인지 이해하고, 세도정치의 배경과 결과를 살핀다.
- ㅁ 영조 · 정조가 추진했던 여러 정책의 성공 여부를 성군이라는 관점에서 생각해 본다.

숙종의 환국정책은 일당 전제를 부추겨 붕당 간의 세력균형을 와해시켰으며, 권력을 잡은 붕당이 왕권을 위협하는 결과를 가져왔다. 숙종 · 경종의 뒤를 이은 영조는 새로운 정치형태와 이념을 찾았다. 바로 탕평책이다. 탕평책의 목적은 왕권을 강화하고 관료체제를 재정비하여, 정치적 안정을 이루는 것이다. 영조는 한 당파의 의리를 옳다고 판단하지 않고, 각 당파의 의리를 절충하는 완론탕평(緩論蕩平)을 추진하였다. 완론탕평은 각 당파에서 온건한 인물(완론자: 緩論者)을 등용하여 붕당 간 타협을 이끄는 온건한 탕평책이었다. 정조의 탕평책은 임금과 신하 간 의리를 강조하고, 당파의 옳고 그름을 명백히 가리려는 준론탕평(峻論蕩平)이었다. 정조는 완론탕평에 참여한 관리들이 탕평의 근본 목적을 훼손했다고 비판한 청류와 남인들을 대거 등용하여 준론탕평을 펼쳤다. 영 · 정조대의 탕평책은 붕당 간의 격렬한 당쟁을 일단 억제하였다. 하지만 정치세력의 폭넓은 지지를 얻지 못하였으며, 정치권력이 소수의 정치집단으로 집중되는 결과를 가져왔다. 결국 정조가 세상을 떠난 뒤, 몇몇 가문이 권력을 독점하는 세도정치가 시작되었다.

아래 자료들은 영 · 정조가 추진했던 탕평책의 본질과 결과를 살펴볼 수 있는 자료들이다. 『영조실록』 1년 1월 3일 기사는 영조의 탕평교서(蕩平敎書)로서, 탕평책의 목적과 시행방식을 자세히 담고 있다. 『정조실록』 1년 5월 16일 기사는 군신(君臣) 간의 의리를 강조하고, 당파의 옳고 그름을 정확히 가려 탕평의 정신을 바로 세우려는 정조의 의지를 보여준다. 『순조실록』 6년 6월 25일 기사는 순조 즉위 후 정순왕후와 벽파가 정조대에 등용되었던 세력을 대거 축출하고, 순조와 김조순 딸의 국혼을 저지하려다가 실패하는 모습을 담고 있다. 『근세조선정감』은 안동 김씨 세력이 순조의 비였던 순원왕후를 등에 업고 철종을 무리하게 왕위에 올리는 모습과 세도정치로 발생했던 폐해(弊害)들을 보여준다.

이 책에 제시한 자료들을 읽고, 영 · 정조는 진정 성군이었는지 스스로 판단해보자.

❖ 『영조실록(英祖實錄)』 권3 영조 1년 1월 3일 임인

전교하기를 "붕당(朋黨)의 폐단이 요즈음보다 심한 적이 없었다. 처음에는 사문(斯文)에 소란을 일으키더니, 지금에는 한편 사람을 모조리 역당(逆黨)으로 몰고 있다. 세 사람이 길을 가도 역시 어진 사람과 불초(不肖)한 사람이 있게 마련인데, 어찌 한편 사람이라고 모두가 같은 투(套)일 이치가 있겠는가? 각박하고 또 심각하여져서 유배(流配)되었다가 다시 찬축(竄逐)되었으니, 그 가운데 어찌 억울한 사람이 없겠는가? 한 지어미가 억울함을 품어도 5월에 서리가 내리는데, 더구나 한편의 여러 신하들을 모조리 제도(諸道)에 물리치는 것이겠는가? 이러한데도 경알(傾軋)하는 말이 어찌 없다고 하겠는가? 우리나라는 본래 치우쳐 있고 작아서 사람을 쓰는 방법 역시 넓지 못한데, 요즈음에 이르러서는 그 사람을 임용하는 것이 모두 당목(黨目) 가운데 사람이었으니, 이와 같이 하고도 천리(天理)의 공(公)에 합하고 온 세상의 마음을 복종시킬 수 있겠는가? 지난해까지 함께 벼슬하였던 조정이 지금은 왜 전과 같지 않은가? 이렇게 하기를 그만두지 않으면 띠를 매고 조정에 있을 자가 몇 사람이나 되겠는가? 널리 베풀고 대중을 구제하는 것은 요순(堯舜)도 오히려 부족하게 여겼는데, 더구나 한 나라의 절반이 침체(沈滯)되는 것이겠는가? 아! 당당한 천승(千乘)의 나라가 사람을 씀이 어찌 이처럼 좁은 것인가? 피차가 서로를 공격하여 공언(公言)이 막혀지고 역당(逆黨)으로 지목하면 옥석(玉石)이 구분되지 않을 것이니, 저가 나를 공격하는 데에서 그 장차 가려서 하겠는가, 가리지 않고 하겠는가? 충직(忠直)한 사람을 뒤섞어 거론하여 헤아릴 수 없는 죄과(罪科)로 몰아넣는 것은 그들이 처음으로 한 것이 아니라 이는 나의 말이다. 이는 바로 속담에서 말하는 '입에서 나간 것이 귀로 돌아온다'라는 것이니, 이렇게 되면 조정이 언제나 안정되며 공의(公議)가 언제 들리겠는가? 당(唐)나라 때 유안(劉晏)이 제(帝)에게 말하기를, '천하의 글자는 모두 바르지만 유독 붕(朋)자만은 바르지 못하다.'고 하였는데, 바로 오늘을 두고 말한 것이다.

아! 임금과 신하는 부자(父子)와 같으니, 아비에게는 여러 아들이 있어 서로 시기하고 의심해 저쪽은 억제하고 이쪽만을 취한다면 그 마음이 편안하겠는가, 불안하겠는가? 공경(公卿)과 서료(庶僚)들은 모두 대대로 녹(祿)을 먹은 신하들인데, 공효(功效)를 보답할 도리를 생각하지 않고 목인(睦婣)의 의리를 생각하지 않으면서, 한 조정 가운데서 공격을 일삼고 한 집안에서 싸움만을 서로 계속하고 있으니, 이러면 나라가 장차 어떻게 되겠는가? 지금 해가 거듭 바뀌어서 새해가 다시금 돌아왔는데, 하늘과 사람은 한 가지이니, 어찌 옛것을 개혁하고 새것을 힘써 새 봄을 맞이한 뜻과 같이 하지 않겠는가? 저 귀양을 간 사람들은 금오(金吾)로 하여금 그 경중(輕重)을 참작해 대신(大臣)과 더불어 등대(登對)하여 소석(疏釋)하고, 전조(銓曹)에서는 탕평(蕩平)하게 거두어 쓰라.

아! 지금 나의 이 말은 위로는 종사(宗社)를 위하고 아래로는 조정의 기상(氣象)을 진정시키기 위해서이다. 만일 혹시라도 의심을 일으키거나 혹은 기회(機會)를 삼아서 상소해 경알(傾軋)하면 종신(終身)토록 금고(禁錮)시켜 나라와 함께하지 못할 뜻을 보이겠다. 너희 여러 신하들은 내가 자수(自修)함이 없다고 여겨 소홀히 하지 말고 성인(聖人)께서 잘못한 자를 바로잡는 뜻을 따라 당습(黨習)을 버리고 공평(公平)하기에 힘쓰라. 그렇게 하면 어찌 비단 나라를 위하는 것뿐이겠는가? 또한 너희들 조상의 풍도(風度)를 떨어뜨리지 않을 것이니, 어찌 아름답지 않으랴? 정승의 자리에 있는 사람은 소하(蕭何)가 조참(曹參)을 천거한 뜻을 본받고 전형(銓衡)하는 데에서는 이윤(伊尹)이 저자에서 매를 맞는 것처럼 여긴 뜻을 배워야 한다. 내 말을 공손히 듣고 우리 방가(邦家)를 보존하라." 하였다.

❖ 『정조실록(正祖實錄)』 권1 정조 1년 5월 16일 병술

차대(次對)하였다. 임금이 말하기를 "영상(領相)이 바야흐로 지문(誌文)을 짓고 있거니와, 선대왕의 사업과 실적은 곧 균역(均役) · 탕평(蕩平) · 준천(濬川)이다. 탕평은 50년 동안의 대정(大政)인데, 말을 만들어 갈 적에 단지 탕평 두 글자만 쓴다면 혼돈하게 될 염려가 없지 않다. 충신과 역적을 구분하는 데 이쪽이 옳고 저쪽이 그른 것과, 저쪽이 객(客)이고 이쪽은 주(主)인 구별을 분명하게 말하지 않을 수 없다. 내가 이광좌(李光佐) · 최석항(崔錫恒) · 조태억(趙泰億)을 추탈한 것도 또한 선조(先朝)의 뜻을 받든 것이다. 탕평은 의리에 방해받지 않고 의리는 탕평에 방해받지 않은 다음에야 바야흐로 탕탕평평(蕩蕩平平)의 큰 의리라 할 수 있다. 지금 내가 한 말은 곧 의리의 탕평이지, 혼돈의 탕평이 아니다."라고 하였다.

❖ 『만기요람』 재용편 3 균역

영의정 김재로(金在魯)는 균역당상(均役堂上) 신만(申晩) · 김상성(金尙星) · 홍계희(洪啓禧) · 홍봉한(洪鳳漢) · 조영국(趙榮國), 낭청(郎廳) 한광조(韓光肇) · 김치인(金致仁)과 서로 의논하여 결미절목을 초성(草成)하고 등연(登筵)해서 품의하여 재가를 받아 조목(條目)을 따라 쓸데없는 부분을 깎아 내어 정리하고, 또 관자(關子)를 보내 여러 도에 하문을 하니, 도신(道臣)의 장문(狀聞)이 모두 이의가 없었다. 9월에 절목이 비로소 완성되었고, 계하(啓下)하여 반포하였다.

대개 양포(良布)는 반을 감하였다. 그 감한 것을 계산하니, 총 50여만 필이며, 돈으로 하면 100여만 냥이다. 안으로는 각 아문(衙門)과 밖으로는 각 영(營), 진(鎭)의 수용(需用)을 강구하고 확정하여 감한 것이 50여만 냥이 된다. 그러나 군수(軍需)의 경비로서 급대(給代)하지 아니할 수 없는 것이 아직도 40여만 냥이 되었다. 어(漁) · 염(鹽) · 선(船)세(稅)와 선무군관포(選武軍官布)와 은여결(隱餘結)로 징수한 것을 합한 10여만 냥으로 이를 충당해도 오히려 부족함이 있으니 또 각 영 · 읍에 분정하여 이를 충당하였다. 서 · 북 양도(兩道) 이외에 6도의 전결에서 매 1결에 쌀 2말이나 혹은 돈 5전을 거두는 것은 평년의 전결로써 계산하되 쌀과 돈 할 것 없이 돈으로 환산하면 30여만 냥이 될 수 있다. 필요하면 급대(給代)의 부족한 수량으로 하여금 간략히 서로 충당하고, 또 회록(會錄) 일조(一條)가 있어서 여러 도의 돈과 곡식을 헤아리고 정하여 회록하고, 군작미(軍作米) 10만 석도 역시 이속(移屬)하되, 절반은 조적으로 하여 수재(水災)와 한재(旱災)의 대비책으로 준비하였다.

❖ 『영조실록』 권99 영조 38년 윤5월 13일 을해

임금이 창덕궁에 나아가 세자(世子)를 폐하여 서인(庶人)을 삼고, 안에다 엄히 가두었다. 처음에 효장 세자(孝章世子)가 이미 훙(薨)하였는데, 임금에게는 오랫동안 후사(後嗣)가 없다가, 세자가 탄생하기에 미쳤다. 천자(天資)가 탁월하여 임금이 매우 사랑하였는데, 10여 세 이후에는 점차 학문에 태만하게 되었고, 대리(代理)한 후부터 질병이 생겨 천성을 잃었다. 처음에는 대단치 않았기 때문에 신민(臣民)들이 낫기를 바랐었다. 정축년 · 무인년 이후부터 병의 증세가 더욱 심해져서 병이 발작할 때에는 궁비(宮婢)와 환시(宦侍)를 죽이고, 죽인 후에는 문득 후회하곤 하였다. 임금이 매양 엄한 하교로 절실하게 책망하니, 세자가 의구심에서 질병이 더하게 되었다. 임금이 경희궁(慶熙宮)으로 이어하자 두 궁(宮) 사이에 서로 막히게 되고, 또 환관(宦官) · 기녀(妓女)와 함께 절도 없이 유희하면서 하루 세 차례의 문안(問安)을 모두 폐하였으니, 임금의 뜻에 맞지 않았으나 이미 다른 후사가 없었으므로 임금이 매양 종국(宗國)을 위해 근심하였다.

한번 나경언(羅景彦)이 고변(告變)한 후부터 임금이 폐하기로 결심하였으나 차마 말을 꺼내지 못하였는데 갑자기 유언비어가 안에서부터 일어나서 임금의 마음이 놀랐다. 이에 창덕궁에 나아가 선원전(璿源殿)에 전배하고, 이어서 동궁의 대명(待命)을 풀어주고 동행하여 휘령전(徽寧殿)에 예를 행하도록 하였으나 세자가 병을 일컬으면서 가지 않으니, 임금이 도승지 조영진(趙榮進)을 특파(特罷)하고 다시 세자에게 행례(行禮)하기를 재촉하였다. 임금이 이어서 휘령전(徽寧殿)으로 향하여 세자궁(世子宮)을 지나면서 차비관(差備官)을 시켜 자세히 살폈으나 보이는 바가 없었다. 세자가 집영문(集英門) 밖에서 지영(祗迎)하고 이어서 어가를 따라 휘령전으로 나아갔다. 임금이 행례를 마치고, 세자가 뜰 가운데서 사배례(四拜禮)를 마치자, 임금이 갑자기 손뼉을 치면서 하교하기를, "여러 신하들 역시 신(神)의 말을 들었는가? 정성 왕후(貞聖王后)께서 정녕하게 나에게 이르기를, '변란이 호흡 사이에 달려 있다.'고 하였다." 하고, 이어서 협련군(挾輦軍)에게 명하여 전문(殿門)을 4, 5겹으로 굳게 막도록 하고, 또 총관(摠管) 등으로 하여금 배열하여 시위(侍衛)하게 하면서 궁의 담 쪽을 향하여 칼을 뽑아 들게 하였다. 궁성문을 막고 각(角)을 불어 군사를 모아 호위하고, 사람의 출입을 금하였으니, 비록 경재(卿宰)라도 한 사람도 들어온 자가 없었는데, 영의정 신만(申晩)만 홀로 들어왔다. 임금이 세자에게 명하여 땅에 엎드려 관(冠)을 벗게 하고, 맨발로 머리를 땅에 조아리게[扣頭] 하고 이어서 차마 들을 수 없는 전교를 내려 자결할 것을 재촉하니, 세자가 조아린 이마에서 피가 나왔다. 신만과 좌의정 홍봉한, 판부사 정휘량(鄭翬良), 도승지 이이장(李彝章), 승지 한광조(韓光肇) 등이 들어왔으나 미처 진언(陳言)하지 못하였다. 임금이 세 대신 및 한 광조 네 사람의 파직을 명하니, 모두 물러갔다. 세손이 들어와 관(冠)과 포(袍)를 벗고 세자의 뒤에 엎드리니, 임금이 안아다가 시강원으로 보내고 김성응(金聖應) 부자(父子)에게 수위(守衛)하여 다시는 들어오지 못하게 하라고 명하였다. 임금이 칼을 들고 연달아 차마 들을 수 없는 전교를 내려 동궁의 자결을 재촉하니, 세자가 자결하고자 하였는데 춘방(春坊)의 여러 신하들이 말렸다. 임금이 이어서 폐하여 서인을 삼는다는 명을 내렸다.

❖ 『영조실록』 권99 영조 38년 윤5월 21일 계미

사도세자(思悼世子)가 훙서(薨逝)하였다. 전교하기를, "이미 이 보고를 들은 후이니, 어찌 30년에 가까운 부자간의 은의(恩義)를 생각하지 않겠는가? 세손(世孫)의 마음을 생각하고 대신(大臣)의 뜻을 헤아려 단지 그 호(號)를 회복하고, 겸하여 시호(諡號)를 사도세자라 한다. 복제(服制)의 개월 수가 비록 있으나 성복(成服)은 제하고 오모(烏帽)·참포(黲袍)로 하며 백관은 천담복(淺淡服)으로 한 달에 마치라. 세손은 비록 3년을 마쳐야 하나 진현(進見)할 때와 장례 후에는 담복(淡服)으로 하라." 하였다.

❖ 『정조실록』 권2 즉위년 9월 25일 계사

규장각(奎章閣)을 창덕궁 금원(禁苑)의 북쪽에 세우고 제학(提學) · 직제학(直提學) · 직각(直閣) · 대교(待敎) 등의 관원을 두었다. 나라에서 관직을 설치하는 것을 모두 송(宋)나라의 제도를 따랐다. 홍문관은 집현원(集賢院)을 모방하였고, 예문관은 학사원(學士院)을 모방하였으며, 춘추관은 국사원(國史院)을 모방하였다. 그러나 유독 왕의 글을 존각(尊閣)에 간직하는 용도각(龍圖閣)이나 천장각(天章閣)과 같은 제도는 있지 않았다.

…… (중략) ……

처음에는 어제각(御製閣)으로 일컫다가 뒤에 숙종 때 숙종이 쓴 현판을 따라 규장각이라 이름하였는데, 위는 다락이고 아래는 처마집(軒)이었다. 그 뒤에 정조의 초상화 · 글 · 글씨 · 보책(寶冊) · 인장을 봉안하였는데, 현판은 숙종의 글씨였다. 또 주합루(宙合樓)의 현판을 남쪽 문에 걸었는데, 바로 정조의 글씨였다. 서남쪽에는 봉모당(奉謨堂)이라 하였는데[곧 옛날의 열무정(閱武亭)이다. 『여지승람(輿地勝覽)』 궁궐지(宮闕志)에서는 옛 제도에 따라 고치지 않고, 다만 감탑(龕榻)을 설치하여 모셨다고 되어 있다.], 여러 왕의 글 · 글씨 · 초상화 · 고명(顧命) · 유고(遺誥) · 밀교(密敎)와 선보(璿譜) · 세보(世譜) · 보감(寶鑑) · 장지(狀誌)를 봉안하였다. 정남쪽은 열고관(閱古觀)인데 상하 2층이다. 또 북쪽으로 꺾여 개유와(皆有窩)를 만들었는데, 중국본(本) 도서와 문적을 간직하였다. 정서쪽은 이안각(移安閣)인데 왕의 초상화 · 글 · 글씨를 옮겨 포쇄(曝曬)하는 곳으로 삼았다. 서북쪽은 서고인데 우리나라에서 만든 도서와 문적을 간직하였다.

❖ 『정조실록』 권36 정조 16년 10월 19일 갑신

동지 정사 박종악(朴宗岳)과 대사성 김방행(金方行)을 불러들여 접견하였다. 상이 종악에게 전교하기를, "어제 책문의 제목 하나를 내어서 위서(僞書)의 폐단에 관해 설문을 해보았다. 근래 선비들의 추향이 점점 저하되어 문풍(文風)도 날로 비속해지고 있다. 과문(科文)을 놓고 보더라도 패관 소품(稗官小品)의 문체를 사람들이 모두 모방하여 경전 가운데 늘상 접하여 빠뜨릴 수 없는 의미들은 소용없는 것으로 전락하였다. 내용이 빈약하고 기교만 부려 전연 옛사람의 체취는 없고 조급하고 경박하여 평온한 세상의 문장 같지 않다. 세도와 유관한 것이어서 실로 작은 걱정이 아니다. 내가 그것을 바로잡아 보려고 고심 끝에 책문의 제목으로까지 내었던 것인데 만일 그 폐단만을 말하고 실효를 거두지 못하면 무슨 보탬이 되겠는가. 이러한 폐단의 근원을 아주 뽑아서 없애버리려면 애당초 잡서(雜書)들을 중국에서 사오지 못하게 하는 것이 제일이다. 그리하여 앞서의 사행 때도 물론 누누이 당부해 왔었지만 이번 사행에는 더욱더 엄히 단속하여 패관 소기(稗官小記)는 말할 것도 없고 경서(經書)나 사기(史記)라도 당판(唐板)인 경우 절대로 가지고 오지 말도록 하고, 돌아오는 길에 압록강을 건널 때 하나하나 조사해서 군관이나 역관 무리라도 만일 가지고 오는 자가 있으면 바로 교서관에서 압수하여 널리 유포되는 폐단이 없게 하라. …… (중략) ……" 하니, 종악이 아뢰기를, "지금 성교를 받자오니 문교(文敎)를 숭상하고 바른 학문을 부양하여 만세를 두고 영원한 장래를 염려하시는 위대한 전하의 말씀임을 알고 이루 말할 수 없이 흠앙스럽습니다. 신도 당연히 엄히 금하여 만에 하나라도 그 뜻을 받들도록 하겠습니다." 하였다. 상이 대사성 김방행에게 이르기를, "성균관 시험의 시험지 중에 만일 조금이라도 패관잡기에 관련되는 답이 있으면 비록 전편이 주옥 같을지라도 하고(下考)로 처리하고 이어 그 사람의 이름을 확인하여 과거를 보지 못하도록 하여 조금도 용서가 없어야 할 것이다. 내일 승보시(陞補試)를 보일 때 여러 선비들을 모아두고 직접 이 뜻을 일러주어 실효가 있게 하라. 엊그제 유생 이옥(李鈺)의 응제(應製) 글귀들은 순전히 소설체를 사용하고 있었으니 선비들의 습성에 매우 놀랐다. 지금 현재 동지성균관사로 하여금 일과(日課)로 사륙문(四六文)만 50수를 짓게 하여 낡은 문체를 완전히 고친 뒤에야 과거에 응시하게 하도록 하였다. …… (중략) ……" 하였다.

❖『정조실록』 권40 정조 18년 6월 28일 계미

새로운 처방의 척서단(滌暑丹) 4천 정(錠)을 화성(華城)의 역소(役所)에 내려주고, 전교하기를, "불볕 더위가 이 같은데 성역처(城役處)에서 공역을 감독하고 공역에 종사하는 많은 사람들이 끙끙대고 헐떡거리는 모습을 생각하니, 밤낮으로 떠오르는 일념을 잠시도 놓을 수 없다. 이러한데 어떻게 밥맛이 달고 잠자리가 편할 수 있겠는가. 그러나 이처럼 생각한다고 해서 속이 타는 자의 가슴을 축여 주고 더위 먹은 자의 열을 식혀 주는 데 무슨 보탬이 되겠는가. 따로 한 처방을 연구해 내어 새로 조제하여 내려보내니, 장수(匠手)·모군(募軍) 등에게 나누어 주어서 속이 타거나 더위를 먹은 증세에 1정 또는 반 정을 정화수에 타서 마시도록 하라. 이 밖의 구료할 처방도 각별히 유의하여 구중궁궐에서의 염려를 덜어 주도록 하라." 하였다.

❖『정조실록』 42권 정조 19년 윤2월 13일 을미

연회를 베풀 때 반열에 참여한 노인으로서 70세 이상이 되는 자 및 61세가 되는 사람들에게 각각 비단 1필(匹)씩을 하사하는 동시에 누런 명주를 주어 구장(鳩杖)에 매게 하라고 명하였다. 또 현륭원(顯隆園) 밑에 거주하는 백성들에게 2년 동안 더 급복(給復)해 주고 수원부(水原府) 성 내외에 사는 백성들에게 1년 동안 더 급복해 주도록 하였다. 하교하기를, "장락당(長樂堂)에서 술잔을 받들어 올리고 낙남헌(洛南軒)에서 술자리를 베풀면서 경건히 북두성 자루에 술을 붓고 남산(南山)처럼 장수하시기를 축원하였다. 이튿날에는 또 노인들을 섬돌과 뜰 사이에 불러 모아 자궁의 덕에 흠뻑 배부르게 하였으니 오늘 밤은 영원히 기억되리라. …… (중략) ……"

❖『순조실록』 권3 순조 1년(1801) 9월 18일 임진

『화성성역의궤(華城城役儀軌)』를 반포하였다. 선조(先朝) 때 일찍이 정리한 여러 신하들에게 화성의 성역을 마무리한 전후의 제도 의식을 순서에 따라 저술하라고 명하였으므로 상세하게 갖추어 기록하여 의궤를 모아 완성하니, 무릇 9편(編)이었다. 이때에 이르러 간인(刊印)하여 반포하였는데, 감인(監印)한 각신(閣臣) 이하에게 상을 베풀고 찬집(纂輯)한 낭관(郎官) 홍원섭(洪元燮)에게는 통정대부(通政大夫)의 자급을 더하였다.

❖『순조실록(純祖實錄)』 권9 순조 6년 6월 25일 신축

대개 수십 년 이래로 남당(南黨)에 접근하는 자를 벽파(僻派)라 일렀고 북당(北黨)에 접근하는 자를 시파(時派)라 일렀는데, 논의가 분열되어 경알(傾軋)하기를 마지않았다. 경신년에 대왕대비께서 수렴청정(垂簾聽政)할 때에는 대신들이 김귀주의 관작을 회복시키자는 청으로 인하여 그의 아우 김용주(金龍柱)와 아들 김노충(金魯忠), 김한록의 아들 김관주(金觀柱) · 김일주(金日柱) 등이 다시 일어나 일을 마음대로 하여 심환지와 같이 협모(協謀)해 홍봉한의 아들 홍낙임(洪樂任)을 구살(構殺)하였다. 대저 자기에게 빌붙지 않는 자는 모두, 의리에 배치되고 추숭(追崇)을 주장한다 하여 그 죄를 성토해 찬축(竄逐) · 폐출(廢黜)하였으므로 조정이 텅 비게 되었고, 또 김한기의 유소(遺疏)에 조그맣게 올라 있는 원망을 가지고도 다 역률(逆律)을 썼다.

이보다 앞서 정묘(正廟) 경신년에는 왕세자의 대혼(大婚)을 김조순(金祖淳)의 딸에게 정하여 이미 재간택(再揀澤)을 행하였고, 정묘께서 승하하자 정순 대비께서 김조순이 마땅히 폐부지친(肺腑之親)을 삼을 만하다는 생각으로 융원(戎垣)에 발탁 제수하였다. 이에 김용주의 무리들은 김조순이 그 당이 아니라서 대례(大禮)를 치룬 뒤에는 마침내 자신들의 우환이 될까 두려워하여, 드디어 대사헌 권유를 부추겨 신유년의 흉소(凶疏)를 꾸며내어 '도인(都人) 윤(尹) · 길(姞), 곡돌 사신(曲堗徙薪)' 등의 말로써 현혹시키고 마음을 떠보는 조짐을 삼았으며, 또 '삼간택(三揀擇)을 하지 않는다'느니 '10월에는 길일(吉日)이 없다'느니 하는 등의 말을 발표하여 온 세상을 유혹하고 위협하자, 심환지가 수상(首相)으로 노신(老臣)의 충심이라면서 권유를 포장(褒獎)하여 기미가 심히 위험하고 절박하였는데, 정순대비께서 확연(確然)하게 흔들리지 않음을 힘입어 감히 일을 이루지 못하게 되었었다.

❖ 박제경 『근세조선정감(近世朝鮮政鑑)』 권上

조선에서는 통상 정권(政權)을 잡은 것을 세도(世道)라 한다. …… 순조대 이후부터는 임금의 외척인 후비(后妃) 가문이 세도로 되었고, 이를 답습하여 일정한 예(例)로 되어서 사람들은 세도가 있는 것을 그르게 여기는 것이 아니라 도리어 세도가 없음을 걱정하게 되었다. 우연히 세도가에게 강한 상대가 생겨서 이전 세도가를 거꾸러뜨리면 정권이 바로 새 세도가로 돌아가게 된다. 그러나 그 비밀한 속사정을 외인(外人)으로서는 자세히 알지 못하므로 모두들 헤매면서 바라볼 뿐이고 가야 할 방향을 알지 못한다. 건의(建議)하고자 하는 일이 있어도 임금의 뜻을 헤아릴 수가 없어서 주저하면서 발의하지 못한다. 여러 담당관원들은 오직 관례대로 하기만 일삼아서 모든 사무가 정체되고 형벌과 포상도 결정되지 못한다.

3 경제구조의 변화와 사회변동

1) 수취 체제의 개편

양난 이후 급격한 인구 감소와 경작지의 황폐화로 백성들은 과중한 조세부담을 떠안았다. 더욱이 붕당간의 싸움이 격화되면서 농민들의 유민화流民化는 급속히 진행되었으며, 농촌사회는 크게 동요하였다. 이에 조선 정부는 수취체제를 개편하여 농촌사회 안정과 재정의 기반을 확보하고자 하였다.

우선 전세田稅의 정액화定額化를 도모하였다. 즉 조선전기의 연분 9등법 대신, 풍흉에 관계없이 전세를 토지 1결당 미곡 4두로 고정하는 영정법永定法을 실시하였다.

잠곡 김육

그 결과 전세의 비율은 낮아졌으나, 농민들에게 실질적인 도움이 되지는 못하였다. 감소한 세액을 보충하기 위해 기존에 없었던 새로운 잡세雜稅 항목이 추가되었기 때문이다. 이로 인해 18세기 중엽 전세의 운영방식은 점차 총액을 미리 정해 놓고 부과하는 비총제比摠制로 변화하였다.

다음으로 공납貢納의 전세화田稅化를 단행하였다. 전쟁 이후 조선정부는 그동안 지속된 방납의 폐해, 농민의 토지 이탈, 농촌경제의 파탄을 해결하기 위해 대동법을 시행하였다. 대동법은 공납을 전세화한 제도로서, 그동안 민호民戶에 부과하였던 토산물을 토지를 기준으로 하여 미곡 · 포목 · 동전 등으로 납부하도록 한 제도였다.

광해군 때 경기도에서 최초로 시작한 대동법은 숙종 34년(1708)에 김육金堉의 건의로 전국으로 확대되었다. 대동세는 집마다 부과하던 토산물을 토지 결수에 따라 1결당 미곡 12두만 징수하였기 때문에 일시적으로 농민 부담은 줄었다.

대동법이 실시되면서 백성들은 대동세 납부를 위해 시장에서 수확물을 팔아 미곡 · 포목 · 동전 등을 마련했다. 한편 기존의 방납업자들은 중앙관청에서 필요로 하는 물품을 조달하는 공인貢人으로 변하였다. 공인들은 주로 시장에서 물품을 구입하여 정부에 납품하였다. 이러한 변화 속에 상품의 수요와 공급이 증가하면서, 상품화폐 경제는 한층 발전하였다. 결국 대동법은 상품화폐 경제발전의 원동력이 되었다. 하지만 별공別貢과 진상進上의 명목으로 특산물 납부는 지속되었고, 지주들이 점차 대동세를 소작인들에게 전가하면서 대동법의 의미는 퇴색되었다.

군역제도에서도 큰 변화가 발생하였다. 16세기부터 진행되었던 납포군화納布軍化는 17세기에 접어들어 더욱 광범위해졌다. 이에 따라 군역의 형태도 실제로 몸을 쓰는 것에서 물납하는 것으로 변화했다. 이 때문에 양인들이 군역 대신 내는 군포는 독립채산제적 방식으로 재정운영을 하였던 각 관청의 중요 재정원이 되었다. 중앙의 군영은 물론, 지방의 각 군영도 경비 마련을 위해 독자적으로 군포를 징수하였던 것이다. 그 결과 군포 징수기관이 난립하였고, 이것은 양인에게 큰 부담이 되었다.

결국 많은 군역 부담자들이 피역避役을 시도하였다. 일부 부유층은 공명첩空名帖을 구입하거나, 교생 및 원생으로 투속하여 피역하였다. 그러나 가난한 백성들은 도망을 통해 피역할 수밖에 없었다. 족징族徵 · 인징隣徵 · 황구첨징黃口添徵 등의 폐단이 나타난 것도 이 때문이었다.

정부에서는 군역의 폐단을 시정하고자 균역법을 실시하였다. 균역법은 종래 16~60세의 양인정년자良人丁年者로부터 1년에 군포軍布 2필疋씩을 징수하던 것을 1필로 감하고, 그 세수의 감액 분을 결미結米, 결전結錢, 어漁 · 염鹽 · 선세船稅, 선무군관포選武軍官布, 은 · 여결세隱·餘結稅 이획移劃 등으로 충당하는 제도였다.

영정법 · 대동법 · 균역법 등 조선후기 수취체제 개편은 토지를 부과 기준으로 하거나, 세율을 고정하는 형태를 띠고 있었다. 당시 정부는 수취구조를 단순화하여 수취의 효율성을 높이고, 백성의 부담을 줄이려고 하였던 것이다. 이러한 양상은 19세기에 접어들면 더욱 강화된다.

2) 서민 경제의 발전

양난 이후 양반들은 토지 개간과 토지 매입을 통해 자신의 농토를 확대하였다. 아울러 토지를 소작민들에게 빌려주고 소작료를 받는 지주전호제地主田戶制를 운영하였다. 지주전호제는 18세기 말에 이르러 일반화되었다.

대체로 양반들은 소작농들이 내는 미곡을 매매하여 이익을 챙기거나, 상인들에게 고리대를 하여 많은 재산을 축적하였다. 그리고 미곡 매매와 고리대로 축적한 돈으로 토지를 매매하여 대지주가 되었다. 그러나 조선후기 경제적 변화에 제대로 적응하지 못한 일부 양반은 몰락의 길을 걸었다.

한편 일부 농민들도 농토 개간, 수리시설 복구, 농기구 및 시비법 개량, 이앙법 보급, 상품작물 재배 등을 통해 부를 축적하였다. 특히 이앙법의 보급과 상품작물의 재배는 농민소득 증가에 큰 역할을 하였다. 이앙법의 보급은 벼와 보리의 이모작을 가능하게 하였고, 잡초 제거에 필요한 일손을 덜어 주었다. 보리의 이모작과 일손 감축은 생산력을 증가시키고, 광작을 가능하게 하였다. 또한 장시와 유통경제가 발달하면서 농민들은 쌀 · 목화 · 채소 · 담배 · 약초 등의 상품작물을 쉽게 시장에서 판매하면서 소득을 올렸다.

시장경제에 잘 적응한 일부 농민들은 부를 축적하고 지주가 되었으나, 대부분의 농민들은 토지를 잃고 몰락하였다. 부세의 부담, 고리대의 이용, 관혼상제의 비용부담 등으로 많은 농민이 헐값에 자신의 토지를 팔고 터전을 떠났다. 또한 광작이 가능해지면서 지주들이 소작을 하지 않고, 노비나 머슴을 고용하여 직접 경영하는 경우가 늘어났다. 이 때문에 많은 소작 농민들은 소작지를 잃고, 농촌을 떠나야만 했다.

농촌을 떠난 다수의 농민은 도시로 유입되어 상공업에 종사하거나 임노동자가 되었다. 또 일부 농민은 광산이나 포구를 찾아 임노동자가 되었다. 이 때문에 광산과 포구 등에는 새로운 도시가 형성되었는데, 황해도 수안 · 충청도 강경 · 함경도 원산 등이 대표적인 도시들이다.

조선후기 상품화폐경제가 발전하면서 수공업 제품의 생산도 늘었다. 도시의 인구가 급증하고, 대동법이 실시되면서 관수품官需品의 수요가 많아졌기 때문이다.

수공업 제품의 수요가 늘어나면서 민영 수공업이 발달하였다. 민영 수공업은 주로 도시에서 발달하였으나, 점차 농촌에서도 나타났다. 농촌의 수공업은 본래 자급자족을 위한 부업의 형태였으나, 점차 소득을 올리기 위한 형태로 바뀌었다. 농촌에서는 주로 옷감과 그릇 종류가 생산되었다.

당시 민간 수공업자들은 상업자본에 크게 의존했다. 수공업자들이 상업자본에 기댈 수밖에 없었던 큰 이유는 공인 및 상인에게서 자금과 원료를 미리 받아 제품을 생산하는 선대제先貸制 때문이었다. 특히 종이 · 화폐 · 철물 등의 제조 분야에서 선대제가 두드러지게 나타났다. 이로 인해 수공업자들은 점차 상업자본에 예속되었다. 그러나 18세기 후반에 이르면 수공업자 가운데서도 독자적으로 제품을 생산하고 판매하는 사람들이 나타났다.

조선후기에는 광업도 점차 민영화되었다. 본래 광산은 정부가 독점하였으나, 17세기부터 민간에게 광물 채굴을 허락하였다. 그러나 17세기에는 정부의 감독 아래 광물을 채굴하는 방식이었기에 민간인의 광물 채굴이 활성화되지 않았다. 그러다가 18세기 후반에 국가의 감독을 받지 않고 민간인이 자유롭게 광물을 채굴할 수 있게 되면서, 민영 광업이 활성화되었다.

수공업 제품의 수요가 늘어나면서, 수공업 제품의 원료인 광물의 수요도 급증하였다. 특히 청과의 무역으로 은의 수요가 늘어나면서 은광 개발이 활기를 띠었다. 또한 18세기 말에 상업자본이 채굴과 제련이 쉬운 사금 채굴에 몰리면서 금광의 개발도 활발해졌다. 광산의 개발은 이득이 많았기 때문에 대부분이 합법적으로 이루어졌으나, 몰래 채굴하는 잠채潛採도 성행하였다.

조선후기 광산 운영에서 주목할 사람들이 있다. 바로 경영 전문가였던 덕대德大이다. 덕대들은 자본가에게서 자본을 끌어와 채굴업자와 채굴 및 제련 노동자 등을 고용하여 광물을 채굴 · 제련하였다. 이 작업과정은 분업에 토대를 둔 협업으로 진행하였다.

3) 상품화폐경제의 발달

조선후기 농업 생산력이 증대되고, 수공업 생산이 활발해지면서 상품의 유통이 활성화되었다. 그리고 부세 및 소작료의 금납화金納化는 상품화폐경제의 발달을 촉진하였다. 또한 농촌 인구의 도시 유입이 급격하게 증가하면서, 상업 활동은 더욱 활발해졌다.

상품화폐경제의 발달 속에 공인과 사상私商이 상업활동의 주역으로 등장하였다. 처음에는 공인들이 상업활동을 주도하였으나, 점차 사상들이 상권을 넓혀 주도권을 가져왔다. 사상의 활동은 처음에는 칠패 · 송파 등 도성 주변에서 이루어졌으나, 점차 개성 · 평양 · 의주 · 동래 등 지방도시로 활동영역이 넓어졌다. 사상은 각 지방의 장시를 연결하여 물품을 교역하고, 각지에 지점을 설치하여 상권을 확장하였다. 당시 대표적인 사상은 송상과 경강상인이었다. 송상은 인삼의 재배 · 판매와 대외무역에 관여하면서 부를 축적하였고, 경강상인은 운송업과 선박 생산을 통해 상권을 장악하였다.

조선후기 사상은 장시가 활성화되면서 크게 성장하였다. 장시는 지방민들의 교역 장소였다. 인근의 농민 · 수공업자 · 상인들이 일정한 날짜와 장소를 정해 물건을 교환하였는데, 보통 5일마다 열렸다. 장시는 18세기 말엽에 이르면 전국적인 유통망으로 연결되었다. 당시 대표적인 장시는 광주의 송파장, 은진의 강경장, 덕원의 원산장, 창원의 마산포장 등이 있었다.

농촌의 장시를 하나의 유통망으로 연결시켰던 상인은 보부상褓負商이었다. 여기에 포구를 거점으로 상행위를 하는 선상船商 · 객주私客主 · 여각旅閣 등이 활성화되면서 조선후기 상공업은 더욱 발달하였다.

상공업이 발달하면서 교환의 매개로써 상평통보常平通寶 등의 금속화폐가 전국에

상평통보

유통되었으며, 환換·어음 등의 신용화폐도 보급되었다. 이러한 모습은 조선후기 상품화폐경제의 진전과 상업자본의 성장을 보여준다.

4) 신분제 구조의 변동

조선후기 정치의 형태가 일당전제화되면서, 많은 양반이 몰락하여 권반權班·향반鄕班·잔반殘班으로 분화되었다. 한편 상민들은 몰락한 잔반의 신분을 매입하거나, 족보를 위조하여 신분상승을 이루었다. 이로 인해 양반의 수가 증가하였고, 상민과 노비의 수는 감소하였다.

조선후기 사회변동이 심화되면서, 서얼과 중인 등 중간 계층의 역할도 커졌다. 서얼은 양반의 소생이었지만, 성리학적 명분론 때문에 사회활동에 제약을 받았다. 이 때문에 서얼들은 늘 불만을 품고 있었다. 중인 역시 사회적 역할(기술직·행정 실무)에 비해 고급 관료로 진출할 수 있는 길이 제한되어 불만이 컸다.

임진왜란 이후 서얼에 대한 차별이 완화되었다. 더욱이 정부가 재정보충을 위해 납속책納贖策을 실시하고 공명첩을 발급하자, 서얼은 납속책과 공명첩을 이용하여 관직에 진출하였다. 서얼은 영·정조 때 적극적인 신분상승운동을 벌였다. 상소를 통해 문반 및 청요직清要職으로의 진출을 허용해 줄 것을 요구하였던 것이다. 그 결과 정조 때 유득공·이덕무·박제가 등이 규장각 검서관檢書官으로 진출하기도 하였다.

서얼의 신분상승운동은 기술직 중인에게 자극을 주었다. 중인들은 기술직에 종사하면서 축적한 재산과 탄탄한 실무경력을 바탕으로 신분상승을 추구하였다. 철종 때는 대규모 소청訴請 운동을 전개하였다. 비록 정부의 거부로 실패하였으나, 전문직의 역할과 중요성을 정부에 알렸다.

한편 역관譯官들은 청과의 외교업무를 담당하면서 서학을 비롯한 외래문화를 수용하는 데 선구자적 역할을 하였다. 특히 성리학적 가치체계에 도전하는 새로운 사회의 수립을 촉진하였다. 중간 계층의 활동은 농민의 성장과 더불어 조선후기 사회에 큰 변화를 일으켰다.

조선후기 노비들은 군공軍功과 납속 등을 통해 부단히 자신들의 신분상승을 위해 노력하였다. 여기에 정부가 공노비를 유지하는데 과다한 비용이 지출되자 입역 노비入役 奴婢를 납공 노비納貢 奴婢로 전환하였다. 이로 인해 노비들이 어느 정도 신분적 속박에서 벗어날 수 있는 기반이 만들어졌다. 특히 노비종모법奴婢從母法이 실시되고, 순조 1년(1801) 에 중앙관서의 노비 66,000여 명이 해방되면서 노비들의 신분해방은 가속화되었다.

조선의 가족제도는 부계와 모계가 함께 영향을 미치는 형태에서 부계 중심의 형태로 바뀌어갔다. 조선 중기까지 아들과 딸이 부모의 재산을 균등하게 상속받았다. 다만 집안을 잇는 자식이 1/5 정도 더 받았을 뿐이다. 제사의 책임 또한 분담하였다. 그러다가 17세기 이후 부계 중심의 가족제도가 확립되면서 친영제도親迎制度가 정착되었다. 그리고 제사는 반드시 장자가 지내야 한다는 인식이 확산되면서, 상속에서도 장자를 우대하는 풍속이 자리 잡았다. 이에 따라 부계 중심의 족보 편찬이 적극적으로 이루어졌으며, 동성同姓 마을이 형성되어 종중宗中을 중시하는 현상이 나타났다.

정부는 가부장적 가족제도를 유지하기 위해 효와 정절을 강조하였으며, 과부의 재가를 금지하였다. 또한 효자와 열녀를 표창하여 모범으로 삼았다.

혼인 형태는 일부일처제가 원칙이었으나, 첩을 따로 두는 것을 금지하지 않았다. 이를 처첩제妻妾制라 하는데 적 · 서의 차별이 엄격하였다. 혼인은 가장이 결정하였으며, 법적 혼인 연령은 남 15세 · 여 14세였다.

조선후기 상민 · 중간계층 · 노비들의 신분상승과 부계 중심의 가족제도의 변화는 종래의 양반 중심의 사회 및 신분체제가 크게 동요하고 있음을 의미한다.

5) 사회 변혁의 움직임

조선후기 신분제의 동요와 지배층의 수탈은 농민경제의 파탄으로 이어졌다. 이에 농민들이 적극적으로 지배층에 항쟁을 하면서 조선 후기사회는 크게 동요하였다.

그럼에도 불구하고 탐관오리의 탐학과 횡포는 날로 심해졌다. 더욱이 재난과 질병이 거듭되면서 농민의 생활은 더욱 어려워졌다. 이러한 상황 속에서 비기秘記, 도참설圖讖設 등이 유행하고, 서양의 이양선異樣船까지 출몰하면서 민심은 더욱 흉흉해졌다. 사회불안이 커지면서 각처에서는 화적火賊과 수적水賊이 극성을 부렸다.

사회가 변화하면서 유교적 명분론은 설득력을 잃었고, 비기와 도참 등을 이용한 예언사상이 유행하였다. 예언사상들은 말세의 도래, 왕조의 교체, 변란의 예고 등 낭설을 퍼트리면서 민심을 혼란시켰다.

한편 천주교와 동학東學 등의 새로운 종교도 유행하였다. 천주교는 17세기에 중국 베이징의 천주당을 방문한 우리나라 사신들이 서학西學으로 소개하였다. 18세기 후반 남인들에 의해 신앙으로 받아들여졌으며, 이승훈이 베이징에서 영세를 받고 돌아온 후 더욱 확산되었다.

조선정부는 천주교의 평등사상과 제사 거부를 이유로 천주교를 사교邪教로 규정한 뒤 대대적으로 탄압하였다. 그것이 신유박해(1801)이다. 그러나 인간평등 및 내세신앙 사상이 민간에 확산되면서 천주교의 교세는 더욱 확장되었다.

동학은 철종 11년(1860)에 최제우가 유儒불佛도道의 내용과 민간신앙의 요소를 결합하여 창시하였다. 동학에는 19세기 후반 조선사회가 처한 여러 상황이 반영되었다. 이 때문에 동학은 사회모순 극복과 일본 및 서양세력의 침략을 저지하자는 주장을 강조하였다. 또한 시천주侍天主와 인내천人乃天 사상을 중요하게 여겼기 때문에 신분차별 금지, 노비제도 폐지, 여성 및 어린아이 인격존중 등이 이루어지는 평등사회를 추구하였다. 그러나 혹세무민의 이유로 최제우가 처형당하면서 일시적으로 교세가 약화되었다. 하지만 2대 교주였던 최시형이 『동경대전東經大全』과 『용담유사龍潭遺詞』를 편찬하여 교리와 교단 조직을 정비하고, 교세를 다시 확장하였다.

사회불안이 점차 고조되면서 명목상 유지되었던 유교적 왕도정치는 점점 퇴색되었다. 더욱이 세도정치의 폐단으로 삼정이 문란해지면서 탐관오리들의 부정과 탐학은 심해졌다. 이렇듯 농촌사회가 피폐해져 갔으나, 농민들의 사회의식은 더욱 성장하였다. 이로 인해 농민들은 지배층의 압제에 적극적으로 대항하였다.

순조 11년(1811) 홍경래의 난과 철종 13년(1862) 임술농민봉기가 대표적인 농민항쟁이었다. 몰락 양반이었던 홍경래는 세도정치의 폐단과 서북 지방민의 차별에 저항하여 난을 일으켰다. 농민 · 중소 상인 · 광산 노동자들이 가세하면서 세력이 확장되었으나, 정주성 전투에서 패하면서 5개월 만에 평정되었다. 홍경래의 난 이후에도 사회

불안은 수그러들지 않았으며, 관리들의 부정과 탐학은 시정되지 않았다. 결국 19세기의 사회불안과 관리들의 부정부패는 1862년 임술농민봉기로 이어졌다.

19세기의 농민봉기 속에서 농민들의 사회의식은 성장하였으며, 양반 중심의 통치체제는 점차 붕괴되었다. 그리고 이 시기 농민봉기는 1894년 동학농민혁명의 계기가 되었다.

/탐구과제/

○ 홍경래의 난과 임술농민봉기는 왜 일어나게 되었는가?

- ▫ 순조 때 이후 등장한 세도정치는 어떻게 형성되게 되었는지 그 내용을 살펴본다.
- ▫ 서북민의 차별에 저항하면서 일어난 홍경래의 난이 일어난 배경과 그 역사적 의미에 대하여 탐구한다.
- ▫ 세도정치의 폐단으로 등장한 매관매직과 탐관오리의 수탈에 저항하여 일어난 임술농민봉기의 배경과 그 역사적 의의에 대해 탐구한다.

홍경래의 난은 19세기에 일어난 대표적 농민항쟁 가운데 하나이다. 당시에는 세도정권으로 인해 정치기강이 극도로 문란했으며, 농민층에 대한 지배계층의 수탈은 더욱 강화되었다. 이러한 분위기 속에서 평안도 일대에서는 사회변혁을 위해 여러 계층의 사람들이 난을 준비했다. 1811년 12월 22일에 선포된 반란군의 격문을 보면, 지방적 차별대우를 반대하는 평안도 몰락양반 · 토호들의 요구가 강력하게 반영되어 있다. 또한 세도정치의 폐단에 대해서도 신랄한 비판을 가했으며, 새로운 정치 실현에 대한 전망을 제시했다. 그러나 농민들의 절실한 문제인 토지문제를 제기하지 않았고, 신분제도를 반대하는 사상도 철저하지 못했다. 이로 인해 농민들의 자발적인 참여를 적극 유도하거나 농민층의 투쟁열기를 북돋아주지 못하여 홍경래의 난은 실패했다.

한편 임술 농민 봉기는 1862년 2월 4일 경상도 단성현에서 발생한 이후 전국의 약 70개 읍으로 퍼져나갔다. 농민항쟁이 일어난 직접적인 계기는 국가에 의한 부세 수탈의 폐단 때문이었다. 농민들이 청원서를 통해 부세 문제의 해결을 요구했는데, 구체적인 내용은 조세량의 증가와 관속들이 저지르는 부정 행위의 시정이었다. 또한 농민들은 사대부 토호에 의한 향촌의 무단 지배에 대해 항의하고, 사대부에 의한 갖가지 사적 수탈, 서원 묵패를 내세운 징세 행위의 문제점 등을 제기했다. 농민들의 공격은 대부분 조세 징수를 담당했던 이서들에게 집중되었다. 또한 농민들은 동헌 습격 이후 향권 장악에 앞장섰던 토호와 사대부의 집, 지주 부민들의 집을 공격함으로써 반봉건 항쟁으로서의 성격을 분명히 했다. 농민항쟁에 대한 대책으로 나온 정부의 삼정이정책은 농민들이 봉기를 통해 얻어낸 구체적인 성과물의 하나였다.

아래 기록은 『순조실록』과 『철종실록』에 등장하는 홍경래의 난과 임술농민봉기 관련 자료를 발췌하여 제시하였다. 조선 순조 때 벌어진 여러 가지 정치 상황에 대해 생각해 보면서, 과연 홍경래의 난과 임술농민봉기는 왜 일어나게 되었는지 탐구해 보자.

❖ 『순조실록』 9권 순조 6년 6월 15일 신묘

판의금 한만유(韓晩裕)가 상소하였는데, 대략 이르기를, "일전에 시수(時囚) 조문언(趙文彦)의 구초(口招)에 대한 판부(判付)에 형추(刑推)를 폐기하고 중벌에 따라 의처(議處)하라는 명이 있었는데, 감히 전례를 따라 거행하지 못할 것이 있습니다. 지금 이 조문언이 재물을 탐함에 불법이 더욱 심하여 포학하다고 도계(道啓)에 논열(論列)하고 있습니다. 나라에 원망을 모아들이고 법에 있어 용서할 수 없는 것 아님이 없으며, 구초의 사체(事體)가 보통 죄수의 공초와는 스스로 구별되는데 조문언이 향곡(餉穀)의 한 조항에 대해서만 단지 인습적인 잘못으로 자복하였고, 기타 허다히 범한 바는 전체 일이 흐려져서 거의 죄없는 체하는 것 같았습니다. 조문언이 백성을 긁어 자신을 살찌우고 공(公)을 빙자해 사(私)를 도모한 것도 역시 인습적인 잘못이라 하여 예사의 감죄(勘罪)를 입게 되면, 세상의 탐관오리(貪官汚吏)가 다 손뼉을 치고 일어나서 그들의 수단이 방자하게 될 것이니, 불쌍한 저 잔민(殘民)들이 그 폐해를 입는 경우가 어찌 끝이 있겠습니까?"

❖ 『순조실록』 15권 순조 12년 1월 3일 정축

평안 병사가 아뢰기를, "적도 7명을 잡았는데, 5명은 자백을 받아 효수(梟首)하였습니다. 또 송림(松林)의 백성 한지겸(韓志謙)을 잡아 조사했더니, 그 공초(供招)에 '적당(賊黨) 3백여 명이 이번 24일 밤에 이 동리로 와서 점거했고, 자칭 선봉이라는 자는 갑옷을 입고 장검을 지니고 말을 탔는데, 곧 곽산(郭山)에 사는 이름을 알지 못하는 홍가(洪哥)였으며, 26일 저녁에는 적괴(賊魁)로서 이른바 대원수(大元帥)라는 홍경래(洪景來)와 부원수(副元帥) 김창시(金昌始)·모사(謀士) 우군칙(禹君則)이 5백여 명의 군사를 이끌고 다복동(多福洞)에서 와 모였습니다. 우군칙은 본디 요술로 사람을 현혹시켰는데, 김창시와 더불어 말하기를, '대원수 홍경래의 다섯 형제는 모두 장재(將才)가 있는데, 두 사람은 선천(宣川)에서, 두 사람은 북도(北道)에서 기병(起兵)한다면 안주(安州)·평양(平壤)을 차례로 공격해 취할 수 있을 것이고, 또 호서(湖西)에서 기병하여 응하는 사람이 있을 것이다. 그리고 선천 가야동(伽倻洞)의 정가(鄭哥)는 다섯 살 때 해도(海島)에서 중국으로 들어갔는데, 능히 칼을 쓸 줄 아는 데다 큰 뜻이 있어 망명한 자를 부르고 반도(叛徒)들을 받아들여 거의 수만 명에 이르는지라, 임신년 3월에 북도에서 서울로 들어가기로 했다.'고 하였습니다. 적괴 홍경래는 선봉 홍가와 더불어 모두 용력(勇力)이 있었습니다. 중화(中和)에 사는 이름을 알지 못하는 윤가(尹哥)는 후군장(後軍將)이 되었고, 태천(泰川)에 사는 변대헌(邊大憲)의 세 종형제는 좌우 익장(翼將)이 되었습니다. 가산(嘉山)의 장교·아전과 추도(楸島)의 읍속(邑屬)들은 나루의 사람들과 더불어 무수히 정주(定州)의 재궁(齋宮)에 들어갔으며, 김가(金哥)란 향인(鄕人) 또한 많이 와서 편들었습니다. '당초에 모반을 꾸미고 군졸을 기른 것은 다복동의 이희저(李禧著)가 창언한 말에서 나온 것이고, 금을 캔다고 하여 유민(流民)을 모집한 것은 나루터의 백성인 김정우(金鼎禹)의 흉격(凶檄)에서 비롯된 것이니, 모두 김창시가 꾸며낸 것입니다. 무기는 태천과 박천에 실어다 놓았고, 군량은 갈마창(渴馬倉)과 고성진(古城鎭)에서 가져다 먹는다 하였습니다.'라고 하였습니다. 그 말이 비록 허황함이 많으나 죄수의 공초에 관계되는지라 이에 논열(論列)하는 것입니다. 그리고 대군이 나루터에 바싹 진군하자, 박천 고을 안에 남아 있던 적들이 또한 도망해 흩어졌습니다. 해당 군수인 임성고(任聖皐)는 오랫동안 잡혀서 갇혀 있었는데, 감시가 매우 엄했던터라 이제야 비로소 탈출하여 당일로 영하(營下)에 왔다고 합니다." 하였다.

❖ 『순조실록』 15권 순조 12년 4월 28일 경오

적을 평정한 데 대한 진하(陳賀)를 인정전(仁政殿)에서 거행하였는데, 권정례(權停例)로 하였다. 교문(教文)을 반포하였는데, 그 교문에 이르기를, "…… (중략) …… 역적 홍경래(洪景來)는 본디 벌레 같은 미물로 오랫동안 효경(梟獍)의 악을 쌓아왔으며, 간활(奸猾)한 향리·장교와 체결(締結)하지 않음이 없었으니, 영 아래의 보잘것없는 아전부터 강도나 유민으로 협종(脅從)이 된 자들까지 심지어 평서 원수(平西元帥)라 일컬었던 것이다. 하늘의 법을 무시하고, 땅에 금을 그어 참위(讖緯)의 요언(妖言)을 선창(先倡)하였고, 고을 수령을 죽이고 인부(印符)를 빼앗았으니, 단지 빼앗아 웅거할 흉계로 횡산(橫山)·발해(渤海)에 무뢰배들을 불리고자 했을 뿐만이 아니라, 녹림(綠林)과 황건(黃巾)이 다시 도(道)가 있는 세상에 일어나게 만들었던 것이다. 이희저(李禧著) · 김창시(金昌始) · 우군칙(禹君則) · 이제초(李齊初) · 김사용(金士用) 등은 혹 토호(土豪)와 시골의 부자들에게 의탁하여 오랫동안 이도(異圖)를 몰래 꾸며왔다. 혹은 술사(術士)니 군사(軍師)니 하며 어느덧 같이 악을 함께 하는 무리들을 도와주자, 소와 양과 같은 힘을 믿는 자들은 달갑게 조아(爪牙)가 되었고, 굼실굼실하는 승냥이나 범과 같은 무리들은 의탁해 심복(心腹)이 되었다. 정경행(鄭敬行) · 정성한(鄭聖翰)은 숙부 조카 사이로 아비도 임금도 없는 것처럼 굴었다. 동수(銅綬)를 매고 큰 고을을 맡아 다스린 것이 일찍이 부족하지 않았건만, 잠영(簪纓)을 버리고 적의 소굴로 뛰어들었으니, 도리어 유독 무슨 마음이었던가? 하늘을 속일 수 있다고 여겨 도리어 주인에게 짖어대는 개를 흉내내어 때를 타 난을 조장하여 곧 봉채(蜂蠆)처럼 사람을 해쳤다. 김익순(金益淳)과 이장겸(李章謙)에 이르러서는 그 할아비의 자손이 아닌가? 그런데 어찌하여 차마 적을 따라 반역(反逆)했단 말인가? 비록 믿을 만한 금성탕지(金城湯池)의 형세가 없었다 하더라도 진실로 마땅히 눈물을 부리며 군사 앞에서 맹세했어야만 했을 것이다. 더욱이 접전이 있기도 전에 무슨 이유로 소문을 듣자 정성을 바치고 항서(降書)를 써서 공손히 시명을 해주었단 말인가? 그리하여 마침내는 막중(幕中)의 빈객이 되어 가짜 첩(帖)을 받들며 예를 차림이 심히 공손하여 농서(隴西)의 선비들이 부끄러움을 감내하게 하였다." 하였다.[예문 제학 조윤대(曹允大)가 지었다.]

❖ 『철종실록』 14권 철종 13년 4월 4일 병진

경상도 안핵사 박규수(朴珪壽)가 포리(逋吏)를 조사하고 옥사(獄事)를 다스리는 것 때문에 치계(馳啓)하기를, "금번 진주(晋州)의 난민(亂民)들이 소동을 일으킨 것은 오로지 전 우병사(右兵使) 백낙신(白樂莘)이 탐욕을 부려 침학(侵虐)한 까닭으로 연유한 것이었습니다. 병영(兵營)의 환포(還逋)와 도결(都結)을 시기를 틈타 아울러 거행함으로써 6만 냥의 돈을 가호(家戶)에 배정하여 백징(白徵)하려 했기 때문에 군정(群情)이 들끓고 여러 사람의 노여움이 일제히 폭발해서 드디어 격발하여 전에 듣지 못하던 변란이 돌출하기에 이른 것이었습니다. 난민들의 패려한 습성은 진실로 통분스럽습니다만, 진실로 그 이유를 따져보면 실은 스스로 취한 것입니다. 그들의 직분을 더럽혀 변란을 격발시킨 죄를 심상하게 감단(勘斷)해서는 안 되니, 묘당(廟堂)으로 하여금 품처하게 하소서." 하였다.

❖ 『철종실록』 14권 철종 13년 5월 23일 갑진

비변사에서 진주 안핵사 박규수(朴珪壽)가 사핵(査覈)한 것에 의거해 복계(覆啓)하기를, "유계춘(柳繼春)·김수만(金守萬)·이귀재(李貴才)가 수창자(首倡者)임은 사계(査啓)에서 나열한 것이 이미 상세하고도 확실하였습니다. 이계열(李啓烈)·박수익(朴守益)·정순계(鄭順季)·곽관옥(郭官玉)·우양택(禹良宅)·최용득(崔用得)·안계손(安桂孫) 등 7명의 죄수는 용의주도하게 창응(倡應)하여 시종 능범(凌犯)했으니, 유계춘 등에 견주어 털끝만큼도 다를 것이 없습니다. 이상 10인은 모두 군민(軍民)을 많이 모은 가운데 부대시(不待時)로 효수(梟首)하여 대중을 경계시키게 하소서. 전 교리(校理) 이명윤(李命允)은 지시한 와주(窩主)로 지목되었으니, 더없이 놀랍고 통분스럽습니다. 잡아다가 국문한 다음 엄중히 감죄(勘罪)하소서. 하나의 옥사(獄事)를 3개월 동안 논단(論斷)했는데, 그 논단(論斷)이 가끔 지나치게 가벼운 쪽을 따른 점이 있으니, 안핵사 박규수(朴珪壽)에게 간삭(刊削)시키는 법을 시행하소서." 하니, 하교하기를, "이계열(李啓烈) 등 7인은 묘당(廟堂)에서 복계(覆啓)한 것이 엄하고 정당하니, 진실로 일체 형법을 시행해야 하겠지만, 다만 생각하건대 사안(査案)을 구별하여 이런 등급으로 나누어 놓았으니, 죄가 의심스러우면 가벼운 쪽을 따르는 것이 신중하게 다스리는 정사에 해로울 것이 없다. 모두에게 차율(次律)을 시행하도록 하라." 하였다.

❖ 『철종실록』 14권 철종 13년 6월 2일 계축

집의(執義) 윤치현(尹致賢)이 상소(上疏)했는데, 대략 이르기를, "전 완백(完伯) 김시연(金始淵)은 일찍이 개성 유수(開城留守)로 있었을 적에 용서받지 못할 죄를 범하였는데도 은총(恩寵)이 변함없었으니, 그로서는 당연히 감격하여 보답하기를 도모했어야 합니다. 그런데 동번(東藩)에 관찰사로 나가서는 개성에서보다 학정(虐政)이 더 심했고, 호남(湖南)에 관찰사로 나가서도 구습(舊習)을 고치지 않고 더욱 제멋대로 탐욕을 부렸습니다. 전 진주 병사(晋州兵使) 백낙신(白樂莘)은 탐학을 부리고 불법을 저지른 일이 이미 안장(按狀)에 올라 있으니, 마땅히 팽아(烹阿)의 법을 시행해야 됩니다. 바라건대 처분(處分)을 내려 왕법(王法)을 통쾌히 바루소서." 하니, 비답하기를, "두 죄인에게 어찌 가죄(加罪)할 날이 없겠는가?" 하였다.

❖ 『철종실록』 14권 철종 13년 11월 15일 계해

희정당(熙政堂)에서 약원(藥院)의 입진(入診)과 차대(次對)를 행하였다. 영의정 정원용(鄭元容)이 아뢰기를, "삼정(三政)에 대해 이정(釐整)하기 전의 법령이나 후의 법령은 모두 백성을 위하는 데에서 나온 것입니다. 경기(京畿)·해서(海西)·관동(關東)·관북(關北) 및 사도(四都)는 도신(道臣)과 수신(守臣)의 보첩(報牒)을 참고하여 보면, 폐단이 극도에 이르지는 않았으나, 관서(關西)는 이런 중번(重藩)에 근래 폐국(弊局)이 생기고 있으니, 해영(該營)에 왕복하면서 천천히 강구하게 해야 합니다. 삼남(三南) 같은 데 이르러서는 환상(還上)·전결(田結) 두 가지 폐단이 가장 극심한데, 결정(結政)은 근래 고을에서 과외(科外)로 외람되게 받아들인 것은 모두 조사하여 감면시켜야 합니다. 환정(還政)의 폐단을 바로잡는 일에 대해서는 지난번 조목별로 열거하여 계하(啓下)하신 것이 있으니, 그 가운데 약간 증산(增刪)을 가하여 계품(啓稟)한 뒤 행회(行會)하게 하소서." 하니, 그대로 따랐다.

4 실학의 발달과 문화의 새 경향

1) 실학의 발달

조선후기 학문과 사상에서 나타난 새로운 경향은 실학의 발달이다. 실학은 17~18세기의 사회모순을 해결하기 위한 사회개혁론이었다. 실학은 성리학의 경직성과 관념성을 비판하고, 현실에 대한 철저한 분석과 비판적 · 실증적 논리를 바탕으로 사회문제를 해결할 수 있는 방안을 제시하였다.

실학은 17세기 한백겸韓百謙 · 이수광李睟光 · 유형원柳馨遠 등이 연구하기 시작하여, 18세기에 이르러 성호학파星湖學派와 북학파北學派 등의 학파가 형성되었다. 연구경향과 관심의 초점에 따라 경세치용학파經世致用學派와 이용후생학파利用厚生學派 등으로 구분하기도 한다. 18세기 이후 정약용이 집대성하였으며, 김정희金正喜 · 최한기崔漢綺 등을 거쳐 개화사상으로 계승되었다.

경세치용학파는 토지개혁과 농민의 생활안정을 주장하였던 실학파로서, 17세기 중엽부터 18세기 전반까지 실학의 체계를 세운 학파이다. 토지 및 농업 중심의 개혁론을 주장하였기 때문에 중농학파重農學派라고도 한다. 중농학파의 이론은 유형원의 『반계수록磻溪隧錄』, 이익의 『성호사설星湖僿說』을 거쳐 정약용의 『여유당전서與猶堂全書』에 의해 완성되었다.

경세치용학파(중농학파)의 선구자는 17세기 후반의 유형원이었다. 유형원은 『반계수록』을 지어 중농실학의 사상을 체계화하였다. 그는 균전론均田論을 내세워 자영농 육성을 위한 토지제도의 개혁을 주장하였고, 양반 문벌제도 · 과거제도 · 노비제도의 모순도 비판하였다.

경세치용학파의 개혁론을 발전시킨 인물은 18세기 전반의 이익이었다. 이익은 성호학파를 형성하여, 안정복 · 한치윤 · 정약용 · 이긍익과 같은 실학자들을 양성하였다. 또한 자영농 육성을 위한 토지제도 개혁론으로 한전론限田論을 주장하였고, 나라를 좀먹는 노비제 · 과거제 · 양반 문벌제도 · 기교(사치·미신) · 승려 · 게으름 등 6가지 폐단을 지적하였다.

거중기

경세치용학파의 주장을 집대성한 인물은 정약용이었다. 정약용은 500여 권의 『여유당전서』를 저술하였는데, 이 속에 「마과회통麻科會通」, 「아방강역고我邦疆域考」, 「경세유표經世遺表」, 「대동수경大東水經」, 「목민심서牧民心書」, 「흠흠신서欽欽新書」, 「아언각비雅言覺非」 등이 들어있다. 정약용은 토지제도 개혁론으로 여전론閭田論을 처음에 내세웠다가, 나중에 정전제井田制를 현실에 맞게 실시할 것을 주장하였다. 또한 정약용은 과학기술과 상공업 발달에도 많은 관심을 보였다. 실례로 그는 수원 화성을 설계한 뒤, 거중기를 만들어 성을 쌓았다.

홍대용, 박지원

18세기 후반에는 상공업의 진흥과 기술의 혁신을 주장하는 이용후생학파가 나타났다. 이용후생학파는 상공업의 발달을 중시하였기 때문에 중상학파重商學派라고도 한다. 중상학파의 이론은 유수원의 『우서迂書』를 거쳐 홍대용의 『의산문답醫山問答』, 박제가의 『북학의北學議』, 박지원의 『열하일기熱河日記』 등을 통해 완성되었다.

이용후생학파(중상학파)의 선구자는 유수원이었다. 그는 『우서』를 저술하여 중국과 우리나라의 문물제도를 비교하여 전반적인 개혁안을 제시하였다. 또한 상공업의 진흥과 기술의 혁신을 강조하고, 사농공상士農工商의 직업 평등과 전문화를 강조하였다.

이용후생학파의 개혁론은 18세기 후반에 홍대용·박지원·박제가가 크게 발전시켰다. 홍대용은 청에 왕래하면서 얻은 경험을 토대로 『임하경륜林下經綸』, 『의산문답』 등을 저술하였다. 그는 기술의 혁신과 문벌제도의 철폐를 주장하였다. 그리고 성리학의 극복이 부국강병의 근본이라고 말하며, 중국적 세계관을 비판하였다.

박지원은 『열하일기』, 『과농소초課農小抄』 등 많은 저술을 남겼다. 그는 영농 방법의 혁신, 상업적 농업의 장려, 농기구 개량, 수리 시설의 확충 등을 통해 농업생산력을 높이는 데 관심을 기울였다. 또한 수레와 선박의 이용, 화폐 유통의 필요성을 주장하면서 상공업의 진흥을 강조하였다.

박제가는 자신이 저술한 『북학의』를 통해 상공업 발전을 위한 여러 의견을 내놓았다. 그는 상공업의 발전을 위해서는 청과의 교역을 강화해야 하며, 수레와 선박을 이용한 유통을 활성화시켜야 한다고 주장했다. 또 생산과 소비의 관계를 우물물에 비유하면서, 절약보다 소비를 강조했다. 우물물을 쓰지 않으면 우물이 말라버리듯이, 소비를 하지 않으면 생산이 증대되지 않는다는 것이다.

18세기를 전후하여 융성하였던 실학사상은 실증적 · 민족적 · 근대 지향적 특성을 지닌 학문이었다. 특히 상공업 중심의 실학사상은 19세기 후반에 개화사상으로 이어졌다. 그러나 실학파의 개혁론은 대체로 몰락한 지식층에 의해 이루어졌기 때문에 당시 정책에 반영되지 못하였다. 또한 실학자들의 사회개혁안은 대부분 봉건체제의 안정적인 유지를 위한 것이었다. 결국 조선후기 실학은 실학자들의 신분적인 한계 때문에, 성리학이 가진 근본적인 한계를 넘지 못하였다.

2) 국학 연구의 확대

실학의 발달은 우리 민족의 전통과 현실에 대한 관심으로 이어졌다. 이로 인해 중국 중심의 세계관에서 벗어나 우리의 역사 · 지리 · 언어 등을 연구하는 국학이 발달하였다.

역사 연구는 이익 · 안정복 · 이긍익 · 이종휘 · 유득공 등에 의해 체계화되었다. 이익은 실증적이며 비판적인 역사서술을 제시하면서, 중국 중심의 역사관에서 벗어날 것을 주장하였다. 이익의 제자인 안정복은 『동사강목東史綱目』을 저술하여 우리 역사의 독자적 정통론을 세웠다. 또한 역사 사실들을 치밀하게 고증하여 고증사학의 토대를 마련하였다. 이긍익은 『연려실기술練藜室記述』을 통해 조선시대의 정치와 문화사를 정리하였다. 그리고 한치윤은 『해동역사海東歷史』를 저술하여 민족사 인식의 폭을 확대하였다. 이종휘는 『동사東史』에 고구려사를 기록하였으며, 유득공은 『발해고渤海考』에서 발해사 연구를 심화시켰다. 실학자들의 고대사 연구는 한반도 중심의 협소한 사관을 극복하는 큰 도움을 주었다. 한편 김정희는 『금석과안록金石過眼錄』에서 북한산 진흥왕 순수비인 황초령비와 북한산비를 판독 · 고증하였다.

국토에 대한 연구도 활발하여 우수한 지리서와 정밀한 지도가 만들어졌다. 역사지리지로는 한백겸의 『동국지리지東國地理志』, 정약용의 『아방강역고』가 있고, 인문지리지로는 이중환의 『택리지擇里志』가 있다. 특히 『택리지』는 각 지역의 자연환경과 인물 · 풍속 · 인심 등을 자세히 설명하고 있다. 또한 중국으로부터 서양식 지도가 전해지면서 과학적인 지도가 많이 제작되었다. 그 중 우리나라 최초로 백리척을 사용하여 만든 정상기의 「동국지도東國地圖」와 목판으로 대량 인쇄하여 대중들에게 보급한 김정호의 「대동여지도大東輿地圖」가 유명하다.

우리의 언어에 대한 연구도 진전되어, 신경준의 『훈민정음운해訓民正音韻解』와 유희의 『언문지諺文志』 등이 나왔고, 우리 방언과 해외 언어를 정리한 이의봉의 『고금석림古今釋林』도 편찬되었다.

실학의 발달은 문화인식의 폭을 넓혀주었다. 폭넓어진 문화인식을 바탕으로 백과사전류가 많이 편찬되었는데, 이수광의 『지봉유설芝峰類說』이 효시이다. 이 책은 우리나라와 중국 문화를 포괄적으로 비교 · 서술한 것으로 일종의 세계백과사전이었다. 또한 영조 때 제작된 『동국문헌비고東國文獻備考』는 우리나라 역대의 정치 · 경제 · 법률 · 문화 등 문물제도를 총 정리한 최초의 관찬 백과사전이었다. 그밖에 이익의 『성호사설』, 이덕무의 『청장관전서靑莊館全書』, 서유구의 『임원경제지林園經濟志』, 이규경의 『오주연문장전산고五洲衍文長箋散稿』도 있다.

3) 문화의 새 경향

19세기에 접어들어 서민들을 위한 다양한 문화가 출현하였다. 당시 상공업과 농업이 발달하고 서당교육이 확산되면서, 중인 · 부농층 · 상민 등 서민들의 문화적 욕구는 매우 커졌다. 서민들은 문화적 욕구를 해결하기 위해 문예활동에 적극적으로 참여하여, 다양한 서민문화를 발달시켰다. 판소리 · 탈놀이 · 한글소설 · 가사소설 등이 대표적인 서민문화이다.

판소리와 탈놀이는 19세기 대표적인 서민문화이다. 판소리는 19세기 후반 신재효에 의해 정리되었다. 창 · 사설 · 추임새로 구성된 판소리는 본래 열두 마당이 있었으나, 현재는 춘향가 · 심청가 · 흥보가 · 적벽가 · 수궁가 등 다섯 마당만 전래된다. 당시 판소리는 서민들의 애환과 사회의 부조리를 소리로 읊조렸기 때문에 넓은 계층에게 지지를 받았다. 한편 탈놀이는 장시를 중심으로 퍼졌다. 탈놀이는 사회의 모순을 해학적으로 폭로하여 서민들의 사랑을 많이 받았다. 특히 양반들의 위선과 부패를 통렬하게 비판하면서, 서민들의 의식성장에 크게 기여하였다.

문학은 조선후기의 사회변동을 구체적으로 보여준다. 특히 한글소설과 사설시조는 문학의 저변이 서민들에게까지 확대되었음을 보여준다. 한글소설 『홍길동전』 · 『춘향전』 · 『별주부전』 · 『심청전』 · 『장화홍련전』 등은 서민들이 자신을 성찰할 수 있는 기회를 제공하였으며, 사회의식을 성장시키는 데 공헌하였다. 또한 사설시조는 선비들의 절개와 자연관을 담고 있던 이전의 시조와는 달리, 격식에 구애받지 않고 서민 감정을 솔직히 표현하여 많은 사랑을 받았다.

19세기 회화의 새로운 경향은 진경산수화 · 풍속화 · 민화 등에서 드러난다. 진경산수화는 중국 남종의 화법과 북종 화법을 결합하여 만든 새로운 화법이다. 대표적인 화가였던 정선은 '인왕제색도仁王霽色圖'와 '금강전도金剛全圖'를 그려 진경산수화의 진면목을 보여주었다. 풍속화는 김홍도가 18세기 후반의 생활상을 익살스러운 필치로 묘사하였다. 또한 신윤복은 양반 · 부녀자들의 생활과 남녀 사이의 애정표현을 감각적 · 해학적으로 그려냈다. 민화는 민중의 미적 감각을 표현하여 생활공간을 장식하였을 뿐만 아니라, 서민들의 소박한 정서를 반영하였다.

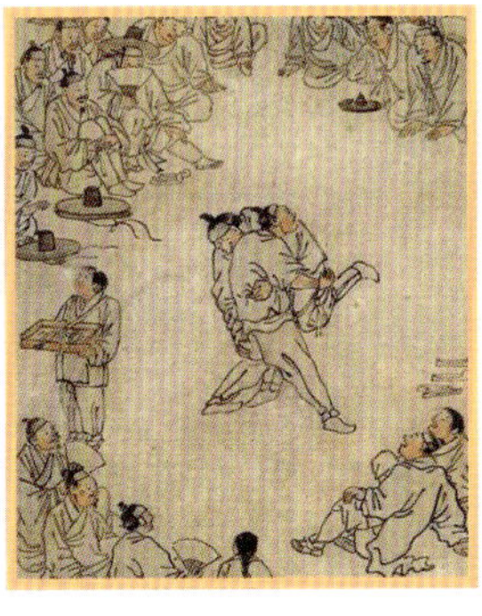

조선후기 풍속화

서예 분야에서는 이광사의 동국진체東國眞體, 김정희는 추사체秋史體가 새로운 경향을 보여준다. 특히 김정희의 추사체는 고금의 필법을 두루 연구하여 굳센 기운과 다양한 조형성을 표현하였는데, 이는 우리나라 서예의 새로운 경지를 열었다.

/탐구과제/

○ 실학자들이 추구한 목표는 진정 실현되었는가?

- ㅁ 조선후기 실학의 등장배경과 전개과정을 살피고, 당시 실학의 성격을 이해한다.
- ㅁ 조선 말기와 일제강점기에 조선후기의 실학이 재조명되었던 이유를 알아본다.
- ㅁ 일제강점기 후 조선후기 실학의 개념이 어떻게 정립되는지에 대한 연구동향을 살핀다.
- ㅁ 조선후기 실학이 가진 역사적 의미를 생각한다.

실학(實學)은 18~19세기 서울과 경기지역을 중심으로 등장한 새로운 학풍이다. 실학은 사회경제의 급격한 변동과정에서 발생하였던 사회모순을 해결하기 위해 나타났다. 실학자들은 '실용(實用)'을 중시하는 경향을 보였으며, 고대의 유교경전을 연구하여 국가의 개혁에 도움을 주려고 했다.

그런데 실용을 중시하는 학풍은 '조선후기의 실학'에만 국한되지 않는다. 자기 시대의 문제를 직시하면 언제든 나타날 수 있다. 그럼에도 불구하고 오늘날 대부분 실학은 '조선후기의 실학'을 가리킨다. 불과 백 년 전만 하더라도 실학이 '조선후기의 실학'만을 의미하지 않았다. 조선후기의 새로운 학풍을 '실학'으로 부르기 시작한 시점은 20세기 이후였다.

우리가 아는 '조선후기의 실학'은 20세기 초반에 새롭게 부활한 것이다. 20세기 초 대한제국 정부와 지식인들은 시대적 과제를 해결하기 위해 실용적인 학문에 눈을 돌렸다. 당시 대한제국 정부는 근대적 개혁을 위해 서구의 근대적 자연과학 · 정치 · 경제학 등을 강조하였다. 그리고 지식인층을 향해 성리학은 쓸모없는 허학(虛學)이니, 경세(經世)의 학문인 실학에 종사할 것을 독려하였다. 이러한 배경 속에 '조선후기의 실학'이 강조되었던 것이다. 현실타개책으로 주목받았던 '조선후기의 실학'은 1930년부터 민족의식 고취를 위한 조선학운동의 일환으로 연구되었다. 최남선이 1931년 『조선역사』에서 조선후기의 새로운 학풍을 '실학'으로 지칭하면서, '조선후기의 실학'이 본격적으로 연구되었다. 1960년부터 '조선후기의 실학'은 내재적 발전론의 근거로서 연구되었고, 경세치용학파 · 이용후생학파 · 실사구시파 등의 유파로 구분되었다. 1980년대 이후에는 민족주의와 근대 지향적 측면을 북학파를 통해 밝히려는 연구와 함께, 실학의 개념 문제가 본격적으로 논의되었다.

'조선후기의 실학'은 한말에 근대국가 건설의 필요성 때문에 강조되었으며, 1930년대 조선학 운동의 일환으로 연구되었다. 이러한 측면에서 실학은 만들어진 개념이다. 그러나 '조선후기 실학'이 조선후기 사회를 개혁하기 위해 등장한 새로운 학문이었던 것은 부정할 수 없는 사실이다.

아래의 자료들은 『반계수록』, 『여유당전서』, 『북학의』, 『연암집』, 『매천야록』, 《황성신문》에서 발췌한 자료들로서, 조선후기 실학자들의 주장을 담고 있으며, 한말에 '조선후기의 실학'이 재조명되는 배경을 보여준다. 제시한 자료들을 읽고, 우리가 아는 실학이란 무엇이며, 조선후기 실학자들이 추구했던 이상은 무엇이었는지, 더 나아가 그들이 추구한 목표는 진정 실현되었는지 탐구하여 보자.

❖ 유형원 『반계수록(磻溪隧錄)』 전제(田制) 하 분전정세절목(分田定稅節目)

고대의 정전법(井田法)은 대단히 훌륭한 제도였다. 토지구획이 정리되자 온갖 일이 잘 거행되어 백성들은 일정한 직업을 갖게 되었고, 군인들은 갑자기 색출하는 폐단이 없었으며, 귀천과 상하가 저마다 직업을 갖게 되었다. 그러므로 인심이 안정되고 풍속이 정후하였으니, 옛날에 국가의 기반이 견고하여, 수천 년을 유지하고 예악이 흥행하게 된 것은 이러한 기반이 있었기 때문이다. …… 진실로 지금의 합당한 것을 따르고 옛날의 법을 참작하여 합리적으로 시행한다면, 지형이 반드시 넓지 않아도 제도가 합당해질 것이고, 공전을 반드시 두지 않아도 10분의 1을 받는 세법을 행할 수 있을 것이며, 채지를 반드시 설치하지 않아도 각각 생활할 수 있을 것이다. ……

토지제도는 결부법(結負法)을 폐지하고 경무법(頃畝法)을 쓴다. …… 면적은 사방 100보를 1무로 하여 100무를 1경(40마지기)으로 하고[주척 6척을 1보로 한다.], 4경을 1전(佃)으로 한다. 농부 한 사람마다 1경(頃)을 받아 점유한다.[일전(一佃)은 곧 농부 네 사람이 받게 된다.] 법에 의거하여 조세를 거둬들인다.[그 조세는 토지의 품질이 높고 낮음에 따라 많고 적음이 있다. 아래를 보면 자세하다.] 4경마다 군인 1명을 뽑는다.[농부 네 사람 중에서 씩씩하고 튼튼한 사람 1명을 골라 군인으로 삼고, 농부 세 사람은 보인(保人)으로 삼는다. 그 기병과 보병 및 보조(保助) 등에 대한 법식은 아래 및 병제에 자세하다.]

유생으로서 처음 입학한 자[즉 증광생 또는 외사생이라고도 칭하는데]는 2경, 내사에 들어간 자[즉 내사생]는 4경과 병역을 면제한다.[충의위 · 충순위의 위사는 외사생으로 대우하고, 내금위의 위사 또는 무선이라고도 칭하는 자, 적자로서 종친이거나 음서의 자격이 있는 자는 내사생으로 대우한다. 학교의 내사 · 외사는 학제에 자세하다. 충의위 · 충순위 · 내금위는 아래 및 병제에 자세하다. 적자이거나 종친이거나 음서의 자격이 있는 자는 아래에 자세하다. 무릇 병역에서 면제된 자도 그 토지의 조세는 모두 위와 같다.] 현직 관리로서 9품 이상부터[모두 실직을 따르고, 물론 계는 무시한다.] 칠품까지는 6경, 관품이 높아질수록 더하여 정이품에 이르면 곧 12경이고, 모두 병역을 면제한다.[6품 이상은 8경, 3품 이상은 십경, 정이품 이상은 십이경이다. 무릇 품직자로서 토지를 받는 자는 벼슬을 그만두고 토지를 반납해도 역시 병역은 면제한다.] 벼슬을 하는 자가 벼슬을 하면 곧 녹을 받는다.[각 품의 녹의 액수는 녹제에 자세하다.]. 벼슬을 그만두고 집에 거주해도 역시 그 토지가 재산이다.[현직 관리는 강상(綱常)을 범하거나 도덕을 어지럽히거나 공물을 착복하는 것 등의 큰 죄가 아니면 그 받은 토지를 거두어들이지 않는다.] 이서(吏胥)와 복례(僕隷)로서 관직에 복무하는 자는 서울에서는 그 봉급을 넉넉히 주어 그 가족을 충분히 부양할 수 있게 한다.[무릇 서울에 있는 이서(京吏)나 복례(隷)는 토지를 받지 않고 봉급만 있으며 서리(書吏)와 조례(皁隷) 등의 봉급은 각기 차등이 있다. 녹제에 자세하다. 지방에서는 봉급과 토지를 섞어서 정하고, 두 사람이 1경이다. 지방의 아전과 복례는 지금의 양에 의거하여 봉급과 토지를 섞어서 정하고, 봉급은 서울의 경우보다 적게 하고, 토지는 사람마다 50묘이다. 각 주 · 현 · 진 · 역의 아전과 복례는 모두 그 정해진 수에 따라 토지의 수를 정한다. 아울러 녹제에 자세하다.] 역시 병역은 면제한다.[무릇 직역이 있는 자는 모두 병역을 면제한다.]

❖ 정약용 『여유당전서(與猶堂全書)』 권11 논(論) 전론(田論)

지금 농사를 하고자 하는 사람은 토지를 얻고, 농사를 하지 않는 사람은 토지를 얻지 못하도록 한다. 즉 여전(閭田)의 법을 시행하면 나의 뜻을 이룰 수 있을 것이다. 여전이란 무엇을 일컬음인가.

산계(山谿)와 천원(川原)의 형세를 따라 획정하여 경계를 하고, 경계의 안을 이름 하여 여(閭)라고 말한다.[주나라 제도에는 25가(家)를 1여(閭)라고 하였으나 지금은 그 이름만을 빌려서 약 30가(家) 내외로 하되, 가감이 있으니 또한 반드시 일정한 율은 아니다.] 여(閭) 셋을 이(里)라 한다.[『풍속통(風俗通)』에는 50가(家)를 1리(里)라고 하였으나 지금 그 이름만을 빌려서 반드시 50가(家)는 아니다.] 이(里) 다섯을 방(坊)이라고 한다.[방(坊)은 읍리(邑里)의 이름이다. 한나라에 구자방(九子坊)이 있었는데, 지금 우리나라 풍속에도 역시 이것이 있다.] 방 다섯을 읍(邑)이라고 한다.[주나라 제도에 4정(井)을 읍(邑)이라고 하였으나 지금은 군(郡)·현(縣)의 소재지를 읍이라고 한다.] 여(閭)에는 여장(閭長)을 둔다.

무릇 1여의 토지는 1여의 사람들로 하여금 공동으로 경작하게 하고, 내 땅 네 땅의 구분 없이 오직 여장의 명령만을 따른다. 매 사람마다의 노동량은 매일 여장이 장부에 기록한다. 가을이 되면 무릇 오곡의 수확물을 모두 여장의 집[여중의 도당]으로 보내어 그 식량을 분배한다. 먼저 국가에 바치는 공세를 제하고, 다음으로 여장의 녹봉을 제하며, 그 나머지를 날마다 일한 것을 기록한 장부에 의거하여 여민들에게 분배한다.

가령 추수하여 공세와 여장의 녹봉을 제한 양곡이 천곡이고[10두를 1곡으로 한다.] 장부에 기록된 노동일 수가 2만 일이라면 매 1일에 대한 분배 양곡은 5승이 된다. 한 농부가 있어 그 부부와 자식의 기록된 노동일 수가 모두 800일이라면 그 농부가 분배받는 양곡은 40곡이 될 것이다. 기록된 노동 일수가 10일인 농부가 있다면 그가 분배받는 양곡은 4두뿐일 것이다.

노력한 것이 많은 자는 얻을 양곡이 많고, 노력을 적게 한 자는 받을 양곡이 적을 것이다. 노력을 다하지 않고서 분배받는 것만 높을 수가 있겠는가. 사람들이 노력을 다하면 땅은 그 이득을 최대로 내게 된다. 토지에서 이익이 생기면 백성의 자산이 부유해지고, 백성의 자산이 부유해지면 풍속이 도타워지고 효(孝)와 제(悌)가 세워진다. 이것은 토지를 다스리는 가장 좋은 방법이다.

❖ 이익 『성호집(星湖集)』 권45 잡저(雜著) 논균전(論均田)

내가 일찍이 깊은 생각 끝에 한 방법을 얻었는바 그것은 전지(田地)를 고르게 하는데 불과할 뿐이었다. 그러나 나의 뜻대로 시행하여 오래도록 폐지하는 않는다면 다소의 성과는 있을 것이다.

우선 국가에서 한 집의 살림을 알맞게 요량하는 것이 마땅하다. 전지 몇 마지기를 한정하여 한 호의 영업전(營業田)으로 만들어 당나라의 조세제도와 같이 한다. 많은 자의 것을 줄이거나 빼앗지 말고 모자라는 자에게도 더 주지 않는다. 돈이 있어 사고자 하는 자는 천백 결이라도 다 허가하며 전지가 많아 팔고자 하는 자도 역시 영업전 몇 마지기 이외에는 모두 허가한다. 과해도 팔기를 원치 않는 자는 강요하지 말며 모자라도 사지 못하는 자도 독촉하지 않는다. 오직 영업전 몇 마지기 이내에서 매매자가 있으면 여러 곳을 살펴 산 자에게는 남의 영업전을 빼앗은 죄로 다스리고 판 자에게도 역시 몰래 판 죄로 다스린다. 산 자에게는 산 값을 논하지 말고 전지를 되돌려 주도록 하며 또 전주(田主)는 자신이 관에 고하여 면죄한 다음 자기의 전지를 되찾도록 한다.

모든 전지를 매매할 때에는 반드시 관아에 알린 다음 흥정하며, 관가에서 역시 토지문서를 상고한 다음 문권(文券)을 만들어 교부한다. 그리고 인장이 없는 것은 소송도 못하게 하면 비록 급효(急效)는 없을지라도 반드시 오래 힘입게 된다. 그것은 내가 한 마을 살펴보았는데 작년에 몇 호가 파산하더니 금년에도 역시 몇 호가 파산하였다. 파산자를 보면 청음에는 많은 전지를 가지고 있다가 점점 적어지게 되고, 적은 전지를 가지고 있다가 영영 없게 되는데 전지가 없어졌으니 어찌 파산하지 않겠는가.

백성의 살림을 마련하는 자가 이 사람 것을 빼앗아 저 사람에게 줄 수는 없더라도 빈민으로서 만약 지금 남아 잇는 전지를 항상 세업물(世業物)로 보전할 수 있다면 어찌 조금이나마 유익한 일이 아니겠는가. 무릇 매전(賣田)하는 자는 반드시 빈민이다. 지금 활리와 호상이 천만금을 장만하면 여러 빈민의 전지를 사 모으고 소봉(素封)의 낙(樂)을 누리는바 이런 지경에 파산한 자들이 많으니 그 해가 끝없지 않은가. 빈민에게 전지를 팔지 못하게 하면 파는 자가 드물 것이므로 겸하여 합치는 자도 줄어들 것이다.

그리고 빈민으로서 혹 지력(智力)이 있어 전지를 마련할 수 있으면 한자 한 치의 땅이라도 사들일지언정 파는 일은 없으므로 살림이 쉽게 일어난다. 부자의 전지는 비록 많아도 혹 많은 자식이 갈라서 차지하고 못난 자는 파락(破落)하기도 하여 몇 대를 넘기지 못하고 평민과 같아진다.

이와 같으면 균전의 제도도 점차 완성될 것이다. 빈호(貧戶)는 당장에 살림이 다 없어지는 걱정을 면하게 될 것이니 참으로 좋아할 것이며, 부호(富戶)도 비록 파산은 했을망정 영업전은 그대로 있게 되니 뒷일을 걱정하는 부자 역시 좋아할 것이다. 이와 같이 하면 시행하기도 쉬울 뿐더러 반드시 효과도 있을 것이다. 이것이 그 대개이다.

더러는 "길흉사(吉凶事)에 쓰는 비용 때문에 전지를 팔지 않을 수 없는 자가 있다"하여 이 제도를 의심한다. 그러나 전지를 다 팔아 없앤다면 장차는 어찌한다는 것인가. 정전제(井田制)를 시행하던 세상에는 백성이 전지의 매매를 못했다는 것을 생각하면 알 수 있을 것이다. 그리고 이 제도의 손익은 시행하는 자에게 달려 있다.

❖ 박지원 『열하일기(熱河日記)』 일신수필(馹迅隨筆) 거제(車制)

중국의 재산이 풍족할뿐더러 한 곳에 지체되지 않고 골고루 유통(流通)함은 모두 수레를 쓴 이익일 것이다. 이제 비근한 예를 든다면, 우리 사행이 모든 번거로운 폐단을 없애버리고 우리가 만든 수레에 우리가 올라타고 바로 연경에 닿을 텐데 무엇을 꺼려서 하지 않는단 말인가. 그리하여 영남(嶺南) 어린이들은 새우젓을 모르고, 관동(關東) 백성들은 아가위를 절여서 장 대신 쓰고, 서북(西北) 사람들은 감과 감자(柑子)의 맛을 분간하지 못하며, 바닷가 사람들은 새우나 정어리를 거름으로 밭에 내건만 서울에서는 한 움큼에 한 푼씩 하니 이렇게 귀함은 무슨 까닭일까. 이제 육진(六鎭)의 마포(麻布)와 관서(關西)의 명주(明紬), 양남(兩南, 영남과 호남)의 딱종이(楮)와 해서(海西)의 솜 · 쇠, 내포(內浦, 충청남도 서해안)의 생선 · 소금 등은 모두 인민들의 살림살이에서 어느 하나 없지 못할 물건들이며, 청산(靑山, 충청북도에 있다) · 보은(報恩)의 천 그루 대추와 황주(黃州, 황해도에 있다) · 봉산(鳳山)의 천 그루 배와 흥양(興陽, 전남 고흥) · 남해(南海)의 천 그루 귤(橘) · 유자[柚], 임천(林川, 충청남도에 있다) · 한산(韓山)의 천 이랑 모시와 관동의 천 통 벌꿀 들은 모두 우리 일상생활에서 교역해 써야 할 것인데도, 이제 이곳에서 천한 물건이 저곳에서는 귀할 뿐더러 그 이름만 알고 실지로 보지 못함은 어찌된 까닭일까. 그것은 오로지 멀리 나를 힘이 없기 때문이다. 사방이 겨우 몇 천 리밖에 안 되는 나라에 인민의 살림살이가 이다지 가난함은, 한 말로 표현한다면 수레가 국내(國內)에 다니지 못한 까닭이라 하겠다.

❖ 박제가 『북학의(北學議)』 내편(內篇) 시정(市井)

중국은 사실 사치하다가 망했다. 그렇지만 우리나라는 검소한데도 쇠퇴하는 것은 무슨 이유일까? 검소하다는 것은 물건이 있어도 남용하지 않는 것을 말하는 것이지, 자신에게 물건이 없다 하여 스스로 단념하는 것을 말하는 것은 아니다.

지금 나라 안에 구슬을 캐는 집이 없고 저자에 산호 따위의 보배가 없다. 또 금과 은을 가지고 가게에 들어가도 떡을 살 수 없는 형편이다. 이것이 참으로 검소한 풍속 때문일까? 아니다. 이것은 물건을 이용하는 방법을 모르기 때문이다. 이용할 줄 모르니 생산할 줄 모르고, 생산할 줄 모르니 백성은 나날이 궁핍하여지는 것이다.

대저 재물은 우물과 같다. 퍼 쓸수록 자꾸 가득 차고 이용하지 않으면 말라버린다. 그러므로 비단을 입지 않으므로 나라 안에 비단 짜는 사람이 없다. 따라서 여흥이 쇠하였으며, 그릇이 비뚤어지든 어쩌든 개의치 않으므로 교묘함을 일삼지 않아서 나라에 공장과 도야가 없고 또한 기예도 없어졌다.

그뿐만 아니라 농사도 방법을 몰라서 흉년이 자주 들고 장사도 물건을 팔 줄 몰라서 이(利)가 박하다. 그러니 사민이 모두 곤궁하여져서 서로 도울 길이 없다. 조금 생산되는 보배도 나라 안에서는 이용하지 않아서 외국으로 흘러들어가 버리고 마는 실정이며, 남들은 나날이 부강하여지건마는 우리는 점점 가난하여지는데 이것은 자연적인 추세이다.

❖ 박제가 『북학의(北學議)』 외편(外篇) 통강남절강상박의(通江南浙江商舶議)

우리나라는 면적이 적고 백성은 가난하여, 이제 농사를 짓는데 현명한 재사(才士)를 쓰고 상공(商工)을 통하도록 하여 나라 안의 이익을 모조리 융통하게 하더라도 오히려 부족하고 걱정될 것이다. 반드시 먼 지역의 물자를 교통한 후에야 재화가 늘고 백가지 일용품이 생겨날 것이다. …… 이제 배로써 통상하려면 왜놈들은 간사하여 늘 이웃나라를 엿보고 있어 좋지 않고, 안남 · 유구 · 대만 등은 또 길이 멀고 험하여 가히 통상할 수 없으니 다만 중국만이 그 대상이 될 수 있을 것 같다. …… 토정(土亭) 이지함(李之菡)은 일찍이 다른 나라의 상선 수척과 통상하여 전라도의 빈곤을 구하고자 하였으니, 그의 탁견(卓見)은 가히 아무도 따를 수 없는 것이다. …… 다만 중국의 배하고만 통상하고 해외의 여러 나라와 통상하지 않는 것은 역시 일시적인 권의지책(權宜之策)이요, 정론이 아니다. 국력이 강해지고 백성의 직업이 안정된 다음에 마땅히 통하여야 할 것이다.

❖ 홍대용 『담헌서(湛軒書)』 내집 4권 보유(補遺) 의산 문답(毉山問答)

실옹이 말하기를, "사람의 눈이란 진실로 한도가 있는 것이다. 비록 그러하나 바다에서 보면 해와 달이 바다에서 나왔다가 바다로 들어가 보이고, 들에서 바라보면 해와 달이 들에서 나왔다가 들로 들어가 보인다. 하늘은 바다와 맞닿고 들은 막힘이 없으니 '눈은 한도가 있다.'는 말은 될 수 없다. …… (중략) …… 세상 사람은 옛 습관에 안착하여, 살피지 않는다. 이치가 눈앞에 있는데도 일찍이 연구하여 찾지 않는 때문에 일평생을 하늘을 이고 땅을 밟건만 그 심정과 현상에 캄캄하다. 오직 서양 어떤 지역은 지혜와 기술이 정밀하고 소상하여 측량에 있어서는 해박하고 자세하다. 땅을 지구(地球)라고 하는 설은 다시 의심할 여지도 없다."

"지구의 체와 상하의 세력에 대해서는 가르쳐 주신 대로 믿겠습니다. 감히 묻건대, 땅덩어리의 회전이 그처럼 빠르고, 부딪는 기운도 그처럼 격렬하다면 그 힘이 반드시 맹렬할 터인데, 사람이나 다른 사물이 쓰러지고 넘어지지 않는 까닭은 무엇입니까?"

실옹이 말하기를, "온갖 물(物)이 생겨날 때는 모두 기(氣)가 있어, 그것이 휩싸고 있기 때문이다. 체(體)는 크기가 있고 기(氣)는 두께가 있으니, 마치 새알의 노른자의 흰자가 서로 붙어 있는 것과 같다. 땅은 덩어리도 크거니와, 싸고 있는 기운 또한 두껍다. 이것이 엉켜 뭉쳐져 하나의 공 모양을 이루어서 허공에서 돌게 된다. 천지의 두 기(氣)가 갈고 비비는 즈음에 서로 빨리 부딪치는 것을 술사(術士)는 측량하여 강풍(罡風)이라 한다. 이 바깥은 크고 넓고 깨끗하고 고요할 뿐이다. 천지의 두 기가 서로 부딪쳐 땅으로 모이는데 마치 강과 하수의 물이 낭떠러지에 떨어져 소용돌이를 이루듯한다. 상하의 세력은 이렇게 이루어지는 것이다.…… (중략) …… 또 너는 너무도 생각지 못하는구나. 지구가 돌고 하늘이 운행함은 그 형세가 같은 것이다. 만약 쌓여진 기(氣)의 달림이 회오리바람보다 더 사납다면 인·물의 쓰러지고 넘어짐이 반드시 갑절이나 될 것이다. 개미가 맷돌에 붙어 빨리 돌다가 바람을 만나 쓰러지는 것을 깨닫지 못하는 것처럼 하늘의 운행은 괴이하게 여기지 않으면서 땅의 회전에만 의심하니, 생각의 못 미침이 심하도다."

❖ 최남선 『조선역사강화』 문화의 진흥

문학이 지나(支那)를 힘입어 생긴 뒤로 학문이 곧 지나의 문학과 경술을 의미하여 이씨조선이 또한 이 폐를 벗지 못하더니, 왜호양난 이후에 자아라는 사상이 선명해지면서 조선의 본질을 알고 실제를 밝히려 하는 경향이 깊어서 영정양조에 이르러서는 드디어 학풍이 일변하였다.

효종 현종의 제에 유형원(반계)이 성리학과 과거문 전성의 당시에 있어서 일평생 조선의 실지를 연구하여 종종의 저술을 하고 더욱 수록 26권에는 고래의 사실에 증거한 조선 경제의 개조책을 베푸니 이가 실로 신학풍의 앞잡이가 되었다. 그 뒤를 이어 숙종 영조의 제에 이익(성호)이 나서 더욱 실증실용의 학을 창도하고 이 풍이 널리 행하여 영조 이후에는 학자는 물론이요 단순한 문사라도 그 태도를 실용적 내성적으로 가져서 조선연구의 조수가 와짝 넘치게 되니 안정복(순암), 신경준(여암), 이만운(묵헌), 유득공(혜풍), 한치윤, 이중환(청담), 이긍익(연려실) 등은 그 대표적 인물이요, 정조 말의 정약용(다산)에 이르러 그 최고봉을 보였다.

참고문헌

김동현, 『서울의 궁궐건축』, 시공사, 2002

김용섭, 『한국 중세 농업사 연구』, 지식산업사, 2000

윤돌, 『마음으로 읽는 궁궐이야기』, 이비컴, 2004

정만조 · 한충희 · 김인걸 외, 『조선의 정치와 사회』, 집문당, 2002

정옥자, 『조선시대 문화사』 상, 일지사, 2007
한국사연구회, 『한국사 연구입문』, 지식산업사, 1987
한국역사연구회, 『조선시대 사람들은 어떻게 살았을까』 1 · 2, 청년사, 2005
____________, 『한국역사 입문』, 중세편, 풀빛, 1995
한영우, 『조선전기 사회경제 연구』, 을유문화사, 1983
홍순민, 『우리 궁궐 이야기』, 청년사, 1999

7장

근대사회

1 쇄국 정책과 개화 운동

1) 흥선대원군의 집권과 쇄국 정책

19세기 중엽 외척가문이 국정을 독점하는 세도정치가 전개되면서 요직을 장악하고 정치를 좌우하게 되자 국가기강이 해이해지고 수탈과 부정이 극심하였다. 정치적 혼란과 전정, 군정, 환곡의 문란으로 사회의 동요가 일어나 순조 때에는 홍경래의 난, 철종 때에는 진주, 개령, 공주 등 전국에서 통치 질서를 부정하는 반봉건적 농민항쟁이 발발하였다. 또한 18세기 후반부터 서양세력이 접근하는 등 조선정부는 근대화를 이룩하면서 외세의 침략으로부터 국권을 수호해야 하는 양면의 과제를 안게 되었다.

철종에 이어 고종이 어린 나이에 왕위에 오르게 되자 생부인 흥선군 이하응이 대원군이 되어 정치적 실권을 잡게 되었다. 흥선대원군은 대내적으로는 세도정권기 동안 왕권을 무력화시켰던 비변사를 폐지하고 의정부를 부활시켰으며 세도정치의 폐단을 제거하면서 능력에 따라 인재를 등용하였다. 토호세력의 근거지였던 서원을 정비하고 호포법을 실시하여 군포를 양반에게도 부과하고 고리대로 변질된 환정을 정부가 자본을 출연한 사창제로 개혁하여 중간 수탈을 억제했다.

대원군의 내정개혁은 농민의 부담을 줄이고 나라살림을 넉넉하게 하는 성과는 있었지만, 서원철폐와 호포법 실시는 기득권층의 반발을 불렀다. 또한 경복궁을

구한말 광화문

다시 지으면서 백성들에게 원납전을 강제로 거두고 당백전이라는 악화를 유통시켜 물가를 치솟게 하는 등 토목공사에 농민과 물자를 강제로 징발해 백성의 원망을 샀다. 결국 봉건사회의 모순을 구조적으로 해결하기보다는 전제왕권강화를 목적으로 한 전통체제 내에서의 개혁이라는 한계성을 지녔다.

대외적으로는 거세게 밀어닥치는 외세의 침투를 물리치기 위하여 통상수교 요구를 거부하였다. 병인양요와 신미양요 등 프랑스와 미국의 침공을 격퇴한 흥선대원군은 척화비를 전국 각지에 세우고 통상수교 거부정책을 강화하였다. 이에 대해서는 국제정세의 변화를 파악하지 못하고 문호개방을 가로막았다는 비판도 있다.

강화도조약 체결 장소

/탐구과제/

○ 흥선대원군의 왕권강화 정책은 성공하였는가?

- ▫ 흥선대원군의 왕권강화를 위해 실시한 정책은 무엇인지 알아본다.
- ▫ 흥선대원군의 대내적인 개혁 정책은 왕권을 강화하여 국가 기강을 바로 잡고 민생을 안정시키는 데 기여하였으나 한계점도 있었다. 사료를 보고 흥선대원군의 정책을 평가해 보자.
- ▫ 조선 정부의 서양의 통상 교섭에 대한 대응자세는 어떻게 나타났는지 알아보자.

흥선대원군은 오랫동안 세도를 부리던 안동 김씨세력을 몰아내고, 문벌을 가리지 않고 인재를 등용하였다. 어지러워진 정치 상황을 안정시켰고, 국가 재정을 늘렸으며, 권력이 집중되어 왕권을 제대로 행사하기 어렵게 하고 있는 비변사의 기능을 축소하고 『대전회통』을 편찬하여 통치 규범을 재정비하였다.

그리고 면세 · 면역의 특권을 누려 국가 재정을 어렵게 하고 지방 세력의 근거지이며 정쟁의 원인이 되었고, 농민을 괴롭혀 오던 서원을 대폭 정리하였다.

조선 후기 농민 봉기의 주요 원인이었던 삼정의 문란을 바로잡기 위하여 개혁을 실시하였다. 토지 대장에 누락되어 있는 농지를 찾아내 조세를 거두어들이고, 양전사업을 실시하여 국가의 재정 수입을 늘렸다. 또한 군포 징수의 폐단을 줄이고 호포제로 바꾸어 양반들도 군포를 내게 하였다. 환곡을 폐지하고 사창제를 실시하여 농민 경제를 안정시키려고 하였다.

흥선대원군은 개혁이 성공하기 위해서는 우선 왕실의 위엄을 되찾아야 한다고 판단하여 임진왜란 때 불탄 경복궁 중건에 착수하였다. 막대한 공사비를 마련하기 위하여 원납전(願納錢)을 강제로 징수하다시피 했고, 도성문을 출입하는 백성들에게 문세를 거두어 백성들의 불만을 사게 되었으며, 당백전을 발행하였다. 당백전은 실질 가치가 명목 가치를 따라가지 못해서 유통경제를 크게 혼란시키는 결과를 가져왔다.

❖ 『고종실록』 1권 고종 1년(1864) 2월 11일 임오 - 비변사 축소 의정부 기능 강화

비변사에서 비변사와 의정부의 분장 절목을 올리다

비변사(備邊司)에서 본사(本司)와 의정부(議政府)의 분장 절목(分掌節目)을 입계(入啓)하였다. [첫째, 비변사(備邊司)를 설치한 것은 변경의 방어를 위해서였다. 의정부(議政府)의 사무에 대한 권한을 비변사에 전속(專屬)한 것이 옛 규례는 아니지만 이제는 갑작스럽게 의논하여 변경시킬 수도 없다. 그러니 우선 의정부와 비변사에서 응당 처리해야 할 사무를 항목별로 열거한 다음 각자 나누어 맡게 하면 어느 정도 이름과 실지가 부합하여 심히 편중되지 않을 것이다. 따라서 연석(筵席)에서 여쭌 뒤 대략 절목(節目)을 작성해서 준행(遵行)할 수 있게 하였다.

• 의정부의 소관은 능(陵)과 종묘(宗廟)에 행행(幸行)하는 일, 사전(祀典)의 권장, 사명(辭命), 사신(使臣)의 행차, 전례(典禮), 조회(朝會), 공헌(貢獻), 과제(科制), 수재(水災), 한재(旱災), 학교(學校), 인장(印章), 민호(民戶), 전정(田政), 조세(租稅)와 부역(賦役), 환곡(還穀), 공물(貢物), 장시(場市), 견감(蠲減), 구황(救荒), 우휼(優恤), 창고와 관청 건물, 조운(漕運), 기타 운반, 언제(堰堤), 요역(徭役), 지공(支供), 관직(官職)의 체통(體統), 임사(任使), 천거(薦擧), 포상(褒賞), 전최(殿最), 관리의 안찰(按察), 사면(赦免), 형옥(刑獄), 법과 금령, 죄와 벌, 의식(議識), 재정(財政), 적간(摘奸), 어염(魚鹽), 반의(班儀), 녹봉(祿俸)이다.

• 비변사의 소관은 사대(事大), 교린(交隣), 변경 문제, 관방(關防), 성지(城池), 기강(紀綱), 조칙(操飭), 봉화(烽火), 역참(驛站), 표퇴(漂頹), 토포(討捕), 배(船), 송전(松田)이다.]

❖ 『고종실록』 1권 고종 1년(1864) 9월 24일 임술 - 비변사를 묘당으로 고쳐서 부르라고 명하다

전교하기를, "이제부터 비변사(備邊司)를 묘당(廟堂)으로 고쳐서 현판(懸板)을 달도록 하라." 하였다.

❖ 『매천야록(梅泉野錄)』 1권 上 (1894년 이전)

흥선대원군(興宣大院君)이 처음 국정을 맡고서 어느 공식 석상에서 기세를 높여 여러 대신에게 말하기를, "나는 천리(千里)를 끌어다 지척(咫尺)으로 만들고, 태산(泰山)을 깎아 평지를 만들고, 남대문을 높여 3층으로 만들고자 하는데, 여러 공들은 어떠시오?"라고 하였다. 이에 많은 재상들이 어떻게 대답해야 할지 몰랐는데 김병기(金炳冀,)가 머리를 치켜들고 말하기를, "천 리를 지척으로 하려면 지척이 될 것이고, 남대문을 3층으로 하려면 3층이 될 것입니다. 대감이 지금 무슨 일인들 하지 못하겠습니까? 하지만 태산은 본디 태산이니, 어찌 쉽게 평지로 만들 수 있겠습니까?"라 하고는 밖으로 나갔다. 흥선대원군이 오랫동안 생각에 잠겨있다가 말하기를, "혼자 잘났군."이라 하였다. 대저 천리를 지척으로 만든다 함은 종친을 높인다는 뜻이요, 남대문을 3층으로 높인다 함은 남인을 천거하겠다는 뜻이요, 태산을 평지로 깎는다 함은 노론을 억제하겠다는 말이다.

❖ 『고종실록』 고종 3년(1866) 10월 30일

좌의정 김병학이 아뢰기를, "백성들의 생활은 어렵고 재정은 다 떨어졌는데 건축 공사를 크게 벌이고 있으므로 공사(公私) 간에 일을 더는 지탱해 나갈 수 없게 되었습니다.

신은 이에 밤낮으로 근심하고 두려워하면서 어떻게 하면 잘 조절하여 메워 나갈 수 있을까 생각하였지만 아직 그 방책을 얻지 못하였습니다. 삼가 생각건대, 돈이라는 것은 경중을 잘 맞추어 준절하여 쓰는 물건입니다. 옛적에 당 십 전이나 당 오 전을 쪼개어 당 이 전이나 당 삼 전으로 만들어 쓴 법은 모두 일시적으로 임시변통한 정사였습니다. 지금 나라의 재정이 몹시 고갈된 때에 응당 이익되는 것과 손해 보는 것을 절충해서 쓰는 원칙이 있어야 할 것입니다. 신의 생각으로는 당백대전(當百大錢)을 주조하여, 널리 쓰이고 있는 통보(通寶)와 함께 사용한다면 재정을 늘리는 데 조금이나마 도움이 될 것 같습니다. 그러나 감히 신의 좁은 소견을 대번에 반드시 시행해야 한다고 말할 수는 없습니다. 시임 대신(時任大臣)과 원임 대신(原任大臣), 의정부 당상(議政府堂上官)에게 하문하시기를 바랍니다." 하니, 하교하기를, "진달한 것이 아주 좋다. 속히 시행하도록 하라." 하였다.

❖ 『매천야록(梅泉野錄)』 1권 上 (1894년 이전)

군역에 뽑힌 장정들에게 군포를 받아들였으므로 그 폐단이 많아 백성들이 뼈를 깎는 원한을 갖고 있었다. 사족들은 한가하게 놀며 평생토록 신역(身役)이 없었으므로, 과거의 명신들 중에서도 이에 대해 논한 자가 많았다. 그러나 세속의 관행에 끌려 결국 이행되지 못하다가 갑자년(1864) 초에 흥선대원군이 힘써 많은 사람의 원망함으로써 많은 사람의 원망을 떠맡으면서, 귀천을 막론하고 장정 한 사람마다 세납전(歲納錢) 2꾸러미[緡]를 바치게 하였으니, 이를 동포전(洞布錢)이라고 칭하였다.

❖ 『고종실록』 8권 고종 8년(1871) 3월 20일 경술

예조(禮曹)에서, "한 사람에 대해 중첩하여 세운 서원(書院)을 헐어버리는 문제는 두 차례의 하교에 따라 신 조병창(趙秉昌)이 대원군(大院君) 앞에 나아가 품의(稟議)한 결과, '성묘(聖廟)의 동쪽과 서쪽에 배향하는 제현(諸賢)과 충절(忠節)과 대의(大義)를 남달리 뛰어나게 지킨 사람으로서 실로 백세토록 높이 받들기에 합당한 47개 서원을 제외하고는 모두 제사를 그만두며 현판을 떼어내도록 하라.'는 뜻으로 하교를 받들었습니다. 이미 사액(賜額)하여 계속 남겨두어야 할 47개의 서원을 별단(別單)으로 써서 들입니다. 계하(啓下)한 뒤 각도(各道)에 행회(行會)하겠습니다."라고 아뢰었다.

❖ 『매천야록(梅泉野錄)』 1권 上 (1894년 이전) - 병인양요

병인년(1866) 9월에 프랑스의 군함이 강화에 정박하고 있었다.

그것은 순찰하기 위한 군함이며 침략할 뜻은 없었다. 혹자는 베르누 등이 사형을 당하고 서양의 사학을 엄히 금하기 때문에 보복하러 온 것이라고 하였다.

이때 강화 유수(留守) 이인기(李寅夔)가 겁을 먹고 도주하여 성이 함락되었다. 양인(洋人)들은 10일 동안 점거하고 있다가 많은 물품을 약탈해 갔다. 우리나라에서는 강화도를 천애의 요새로 생각하여 군량, 무기, 보화 등을 많이 비축하였으나 이때 모두 없어진 것이다.

그리고 순무사(巡撫使) 이경하(李景夏)와 중군(中軍) 이원희(李元熙) 등은 도감(都監)의 병졸 5천여 명을 인솔하고 文殊山으로 나가 강화도를 바라보고 있었지만 감히 강을 건너지 못하고 있었다. 이때 천총(千摠) 양헌수(梁憲洙)가 추격전을 벌이자고 간청하였으나 원희는 명령을 어겼다고 처형하려 하였다. 헌수는 "죽기는 마찬가지니 차라리 적에게 죽겠습니다. 1개 병대만 주십시오"라고 하였다. 원희는 할 수 없이 포수 300명을 주었다. 헌수는 그날 밤 손석포(孫石浦: 손돌목, 손돌항)를 건너 정족산성을 점거하였다.

그다음 날 양인들은 강화부에서 나와 군함을 타고 내려오려 하였으나, 조수가 얕아 산성에서 조금 쉬기 위해 서서히 남문 밖에 도착하였다. 이때 갑자기 복병이 일어나자 적들은 황급히 후퇴하므로 그들을 대포로 추격하여 30여 명의 목을 베고 개선하였다. 이때 헌수를 황해병사로 임명하고 1년 후에는 대장으로 발탁하였다. 이 소란이 있었던 후 사학을 금지하기 위해 척사윤음을 반포하였다.

❖ 『매천야록(梅泉野錄)』 1권 上 (1894년 이전) - 제너럴 셔먼호 사건

무진년(1868)에 박규수(朴珪壽)가 평안감사로 임명되었을 때였다. 미국인 토마스(Robert Jermain Thomas, 선교사)가 군함 한 척을 타고 대동강까지 들어왔는데, 조수가 빠지는 바람에 꼼짝도 못하고 있었다.

박규수는 그들을 엄습할 장교 1명을 구했다. 또 어민들이 가지고 있는 작은 배(瓜皮船) 수백 척에다가 장작 다발을 싣고 점화를 하였다. 그리고 궁노수(弓弩手)를 모집하여 배에다 줄을 매고 일제히 화살을 쏘았다. 화살은 빠르고 배는 가벼워서 양인의 군함에 꽂히고, 군함 안에 있는 인화물질이 일시에 불이 붙어 군함 전체가 모두 소각되었다. 적이 화염 속을 빠져나가 파도를 건너서 도주하므로, 대포로 사격하여 그들 4~5명을 죽였다.

이 소식이 대궐로 전해지자 박규수에게 자계(資階)를 올려 주고 장교에게는 진영장(鎭營將)으로 승진시켰다.

❖ 『매천야록(梅泉野錄)』 1권 上 (1894년 이전) - 신미양요

신미년(1871) 여름에 미국인이 강화도를 침범하자 전병사(前兵使) 어재연이 순무중군(巡撫中軍)으로 임명되어, 그들을 방어하다가 전사하였다.

재연은 금위려단(禁衛旅團)을 인솔하고 광성보(廣城堡)로 들어가서 배수진을 치고 척후병도 두지 않았다. 적병들은 안개가 자욱이 낀 틈을 타서 광성보를 넘어 엄습하였다. 재연은 분연히 칼을 들고 싸우다가 칼이 부러지자 납으로 된 탄환을 쥐고 적들을 향해 던졌다. 그 탄환에 맞기만 하면 적들은 즉사하였다. 그가 가지고 있던 탄환이 다 떨어지자 적들은 그를 창으로 난자하였지만, 그는 반 발자국도 옮기지 않고 죽었다. 적들은 그의 머리를 베어 갔다.

재연이 이미 전사하였으나 적들은 수비가 되어 있는 줄 알고 모두 도주하였다. 이 패전 소식이 전해지자 조야는 온통 진동하였다. 그에게는 병조판서가 증직되고 충장(忠壯)의 시호가 내려졌다. 그의 시신이 돌아오자 대원군은 조정에서 제창하기를, "어병사(魚兵使)의 상여를 맞아들이지 않는 사람은 모두 천주교인이다."라고 하였다. 이로 인하여 온 조정이 출영하여 수레와 말이 수십 리나 줄을 이었다. 이때 노인들은 순조 계유년(1813)에 충장공(忠壯公) 정시(鄭蓍)의 장례를 치른 이후 처음 있는 일이라고 하였다. 재연의 아우 재순(在淳)도 백의종군하여 형과 함께 전사하였으므로 그에게도 이조삼의(吏曹參議)를 증직하였다.

❖『고종실록』 8권 고종 8년(1871) 4월 25일 갑신 - 척화비

홍순목이 아뢰기를, "우리나라가 예의의 나라라는 데 대해서는 온 세상이 다 알고 있습니다. 지금 일종의 불순한 기운이 온 세상에 해독을 끼치고 있으나, 오직 우리나라만이 유독 순결성을 보존하는 것은 바로 예의를 지켜왔기 때문입니다. 병인년(1866) 이후로부터 서양놈들을 배척한 것은 온 세상에 자랑할 만한 일입니다. 지금 이 오랑캐들이 이처럼 침범하고 있지만 화친에 대해서는 절대로 논의할 수 없습니다. 만약 억지로 그들의 요구를 들어준다면 나라가 어찌 하루인들 나라 구실을 하며, 사람이 어찌 하루인들 사람 구실을 하겠습니까? …… (중략) ……" 하니, 하교하기를, "오늘 경연(經筵)에서 한 이야기를 조지(朝紙)에 낼 것이다." 하였다.

[이때 종로(鐘路) 거리와 각 도회지(都會地)에 척화비(斥和碑)를 세웠다. 그 비문에, "오랑캐들이 침범하니 싸우지 않으면 화친하는 것이요, 화친을 주장하는 것은 나라를 팔아먹는 것이다."라고 하였다.]

2) 민씨 정권의 수립과 개화 운동

고종의 친정 발표로 대원군은 하야하고 민씨 정권이 수립되었다. 이들은 청과의 외교관계를 유지하면서 자신들의 정권을 안정시키는 범위 내에서 문호개방정책을 추진하였다.

이후 일본이 무력으로 조선을 개항하고자 운요호를 파견하여 조약체결을 강요하자 결국 조선은 일본과 강화도 조약을 맺어 문호를 개방하게 되었다. 강화도 조약은 우리나라가 외국과 맺은 최초의 근대적인 조약이었지만, 일본인은 개항장에서 치외법권을 누렸으며 부산, 원산, 인천이 차례로 개항됨으로써 일본의 침략의도가 드러난 불평등조약이었다.

개항 후 조선 정부는 일본의 요청에 따라 수신사와 조사시찰단(신사유람단)을 파견하여 일본 등지를 사찰하게 하였으며 청에는 영선사를 파견하여 무기제조 기술 등을 배우게 하였다. 또한 정부는 개화정책을 추진하기 위하여 통리기무아문이라는 새로운 기구를 설치하고, 군사제도도 종래 5군영을 무위영, 장어영의 2영으로 바꾸고 신식군대 양성을 위한 별기군을 설치하여 일본인 장교를 교관으로 초빙하는 등 근대식 군사훈련을 실시하였다.

그러나 개화정책에 대해 보수적인 유생층은 조선을 파멸로 이끄는 것이라며 반대하는 등 위정척사운동의 형태로 개화정책에 대한 반발이 일어났다.

이에 신식군대에 대해 차별을 받았던 구식군인들이 개화정책에 반발하여 정부 고관의 집과 일본 공사를 습격하고 일본인 교관을 살해하는 등의 봉기를 했다(임오군란, 1882년). 이에 민씨 일족을 몰아내고 흥선대원군이 재집권하였지만, 청의 간섭으로 대원군이 납치되어 민씨 정권이 다시 들어서게 되었다.

일본은 이 사건을 구실로 조선과 제물포조약을 체결하여 배상금을 받아내고 일본공사관에 경비병을 주둔시켰다. 청 또한 조선에 군대를 주둔시키고 내정과 외교문제에 적극적으로 관여하였다.

임오군란 이후 민씨 정권이 청에 의지하여 김옥균 등의 개화파를 정부요직에서 밀어내자 개화당 요인들은 우정국 낙성식을 이용하여 일대정변을 일으켜 정권을 장악했다(갑신정변, 1884년). 정치적으로는 청에 대한 사대외교 폐지, 입헌군주적 정치 수립을 주장하고 경제적으로는 지조법 개정으로 국가재정을 충실히 하려 하였으며 사회적으로는 인민평등권과 능력에 따른 인재 등용으로 정치참여의 기회를 넓히고자 하였다.

그러나 갑신정변은 3일천하로 끝나고 청군이 공격해오자 지원을 약속한 일본군은 청과의 충돌이 시기상조라 판단하고 철수해버렸다.

갑신정변은 위로부터 조선사회를 낡은 봉건체제에서 근대사회로 발전시키려 했다는 최초의 시도였다는 점에서 획기적인 일이었지만, 일반 민중, 농민의 지지를 받지 못하고 지나치게 일본 등의 외세에 의존하였다는 것이 큰 한계였다.

갑신정변 후 조선은 일본의 강요로 배상금 지불, 사죄 등을 내용으로 하는 한성조약을 체결하였으며 청일 양국군은 장차 조선에 파병할 경우 상대국에게 미리 알릴 것과 사건이 해결되면 즉시 철수할 것 등을 내용으로 하는 텐진조약을 체결하였다.

우정총국(갑신정변 거사장소)

/탐구과제/

○ 개화파 대 위정척사파 무엇이 올바른 길이었나?

- 최초의 근대적 조약인 강화도조약에 대하여 이해한다.
- 개화파와 위정척사파 개념과 등장 배경을 알아본다.
- 근대국가를 건설하려는 의지를 보여준는 개화당의 혁신정강 14개 조항을 이해한다.
- 개화파와 위정척사파의 주요 내용과 주장의 내용 및 그 의의와 한계점을 이해하고, 무엇이 올바른 길이었는지 생각해본다.

유길준(俞吉濬)의 『서유견문(西遊見聞)』은 조선이 문호를 개방하고 서양의 문물을 받아들이기 시작한 개화기에 쓰여졌다. 당시는 신문물이 들어오고 열강들이 조선을 침탈하는 시기였으며, 이러한 격동의 위기상황에서 조선이 준비해야 할 것이 무엇인가를 보여주는 내용이다.

1882년 조미수호통상조약이 체결되면서 유길준은 수행사절단으로 미국에 가게 되어 서구의 새로운 문물을 접하고, 아울러 유럽 여러 나라를 둘러보고 귀국하게 된다. 바로 이때의 견문을 기록한 기행문이다. 그는 이 글에서 애국에 대한 새로운 시각을 제시하면서 개화의식을 강하게 표현하고 있다. 국가의 운명이 위기에 처해가는 상황에 대한 인식을 바탕으로 새로운 국가관과 국민관을 제시하고 있다. 서구문물을 접하면서 새롭게 눈을 뜬 개화기 지식인의 생각과 고민이 잘 나타나 있다.

1884년 김옥균을 중심으로 형성된 개화당이 정변을 일으키고 정권을 장악한 후 신정부를 수립하고 혁신정강을 공포하였다. 국정 전반을 근대적인 체제로 개혁하여 근대국가를 건설하려고 추구한 것이다. 비록 정변은 실패하여 혁신정강은 당시 실행되지 못했지만 그 이후의 개혁운동에 중요한 영향을 준 역사적인 개혁정책안이었다.

1870년대 이후 개항을 요구하는 목소리가 점점 커지게 되자, 반대로 개항을 반대하는 위정척사파(衛正斥邪派)가 등장하였다. 위정은 '바른 것을 지킨다'라는 뜻이고, 척사는 '사악한 것을 배척한다'라는 뜻이다. 여기서 말하는 바른 것은 성리학과 조선의 전통질서이고, 사악한 것은 서양의 종교인 천주교와 그들의 문물 및 제도를 의미한다. 이들은 서양의 물건들은 공장에서 생산되는 것들로 그 양이 무한하지만 조선의 생산품은 주로 농산물이기 때문에 양이 한정되어 있다고 생각하였다.

1880년 수신사로 일본에 다녀온 김홍집(金弘集)이 가져온 『조선책략』을 고종에게 바쳤는데, 그 내용은 조선이 중국, 일본, 미국과 연합하여 남하하는 러시아 세력을 막아야 한다는 것이다. 이러한 분위기에 동조하는 조선의 대신들에 의해 개혁정책이 추진되었다. 그러나 당시 유림에서는 이러한 개혁정책에 반대를 하였는데, 이때 이만손(李晩孫)을 비롯한 영남의 유생들이 '영남만인소'라는 상소를 올린다.

최익현(崔益鉉)은 서양문물이 조선의 강토를 어지럽히는 것이라고 극단적인 배척을 주장하였다. 1866년 75세의 나이에 도끼를 지고 궁궐 문 앞에 엎드려 준비가 되지 않은 상태에서 교역을 하면 서양에게만 이익을 줄 뿐 조선의 경제는 무너질 것이며, 서양의 종교가 조선 사회에 미칠 악영향을 이유로 들어 외세와의 교류를 반대하는 상소문을 올렸다.

아래의 사료를 통해서 강화도조약의 각 조항에 대한 의미를 이해하고, 혁신정강 14개 조항 내용과 개화파(강화파)와 위정척사파에 대하여 탐구해보자.

❖ 이항로 『화서집(華西集)』 권3

초야의 신 이항로는 병든 몸을 이끌고 궁궐 앞에 이르러 주상 전하께 삼가 머리 조아려 사뢰옵니다. …… 신은 본디 속이 빈 하잘것없는 유학자로서 경세제민할 재주가 없고 거기에 노병(老病)이 죽음을 재촉하며 정신이 혼미하여 일상 잔일도 앞뒤를 잊어버리는지라, 외적(外賊)의 침범을 탐색하지도 못하고 조리 있게 시사(時事)를 논하지도 못하였습니다. 그러하오나 그 대략을 들어보면 지금 국론이 교(交)·전(戰) 양설로 갈리어 있사옵니다. 양적(洋賊)을 공격하자는 것은 우리 쪽 사람의 설(說)이고, 양적과 화친하자는 것은 적 쪽 사람의 설이옵니다. 전자를 따르면 나라 안에 인덕(仁德)의 정치를 보전할 수 있을 것이지만, 후자를 따르면 인류가 금수(禽獸)의 지경에 빠질 것이옵니다.…… 팔도 안에 또 각각 본도(本道) 사람에게 신망을 받는 자를 한 사람 뽑아 호소사(號召使: 의병을 불러 모으는 사람)로 삼고 위임하십시오. 그리고 그에게 위권(威權)을 부여하고 은총으로 대하고 관작과 녹봉이 그이를 보좌하는 사람에게까지 미치게 하십시오. 그리하여 그로 하여금 충의(忠義) 기절(氣節)의 인사들을 수습하여 의병으로 삼아 관군에게 도움이 되도록 하여 주십시오.……

신이 애군(愛君)·우국(憂國)하는 절절한 지성을 견디지 못하여 삼가 죽음을 무릅쓰고 아뢰옵니다.

❖ 강화도조약(병자수호조약)

대일본국과 대조선국은 원래부터 우의를 두터이 하여온 지가 여러 해 되었으나 지금 두 나라의 우의가 미흡한 것을 고려하여 다시 옛날의 좋은 관계를 회복하여 친목을 공고히 한다.

이는 일본정부가 선발한 특명 전권 변리 대신인 육군중장 겸 참의 개척 장관 흑전청륭(구로다 기요타카)과 특명 부전권 변리대신인 의관 정상형(이노우에 가오루)이 조선 강화부에 와서 조선정부가 선발한 판중추부사 신헌과 부총관 윤자승과 함께 각기 지시를 받들고 조항을 토의 결정한 것으로써 아래에 열거한다.

제1조 조선국은 자주 국가로써 일본국과 동등한 권리를 보유한다.

이제부터 양국은 화친한 사실을 표시하려면 모름지기 서로 동등한 예의로 대우하여야 하고 조금이라도 상대방의 권리를 침범하거나 의심하지 말아야 한다.

우선 이전부터 사귀어온 정의를 손상시킬 우려가 있는 여러 가지 규례들을 일체 없애고 되도록 너그러우며 융통성 있는 규정을 만들어서 영구히 서로 편안하도록 한다.

제2조 일본국 정부는 지금부터 15개월 뒤에 수시로 사신을 파견하여 조선국 경성에 가서 직접 예조판서를 만나 교제 사무를 토의하며 해당 사신이 주재하는 기간은 다 그때의 형편에 맞게 정한다.

조선국 정부도 또한 수시로 사신을 파견하여 일본국 동경에 가서 직접 외무경을 만나 교제 사무를 토의하며 해당 조선국 사신이 주재하는 기간도 역시 그때의 형편에 맞게 정한다.

제3조 이제부터 두 나라 사이에 오고가는 공문은 일본은 자기 나라 글을 쓰되 지금부터 10년 동안은 따로 한문으로 번역한 것 한 본을 첨부하며 조선은 한문을 쓴다.

제4조 조선 부산 초량항에는 이미 오래전부터 일본 공관이 세워져있어 양국 백성들의 통상 지구로 되어왔다.

지금은 응당 종전의 관례와 세견선 등의 일은 없애버리고 새로 만든 조약에 준하여 무역 사무를 처리한다.

조선정부는 제5조에 실린 두 곳의 항구를 개항하여 일본국 백성들이 오가면서 통상하게 하며 해당지방에서 세를 내고 이용하는 땅에 집을 짓거나 혹은 임시로 거주하는 사람들의 집을 짓는 것은 각기 편리대로 하게 한다.

제5조 경기, 충청, 전라, 경상, 함경 5도 중에서 연해의 통상하기 편리한 항구 두 곳을 골라서 지명을 지정한다.

개항 기간은 일본 역서로는 명치 9년 2월, 조선 역서로서는 병자년 2월부터 계산하여 모두 20개월 안으로 한다.

제6조 이제부터 일본의 배가 조선 연해에서 혹 큰 바람을 만나거나 혹 땔 나무와 식량이 떨어져서 지정된 항구까지 갈 수 없을 때에는 즉시 가닿은 곳의 연안 항구에 들어가서 위험을 피하고 부족되는 것을 보충할 수 있으며, 배의 기구를 수리하고 땔나무를 사는 일 등은 그 지방에서 공급하며 그에 대한 비용은 반드시 선주가 배상해야 한다. 이러한 일들에 대해서 지방의 관리와 백성들은 특별히 진심으로 돌보아서 구원의 손길이 미치지 않는 데가 없도록 하며 보충해 주는 데서 아낌이 없어야 한다. 혹시 양국의 배가 바다에서 파괴되어 배에 탔던 사람들이 표류되어 와닿았을 경우에는 그들이 가닿은 곳의 지방 사람들이 즉시 구원하여 생명을 건져주고 지방관에 보고하며 해당 관청에서는 본국으로 호송하거나 가까이에 주재하는 본국 관리에게 넘겨준다.

제7조 조선국 연해의 섬과 암초를 이전에 자세히 조사한 것이 없어 극히 위험하므로 일본국 항해자들이 수시로 해안을 측량하여 위치와 깊이를 재고 도면을 만들어서 양국의 배와 사람들이 위험한 곳을 피하고 안전한 데로 다닐 수 있도록 한다.

제8조 이제부터 일본국의 정부는 조선에서 지정한 각 항구에 일본 상인을 관리하는 관청을 수시로 설치하고 양국에 관계되는 안건이 제기되면 소재지의 지방 장관과 만나서 토의처리한다.

제9조 양국이 우호관계를 맺은 이상 피차 백성들은 각기 마음대로 무역하며 양국관리들은 조금도 간섭할 수 없고 또 제한하거나 금지할 수도 없다. 만일 양국 상인들이 값을 속여서 팔거나 대차료를 물지 않는 등의 일이 있으면 양국 관리들이 빚진 상인들을 엄히 잡아서 빚을 갚게 한다. 단 양국 정부가 대신 갚아줄 수는 없다.

제10조 일본 사람들이 조선의 지정한 항구에서 죄를 저질렀을 경우 만일 조선과 관계되면 모두 일본에 돌려보내어 조사 판결하게 하며 조선 사람이 죄를 저질렀을 경우 일본과 관계되면 모두 조선 관청에 넘겨서 조사 판결하게 하되 각기 자기 나라의 법조문에 근거하며 조금이라도 감싸주거나 비호함이 없이 되도록 공평하고 정당하게 처리한다.

제11조 양국이 우호관계를 맺은 이상 따로 통상 규정을 작성하여 양국 상인들의 편리를 도모한다. 그리고 지금 토의하여 작성한 각 조항 중에서 다시 보충해야 할 세칙은 조목에 따라 지금부터 1개월 안에 양국에서 따로 위원을 파견하여 조선국의 경성이나 혹은 강화부에서 만나 토의결정한다.

제12조 이상 11개 조항을 조약으로 토의 결정한 이날부터 양국은 성실히 준수시행하며 양국 정부는 다시 조항을 고칠 수 없으며 영구히 성실하게 준수함으로써 우의를 두텁게 할 것이다. 이를 위하여 조약 2본을 작성하여 양국에서 위임된 대신들이 각기 날인하고 서로 교환하여 증거로 삼는다.

대조선국 개국 485년 병자년 2월 2일

대관 판중추부사 신헌

부관 도총부 부총관 윤자승

대일본 기원 2536년 명치 9년 2월 6일

대일본국 특명 전권 변리 대신 육군 중장 겸 참의 개척 장관 흑전청륭(구로다 기요타카)

대일본국 특명 부전권 변리 대신 의관 정상형(이노우에 가오루)

❖ 지부복궐척화의소(持斧伏闕斥和議疏) - 최익현(崔益鉉)

대개 사람들은 모두 자기 약점을 보고 이를 숨기려 하지만 그것은 불가능합니다. 저들이 우리가 방비가 없고 약함을 보이는 실상을 알고서 우리와 강화를 맺는 경우 앞으로 밀려올 구렁텅이 같은 저들의 역심을 무엇으로 채워주시겠습니까? 우리 물건은 한정이 있는데 저들의 요구는 그침이 없을 것입니다. 한 번이라도 응해주지 못하면 저들의 노여움은 여지없이 우리를 침략하고 짓밟아 우리가 이전에 들인 모든 노력은 허망해질 것입니다. 이것이 바로 강화가 난리와 멸망을 불러들이는 첫째 이유입니다.

일단 강화를 맺고 나면 적들의 욕심은 물화를 교역하는데 있습니다. 저들의 물화는 모두가 지나치게 사치하고 기이한 노리개고 손으로 만든 것이여서 그 양이 무궁하지만, 우리 물화는 모두 백성들의 생명이 달렸고 땅에서 나는 것이어서 한정되어 있습니다. 이와 같이 피와 살이 되어 백성들의 목숨이 걸려 있는 유한한 물화를 가지고 저들의 사치하고 심성을 좀 먹고 풍속을 음란하게 하는 물화와 교역한다면 그 양은 틀림없이 1년에도 수만에 달할 것입니다. 그러면 동토 수천리는 몇 년 안 지나 땅과 집이 모두 황폐하여 다시 보존하지 못할 것이고 나라 또한 망할 것입니다. 이것이 바로 강화가 난리와 멸망을 가져오는 둘째 이유입니다.

저들이 비록 왜인이라고 하나 실은 양적이옵니다. 강화가 한번 이루어지면 사학의 서적과 천주의 초상화가 교역하는 속에서 들어올 것입니다. 그렇게 되면 얼마 안 가서 선교사와 신자 간의 전수를 거쳐 사학이 온 나라 안에 퍼질 것입니다. 포도청이 살피고 검문하여 잡아다 베려고 하면 저들의 사나운 노기가 또한 더욱 커질 것이고 강화로 맺은 맹세가 허사로 돌아갈 것입니다. 그냥 그대로 내버려두고 죄를 묻지 않는다면 얼마 안 가 집집마다 사학을 받아들이고 사람다다 사학에 물들 것입니다. 이들이 아비를 아비라 여기지 않고 신하가 임금을 임금으로 여기지 않아 예의는 시궁창에 빠지고 인간들은 변하여 금수가 될 것입니다. 이것이 바로 강화가 난리와 멸망을 가져오는 셋째 이유입니다.

강화가 이루어진 뒤에는 저들이 상륙하여 서로 왕래하고 또는 우리나라 지경 안에서 집을 짓고 살려고 할 것입니다. 우리가 이미 강화하였으므로 거절할 말이 없이 거절할 수 없어서 내버려 두면 재물이나 비단과 부녀자들을 빼앗는 일을 마음대로 할 것입니다. 이런 일이 벌어지면 도대체 누가 능히 막겠습니까? 또한 저들은 얼굴만 사람이지 마음은 짐승이어서 조금만 뜻에 맞지 않으면 거리낌 없이 사람을 죽이고 짓밟을 것입니다(『면암집』 권3).

❖ 『고종실록』 17권 고종 17년(1880) 12월 21일 갑인 통리기무아문 설치

의정부(議政府)에서, "아문(衙門)을 설치하는 일에 대해 건치(建置)하기에 합당한 것을 절목(節目)을 써서 들입니다."라고 아뢰었다.[1. 아문의 호칭은 통리기무아문(統理機務衙門)으로 한다. 1. 이미 설치한 아문은 기무에 관계되므로 구별해서 살피지 않아서는 안 되니, 당상(堂上)과 낭청(郎廳)을 차정(差定)하여 각각 그 일을 담당하게 한다. 1. 사대사(事大司)는 사대문서(事大文書)와 중국 사신을 접대하는 일과 군무변정 사신(軍務邊政使臣)을 차송(差送)하는 일 등을 담당한다. 1. 교린사(交隣司)는 외교문서와 왕래하는 사신을 맞이하고 전송하는 일 등을 담당한다. 1. 군무사(軍務司)는 중앙과 지방의 군사를 통솔하는 일 등을 담당한다. 1. 변정사(邊政司)는 변방의 사무와 이웃 나라의 동정을 염탐하는 일 등을 담당한다. 1. 정부(政府)는 종래의 변방 사무를 이전대로 주관한다. 1. 통상사(通商司)는 중국 및 이웃 나라와의 통상에 관한 일 등을 담당한다. 1. 군물사(軍物司)는 병기의 제조에 관한 일 등을 담당한다.]

❖ 『일성록』 고종 18년 2월 16일 영남만인소(嶺南萬人疏) - 이만손(李晩孫)

영남 유생 이만손(李晩孫) 등 1만 명이 연명으로 상소하여 수신사(修信使) 김홍집(金弘集)의 죄를 논하고 이어 척사(斥邪)를 청하니, 임금께서 비답을 내리셨다

"신들은 모두 영남의 멀리 떨어져 있는 자들로 유신(維新)의 정치를 도운 적이 없습니다. 그러나 곧 수신사 김홍집이 가지고 온 황준헌(黃遵憲)의 『사의조선책략(私擬朝鮮策略)』 1책이 유포된 것을 보고, 저도 모르게 머리카락이 곤두서고 가슴이 떨리며 이어 통곡하면서 눈물을 흘렸습니다. 이단(異端)으로 사람들을 미혹시키는 자에 대한 형벌이 국법에 드러나 있고, 그 무리에 가담한 자를 먼저 다스려야 한다는 가르침이 『춘추(春秋)』에 실려 있습니다. 이를 따르면 바로 잡히고 이와 반대로 하면 혼란해진다는 사실은 영원히 똑같아 혹시라도 어긋남이 없습니다.……(중략)……

이른바 『사의조선책략』에 대해 조목별로 분별해 보겠습니다. (『사의조선책략』에) 따르면, "오늘날 조선의 급선무는 러시아를 막는 것[防俄]보다 먼저 할 것이 없고, 러시아를 막는 계책은 중국과 화친하고 일본과 결탁하고 미국과 연합하는 것[親中國 結日本 聯美國]보다 먼저 할 것이 없다."라고 하였습니다. 무릇 중국은 우리가 번국(藩國)이라 칭하는 나라입니다. 신의가 서로 두터운 지가 거의 200년이나 되었는데, 하루아침에 '황제(皇帝)'요, '짐(朕)'이요 하는 두 존칭을 사양하지도 않고 태연히

수용하고 그런 말을 한 사람을 용납하고 그런 사람의 글을 받아들였다가 만일 중국이 이를 가지고 따지고 시끄럽게 떠든다면 무슨 말로 해명하겠습니까.

일본은 우리에게 얽매여 있는 나라입니다. 국경 요충지가 험준하고 평탄한 지형을 저들이 이미 익히 알고 있고, 수로와 육로의 요충지를 저들이 이미 알고 있으니, 만에 하나라도 우리나라가 대비가 없는 것을 엿보고 함부로 쳐들어온다면 장차 어떻게 막아 내겠습니까.

미국은 우리가 원래 잘 모르던 나라입니다. 쓸데없이 다른 사람의 종용을 받아 우리 스스로 (미국을) 끌어들여 풍랑과 바다의 온갖 험난함을 무릅쓰고 건너와서 우리 신하들을 피폐하게 하고 우리 재물을 자꾸 없앨 것입니다. 만에 하나 우리의 허점을 엿보고 우리의 약함을 업신여겨 응하기 어려운 청을 강요하거나 계속 댈 수 없는 비용을 떠맡긴다면 장차 어떻게 응대하겠습니까.

러시아는 본래 우리와 아무런 감정도 없습니다. 공연히 남이 이간질하는 말을 믿었다가 우리의 체통이 손상되는 바가 클 것입니다. 먼 나라와의 외교에 기대어 가까운 나라와 배척하는 전도된 조처를 했다가 헛소문이 먼저 퍼져 이것을 빙자하여 틈을 만들어 전쟁의 단서를 찾는다면 장차 어떻게 구원할 수 있겠습니까. 또 하물며 러시아와 미국과 일본은 모두 같은 오랑캐들이니 그 사이에 누가 더하고 덜하다는 차이를 두기 어렵습니다. 두만강 일대는 국경이 서로 접하여 만에 하나 저들이 일본이 과거에 했던 전례를 따르고, 새로 맺는 미국과의 조약을 끌어다 대어 땅을 요구하면서 와서 살고 물화를 교역하기를 청한다면 장차 어떻게 거절할 수 있겠습니까.

또한 하물며 세상에는 일본이나 미국과 같은 나라들이 헤아릴 수 없이 많은데, 만에 하나라도 각 나라들이 이 일을 본받아 인상을 쓰며 일본이 한 것처럼 땅을 요구하고 화친을 청한다면 장차 어떻게 막을 수가 있겠습니까. 허락지 않는다면 지난날의 성과는 다 쓸모 없게 되어 원수가 되고 온갖 원한이 쌓여 적이 되고 말 것은 단지 러시아 한 나라에 그치지 않을 것입니다. 만일 허락한다면 세계의 한 모퉁이인 우리나라에 장차 받아들일 땅이 없게 될 것입니다.

황준헌의 말처럼 만약 러시아가 능히 병탄할 수 있는 힘이 있고 침략할 뜻이 있다면 장차 만 리 밖의 구원을 앉아서 기다려야 하겠습니까. 아니면 장차 홀로 도성의 군대를 일으켜 대적해야겠습니까. 이는 그 이해관계가 분명한 것입니다. 그런데 오늘날 조정에서는 얼마나 괴롭길래 이런 백해무익한 일을 해서 러시아가 생각하지도 않았던 마음을 열게 하고, 미국과는 아무 일도 없던 것을 생겨나게 하여 병란을 초래하고 오랑캐를 부른단 말입니까.

그는 또 말하기를, '서학에 종사하면 재물 모으기에 힘을 다하고 농사를 장려하는 데 힘을 다하고 상공업의 발전에 힘을 다한다'라고 하였습니다. 재물과 농공(農工)은 원래 선왕의 훌륭한 법과 아름다운 법규가 있습니다. 요(堯)임금과 순(舜)임금 때에는 집집마다 어진 사람이 살았고, 주(周) 나라에서는 집에는 양식을 쌓아 두고 길 떠나는 자들은 전대를 걸머지고 다녔던 것이 어찌 일찍이 서학에 종사하였기 때문이겠습니까.

더욱 분통한 것은 저 황준헌이라는 자는 중국 태생이라 말하면서 일본의 연사(演士)로 행세하고 예수를 선한 신이라 하였으니 사문난적(斯文亂賊)의 효시가 되었습니다. 아마도 지난번 사악한 패거리와 비적들이 강화도에서의 패배에 분개하여 병력으로는 이길 수 없다는 것을 알고 요행수로 차츰차츰 먹어 들어가려는 욕심을 부려 점차로 우리를 물들이려는 간계가 아니겠습니까. 만약 그렇지 않다면 감언이설로 꾀어 내는 것이 극도에 이르렀고 위협하는 말로 두렵게 하는 것이 심한 것입니다. 또 어찌 '전교(傳敎)가 무해하다'라는 말을 끝머리에 붙였겠습니까. 그 의도는 사교를 우리나라에 퍼뜨리려는 것에 불과합니다.

삼가 바라건대, 깊이 생각하시고 판단해서 그런 말을 하는 사람은 모두 쫓아 버리고 그 책은 물이나 불 속에 집어 던져 좋아하고 싫어함을 분명히 보이고, 중외(中外)에 포고하시어 온 나라 백성으로 하여금 전하의 뜻이 무엇인가를 분명히 알게 하고, 주공과 공자, 정자와 주자의 가르침을 더욱 밝혀 사람들이 모두 위와 친하여 어른을 위해서 자신의 목숨을 기꺼이 바치는 백성이 의리로 성(城)을 이루어 비류와 사당이 간악한 짓을 하는 것을 용납하지 않는다면 우리나라의 예의를 지키는 풍속을 장차 천하 만대에 자랑하게 될 것입니다."라고 하였다.

황제께서 비답(批答)하기를, "간사한 것을 물리치고 바른 것을 지키는 일[闢邪衛正]에 어찌 너희들의 말을 기다리겠는가. 다른 나라 사람의 『사의조선책략』은 애당초 깊이 파고들 것도 없지만, 너희들도 또 잘못 보고 지적함이 있도다. 만약 이를 빙자하여 또다시 번거롭게 상소하면 이는 조정을 비방하는 것이니, 어찌 선비로 대우하여 엄하게 처벌하지 않을 수 있겠는가. 너희들은 이 점을 잘 알고 물러가도록 하라."

❖ 『매천야록(梅泉野錄)』 1권 上(1894년 이전) 임오군란의 발발

임오년(1882) 6월 초 9일, 서울의 영군(營軍)들은 큰 소란을 피웠다. 그것은 갑술년(1874) 이후 대내의 경비가 불법으로 지출되고 호조와 선혜청(宣惠廳)의 창고도 고갈되어 서울의 관리들은 봉급이 지급되지 않았으며, 오영(五營)의 병사들도 종종 결식을 하여 급기야 5영을 2영으로 줄이고 그중에서도 노병과 약졸들을 도태하여, 도태된 사람들은 발붙일 곳이 없으므로 그들은 팔을 끌어당겨 난을 일으키려고 하였다.

이때 군량이 지급되지 않은 지 이미 반년이 지났는데 호남의 세금 거둔 배 수 척이 도착하자, 서울 창고를 열어 군량을 먼저 지급하라는 명이 떨어졌다.

선혜청 당상관 민겸호(閔謙鎬)의 하인이 선혜청 고지기가 되어 그 군량을 지급하고 있었다. 그는 쌀을 벼 껍질과 바꾸어 그 남은 이익을 챙기자 많은 백성들은 크게 노하여 그를 구타하였다. 민겸호는 그 주동자를 잡아 포도청에 가두고 그를 곧 죽일 것이라고 선언하였다. 수많은 군중들은 더욱 분함을 참지 못하고 칼을 빼 땅을 치며, "굶어 죽으나 법으로 죽으나 죽기는 마찬가지다. 그렇다면 차라리 죽일 사람이나 하나 죽여서 원을 씻겠다."고 하며 서로 고함소리로 호응하여 많은 사람들이 모였다. 그 고함소리로 인하여 땅이 꺼질 것 같았다. 그들은 곧바로 민겸호의 집으로 쳐들어가서 순식간에 집을 부수고 평지로 만들었다.

그 집에는 진귀한 보물들이 가득 차 있었다. 그 군중들은 "돈 한 푼이라도 훔치는 자는 모두 죽인다." 고 하고 그 보물을 뜰에 모아 놓고 불을 질렀다. 비단과 구슬이 타서 그 불빛은 오색을 띠고 인삼과 녹용과 사향 등의 냄새가 몇 리 밖까지 풍겼다. 이때 민겸호는 담을 넘어 대궐로 도주하였다.

❖ 제물포조약(濟物浦條約)

제1조 범인 체포는 20일로 한정하고 기한 내에 체포하지 못하면 일본 쪽에서 맡아서 처리한다.

제2조 일본 관리로서 조난당한 자를 후하게 장사지낸다.

제3조 일본인 조난자와 유족에게 보상금으로 5만 원을 지급한다.

제4조 일본권의 출동비 및 손해에 대한 보상비로 50만 원을 조선측이 지불한다.
제5조 일본공사관에 군대를 상주시키고 병영 설치, 수선 비용은 조선이 부담한다.
제6조 조선국은 대관을 특파하여 일본에서 보내는 국서를 감사하게 받는다.

대일본국 메이지 15년 8월 30일 일본국 변리공사 하나부사 요시모토
대조선국 개국 491년 7월 27일 조선국 전권대신 이유원
조선국 전권부관 김굉집

❖ 『서유견문(西遊見聞)』 - 유길준(兪吉濬)

지나친 자는 아무런 분별도 없이 외국의 것이라면 모두 다 좋다고 생각하고, 자기 나라 것이라면 무엇이든지 좋지 않다고 생각한다. 심지어는 외국 모습을 칭찬하는 나머지 자기 나라를 업신여기는 폐단까지도 있다. 이들을 개화당이라고 하지만, 이들이 어찌 개화당이랴. 사실은 개화의 죄인이다.

모자라는 자는 완고한 성품으로 사물을 분변치 못하여, 외국 사람이면 모두 오랑캐라 하고, 외국 물건이면 모두 쓸데없는 물건이라 하며, 외국 문자는 천주학이라고 하여 가까이하지도 않는다. 자기 자신만이 천하제일이라고 여기며, 심지어는 피해 사는 자까지도 있다. 이들을 수구당이라고 하지만, 이들이 어찌 수구당이랴. 사실은 개화의 원수다.

입에는 외국 담배를 물고, 가슴에는 외국 시계를 차며, 소파나 의자에 걸터앉아서 외국 풍속을 이야기하거나 외국말을 얼마쯤 지껄이는 자가 어찌 개화인이라고 할 수 있겠는가. 이는 개화의 죄인도 아니고, 개화의 원수도 아니다. 개화라는 헛바람에 날려서 마음속에 주견도 없는 한낱 개화의 병신이다.

진정한 개화인은 중용을 지켜서 지나친 자를 조절하고 모자라는 자를 권면하여, 남의 장기를 취하고 자기의 훌륭한 것을 지켜서, 처지와 시세에 순응한 뒤에 나라를 보전하여 개화의 커다란 공을 거둬야 한다.

❖ 《한성순보》 1883년 12월 20일 각국근사 〈통주천하인국책인〉

중국의 홍황 제도 문물로 족히 열 수 있거니와 외국의 홍황 제조한 기기 화륜, 주차, 전보와 같은 것이 아니면 족히 열 수 없나니 대개 우주가 이처럼 크고 또 험조함이 이처럼 많으니 이것이 아니면 사해를 통한 일가를 만들지 못한다, 세계의 날로 열려가고 날로 넓어져 감을 연구해보면 그 기쁨은 언제나 외역으로부터 통하고 그에 대한 국량은 중토로부터 응결하는 것이나 중토의 제도와 문물이 아니면 또한 족히 외국의 국속을 변화시킬 수 없는 것은 예로부터의 정국이다. 이제 서인들이 수화의 기전가 수력, 변토, 식물들의 모든 학문은 '또한 우리 중국을 위해서 인신의 홍황을 열어주는 것이니 저들에게 개간함을 맡기고 우리는 수확만 맡으면 무엇이 또 이만큼 편하겠는가…… 이제 새로이 열린 신지로 아직 나오지 않은 영화를 드러내면 저들 백 수십 년 동안 소모해온 물산은 이내 다시 잇기 어렵지만, 우리의 수백천 년 동안 온축하고 보장해 온 것은 바야흐로 일어날 것이니 이에 우리는 아침이고 저들은 저녁 기운이니 천지의 영화가 발예하여 거의 다 했다고 하는 말은 그 걱정이 저들에게 있지 우리에게 있지 않다.

❖ 김옥균 『갑신일록(甲申日錄)』(1884년 12월 4일) (정변 당일 상황)

…… 김옥균은 이날 오후 4시에 우정국으로 가서 홍영식과 함께 연회준비를 점검하였다. 김옥균이 집에 돌아오니 국왕을 항상 가까이 모시고 있는 변수(邊樹)가 와서 국왕께서는 날이 밝은 뒤부터 공사를 재결하기 위해 계속 침실로 가지 않았고 승후관(承候官)은 2시에 입대(立對)했는데 일찍 물러가게 해서 공무를 끝냈다고 국왕의 동태를 보고하였다. …… 김옥균이 바로 이웃하고 있는 서재필의 집으로 가서 모여 대기하고 있는 개화당 장사들에게 행동지침을 거듭 결정하여 지시하고 나니 날이 저물어 어두워졌다. 김옥균이 급히 우정국으로 달려가니 조금 늦게 도착하여서 이미 술자리가 벌어지고 있었다. 김오균은 일본공사관 서기관 시마무라(島村久)의 옆 좌석에 앉아 이야기를 나누다가, 거사 직전임을 알리기 위해 암호로 "그대는 천(天)을 아는가" 하고 물으니, 시마무라는 일본말로 "요로시" 하고 대답하였다.

이때 김옥균에게 집에서 누가 찾아왔다고 알려왔다. 연회장 문밖으로 나가 보니 개화당의 박제형(朴齊絅)이 급히 달려와 숨이 차서 헐떡거리며 아무리 애를 써도 별궁 방화는 불가능하다고 보고하였다. 김옥균은 다른 곳이라도 연소되는 쉬운 초가를 골라 불을 질러서 신호를 하라고 지시하였다.

김옥균이 연회장에 돌아와 초조하게 기다리는데, 신호 불빛은 없고 또 김옥균을 찾는다고 하여 나가 보니 이번에는 유혁로가 달려와서 별궁 방화의 실패로 순라군들이 사방에 퍼져 다른 곳 당화도 위험하므로 여러 장사들이 연회장을 습격하고자 한다고 보고하였다. 김옥균은 그 경우 혼잡 속에서 외국공사를 다치게 할까 염려되니 순라군이 없는 곳을 아무데나 골라 불로 신호하라고 다시 지시하였다.

김옥균이 긴장하여 두 번이나 출입하는 것을 민영익 등은 자못 의심하는 빛이었고, 시마무라도 매우 불안한 기색이었다. 이때 우정국 북쪽 창문 밖에서 '불이야, 불이야' 하는 소리가 들리고 떠들썩하므로 창문을 열어보니 우정국 바로 옆 거리에 불빛이 하늘에 뻗쳤다. 연회장 안의 사람들은 당황하여 모두 자리에서 일어났고, 한규직이 먼저 "우리들은 장수의 소임으로 급히 달려가서 불을 끄지 않을 수 없다."고 하면서 막 나가려는데, 민영익이 칼을 맞아 온몸에 피투성이가 된 채 연회장 안으로 기어들어 왔다. 민영익은 김옥균이 자주 밖을 드나드는 것을 보고 눈치 빠르게 의심을 품었다가 '불이야' 소리에 재빠르게 먼저 대문을 빠져나갔는데 대기하고 있던 개화당 장사들의 칼을 맞고 돌아온 것이었다. 개화당 장사들은 서툴러 민영익을 완전히 처치하지 못하고 중상을 입히는 데 그쳤다. 연회장은 완전히 수라장이 되어버렸다.……

김옥균 등이 국왕에게 우정국의 사변을 아뢰고 잠시 다른 궁궐로 옮길 것을 청하였다. 민비가 김옥균에게 "사변이 청국 측에서 나왔는가, 일본 측에서 나왔는가"를 묻고, 김옥균이 미쳐 대답하기도 전에 갑자기 천지를 진동하는 폭음이 울리었다. …… 김옥균이 잇달아 '친필칙서'가 없으면 일본군사가 하명하신대도 오지 않을 듯합니다." 하고 아뢰었다. 국왕이 어떻게 하면 좋겠는가 묻자, 김옥균은 연필을 올리고 박영효는 백지를 내놓았다. 국왕은 창황중에 요금문(曜金門) 안 노상에서 친필로 "일본공사는 와서 짐을 호위하라"고 써 주었다. 김옥균은 친필칙서를 박영효를 시켜 다케조에에게 전하게 하였다.

…… 김옥균, 박영효, 서광범 등은 국왕과 왕비를 정전에 편히 좌정케 한 후에 좌우에 시위하고, 서재필의 지휘하에 사관생도 13명과 개화당 장사들로 내위(內衛)를 시켰으며, 친군영 전영 소대장 윤경완에게 50명의 병사를 거느리고 정전 뜰을 지키게 하고, 일본군 150명으로 하여금 대문 안팎을 경호하도록

했으며, 외위(外衛)로 친군영 전영과 후영 병사를 불러 경우궁을 지키도록 하였다. 국왕을 중심점으로 3중, 4중의 철통같은 호위체제가 편성되었다. 정변은 일단 성공의 안정권에 들어선 것이었다.

❖ 갑신혁신정강(甲申革新政綱 1884년 12월 6일)

① 대원군을 가까운 시일 내에 돌려보낼 것, 조공하는 허례를 폐지할 것
② 문벌을 폐지하여 인민 평등의 권(權)을 제정하고, 사람의 능력으로써 관직을 택하게 하지, 관직으로써 사람을 택하지 않을 것
③ 전국의 지조법(地租法)을 개혁하여 간사한 관리들을 근절하고 백성들의 곤란을 구하며 겸하여 국가 재정을 유족하게 할 것
④ 내시부(內侍府)를 폐지하고 그 중에서 재능 있는 자가 있으면 등용할 것
⑤ 그동안 국가에 해독을 끼친 탐관오리 중에서 심한 자는 처벌할 것
⑥ 각 도의 환상제도(還上制度)는 영구히 폐지할 것
⑦ 규장각(奎章閣)을 폐지할 것
⑧ 순사제도(巡査制度)를 시급히 설치하여 도적을 방지할 것
⑨ 혜상공국(惠商公局)을 폐지할 것
⑩ 그동안 유배(流配), 금고(禁錮)된 사람들을 다시 조사하여 석방할 것
⑪ 4영(四營)을 합하여 1영(一營)을 만들고 영 중에서 장정을 선발하여 근위대(近衛隊)를 시급히 설치할 것
⑫ 모든 국가 재정은 호조(戶曹)로 하여금 관할하게 하며, 그 밖의 일체의 재무 관청은 폐지할 것
⑬ 대신과 참찬은 합문(閤門) 안의 의정소(議政所)에서 매일 회의를 하여 정사를 결정한 뒤에 왕에게 품한 다음, 정령(政令)을 공포해서 정사를 집행할 것
⑭ 정부는 육조 외에 무릇 불필요한 관청에 속하는 것은 모두 폐지하고 대신과 참찬으로 하여금 토의하여 처리하게 할 것

❖ 김옥균, 『갑신일록(甲申日錄)』 - 정변이 실패하여 인천항으로 피신하는 상황(12월 6일)

오후 2시 반에 (봉서)편지 하나가 죽첨[일본공사 다케조에(竹添進一郎)]에게 왔다. 그 서신을 채 뜯기 전에 갑자기 포성이 마구 울려오고 동문과 남문으로부터 청국 병사가 협공해 들어왔다. 궁중이 소연해졌다. 어느새, 왕비와 세자 및 세자빈이 이미 궁문을 나가 북산을 향하였고, 또 왕대비, 대왕대비 순화빈도 모두 궁문을 나갔다고 한다. 나는 얼른 침전에 들어가 보니 고요하여 사람 하나 없었다. 급히 서(서재필)군과 후문을 나와서 멀리 바라보니, 대군주께서 무감과 병정 4, 5명을 거느리고 이미 뒷산 기슭을 올라가고 계셨다. 나는 큰 소리로 연거푸 부르며 걸을 멈추시게 하고, 급히 따라가 만류하여 도로 산 아래 연경당으로 모셔 내려왔다. 그리고는 급히 邊군을 시켜 죽첨을 불러오게 하였다. 이때 총탄이 비 오듯 퍼부어 사람이 다닐 수 없었다. 그러나 변군은 총탄을 무릅쓰고 가서

죽첨과 함께 왔다. 죽첨은 손에 청국 진영의 서신을 쥐고 펴서 읽으려 하였다.

여기에서 죽첨과 우리 당의 몇몇 사람 및 시위하던 일본 군사는 관물헌 앞뒤에서 그들에게 항전하였으나, 전 · 후영의 군사는 총을 분해한 터라, 모두 맨손으로 도망쳤으니, 계책이 나올 수 없었다. 나는 곧 죽첨에게 의논하기를 "일이 이렇게 이르렀으니, 어찌할 수 없는 형편이오. 대군주를 모시고 급히 인천에 가서 다음 계액을 도모하는 것이 좋겠습니다." 하였다. 주상께서 이 말을 들으시고, "나는 결코 인천으로 가지 않겠다. 대왕대비가 가신 곳으로 가서 죽더라도 한 곳에서 죽겠다."고 분부하셨다. 죽첨이 나를 대해 말하기를, "대군주께서 이같이 동의하지 않으시니, 장차 어찌해야 하겠습니까?" 한다. 이때에 탄환이 점점 많이 날라와서 오래 머물 수 없으므로, 도로 산 뒷 기슭으로 올라갔다. 한참 뒤에는 다시 탄환이 가까이 날아온다. 무릇 다섯 차례나 옮겨서 마침내 동북의 궁문 안에 이르렀는데, 주상께서 기어이 북묘로 가자고 하신다. 나와 박영효, 서재필, 홍영식 군은 힘껏 만류하고, 비록 강제로 모시더라도 인천으로 향해야 하겠다는 뜻을 죽첨에게 여러 번 말하였으나 죽첨은 답하지 않고 뭔가 생각하는 바가 있는 듯하였다.

그때 별초군이라고 부르는 자 백여 명이 대궐 뒤 북산 위에서 맹렬히 포를 쐈다. 내가 무감을 시켜 크게 꾸짖기를, "대군주께서 이곳에 임어하여 계신데, 어찌 감히 포를 쏜단 말인가?" 하니, 멈칫멈칫 물러나는 듯하였다.

그때 이미 날이 저물어가고 있었다. 일본 군사 역시 차츰차츰 해산하여 산 아래로 돌아왔다. 그들의 전하는 바에 의하면, 청국 군사가 대궐의 각처 전각을 점거하고 사방에 불만 놓을 뿐, 다가와서 도전하지는 않더라는 것이다. 이에 죽첨이 말하기를 "일본 공사가 주상을 보호하려 한 것이 도리어 성궁(聖躬)에 누를 끼쳤으니, 사세가 잠시 군사를 철수하였다가 선후책을 도모하기만 같지 못합니다." 한다. 내가 크게 놀라며 일본말로 바삐 말하기를, "무릇 대군주께서 기어코 북문을 나가고자 하신 것이 이미 7, 8번이었으나, 다 우리들이 무리한 행동으로 만류한 것은 오직 공사가 종시 보해해 줄 것을 기대했기 때문인데, 이제 만일 군사를 철수한다면 앞으로 어떻게 해야 하겠습니까?" 하니 죽첨은 "이는 그렇지 않습니다. 지금 포를 쏜 것은 청국 군사뿐만 아니라, 조선 사람도 향응하고 있었습니다. 심지어 군상(君上)에게까지 포를 쏜 것은 군사가 호위하고 있기 때문입니다. 만일 불행한 일이 있게 되면, 대사가 와해될 것이므로, 나는 결단코 물러갔다가 뒷일을 도모하겠습니다." 한다. 천산(淺山)이 통역하여 아뢰니, 주상은 이 말을 들으시고 급히 북문을 나갈 것을 서두르셨다. 나는 북묘 근처에는 반드시 청국 군사가 매복하였을 것이니, 우리들이 뒤따라가면 기필코 청국 적병의 독수(毒手)에 걸릴 것이라 생각하여, 곧 박군 및 두 서군과 더불어 죽첨에게 말하기를 "우리들은 장차 어찌 해야 하겠습니까? 사리로는 마땅히 우리 대군주를 따라 가야 하겠습니다만, 공사가 돌아간 뒤에 무슨 방책으로써 뒷일을 도모하여야 합니까?" 하였다. 죽첨은 "저들이 먼저 무례하고 무리한 일을 하여 양국을 욕보였으니, 우리나라도 또한 군사로써 일을 처리할 것입니다, 공들은 나의 뒤를 따르는 것이 좋겠습니다." 한다. 나는 곧 그렇게 하기로 결정하였다. 다만 홍영식 군은 본디 인후하고 평일의 교제도 매우 원만하였다. 그리고 변이 일어난 뒤에도 병정을 보내어 민영익을 보호하였으며, 또 원세개(袁世凱)와의 교분도 매우 두터웠다. 그래서 어쩌면 안전할 가망이 있으므로, 우리들이 죽첨을 따라가는 일제 대해 의논하고 그에게 스스로 결정하도록 하였다. 홍군은 "나를 대가(大駕)를 따라가야 합니다." 하였다. 내가 "그대는 대가를 따르더라도 다른 걱정이 없음을 보방할 수 있으므로, 그대는 안에 있고, 우리들은 밖에 나갈 것이니, 장차 회복할 날이 있을 것이오." 하고 급히 대군주를 향해 사퇴하니, 주상께서는 놀라며 물으시기를, "지금 이같이 위태롭고 혼란한 시기에 경들은 나를 버리고 어디로 가려 하는가?" 하신다. 내가 여러 동지들과 더불어 눈물을 머금고 주상께 고하기를, "신 등은 국가의 후한 은혜를 입었사온데, 어찌 감히 저버리겠습니까? 오늘 전하를 따라가서 죽지 않는 것은, 다른 날 국가와 전하를 위해서 다시 청천백일을 바라볼 때가 있도록 하기 위하여 잠시 고별하는 것입니다." 하였다. 그때의 정상을 무엇에 비하여 말할 수 있겠는가?

나와 여러 동지들은 죽첨을 따라가더라도 우리들의 생사를 또한 알 수 없으니, 차라리 여기서 각자 나뉘어서 혹은 인천으로 향하고, 혹은 원산이나 부산으로 향하는 것만 같지 못하다. 그렇게 하면 그 가운데 혹 한두 사람은 보전할 수 있을 것이다. 만일 다 죽첨을 따라서 가다가 우리 군사가 함몰하게 되면 다시 여망(餘望)이 없다. 바야흐로 논의하여 마지않는데 죽첨이 천산을 시켜 급히 불러 말하기를, "우리 군사는 잠시도 머물러 있을 수 없오, 곧 인천으로 떠날 참이니, 여러분들은 의심하지 말고 속히 오시오.……" 한다. 우리들은 그를 따르기로 결심하고 좇아갔다.(이 뒤의 일은 기록할 것이 못 된다.)

❖ 한성조약(漢城條約)

제1조 조선국은 국서(國書)를 보내어 일본에 사의를 표명한다.

제2조 이번 일본 피해인민의 유족과 부상자에게 보상금을 지불하고 또 상인의 재물이 훼손 약탈된 것을 보상하기 위해 조선국에서 11만 원을 지불한다.

제3조 이소야바시(磯林) 대위를 살해한 흉도를 조사 체포하여 중형에 처한다.

제4조 일본공관을 새로운 자리로 옮겨 지을 것을 요하는 바, 조선국이 그 택지와 건물을 공관 및 및 영사관으로 사용함에 족하도록 할 것이요, 그것을 수리하고 증축하는 데에 다시 조선국에서 2만 원을 지불하여 공사비에 충당하도록 한다.

제5조 일본 호위병의 영사는 공관의 부근 토지에서 택정하되 임오 속약-제물포조약 제5관에 의하여 시행한다.

대조선국 개국 493년 11월 24일
특파전권대신 좌의정 김홍집(金弘集)
대일본국 명치 18년 1월 9일
특파전권대사 종3위 훈1등 백작 이노우에 가오루(井上馨)

2 근대 변혁운동의 전개

1) 동학농민운동

자본주의 열강의 침탈과 지배층의 착취로 인하여 농촌경제가 파탄에 이르자 농민들 사이에서는 사회변혁의 욕구가 고조되었다.

이러한 가운데 교세가 삼남지방으로 확대되어갔던 동학의 인간 평등사상과 사회개혁사상이 농민의 요구에 부합되었고 이에 따라 동학농민운동은 농민 전쟁의 형태로 바뀌어 갔다.

1894년 전라도 고부군수 조병갑의 탐학에 항거하여 전봉준 등의 농민군은 관아를 습격하여 군수를 내쫓고 아전들을 징벌한 뒤 곡식을 농민에게 나누어 주고 해산하였다.

그러나 봉기를 조사하러 온 안핵사 이용태는 오히려 모든 책임을 동학의 탓으로 돌리고 동학교도들을 체포, 처형하는 만행을 저질렀다.

이에 전봉준, 김개남, 손화중 등의 농민군은 보국안민輔國安民의 깃발을 걸고 고부를 점령하고 백산에 집결하였다. 이후 태인을 점령한 농민군은 황토현에서 전라도 감영군을 격파하는 큰 승리를 거두었고 이어 정읍, 고창, 영광, 함평, 무안, 나주 등지를 점령하였다. 전주에 도착한 정부군을 농민군은 장성 황룡촌으로 유인하여 물리치고 전주성에 무혈입성했다.

관군의 패배로 정부는 청나라에 군대 파견을 요청하였으며 이에 청군이 아산만에 상륙하자 톈진조약을 구실로 일본군도 인천에 상륙했다.

조선에서 일본군과 청군의 충돌이 우려되는 가운데 농민군과 정부군 사이에 전주화약이 맺어졌다. 이에 농민군은 폐정개혁 12조를 제시하고 일단 해산하였다. 전주화약에 따라 전라도 관찰사 김학진과 전봉준은 민정기관인 집강소를 설치하여 폐정개혁안을 실천에 옮기려 하였으며 집강소 체제를 통해 치안, 행정을 담당케 하였다.

전주화약 체결로 외국군대 주둔의 명분이 없어졌지만, 일본이 청의 세력을 몰아내기 위해 무력으로 경복궁을 점령하여 민씨 정권을 내쫓고 아산만에 진주해있던 청군을 공격하면서 청일전쟁이 발발하였다(1894년).

평양전투에서 청을 물리친 일본은 갑오정권을 내세워 내정간섭을 강화하였으며 갑오정권은 일본군에게 농민군의 토벌을 요청하였다.

이에 대규모의 동학농민군이 다시 일어났으며 이번에는 손병희의 북접의 동학교도들도 합세하여 논산에 집결했다가 공주의 우금치에서 일본군과 관군 연합군에 맞서 치열한 공방전을 벌였지만, 화력의 열세로 결국 패배하고 말았다.

동학농민운동은 비록 일본군의 압도적인 무력과 친일 개화파, 양반 유생층의 탄압으로 좌절되었지만, 반봉건적 성격은 갑오개혁에 부분적으로 반영되어 성리학적 전통질서의 붕괴를 촉진하였고 반침략적 성격은 의병운동으로 계승됨으로써 반일 무장투쟁을 활성화시키는 계기가 되었다.

황토현기념관

/탐구과제/

○ 동학농민운동의 의의와 한계는 무엇인가?

- ▫ 동학농민운동의 발생 배경과 원인에 대해 살펴본다.
- ▫ 동학농민운동의 반봉건, 반외세 성격을 이해한다.
- ▫ 동학농민운동의 한계와 실패 원인을 살펴본다
- ▫ 동학농민운동의 반봉건적 개혁 요구는 갑오개혁에 영향을 끼쳐 전통적인 봉건질서의 붕괴를 촉진하였고, 반침략적 성격과 정신은 의병운동에 계승되어 외세에 저항하는 구국항일투쟁으로 계승 발전되었음을 살펴본다.
- ▫ 전봉준의 재판기록문을 통해서 동학농민운동의 전 과정을 살펴본다.

동학농민운동은 반봉건(탐관오리 처벌과 양반 중심의 신분질서 타파), 반침략(일본 침략에 저항)적 성격을 띤 사회변혁운동이었다. 농민층이 중심이 되어 신분차별을 비롯한 전근대적인 질서를 바꾸려고 한 개혁운동이었으며, 외세의 침략에 맞선 민족운동이었다. 또한 동학농민군의 개혁안은 갑오개혁으로 이어졌으며, 항일의병투쟁으로 계승되었다.

무장포고문(창의문)은 1894년 전라북도 고창 무장현에서 봉기 당시 전봉준 등 지도부가 봉기의 당위성을 만천하에 포고한 글이다. 무장봉기의 대의명분과 동학농민운동의 성격과 의의를 알 수 있으며, 한국 근대 민족종교를 이해할 수 있는 글이다.

동학농민군의 폐정개혁안 12개 조항은 반봉건적, 반외세적 운동이었다는 것을 보여준다. 특히 신분제 폐지, 과부 재가, 문벌 타파, 교정청의 설립 등은 갑오개혁에 영향을 주었으며 농민의 입장이 반영된 아래로부터의 전형적인 개혁의 예라고 볼 수 있다.

동학농민운동의 지도자 전봉준이 1895년 2월 9일(음)에 심문에 답한 재판기록으로 당시 조선 법부아문에서 편찬한 것으로 규장각에 소장되어 있다. 전라도 고부에서 봉기하여 두 차례의 농민운동을 일으킨 후 부하의 밀고로 체포되기까지의 과정이 자세하게 진술되어 있다. 농민운동에 대한 전반적인 사실을 알 수 있는 귀중한 사료이다. 모두 5차에 걸친 심문한 재판기록인데, 그 중에서 1차 심문과 진술에 대한 내용이다. 고부 봉기와 두 차례에 걸친 농민운동의 원인과 경과, 농민군의 인적 구성, 전봉준과 동학의관계, 동학의 교리와 조직, 농민운동에 미친 영향 등을 탐구해보자.

❖ 최제우 『동경대전(東經大全)』 포덕문(布德文)

예부터 봄과 가을이 갈아들고 사시가 성하고 쇠함이 옮기지도 아니하고 바뀌지도 아니하니 이 또한 한울님 조화의 자취가 천하에 뚜렷한 것이다. 하지만 어리석은 사람들은 비와 이슬의 혜택을 알지 못하고 무위이화(無爲而化)로 알더니 오제후(五帝後)부터 성인이 나시어 일월성신(日月星辰)과 천지도수(天地度數)를 글로 적어 내어 천도의 늘 그러함을 정하고 일동일정(一動一靜)과 일성일패(一盛一敗)를 천명(天命)에 부쳤으니, 이는 천명을 공경하고 천리를 따르라는 것이다. 그러므로 사람은 군자가 되고 배움은 도덕을 이루었으니 도는 천도요 덕은 천덕이라. 그 도를 밝히고 그 덕을 닦음으로 군자가 되어 지극한 성인에까지 이르렀으니 어찌 부러워 감탄하지 않으리오. 또 근래에 오면서 온 세상 사람이 각자위심(各自爲心)하여 천리를 순종치 않고 천명을 돌아보지 않으므로 마음이 항상 두려워 어찌할 바를 알지 못하였더라.

경신년(1860)에 와서 전해 듣건대 서양인들은 천주(天主)의 뜻을 행한다 하고 부귀는 취하지 않는다 하면서 천하를 쳐서 빼앗아 그 교당을 세우고 그 도를 행한다 들었다. 그래서 내 또한 그것이 그럴 수 있을까, 어찌 그것이 그럴 수 있을까 하는 의심이 있었더니, 뜻밖에도 사월에 마음이 선뜩해지고 몸이 떨려서 무슨 병인지 알아낼 수도 없고 말로 형상하기도 어려울 즈음에 어떤 신선의 말씀이 있어 홀연히 귀에 들리므로 놀라 캐물으니 대답하시기를 "두려워하지 말고 두려워하지 마라. 세상 사람이 나를 상제(上帝)라 이르거늘 너는 상제를 알지 못하느냐" 그 까닭을 물으니 대답하시기를 "내 또한 공이 없으므로 너를 세상에 내어 사람에게 이 법을 가르치게 하니 의심하지 말고 의심하지 마라" 묻기를 "그러면 서도(西道)로써 사람을 가르치리이까" 대답하시기를 "그렇지 않다. 나에게 신성한 부적[靈符]이 있으니, 그 이름은 선약(仙藥)이요, 그 형상은 태극(太極)이요, 또 형상은 궁궁(弓弓)이니 나의 부적을 받아 사람을 질병에서 건지고, 나의 주문을 받아 사람을 가르쳐 나를 위하게 하면, 너도 오래 살며 덕을 천하에 펴리라"

나도 또한 그 말씀에 감동하여 그 부적을 받아써서 물에 타 마셔 본즉 몸이 윤택해지고 병이 낫는지라 그야말로 선약인 줄 알았더니, 이것을 병에 써 봄에 이른즉 혹 낫기도 하고 낫지 않기도 하므로 그 까닭을 알 수 없어 그러한 이유를 살펴본즉 정성을 들이고 또 정성을 들이어 지극히 한울님을 위하는 사람은 매번 들어맞고, 도덕을 순종치 않는 사람은 하나도 효험이 없었으니 이것은 받는 사람의 정성과 공경이 아니겠는가.

이러므로 우리나라는 악질이 세상에 가득 차서 백성들이 언제나 편안할 때가 없으니 이 또한 상해(傷害)의 운수요, 서양은 싸우면 이기고 치면 빼앗아 이루지 못하는 일이 없으니, 천하가 다 멸망하면 또한 순망지탄(脣亡之歎)이 없지 않을 것이라. 보국안민(輔國安民)의 계책이 장차 어디서 나올 것인가.

애석하도다. 지금 세상 사람은 시운(時運)을 알지 못하여 나의 이 말을 듣고는 들어가선 마음에 그르다 여기고 나와서는 모여 수군거리며 도덕을 순종치 않으니 심히 두려운 일이로다. 어진 사람도 이를 듣고는 그것이 혹 그렇지 않다고 여기니 내 못내 개탄하거니와 세상은 어찌할 수 없는지라 간략하나마 적어 내어 가르쳐 보이니 공경히 이 글을 받아 삼가 교훈의 말씀으로 삼으라.

❖ 텐진조약(1885년 4월 18일 조인)

제1관 중국은 조선에 주둔하는 병력을 철수하며, 일본은 공사관의 호위를 위하여 조선에 주재하고 있는 병력을 철수한다, 이 조약을 조인한 날부터 4개월 이내에 각기 전 병력을 철수함으로써 양국 간의 염려스러운 사건의 발생을 피한다. 중국병은 마산포로부터 철수하고 일본병은 인천항으로부터 철수한다.

제2관 양국은 조선 국왕을 권하여 병사를 교련함으로써 치안을 스스로 유지토록 하고, 또 그에 의하여 제3국의 무관 1인 내지 수명을 뽑아 군사 교련을 맡기되 앞으로 중국과 일본 양국은 군사요원을 조선에 파견하여 주재시켜 교련하는 일이 없도록 할 것을 승인한다.

제3관 장차 조선국에 변란이나 중대한 사건이 일어나 중·일 양국이나 그중의 1국이 파병할 필요가 있을 때에는 당연히 그에 앞서 쌍방이 문서로써 통지해야 한다. 사건이 종식되면 즉시 철군하여 머물지 못한다.

대청국 광서 11년 3월 4일

특명전권대신 이홍장 인

대일본국 명치 18년 4월 18일

특진전권대신 이등박문 인

❖ 『경난록』(동학란기록) 고종 30년(1893) 계사

봄에 이른바 동학당(東學黨)으로 어두귀면(魚頭鬼面)한 몇 명이 대궐문 밖에 나와 엎드려 붉은 보자기로 싼 상소문을 올려서 감히 그들의 우두머리 최제우(崔濟愚)의 신원(伸冤)을 청하였다. 이는 나라의 위엄을 멸시하여 한번 시험해보고자 한 것이다. 조정에서는 마땅히 붙잡아 남김없이 죽임으로써 화근을 방지해야 하는데 도외시하여 보통 일로 치부하고 한갓 이익과 권세만을 다투었다. 조정의 정책이 이와 같으니 어찌 오래 보전할 수 있으리오. 동학당이 점차 세력이 커져 보은(報恩)에서 그 무리들이 많이 모여 난리를 일으키고 행패를 부렸다. 정부에서 선유사(宣諭使) 홍계훈(洪啓薰)을 파견하였는데, 이들을 어루만지고 그 악행을 양성하였다.

❖ 동학농민군 무장포고문(武裝布告文) 또는 창의문(倡義文)

"이 세상에서 사람을 가장 귀하게 여김은 인륜이 있기 때문이며 임금과 신하, 아버지와 자식 사이의 윤리는 인륜 가운데서도 가장 큰 것이다. 임금이 어질고 신하가 충직하며 아비가 자애롭고 자식이 효도를 다한 뒤라야 비로소 한 가정과 한 나라가 성립되는 것이며 한없는 복을 누릴 수 있는 법이다. 지금 우리 임금은 어질고 효성스럽고 자애로우며 지혜롭고 총명하시다. 현량하고 정직한 신하가 있어서 잘 보좌해 다스린다면 예전 훌륭한 임금들의 교화와 치적의 날을 꼽아 기다려도 바랄 수 있을 것이다.

지금 신하가 된 자들은 나라에 보답하려는 생각을 아니하고, 한갓 작록과 지위를 도둑질하여 임금의 총명을 가리고 아부를 일삼아, 충성스런 선비의 간언을 요사스런 말이라 하고 정직한 사람을 비도(匪徒)라 한다. 그리하여 안으로는 나라를 돕는 인재가 없고 밖으로는 백성을 갈취하는 벼슬아치만이 득실거린다.

백성들의 마음은 날로 더욱 비틀어져서 들어와서는 생업을 즐길 수 없고 나와서는 몸을 보존할 대책도 없도다. 학정은 날로 더해지고 원성은 줄을 이었다. 군신의 의리와 부자의 윤리와 상하의 구분이 드디어 남김없이 무너져 내렸다. 관자가 말하길 "사유(四維)[예의염치]가 베풀어지지 않으면 나라가 곧 멸망한다."고 하였다.

바야흐로 지금의 형세는 예전보다 더욱 심하다. 위로는 공경대부(公卿大夫) 이하, 아래로는 방백수령(方伯守令)에 이르기까지 국가의 위태로움은 생각지 아니하고 거의 자기 몸을 살찌우고 집을 윤택하게 하는 계책만을 몰두하여 벼슬아치를 뽑는 문을 재물 모으는 길로 만들고 과거 보는 장소를 사고파는 장터로 만들고 있다. 그래서 허다한 재물이나 뇌물이 국고에 들어가지 않고 도리어 사사로운 창고를 채운다. 나라에는 부채가 쌓여 있는데도 갚으려는 생각은 아니하고 교만과 사치와 음탕과 안일로 나날을 지새워 두려움과 거리낌이 없어서 온 나라는 어육이 되고 만백성은 도탄에 빠졌다. 진실로 수령들의 탐학 때문이다. 어찌 백성이 곤궁치 않으랴.

백성은 나라의 근본이다. 근본이 깎이면 나라역시 쇠잔해지는 법이다. 그런데도 보국안민의 계책은 염두에 두지 않고 바깥으로는 제 고향집을 화려하게 지어 저 살길만 골몰하면서 녹위만을 도둑질한다면 이 어찌 올바른 도리라 하겠는가?

우리들은 비록 초야의 유민이나 임금의 토지를 갈아 먹고 임금이 주는 옷을 입으면서 사는 까닭에 나라가 위태로워만 가는 것을 좌시할 수 없어, 온 나라 사람이 마음을 함께하고 억조창생들과 의논을 모아 지금 의로운 깃발을 들어 보국안민을 생사의 맹세로 삼노라.

오늘의 이 광경이 비록 놀랄만한 일이겠으나 결코 두려워하지 말고 각자 생업에 편안히 종사하면서 함께 태평세월을 축수원고 다 함께 임금의 덕화를 누릴 수 있다면 천만다행이겠노라.

갑오(甲午) 3월 20일

전봉준(全琫準)

손화중(孫和中)

김개남(金開南)

❖ 폐정개혁 12조

제 1 조 정부는 동학교도와의 원한을 씻어내고 서정(庶政)에 협력한다.

제 2 조 탐관오리의 죄상을 낱낱이 조사하여 엄중하게 처리한다.

제 3 조 횡포한 부호를 엄중히 처벌한다.

제 4 조 불량한 유림과 양반을 징벌한다.

제 5 조 노비 문서를 불태운다.

제 6 조 칠반천인(七班賤人) 차별을 개선하고 백정이 쓰는 패랭이를 없앤다.

제 7 조 청상과부의 재가를 허가한다.

제 8 조 무명의 잡부금을 일체 폐지한다.

제 9 조 관리를 채용할 때는 지체와 문벌을 타파하고 인재를 등용한다.

제10조 왜와 통하는 자는 엄벌한다.

제11조 공사채는 물론이요, 기왕의 것을 모두 면제해준다.

제12조 토지는 균등하게 분작한다.

❖ 전봉준 제1차 신문과 진술(1894년 2월 9일)

문 - 너의 이름은 누구인가?

답 - 전봉준이다.

문 - 나이는 몇 살인가?

답 - 41세이다

문 - 살고 있는 곳은 어느 고을인가?

답 - 태인 산외면 동곡리이다.

문 - 하는 일은 무슨 일인가?

답 - 선비로써 일하고 있다.

문 - 오늘은 법무관원과 일본영사가 회동심판하여 공정히 처결할 터이니 일일이 바로 고하라.

답 - 일일이 바로 고하겠다.

문 - 아까 이미 명유하였거니와 동학사는 일신에만 상관한 일이 아니라, 즉 국가에 크게 관계되는 것이니 비록 어떠한 높은 지위에 관계되는 것이 있어도 숨기지 말고 바로 고하라.

답 - 마땅히 소교에 의하려니와 당초 본심에서 나온 일로 타인과 더불어 관계가 없다.

문 - 너는 전라도 동학의 괴수라 하는데 과연 그런가?

답 - 처음은 창의로 기포하였고 동학괴수라 일컬은 적은 없었다.

문 - 너는 어디에서 인중을 불러 모았느냐?

답 - 전주, 논산 땅에서 의병을 모았다.

문 - 작년 3월간 고부등지에서 민중을 도취하였다 하는데 어떤 사연이 있어 그렇게 하였는가?

답 - 그때 고부군수는 액외의 가렴이 기만 냥인 고로 민심의 원한으로 이 거사가 있었다.

문 - 비록 탐관오리라 하여도 반드시 명색이 있었을 것이니 상세하게 말하라.

답 - 지금 그 세목을 다 말하지 못하겠으나 그 대개를 간단히 고하리라.

일은 민보아래 축보하고 늑정으로 민간에 고시하여 상답인즉 일두락에 이두세를 거두고 하답인즉 일두락에 일두세를 거두니 벼가 도합 700여 석이요. 진황지를 백성들에게 그 경식을 허하고 관가로부터 문권을 주어 징세아니 한다 하더니 그 수수시에는 늑징한 일이요, 일은 부민에게 돈을 2만 냥을 늑탈한 일이요, 일은 그의 부가 일찍이 태인현감을 지낸 고로 그 부의 비각을 건립한다고 돈을 늑렴한 것이 천여 냥이요, 일은 대동미를 민간에서는 정백미로 16두식을 준가로 수렴하고 상납 시에는 추미로 바꾸어 이조를 몰식한 일이요. 이외 허다한 조건을 이루 다 기득할 수가 없다.

문 - 지금 고한 가운데 2만 냥의 늑탈한 돈은 어떠한 명목으로 행하였는가?

답 - 불효, 불목, 음행 및 잡기 등 명목으로 죄목을 구성하여 행하였다.

문 - 이 같은 일은 한 곳에서만 행했나? 또는 각 처에서 행하였나?

답 - 이 같은 일은 한 곳에서 그친 것이 아니라 수십 처가 된다.

문 - 수십 처에 이른다니 그 가운데 혹 이름을 아는 자가 있는가?

답 - 지금은 이름을 기득할 수 없다.

문 - 이 외에 고부군수가 어떠한 일을 행하였는가?

답 - 지금 진술한바 사건이 모두 민간탐학의 일이나 축보 시에 타산에서 수백 년 된 거목을 늑작(늑탈해 베는 것)하고 축보하는 역사에 민정을 일전도 주지 않고 늑역하였다.

문 - 고부군수 이름은 누구냐?

답 - 조병갑이다.

문 - 이러한 탐학한 일은 다만 고부군수에게만 그쳤느냐? 혹 이속배들의 작간은 없었는지?

답 - 고부군수 단독으로 행하였다.

문 - 너는 태인땅에서 거생했는데 어찌하여 고부에서 기요 했느냐?

답 - 태인에서 살다가 고부로 이사한 지 수년이 되었다.

문 - 그런즉 고부(현 이평면)에는 너의 집이 있느냐?

답 - 불타 잿더미가 되고 말았다.

문 - 그때 너는 늑징의 피해가 없었느냐?

답 - 없었다.

문 - 일경 인민이 다 늑렴의 피해를 입었는데 네 홀로 피해가 없었다는 것은 무엇 때문인가?

답 - 학구로써 업을 하기 때문에 전답이라고는 삼두락에 불과하기 때문이다.

문 - 너의 가족은 몇 명이나 되느냐?

답 - 가족은 합해서 6명이다.

문 - 일경 인민이 모두 늑렴의 해를 입었는데 너만 홀로 없다 하니 참으로 의혹이 간다.

답 - 나는 아침에는 밥, 저녁에는 죽을 먹을 정도이니 어찌 늑렴할 것이 있겠는가?

문 - 고부 군수가 도임한 것은 몇 년 몇 월인가?

답 - 재작년 동지섣달 양월간이다.

문 - 도임이 꼭 어느 달인가?

답 - 상세히는 알 수 없으나 거년이 일 년이다.

문 - 도임하자마자 처음부터 곧 학정을 행하였는가?

답 - 처음부터 행하였다.

문 - 학정을 처음부터 행하였다면 무엇 때문에 즉시 기요하지 않았느냐?

답 - 일경 모든 인민이 참고 또 참고 견디다가 종말에 부득이 행하였다.

문 - 너는 피해가 없었다 하는데 무엇 때문에 기요 하였느냐?

답 - 한 몸의 해를 위해 기포하는 것이 어찌 남자의 일이라 하겠는가? 중민이 원탄하는 고로 백성을 위해 제해코져 하였다.

문 - 기포 시에는 무엇 때문에 주모하였는가?

답 - 중민이 모두 나를 추대하여 주모로 삼은고로 민언을 따랐다.

문 - 중민이 너를 주모로 삼았을 때 너의 집에 왔었는가?

답 - 중인 수천 명이 나의 집 근처에 모인고로 자연히 이를 하게

문 - 수천 명 중민이 무엇 때문에 너를 추대하여 주모로 하였는가?

답 - 중민은 비록 수천 명이나 모두가 어리석은 농민으로 나는 문자를 알고 있었기 때문이다.

문 - 네가 고부에 주접해 있을 때 동학을 가르치고 있지 않았는가?

답 - 나는 훈도로서 어린 소년과는 관계하였으나 동학을 가르친 일은 없다.

문 - 고부 땅에는 동학이 없었는가?

답 - 동학이 역시 있었다.

문 - 고부기포 시에는 동학이 많았는가? 원민이 많았는가?

답 - 기포 시에는 원민, 동학이 비록 합하였으나 동학은 적고 원민이 많았다.

문 - 기포 후에는 어떤 일을 하였는가?

답 - 기포 후에는 진황늑징세를 민간에 돌려주고 관에서 축조한 보를 훼파(파괴) 하였다.

문 - 그때는 어느 때인가?

답 - 작년 3월 초이다.

문 - 그 후에는 어떤 일을 행하였는가?

답 - 그 후 흩어졌다.

문 - 흩어진 후 무슨 일로 다시 기포하였는가?

답 - 그 후 장흥부사 이용태가 안핵사로서 본읍에와 기포 인민을 동학으로 통칭해서 이름을 나열하여 체포하고 그 가옥을 불사르며 당사자가 없으면 그 처자를 붙잡아 살육을 자행하는 고로 다시 기포하였다.

문 - 그런즉, 너는 처음 일차적으로 관정에 소장을 올린 일이 있었는가?

답 - 처음에는 40여 명이 소를 제기하였으나 붙잡혀 갇히고 재차 60여 명이 호소를 하니 또 쫓겨났다.

문 - 등소한 것은 어느 때인가?

답 - 처음의 호소는 재작년 11월이었고 재차는 동년 12월이었다.

문 - 재차 기포는 안핵사 때문이었는데 그때도 네가 주모 했느냐?

답 - 그렇다

문 - 재차 기포 후 어떤 일을 하였는가?

답 - 영군 만여 명이 고부 인민을 도륙코저 하는고로 부득이 접전하였다.

문 - 어데서 접전했나?

답 - 고부땅에서 접전했다.(황토현 싸움을 말함)

문 - 군기·군량은 어느 곳에서 구획했는가?

답 - 군기·군량은 모두 민간에서 마련했다.

문 - 고부 군기고의 군물 역시 네가 탈취하지 않았느냐?

답 - 그때는 탈취한 일이 없었다.

문 - 그때도 역시 네가 주모하였느냐?

답 - 그렇다.

문 - 그 후 오래도록 고부에 있었느냐?

답 - 장성으로 갔었다.

문 - 장성에서도 접전하였는가?

답 - 경군과 더불어 접전하였다.(황용싸움)

문 - 경군과 더불어 접전하여 어느 쪽이 이기고 어느 쪽이 패했나?

답 - 아군이 취식할 때 경군이 대포로 사격하여 아군의 4, 50명이 죽자 아군은 일제히 추축하니 관군은 패주하여서 대포 이좌와 탄환을 탈취하여 왔다.

문 - 그때 양군의 수는 각각 얼마나 되었던가?

답 - 경군은 7백 명이고, 아군은 4천여 명이었다

문 - 그때 장성에서 행한 일을 바른대로 일일이 고하라.

답 - 경군이 패주한 후 아군은 배도(발걸음을 두 배로 빨리 하는 것)하여 경군보다 먼저 전주에 들어가 수성하였다.

문 - 그때 감사는 없었는가?

답 - 감사는 우리 군대가 오는 것을 보고 도주했다.

문 - 수성후 무엇을 행하였는가?

답 - 그 후 경군이 뒤따라 완산에 이르러 용두현에 유진하고 성중을 향하여 대포로 공격함으로써 경기전이 훼상되었다. 이 연유를 경군에게 허급하였더니 경영 중에서는 효유문을 만들어 "너희 소원대로 따르겠다." 하므로 감격하여 해산하였다.

문 - 그 후에는 어떤 일을 행하였는가?

답 - 그 후에는 각기 집으로 돌아가 농사에 힘쓰고 그 나머지는 불항의 무리가 되어 민간에 표략한 것도 있었다.

문 - 불항의 도(徒) 표략군은 너와는 관계가 없었느냐?

답 - 관계가 없었다.

문 - 그 후 다시 행한 일은 없었느냐?

답 - 작년 10월에 나는 전주에서 기포하고 손화중은 광주에서 기포하였다.

문 - 다시 기포한 것은 무엇 때문이냐?

답 - 그 후 들은즉 귀국(日本)이 개화를 한답시고 처음엔 민간에게 일언반사의 알림도 없었고 또

격서도 없이 솔병하고 도성에 들어와 야반에 왕궁을 격파, 주상(임금)을 경동케 하였다는 말이 들리는 고로 시골선비 등은 충군애국의 마음으로 분개를 이기지 못하여 의병을 규합, 일인과 더불어 접전하여 일차적으로 이 사실을 청문하고자 하였다.

문 - 그 후 다시 어떠한 일을 행하였는고?

답 - 그 후 곰곰이 생각하여 보니 공주감영은 산이 막히고 강이 둘러 있어 자리가 형승하기 때문에 그 땅에 웅거하여 고수를 도모한다면 일병이 용이하게 쳐들어오지 못할 것을 알고 공주로 들어가 일병과 상치코저 하였는데 일병이 먼저 공주에 확거하였으므로 사세는 불가피 접전이 없을 수가 없었다. 그런고로 2차 접전 후 1만여 명의 군병을 점고한 즉 남은 자가 불과 3천 명이요, 그 후 또다시 2차 접전 후 점고한즉 5백여 명에 불과하였다. 그런고로 패주하여 금구에 이르러 다시 초모한 즉 수효는 좀 증가하였으나 기율이 없어 다시 개전하기는 극히 곤란하였다. 그런데 일병이 뒤따라와서 2차 접전하여 패주하고 각기 해산하였다. 금구 해산후 나는 경중(서울)의 이면을 상세히 알고 상경하려고 하다가 순창땅에서 민병에 의하여 붙잡혔다.

문 - 전주에 들어가 군사를 초모하였을 때 전라일도 인민이 도취하였는가?

답 - 각도 인민이 조금 많았다.

문 - 공주로 향하였을 때 역시 각 도 인민이 좀 많았는가?

답 - 그때도 역시 그러하였다.

문 - 재차 초모할 때는 어떠한 방책으로 규합하였는가?

답 - 초모할 때는 충의의 선비로써 같은 창의의 뜻을 방문으로 내어 걸었다.

문 - 초무할 때 다만 자원자만 규합하였나? 혹 강제로 몰아 모았나?

답 - 내가 거느린바 4천 명의 군졸은 자원자이나 그 외는 각처에 통문으로써 "만약 이 거의에 불응하는 자는 불충 무도"라고 하였다.

문 - 작년 3월 고부에서 기포하여 전주로 향하는 동안 몇 읍을 경유하고 접전은 몇 차례 하였나?

답 - 경유한 읍은 무장 · 고부와 태인 · 금구를 거쳐 전주에 달하려 하였는데 영병 만여 명이 내려온다 하기에 부안으로 갔다가 되돌아와 고부에 이르러 영군과 더불어 접전하였다.

문 - 그 후에는 어느 곳으로 갔나?

답 - 정읍으로부터 고창 · 무장 · 함평을 거쳐 장성에 이르러 경군과 더불어 접전하였다.

문 - 전주에 들어간 것은 언제며 해산한 때는 어느 때인가?

답 - 작년 4월 26~27일간에 전주에 들어왔으며, 5월초 5~6일간에 해산하였다.

문 - 재차 기포할 때는 어느 곳에서 시작했는가?

답 - 전주에서 시작했다.

문 - 재차 기포할 때 초모하여진 사람은 전부 몇 명인가?

답 - 4천여 명 이다.

문 - 공주에 이르렀을 때에는 몇 명이나 되었는가?

답 - 만여 명이었다.

문 - 공주 접전은 어느 때인가?

답 - 거년 10월 23~24일이다.

문 - 당초 고부 기포시의 동모자는 모두 누구누구였던가?

답 - 손화중 · 최경선 모모인이었다.

문 - 이외 또 다른 사람은 없었는가?
답 - 이 삼인 외 허다인으로 그 수는 헤아릴 수 없다.
문 - 4천 명이 규합했을 때는 이 세 사람에게만 그치지 않았을 것이니 그 외 사람을 상세히 말하라.
답 - 이외 쇄설(잔것)의 사람을 어찌 다 말할 수 있는가?
문 - 작년 10월의 기포했을 때 동모자가 없었느냐?
답 - 이외 다만 손여옥 · 조준구뿐이다.
문 - 손화중 · 최경선은 그때는 아무런 상관이 없었나?
답 - 그 두 사람은 광주(光州)일이 긴급하였으므로 오지 못하였다.
문 - 손 · 최 양인은 광주에서 어떠한 일을 하였는가?
답 - 이 두 사람은 즉시 공주로 향하였다가 일병이 바다로 온다는 말을 듣고 해안을 막아 광주를 지키도록 하였다.

2) 갑오개혁과 을미개혁

김홍집을 수반으로 한 갑오정권은 군국기무처를 중심으로 개혁을 추진하여 제1차 갑오개혁을 추진하였다. 정치적인 면에 있어서 조선이 자주국임을 선언하여 청의 종주권을 부인하였으며 왕권 축소와 내각의 권한 강화, 과거제 폐지, 신분차별 없이 인재를 등용하는 관리임용법 등을 실시하였다. 경제적으로는 재정기관을 탁지아문으로 일원화했고 은본위의 화폐제도를 실시하여 상품 유통을 원활하게 하고 도량형을 통일하였다. 사회적으로는 신분제를 철폐하여 양반과 평민의 계급을 타파하였고 공 · 사노비제도를 폐지하였으며 적서차별을 없애고 과부의 재가를 허용하였다.

갑오개혁은 갑신정변의 정강이나 동학농민군의 폐정개혁안을 상당히 받아들인 근대적인 개혁이었으나 근본적인 토지제도의 개혁안이 마련되지 않았고 농민층보다는 지주의 입장을 옹호하는 등의 한계가 있었다.

평양전투를 계기로 청일전쟁에서 승리한 일본은 내정간섭을 적극적으로 추진하여 김홍집, 박영효 내각을 구성하고 고종에게 홍범14조를 발표하게 하여 청의 간섭과 왕실의 정치개입을 배제했다. 이들 2차 개혁은 지방, 군사, 사법, 교육, 징세 제도 등의 개혁을 추진하여 입헌군주제적 권력구조로의 변동을 꾀한 것이었으나 실현할 재정이 뒷받침되지 못하여 탁상공론에 그쳤으며 삼국간섭으로 박영효

내각이 실각됨으로써 중단되었다.

삼국간섭 이후 국내에 친러파 세력이 형성되어 개혁파와 친러파의 연립내각인 제3차 김홍집 내각이 수립되었다. 명성황후는 이를 기회로 친러파와 연결하여 일본의 세력을 제거하려고 하였으나 일본은 낭인을 모아 명성황후를 시해하는 만행을 저질렀다.

을미사변을 계기로 친러파는 붕괴되고 제4차 김홍집 친일 내각이 수립되어 단발령 등이 추진되자(을미개혁) 명성황후의 시해로 울분에 쌓여 있던 유생층과 농민들에 의해 전국적으로 의병이 일어났다. 이를 소위 을미의병이라고 하며 경기, 강원, 충청 일대를 중심으로 일어난 조선말 최초의 대규모 항일의병이었다. 대표적인 인물이 당대 유학자였던 유인석柳麟錫으로 그가 활동했던 호좌의진湖左義陳은 한때 충주성을 함락하는 등 위세를 떨쳤다. 그러나 고종이 단발령을 철회하고 의병해산 권고 조칙을 내리자 의병은 1896년 여름 거의 해산했는데, 유인석 등은 만주로 이동하여 해외투쟁의 거점을 마련하기도 하였다.

유인석

을미사변 이후 고종이 러시아 공사관으로 피신함에 따라(아관파천) 갑오개혁은 무너졌으며 김홍집을 비롯한 개화파 관료들은 살해, 유배되거나 일본으로 망명하였다.

갑오개혁 · 을미개혁은 봉건적 전통질서를 타파하는 등 제도적인 면에 있어서 근대적인 개혁이었지만, 일본에 의해 강요되어 추진되는 등 자주성을 상실하여 민중의 지지를 얻지 못한 한계를 갖고 있는 타율적 · 기형적 개혁이었다.

1차 갑오개혁 내용

- 제1차 김홍집 내각으로 개혁 추진 기구 군국기무처를 설치하고 민씨 세력을 축출하고 흥선대원군이 다시 집권
- 중앙을 의정부와 궁내부로 분리하고 육조를 8아문으로 개편
- 관료제도는 18단계 품계를 3단계로 축소하고 과거제를 폐지
- 청의 속국임을 부정하여 개국기원을 사용
- 국가 재정 일원화를 위해 탁지아문을 설치하고, 신식 화폐 단위 은본위제와 조세 금납제를 실시
- 도량형을 통일
- 반상 제도와 연좌제를 폐지하고, 조혼 금지, 과부의 재가를 허용

2차 갑오개혁 내용

- 갑신정변 주모자 박영효(내부대신), 서광범(법무대신)이 참여한 2차 김홍집 내각으로 흥선대원군을 퇴진시킴
- 홍범 14조를 발표
- 의정부와 아문의 명칭을 내각과 부로 바꾸고, 농상아문과 공무아문을 농상공부로 통합하여 7부로 개편
- 궁내부를 축소하고, 지방 행정제도 23부 337군으로 개편
- 행정과 사법을 분리
- 교육의 중요성 강조하며 근대적 교육을 준비

을미개혁 내용

- 제4차 김홍집 내각으로 태양력을 사용
- 훈련대와 시위대를 통합하여 서울에는 친위대, 지방에는 진위대를 두는 군제 개혁을 단행
- 교육제도를 개혁하여 근대식 학교를 설치
- 단발령을 실시

/탐구과제/

○ 갑오개혁과 을미개혁은 성공했는가?

- ▫ 갑오개혁과 을미개혁을 통해서 이루어진 각 분야의 개혁내용을 조사해보자.
- ▫ 갑오개혁에서 개혁이 소홀이 이루어진 분야를 탐구해보자.
- ▫ 갑오개혁과 을미개혁은 근대화를 이루는데 중요한 의미를 담고 있는데, 당시 백성들의 관심과 지지를 받지 못한 이유를 탐구해보자.

조선 후기의 혼란과 모순, 농민의 불만과 개혁의 필요성으로 정부는 이를 수용하는 개혁을 추진하지 않을 수 없었다. 이때 일본은 군대를 동원하여 경복궁을 점령하고 청과 전쟁을 일으켰다. 결국 일본의 영향하에 성립된 김홍집 내각을 중심으로 개혁을 추진하기 위하여 설치된 군국기무처를 중심으로 개혁을 추진하였다(갑오개혁).

갑오개혁에서는 왕권을 약화시키고 내각의 권한을 강화하고 신분제를 철폐하고 각종 폐습을 타파하였다. 은본위 화폐 제도와 조세 금납화를 실시하고, 재정을 탁지아문으로 일원하였으며 고종은 홍범 14조를 반포하였다.

이때 러시아 등의 삼국 간섭으로 일본의 세력이 위축되자, 명성황후는 러시아를 연결하여 일본을 견제하려고 하자, 일본은 을미사변을 일으켰다. 개화파 정부는 다시 개혁을 추진하면서 단발령 등을 실시하였다(을미개혁).

갑오개혁과 을미개혁은 전통적인 사회질서를 타파하고 농민층의 개혁 요구도 일부 반영한 개혁이었지만, 당시 군사적인 개혁이나 농민이 요구한 토지 제도의 개혁 등이 이루어지지 않았고, 일본의 간섭을 배제할 수 없었다는 점이 한계이다.

❖ 『고종실록』 31권 고종 31년(1894) 6월 28일 계유

1. 이제부터는 국내외의 공문서 및 사문서에 개국기년(開國紀年)을 쓴다.

1. 청국(淸國)과의 조약을 개정(改正)하고 각국에 특명전권공사(特命全權公使)를 다시 파견한다.

1. 문벌(門閥), 양반(兩班)과 상인(常人)들의 등급을 없애고 귀천(貴賤)에 관계없이 인재를 선발하여 등용한다.

1. 문관과 무관의 높고 낮은 구별을 폐지하고 단지 품계(品階)만 따르며 서로 만나는 절차를 따로 정한다.

1. 죄인 본인 외에 친족에게 연좌(緣坐) 형률을 일체 시행하지 않는다.

1. 처와 첩(妾)에게 모두 아들이 없을 경우에만 양자(養子)를 세우도록 그전 규정을 거듭 밝힌다.

1. 남녀간의 조혼(早婚)을 속히 엄금하며 남자는 20살, 여자는 16살 이상이라야 비로소 혼인을 허락한다.

1. 과부(寡婦)가 재가(再嫁)하는 것은 귀천을 막론하고 자신의 의사대로 하게 한다.

1. 공노비(公奴婢)와 사노비(私奴婢)에 관한 법을 일체 폐지하고 사람을 사고파는 일을 금지한다.

1. 비록 평민이라도 나라에 이롭고 백성에게 편리한 의견을 제기할 것이 있으면 군국기무처(軍國機務處)에 글을 올려 회의에 붙인다.

1. 각 관청의 조례(皁隷)들은 참작하여 더 두거나 줄인다.

1. 조정 관리의 의복 제도는 임금을 뵐 때의 차림은 "사모(紗帽)와 장복(章服), [깃이 둥글고 소매가 좁다.] 품대(品帶)와 화자(靴子)로 하고 한가히 지낼 때의 사복(私服)은 칠립(漆笠), 탑호(搭護), 실띠로 하며 사인(士人)과 서인의 의복 제도는 칠립, 두루마기, 실띠로 하고 군사의 의복 제도는 근래의 규례를 따르되 장수와 군사의 차이를 두지 않는다." 하였는데, 모두 윤허하였다.

❖ 『고종실록』 32권 고종 31년(1894) 12월 12일 갑인 - 홍범(洪範) 14조

1. 청(淸)나라에 의존하는 생각을 끊어버리고 자주 독립(自主獨立)의 터전을 튼튼히 세운다.

1. 왕실의 규범을 제정하여 왕위 계승 및 종친(宗親)과 외척(外戚)의 본분과 의리를 밝힌다.

1. 임금은 정전(正殿)에 나와서 시사(視事)를 보되 정무(政務)는 직접 대신(大臣)들과 의논하여 재결(裁決)하며 왕비나 후궁, 종친이나 외척은 정사에 관여하지 못한다.

1. 왕실에 관한 사무와 나라 정사에 관한 사무는 반드시 분리시키고 서로 뒤섞지 않는다.

1. 의정부(議政府)와 각 아문(衙門)의 직무와 권한을 명백히 제정한다.

1. 백성들이 내는 세금은 모두 법령(法令)으로 정한 비율에 의하고 함부로 명목을 더 만들어 불법적으로 징수할 수 없다.

1. 조세나 세금을 부과하는 것과 경비를 지출하는 것은 모두 탁지아문(度支衙門)에서 관할한다.

1. 왕실 비용을 솔선하여 줄이고 절약함으로써 각 아문과 지방 관청의 모범이 되도록 한다.

1. 왕실 비용과 각 관청 비용은 1년 예산을 미리 정하여 재정 기초를 튼튼히 세운다.

1. 지방 관제를 빨리 개정하여 지방 관리의 직권을 제한한다.

1. 나라 안의 총명하고 재주 있는 젊은이들을 널리 파견하여 외국의 학문과 기술을 전습 받는다.

1. 장관(將官)을 교육하고 징병법(徵兵法)을 적용하여 군사 제도의 기초를 확정한다.

1. 민법(民法)과 형법(刑法)을 엄격하고 명백히 제정하여 함부로 감금하거나 징벌하지 못하게 하여 백성들의 생명과 재산을 보호한다.

1. 인재 등용에서 문벌에 구애되지 말고 관리들을 조정과 민간에서 널리 구함으로써 인재 등용의 길을 넓힌다.

❖ 『고종실록』 33권 고종 32년(1895) 5월 26일 병신 - 지방 제도의 개정

제1조

전국을 23부(府)의 행정 구역으로 나누어 아래에 열거하는 각 부를 둔다.

한성부(漢城府), 인천부(仁川府), 충주부(忠州府), 홍주부(洪州府), 공주부(公州府), 전주부(全州府), 남원부(南原府), 나주부(羅州府), 제주부(濟州府), 진주부(晉州府), 동래부(東萊府), 대구부(大邱府), 안동부(安東府), 강릉부(江陵府), 춘천부(春川府), 개성부(開城府), 해주부(海州府), 평양부(平壤府), 의주부(義州府), 강계부(江界府), 함흥부(咸興府), 갑산부(甲山府), 경성부(鏡城府)

제2조

앞 조항 외에는 종래의 목(牧), 부(府), 군(郡), 현(縣)의 명칭과 부윤(府尹), 목사(牧使), 부사(府使), 군수(郡守), 서윤(庶尹), 판관(判官), 현령(縣令), 현감(縣監)의 관명(官名)을 다 없애고 읍(邑)의 명칭을 군(郡)이라고 하며 읍의 장관(長官)의 관명을 군수(郡守)라고 한다.

❖ 시모노세키조약[(하관조약(下關條約) 마관조약(馬關條約) 1895년]

제1조 청은 조선이 완결 무결한 자주 독립국임을 확인하며 무릇 조선의 독립 자주 체제를 훼손하는 일체의 것, 예를 들면 조선이 청에 납부하는 공헌, 전례 등은 이 이후에 모두 폐지하는 것으로 한다.

제2조 청이 관리하고 있는 지방(랴오둥반도, 타이완섬, 펑후 제도 등)의 주권 및 해당 지방에

있는 모든 성루, 무기 공장 및 관청이 소유한 일체의 물건을 영원히 일본제국에 양도한다.

제4조 청은 군비 배상금으로 순은 2억 냥을 일본제국에 지불할 것을 약속한다. 비준 교환 후 6개월 이내에 5천만 냥, 12개월 이내에 또 5천만 냥 잔액은 6년 동안 부세하며, 미지불분에 대한 이율은 연 5%로 한다.

제5조 본 조약의 비준서 교환 후 2년 내에 청에서 일본제국으로 할양된 지역의 인민 중에서, 할양지 이외의 지역으로 이주하려는 자가 그 재산을 매각하여 그 할양지 밖으로 이주하는 것을 일본은 허락한다. 그러나 기한을 넘어서도 이주하지 않는 경우에는 일본 신민으로 간주한다.

제6조 청·일 양국 간의 기존의 조약들은 이번 전쟁에 의해 자동적으로 폐기된다. 양국의 새로운 통상조약은 청과 서양 제국 간의 조약을 견본으로 한다.

명치 28년 4월 17일, 광서 21년 3월 23일 하관에서 2통을 작성한다.

대일본제국 전권변리대신 이토 히로부미 인

대일본제국 전권변리대신 무쓰 무네미쓰 인

대청제국 흠차두등전권대신 이홍장 인

대청 흠차대신 이경방 인

❖ 『매천야록(梅泉野錄)』 2권 1895년 을미 - 을미사변의 전말

20일, 일본 공사(三浦梧樓)가 대궐을 침범하여 왕후 민씨가 시해되고, 궁내부대신 이경식(李畊稙)과 대대장 홍계훈(洪啓薰)이 적에게 저항하다가 사망하였다.

왕후 민씨는 오랫동안 배척을 당하여 정치에 참여하지 못하였으므로 그는 정상형(井上馨)에게 후한 뇌물을 주어 고종의 복권을 꾀하고 자신이 전일처럼 거중용사(居中用事)를 하려고 하였으나, 박영효는 민후를 미워하여 지난 5월의 음모를 갖게 되었다.

삼포오루(三浦梧樓)는 박영효가 민후시해를 노리고 있다는 소문을 자주 듣고 있었다. 이때 민후는 어느 정도 복권이 되어 밤마다 궁중에서 연극을 관람하며 노래를 듣고 있었다. 그리고 일본인 소촌실(小村室)은 딸이 하나 있었는데, 그는 매우 영리하였으므로 민후가 사랑하여 항시 대궐로 불러들였다. 삼포오루는 그에게 일병을 따라 배우들과 함께 연극을 보게 하고 민후의 초상 수십 개를 간직하게 하였다가 하루속히 거사를 하도록 하였다.

그러나 그는 국모를 시해하면 죄가 발각될까 싶어 대원군과 내통한 후 한밤중에 공덕리로 가서, 대원군을 앞세우고 일본인들과 함께 그의 뒤를 따랐다. 그들은 민후의 초상을 하나씩 들고, 소촌실의 딸은 그들을 인도하여 곤녕전에 도착하였다.

궁중에는 횃불이 훤하게 밝아 개미도 다 볼 수 있었다. 그는 이경직을 만나 민후가 있는 곳을 물었으나 이경직은 모른다고 말한 후 소매를 들어 그들의 시선을 차단하므로, 그들은 그의 왼쪽 팔과 오른쪽 팔을 잘라 죽였다.

이때 민후는 벽에 걸려 있는 옷 뒤로 숨어 있었으나 그들은 민후의 머리를 잡아 끌어내었다. 소촌실의 딸은 민후를 보고 확인하였다. 민후는 연달아 목숨만 살려 달라고 빌었으나 일병들은 민후를 칼로 내리쳐 그 시신을 검은 두루마기에 싸가지고 록산 밑 수목 사이로 가서, 석유를 뿌리고 불을 질러 태운 후 그 타다 남은 유해 몇 조각을 주워 땅에 불을 지르고 매장하였다. 민후는 20년 동안

정치를 간섭하면서 나라를 망치게 하여 천고에 없는 변을 당한 것이다.

일병들이 대궐로 들어왔을 때 홍계훈은 그들을 꾸짖으며 병사를 부른 칙령을 받았느냐고 물었다. 그러나 그 말이 채 끝나지도 않아서 그는 총탄을 맞고 쓰러져, 그를 집으로 옮긴 지 수일 만에 사망하였다. 그는 졸병 출신으로 높은 관직에 올랐다. 그리고 그의 성품은 청렴결백하고 몸가짐을 근신하게 하여, 사대부를 대할 때 실례를 범하지 않아 당시에 간사한 무리들과는 행실이 같지 않았다. 그의 어머니는 항시 그를 경계할 때 나라에 충성을 다하라고 하였다.

정병하는 19일, 대궐에서 숙직을 하고 있었는데 이때 민후는 밖에서 어떤 사람들이 소곤거리는 소리를 듣고 다른 곳으로 피하기 위해 정병하에게 어느 곳이 좋겠느냐고 물었으나, 그는 일병이 비록 입궐하더라도 그것은 옥체를 보호하기 위한 것이므로 조금도 의심할 필요가 없다고 대답하였다. 민후는 그를 자기의 사인으로 생각하고 있었기 때문에 그의 말을 믿고 있다가 그 화를 당하였다.

이 변란이 일어나기 하루 전에 남원에 사는 어떤 사람이 김승집의 집에 와서 하룻밤을 자게 되었는데, 그날 밤 어떤 사람이 급히 와서 김승집과 무슨 말을 속삭이고 갔다. 김승집은 매우 불안해 하였다. 남원 사람은 그를 이상하게 생각하였으나 함부로 물어볼 수도 없었는데, 그다음 날 참변이 발생한 것이다.

❖『고종실록』 33권 고종 32년(1895) 8월 20일 무자

묘시(卯時)에 왕후(王后)가 곤녕합(坤寧閤)에서 붕서(崩逝)하였다. [이보다 앞서 훈련대(訓鍊隊) 병졸(兵卒)과 순검(巡檢)이 서로 충돌하여 양편에 다 사상자가 있었다. 19일 군부 대신(軍部大臣) 안경수(安駉壽)가 훈련대를 해산하자는 의사를 밀지(密旨)로 일본 공사 미우라 고로〔三浦梧樓〕에게 가서 알렸으며, 훈련대 2대대장 우범선(禹範善)도 같은 날 일본 공사를 가서 만나보고 알렸다. 이날 날이 샐 무렵에 전(前) 협판(協辦) 이주회(李周會)가 일본 사람 오카모토 류노스케〔岡本柳之助〕와 함께 공덕리(孔德里)에 가서 대원군(大院君)을 호위해 가지고 대궐로 들어오는데 훈련대 병사들이 대궐문으로 마구 달려들고 일본 병사도 따라 들어와 갑자기 변이 터졌다. 시위대 연대장(侍衛隊聯隊長) 홍계훈(洪啓薰)은 광화문(光化門) 밖에서 살해당하고 궁내 대신(宮內大臣) 이경직(李耕稙)은 전각(殿閣) 뜰에서 해를 당했다. 난동은 점점 더 심상치 않게 되어 드디어 왕후가 거처하던 곳을 잃게 되었는데, 이날 이때 피살된 사실을 후에야 비로소 알았기 때문에 즉시 반포하지 못하였다.]

❖『고종실록』 33권 고종 32년(1895) 4월 1일 임인

정1품 김홍집(金弘集)을 내각 총리대신(內閣總理大臣)에, 종1품 김윤식(金允植)을 외부 대신(外部大臣)에, 정1품 박영효(朴泳孝)를 내부 대신(內部大臣)에, 종1품 어윤중(魚允中)을 탁지부 대신(度支部大臣)에, 종1품 조희연(趙羲淵)을 군부 대신(軍部大臣)에, 종1품 서광범(徐光範)을 법부 대신 겸 고등재판소 재판장(法部大臣兼高等裁判所裁判長)에, 종1품 박정양(朴定陽)을 학부 대신(學部大臣)에, 정2품 김가진(金嘉鎭)을 농상공부 대신(農商工部大臣)에 임용하고 모두 칙임관(勅任官) 1등에 서임하였으며, 종2품 유길준(兪吉濬)을 내각 총서(內閣總書)로 임용하고 칙임관 4등에 서임하였으며, 종2품 이완용(李完用)을 외부 협판(外部協辦)에, 종2품 이명선(李鳴善)을 내부 협판(內部協辦)에, 정2품 안경수(安駉壽)를 탁지부 협판(度支部協辦)에, 종2품 권재형(權在衡)을 군부 협판(軍部協辦)에, 종2품 이재정(李在正)을 법부 협판(法部協辦)에, 종2품 고영희(高永喜)를 학부 협판(學部協辦)에, 종2품 이채연(李采淵)을 농상공부 협판(農商工部協辦)에 임용하고 모두 칙임관 3등에 서임하였으며, 경무사(警務使) 이윤용(李允用)을 칙임관 2등에 서임하였다.

❖ 『고종실록』 33권 고종 32년(1895) 9월 9일 병오 - 태양력 사용

조령을 내리기를, "삼통(三統)의 삭일(朔日)을 교대로 쓰는 것은 때에 따라 알맞게 정한 것이니 정삭(正朔)을 고쳐 태양력(太陽曆)을 쓰되 개국(開國) 504년 11월 17일을 505년 1월 1일로 삼으라." 하였다.

❖ 『고종실록』 33권 고종 32년(1895) 11월 15일 신해 - 단발령

조령을 내리기를, "짐(朕)이 머리를 깎아 신하와 백성들에게 우선하니 너희들 대중은 짐의 뜻을 잘 새겨서 만국(萬國)과 대등하게 서는 대업을 이룩하게 하라." 하였다.

❖ 『고종실록』 34권 고종 33년(1896) 2월 11일 양력 대한 건양(建陽) 1년 - 러시아 공사관으로 주필을 이어하다

임금과 왕태자(王太子)는 대정동(大貞洞)의 러시아 공사관(俄國公使館)으로 주필(駐蹕)을 이어(移御)하였고, 왕태후(王太后)와 왕태자비(王太子妃)는 경운궁(慶運宮)에 이어하였다.

3 독립협회운동과 대한제국 수립

1) 독립협회운동과 애국계몽운동

아관파천에 의해 김홍집 친일 내각이 무너지고 친미, 친러파 정권이 성립되었지만, 국왕이 러시아 공사관에 머무르고 있는 동안 러시아를 비롯한 열강의 침탈은 더욱 심해졌다.

이러한 시기에 갑신정변의 주동자로 미국에 망명했던 서재필이 귀국하여 민중의 힘으로 자주독립 국가를 수립하고자 《독립신문》을 창간하고 독립협회를 창립하였다. 독립협회는 사대의 상징인 영은문을 헐고 독립문을 세웠고 모화관을 독립관으로 다시 짓는 등 자주독립과 근대개혁을 주장하였다.

독립문

또한 독립협회 회원들은 자주 국권 확립을 촉구하기 위해 근대적인 민중대회인 만민공동회를 열어 운동을 대중적으로 넓혀나갔다. 이후 민중을 배경으로 자주국권운동과 자유민권운동, 자강개혁운동을 전개하고 나아가 서구의 상원의회와 같은 중추원을 만들고자 국민참정운동도 전개하였다.

하지만 시민의식이 성숙하지 못한 상태에서 서구식 입헌군주제의 실현을 목표로 했기 때문에 보수 세력의 지지를 얻지 못하였다. 결국 독립협회는 군주제를 폐지하고 공화제를 실시하려 한다는 모함을 받아 3년 만에 해산되었다.

그러나 독립협회는 러시아를 뺀 구미열강이 조선을 침략할 의사가 없다고 인식하는 등 서구자본의 이권침탈에 반대하지 않았으며 특권계층에 제한된 민권의 주장으로 민중을 개혁의 동반자가 아니라 계몽과 지도의 대상으로 인식하는 한계를 갖고 있었다.

결국 반봉건, 반침략운동의 주체이자 원동력인 민중을 믿지 못하고 제국주의의 침략성을 올바로 깨닫지 못하여 자주독립과 근대적 개혁에 이르지 못하였다.

독립협회 해산 이후 1904년 일본의 황무지 개간권 요구 반대운동을 전개했던 보안회가 조직되어 일제의 황무지 개간권 요구를 철회시켰지만 일제의 탄압으로 해산되었다. 을사늑약을 계기로 장지연 등에 의해 헌정연구회를 계승한 대한자강회가 결성되어 교육과 산업 진흥 등 실력양성 운동을 전개하였다. 그러나 고종 강제퇴위 반대운동을 전개하여 해산되었다. 이후 대한자강회는 대한협회로 계승되었으나 친일단체로 변질되고 말았다.

한말 최대의 비밀결사체인 신민회는 민족산업과 민족교육의 육성을 주요 과제로 설정하고 경제적 실력양성운동과 만주, 연해주 등지에 독립군 기지를 건설하여 무장투쟁을 준비하였다. 당시 신민회가 존재하던 시기에 지방별 애국계몽운동 단체로서 서북학회, 기호흥학회, 관동학회 등이 있었다. 이러한 각종 애국계몽운동단체의 간부에는 신민회 회원이 참여하여 그들의 운동이 신민회의 국권회복운동에 일치되도록 활동하기도 했다.

서북학회 회관(현재 건국대학교 박물관)

2) 대한제국 수립

아관파천 1년 만인 1897년 고종은 자주 독립의 근대국가임을 선언하라는 국민의 열망에 힘입어 경운궁(덕수궁)으로 환궁한 후 연호를 광무光武로 정하고 환구단에서 황제 즉위식을 거행하여 대한제국의 수립을 선포하였다.

광무정권은 시정원칙을 구본신참舊本新參으로 하고 전제군주권을 강화하여 위로부터의 근대국민국가를 이루려고 하였다. 광무정권의 전제황권 강화는 입헌군주제와 의회설립을 주장하는 독립협회의 정치개혁운동과는 대립되는 입장이었다.

대한제국은 국가의 자주성을 실질적으로 뒷받침하는 데 필요한 국방력 강화와 재정 그리고 상공업 육성을 위해 노력했다.

황제의 군권장악을 강화하였으며 광산, 홍삼, 철도 등의 수입을 황제가 직접 장악했다. 자주적 외교를 추진하여 교민보호를 위해 북간도관리사를 설치하고 해삼

위통상사무관을 파견하였으며 한청 통상조약을 체결하여 청과 국제적으로 대등한 관계가 되었다.

정부는 국가 재정과 합리적 조세제도를 확보하기 위하여 토지조사사업을 실시하였고 토지소유주에게 근대적 토지증서인 지계를 발급했다. 하지만 이 사업은 지주나 부농들에게 유리했을 뿐이었다.

근대적 기술학교인 기예학교, 의학교, 상공학교, 외국어학교 등을 설립하는 한편, 재판소, 국립병원을 설립하는 등 위로부터의 근대화 정책을 추진했다.

그러나 광무개혁은 전제황권을 중심으로 한 보수적 근대개혁이었으며 구미열강의 이권 침탈과 일본의 방해로 실패로 끝나고 말았다.

황궁우

독도문제

역사적으로 독도는 6세기 신라가 우산국을 정벌한 이후 울릉도와 함께 우리나라의 영토였다.

『세종실록지리지』(1454년)에는 “우산(독도)과 무릉(울릉도), 두 섬이 서로 거리가 멀지 않아 날씨가 맑으면 바라볼 수 있다.”고 기록되어 있다.

예로부터 울릉도 주민들은 독도를 울릉도의 부속 섬으로 인식하고 있었고 숙종 때는 안용복이 울릉도에 불법 침입한 일본 어부를 축출하고 우리 영토임을 확인시키기도 하였다.

대한제국은 1900년 칙령 제41조를 공포하여 울릉도를 군으로 격상시키고 그 관할구역을 울릉도 전체와 죽도, 석도로 정했다.

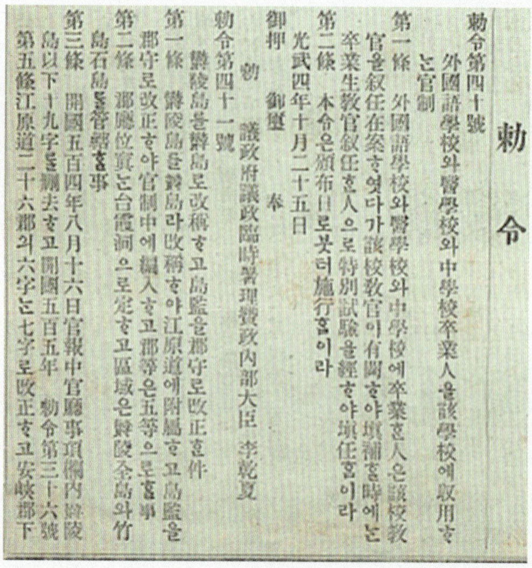

勅令

勅令第四十號

外國語學校와醫學校와中學校卒業人을該學校에取用ᄒᆞ는官制

第一條 外國語學校와醫學校와中學校에卒業ᄒᆞᆫ人은該校教官을叙任在窠ᄒᆞ엿다가該校教官이有闕ᄒᆞ야塡補ᄒᆞᆯ時에는卒業生教官叙任ᄒᆞᆫ人으로特別試驗을經ᄒᆞ야塡任ᄒᆞᆷ이라

第二條 本令은頒布日로봇터施行ᄒᆞᆷ이라

光武四年十月二十五日

御押 御璽 奉

勅 議政府議政臨時署理贊政內部大臣 李乾夏

勅令第四十一號

鬱陵島를鬱島로改稱ᄒᆞ고島監을郡守로改正ᄒᆞᆫ件

第一條 鬱陵島를鬱島라改稱ᄒᆞ야江原道에附屬ᄒᆞ고島監을郡守로改正ᄒᆞ야官制中에編入ᄒᆞ고郡等은五等으로ᄒᆞᆯ事

第二條 郡廳位寘는台霞洞으로定ᄒᆞ고區域은鬱陵全島와竹島石島를管轄ᄒᆞᆯ事

第三條 開國五百四年八月十六日官報中官廳事項欄内鬱陵島以下十九字를刪去ᄒᆞ고開國五百五年 勅令第三十六號第五條江原道二十六郡의六字는七字로改正ᄒᆞ고安峽郡下

일본의 경우 1696년 도쿠가와 막부의 '울릉도 도해금지' 문서, 19세기 말 메이지 정부의 '조선국교제시말내탐서'(1870년), '태정관지시문'(1877년) 등 정부의 공문서를 통해 독도가 일본과 관계없다는 것을 확인하기도 하였다.

그러다가 러일전쟁 중인 1905년 2월 시마네현 고시에 의해 일방적으로 독도를 자기 영토로 불법 편입시켰다.

제2차 세계대전의 종전과 더불어, 일본은 폭력과 탐욕에 의해 탈취한 모든 지역으로부터 축출되어야 한다는 카이로선언(1943년) 등 전후 연합국의 조치에 따라 독도는 한국의 영토로 회복되었다. 전후 일본을 통치했던 연합국총사령부의 훈령(SCAPIN) 제677호를 통해서도 독도는 일본의 통치적 · 행정적 범위에서 제외되었다.

현재 우리나라는 대한제국 칙령 제41조가 공포된 날을 기념하여 10월 25일을 독도의 날로 제정하였다.

/탐구과제/

○ 대한제국의 광무개혁은 성공하였는가?

- 광무개혁이 무엇이지 조사해본다.
- 근대문물에 대한 변화 상황을 탐구해본다.
- 대한제국 정부의 정책과 활동에 대해 탐구해본다.

조선은 1897년 황제가 다스리는 제국이 되었다. 고종은 황제의 자리에 오르고, 국호는 대한으로 정했으며 당시를 광무 원년으로 하였다. 왕후 민씨를 황후로, 왕태자를 황태자로 책봉하였다. 중국과의 오랜 사대관계를 끝내고 자주독립국이 되었다.

대한제국은 무엇보다도 국가의 자주성을 뒷받침하기 위하여 국방력의 강화와 재정 개혁, 상공업 육성에 주력하였다. 우선 황제가 군권을 장악하기 위하여 원수부를 설치하고, 황제를 호위하는 군대를 증강하였다. 그동안 일본군에게 왕궁이 점령당하는 수모를 당하지 않고 국방력을 키우기 위함이었다.

정부의 조세 수입을 늘리고 근대적인 토지 소유권을 확립하기 위해 양지아문을 설치하고, 토지 조사 사업과 지계 발급을 실시하였다. 이로써 국가 재정을 개선할 수 있는 토대가 마련되었다.

그 밖에 상공업 장려책을 실시하여 섬유, 운수, 광업, 금융, 철도 등의 분야에서 근대적인 회사들이 설립되었다. 또한 근대적인 산업 기술을 습득하기 외국에 유학생을 파견하고, 산업과 기술 교육 기관을 설립하였다.

광무개혁은 이와 같이 여러 가지 개혁을 추진하였다. "옛것을 근본으로 삼고 새것을 참고한다."는 구본신참의 원칙 아래 부분적으로 서양의 제도를 받아들여 나라의 발전을 이룩하려고 하였다. 전제군주제의 확립을 통해 근대 주권 국가를 지향하였고, 국방과 산업, 교육, 기술 분야에서 성과를 이루었다. 그러나 개혁을 추진한 세력도 황실과 일부 관료에 국한된 측면이 있기에 변화와 개혁을 요구하는 시대적인 흐름과 국민들의 열정을 적극적으로 포용하는 데는 한계가 있었다.

❖ 『고종실록』 36권 고종 34년(1897) 10월 12일 양력 대한 광무(光武) 1년

천지에 고하는 제사를 지냈다. 왕태자가 배참(陪參)하였다. 예를 끝내자 의정부 의정(議政府議政) 심순택(沈舜澤)이 백관(百官)을 거느리고 아뢰기를, "고유제(告由祭)를 지냈으니 황제의 자리에 오르소서." 하였다. 신하들의 부축을 받으며 단(壇)에 올라 금으로 장식한 의자에 앉았다. 심순택이 나아가 12장문의 곤면을 성상께 입혀드리고 씌워 드렸다. 이어 옥새를 올리니 상이 두세 번 사양하다가 마지못해 황제의 자리에 올랐다. 왕후 민씨(閔氏)를 황후(皇后)로 책봉하고 왕태자를 황태자(皇太子)로 책봉하였다. 심순택이 백관을 거느리고 국궁(鞠躬), 삼무도(三舞蹈), 삼고두(三叩頭), 산호만세(山呼萬世), 산호만세(山呼萬世), 재산호만세(再山呼萬世)를 창하였다.

❖ 원수부 관제(元帥府官制) 『고종실록』 39권 고종 36년(1899) 6월 22일 양력 대한 광무(光武) 3년

대황제 폐하는 대원수(大元帥)로서 군기(軍機)를 총람(總攬)하고 육해군(陸海軍)을 통령하며, 황태자 전하는 원수(元帥)로서 육해군을 일률적으로 통솔한다. 이에 원수부를 설치한다.

제1관

제1조

원수부는 국방(國防)과 용병(用兵)과 군사에 관한 각 항의 명령을 관장하며 특별히 세운 권한을 가지고 군부(軍部)와 경외(京外)의 각 부대를 지휘 감독한다.

제2조

모든 명령은 대원수 폐하가 원수 전하를 경유하여 하달한다.

제3조

원수부는 황궁(皇宮) 내에 설치한다.

제4조

원수부 관원은 어떠한 직임을 막론하고 문사(文事) 관원은 피선될 수 없다.

제5조

원수부의 어보(御寶)와 신장(信章)은 다음과 같다.

대원수보(大元帥寶) 1, 원수보 1, 원수부인(元帥府印) 1, 각국(各局)의 신장 각각 1이다.

제2관

제1조

원수부에 다음의 4개 국(局)을 설치한다.

군무국(軍務局), 검사국(檢査局), 기록국(記錄局), 회계국(會計局)이다.

제2조

군무국은 장관(將官)을 국장(局長)에 위임하여 군막(軍幕)의 군기(軍機)를 도와 기획하며 다음의 사무를 관장한다.

1. 인보(印寶) 상장(尙藏)에 관한 사항이다.
2. 군사에 관한 조칙과 공문을 군부와 각 부대에 발포(發布)하는 사항이다.
3. 국방과 군사 동원, 그리고 평화, 전쟁 두 시기의 군대 편성에 관한 사항이다.
4. 전투 준비와 군비 지급에 관한 사항이다.
5. 육해군 대학교와 육지와 바다의 측량에 관한 사항이다.
6. 군부와 각 부대의 일기(日記)와 보고를 접수하여 개략을 초록하여 아뢰는 사항이다.

❖ 대한국국제(大韓國國制) 1899년 8월 17일

제1조 대한국은 세계 만국의 공인되온바 자주독립하온 제국(帝國)이니라.

제2조 대한제국의 정치는 이전으로 보면 500년 전래하시고 이후로 보면 만세에 걸쳐 불변하오실 전제정치이니라.

제3조 대한국 대황제께옵서는 무한하온 군권(君權)을 향유하옵시나니 공법에 말한바 자립정체이니라.

제4조 대한국 신민(臣民)이 대황제의 향유하옵신 군권을 침손할 행위가 있으면 그 이미 행한 것과 아직 행하지 않은 것을 물론하고 신민의 도리를 잃은 자로 인정할지라.

제5조 대한국 대황제께옵서는 국내 육해군을 통솔하옵셔 편제를 정하옵시고 계엄·해엄을 명하시나니라.

제6조 대한국 대황제께옵서는 법률을 제정하옵셔 그 반포와 집행을 명하옵시고 만국의 공공(公共)한 법률을 효방하사 국내법률도 개정하옵시고 대사(大赦)·특사·감형·복권을 명하옵시나니 공법에 말한 바 자정율례(自定律例)이니라.

제7조 대한국 대황제께옵서는 행정 각 부부(府部)의 관제와 봉급을 제정 혹은 개정하옵시고 행정상 필요한 각항 칙령을 발하옵시나니 공법에 말한 바 자치행리(自治行理)이니라.

제8조 대한국 대황제께옵서는 문무관의 출척(黜陟)·임면을 행하옵시고 작위·훈장 및 기타 영전(榮

典)의 수여 혹은 체탈을 하옵시나니 공법에 말한 바 자선신공(自選臣工)이니라.

제9조 대한국 대황제께옵서는 각 유약국(有約國)에 사신을 파송, 주찰(駐紮)케 하옵시고 선전(宣戰)·강화 및 제반 조약을 체결하옵시나니 공법에 말한 바 자견사신(自遣使臣)이니라.

이상과 같이 국제는 대한제국이 자주독립국가임을 내외에 알리고, 정체가 전제정치임과 황제가 막강한 제권(帝權)을 가진다는 것을 천명하기 위해 제정, 선포된 것이다.

❖ 『고종실록』 40권 고종 37년(1900) 11월 3일 양력 대한 광무(光武) 4년

의정부 의정서리 내부대신(議政府議政署理內部大臣) 이건하(李乾夏)가 아뢰기를, "중추원 의장(中樞院議長) 김가진(金嘉鎭)의 상소문에 대한 비지(批旨)를 삼가 받들고 인지(印紙)에 관한 한 가지 문제를 모여서 토의한 결과 지지하는 사람은 적고 반대하는 사람이 많다는 것을 사실대로 아뢰었습니다. 그런데 인지에 대해서 다시 방도를 잘 토론하여 들여보내라는 명이 내렸습니다. 신들이 함께 모여서 잘 토론해 보니 모두 인지 제도는 과연 나라를 넉넉하게 하고 상인들을 돌봐주는 큰 정사이기는 하나, 현재 이름 없는 잡세(雜稅)의 폐단이 한두 가지가 아니므로 여러 차례 칙유(勅諭)하였지만 아직도 모두 제거되지 못한 상황에서 만약 또 인지 제도까지 겸하여 실시한다면 백성들은 장차 번거로움을 이겨낼 수 없을 것이라고 합니다. 그러므로 이후부터는 정세(正稅)인 결세(結稅)와 호세(戶稅) 및 해관세(海關稅), 인삼세(人蔘稅), 선세(船稅), 각 광산세(礦山稅), 푸줏간세를 제외하고 중앙에서는 부(府), 부(部), 원(院), 궁(宮), 지방에서는 도(道)와 부(府), 목(牧), 군(郡), 군대와 보부상(褓負商)에게서 거두어들이는 일체 잡세를 모두 영원히 혁파하며, 다음으로는 국내의 도량형(度量衡) 제도를 정하고 규정을 엄격히 세워 되도록 한결같이 만든 다음에야 인지 제도를 실시해도 폐단이 없을 것이라고 하였습니다. 신들의 의견이 서로 같으므로 삼가 아뢰면서 엎드려 전하의 재결을 기다립니다." 하니, 제칙(制勅)을 내리기를, "마땅히 조칙(詔勅)이 있을 것이다." 하였다.

❖ 지계발급

현금(現今) 지계사무(地契事務)를 강원도에서 실시하여 영동(嶺東)은 울진군(蔚珍郡)부터 시작하고 영서(嶺西)는 춘천군(春川郡)부터 시작하여 토지를 개량(改量)한 후 관계(官契)를 반급(頒給)하니 경향(京鄕)을 막론하고 전답가사(田畓家舍)를 해도(該道)에 치(置)한 인민은 구권(舊券)을 지(持)하고 음력 8월 15일 내로 해도의 토지가 있는 군에 전왕(前往)하여 관계(官契)를 환거(換去)함이 가(可)할 사

광무 6년(1902) 8월 23일 지계아문

『관보』 2288호 1902년 8월 26일 광고

4 개항 이후의 경제와 사회

1) 외세의 경제 침탈

가) 외국 상인의 침투와 무역의 증대

개항 직후 무역은 일본 상인이 주도하였지만, 1880년대 이후에는 청에서 온 상인이 가담하여 경쟁을 벌였다. 일본과 청의 상인들은 처음에는 영국산 면제품을 사들여와 조선에서 팔았고, 조선의 쇠가죽, 쌀, 콩, 금 등을 가져갔다. 1890년대 후반부터 일본 상인은 일본산 면제품을 비롯한 여러 종류의 공산품을 들여왔다.

무역의 증대는 경제생활에 많은 변화를 가져왔다. 특히 면제품을 들여오고 곡식을 가져가는 구조는 폐단이 매우 컸다. 값싼 외국산 면제품은 가내수공업 위주로 이루어진 국내의 면공업 발전에 심각한 영향을 주었고, 이에 따라 농민의 수입이 크게 줄어들었다. 또한 일본 상인은 영사재판권, 일본 화폐 사용권, 무관세 및 일본 정부의 정책 지원에 힘입어 약탈적인 무역 활동을 자행하였다. 일본으로 쌀의 유출이 크게 늘어나면서 쌀 부족과 쌀값 인상에 따른 물가인상이 나타나 생계를 위협받을 정도였다. 일부 지주나 상인은 쌀 수출에 적극 가담하여 많은 이익을 얻었고, 이를 다시 토지 매입에 투자하거나 불법적인 방법을 통해 토지를 획득함으로써 대지주로 성장해 갔다.

나) 제국주의 열강의 경제 침탈

청일전쟁 이후 조선에 대한 열강의 경제침탈은 한층 더 강화되어 이권탈취, 금융지배, 차관제공 등의 양상을 띤 제국주의적 경제 침탈 단계에 들어섰다. 아관파천(1896) 이후 정치적 영향력이 커진 러시아는 재정과 군사 고문을 러시아인으로 하여 광산채굴권이나 삼림벌채권을 차지하였다. 미국은 운산금광 등 광산채굴권과 철도, 전기 등의 이권을 차지하였다. 영국, 프랑스, 독일도 각각 이권을 차지하였다.

일본은 개항 직후 일본제일은행의 지점을 설치하고, 은행 업무 외에 세관과 화폐정리 업무까지 담당하여 대한제국의 금융을 장악하였다. 청일전쟁 이후 내정간섭을 시작하면서 이권획득을 목적으로 차관을 제의하여 실현시켰다. 일본의 차관제공 정책은 대한제국을 재정적으로 일본에 완전히 예속시키려는 의도였다. 러일전쟁을 계기로 일본은 철도부지와 군용지 확보를 구실로 토지약탈을 자행하였다. 또한 대륙 침략을 위해 우리나라의 남북을 연결할 철도부설에 주력하였다. 그 결과 서울과 부산, 서울과 의주, 서울과 인천을 연결하는 철도부설권을 모두 차지하였다. 경인선과 경부선을 부설하면서 철도부지 중 국유지를 무상으로 약탈하였고, 사유지는 정부가 소유자로부터 사들여 제공하도록 강요하였다. 일본은 원하는 곳에 군용지를 모두 확보하였고, 군용지 주변의 토지를 약탈하기도 하였으며 농민들을 강제로 철도 부역에 동원하였다.

이권 내용과 침탈국(1876~1905년)

연도	이권 내용	이권 침탈국
1876	무관세 무역권, 외국화폐 통용권	일본
1882	평안도 · 황해도 연안 어채권, 상해-인천 윤선 운항권, 해관 인사권 한성(서울) 상점 개설권 상해-시모토세키-부산-인천 윤선 정기 운항권	청 청
1883	부산-시모노세키 해저전선 가설권, 조선연해 화물 운송권, 전라도 · 경상도 · 함경도 연안 어채권, 조선연해 화물 운송권, 해관 수세권	일본
1885	인천-한성-의주 전선 가설권, 서울-부산 가설권 조선-일본 윤선 정기운항권	청 일본
1886	부산 절영도 저탄소 설치권, 창원 금광 채굴권 전라도 세미 운송권	일본 독일
1887	제주도 연해 어채권	일본
1888	경기도 연안 제한 어채권 군함 밀무역권	일본 청
1890	조선-일본 윤선 정기운항권	일본
1891	인천 월미도 저탄소 설치권, 경상도 연해 포경권 원산 저탄소 설치권	일본 러시아
1892	인천-한성 한강 운항권 화폐주조원료 독점 제공권	청 일본
1895	운산 금광 채굴권 인천-부산, 인천-대동강, 인천-함경도 윤선 정기항로 개설권	미국 일본
1896	경인철도 부설권 경원 · 종성 광산 채굴권, 인천 월미도 저탄소 채굴권 압록강 · 울릉도 산림 벌채권, 동해 포경권 경의철도 부설권	미국 러시아 프랑스
1897	당현(강원도 금성군) 금광 채굴권 서울 전기수도 시설권 부산 절영도 저탄소 설치권	독일 미국 러시아

연도	이권 내용	이권 침탈국
1898	서울 전차 부설권 경부철도 부설권, 평양 탄광 석탄 전매권 운산(평남) 금광 채굴권	독일 미국 영국
1900	직산(충남) 금광 채굴권	일본
1901	창성(평북) 금광 채굴권 경기도 연해 어업권	프랑스 일본
1903	평양 무연탄 채굴권	프랑스
1904	충청도 · 황해도 · 평안도 어채권	일본
1905	후창(평북) 광산 채굴권, 통신 관리권, 하천 운행권, 화폐 주조권	일본

2) 경제적 구국운동의 전개

가) 방곡령 시행

흉년으로 쌀이 부족해질 경우 지방관이 쌀의 수출을 금지하는 명령인 방곡령을 실행할 수 있었다. 개항 이후 곡물의 일본 유출이 늘어나면서 곡물 가격의 폭등 현상이 나타났고, 여기에 흉년이 겹치자 함경도(1889)와 황해도(1890) 지방관들은 방곡령을 내리게 되었다. 그러나 일본은 방곡령을 내리기 1개월 전에 미리 통고해야 한다는 조 · 일 통상장정의 규정을 구실로 압력을 가하여 방곡령을 철회하도록 하였다. 또한 일본 상인들은 방곡령으로 손해를 입었다면서 거액의 배상금을 요구하여 받아냈다.

나) 상권수호운동 전개

서울 상인들은 청과 일본 상인들의 상권 침탈에 반대하여 상권수호운동을 전개하였다. 개항 초기에는 외국 상인들의 활동 범위가 개항장 10리(4km)로 제한되었으나, 1880년대에는 개항장 100리까지 확대되어 전국적으로 상권침탈 경쟁이 치열해졌다. 서울의 경우 청의 상인들은 남대문로와 수표교, 일본 상인은 충무로를 중심으로 도심의 상권을 잠식해갔다.

청과 일본 상인의 상권 잠식에 반발하여 수천 명의 서울 상인들은 철시하고 외국 상점들의 서울 퇴거를 요구하였다. 그 후 서울 상인들은 황국중앙총상회를 조직하여 외국인의 불법적 내륙 상업활동을 엄단할 것을 요구하며 상권수호운동을 전개하였다.

다) 식산흥업 노력

대한제국은 외세의 경제 침탈을 막고 근대적 국민경제 수립을 위한 노력을 활발히 하였다. 정부는 전환국을 설치하여 화폐제도 개혁과 중앙은행 설립을 추진하는 자본을 모아 근대적 기업 설립에 나섰고, 산업기술인력 양성을 위한 교육기관 설립에도 적극적이었다.

제조업자와 상인들도 경제발전에 적극 노력하였는데, 공장을 늘리고 새로운 기계를 들여오고 자본을 모아 합자회사를 설립하였다.

독립협회와 황국중앙총상회 등은 국내산업진흥과 상권보호를 위한 다양한 방안을 제시하고, 외국의 이권 탈취 및 경제 침략 저지를 위한 활동을 벌이기도 하였다.

개항 이후 금융업에도 새로운 변화가 나타났다. 일본 금융 기관과 상인의 침투에 대응하여 새로운 은행이 세워졌다. 광무개혁을 전후하여 조선인 관료들이 중심이 되어 조선은행을 설립하였고, 민간에서도 자본을 합자하여 한성은행과 천일은행 등을 세웠다. 그러나 토착회사의 대부분은 자금 부족, 기술 및 운영 방식의 미숙에 시달렸다. 더구나 일본의 정치적 방해와 외국 상인들의 상권 잠식으로 경영이 부진하여 오래 존속되지 못하고 몰락하거나 일본인들의 손에 넘어갔다.

이러한 노력이 성과를 거두기 위해서는 독립국의 지위를 유지하면서 자본의 축적과 근대적 금융제도를 확립해야만 했다. 그러나 이러한 조건이 갖추어지기 전에 일제의 침략으로 식산흥업의 노력은 좌절되었다.

라) 국채보상운동

일제는 1905년 통감부를 설치하면서 식민지 시설을 갖추기 위해 필요한 막대한 자금을 대한제국 정부로 하여금 일본으로부터 들여오게 하였다. 그 결과 1907년 대한제국의 대일 차관은 1년 예산과 비슷한 1,300만 원에 이르렀고, 이 금액은 사실상 정부가 갚는 것이 불가능하였다. 이런 상황하에서 1907년 1월 김광제 · 서상돈 등은 2,000만 동포가 3개월 동안 금연하여 모금한 돈으로 국채를 상환하자는 주장을 하였다. 대구에서 시작된 국채보상운동은 전국적으로 확대되어 국내뿐만 아니라 일본 유학생과 미주와 노령 지역의 교포도 의연금을 보내왔고, 일부 외국인들도 참여하였다. 국채보상기성회를 중심으로 각종 계몽단체와 《대한매일신보》, 《황성신문》, 《제국신문》, 《만세보》 등의 언론기관이 모금운동에 참여하였다. 국채보상운동은 모금 3개월 만에 20만 원을 모았다. 이후에도 모금운동의 열기는 지속되어 많은 금액이 모아졌다.

그러자 일제는 국채보상운동을 배일운동으로 간주하여 매국 단체인 일진회를 이용하여 방해하고, 양기탁에게 국채보상금을 횡령했다는 혐의를 씌워 구속하기도 하였다. 이로 인하여 국채보상운동은 위축되었다. 1909년 국채보상금처리회가 조직되어 모금액을 교육사업에 투자하기로 하고 전답을 구매했다. 하지만 이 계획은 국권피탈로 수포로 돌아갔고, 모금액 전부를 조선총독부 경무총감부에 빼앗기고 말았다. 정부의 재정권을 일제가 완전히 장악하고 있는 한 국가의 빚을 갚는다는 것은 사실상 불가능한 일이었다.

5 국권피탈과 항일의병

1) 국권 침탈

1904년 러시아와 전쟁을 시작한 일본은 한국 침략의 발판을 굳히기 위해 조선을 군사적으로 점령하였으며 일본이 추천하는 고문을 정부의 각 부에 두어 내정을 간섭하는 고문정치를 실시하였다.

러일전쟁에서 승리한 일본은 포츠머스조약에 의해 러시아로부터 조선에 대한 보호국화 조치를 인정받았으며, 가쓰라-태프트 밀약을 통해 미국으로부터 일본의 한국보호국화를 승인받았고, 영국으로부터도 러시아의 남하정책을 막아 준 대가로 한국보호국화를 승인받았다.

이후 일본은 1905년 을사늑약 체결을 강행하여 대한제국의 외교권을 박탈하고 통감부를 설치했다(을사오적-외부대신 박제순, 내부대신 이지용, 군부대신 이근택, 학부대신 이완용, 농상대신 권중현).

고종은 조약의 무효를 주장하면서 네덜란드 헤이그에서 개최된 만국평화회의에

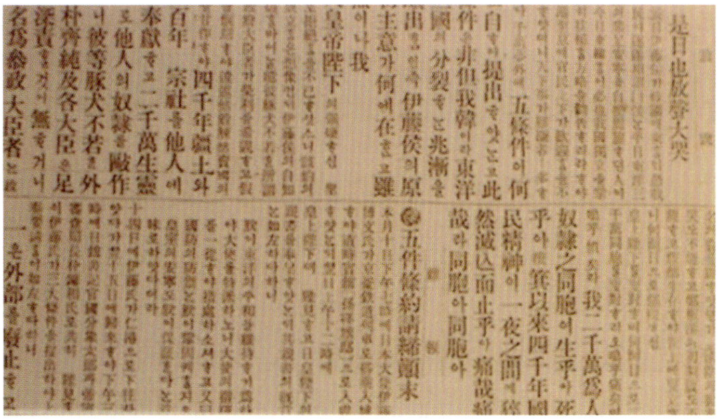

是日也放聲大哭

五件條約請締顚末

《황성신문》 시일야방성대곡

특사 이상설李相卨, 이준李儁, 이위종李瑋鍾을 파견하였지만, 실패로 끝나고 오히려 이를 빌미로 일제는 고종을 강제 퇴위시켰다.

순종 즉위 이후에는 1907년 정미7조약을 강제로 체결하여 일본인 차관이 실제 행정을 장악하는 차관정치가 실시되었으며, 이후 군대가 강제로 해산되면서 대한제국의 방위력은 상실되었다.

결국 1910년 대한제국의 내각총리대신 이완용과 제3대 통감인 데라우치에 의해 합병조약이 발표됨으로써 대한제국의 국권은 상실되었다.

을사늑약 체결장소 덕수궁 중명전

헤이그 특사 3인

/탐구과제/

○ 대한제국이 맺은 조약은 합법적이었는가?

- 대한제국이 일제와 체결한 조약은 어떤 것이 있는지 조사해본다.
- 대한제국이 일제와 조약을 체결하는 과정에서 양국이 서로 적법한 절차나 분위기에서 이루어졌는지 탐구해본다.

청일전쟁 이후 정치적인 격변 속에서도 갑오경장과 을미개혁을 추진하던 조선왕조는 1897년 10월에 대한제국을 선포하여 근대국가로의 전환을 시도하였다. 그러나 대한제국의 자주권은 1904년 러일전쟁 이후에는 점차 일제에 의해 자주권이 잠식되어 갔다.

1904년 2월에 러일전쟁이 발발하면서 일본은 대한제국의 영토를 마음대로 사용할 수 있도록 하는 한일의정서를 체결하였다. 제1차 한일협약이 1904년 8월에 체결되면서 일제는 외교와 재정 분야에 외국인 고문을 채용하게 하여 일본의 내정간섭에 대한 폭을 확대해나갔다. 이후 1905년 11월에는 제2차 한일협약 즉, 을사늑약이 강제로 체결되어 대한제국은 외교권이 박탈되었으며 일제는 통감부를 설치하였다. 대한제국은 일본국 정부의 중개를 거치지 않고는 국제적 성질을 가진 어떠한 조약이나 약속을 맺지 못하게 된 것이다. 을사늑약으로 인하여 민영환 등이 자결하고 장지연은 시일야방성대곡, 오적 암살단과 을사의병의 활동이 전국적으로 전개되었다.

을사늑약의 부당함을 알리기 위해 고종의 밀서를 가진 특사를 네덜란드 헤이그에서 개최되는 만국평화회의 장소에 파견하였으나 일제의 방해로 실패하였다. 일제는 이 사건을 구실로 고종황제를 1907년에 강제로 퇴위시켰다. 이후 일제는 한일신협약을 체결하여 통감이 대한제국의 법령을 제정하고 고등관리임면 등 대한제국의 내정에 대한 간섭이 더욱 심해져갔다. 또한 한일신협약의 부수적인 비밀 각서에 의해 대한제국의 군대가 해산되었고, 기유각서에 의해서 사법권과 감옥사무권이 박탈되었으며 1910년 6월에는 경찰권까지 박탈당하게 되었다. 마침내 1910년 8월 한일병합조약으로 대한제국의 주권이 박탈당하고 일제의 식민지로 전락하였다.

❖ 한일의정서(韓日議定書)

제1조 한 · 일 양제국은 항구불역(恒久不易)할 친교를 보지(保持)하고 동양의 평화를 확립하기 위해 대한제국정부는 대일본제국정부를 확신하고 시정(施政)의 개선에 관하여 그 충고를 들을 것.

제2조 대일본제국정부는 대한제국의 황실을 확실한 친의(親誼)로써 안전 · 강녕(康寧)하게 할 것.

제3조 대일본제국정부는 대한제국의 독립과 영토 보전을 확실히 보증할 것.

제4조 제3국의 침해나 혹은 내란으로 인해 대한제국의 황실 안녕과 영토 보전에 위험이 있을 경우 대일본제국정부는 속히 임기응변의 필요한 조치를 행하며, 대한제국정부는 대일본제국정부의 행동이 용이하도록 충분히 편의를 제공할 것. 대일본제국정부는 전항(前項)의 목적을 성취하기 위해 군략상 필요한 지점을 임기 수용할 수 있을 것.

제5조 대한제국정부와 대일본제국정부는 상호의 승인을 경유하지 않고 훗날 본 협정의 취지에 위반할 협약을 제3국간에 정립(訂立)할 수 없을 것.

제6조 본 협약에 관련된 미비한 세조(細條)는 대한제국외부대신과 대일본제국대표자 사이에 임기 협정할 것.

❖ 제1차 한일협약

1. 대한국 정부는 대일본 정부가 추천한 일본인 1명을 재정 고문으로 대한국 정부에 초빙하여, 재무에 관한 사항은 모두 그 의견을 물어 시행하기로 한다.

1. 대한국 정부는 대일본 정부가 추천한 외국인 1명을 외교 고문으로 외부(外部)에 초빙하여, 외교에 관한 중요한 업무는 모두 그 의견을 물어 시행하기로 한다.

1. 대한국 정부는 외국과 조약을 체결하거나, 그 외의 중요한 외교 안건, 즉 외국인에 대한 특권 양여 및 계약 등의 처리에 관해 미리 대일본 정부와 상의해야 한다.

광무 8년 8월 22일
외부대신 서리 윤치호
메이지 37년 8월 22일
특명전권공사 하야시 곤스케

❖ 가쓰라-태프트 밀약(1905년 7월 27일)

첫째 일본은 필리핀에 관해 어떠한 공격적 의도도 가지고 있지 않으며, 필리핀 문제에 대해 전적으로 미국에 맡긴다.

둘째 극동의 전반적인 평화를 유지하기 위하여 영국, 미국, 일본 등 3국 정부의 상호 양해를 형성한다.

셋째 미국은 러일전쟁의 귀결로 일본이 한국의 외교권을 제한할 수 있는 권한을 갖는 것에 동의한다.

❖ 포츠머스조약(1905년 9월 5일)

제1조 일본 천황과 모든 러시아 천황 폐하 사이, 그리고 각자의 국가와 백성 사이에 평화와 우호가 있을 것이다.

제2조 러시아제국 정부는 일본이 한국에서 정치적 · 군사적 · 경제적 이익을 가장 많이 소유하고 있음을 인정하면서 일본제국 정부가 한국에서 취해야 할지도, 보호 및 통제 조치를 방해하거나 간섭하지 않는다. 한국에 있는 러시아제국의 신민은 다른 외국의 신민 및 시민과 동등한 대우를 받게 될 것이며, 최혜국의 신민이나 국민과 동등한 지위를 누릴 것이다. 또한 러일 양국은 오해를 일으키지 않도록 하기 위해서 한국과 러시아의 국경에서 러시아제국 또는 한국 영토의 안보를 위협할 수 있는 군사적 조치를 취하지 않기로 합의한다.

제3조 러시아제국 정부는 만주에서 중국의 주권을 침해하거나 기회균등의 원칙에 위배되는 어떠한 영토적 이점이나 특혜 또는 배타적 양보가 없다고 선언한다.

제4조 일본과 러시아는 중국이 만주의 상업 또는 산업 발전을 위해 취할 수 있는 모든 국가에 공통적인 일반적인 조치를 방해하지 않도록 상호 약속한다.

제5조 러시아제국 정부는 중국 정부의 동의를 얻어 여순항, 탈리엔 및 인접 영해의 임대와 관련되거나 형성되는 모든 권리, 특권 및 양보를 일본제국 정부에 이전 및 양도한다.

제6조 러시아제국 정부는 청국 정부의 동의와 보상 없이 장춘푸와 관창츠, 여순항 사이의 철도 및 모든 지점과 모든 권리를 일본제국 정부에 이전 및 양도하기로 약속한다.

제7조 일본과 러시아는 독점적으로 상업 및 산업 목적으로 만주에서 각각의 철도를 전략적 목적으로 사용하기로 약속한다. 단 랴오둥반도 지역은 예외로 한다.

제8조 일본과 러시아제국 정부는 교류와 교통을 촉진하고 용이하게 하기 위해 가능한 한 빨리 만주에서 철도 연결 서비스를 규제하기 위한 별도의 협약을 체결한다.

제9조 러시아제국 정부는 사할린섬의 남쪽 부분과 그에 인접한 모든 섬들과 그 위의 공공 공사 및 재산을 영구적이고 완전한 주권으로 일본제국 정부에 양도한다. 할양된 영토의 북쪽 경계는 북위 50도를 채택한다.

제11조 러시아는 일본, 오호츠크 및 베링해에서 러시아 소유의 해안을 따라 어업권을 일본인에게 부여하기 위해 일본과 합의한다.

❖ 을사늑약(乙巳勒約): 제2차 한일협약 또는 을사5조약이라고도 한다.

한국 정부 및 일본 정부는 양 제국을 결합하는 이해공통의 주의를 공고히 하고자 한국의 부강의 실(實)을 인정할 수 있을 때에 이르기까지 이를 위하여 이 조관(條款)을 약정한다.

제1조 일본 정부는 도쿄에 있는 외무성을 경유하여 금후 한국의 외국에 대한 관계 및 사무를 감리(監理), 지휘하며, 일본의 외교대표자 및 영사는 외국에 재류하는 한국의 신민(臣民) 및 이익을 보호한다.

제2조 일본 정부는 한국과 타국 사이에 현존하는 조약의 실행을 완수할 임무가 있으며, 한국 정부는 금후 일본 정부의 중개를 거치지 않고는 국제적 성질을 가진 어떤 조약이나 약속도 하지 않기로 상약한다.

제3조 일본 정부는 그 대표자로 하여금 한국 황제폐하의 궐하에 1명의 통감(統監)을 두게 하며, 통감은 오로지 외교에 관한 사항을 관리하기 위하여 경성(서울)에 주재하고 한국 황제폐하를 친히 내알(內謁)할 권리를 가진다.

일본 정부는 또한 한국의 각 개항장 및 일본 정부가 필요하다고 인정하는 지역에 이사관(理事官)을 둘 권리를 가지며, 이사관은 통감의 지휘하에 종래 재한국일본영사에게 속하던 일체의 직권을 집행하고 아울러 본 협약의 조관을 완전히 실행하는 데 필요한 일체의 사무를 장리(掌理)한다.

제4조 일본과 한국 사이에 현존하는 조약 및 약속은 본 협약에 저촉되지 않는 한 모두 그 효력이 계속되는 것으로 한다.

제5조 일본 정부는 한국 황실의 안녕과 존엄의 유지를 보증한다.

❖ 한일신협약(韓日新協約 정미7조약)

제1조 한국 정부는 시정 개선에 관하여 통감의 지도를 받을 것.

제2조 한국 정부의 법령 제정 및 중요한 행정상의 처분은 미리 통감의 승인을 거칠 것.

제3조 한국의 사법사무는 보통 행정사무와 이를 구분할 것.

제4조 한국 고등 관리의 임면은 통감의 동의로써 이를 행할 것.

제5조 한국 정부는 통감이 추천하는 일본인을 한국 관리에 고용할 것.

제6조 한국 정부는 통감의 동의 없이 외국인을 한국 관리에 임명하지 말 것.

제7조 1904년 8월 22일 조인한 한일외국인고문용빙에 관한 협정서 제1항을 폐지할 것.

❖ 기유각서

한국 정부와 일본 정부는 한국의 사법과 감옥에 대한 사무를 개선하고 한국의 신민(臣民), 아울러 한국에 있는 외국 신민 및 인민의 생명과 재산 보호를 확실하게 할 목적과 한국 재정의 기초를 공고하게 할 목적으로부터 다음과 같은 조항을 약정한다.

제1조 한국의 사법과 감옥에 대한 사무가 완비되었다고 인정될 때까지는 한국 정부는 사법과 감옥에 대한 사무를 일본 정부에 위탁한다.

제2조 일본 정부는 일정한 자격을 가진 일본인과 한국인을 한국에 있는 일본 재판소와 감옥의 관리로 임용한다.

제3조 한국에 있는 일본 재판소는 협약 또는 법령에 특별한 규정이 있는 경우 한국 신민들에 대하여 한국의 법규를 적용한다.

제4조 한국의 지방 관청과 공공 관리는 각기 직무에 따라서 사법과 감옥 사무에서는 한국에 있는 일본의 당해 관청의 지휘명령을 받으며 또는 이것을 보조한다. 일본 정부는 한국의 사법과 감옥에 관한 일체 경비를 부담한다. 이상을 각각 본국 정부의 위임을 받아 한국과 일본의 글로 된 각서(覺書) 각 2도(度)를 작성하여 이것을 교환하고 뒷날의 증거로 하기 위하여 기명(記名)하고 조인한다.

융희(隆熙) 3년 7월 12일　　내각 총리대신(內閣總理大臣) 이완용(李完用)
메이지(明治) 42년 7월 12일　　통감(統監) 자작(子爵) 소네 아라스케〔曾禰荒助〕

❖ 한일합병조약

제1조 한국 황제 폐하는 한국 전체에 관한 일체 통치권을 완전히 또 영구히 일본 황제 폐하에게 넘겨준다.

제2조 일본 황제 폐하는 앞 조항에 기재된 넘겨준다고 지적한 것을 수락하는 동시에 완전히 한국을 일본제국에 병합하는 것을 승낙한다.

제3조 일본 황제 폐하는 한국 황제 폐하, 태황제 폐하, 황태자 전하와 그들의 황후, 황비 및 후손들로 하여금 각각 그 지위에 따라서 적당한 존칭, 위신과 명예를 받도록 하는 동시에 이것을 유지하는 데 충분한 연금을 줄 것을 약속한다.

제4조 일본 황제 폐하는 앞의 조항 이외에 한국의 황족(皇族) 및 후손에 대하여 각각 상당한 명예와 대우를 받게 하는 동시에 이것을 유지하는 데 필요한 자금을 줄 것을 약속한다.

제5조 일본 황제 폐하는 공로가 있는 한국인으로서 특별히 표창하는 것이 적당하다고 인정되는 경우에 대하여 영예 작위를 주는 동시에 은금(恩金)을 준다.

제6조 일본 정부는 앞에 지적된 병합의 결과 전 한국의 통치를 담당하며 이 땅에서 시행할 법규를 준수하는 한국인의 신변과 재산에 대하여 충분히 보호해주는 동시에 그 복리의 증진을 도모한다.

제7조 일본 정부는 성의 있게 충실히 새 제도를 존중하는 한국인으로서 상당한 자격이 있는 자를 사정이 허락하는 범위에서 한국에 있는 제국(帝國)의 관리에 등용한다.

제8조 본 조약은 한국 황제 폐하와 일본 황제 폐하의 결재를 받을 것이니 공포하는 날로부터 이 조약을 실행한다.

이상의 증거로써 두 전권 위원은 본 조약에 이름을 쓰고 조인한다.

융희(隆熙) 4년 8월 22일　　내각 총리대신 李完用(이완용)
명치(明治) 43년 8월 22일　　통감 자작 寺內正毅(데라우치 마사타케)

2) 항일의병활동

동학농민운동이 실패한 뒤, 일본에 의해 강행된 을미사변과 친일내각에 의하여 강행된 단발령을 계기로 전국 각지에서 유인석, 이소응, 허위 등의 의병운동이 일어났다(을미의병). 위정척사사상을 가진 유생들이 주도하였고, 일반 농민과 동학농민군의 잔여 세력이 가담하였다. 그들은 전국 각지로 군사 활동을 확대하여 충주를 비롯한 주요 도시를 공격하고 친일관리와 일본인들을 처단하였다.

러일전쟁을 계기로 일제의 침략이 적극화되어 일제의 강요에 의하여 을사늑약이 체결되자, 사회 각계각층에서는 일제의 침략을 규탄하고, 조약의 폐기를 주장하는 운동이 일어났다. 다시 봉기한 의병들은 조약의 폐기와 친일내각의 타도를 내세우고 민종식 의병부대, 최익현 의병부대가 활약하였다. 또한 평민 의병장 신돌석은 의병수가 3천여 명이 넘었다(을사의병). 나철, 오기호 등은 5적 암살단을 조직하여 집을 불사르고 일진회를 습격하였으며, 장인환과 전명운은 스티븐스를 사살하였고 장지연은 항일언론(시일야방성대곡)으로 일제를 규탄하고 항쟁을 호소하였다.

고종의 강제 퇴위와 군대해산을 계기로 의병의 구국운동은 의병전쟁으로 발전하였다(정미의병). 시위대 제1대대장 박승환의 자결을 시발점으로 하여 일본군과 시가전을 벌였던 해산 군인들이 그 후 의병에 합류함으로써 조직과 화력이 강화되었다. 이 시기의 의병 조직과 활동은 전국 각지로 확산되었으며, 간도와 연해주까지에 이르렀다. 이인영과 허위가 지휘하는 13도 창의군은 서울 근교까지 진격하였으나 일본군의 반격이 심하여 더 이상 전진하지 못하고 철수하였다. 동시에 서울 주재 각국 영사관에 국제법상 교전단체로 승인해줄 것을 요구하는 서신을 발송하였다. 그리고 홍범도와 이범윤이 지휘하는 간도와 연해주 일대의 의병부대가 국내 진공작전을 하였으며, 안중근은 만주 하얼빈역에서 침략의 원흉인 이토 히로부미를 처단하였다.

/탐구과제/

○ 항일의병운동은 실패했는가?

▫ 집권층의 부패와 무능, 외세의 간섭과 침략으로 국가와 민족이 위기에 처했을 때 일어난 의병운동이 무엇인지 조사해보자.

▫ 의병운동에 참여한 계층의 봉기 이유와 목적이 무엇인지 탐구해보자.

▫ 평민 의병장이 등장한 배경을 조사해보자.

청일전쟁 이후 조선의 이권을 놓고 대립을 보이던 일본과 러시아는 전쟁을 하게 된다. 이후에 전쟁에서 승리한 일제의 침략이 본격화되면서 대한제국은 시련을 겪게 되었다. 이에 여러 방면에서 민족적인 저항으로 나타난 것이 의병운동이다.

을미의병은 일본에 의해 자행된 을미사변과 단발령을 계기로 전국에서 일어난 항일의병운동이다. 양반 유생들이 주도하였고, 농민과 동학농민군의 잔여 세력이 가담한 의병운동이었다.

러일전쟁에서 승리한 일제는 침략을 본격화하면서 강제로 을사늑약을 체결하였다. 국가의 존립이 위태로워지자 다시 봉기한 의병들은 격렬한 무장 항전을 벌였다. 외교권 상실에 울분을 참지 못하여 자결로써, 항일언론을 펼쳐 일제를 규탄하고 민족적인 항쟁을 호소하였다. 이때부터 평민 출신의 의병장이 등장하면서 새로운 양상을 보여주었다.

다음은 고종 황제의 강제 퇴위와 군대 해산을 계기로 의병의 구국 운동은 의병 전쟁으로 확대 발전되어 갔다. 바로 정미의병이다. 해산된 군인들이 의병에 합류함으로써 그 조직과 활동이 전국으로 확산되었으며 만주와 연해주에까지 이르렀다. 그 뒤 일본군의 남한대토벌 작전으로 인하여 의병 활동이 크게 위축되었다. 그러나 간도와 연해주로 이동하여 독립군이 되어 일제에 강력한 항전을 전개하였다.

;

❖ 유인석 『의암집(毅菴集)』 창의문(倡義文)

아! 왜놈들의 소위 신의나 법리는 말할 것도 없거니와 저 국적놈들의 몸뚱이는 누구를 힘입어 살아왔던가, 원통함을 어찌하리오, 국모의 원수를 생각하며 이를 갈았는데, 참혹함이 더욱 심해져 임금께서 또 머리를 깎으시는 지경에 이르렀다. …… 우리 부모에게 받은 몸을 금수로 만드니 무슨 일이며, 우리 부모에게 받은 머리카락을 풀 베듯이 베어 버리니 이 무슨 변고란 말인가. …… 무릇 우리 각도 충의의 인사들은 모두가 임금의 보살핌을 받은 몸이니 환난을 회피하기란 죽음보다 더 괴로우며 멸망을 앉아서 기다릴진대 싸워 보는 것만 같지 못하다.

❖ 유인석 『의암집(毅菴集)』 포고문(布告文)

“우리 국모의 원수를 생각하며 이미 이를 갈았는데 참혹한 일이 더 하여 우리 부모에게서 받은 머리털을 풀 베듯이 베어 버리니 이 무슨 변고란 말인가. …… 말의 피를 입에 바르고 맹세하매. …… 이에 감히 의병을 일으켜 마침내 이 뜻을 세상에 포고하노니, 위로는 공경에게서 아래로는 서민에까지 어느 누가 애통하고 절박하지 않으리.

❖ 『매천야록(梅泉野錄)』 제2권 고종 32년(1895) - 체두관의 파견과 의병의 봉기

각부로 체두관(剃頭官)을 파견하여 바로 당일에 단발을 독촉하였다. 100년 이후 국민들은 처음으로 백회(百會: 머리의 중앙부분, 편자주)를 깎았는데, 이를 두고 모두 두풍(頭風)을 없앤 것이라고 하였다. 이것은 운세의 변화이다.

이때 수령들도 백회 부분을 넓게 깎고 양쪽 모발로 머리를 둘러 상투가 없다는 것을 표시하기도 하고 어떤 사람들은 머리를 모두 깎고 시국을 따르기도 하였지만, 아전과 백성들은 단발령을 거부하여 누차 머리 깎는 기한을 연기하면서 무슨 변란이 발생하기를 바라고 있었다.

이때 공주관찰사 이종원(李淙遠)이 금강(錦江)을 차단하고 행인의 머리를 마구 깎으므로 길을 다니는 행인의 발길이 거의 끊기었다. 이때부터 국내는 소란하기 시작하여 의병이 사방에서 일어났다.

❖ 최익현 『면암집(勉菴集)』 포고팔도사민(布告八道士民)

아, 원통하다. 오늘날의 국사를 차마 말로 할 수 있으랴. 옛날에 나라가 망할 때는 종사만 멸망할 뿐이었는데, 오늘날 나라가 망할 때는 인종까지 함께 멸망하는구나. 나라를 멸망시킬 적에는 전쟁으로써 하더니 오늘날 나라를 멸망시킬 적에는 계약으로 하는구나. 전쟁으로 한다면 그래도 승패의 판가름이 있겠지만 계약으로 하는 것은 스스로 망하는 길로 나아가는 것이다.

아, 지난 10월 20일의 변은 전 세계 고금에 일찍이 없었던 일일 것이다. 우리에게 이웃 나라가 있어도 스스로 절교하지 못하고 타인을 시켜 절교하니 이것은 나라가 없는 것이요. 우리에게 토지와 인민이 있어도 스스로 주장하지 못하고 타인을 시켜 대신 감독하게 하니, 이것이 임금이 없는 것이다. 나라가 없고 임금이 없으니 우리 삼천리 인민은 모두 노예며 신첩일 뿐이다. 남의 노예가 되고 남의 신첩이 된다면 살았다 하여도 죽는 것만 못하다.……

시급히 행하여야 할 일을 대강 아래에 나열하여 기록한다.

1. 이번에 신조약을 멋대로 허락한 박제순 · 이지용 · 이근택 · 이완용 · 권중현 등 오적은 우리나라의 죄인일 뿐만 아니라 실로 천지 조종의 원수이며 전국 만민의 원수이다. 마땅히 빨리 토벌하여 죽여야 하는데, 도리어 그들은 조정의 윗자리에 있게 하였고, 비록 진신과 장보들이 토벌을 청하는 상소가 있었지만, 아직 한 사람도 칼을 들고 오적을 치려고 한 자가 있었다는 말을 듣지 못했다. 국가와 인민의 수치가 무엇이 이보다 더한 것이 있겠는가? 춘추의 법에 "난신적자는 사람마다 그를 잡아 죽여야 한다." 하였으니, 모든 사민과 군졸과 하인들까지 모두 적을 토벌하지 아니하면 살지 않겠다는 의리를 각각 이마에 붙이고 스스로 노력하고 분발하여 맹세코 저 오적을 죽여서 우리 조종과 인민의 큰 원수를 제거할 것.

1. 저 오적은 나라를 팔아먹는 것으로서 기량(技倆)을 삼아 오늘 한 가지 일을 허락하고 다음 날 또 한 가지 일을 허락하여 작년의 의정서와 올해의 5조약을 인준하는 일에 이르러서는 다시 여지가 없게 되었다. 무릇 우리의 높고 낮은 관료 및 병졸과 백성들은 모두 충성을 내어 화환(禍患)의 예방을 할 것.

1. 전번 유약소의 통고문을 보니, 결세(結稅)내지 말고 윤차(輪車) 타지 말자는 것과 포백(布帛), 기용(器用)등 저들의 물건을 쓰지 말자는 말이 있었는데, 이것은 진실로 틀림없는 의론이다. 대저 결세는 국가경영에 사용하는 것인데 오늘날에는 모두 왜놈의 금고로 들어가니, 어찌 우리 백성들의

고혈을 원수의 먹이가 되게 할 수 있겠는가? 마땅히 각각 자기 고을에서 해당마을의 부유한 집에 거두어두었다가 오적이 제거된 다음 궁내부에 바쳐야 한다.

1. 철로는 저들이 우리나라를 멸망시키려는 수단의 한 가지인데도 매일 차를 타는 자를 다 실을 수 없을 정도이니, 어찌 우리 백성의 어리석음이 이다지도 심하단 말인가? 생각해보건대 각 처에서 하루에 차를 타는 비용이 어찌 천만만 되겠는가. 재물이 다하여 나라가 멸망하는 것을 우리 백성이 스스로 취하는 것이 아니겠는가? 기타 포백과 기물로 저들이 재물을 몰아가는 것도 단 그 수를 잴 수 없으니, 아 지난날 저들과 통상하지 아니할 때는 우리 백성들이 과연 살 수 없었던가. 이것은 매우 생각이 없는 것이다.

바라건대, 우리 전국의 사민들은 한마음으로 서로 맹세하여 군기와 총포를 제외하고는 일체 저들의 물건을 쓰지 말고 기계가 편리한 것이라도 본국 사람이 제조한 것이 아니면 또한 사서 쓰지 말 것이다.

❖ 이날을 목 놓아 우노라(是日也放聲大哭)
《황성신문》 1905년 11월 20일

지난번에 이토(伊藤) 후작이 한국에 왔을 때, 어리석은 우리 인민은 서로 말하기를, "후작은 평소 동양 삼국의 정족(鼎足)의 안녕을 주선하겠다고 자처하던 사람이었다. 이번에 한국에 온 것은 필경 우리나라의 독립을 굳게 부식(扶植)케 할 방략을 권고할 것이다."고 하여 항구부터 서울에 이르기까지 관민(官民)의 위아래가 환영해 마지않았다.

그러나 세상일 가운데 헤아리기 어려운 일도 많도다. 천만뜻밖에 5조약이 어디에서부터 나왔는가. 이 조약은 비단 우리 한국뿐만 아니라 동양 삼국이 분열하는 조짐을 만들어낼 것인즉, 그렇다면 이토 후작의 본의는 어디에 있는가.

비록 그렇다고 해도 우리 대황제 폐하는 강경한 성의(聖意)로 거절하기를 그치지 않으셨으니, 이 조약이 성립되지 못한다는 것은, 생각하건대 이토 후작 스스로 알고 간파하였을 것이다. 아, 저 개돼지만도 못한 소위 우리 정부의 대신이란 자들은 자기 일신의 영달과 이득이나 바라고 거짓 위협에 겁먹어 머뭇대거나 벌벌 떨며 나라를 팔아먹는 역적이 되는 것을 달갑게 여겨서 4000년의 강토와 500년의 종묘사직을 남에게 들어 바치고, 2000만 백성을 남의 노예가 되도록 하였도다.

저 개돼지보다 못한 외부대신 박제순(朴齊純)과 각 대신들이야 깊이 꾸짖을 것도 없거니와 명색이 참정대신(參政大臣)이란 자는 정부의 수반임에도 단지 '부(否)'자로써 책임을 다했다고 둘러대어 명예를 얻는 밑천으로 삼을 계획이었는가. 김청음(金淸陰)처럼 문서를 찢고 통곡하지도 못했고, 정동계(鄭桐溪)처럼 칼로 배를 가르지도 못하고 버젓이 살아남아서 세상에 다시 나섰으니 그 무슨 낯으로 강경하신 황제 폐하를 다시 뵐 것이며, 무슨 낯으로 2000만 동포를 다시 대할 것인가.

아, 원통하고 분하도다. 우리 2000만 남의 노예가 된 동포여, 살았는가, 죽었는가. 단군과 기자 이래의 4000년 국민정신이 하룻밤 사이에 별안간 멸망하고 말 것인가. 원통하고 원통하다. 동포여, 동포여.

❖ 이인영 -「해외 동포에게 보내는 격문」 (Manifesto to All Coreans in All Parts of the World)

동포들이여! 우리는 함께 뭉쳐 우리의 조국을 위해 헌신하여 우리의 독립을 찾아야 한다.

우리는 야만적인 일본인의 잔혹한 만행과 불법행위를 전 세계에 호소해야 한다.

교활하고 잔인한 일본제국주의자들은 인류의 적이요, 진보의 적이다.

우리는 최선을 다해 모든 일본인들과 그들의 첩자, 그들의 동맹국과 야만적인 군대를 모조리 죽이는 데 힘을 다해야 한다.

광무 11년 9월 25일

대한관동창의대장 이인영

❖《대한매일신보》 1909년 7월 30일「의병총대장 이인영 씨의 약사 속」

군사장은 이미 군비를 신속히 정돈하여 철통같이 준비하여 한 방울의 물도 샐 틈이 없었다. 이에 모든 의진에 전령하여 일제히 진군을 재촉해서 동대문 외곽으로 나가니 대군(大軍)은 장사(長蛇)의 세(勢)로 천천히 진격하게 하고 씨가 300명을 이끌고 선수에 서서 동대문 밖 30리 지점에 진을 치고서 전군의 집결을 기다려 일거에 경성을 공격해 쳐들어가기로 계획하였다. 하지만 전군의 래집(來集)은 시기를 어기고 일본군이 졸지에 공격하는지라 여러 시간을 격렬히 사격하다가 후원(後援)이 이르지 않아 퇴진(退陣)하고 말았다.

서울진공작전의 목적은 서울로 들어가 통감부를 타격하고 성하(城下)의 맹(盟)을 이루며 종래의 소위 신협약 등을 파기하여 대대적 활동을 기도함이라. 우선 신임하는 인물을 서울에 잠입시켜 각국 영사관을 순방하고 통문 한 통씩을 전달하니 그 개략적 의도는 일본의 불의를 성토하고 한국의 불행한 상황을 상세히 진술하고 또 의병은 순수한 애국적인 혈단(血團)이니 열강도 이를 국제공법상의 전쟁단체로 인정해 줄 것과 또 정의와 인도를 주장하는 국가의 동성응원(同聲應援)을 호소하였다.

❖『기려수필(騎驢隨筆)』 이인영조(李麟榮條)

서울 공략작전에 실패하고 의병들이 물러설 무렵, 연합 의병부대에는 또 하나의 불행한 소식이 전해져 왔다. 즉 1907년 12월 25일(양력 1908년 1월 28일) 이인영의 부가 사망하였다는 부고였다. 양주에서 부고를 받은 이인영은 뒷일을 군사장 허위에 부탁하고 그날로 문경으로 돌아가고 말았다.

부의 장례가 끝나자 각지 의병들은 다시 이인영을 찾아가 구국 항일의 전선으로 돌아올 것을 간청하였다. 그러나 그는 "나라에 불충한 자는 아비에게 불효이요, 아비에게 불효한 자는 나라에 불충이니, 충·효는 그 도가 하나요, 둘이 아니니, 나는 나라 풍속을 지켜 3년상의 효도를 다한 후 재기하여 13도의 창의군을 일으켜 권토중래(捲土重來)의 세력으로 일본인을 소탕하겠노라!"고 하여 전통적인 주자학의 윤리를 고수하려는 입장에서 젊은 유생 의병장들의 간청을 거절하였다.

이인영은 그 후 노모와 두 아들을 데리고 일시 경주 상주군에 머물렀다가 다시 충북 황간군 금계동(金溪洞)으로 옮겨 머물던 중, 1909년 6월 7일 일본 헌병에게 체포되어 동년 9월 20일(양) 서울에서 처형당하였다.

6 일제의 식민통치

1) 일제의 무단통치

가) 통치정책

국권피탈 이후 일제는 조선총독부를 설치하여 입법, 사법, 행정 및 군권을 장악하였다. 그리고 일제는 치안확보를 구실로 헌병경찰제를 두고 무단식민 통치정책(1910~1919)을 실행하였다.

이후 일제는 조선에서의 자본주의 발전을 억누르고 대신 조선을 일본상품의 판매시장, 식량 및 원료공급지로 재편하려고 토지조사사업과 회사령 등 식민지 경제정책을 실시하였다.

조선총독부는 토지 소유권 제도를 확립하고 식민지배에 필요한 재원을 마련하기 위해 토지조사사업을 추진했다.

또한 총독부는 회사령을 통해 조선인의 회사설립과 경영을 억제하여 조선인 자본의 성장을 저지하였다.

일제는 1910년 10월 서간도에 무관학교를 세우려고 국내에서 독립자금을 모으던

서대문형무소 역사관

안명근의 체포를 구실로 황해도 지방에서 160여 명을 체포하는가 하면(안악사건), 1911년에는 총독 데라우치를 암살하려는 모의를 했다고 사건을 조작하여 신민회 회원을 체포하는 105인 사건을 일으켰다.

나) 경제적 약탈

① 토지의 약탈

일제의 식민지 경제 정책은 식량, 공업 원료의 약탈 및 상품 판매 시장, 자본투하 시장으로서 식민지를 재편성하는 데 있었다. 이를 위한 기초 작업이 토지조사사업이었다.

토지조사사업은 토지 소유권을 조사하고 확정한 뒤 이를 법적으로 보장하는 등기를 실시하도록 하는 방식으로 이뤄졌다. 이를 통해 일본인 지주들이 대한제국의 법을 위반하고 몰래 취득했던 토지가 모두 합법화되었고 국유지가 크게 늘어났다.

등기제도가 실시되면서 지주나 농업회사는 더 쉽게 농장을 확대하고 토지를 자본으로 전환할 수 있게 되었으며 농민과 공동체의 권리는 크게 약화되었다.

또한 총독부는 토지조사사업을 통해 그 전까지 누락되었던 토지를 모두 찾아내 지세를 부과할 수 있는 대상으로 삼았다. 이로써 일제는 식민지배를 위한 재정기반을 크게 확대할 수 있었다.

② 산업의 약탈

통감부 시기 화폐정리 사업으로 민족자본의 축적을 와해시킨 일제는 1910년 허가제를 골자로 하는 회사령을 공포하여 한국인의 회사 설립과 경영을 통제하였다. 철도, 항만, 통신, 항공, 도로 역시 조선총독부와 일본의 대기업이 독점하였고, 인삼과 소금, 담배 등은 조선총독부가 전매하였다. 그 결과 민족자본의 성장은 억제되고 일본인이 한국의 공업을 주도하게 되었다.

1911년 임야조사사업이 실시되어 막대한 국·공유림과 소유주가 명확하지 않았던 임야가 일본인에게 넘어가 전체 임야의 50% 이상이 조선총독부와 일본인에게 점탈되었다. 또 어업령도 공포하여 일본 어민의 성장을 지원하고 우리 어민의 활동을 억압하였다. 이에 대하여 우리 어민들은 빼앗긴 어업권 회복과 수호를 위해 전국 어장에서 치열한 항쟁을 전개하였다. 1915년에는 광업령을 제정 · 공포하여 일본인 재벌에게 많은 광산을 넘겼다. 특히 제1차 세계대전으로 군수광산물 수요가 증가되자 그 수요를 충당하기 위해 본격적인 광산물 약탈이 자행되었으며 생산물 대부분은 일본으로 반출되었다.

/탐구과제/

○ 일제의 무단통치는 성공했는가?

- ㅁ 1910년대 일제의 식민 통치 체제의 특징을 조사해보자.
- ㅁ 폐지된 태형령을 다시 실시한 이유가 무엇인지 탐구해보자.
- ㅁ 헌병경찰제도에 대하여 탐구해보자.

일제는 식민통치 조직의 개편과 치안 확보라는 구실로 헌병경찰제도를 실시하였다. 이 제도는 군대의 경찰인 헌병이 경찰을 지휘하며 일반 경찰 업무까지 간여하는 것이다.

헌병경찰은 경찰의 일반 업무는 물론 검사 사무 대리, 범죄의 즉결 처분, 민사 소송 조정, 산림 감시, 징세 사무 협조 등 일반 행정 사무까지 맡아서 처리하였다. 이들은 범죄 즉결례, 경찰범 처벌 규칙에 따라 정식 법 절차나 재판을 거치지 않고 조선인에게 벌금을 물리거나 구류 등을 처할 수 있었다. 갑오개혁 때 비인간적인 처벌이라고 해서 폐지되었던 태형령 마저 부활시켰다, 헌병경찰제 실시에 따라 일제는 전국에 경찰 관서와 헌병 기관을 설치하여 조선인을 감시한 것이다.

지방행정 조직도 식민통치에 편리하도록 개편하였다. 도, 부, 군에는 각각 도청, 부청, 군청을 설치하고 그 아래 면을 설치하여 전국적인 통치 체제를 구축하였다.

❖ 조선총독부 설치에 관한 건(칙령 제319호 관보 제1호 1910년 8월 29일)

조선에 조선총독부를 둔다.

조선총독부에 조선총독을 두고 위임 범위 안에서 육해군을 통솔하며 모든 정무를 통할하게 한다.

통감부 및 그 소속관서는 당분간 이를 존속하고 조선총독의 직무는 통감으로 하여금 하게 한다.

종래 한국 정부에 속했던 관청은 내각 및 표훈원을 제외하고 조선총독부 소속관서로 간주하고 당분간 이를 존치한다.

전항의 관서에 재근하는 관리에 관해서는 구한국 정부에 재근했을 때와 동일하게 취급한다. 단 구한국 법규에 의한 친임관은 친임관 대우, 칙임관은 칙임관 대우, 주임관은 주임관 대우, 판임관은 판임관 대우를 받는 것으로 하고, 또한 재관(在官)대로 빙용(聘用)을 허가받은 자에 있어서는 명치 37년 칙령 제195호의 적용을 받는 것으로 간주한다.

❖ 조선주차헌병조례(朝鮮駐箚憲兵條例 칙령 제343호 관보 제17호 1910년 9월 10일)

제2조 조선주둔헌병은 치안유지에 관한 경찰 및 군사경찰을 장악한다.

제3조 헌병장교·준사관·하사관·상등병에게는 조선통감이 정하는 바에 의하여, 재직 중에 경찰관의 직무를 집행시킬 수 있도록 한다.

제7조 서울에 헌병대사령부를 두고 각 도 헌병관구에 1개의 헌병대를 두도록 한다.

❖ 조선총독부관제(칙령 제354호 관보 제28호 1910년 9월 30일)

제1조 조선총독부에 조선총독을 둔다.

총독은 조선을 관할한다.

제2조 총독은 친임으로 한다. 육해군 대장으로 이를 충원한다.

제3조 총독은 천황에 직례(直隸)하고 위임 범위 내에서 육해군을 통솔하며 조선의 방위를 관장한다.

총독은 제반 정무를 통할하고 내각 총리대신을 거쳐 상주하며, 재가를 받는다.

제4조 총독은 그 직권 또는 특별한 위임에 따라 조선총독부령을 발하고 이에 1년 이하의 징역 혹은 금고, 구류, 이백 원 이하의 벌금 또는 과료(科料)의 벌칙을 부가할 수 있다.

제5조 총독은 소할(所轄)관청의 명령 또는 처분으로 제규를 위반하고 공익을 해하거나 또는 권한을 침범하는 자가 있다고 인정될 때에는 그 명령 또는 처분을 취소하거나 또는 정지할 수 있다.

제6조 총독은 소부(所部)의 관리를 통독하고 주임문관의 진퇴는 내각총리대신을 거쳐 상주하며, 판임문관 이하의 진퇴는 전행(專行)한다.

제7조 총독은 내각총리대신을 거쳐 소부문관의 서위서훈을 상주한다.

제8조 총독부에 정무총감을 둔다.

정무총감은 친임으로 한다.

정무총감은 총독을 보좌하고 부무(府務)를 통리하며 각 부국(部局)의 사무를 감독한다.

제9조 총독부에 관방 및 아래의 5부를 둔다.

총무부·내무부·탁지부·농상공부·사법부

제10조 총무부에 인사국, 외사국, 회계국, 내무부에 지방국, 학무국, 탁지부에 사세국, 사계국, 농상공부에 식산국, 상공국을 둔다.

관방, 각부 및 각국의 사무분장은 총독이 정한다.

제11조 총독부에 아래의 직원을 둔다.

제12조 장관은 각부의 장이 되어 총독 및 정무총감의 명을 받아 부무를 장리(掌理)하고 부하 관리를 지휘, 감독한다.

제13조 국장은 상관의 명을 받아 국무(局務)를 장리(掌理)한다.

제14조 참사관은 상관의 명을 받아 심의입법을 관장하거나 또는 각 부국의 사무를 돕는다.

제15조 비서관은 총독의 명을 받아 기밀에 관한 사무를 관장한다.

제16조 서기관은 상관의 명을 받아 부무(府務)를 관장한다.

제17조 사무관은 상관의 명을 받아 부무를 돕는다.

제18조 기사(技師)는 상관의 명을 받아 기술을 관장한다.

제19조 통역관은 상관의 명을 받아 통역을 관장한다.

제20조 속(屬), 기수(技手) 및 통역생은 상관의 지휘를 받아 서무, 기술 및 통역에 종사한다.

제21조 총독부에 총독 부무관(附武官) 2명 및 전속 부관(副官) 1명을 둔다.

총독 부무관은 육해군 소장 또는 좌관(佐官)으로 보(補)한다.

총독 부무관은 참모로 한다.

부관(副官)은 육해군 좌위관(佐尉官)으로 보한다.

총독 부무관 및 부관은 총독의 명을 받아 사무에 복종한다.

부칙

본령은 명치 43년 10월 1일부터 시행한다.

명치 43년 칙령 제319호는 그 관립학교에 관한 것을 제외하고 폐지한다.

❖ 조선태형령(조선총독부령 제13호 1912년 3월 18일 제정)

제1조 3월 이하의 징역 또는 구류에 처하여야 하는 자는 정상(情狀)에 의하여 태형에 처할 수 있다.

제2조 100원 이하의 벌금 또는 과료에 처하여야 하는 자가 다음 각호의 1에 해당하는 경우에는 그 정상에 의하여 태형에 처할 수 있다.

1. 조선 안에 일정한 주소가 있지 아니한 경우
2. 무자산이 인정된 경우

제3조 100원 이하의 벌금 또는 과료를 언도 받은 자가 그 언도확정 후 5일 내에 이를 완납하지 아니한 경우에는 검사 또는 즉결관서의 장은 그 정상에 의하여 태형으로 대체할 수 있다. 다만, 태형 집행 중 아직 집행하지 아니한 태수에 상당하는 벌금 또는 과료를 납부한 경우에는 태형을 면한다.

제4조 이 영에 의하여 태형에 처하거나 벌금 또는 과료를 태형으로 대체하는 경우에는 1일 또는 1원을 1태로 절산하며 그 1원에 미치지 아니한 경우에도 1태로 계산한다. 다만, 태는 5 아래로 할 수 없다.

제5조 태형은 16세 이상 60세 이하의 남자가 아니면 부과할 수 없다.

제6조 태형은 태로 볼기를 때려 집행한다.

제7조 ①태형은 30태 이하는 1회에 집행하며, 30이 증가할 때마다 1회를 추가한다.

②태형의 집행은 1일 1회를 초과할 수 없다.

❖ 토지조사령(조선총독부제령 제2호 1912년 8월 13일 제정)

제1조 토지의 조사 및 측량은 이 영에 의한다.

제2조 ① 토지는 종류에 따라 다음의 지목을 정하고 지반을 측량하여 1구역별로 지번을 부여한다. 다만, 제3호에 게기하는 토지에 대하여는 지번을 부여하지 아니할 수 있다.

1. 전, 답, 대지, 지소, 임야, 잡종지
2. 사사지(社寺地), 분묘지, 공원지, 철도용지, 수도용지
3. 도로, 하천, 주거, 제방, 성첩, 철도선로, 수도선로

② 전항의 규정에 의하여 조사 및 측량하여야 하는 임야는 다른 조사 및 측량지 간에 개재하는 것에 한한다.

제3조 지반의 측량에 대하여는 평 또는 보를 지적의 단위로 한다.

제4조 토지의 소유자는 조선총독이 정하는 기간 내에 그 주소, 성명·명칭 및 소유지의 소재, 지목, 자번호, 사표, 등급, 지적, 결수를 임시토지조사국장에게 신고하여야 한다. 다만, 국유지는 보관관청에서 임시토지조사국장에게 통지하여야 한다.

제5조 토지의 소유자 또는 임차인 기타 관리인은 조선총독이 정하는 기간 내에 그 토지의 사위의 강계에 표항을 세우고, 지목 및 자번호와 민유지에는 소유자의 성명 또는 명칭, 국유지에는 보관관청명을 기재하여야 한다.

제6조 토지의 조사 및 측량을 행함에 대하여는 그 조사 및 측량지역 내의 지주 중에서 2인 이상의 대표를 선정하여 조사 및 측량에 관한 사무에 종사하게 할 수 있다.

제7조 토지의 조사 및 측량을 행함에 있어서 필요한 때에는 당해 관리는 토지의 소유자, 이해관계인 또는 대리인을 실지에 입회시키거나 토지에 관한 서류를 소지한 자에 대하여 그 서류의 제출을 명할 수 있다.

❖ 회사령(조선총독부제령 제13호 1910년 12월 29일 제정)

제1조 회사의 설립은 조선총독의 허가를 받아야 한다.

제2조 조선 외에서 설립한 회사가 조선에 본점이나 지점을 설치하고자 하는 때에는 조선총독의 허가를 받아야 한다.

제3조 ① 조선 외에서 설립하여 조선에서 사업을 경영할 것을 주목적으로 하는 회사가 그 사업을 경영하기 위하여서는 조선에 본점이나 지점을 설치하여야 한다.

② 전항의 규정에 의하여 조선에 지점을 설치한 때에는 상법 중 일본에 지점을 설치한 외국회사에 관한 규정을 준용한다.

제4조 ① 제1조 또는 제2조의 규정에 의하여 허가를 받은 후 1년 내에 회사가 성립하지 아니하거나 본점이나 지점을 설치하지 아니한 때에는 허가는 효력을 상실한다.

② 조선총독은 정당한 사유가 있는 때에는 신청에 의하여 전항의 기간을 연장할 수 있다.

2) 일제의 문화통치

가) 통치정책

3·1운동 이후 일제는 식민정책에 대한 새로운 방향을 모색하여 소위 문화통치를 실시하였다. 헌병경찰제를 보통경찰제로 전환시키고 민족신문을 발행하여 조선인의 언론, 출판, 집회, 결사의 자유 일부를 허용하였다.

하지만 문화통치는 표면적으로 한민족에 대한 무단적 억압을 완화시키고자 한 지배체제였으나 실제로는 가혹한 식민통치를 은폐하기 위한 기만정책에 불과하였다.

일제는 치안유지법을 제정하여 공산당, 독립운동, 민족운동을 억압하였으며 산미증식계획으로 한국에 대한 경제적 수탈을 보다 강화하였다.

나) 식량의 수탈

일제는 토지조사사업을 기반으로 본격적으로 미곡 증산을 꾀하기 위해 산미증식계획을 실시하였다. 이것은 일본의 쌀값 폭등과 식량 부족 문제를 해결하기 위해 조선에 대한 쌀 수탈을 더욱 강화한 것이었다. 일제는 산미증식계획을 추진하면서 수리조합사업, 토지개량사업 등의 비용을 농민에게 전가시키고 쌀 생산을 강요하여 논농사 중심의 농업구조로 바꾸었다. 이 과정에서 농민의 소작료는 점차 올라가고, 조합비와 비료 대금 등을 부담하게 되면서 생활이 갈수록 악화되었다.

1920년부터 15년 계획으로 추진된 산미증식계획은 920만 석 증산이라는 무리한 목표를 설정하였기 때문에 증산량을 달성할 수 없었다. 그러자 일제는 토지개량사업을 통한 증산을 꾀했지만, 이것도 실패하였다. 하지만 미곡 수탈만은 목표대로 수행함으로써 우리 농촌 경제를 파단에 빠뜨렸다.

산미증식계획의 결과 우리의 농업 구조는 미곡 증산을 위한 미곡단작형으로 고착화되었다. 미곡은 다소 증산되었으나 오히려 일본으로의 미곡 유출이 급증하였다. 그래서 우리 농민의 식량 사정은 극도로 악화되었다. 일제는 부족한 식량은 만주에서 생산되는 값싼 잡곡으로 충당하려 했지만, 근본적인 해결책이 되지는 못하였다. 이 때문에 기아선상에서 허덕이던 농민들은 농촌을 떠나 만주나 일본 등지로 삶의 터전을 옮기거나 화전민으로 전락할 수밖에 없었다.

/탐구과제/

○ 일제의 문화통치란 무엇인가?

- 1919년 3 · 1운동 이후 일제의 식민통치 방식에 대하여 탐구해보자.
- 일제의 문화통치가 의도한 바는 무엇인지 알아보자.
- 보통경찰제도를 실시한 의미를 탐구해보자.

1919년 3월 1일 우리 민족의 거족적인 비폭력 만세운동이 일어난 뒤 일제는 헌병경찰통치 대신 문화통치라는 식민통치 방법을 내놓고 해군 대장 출신인 사이토 마코토를 새로운 총독으로 임명하였다. 3대 총독으로 부임한 사이토는 조선인 문화 창달과 민력 증진을 꾀하겠다고 하여 조선인의 언론, 출판, 집회, 결사의 자유 허용과 조선인 경영의 한글 신문 간행을 허용한다고 했다.

그러나 이것은 조선인의 불만을 달래려는 일제의 기만적인 정책이었다. 헌병경찰제를 보통경찰제로 바꾸어 경찰 업무와 군대 업무를 분리하였으나 탄압과 감시는 오히려 더욱 강화되었다. 1925년에는 치안유지법을 만들어 반제국주의와 독립사상을 탄압하는 도구로 이용하였다.

일제는 지방제도를 개정하고 도평의회와 부, 면 협의회 등을 설치하여 일부 지역에서 선거제를 도입하였다. 그러나 극히 일부 지역의 상층 자산가들, 친일파에게만 선거권이 주어졌으며, 나머지 대부분의 지역인 일반 면에서는 선거제가 아닌 임명제가 실시되었다. 이 기관들은 실권이 없는 유명무실한 자문 기관으로 진정한 지방 자치와 거리가 멀었다.

일제는 교육 제도도 바꾸어 제2차 조선교육령(1922)을 발표하고 일본인과 조선인을 동등하게 교육시킨다고 하였다. 이에 따라 경성제국대학을 설치하고 전체 학생의 약 1/3 정도를 조선인에 할당하였다. 그러나 조선인에 대해서는 초등, 실업 기술 교육에 치중하였으며 민립대학의 설립도 억제하였다.

❖ 훈시 - 《조선총독부관보》 1919년 9월 4일 《매일신보》 1919년 9월 3일

조선총독 재등실은 조선총독부 및 소속관서에 소위 문화정치를 표방하는 요지 다음과 같은 훈시를 하다.

시대의 진운과 민심의 귀향에 감하여 항정 사법사무 각반에 걸쳐 다음의 개선을 가할 것을 기한다.

1. 형식적 정치의 폐를 타파하고 법령은 될 수 있는한 간약하게 하고 성의로 국민을 유액하여 기 정신의 철저를 도모하고 항정처분은 사태와 민정을 고려하여 적절한 조치를 취하고 힘써 피처분자의 양해를 얻어야 한다.

1. 사무의 정뢰 간첩에 힘쓰고 민중의 변익을 계하여 관청의 위신을 보지하여야 한다.

1. 언논, 집회, 출판 등에 대하여는 질서와 공안유지에 무방한 한 상당히 고려를 가하여 민의의 창달을 계하여야 한다.

1. 교육, 산업, 교통, 경찰, 위생, 사회구제 기타 각반항정에 쇄신을 가하고 국민생활의 안정을 도모하여 일반의 복리를 증진하는데 있어 새로 일생면을 개척할 것을 기한다. 특히 지방에 있어서의 민풍의 함양과 민력의 작흥은 지방단체의 힘에 기대함이 변할 것이므로 장내 시기를 보아 지방자치제도를 시행할 목적으로 속히 이의 조사연구에 착수하려 한다.

❖ 1919년 3·1운동 이후 9월 조선총독 사이토 마코토(齋藤實)가 발표한 유고(諭告) 『조선총독부관보』 제2126호 1919년 9월 10일

지금이야말로 시운(時運)의 추이와 문물의 진보 역시 예전에 비할 바가 아니다. 게다가 유럽의 전쟁이 끝나 새로이 세태 인심의 지금이야말로 시운(時運)의 추이와 문물의 진보 역시 예전에 비할 바가 아니다. 게다가 유럽의 전쟁이 끝나 새로이 세태 인심의 변천이 특히 뚜렷해지고 있다. 이리하여 정부는 관제를 개혁하여 총독 임용의 범위를 확장하고, 경찰 제도를 개정함으로써, 1) 시대의 변화에 순응하야, 시정의 간소화 및 교화의 보급을 도모하고자 한다.

조선인의 임용, 대우 등에 관해 역시 고려를 하여 각기 능력이나 자질, 또 조선 문화 및 옛 관습으로서 진실로 채택할 만한 것이 있다면 이를 채택하여 통치의 자료로 제공할 것이다. 아울러 각반의 행정에 쇄신을 가하고 또 앞으로 기회를 보아 지방자치제도를 실시하여 국민의 생활을 안정시키고, 일반의 복리를 증진시키는 데 기하고자 한다. 바라건대, 관민이 서로 흉금을 터놓고 협력일치하여 조선 문화를 향상시켜 문화 정치의 기초를 확립함으로써……

❖ 조선총독부경찰관서관제 폐지의 건(칙령 제387호 1919년 8월 19일)

조선총독부경찰관서관제는 이를 폐지한다.

부칙

본령은 공포일부터 이를 시행한다.

본령의 시행 즈음에 조선총독부 경시 또는 조선총독부 경부로서 현재 그 직에 있는 자는 본령 시행 즈음에 한해 조선총독부 경시는 조선총독부 사무관 또는 조선총독부 도경시로, 조선총독부 경부는 조선총독부 도경부에 특별히 이를 임용할 수 있다.

메이지(明治) 43년 칙령 제302호 중 '조선총독부 경시'를 '조선총독부 도경시'로, '문관고등시험위원'을 '고등시험위원'으로, '조선총독부 경부의 임용'을 '조선총독부 도경부의 임용'으로, '헌병의 장(長)인 장관, 헌병 장교는 조선총독부 경무총장, 경무부장 또는 경시'를 '헌병 장교는 조선총독부 경시'로, '조선총독부 경부'를 '조선총독부 도경부 또는 조선총독부 도경부보'로 고치며 동령(同令) 제2항 다음에 아래 항을 넣고 제4항을 지운다.

조선총독부 경부보는 조선총독부 도경부가 될 수 있는 자에서 특별히 이를 임용할 수 있다.

조선총독부지방청직원특별임용령 중 '조선총독부 경시'를 '조선총독부 도경시'로 고친다.

다이쇼(大正) 2년 칙령 제19호 중 '헌병 준(准)사관, 하사'를 '조선총독부 도경부, 조선총독부 도경부보'로, '동(同)상등병'을 '조선총독부 순사'로, '헌병의 권무(權務)'를 '경찰관의 권무(權務)'로 고친다.

❖ 조선태형령 폐지의 건(제령 제5호 1920년 3월 31일 관보 제2289호)

조선태형령 폐지의 건을 영치 44년 법률 제30호 제1조 및 제2조에 따라 칙재를 얻어 이에 이를 공포한다.

조선태형령은 이를 폐지한다.

❖ 산미증식계획 조선총독부(朝鮮總督府), 『조선총독부시정연보(朝鮮總督府施政年報)』 1918 · 1919 · 1920년판

산미증식계획(産米增殖計劃)

'산업개발의 근본정책을 결정하는 산업조사회'

1921년 9월에 개최된 제1회 동위원회가 답신한 '조선산업에 관한 일반방침'

"조선에 있어서 산업상의 계획은 제국 산업정책의 방침에 순응토록 하기 위하여 내외의 정세, 특히 내지(內地) 지나(支那) 및 노령(露領) 아시아 등 인접지방의 경제사정을 고려하여 그 대책을 강구하여야 하며 …… 산업 전반의 조직 및 교통 · 통신기관을 정비하여 자력(資力)의 충실과 금융(金融)의 소통을 원활하게 하여 내선인 및 내선의 관계 · 연락(聯絡)을 더욱 밀접하게 하는 방법을 마련하여 …… 조선산업에 관한 제반정책(諸般政策)의 실행은 미리 내지(內地) 및 인접지와의 관계 ……등을 고려하여 그 규모를 결정하고 경중을 교량(較量)하여 완급(緩急)을 안배(按排)해야 한다."

동회가 농업에 관하여 답신한 '농업에 관한 건'

"농업의 진작(振作) 장려는 산업에 관한 계획 중 가장 큰 힘을 기울여야 할 것으로 생각한다. …… 산미증식개량(產米增殖改良)은 한낱 농업 중의 주요한 사항으로 그치지 않고 조선산업 중 가장 중요한 것이므로, 총독부의 산미증식에 관한 제1기 계획은 현재의 예정을 최저한도의 것으로 생각하고 수행해야 할 필요가 있다고 생각된다. …… 그리고 다음 사항은 계획요항 또는 참고서에서 누락된 것이지만 산미증식계획에 있어서 필요한 것이라고 생각된다. 조선의 쌀은 제국의 식량문제와 중대한 관계가 있으므로 내지에 있어서의 소통(疏通)에 특히 유의 고려해야 한다."

❖《신화일보(新華日報)》 1940년 9월 13일 산미증식계획 관련 자료

1920년 사이토 마코토(齋藤實)이 조선총독을 맡고 있을 당시, 일본은 중농정책을 표방하며 조선인에 대한 수탈과 착취를 가속화하였다. 당시 조선총독부는 '조선산미증식 30년 계획'을 수립하고 토지개량과 관개수리시설의 확충을 독려하여, 일시 미곡 생산량이 상당히 증가하였다. 지난 20년간 조선의 미곡 생산량은 약 6백만 석 정도가 증가하였다.

그러나 조선의 미곡생산량이 증가한 이상으로, 일본으로의 이출량도 증가하였다. 1932년부터 1936년까지 5년간 조선의 미곡생산량은 84,714,429석에 달하였다. 동일 기간 일본으로의 이출량은 43,285,036석이었다. 즉 조선에서 생산된 쌀의 절반 이상이 일본으로 이출된 것이다.

1912년 조선인 1인당 연평균 쌀 소비량은 7.74석이었다. 그러나 1927년에는 연평균 5.24석으로 감소하였고, 1932년에는 4.11석으로 줄어들었다. 이는 조선총독부가 발표한 통계숫자이므로 과장되지 않았을 것이다. 결론적으로, 조선의 미곡 생산량은 분명 상당한 증가가 있었지만, 수많은 조선 인민은 오히려 날이 갈수록 기아와 빈곤에 허덕이고 있는 것이다.

❖ 치안유지법(治安維持法 1925년 5월 12일)
일본제국 법률 제46호

제1조 ①국체를 변혁하거나 사유재산제도를 부인하는 것을 목적으로 결사를 조직하거나 이에 가입한 자는 10년 이하의 징역 또는 금고에 처한다.

②전항의 미수죄는 벌한다.

제2조 전조 제1항의 목적으로 그 목적이 되는 사항의 실행에 관하여 협의를 한 자는 7년 이하의 징역 또는 금고에 처한다.

제3조 제1조 제1항의 목적으로 그 목적이 되는 사항의 실행을 선동한 자는 7년 이하의 징역 또는 금고에 처한다.

제4조 제1조 제1항의 목적으로 소요 · 폭행 기타 생명 · 신체 또는 재산에 해를 가할 수 있는 범죄를 선동한 자는 10년 이하의 징역 또는 금고에 처한다.

제5조 제1조 제1항 및 전3조의 죄를 범하게 할 것을 목적으로 하여 금품 기타의 재산상의 이익을 공여하거나 그 신청 또는 약속을 한 자는 5년 이하의 징역 또는 금고에 처한다. 공여를 받거나 그 요구 또는 약속을 한 자도 같다.

제6조 전5조의 죄를 범한 자가 자수한 때에는 그 형을 감경 또는 면제한다.

제7조 이 법은 이 법의 시행구역 외에서 죄를 범한 자에게도 적용한다.

제8조 전조의 목적으로 집단을 결성한 자 또는 집단을 지도한 자는 무기 또는 3년 이상의 징역에 처하고 전조의 목적으로 집단에 참가한 자 또는 집단에 관하여 전조의 목적수행을 위한 행위를 한 자는 1년 이상의 유기징역에 처한다.

제9조 전8조의 죄를 범하게 하는 것을 목적으로 금품 기타 재산상의 이익을 공여하거나 그 신청 또는 약속을 한 자는 10년 이하의 징역에 처한다. 공여를 받거나 그 요구 또는 약속을 한 자도 같다.

제10조 사유재산제도를 부인하는 것을 목적으로 결사를 조직한 자 또는 결사에 가입한 자나 결사의 목적수행을 위한 행위를 한 자는 10년 이하의 징역 또는 금고에 처한다.

❖ 이광수의 민족개조론 『개벽』 1922년 5월호

조선 민족의 역사에 참고해 보건대, 인은 조선 민족의 근본 성격인 듯합니다. 국제적으로도 일찍 남을 침략해 본 일이 없고, 또 외국인을 심히 애경하는 성질이 있으며, 민족끼리도 잔인 강폭한 행위는 극히 적습니다. 살인강도 같은 잔인성의 죄악은 현금에도 심히 적다 합니다.

(중략)

조선처럼 관대한 자는 타민족에서는 보기 어렵습니다.

(중략)

이제 그 반면인 결점을 보건대, 관대 박애하므로 현대 국민이 가지는 배타적 애국심을 가지기 어려우니, 그러면서 사천 년래 능히 국가를 유지한 것은 그의 자존심과 무용성이 있음이외다. 그의 성(性)이 염결한지라 이민족의 영토를 침략할 야심이 없을뿐더러, 치부지술(致富之術)이 졸(拙)하여져 삼국시대를 보더라도 미술의 발달은 당시 세계에 관(冠)이 될 만하면서도 상공업의 발달은 보잘 것이 없었습니다. 또 예의를 숭상하는 반면은 진정의 유로(流露)를 저애하여 허위에 흐르기 쉬우며, 자존심이 많음은 지도자의 지도에 순종함을 절대 요건으로 하는 공고한 단체의 조직을 못하게 하는 원인이 되고, 그의 낙천적이요 현실적인 본성은 그로 하여금 피안의 낙원을 구하는 종교나 심오한 철학적 사색이나 과학적 탐구에 대한 노력을 경시하게 하였습니다. 조선 민족을 금일의 쇠퇴에 이끌은 원인인 허위와 나타(懶惰)와 비사회성과 및 경제적 쇠약과 과학의 부진은 실로 이 근본적 민족성의 반면(半面)이 가져온 화(禍)입니다. 그러나 그렇다고 이 민족성, 그것이 악한 것은 아니니, 이것은 우리 민족의 타고난 천품이라 어디까지든지 발휘하여야 할 것이외다. 그러므로 우리의 개조할 것은 조선 민족의 근본적 성격이 아니요, 르봉 박사의 이른바 부속적 성격이외다. 그러할진댄 우리의 개조운동은 더욱 가능성이 풍부하다 할 것이외다.

(중략)

조선인이 각 개인으로, 또 일 민족으로 문명한 생활을 경영할 만한 실력을 가지게 된 후에야 비로소 그네의 운명을 그네의 의사대로 결정할 자격과 능력이 생길 것이니, 그때에야 동화를 하거나 자치를 하거나 독립을 하거나, 또 세계적 의의를 가진 대혁명을 하거나, 그네의 의지대로 자처할 것이외다.

(중략)

최후에 한 가지 미리 변명할 것은 이 개조 운동은 정치적이나 종교적의 어느 주의와도 상관이 없다 함이니, 곧 자본주의, 사회주의, 제국주의, 민주주의, 또는 독립주의, 자치주의, 동화주의, 어느 것에나 속한 것이 아니외다. 개조의 성질이 오직 민족성과 민족생활에만 한하였고, 또 목적하는 사업이 상술한 바와 같이 덕체지(德體知) 삼육의 교육적 사업의 범위에 한한 것인즉 아무 정치적 색채가 있을 리가 만무하고, 또 있어서는 안 될 것이외다.

3) 일제의 전시 민족말살 통치

가) 통치정책

일본은 대동아공영이라는 구실로 1931년 만주를, 1937년 중국을 침략한 데 이어 1941년 태평양전쟁으로 침략전쟁을 확대하였다. 이에 따라 식민지조선을 대륙병참기지로 만들어 군수산업을 강화하고 농산물과 지하자원을 약탈하는 정책을 취하였다.

일제에 의한 사상통제도 강화되었고 대륙 침략을 본격화한 일제는 1938년 국가총동원령을 내리고 인적자원의 수탈을 강화하였다. 일제는 청년, 장년과 부녀자까지 강제 동원하여 전쟁에 투입하거나 노역에 종사하게 하였으며 조선의 젊은 처자들 가운데 많은 수는 군위안부라는 이름으로 강제로 끌려갔다.

나) 농촌진흥정책과 통제

1930년대 세계 대공황으로 한국 농촌경제가 파탄하고 농민이 극도로 피폐해짐에 따라 실시된 경제정책이 농촌진흥운동이다. 당시 총 농가의 절반가량이 춘궁기에 식량이 떨어져 굶주림에 시달렸다. 총독부는 농촌 사회의 궁핍으로 사회불안이 심해지고 공산주의 계열의 농민운동이 전파될 것을 우려하였다. 그래서 농가 경제를 되살리기 위해 농촌진흥운동을 시작하였다.

이 운동은 이러한 위기에 대처하기 위한 일종의 자력갱생운동으로 춘궁 퇴치, 부채 정리 등을 목표로 하였다. 농가 30만 호를 대상으로 농촌진흥위원회의 지도하에 각 호의 갱생 계획을 수립하여 실행토록 하였다. 이를 위해 소비를 절약하고 노동력을 최대화해 노동을 강화하고, 영농을 다각화하고 부업을 장려하여 농업

생산력을 증대시키도록 하였다.

또한 일제는 지주제를 농촌 빈곤의 주요 원인으로 보고 규제하기 시작하였다. 조선총독부는 사법기관의 중재로 소작쟁의를 조정하고 고율의 소작료는 제한하는 내용의 조선소작조정령과 조선농지령을 제정하였다. 그러나 이 운동의 전개에도 불구하고 오히려 농가 부채가 증가되고 농가 경제의 궁핍화는 더욱 심해졌다.

농촌진흥운동은 소작쟁의가 격화되고 농민운동이 좌경화됨에 따라 체제 안정화 정책으로 전개되었으나 전시체제하에서는 농민을 통제하고 전쟁에 동원하기 위해 조선 농촌을 재편성하는 전쟁 동원책의 일환으로 변질되었다.

다) 병참기지화 정책

일제의 경제침탈은 1930년대에 들어서 새로운 양상으로 전개되었다. 산미증식계획이 어려움에 부딪치자 공업원료 증산정책으로 방향을 전환하여 면화의 재배와 면양의 사육을 시도하는 정책을 수립하고, 이를 우리 농촌에 강요하였다. 즉 조선총독부는 이른바 남면북양南綿北羊 정책을 실시하여 강제로 남부 지방의 농민에게는 면화를 재배하고, 북부 지방의 농민에게는 양을 기르도록 하였다. 이는 대공황 뒤 선신 사본주의 국가들의 보호무역주의로 원료 공급이 부족할 것에 대비하여 일본인 방직 자본가를 보호하려는 조치였다.

침략전쟁을 위해서는 발전소를 건립하고 군수공장을 세웠으며, 광산을 개발하고 중화학 공업을 육성하였다. 이는 일제가 전쟁을 수행하며 우리의 경제를 보다 철저히 예속시키기 위한 것이었다.

중일전쟁을 일으켜 대륙침략을 본격화 한 일제는 국가총동원령을 내리고 한국에서 인적·물적 자원의 수탈을 강화하였다. 군량확보를 위해 중단되었던 산미증식계획을 재개하였다. 소비규제를 목적으로 식량배급제도가 실시되었고, 미곡 공출제도를 시행하였다. 군수품 조달을 위해서는 각종 가축증식계획을 수립하여 가축의 수탈도 강화하였다.

일제는 태평양전쟁을 도발하면서 전쟁물자 수탈에 광분하였다. 농기구, 식기, 교회나 사원의 종까지 징발하는 등 금속류를 강제로 공출하여 무기제작에 사용하였다. 1943년 학생징병제, 1944년 징병제와 여자정신대 등을 통해 인적 자원을 수탈하여 전쟁에 투입하거나 노역에 종사하게 하였다.

또한 일제는 내선일체內鮮一體를 강조하는 황국신민화 정책을 실시하여 신사참배를 강요하고 조선어교육 폐지와 창씨개명을 강요하여 침략전쟁의 도구로 이용하려 하였다.

일본군 위안부

일본군 위안부란 1931년 일본의 만주침략 이래 일본 육군 · 해군이 창설, 관리한 군위안소에 구속된 채 군인, 군속 상대의 성노예가 될 것을 강요당했던 여성을 일컫는다.

일본군은 점령지 중국을 비롯해 인도네시아, 싱가포르, 파푸아뉴기니 등 광범위한 국가 지역에 위안소를 설치하고, 조선인, 대만인, 중국인, 인도네시아인, 동티모르인, 필리핀인 등 일본의 식민지 및 점령지 여성과 네덜란드 여성, 그리고 일본 여성들을 위안부로 동원했다. 위안부로 동원된 여성의 총 규모는 최저로 잡아서 5만 명 전후이며 일정 기간 감금되고 강간당한 이들을 포함하면 8만에서 20만 명 가까이 될 것으로 추정하고 있다.

반세기 이상 어둠에 갇혀 있었던 위안부 문제는 1990년 한국의 여성단체들이 일본정부에 대해 진상 규명과 사죄를 요구하는 성명서를 발표하면서 본격적으로 제기되었다.

이후 일본정부는 1993년 소위 고노담화를 통해 일본군과 관헌의 관여와 징집, 사역에서의 강제를 인정하고 문제의 본질이 중대한 인권 침해였음을 인정하고 사죄하였다. 이러한 사죄 표명 이후에도 일본 정부는 위안부 문제에 대한 법적 책임은 없다는 입장을 일관되게 견지하였다.

2007년 미국을 비롯한 세계 각국 의회의 위안부 결의안 채택에 대해서도 일본정부는 별다른 반응을 보이고 있지 않고 있다. 또한 중 · 고등학교 일본 교과서의 위안부 관련 기술은 1997년 이른바 새역모 출범 이후 우익과 자민당의 비판이 강화됨에 따라 위안부 모집 과정에서 일본군의 관여를 인정하는 표현이 사라지는 상황에 이르렀다.

일본군 위안부 소녀상

/탐구과제/

○ 일제가 왜 민족말살정책을 실시했는가?

- ㅁ 일제가 내선일체를 주장하는 이유를 조사해보자.
- ㅁ 일제가 왜 창씨개명을 강요했는지 탐구해보자.
- ㅁ 일제가 실시한 민족말살 정책이 무엇인지 조사해보자.

일제는 1930년대에 들어오면서 대륙 침략을 위한 전쟁을 본격적으로 하면서 조선에 대한 식민지 지배를 더욱 강화하였다. 그러한 정책 중에서 조선인에 대한 사회주의 사상을 철저히 통제하였다.

일제는 조선 민족을 황국 신민으로 만들려는 목적으로 황국신민화 정책을 실시하여 조선의 민족성을 말살시키려고 하였다. 그래서 1937년부터 '황국신민서사'라는 충성 맹서문을 만들어 외우도록 강요하였다. 또한 전국의 모든 읍, 면에 일본 신사를 만들어 조선인을 강제로 참배까지 시켰다.

학교 교육과 관공서에서 조선어 사용이 금지되고 대신 일본어를 사용하게 하였다. 1940년에는 이미 친일 언론으로 변질된 동아일보, 조선일보를 강제 폐간하는 등 한글을 사용하는 모든 신문과 잡지를 없애버렸다. 조선인의 민족성을 없애는 가장 좋은 방법은 조선인의 정신이 담긴 조선어를 사용하지 못하게 하는 것이라고 보았기 때문이다. 1941년에는 학교에서 조선어 학습은 완전히 폐지되었다.

1940년부터는 우리의 성과 이름을 일본식으로 바꾸도록 강요하였다. 1941년에는 소학교를 황국신민학교라는 뜻을 가진 초등학교로 이름을 바꾸고 교과 편성과 내용을 바꿨다. 이러한 정책들은 조선 민족을 말살하고 조선인에게 천황 숭배 사상을 심어 완전한 일본인으로 만든 다음 침략 전쟁에 이용하려는데 그 목적이 있었던 것이다.

❖ 국가총동원법(법률 제55호 1938년 5월 5일 시행)

제1조 본 법에서 국가 총동원이란 전시(전쟁에 준하는 사변의 경우를 포함. 이하 동일)에 국방 목적 달성을 위해 국가의 전력을 가장 유효하게 발휘하도록 인적·물적 자원을 통제 운용하는 것을 가리킨다.

제2조 본 법에서 총동원 물자란 다음을 말한다.

1. 병기, 함정, 탄약, 기타 군용 물자
2. 국가 총동원상 필요한 피복, 식량, 음료 및 사료
3. 국가 총동원상 필요한 의약품, 의료기계 기구, 기타 위생용 물자 및 가축 위생용 물자
4. 국가 총동원상 필요한 선박, 항공기, 차량, 말, 기타 수송용 물자
5. 국가 총동원상 필요한 통신용 물자
6. 국가 총동원상 필요한 토목 건축용 물자 및 조명용 물자
7. 국가 총동원상 필요한 연료 및 전력
8. 전 각호에 드는 물품의 생산, 수리, 배급 또는 보존에 필요한 원료, 재료, 기계기구, 장치, 기타 물자
9. 전 각 호에 드는 물품을 제외하고 칙령으로 지정한 국가총동원상 필요한 물자

제3조 본 법에서 총동원 업무란 다음을 가리킨다.

1. 총동원 물자의 생산 · 수리 · 배급 · 수출 · 수입 또는 보관에 관한 업무
2. 국가 총동원상 필요한 운수 또는 통신에 관한 업무
3. 국가 총동원상 필요한 금융에 관한 업무
4. 국가 총동원상 필요한 위생, 가축 위생 또는 구호에 관한 업무
5. 국가 총동원상 필요한 교육 훈련에 관한 업무
6. 국가 총동원상 필요한 시험 연구에 관한 업무
7. 국가 총동원상 필요한 정보 또는 계발 선전에 관한 업무
8. 국가 총동원상 필요한 경비에 관한 업무
9. 전 각 호에 드는 것을 제외하고 칙령으로 지정한 국가총동원에 필요한 업무

제4조 정부는 전시에 국가 총동원상 필요한 경우에는 칙령이 정하는 바에 따라 제국 신민(帝國臣民)을 징용하여 총동원 업무에 종사시킬 수 있다. 단 병역법의 적용을 방해하지 않도록 한다.

제5조 정부는 전시에 국가 총동원상 필요한 경우에는 칙령이 정하는 바에 따라 제국 신민 및 제국 법인, 기타 단체가 국가, 지방 공공 단체 또는 정부가 지정하는 자가 행하는 총동원 업무에 협력하게 할 수 있다.

제6조 정부는 전시에 국가 총동원상 필요한 경우에는 칙령이 정하는 바에 따라 종업자의 사용, 고용 또는 해고 또는 임금, 기타 노동조건에 대하여 필요한 명령을 할 수 있다.

제20조 정부는 전시에 국가 총동원상 필요한 경우에는 칙령이 정하는 바에 따라 신문지, 기타 출판물의 게재에 대하여 제한 또는 금지를 할 수 있다.

정부는 전항의 제한 또는 금지를 위반한 신문지, 기타 출판물에 대하여 국가총동원상 지장이 있는 것의 발매 및 배포를 금지하고 이를 압류할 수 있다. 이 경우에는 또한 원판을 압류할 수 있다.

❖ 창씨개명 《조선총독부관보》 제3843호 1939년 11월 10일 「조선민사령 중 개정의 건」

제11조 조선인 친족 및 상속에 관해서는 별도 규정이 있는 경우를 제외하면 제1조의 법률에 따르지 않고 관습에 따른다. 단 씨(氏), 혼인 연령, 재판상의 이혼, 인지

…… (중략) ……

상속의 승인 및 재산의 분리에 관한 규정은 예외로 한다.

…… (중략) ……

씨(氏)는 호주(법정대리인이 있을 경우에는 법정대리인)가 정한다.

…… (중략) ……

부칙(1939년 11월 제령 제19호)

본령의 시행 기일은 조선 총독이 정한다.

조선인 호주(법정대리인이 있을 경우에는 법정대리인)는 본령 시행 후 6개월 이내에 새로 씨(氏)를 설정하여 부윤 또는 읍 · 면장에게 신고함을 요한다. 전항의 규정에 따른 신고를 하지 않았을 때는 호주의 성을 씨(氏)로 삼는다.

❖ 창씨개명 《조선총독부관보》 제3843호 1939년 11월 10일

황국 신민으로서의 신념과 긍지를 가진 반도인 중에서 법률상으로 일본식 씨(氏)를 부를 수 있기를 희망하는 자가 생기게 된 점은 나도 이미 알고 있었다. 같은 조상, 같은 뿌리인 일본과 한국 두 민족이 혼연일체 되어가는 시점에서 개인의 호칭을 동일한 형식으로 하려는 요망이 대두한 것은, 내용적인 측면과 표리를 이루어 형식적인 측면에서도 내선일체의 구현이 고조에 달했다고 하지 않을 수 없다. 이번에 조선 민사령이 개정되었는데, 그 내용은 여러 가지 사항을 담고 있다. 그 중에서 반도인의 진지하고 열렬한 요망에 대하여 반도인이 법률상 일본인식의 '씨(氏)'를 부를 수 있는 길을 열었다는 점이 개정의 중요한 안목으로, 내선일체의 연선에 따른 친족법상의 획기적 개정이라고 할 수 있다.

❖ 신사참배 《동아일보》 1937년 10월 5일

'서사를 작성 배포, 각 학교 각 단체에서 수시 낭창 금4일부터 일제 시행'

황국 신민 서사

황국 신민 서사(첫째, 아동용)

1. 우리는 대일본제국의 신민(臣民)입니다.
2. 우리는 마음을 합하여 천황 폐하에게 충의(忠義)를 다합니다.
3. 우리는 괴로움을 참고 몸과 마음을 굳세게 하여[忍苦鍛錬] 훌륭하고 강한 국민이 되겠습니다.

황국 신민 서사(둘째, 중등학교 이상 일반인용)

1. 우리는 황국 신민이다. 충성으로써 군국(君國)에 보답한다.
2. 우리들 황국 신민은 서로 믿고 아끼고 협력하여[信愛協力] 단결을 공고히 한다.
3. 우리들 황국 신민은 괴로움을 참고 몸과 마음을 굳세게 하는 힘[忍苦鍛錬力]을 길러 황도(皇道)를 선양(宣揚)한다.

❖ 육군특별지원병령(칙령 제95호 《조선총독부관보》) 1938년 2월 22일

제1조 "호적법의 적용을 받지 않는 연령 17년 이상 제국 신민인 남자", 곧 조선인과 대만인 등이 일본 육군에 지원할 수 있다. 지원자는 육군 대신이 정한 전형에 따라서 현역 또는 제1보충역에 편입할 수 있다.

제2조 제1조에 따라서 육군대신이 현역 또는 제1보충역에 편입될 정원을 정한다.

제3조 조선에 거주하는 일본인과 병역을 마친 조선인은 전쟁이나 사변이 발생했을 때 지원자가 육군 부대에 다시 편입될 수 있다.

❖ 군 위안소 종업부 등 모집에 관한 건(1938년 3월 4일)

육지밀(陸支密) 제745호

부관으로부터 북지방면군(北支方面軍) 및 중지파견군(中支派遣軍) 참모장 앞 통첩안

중국 사변 지역에서의 위안소 설치를 위해 본토에서 이들 종업부 등을 모집함에 있어 고의로 군부 양해 등의 명의를 이용하여 이 때문에 군의 위신을 손상시키고 더욱이 일반 국민의 오해를 초래할 우려가 있는 자, 혹은 종군기자 위문자 등을 끼고 무질서하게 모집하여 사회문제를 야기할 우려가 있는 자, 또는 모집을 담당하는 사람의 인선이 적절치 못하기 때문에 보집의 방법이 유괴와 비슷해서 경찰당국에 피검 취조를 받는 자가 있는 등 주의를 요하지 않으면 안 될 것이므로 장차 이들의 모집에 있어서는 파견군에서 통제하여 이것을 담당하는 인물의 선정을 주도 적적하게 해서 그 실시에 있어서는 관계 지역의 헌병 및 경찰 당국과의 연계를 밀접하게 함으로써 군의 위신 유지와 사회문제상 소홀함이 없도록 배려하기를 명에 따라 통첩한다.

❖ 《매일신보》 군 위안부 모집 광고(1944년 10월 27일)

군 위안부 급모

1. 행선 ㅇㅇ부대 위안소
1. 응모자격 연령 18세 이상 30세 이내 신체 강건한 자
1. 모집기일 10월 27일부터 11월 8일까지
1. 출발일 11월 10일경
1. 계약 및 대우 본인 면담한 후 즉시 결정함
1. 모집인원 수십 명
1. 희망자 좌기 장소에 지급 문의할 사

   경성부 종로구 낙원정 195 조선여관 내

7 일제강점기의 독립운동

1) 1910년대의 독립운동

국내에서의 독립운동은 그치지 않아 항일의병운동이나 계몽운동을 벌였던 일부 인사들이 중심이 되어 항일운동을 이어갔다. 최익현의 의병부대에서 참여했던 임병찬은 각지 유생들을 모아 대한독립의군부를 조직하여 대한제국을 다시 세우기

위한 의병전쟁을 계획했으나 임병찬의 체포로 무위로 끝나고 말았다.

박상진 등은 풍기 등지를 중심으로 대한광복단을 조직하여 공화주의를 내세우며 만주에 무관학교를 설립하려고 군자금을 모으며 만주의 독립운동단체와 연락을 꾀하였다. 그러나 밀고자에 의해 조직이 발각되어 활동이 중단되었다.

국내에서 활동이 제약을 받게 되자 만주와 연해주 등지로 망명한 인사들이 국외 독립운동 기지건설을 추진하였다. 서간도로 건너간 신민회 회원들은 유화현 삼원보에 자치기관인 경학사와 부민단을 세우고 신흥강습소(신흥무관학교)를 설립하여 독립군 간부를 양성했다.

북간도의 용정촌과 명동촌에서도 간민회, 중광단 등의 항일단체가 만들어졌고 서전서숙, 명동학교 등에서 민족교육이 실시되었다.

연해주에 있는 블라디보스토크의 신한촌에서도 의병운동 계열과 계몽운동 계열이 힘을 모아 1911년 권업회를 조직하였으며 이상설, 이동휘를 정, 부통령으로 하는 대한광복군정부라는 독립군조직을 만들어 독립전쟁을 준비했다.

보수세력에 의한 독립운동

1895년 을미사변과 단발령이 일어나자 당대 위정척사의 대표적인 유학자였던 유인석(柳麟錫, 1942~1915)은 제천, 충주 및 중부지방을 근거지로 한 의병활동을 전개하였다. 이후 그는 만주로 망명하여 의병 투쟁과 해외독립운동 기지 개척에 선구적인 역할을 수행하였다.

1910년 일제에 의해 국권이 상실되자 안동 유림의 명문가 출신이었던 이상룡(李相龍, 1858~1932)은 양기탁, 이시영 등 신민회 운동가의 권유에 따라 만주에 독립군 기지를 건설하기로 결심하고 서간도로 이주하였다. 그는 노비문서를 불태워 자신의 노비들을 해방시킨 뒤 가산을 모두 정리하여 식솔을 이끌고 만주로 이주하였으며, 경학사라는 결사를 조직하여 서간도에 정착촌을 건설하고 신흥무관학교를 설립하였다.

이상룡과 함께 기득권을 버리고 온 가족이 독립운동에 나선 대표적인 명문 양반가 출신으로 이회영(李會榮, 1867~1932), 이시영(李始榮, 1868~1953) 등이 있다. 1910년 경술국치를 전후하여 이회영 6형제는 국내에 있던 재산을 처분한 후 60명에 달하는 대가족을 이끌고 만주로 망명했다. 이회영 일가는 서간도에 정착하여 경학사, 신흥강습소를 설치하고 독립운동을 위한 기반 닦기에 들어갔다.

2) 3 · 1운동과 임시정부의 수립

국내외에서 독립운동이 꾸준히 전개되고 있을 무렵 미국의 윌슨 대통령이 민족자결주의를 제창하여(1918) 나라 안팎에 독립의 희망을 크게 심어주었다. 또한 1919년 2월에는 도쿄에서 일본유학생들이 중심이 되어 대한독립선언서와 결의문을 선포하여 국내의 민족지도자들은 이를 계기로 민족운동계획을 진전시켰다.

이후 고종의 인산일을 거사일로 결정하고 만세시위를 계획하면서 종교계 대표들을 중심으로 1919년 3 · 1운동을 일으켰다.

3 · 1 독립선언기념탑

서울 탑골공원에 모였던 각급 학교 학생과 애국시민들이 만세시위를 전개하였으며 지방의 주요 도시에서도 만세 시위가 잇달아 일어났다. 이는 3월부터 5월까지 전국 방방곡곡으로 확산, 파급되어 갔다. 그러나 일제의 무자비한 탄압이 거듭되면서 우리 민족은 무차별 총격에 의해 살상되었고 극심한 수난을 당하였다.

3 · 1운동은 중국의 5 · 4운동에 일정 부분 영향을 주었으며 민족독립운동이 체계적인 독립운동으로 발전하는 계기가 되었다.

또한 독립운동의 최고기관인 임시정부를 수립해야 한다는 인식이 확산되면서 국내에서는 한성정부가 수립되었으며 중국 상하이에서는 민주공화제의 대한민국

임시정부가 수립되었고 연해주에서는 대한국민의회가 조직되었다. 이들은 통합운동을 통해 한성정부를 계승하고 대한국민의회를 흡수하여 상하이에 통합정부인 대한민국임시정부를 수립하였다.

대한민국임시정부는 민주공화제 정부를 지향하고 국내외 독립운동을 보다 조직적이고 효과적으로 추진하는 중추 역할을 하였다. 파리강화회의에 민족대표 파견과 구미위원부의 외교활동, 연통제와 교통국을 설치하여 군자금 모집, 국내 정보수집, 무기수송 등의 활동을 하였다. 또한 사료편찬부를 설치하고『한일관계사료』를 편찬하고 기관지로《독립신문》등을 간행하여 독립정신을 홍보하고 국내외 각지에 소식을 알렸다. 항일독립전쟁은 대표적으로 1932년 이봉창의 동경의거와 윤봉길 의사의 상하이의거와 같은 의열투쟁과 독립군단체지원 등의 군사활동인 육군무관학교와 비행사양성소 등을 세워 군사를 양성하는 한편 중국 군관학교에 군인을 파견하여 교육시키고 만주에 있는 독립군을 지원하는 등의 활동을 하였다.

또한 한국광복군을 창설하였고, 1941년 태평양전쟁이 발발하자 일본과 독일에 선전포고를 하고 연합군에 군대를 파견하기도 하였다. 1945년에는 국내진입작전의 일환으로 국내 정진군 총지휘부를 설립하고 미군의 OSS부대와 합동작전으로 국내에 진입하려는 계획을 진행하던 중 일본의 패망으로 광복을 맞이했다.

상하이 대한민국 임시정부

/탐구과제/

○ 대한민국임시정부 어떻게 볼 것인가?

- ▫ 대한민국임시정부가 세워진 배경과 과정 및 활동사항에 대하여 살펴본다.
- ▫ 대한민국임시정부 건국강령에 나타난 정책을 이해하고, 아울러 현재의 상황과도 비교 연구해 보자.

1919년 4월 11일, 광복을 위해 중국 상하이에 수립한 임시정부는 최초의 민주공화정체이다. 삼권분립의 민주공화제를 지향한 임시정부는 파리강화회의에 민족대표 파견과 구미위원부를 통한 외교활동, 연통제와 교통국을 통한 국내와의 연계활동, 군자금 조달, 애국공채 발행, 독립신문 간행 등 독립운동의 중요한 역할을 담당하였다.

그러나 외교노선의 한계와 독립운동 노선에 대한 내부 분열 등으로 1921년 이후 조직 유지에 급급할 정도로 침체되었다. 1939년 충칭(重慶)으로 옮긴 이후 임시정부는 중국 국민당 정부의 지원 아래 한국광복군을 창설하고 활동하였으며, 1945년에는 국내진입 작전에 미군의 OSS부대와 합동으로 진입하려는 계획을 진행하던 중 일본의 갑작스런 패망으로 뜻을 이루지 못했다.

대한민국 임시정부는 1941년 9월 한국광복군을 창설하고 지청천을 사령관으로 임명하였다. 같은 해 11월 28일 민족독립을 위하여 건국원칙방침을 제시하는 대한민국 건국강령을 발표하여 독립운동 세력을 하나로 통합하였다. 건국강령은 조소앙의 삼균주의에 기초하여 정치, 경제, 교육 등의 평등을 제시하였다. 이것은 삼균제도를 정치이념으로 하고 독립 후에 새 나라의 건국을 위한 방향을 제시한 것으로 1944년 개정임시헌장의 기초가 되었고, 1948년 7월에 제정된 대한민국 헌법 기초에 중요한 참고가 되었다.

❖ 이승만 정한경의 위임통치청원(1919년)

"저희들은 자유를 사랑하는 1,500만 한국인의 이름으로 각하께서 여기에 동봉한 청원서를 평화회의에 제출하여 주시옵고, 또 이 회의에 모인 연합국 열강이 장래에 한국의 완전한 독립을 보장한다는 조건하에 현재와 같은 일본의 통치로부터 한국을 해방시켜 국제연맹의 위임통치(under the mandatory of the League of Nations) 아래에 두는 조치를 취할 수 있도록 하는 저희들의 자유 염원을 평화회의 석상에서 지지하여 주시기를 간절히 청하는 바입니다. 이것이 이루어질 수 있다면 한반도는 모든 나라에 이익을 제공할 중립적 통상지역(a zone of neutral commerce)으로 변할 것입니다. 아울러 이러한 조치는 극동에 하나의 완충국을 탄생시킴으로써 동양에 있어서 어떤 특정 국가의 확장을 방지하고 평화를 유지하는데 도움이 될 것입니다."

김규식이 파리강화회의에 제출한 위임통치청원서(1919년 4월 3일)

한국위원이 강화회의에 제출한 13개조 좌기 1. 1876 급 1904의 한일조약과 1895년 일지조약에 대하야 일본이 한국의 자주독립 급 영토보존을 보증하기로 성명하엿고, 2. 1894년에 일본이 청국에 대하야 선전함과 1904년에 일본이 노국에 대하야 선전함은 전히 한국독립을 보전하고 동양평화를 존중히 한다 성명하얏고, 3. 1882년에 한미조약은 미국정부가 역히 한국 영토의 보전을 보증한다

하엿고, 4. 일본이 한국을 점거함은 실노 공법에 위배하고 인권을 침해함이요 1895년 보호조약에 날인을 박청함은 무력의 강압에 순유함이라. 고로 아 정부가 미국정부에 호구함이 유하엿스나 일본의 당시 세력이 심급하야 미국정부의 성원이 아 정부에 미급하엿고, 5. 한국 국민은 절대적 일본정부 권력하 청명하기를 불원함이오. 6. 한국이 3세기기간을 청국정부의 명의상 친목을 수함이 수유이나 보호 외에 완전히 독립의 체재로 4,200백여 년간 언어문자와 정교사업이 찬연 자유하엿고, 7. 한국은 동양의 쇄약을 작한지라. 가령 1,870여만의 한인으로 하여곰 1일이라도 일인의 가학을 수하던지 일일이라도 기자유의 회복을 불득하면 동양은 필히 일일이라도 평화를 불득할지라. 고로 파이간,청 도의 복철을 불도하며 세계의 대전쟁을 욕면함이니 한국으로 하여곰 독립회복치 아니함이 불가하며, 8. 가령 한국이 자유를 불득한다 하면 일본의 세력이 만주, 서비리아에 대한민국임시정부 초기 위임통치 청원논쟁 153일익진취하야 기야심을 확대하야 아세아 민족으로 피의 군권과 무력 하에 속복케 할지요. 9. 일본이 여기 아주패권을 득하면 열강 각국의 경제와 기상업의 대해가 필유하겟고, 10. 한국이 일본의 무단정치를 수한 이래로 기소수의 압박과 역사상 미증유의 가학을 가하야 아의 언어를 박멸하며 아의 지식을 제한하야 한족으로 하여곰 세계에 멸절케 하랴는 세가 유하고, 11. 금일 한국의 독립회복을 요구함[은] 1870여만의 동포 전체의 동의에 출함인대 최근 3월 1일 삼백여만 한인의 독립운동은 전국 동일 거사하야 족히 한인의 만중일심을 표시할지오. 12. 아 한민족은 천성이 견강하야 수원필보함이어날 적일이심하야 일인을 더브러 세불양립한 고로 완전히 회복독립을 불제하면 일일이라도 구활하기 불능할지요. 13. 열강 제방이 여기 오 한국에 동의를 여하야 영구중립을 득케 할지면 아 한인은 흔도히 원함이니 단히 일본이 기간에셔 우월권를 행사함만 불원함이라.

1919년 4월 3일 신한청년당 대표 김규식(독립기념관)

❖ 대한민국임시의정원법(1919년 4월 25일)

제1장 강 령

제1조 의정원은 각 지방인민의 대표의원으로 조직함

제2조 의원의 자격은 대한국민으로 중등교육을 수한 만 이십삼세 이상의 남녀에 한함

의원의 액수는 지방인구 다과에 의하야 정하되 삼십만에 의원 일인을 정하고 성수미급에 대하야도 일인을 선정함을 득함

인구 정사전에는 하에 의하야 정함

경기도 6인	충청도 6인	경상도 6인
전라도 6인	강원도 3인	함경도 6인
황해도 3인	평안도 6인	중령교민 3인
아령교민 3인	미령교민 3인	

제3조 의원 임기는 이개년으로 하되 매년에 삼분의 일을 개선함을 득함

제4조 의장 부의장은 의원이 호선함

제5조 본원 의원이 행정관리로 임명되는 시난 표결권이 무함

제6조 의정원의 직권은 하와 여함

1. 일절 법률안을 의결함
2. 임시정부의 예산 급 결산을 의결함

3. 전국의 조세 화폐 급 도량형의 준칙을 의결함
4. 공채모집과 국고부담에 관한 사항을 의결함
5. 국무원 주외공사를 선정함
6. 선전구화와 조약체결에 동의함
7. 대사, 특사, 감형, 부권에 동의함
8. 임시정부에 자순사건을 답복함
9. 인민의 청원을 수리함
10. 질문서를 국무원에 제출하야 출석답복을 요구함
11. 임시정부에 자청하야 관리의 납회와 기타 위법한 사항을 사판함을 득함
12. 국무원의 모반행위가 유할 시난 출석원 사분의 삼 이상의 가결로 탄핵함을 득함
13. 국무원의 실직 혹 위법이라 인할 시난 출석원 삼분의 이 이상의 가결로 탄핵함을 득함

第7조 의정원의 의결사항은 임시정부 국무총리의 공포로 시행함

第8조 의정원의 의결을 국무총리가 부인할 시난 이유를 성명하야 복의를 요구하되 복의사항에 대하야 의원 삼분의 이 이상이 전의를 잉집할 시난 제칠조에 의함

第9조 의원은 원내의 언론과 표결에 관하야 원외책임을 불부함

第10조 의원은 내란외환의 범죄나 혹 현행범이 아니면 본원의 허가가 무히 회기 중 체포를 불득함

❖ 『대한민국임시정부자료집』 별책 5, 95권 국민대표회의 Ⅰ 러시아문서관자료 김규식 · 윤해(1923년 11월 24일)

국민대표회의에서의 개조파와 창조파. 분열의 원인과 그 결과

이 두 개의 분파는 바로 국민대표회의 대회 당시에 임의적으로 형성되었습니다. 그리고 상해임시정부의 개조 혹은 창조에 관한 문제가 '근거 없는 것은 아니었으며,' 국민대표회의의 소집 순간까지도 무엇인가 불가피한 방법 혹은 혁명세력의 통일을 달성하는데 있어 효과가 있는 방법 중의 하나로써 고려된 적도 없었습니다. 바로 그런 의미에서 분파가 성립되기 위한 비중 있는 선행 조건 역시 존재하지 않았습니다.

다수의 조직들은 상해임시정부가 탄생한 첫날부터 그것을 지도적 중심으로 전혀 인정하지 않았습니다. 처음에 그것을 인정했던 이들 중에서도 거의 대부분이 임시정부를 거부하여 모든 관계를 단절했다는 점을 고려하면, 이런 사실들로 인해 임시정부의 위신이 근본에서부터 실추되었다는 사실은 전적으로 자연스러운 일입니다.

만약 국민대표회의가 상해임시정부 또는 전혀 신뢰를 받지 못하는 다른 어떤 기관의 주도하에 소집되었다면, 더구나 해방운동과 본질적으로 직접적인 관계를 지니고 있는 문제에 더 많은 관심을 보이지 않고 상해임시정부의 '개조'에 관한 토론이 '예정'되어 있었다면, 본 대표회의의 구성원 자체도 그렇게 많지 않았을 것이며, 혹은 아예 소집되지 않았을 수도 있었을 것입니다.

'개조'라는 아이디어의 교사자 스스로 자신의 입장이 불안정하다는 것을 익히 인식하고 있었으며, 상해임시정부가 과거에 막대한 공적을 지니고 있어서 진실한 혁명중심 기관이라고 감히 추천하지도 않았습니다. 그러나 그들은 동시에 두 개의 혁명중심이 존재하는 병행적 상태를 회피하기 위한 방법으로써, 조심스럽게 '개조'를 권고하려고 시도했습니다. …… (중략) ……

다른 측면에서 임시정부의 문제가 본 대표회의에서 그런 중요한 지위를 차지하는 것을 예상하지도 그리고 원하지 않았던 모든 대표들은 그 문제가 부차적인 것이지 진지하게 관심을 보일 만한 사안은 아니라고 판단했습니다. 왜냐하면 임시정부는 해방운동에서 아무런 의미도 지니고 있지 않으며, 대표들은 무엇보다 우선적으로 대표회의 자체의 위신과 권위를 지지하기 위해 본의 아니게 임시정부의 문제로 단결했던 것이라고 보았기 때문입니다.

이 그룹의 출발적 관점과 '개조파'의 관점 간에는 다음과 같은 차이가 있습니다. 즉 이 그룹은 조직과 조직 사이, 조직 내부 그리고 업무 자체 내에서의 활발한 관계를 수립하는 것으로 혁명세력을 단일화시킨다는 생각을 갖고 있습니다. 그리고 그런 조건이 존재하는 상태에서는, 임시정부라는 공허한 위장물이 동시에 존재하는 것을 전혀 우려하지 않고 있습니다. 개조파를 위해서는 임시정부 개조 문제의 불가피성이 근본적인 것이자 통일의 근본이 되며, 심지어 대표회의의 논의에 상정되어야만 하는 가장 중요한 문제 중의 하나라고 판단하고 있습니다.

보다 구체적으로 표현하면, 개조파의 주장은 아래와 같습니다.

1. 본 대회는 해방운동 사업을 조직적 및 통일적으로 수행하기 위한 방법을 고안하고자 소집되었다. 해방운동의 통일은 5년의 역사를 지니고 있으면서 그 존재에 관해서는 이미 아시아에서도 그리고 서양에서도 모두 알고 있는 임시정부를 개조하는 방법으로 실현될 수 있는 것으로 여겨지고 있다.

2. 임시정부가 특별한 행동으로 자신의 진가를 보여주지 못했으며, 많은 결점을 지니고 있음에도 불구하고, 그것은 임시정부에서 근무하는 개별적 인사들의 결함에 따른 것일 뿐, 전체 정부기관 그 자체를 비난해서는 안 된다. 본 정부 내에서 다양한 직위를 점유하고 있는 인사들이 면직되고 새로운 인사들이 선출된다면, 이 정부는 실로 의미를 갖추게 될 것이다. 그러나 어떠한 경우에도 기관 그 자체는 폐지되지 않을 것이다.

3. 만약 현재의 구성으로 임시정부를 인정하지 않고 새로운 기관을 설립할 경우, 임시정부를 따르던 대중들은 의심의 여지 없이 새로운 기관을 인정하지 않을 것이다. 이런 사실은 모든 사람들을 통일시키는 것이 아니라, 오히려 그 반대로 분파적 투쟁을 첨예하게 만들 것이다.

4. 새로운 기관의 설립은 두 개의 지도 중심, 즉 구 중심과 신 중심의 동시적 존재라는 결과를 지니게 될 것이다. 이것은 재차 내부 투쟁을 강화시킬 것이며, 그로 인하여 종국적으로는 혁명세력을 분산시켜 버릴 것이다.

창조파들이 주장하는 명제 중에서 중요한 것은 아래와 같습니다.

1. 우리는 선전 수행의 시기를 벗어나서 적극적인 투쟁의 수행을 준비해야 하는 순간에 근접해 있다. 혁명세력의 통일은 조직들 그리고 국민대표회의에 의하여 고안된 원칙을 수행함에 있어서 단결하고 활발한 관계를 수립하는 방법으로 달성될 수 있을 뿐, 지도 중심으로서 편파적인 인식을 지니고 있으면서 그 어떤 것이든 신뢰를 상실한 기관을 개조하는 방식으로는 될 수 없다고 생각한다.

2. 과거의 실수와 부족은 상해임시정부를 세운 의정원에 의하여 규정된 형식 및 틀과 연관되어 있는 임정 요원들의 형편없는 사업의 결과가 아니다. 그것은 조직 업무 및 전반적으로 조직 내 혁명 대중과의 연계장치가 조악하게 구성된 결과이다. 상해임시정부와 같이 비관적인 조직의 비현실적인 행정적 관청의 개조만으로는 어떠한 경우에도 혁명사업을 지도할 수 있는 유일하게 필요하고 실질적인 그런 유능한 기관을 확보할 수 없다.

3. 격렬한 혁명적 봉기의 시점에서 발생한 임시정부는 일본의 독특한 민족적 제국의 권력에 대항하는 일부 대중의 구체적 슬로건이었다. 임시정부가 실질적인 사업을 수행하려 했을 때도, 임시정부

자신은 사업을 지도할 수 있는 준비가 되어 있지 않았으며, 열의도 없고 능력마저 없다는 사실을 드러냈을 뿐이었다. 바로 그것 때문에 임시정부를 향한 대중의 열기가 급속도로 냉각되었으며, 결국 대중을 상대로 한 영향력을 모두 상실했다.

4. 대회가 모든 혁명 집단의 한결같은 소망이자 그들 열망의 대변자였으며, 대회의 결정이 모두를 위해 필수적인 것이었다. 그렇다면 상해임시정부 자신도 혁명조직이라고 인식하고 있는 만큼, 대회에 복종해야만 했다. 그렇지 않을 경우, 대회가 심지어 개조주의자의 심정으로 임시정부를 개조한다 해도, 임시정부는 대회에 대응해 반대입장을 취하고 있는 자신의 의정원과 함께 죽지 않고 남아 있을 것이다. 그래서는 재차 이전처럼 목적을 달성할 수 없을 것이며, 목적은 '개조주의자'들에 의해 파괴되었을 것이다. 또한 임정이라는 기관의 개조는 임시정부보다 의심할 바 없이 더 큰 공적을 지니고 있는 수많은 다른 기관들의 요구를 우선적으로 동반하게 될 것이다.

❖ 한인애국단 선서문

선서문

나는 조국의 독립과 자유를 회복하기 위해 한인애국단의 일원이 되어 중국을 침략하는 적의 장교를 도륙할 것을 진실로 맹세합니다.

대한민국 14년(1932) 4월 26일

선서인 윤봉길

한인애국단 앞

윤봉길 의사 기념사업회, 『도록 윤봉길 의사』, 1992

❖ 이봉창 의사 선서문

국한문혼용체의 해서로 "선서문 …… 나는 적성으로써 조국의 독립과 자유를 회복하기 위하야 한인애국단의 일원이 되야 적국의 수괴를 도륙하기로 맹서하나이다.

대한민국 13년 12월 13일 선서인 이봉창 한인애국단 앞"

❖ 한국광복군 선언문(1940년 9월 15일)

대한민국 임시정부는 대한민국 원년에 정부가 공포한 군사조직법에 의거하여 중화민국 총통 장개석원수(蔣介石元帥)의 특별 허락으로 중화민국 영토 내에서 광복군을 조직하고 대한민국 22년 9월 17일 한국광복군 총사령부를 창설함을 자(玆)에 선언한다.

한국광복군은 중화민국 국민과 합작하여 우리 두 나라의 독립을 회복하고자 공동의 적인 일본제국주의자들을 타도하기 위하여 연합군의 일원으로 항전을 계속한다.

과거 삼십 년간 일본이 우리 조국을 병합 통치하는 동안 우리 민족의 확고한 독립정신은 불명예스러운 노예생활에서 벗어나기 위하여 무자비한 압박자에 대한 영웅적 항전을 계속하여 왔다. 영광스러운 중화민국의 항전이 사개년에 도달한 이때 우리는 큰 희망을 가지고 우리 조국의 독립을 위하여 우리의 전투력을 강화할 시기가 왔다고 확신한다.

우리는 중화민국 최고영수 장개석 원수가 한국 민족에 대하여 원대한 정책을 채택함을 기뻐하여 감사의 찬사를 보내는 바이다.

우리들은 한중연합전선에서 우리 스스로 계속 불단한 투쟁을 감행하여 극동 및 아시아 인민 중에서 자유 평등을 쟁취할 것을 약속하는 바이다.

대한민국 임시정부 주석 겸 한국광복군 창설위원장 김구

❖ 대한민국임시정부 건국강령(1941년)

제1장 강령

1. 우리나라는 우리 민족이 반만년 이래로 공통한 말과 글과 국토와 주권과 경제와 문화를 가지고 공통한 민족정기를 길러온 우리끼리로서 형성하고 단결한 고정적 집단의 최고 조직임.

2. 우리나라의 건국정신은 삼균제도에 역사적 근거를 두었으니, 선민의 명명한 바 '수미균평위'하면 '흥방보태평'이라 하였다. 이는 사회각층의 지력과 권력과 부력의 가짐을 고르게 하여 국가를 진흥하며 태평을 보전, 유지하려 함이니 홍익인간과 이화세계하자는 우리 민족의 지킬 바 최고의 공리임.

3. 우리나라의 토지제도는 국유의 유법을 두었으니 선현의 통론한 바 준성조지공분수지법하여 혁후인사유겸병지폐라 하였으니 이는 문란한 사유제도를 국유로 환원하라는 토지혁명이다. 우리 민족은 옛 규칙과 새 법을 참작하여 토지제도를 국유로 확정한 것임.

4. 우리나라의 대외주권이 상실되었을 때에 순국한 선열은 우리 민족에게 동심복국할 것을 유촉하였으니, 이른바 "바라건대 우리 동포는 국치를 잊지 말고 굳게 참고 노력하여 마음을 한가지로 하고 다 같이 덕을 닦아서 외국의 모멸을 두들겨 부숨으로써 우리 독립을 회복하라"고 하였다. 이는 전후 순국한 수십만 선열의 전형적 유지로서 현재와 장래의 민족정기를 두들겨 일으킴이니 우리 민족의 남녀노소가 영원히 잊지 못할 것임.

5. 우리나라의 독립선언은 우리 민족의 혁혁한 혁명을 일으킨 원인이며 신천지의 개벽이니 이른바 "우리 조국의 독립국임과 우리 민족의 자유민임을 선언하노라. 이로써 세계만방에 고하여 인류평등의 대의를 밝히며 이로써 자손만대에 경계하여 민족자존의 정권을 영유케 하노라" 하였다. 이는 우리 민족이 3 · 1헌전(憲典)을 발동한 원기이며 동년 4월 11일에 13도 대표로 조직된 임시의정원은 대한민국을 세우고 임시정부와 임시헌장 10조를 만들어 반포하였으니 이는 우리 민족의 힘으로써 이족전제를 전복하고 5천 년 군주정치의 허울을 파괴하고 새로운 민주제도를 건립하여 사회의 계급을 없애는 제일보의 착수였다. 우리는 대중이 핏방울로 창조한 국가형성의 초석인 대한민국을 절대로 옹호하며 확립함에 같이 싸울 것임.

6. 임시정부는 13년 4월에 대외선언을 발표하고 삼균제도의 건국원칙을 천명하였으니, 이른바 "보통선거 제도를 실시하여 정권을 균히 하고 국유제도를 채용하여 이권을 균히 하고 공비교육으로써 학권을 균히 하며, 국내외에 대하여 민족자결의 권리를 보장하여서 민족과 국가의 불평 등을 고쳐버릴 것이니, 이로써 국내에 실현하면 특권계급이 곧 없어지고 소수민족의 침몰을 면하고, 정치와 경제와 교육권리를 균히 하여 고저를 없이하고 동족과 이족에 대하여 또한 이렇게 한다."고 하였다. 이는 삼균제도의 제1차 선언이니 이 제도를 발양 확대할 것임.

7. 임시정부는 이상에 근거하여 혁명적 삼균제도로써 복국하고, 건국을 통하여 일관한 최고공리인 정치, 경제, 교육의 균등과 독립, 민주, 균치의 3종 방식을 동시에 실시할 것임.

제2장 복국

1. 독립을 선포하고 국호를 일정히 하여 행사하고 임시정부와 임시의정원을 세워서 임시약법과 기타 법규를 반포하고 인민의 납세와 병역의 의무를 행하며 군력과 외교와 당무와 인심이 서로 배합하여 적에 대한 혈전을 정부로써 지속하는 과정으로 복국의 제1기라 할 것임.

2. 일부 국토를 회복하고 당·정·군의 기구가 국내로 옮기어 국제적 지위를 본질적으로 취득함에 충족한 조건이 성숙할 때를 복국 제2기라 할 것임.

3. 적의 세력에 포위된 국토와 포로된 인민과 침점된 정치, 경제와 말살된 교육과 문화 등을 완전히 탈환하고 평등지위와 자유의지로써 각국 정부와 조약을 체결할 때는 복국의 완성기라 할 것임.

4. 복국기에서 임시 약헌과 기타 반포한 법규에 의하여 임시의정원의 선거로 조직된 국무위원회로서 복국의 공무를 집행할 것임.

5. 복국의 국가주권은 광복운동자 전체가 대표할 것임.

6. 삼균제도로서 민족의 혁명의식을 환기하며, 해외의 민족역량을 집중하여 광복운동의 총동원을 실시하여 장교와 무장대오를 통일훈련하여 상당한 병력의 광복군을 곳곳마다 편성하여 혈전을 강화할 것임.

7. 적의 침탈세력을 박멸함에 일체 수단을 다하되 대중적 반항과 무장적 투쟁과 국제적 외교와 선전 등의 독립운동을 확대, 강화할 것임.

8. 우리 독립운동을 동정하고 원조하는 민족과 국가와 연결하여 광복운동의 역할을 확대할 것이며 적 일본과 항전하는 우방과 절실히 연락하여 항일동맹군의 구체적 행동을 취할 것임.

제3장 건국

1. 적의 일체 통치기구를 국내에서 완전히 박멸하고 국도를 정하고 중앙정부와 중앙의회의 정식활동으로 주권을 행사하여 선거와 입법과 임관과 군사, 외교, 경제 등에 관한 국가정령이 자유로 행사되어 삼균제도의 강령과 정책을 국내에 추행하되 시작하는 과정을 건국의 제1기라 함.

2. 삼균제도를 골자로 한 헌법을 시행하여 정치, 경제 교육의 민주적 시설로 실제상 균형을 도모하며 전국의 토지와 대생산기관의 국유화가 완성되고 전국 학령아동의 전수가 고등교육의 면비수학이 완성되고 보통선거 제도가 구속없이 완전히 실시되어 전국 각 동, 리, 촌과 면, 읍과 도, 군, 부와 도의 자치조직과 행정조직과 민중단체와 조직이 완비되어 삼균제가 배합, 실시되고 경향 각층의 극빈계급에 물질과 정신상 생활정도와 문화수준을 높이어 보장되는 과정을 건국의 제2기라 함.

3. 건국기의 헌법상 국민의 기본권리와 의무는 다음 원칙에 의거하고 법률로 따로 정하여 시행함.

4. 건국시기의 헌법상 중앙과 지방의 정치기구는 다음 원칙에 의거 함.

5. 건국시기의 헌법상 경제체계는 국민 각개의 균등생활을 확보함과 민족 전체의 발전 및 국가를 건립, 보위함과 민족 전체의 발전 및 연환관계를 가지게 하되 다음에 열거한 기본원칙에 의거하여 경제정책을 추진, 실행함.

(1) 대산업기관의 공구와 시설을 국유로 하고, 토지, 광산, 어업, 수리, 임업 소택과 수상, 공중의 운수사업과 은행, 전신, 교통 등과 대규모의 농, 공, 상, 기업과 성시, 공업구역의 공용적 주요산업은 국유로 하고, 소규모 혹 중소기업은 사영으로 함.

(2) 적의 침략, 침점 혹은 시설한 관공, 사유 토지와 어업, 광산, 농림, 은행, 회사, 공장, 철도, 학교, 교회, 사찰, 병원, 공원 등의 산업과 기타 토지 및 경제, 정치, 군사, 문화, 교육, 종교, 위생에 관한 일체 사유자본과 부적자의 일체 소유자본과 부동산을 몰수하여 국유로 함.

(3) 몰수한 재산은 빈공, 빈농 및 일체 무산자의 이익을 위하여 국영 혹 공영의 집단 생산기관에 충당함을 원칙으로 함.

(4) 토지의 상속, 매매, 저압, 전양, 유증, 전조차의 금지와 고리대금업과 사인의 고용농업의 금지를 원칙으로 하고 농장생산 소비와 무역의 기구를 조직 확대하여 농공대중의 물질과 정신상 생활정도와 문화수준을 높임.

(5) 국제무역, 전기, 수도, 대규모의 인쇄소, 출판, 영화극장 등을 국유, 국영으로 함.

(6) 노공, 유공, 여인의 야간노동과 연령, 지대, 시간의 불합리한 노동을 금지함.

(7) 농공인의 면비의료를 보급, 실시하여 질병소멸과 건강을 보장함.

(8) 토지는 자력자경인에게 나누어줌을 원칙으로 하되, 원래의 고용농, 자작농, 소지주농, 중지주농 등 농인지위를 보아 저급으로부터 우선권을 줌.

대한민국건국강령을 제정하여 이에 공포함

대한민국 23년 11월 29일

임시정부 국무위원회 주석 金九

국무위원 李始榮, 曹成煥, 趙琬九, 趙素昂, 朴贊翊, 車利錫

❖ 한국광복군부사령 증설안 · 한국광복군부사령 선임안 · 군무부부원 선임안 기사(1942년 5월~8월)

대한민국 이십사년 오월 십삼일 국무회의에서 한국광복군에 부사령 일직을 증설하야 총사령을 보좌하며 총사령이 유고할 시에 그를 대리케 하기로 결의하다.

한국광부군부사령선임안

대한민국 이십사년 오월 십팔일 국무회의에서 김원봉을 한국광부군 부사령으로 선임하기로 결의하다.

군무부부원선임안

대한민국 이십사년 팔월 사일 국무회의에서 군무부장의 추천에 의하야 이준식을 군무부 부원으로 선임하기로 결의하다.

대한민국임시정부공보 제75호(1942. 8. 20.)

3) 1920년대 독립운동

1920년에 들어와 만주와 연해주에서 활동하던 독립군은 국내 진공작전을 전개하였는데, 그 중에 큰 전과를 올린 것이 홍범도의 대한독립군에 의한 봉오동전투(1920년

6월)와 김좌진의 북로군정서와 홍범도 부대가 연합한 청산리전투(1920년 10월)였다.

이후 경신참변과 자유시참변을 겪었던 독립군은 조직을 재정비하면서 통합운동을 추진하여 참의부, 정의부, 신민부의 3부로 통합되었다.

한편 김원봉 등 일단의 무정부주의자들은 만주에서 의열단을 결성하고 외교노선이나 독립군 활동보다는 의열단원의 희생적인 투쟁에 주력하여 일제 고위관료, 친일파의 암살 및 일제의 식민통치기관에 대한 파괴활동에 주력하였다.

1925년 조선공산당의 창립을 계기로 민족주의운동과 사회주의운동의 반일민족통일전선을 결성하려는 논의가 활기를 띠었다. 조선공산당은 천도교 구파의 권동진 등과 만나 공동투쟁을 합의하여 1926년 6 · 10만세운동을 주도했다. 순종 인산일 당일 일제의 삼엄한 경비 속에 행사에 참여한 학생들은 격문을 살포하고 독립만세를 외침으로써 대규모 군중 시위운동을 전개하였다. 결국 실패로 돌아갔지만, 민족주의자와 사회주의 세력이 연대한 6 · 10만세운동은 당시 침체된 민족운동에 활력을 불어넣었다는 점에 의의가 있었다.

이후 1927년 신간회가 조직되어 좌우합작에 의한 반일민족통일전선운동이 일어나 1920년대 후반 국내 민족해방운동을 주도하였다. 신간회의 주장에는 조선 민중을 착취하는 기관의 철폐, 이민 정책의 반대, 한국인 본위의 교육제도 실시, 조선어 교육의 실시, 사상연구의 자유 등이 포괄되어 있었다.

6 · 10만세운동과 신간회 결성을 계기로 학생운동은 더욱 조직적으로 발전했으며 학교마다 사회주의 독서회, 비밀결사 등이 조직되어 동맹휴교를 이끌었다. 특히

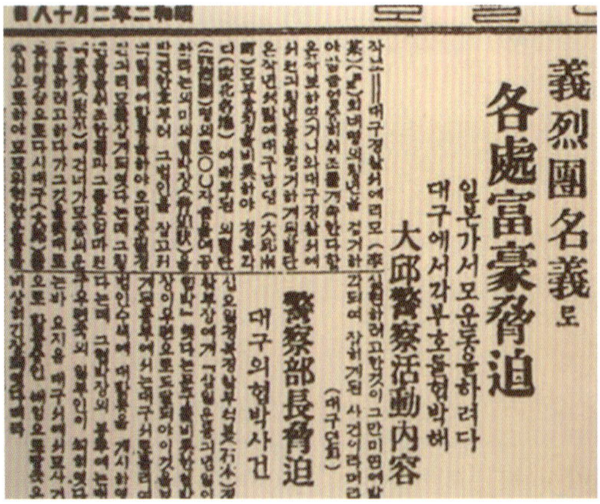
義烈團名義로

各處富豪脅迫

일본가서모운동을하려다

대구에서각부호들협박해

大邱警察活動內容

警察部長脅迫

대구의협박사건

의열단 활동 신문기사

1929년 광주학생운동에도 각 학교에 조직된 독서회가 중요한 역할을 하였다. 조선학생과 일본학생 사이에 충돌이 일어나자 학생운동을 민족해방운동으로 발전시켰으며 이 운동은 곧바로 전국으로 번져 전국적 학생운동으로 발전하였다.

4) 1930~40년대 독립운동

1931년 만주사변 이후 만주지역의 독립군은 큰 타격을 입었다. 1932년 북간도에서는 중국공산당에 의해 조선인과 중국인들이 연합한 항일유격대가 조직되었다. 유격대원의 대부분이 조선인이었던 이들은 1933년 동북인민혁명군으로 통일하였다.

이후 일제의 토벌과 민생단 공작으로 항일운동 역량에 큰 타격을 입은 동북인민혁명군은 1935년 항일민족통일전선의 강화를 목적으로 동북항일연군으로 확대, 개편하였다.

한편, 1932년 윤봉길 의거 이후 김원봉의 의열단이 중심이 되어 조소앙의 한국독립당, 지청천의 조선혁명당, 김규식의 한국광복동지회, 한국혁명당이 연합하여 통일동맹을 결성하고 1935년 민족혁명당을 결성하였다. 중국 관내의 유일 독립당을 지향한 민족혁명당은 임시정부를 해체할 계획이었으나 임시정부 고수파가 강력히 반발하고 당 운영의 주도권 문제로 한국독립당과 조선혁명당이 이탈하면서 통일전선당으로의 성격이 약화되었다.

1937년 민족혁명당은 조선민족전선연맹을 결성하여 민족좌익전선을 통일했다. 일제 타도와 조선민족의 자주독립을 선언한 조선민족전선연맹은 자신의 군사조직으로 조선의용대를 만들었다. 중국국민당 정부의 원조를 받아 조직된 조선의용대는 중국국민당 정부의 각 전선에 분산되어 활동에 종사하였다. 이 무렵 중국군의 소극적 활동에 불만을 품은 조선의용대는 화북지방으로 북상하여 중국공산당의 영향하에 옌안延安계의 한인과 결합하여 1941년 화북조선청년연합회를 조직해 항일전을 전개하였다. 1942년 7월 화북조선청년연합회가 화북조선독립동맹으로 개편될 때 조선의용대를 조선의용군으로 개편했으며 중국공산당의 팔로군과 협동

김구와 윤봉길

작전을 펼치며 항일전에 참가하였다.

김구의 한국국민당은 1937년 민족혁명당에서 이탈한 조소앙의 한국독립당, 지청천의 조선혁명당과 연합하여 한국광복운동단체연합회를 조직했다. 대한민국임시정부가 충칭重慶에 자리 잡은 뒤인 1940년 이들 3당이 합당하여 한국독립당을 창당했으며 보통선거에 의한 정치균등, 토지와 대기업 국유화를 통한 경제균등, 국민의 무교육제에 의한 교육균등 등 삼균주의를 이념으로 내세웠다.

임시정부는 1940년에 이청천을 사령관으로 하는 한국광복군을 창설하였으며, 1941년 일본에 정식으로 선전포고를 하였다.

일제의 패망이 가까워지면서 관내 항일전선의 통일이 요구되어 조선민족전선연맹 측의 김원봉, 김규식 등이 임정에 참여함으로써 임정은 중국 관내 민족전선의 통일전선정부로서 자리 잡게 되었다.

/탐구과제/

○ 의열단과 무장투쟁이 한국독립에 어떠한 영향을 끼쳤는가?

- ▫ 독립운동 방법론에서 외교독립론과 무장투쟁론에 대하여 이해한다.
- ▫ 의열단이 조직된 배경과 활동 사항을 조사하고, 임시정부와의 연계 활동을 탐구한다.
- ▫ 의열단 이후 무장투쟁단체의 활동에 대해 고찰한다.

1910년 8월 한일병합조약 체결로 나라를 빼앗겨 일본제국주의의 식민지가 된 이후, 일본의 식민지배 정책에 대항하여 무장투쟁을 벌이던 의병들은 만주와 간도, 연해주 등으로 이동해 독립군 활동을 전개하였다. 1919년 3 · 1운동을 계기로 해외로 독립운동기지를 옮긴 애국지사들은 일제의 무력에 대항하여 독립을 쟁취하기 위하여 보다 조직적이고 강력한 독립운동 단체의 조직이 필요하다고 생각하였다.

그런 중에 1919년 11월 10일 급진적 민족주의 노선을 지향하는 항일비밀결사인 의열단이 조직되었다. 당시 만주와 중국 본토지역에 조직된 많은 독립운동 단체가 미온적이고 온건한 독립운동을 전개하고 있다고 보고, 이에 대한 반성으로 과격하고 급진적인 폭력투쟁을 목적으로 하였다. 단원은 대체로 신흥무관학교 출신이 중심이 되었고, 단장에는 김원봉이 선출되었다.

의열단의 지도이념과 사상은 신채호가 작성한 〈조선혁명선언〉에 잘 나타나 있다. 즉 민중직접혁명과 평등주의에 입각하여 당시 다른 독립운동노선이었던 문화주의와 외교론, 준비론 등 타협주의를 배격하고 폭력적 민중혁명에 의한 일제의 타도라는 전술을 통하여 독립쟁취를 목표로 한 것이다.

❖《신한민보》(1922년 4월 6일) 홍범도

러시아 추풍령, 중국 북간도 훈춘현 토문자에서 최경천과 함께 독립군 모집활동을 하였다.

❖《동아일보》(1921년 5월 1일) 홍범도 일파가 지다(智多)정부 방문설

조선독립의 후원을 청하기 위하여 홍범도가 부하 수백 명을 데리고 모처에 도달한 전보를 하였으되 간도에 있는 조선독립군의 두목 홍범도는 수백 명의 부하를 데리고 부리고에 이르러 문창범 기타의 간부와 만나보고 다시 지다정부를 방문하고 조선 독립에 대한 후원을 얻기 위하여 4월 15일에 부리고에를 출발하여 지다로 향하였다더라.

❖ 조선혁명선언(신채호)

강도 일본이 우리의 국호를 없이 하며, 우리의 정권을 빼앗으며, 우리의 생존적 필요조건을 다 박탈(剝奪)하였다.

경제의 생명인 산림, 천택(川澤), 철도, 광산어장 내지 소공업 원료까지 다 빼앗아 일체의 생산 기능을 칼로 베며 도끼로 끊고, 토지세 · 가옥세 · 인구세 · 가축세 · 백일세(百一稅) · 지방세 · 주초세(酒草稅) · 비료세 · 종자세 · 영업세 · 청결세(淸潔稅) · 소득세 …… 기타 각종 잡세가 축일(逐日) 증가하여 혈액은 있는 대로 다 빨아 가고, 여간(如干) 상업가들은 일본의 제조품을 조선인에게 매개하는 중간인이 되어 차차 자본 집중의 원칙하에서 멸망할 뿐이요, 대다수 인민 곧 일반 농민들은 피땀을 흘리며 토지를 갈아, 그 종년(終年) 소득으로 일신과 처자의 호구거리도 남기지 못하고, 우리를 잡아먹으려는 일본 강도에게 진공(進供)하여 그 살을 찌워 주는 영세(永世)의 우마(牛馬)가 될 뿐이요, 내종(乃終)에는 그 우마의 생활도 못 하게 일본 이민(移民)의 수입이 연년(年年) 고도의 속률(速率)로 증가하여 '딸깍발이' 등쌀에 우리 민족은 발 디딜 땅이 없어 산으로 물로 서간도로 북간도로 시베리아의 황야로 몰려가 아귀(餓鬼)부터 유귀(流鬼)가 될 뿐이며, 강도 일본이 헌병 정치, 경찰 정치를 여행(勵行)하여 우리 민족이 촌보(寸步)의 행동도 임의로 못 하고, 언론, 출판, 결사, 집회의 일체 자유가 없어, 고통과 분한(憤恨)이 있으면 벙어리의 가슴이나 만질 뿐이요, 행복과 자유의 세계에는 눈뜬 소경이 되고, 자녀가 나면 '일어를 국어라, 일문을 국문이라' 하는 노예 양성소—학교—로 보내고, 조선 사람으로 혹 조선사를 읽게 된다 하면 '단군을 무(誣)하여 소잔명준(素棧鳴尊)의 형제'라 하며, '삼한 시대 한강 이남을 일본 영지'라 한 일본 놈들이 적은 대로 읽게 되며, 신문이나 잡지를 본다 하면 강도 정치를 찬미하는 반일본화한 노예적 문자뿐이며, 똑똑한 자제가 난다 하면 환경의 압박에서 염세(厭世) 절망의 추락자가 되거나, 그렇지 않으면 음모 사건의 명칭하에 감옥에 구류되어 주리 · 가쇄(枷鎖) · 단근질 · 채찍질 · 전기질 · 바늘로 손톱 밑과 발톱 밑을 쑤시는, 수족을 달아매는, 콧구멍에 물 붓는, 생식기에 심지를 박는 모든 악형, 곧 야만 전제국(野蠻專制國)의 형률 사전(刑律辭典)에도 없는 갖은 악형을 다 당하고 죽거나, 요행히 살아서 옥문을 나온대야 종신 불구의 폐질자(廢疾者)가 될 뿐이다.

그렇지 않을지라도 발명, 창작의 본능은 생활의 곤란에서 단절되며, 진취활발의 기상(氣象)은 경우의 압박에서 소멸되어 '찍도 짹도' 못 하게 각 방면의 속박, 편태(鞭笞), 구박(驅迫), 압제를 받아 환해(環海) 삼천리가 1개 대감옥이 되어 우리 민족은 아주 인류의 자각을 잃을 뿐만 아니라, 곧 자동적 본능까지 잃어 노예부터 기계가 되어 강도 수중의 사용품이 되고 말 뿐이며, 강도 일본이 우리의 생명을 초개(草芥)로 보아 을사(乙巳) 이후 13도의 의병이 나던 각 지방에서 일본 군대가 행한 폭행은 이루 다 적을 수 없거니와, 즉 최근 3·1 운동 이후 수원, 선천 …… 등의 국내 각지부터 북간도, 서간도, 노령 연해주 각처까지 도처의 거민(居民)을 도륙(屠戮)한다, 촌락을 소화(燒火)한다, 재산을 약탈한다, 부녀를 오욕(汚辱)한다, 목을 끊는다, 산 채로 묻는다, 불에 사른다, 혹 일신을 두 동강이 세 동강이로 내어 죽인다. 아동을 악형한다, 부녀의 생식기를 파괴한다 하여 할 수 있는 데까지 참혹한 수단을 써서 공포와 전율로 우리 민족을 압박하여 인간의 '산송장'을 만들려 하는도다.

이상의 사실에 거(據)하여 우리는 일본 강도 정치(强盜政治) 곧 이족 통치(異族統治)가 우리 조선 민족 생존의 적임을 선언하는 동시에, 우리는 혁명 수단으로 우리 생존의 적인 강도 일본을 살벌함이 곧 우리의 정당한 수단임을 선언하노라.

2

내정 독립(內政獨立)이나 참정권(參政權)이나 자치(自治)를 운동하는 자 누구이냐?

너희들이 '동양 평화', '한국 독립 보전' 등을 담보(擔保)한 맹약(盟約)이 묵(墨)도 마르지 아니하여 삼천리강토를 집어먹던 역사를 잊었느냐? '조선 인민 생명, 재산, 자유 보호', '조선 인민 행복 증진' 등을 신명(申明)한 선언이 땅에 떨어지지 아니하여 2천만의 생명이 지옥에 빠지던 실제를 못 보느냐? 3·1 운동 이후에 강도 일본이 또 우리의 독립운동을 완화시키려고 송병준(宋秉畯), 민원식(閔元植) 등 13 매국노를 시켜 이 따위 광론(狂論)을 부름이니, 이에 부화(附和)하는 자는 맹인(盲人)이 아니면 어찌 간적(奸賊)이 아니냐?

설혹 강도 일본이 과연 관대한 도량(度量)이 있어 개연(개然)히 차등(此等)의 요구를 허락한다 하자. 소위 내정 독립을 찾고 각종 이권을 찾지 못하면 조선 민족은 일반의 아귀가 될 뿐이 아니냐? 참 정권을 획득한다 하자. 자국의 무산 계급의 혈액까지 착취하는 자본주의 강도국의 식민지 인민이 되어 기개(幾個) 노예 대의사(大議士)의 선출로 어찌 아사(餓死)의 화(禍)를 구하겠느냐? 자치를 얻는 자 하자. 그 하종(何種)의 자치임을 불문하고, 일본이 그 강도적 침략주의의 초패(招牌)인 '제국'이란 명칭이 존재한 이상에는 그 부속하(附屬下)에 있는 조선 인민이 어찌 구구한 자치의 허명(虛名)으로써 민족적 생존을 유지하겠느냐?

설혹 강도 일본이 돌연히 불보살(佛菩薩)이 되어 일조(一朝)에 총독부를 철폐하고 각종 이권을 다 우리에게 환부(還付)하며, 내정 외교를 이주민을 일시에 소환(召還)하고 다만 허명의 종주권(宗主權)만 가진다 할지라도, 우리가 만일 과거의 기억이 전멸하지 아니하였다 하면, 일본을 종주국으로 봉대(奉戴)한다 함이 '치욕'이란 명사를 아는 인류로는 못할지니라.

일본 강도 정치하에서 문화 운동을 부르는 자 누구이냐?

문화는 산업과 문물의 발달한 총적(總積)을 가리키는 명사니, 경제 약탈의 제도하에서 생존권이 박탈된 민족은 그 종족의 보전도 의문이거늘, 하물며 문화 발전의 가능이 있으랴? 쇠망(衰亡)한 인도족(印度族), 유태족(猶太族)도 문화가 있다 하지만, 1은 금전의 역(力)으로 그 조선(祖先)의 종교적 유업(遺業)을 계속함이며, 1은 그 토지의 광(廣)과 인구의 중(衆)으로 상고(上古)의 자유 발달한 여택(麗澤)을 보수함이니, 어디 문맹같이 시랑(豺狼)같이 인혈(人血)을 빨다가 골수까지 깨무는 강도 일본의 입에 물린 조선 같은 데서 문화를 발전 혹 보수한 전례가 있더냐? 검열, 압수 모든 압박 중에 기개(幾個) 신문 잡지를 가지고 '문화 운동'의 목탁(木鐸)으로 자명(自鳴)하며, 강도의 비위(脾胃)에 거스르지 아니할 만한 언론이나 주창하여 이것을 문화 발전의 과정으로 본다 하면 그 문화 발전이 도리어 조선의 불행인가 하노라.

이상의 이유에 거(據)하여 우리는 우리의 생존의 적인 강도 일본과 타협하려는 자(內政獨立: 자치, 참정권 등의 論者)나 강도 정치하에서 기생하려는 주의(主義)를 가진 자(문화 운동자)나 다 우리의 적임을 선언하노라.

3

강도 일본의 구축(驅逐)을 주장하는 가운데 또 여좌(如左)한 논자들이 있으니, 제 1은 외교론이니, 이조 5백 년 문약 정치(文弱政治)가 '외교'로써 호국(護國)의 장책(長策)을 삼아 더욱 그 말세(末世)에 우심(尤甚)하여 갑신(甲申) 이래 유신당(維新黨), 수구당(守舊黨)의 성쇠가 거의 외원(外援)의 유무(有無)에서 판결되며, 위정자의 정책은 오직 갑국(甲國)을 인(引)하여 을국(乙國)을 제(制)함에 불과하였고, 그 의뢰의 습성이 일반 정치 사회에 전염되어, 즉 갑오(甲午), 갑진(甲辰) 양전역(兩戰役)에 일본이 수십만의 생명과 수억만의 재산을 희생하여 청 · 노 양국을 물리치고 조선에 대하여 강도적 침략주의를 관철하려 하는데, 우리 조선의 '조국을 사랑한다', '민족을 건지려 한다.' 하는 이들은 일검일탄(一劍一彈)으로 혼용탐폭(昏庸貪暴)한 관리나 국적(國賊)에게 던지지 못하고, 공함(公函)이나 열국 공관에 던지며 장서(長書)나 일본 정부에 보내어 국세(國勢)의 고약(孤弱)을 애소(哀訴)하여 국가 존망, 민족 사활의 대문제를 외국인 심지어 적국인의 처분으로 결정하기만 기다리었도다. 그래서 '을사조약', '경술합병', 곧 '조선'이란 이름이 생긴 뒤 몇 천 년 만의 처음 당하던 치욕에 조선 민족의 분노적 표시가 겨우 하얼빈의 총, 종현(鐘峴)의 칼, 산림 유생(山林儒生)의 의병이 되고 말았도다.

아! 과거 수십 년 역사야말로 용자(勇者)로 보면 타매(唾罵)할 역사가 될 뿐이며, 인자(仁者)로 보면 상심할 역사가 될 뿐이다. 그러고도 국망(國亡) 이후 해외로 나아가는 모모(某某) 지사들의 사상이 무엇보다도 먼저 '외교'가 그 제1장 제1조가 되며, 국내 인민의 독립 운동을 선동하는 방법도 미래의 일 · 미 전쟁(日美戰爭), 일 · 로(日露戰爭) 등 '기회'가 거의 천편일률의 문장이었고, 최근 3 · 1 운동에 일반 인사의 평화회의, 국제연맹'에 대한 과신(過信)의 선전이 도리어 2천만 민중의 분용전진(奮勇前進)의 의기(意氣)를 타소(打消)하는 매개가 될 뿐이었도다.

제2는 준비론이니, 을사조약의 당시에 열국 공관에 빗발치듯하던 조회(종이) 쪽으로 넘어가는 국권을 붙잡지 못하며, 정미년(丁未年)의 해아 밀사(海牙密使)도 독립회복의 복음(福音)을 안고 오지 못하매, 이에 차차 외교에 대하여 의문이 되고, 전쟁 아니면 안 되겠다는 판단이 생기었다. 그러나 군인도 없고 무기도 없이 무엇으로써 전쟁하겠느냐? 산림 유생들은 춘추대의(春秋大義)에 성패를 불계(不計)하고 의병을 모집하여 아관대의(峨冠大衣)로 지휘의 대장이 되며, 사냥 포수의 화승대(火繩隊)를 몰아가지고 조일 전쟁(朝日戰爭)의 전투선(戰鬪線)에 나섰지만, 신문 쪽이나 본 이들 — 곧 시세(時勢)를 짐작한다는 이들 — 은 그리 할 용기가 아니 난다. 이에 '금일 금시로 곧 일본과 전쟁한다는 것은 망발이다. 총도 장만하고 대포도 장만하고 장관(將官)이나 사졸(士卒)감까지라도 다 장만한 뒤에야 일본과 전쟁한다.' 함이니, 이것이 이른바 준비론, 곧 독립 전쟁을 준비하자 함이다.

외세의 침략이 더할수록 우리의 부족한 것이 자꾸 감각되어, 그 준비론의 범위가 전쟁 이외까지 확장되어 교육도 진흥(振興)해야겠다, 상공업(商工業)도 발전해야겠다, 기타 무엇무엇 일체가 모두 준비론의 부분이 되었다. 경술 이후 각 지사들이 혹 서북, 간도의 삼림(森林)을 더듬으며 혹 시베리아의 찬바람이 배부르며, 혹 남 · 북경으로 돌아다니며, 혹 미주나 하와이로 돌아가며, 혹 경향(京鄕)에 출몰하여 십여 성상(星霜) 내외 각지에서 목이 터질 만큼 "준비!"를 불렀지만 그 소득이 몇 개 불완전한 학교와 실의 착오이다. 강도 일본이 정치 · 경제 양 방면으로 구박(驅迫)을 주어 경제가 날로 곤란하고, 생산 기관이 전부 박탈되어 의식의 방책도 단절되는 때에 무엇으로 어떻게 실업을 발전하며, 교육을 확장하며, 더구나 어디서 얼마나 군인을 양성하며, 양성한들 일본 전투력의 백분의 1의 비교라도 되게 할 수 있느냐? 실로일장의 잠꼬대가 될 뿐이로다.

이상의 이유에 의하여 우리는 '외교', '준비' 등의 미몽(迷夢)을 버리고, 민중 직접 혁명의 수단을 취함을 선언하노라.

4

조선 민족의 생존을 유지하자면 강도 일본을 구축(驅逐)할지며, 강도 일본을 구축하자면 오직 혁명으로 할 뿐이니, 혁명이 아니고는 강도 일본을 구축할 방법이 없는 바이다.

그러나 우리가 혁명에 종사하려면 어느 방면부터 착수하겠느뇨?

구시대의 혁명으로 말하면 인민은 국가의 노예가 되고, 그 이상에 인민을 지배하는 상전(上典), 곧 특수 세력이 있어 그 소위 혁명이란 것은 특수 세력의 명칭을 변경함에 불과하였다. 그러므로 인민은 혁명에 대하여 다만 갑, 을, 양 세력, 곧 신구 양상전(兩上典)의 숙인(熟仁), 숙폭(熟暴), 숙선(熟善), 숙악(熟惡)을 보아 그 향배(向背)를 정할 뿐이요, 직접의 관계가 없었다. 그리하여 '주기군이조기민(誅其君而弔其民)'이 혁명의 유일 종지(宗旨)가 되고, '단사호장이영왕사(簞食壺漿以迎王師)'가 혁명사의 유일 미담이 되었거니와, 금일 혁명으로 말하면 민중이 곧 민중 자기를 위하여 하는 혁명인 고로 '민중 혁명'이나 '직접 혁명'이라 칭함이며, 민중 직접의 혁명인 고로 그 비등(沸騰) 팽창의 열도가 숫자상 강약 비교의 관념을 타파하며, 그 결과의 성패가 매양 전쟁학상의 정궤(定軌)에 일출(逸出)하여 무전무병(無錢無兵)한 구축하나니, 그러므로 우리 혁명의 제1보는 민중 각오의 요구이니라.

민중이 어떻게 각오하느뇨?

민중은 신인(神人)이나 성인(聖人)이나 어떤 영웅호걸이 있어 '민중을 각오'하도록 지도하는 데서 각오하는 것도 아니요, "민중아, 각오하자.", "민중이여, 각오하여라." 그런 열규(熱叫)의 소리에서 각오하는 것도 아니며, 오직 민중이 민중을 위하여 일체 불평, 부자연, 불합리한 민중 향상의 장애부터 먼저 타파함이 곧 민중을 각오케 하는 유일한 방법이니, 다시 말하자면 곧 선각(先覺)한 민중이 전체를 위하여 혁명적 선구(先驅)가 됨이 민중 각오의 제일로(第一路)니라.

일반 민중이 기(飢) · 한(寒) · 곤(困) · 고(苦) · 처호(妻呼) · 아제(兒啼) · 세납(稅納)의 독봉(督捧) · 사채(私債)의 최촉(催促) · 행동의 부자유 등 모든 압박에 졸리어, 살려니 살 수 없고 죽으려 하여도 죽을 바를 모르는 판에, 만일 그 압박의 주인(主因)되는 강도 정치의 시설자인 강도들을 격폐(擊斃)하고 강도의 일체 시설을 파괴하고, 복음이 사해(四海)에 전하며, 만중(萬衆)이 동정의 눈물을 뿌리어, 이에 인인(人人)이 그 '아사(餓死)' 이외에 오히려 혁명이란 일로(一路)가 남아 있음을 깨달아, 용자(勇者)는 그 의분(義憤)에 못 이기어, 약자(弱者)는 그 고통에 못 견디어, 모두 이 길로 모여들어 계속적으로 진행하며 보편적으로 전염하며 거국일치의 대혁명이 되면 간활잔폭(奸猾殘暴)한 강도 일본이 필경 구축되는 날이라. 그러므로 우리의 민중을 환성(喚醒)하여 강도의 통치를 타도하고 우리 민족의 신생명(新生命)을 개척하자면 양병(養兵) 10만이 일척(一擲)의 작탄(炸彈)만 못하며, 억천장(億千張) 신문 잡지가 1회 폭동만 못할지니라.

민중의 폭력적 혁명이 발생치 아니하면 이(已)이어니와, 이미 발생한 이상에는 마치 현애(懸崖)에서 굴리는 돌과 같아서 목적지에 도달하지 아니하면 정지하지 않는 것이라, 우리 이왕(已往)의 경과로 말하면 갑신정변은 특수 세력이 특수 세력과 싸우던 궁중 일시의 활극이 될 뿐이며, 경술 전후의 의병들은 충군애국(忠君愛國)의 대의(大義)로 격기(激起)한 독서 계급의 사상이며, 안중근, 이재명 등 열사의 폭력적 행동이 열렬하였지만, 그 후면에 민중적 역량의 기초가 없었으며, 3 · 1 운동의 만세 소리에 민중적 일치의 의기가 별현(瞥現)하였지만, 기(其) 1만 빠지면 비록 굉렬장쾌(轟烈壯快)한 거동이라도 또한 전뢰(電雷)같이 수속(收束)하는도다.

조선 안에 강도 일본이 제조한 혁명 원인이 산같이 쌓이었다. 언제든지 민중의 폭력적 혁명이 개시되어 "독립을 못 하면 살지 않으리라", "일본을 구축하지 못 하면 물러서지 않으리라."는 구호를 가지고 계속 전진하면 목적을 관철하고야 말지니, 이는 경찰의 칼이나 군대의 총이나 간활(奸猾)한 정치가의 수단으로도 막지 못하리라.

혁명의 기록은 자연히 참절장절(慘絕壯絕)한 기록이 되리라, 그러나 물러서면 그 후면에는 흑암(黑暗)한 함정(陷穽)이요, 나아가면 그 전면에는 광명한 활로(活路)니, 우리 조선 민족은 그 참절장절한 기록을 그리면서 나아갈 뿐이니라.

이제 폭력 — 암살, 파괴, 폭동 — 의 목적물을 대략 열거하건대,

1. 조선 총독급(及) 각 관공리
2. 일본 천황급 각 관공리
3. 정탐노(偵探奴), 매국적(賣國賊)
4. 적의 일체 시설물

차외(此外)에 각 지방의 신사나 부호가 비록 현저히 혁명 운동을 방해한 죄가 없으리라도, 만일 언어 혹 행동으로 우리의 운동을 완화하고 중상하는 자는 우리의 폭력으로써 대부(對付)할지니라. 일본인 이주민은 일본 강도 정치의 기계가 되어 조선 민족의 생존을 위협하는 선봉이 되어 있은즉 또한 우리의 폭력으로 구축할지니라.

5

혁명의 길은 파괴부터 개척할지니라. 그러나 파괴만 하려고 파괴하는 것이 아니라 건설하려고 파괴하는 것이니, 만일 건설할 줄을 모르면 파괴할 줄도 모를지며, 파괴할 줄을 모르면 건설할 줄도 모를지니라. 건설과 파괴가 다만 형식상에서 보아 구별될 뿐이요, 정신상에서는 파괴가 곧 건설이니, 이를테면 우리가 일본 세력을 파괴하려는 것이,

제 1은 이족 통치(異族統治)를 파괴하자 함이다. 왜? '조선'이란 그 위에 '일본'이란 이족, 그것이 전제하여 있으니, 이족 전제의 밑에 있는 조선은 고유적 조선이 아니니, 고유적 조선을 발견하기 위하여 이족 통치를 파괴함이니라.

제 2는 특권 계급을 파괴하자 함이다. 왜? '조선 민중'이란 그 위에 총독이니 무엇이니 하는 강도단의 특권 계급이 압박하여 있으니, 특권 계급의 압박 밑에 있는 조선 민중은 자유적 조선 민중이 아니니, 자유적 조선 민중을 발견하기 위하여 특권 계급을 타파함이니라.

제 3은 경계 약탈 제도를 파괴하자 함이다. 왜? 약탈 제도 밑에 있는 경제는 민중 자기가 생활하기 위하여 조직한 경제가 아니요, 곧 민중을 잡아먹으려는 강도의 살을 찌우기 위하여 조직한 경제니, 민중 생활을 발전하기 위하여 경제 약탈 제도를 파괴함이니라.

제 4는 사회적 불평균을 파괴하자 함이다. 왜? 약자 이상에 강자가 있고, 천자 이상에 귀자가 있어 모든 불평균을 가진 사회는 서로 약탈, 서로 박삭(剝削), 서로 질투 구시(仇視)하는 사회가 되어, 처음에는 소수 행복을 위하여 다수의 민중을 잔해(殘害)하다가 말경(末境)에는 또 소수끼리 서로 잔해하여 민중 전체의 행복이 필경 숫자상의 공(空)이 되고 말 뿐이니, 민중 전체의 행복을 증진하기 위하여 사회적 불평균을 파괴함이니라.

제 5는 노예적 문화 사상을 파괴하자 함이다. 왜? 유래하던 문화 사상의 종교, 윤리, 문학, 미술,

풍속, 습관 그 어느 무엇이 강자가 제조하여 강자를 옹호하던 것이 아니더냐? 강자의 오락에 공급하던 제구(諸具)가 아니더냐? 일반 민중을 노예화하던 마취제가 아니더냐? 소수 계급은 강자가 되고, 다수 민중은 도리어 약자가 되어 불의의 압제를 반항치 못함은 오로지 노예적 문화 사상의 속박을 받은 까닭이니, 만일 민중적 문화를 제창하여 그 속박의 철쇄(鐵鎖)를 끊지 아니하면, 일반 민중은 권리 사상이 박약하며, 자유 향상의 흥미가 결핍하여 노예의 운명 속에서 윤회할 뿐이라. 그러므로 민중 문화를 제창하기 위하여 노예적 문화 사상을 파괴함이니라.

다시 말하자면 '고유적 조선의', '자유적 조선 민중의', '민중적 경제의', '민중적 사회의', '민중적 문화의' 조선을 건설하기 위하여 '이족 통치의', '약탈 제도의', '사회적 불평균의', '노예적 문화 사상의' 현상을 타파함이니라. 그런즉 파괴적 정신이 곧 건설적 주장이라.

나아가면 파괴의 '칼'이 되고, 들어오면 '기(旗)'가 될지니, 파괴할 기백은 없고 건설할 치상(癡想)만 있다 하면 5백 년을 경과하여도 혁명의 꿈도 꾸어 보지 못할지니라. 이제 파괴와 건설이 하나요 둘이 아닌 줄 알진대, 민중적 파괴 앞에는 반드시 민중적 건설이 있는 줄 알진대, 현재 조선 민중은 오직 민중적 폭력으로 신조선 건설의 장애인 강도 일본 세력을 파괴할 것뿐인 줄을 알진대, 조선 민중이 한편이 되고 일본 강도가 한편이 되어, 네가 망하지 아니하면 내가 망하게 된 '외나무다리 위'에 선 줄을 알진대, 우리 2천만 민중은 일치로 폭력 파괴의 길로 나아갈지니라.

민중은 우리 혁명의 대본영이다.

폭력은 우리 혁명의 유일 무기이다.

우리는 민중 속에 가서 민중과 휴수하여 부절(不絶)하는 폭력으로써 강도 일본의 통치를 타도하고, 우리 생활에 불합리한 일체 제도를 개조하여 인류로써 인류를 압박치 못하여, 사회로써 사회를 박살치 못하는 이상적 조선을 건설할지니라.

1923년 1월 일 의열단(義烈團)

❖ 《신보(晨報)》(1923년 4월 15일) 한국의열단에 닥친 대재난

동경의 여러 신문에는 연일 한인이 북경에서 조직한 의열단 관련 소식이 보도되었다. 소식에 의하면, 의열단은 단장 김원봉(金元鳳)을 제외한 단원 16명 전원이 일본당국에 체포되어, 이미 조직이 와해되었다 한다. 그 경과상황을 아래에 소개하고자 한다.

지난 3월 1일은 3년 전(민국 8년) 한인들이 독립을 선언한 독립기념절이었다. 한국지사들은 원래 이날을 기해 일제히 활동을 전개할 계획이었다. 이 계획은 경성 · 평양 · 대구 · 부산 등 국내 10여 곳의 대도시에 있는 일본관청에 폭탄을 투척하고 일본 요인을 암살하는 것이었다.

그러나 일본 방면의 경계가 워낙 삼엄한데다 무산자동맹회 회장이자 전한청년당대회 발기인인 김한(金翰) 군이 김상옥(金相玉) 사건에 연루된 혐의로 일본당국에 검거되어 애초의 계획을 실행에 옮기지 못하였다. 이에 한국 지사들은 3월 24일 청년당대회가 열리는 날 재차 거의하기로 계획을 수정하였다.

그러나 이번에는 기밀이 사전에 누설되고 말았다. 정보를 입수한 일본당국은 경성과 일본 국경 이내의 전역에 엄중한 경계망을 펴고 만일의 사태에 대비하였다. 아울러 3월 14일 저녁부터 한인 애국지사들에 대한 대대적인 체포령을 내렸고, 3월 31일에는 계획을 총괄하던 집행위원장마저 체포되어 두 번째 거사계획도 완전히 실패로 끝나고 말았다. 이 과정에서 김간(金幹) · 남령득(南寧得) · 김시현(金始顯) · 홍종우(洪鐘祐) · 이현준(李賢俊) · 백영무(白英武) · 우동훈(右同勛) · 조영자(曹榮子) ·

유석현(劉錫鉉) · 조동진(趙東振) · 김초선(金楚仙) · 이재곤(李在坤) · 황옥(黃鈺) · 유동하(柳東夏) · 김사용(金思容) · 이경희(李慶熙) · 황직연(黃稷淵) 등이 체포되었다.

의열단 단장인 김약산(金若山), 즉 김원봉은 금년 27세로 민국 7년(1918) 이래 동삼성 일대에서 조국광복을 위한 투쟁을 전개하였다. 그는 민국 9년(1920) 동지들을 규합하여 의열단을 조직하였다. 애초 의열단은 길림에 본부를 두었으나, 후일 북경으로 본부를 옮기고 상해 대한민국임시정부와 연계를 취하였다. 의열단은 조국독립을 위해 과감한 혁명적 수단을 쓸 것을 주장하였다. 따라서 이들은 파괴와 암살 등 각종 과격한 수단에 대한 연구에도 상당한 노력을 기울이고 실제 행동에 나서, 종종 일본당국의 간담을 서늘하게 하였다.

의열단은 이미 작년 7월부터 최신의 폭탄제조법을 이용하여 거사에 필요한 폭탄제작에 착수하였다. 의열단이 제작한 폭탄은 (1)방화용 폭탄, (2)인명살상용 폭탄, (3)파괴용 폭탄, (4)방화용 분해폭탄 등 용도에 맞추어 종류도 다양했다. 의열단은 다양한 폭탄 외에도 신식 권총도 다수 마련하였다.

의열단이 제작한 폭탄 가운데 특히 파괴용 폭탄이 가장 정밀하게 제작되었다. 이 폭탄은 시계장치가 되어 있는 이른바 시한폭탄으로, 직경이 약 네 치, 높이가 일곱 치 정도로 안에는 폭약과 함께 독성을 지닌 황린이 채워져 있다. 이 폭탄이 폭발하면 건물이 파괴될 뿐만 아니라 안에 든 황린 때문에 사람도 중독사하고 만다. 의열단이 제작한 인탄의 폭발력도 엄청나게 강한 것으로 알려지고 있다. 의열단이 제작한 폭탄을 압수한 일본경찰은 그 정교함과 위력에 전율을 느낄 정도였다 한다. 얼마 전 동경의 각 신문에는 의열단이 제작한 폭탄의 실물사진이 실렸는데, 이에 대한 설명기사는 모두 이를 공전의 대사건이라고 대대적으로 보도하였다.

❖ 중경(重慶) 《대공보(大公報)》(1940년 10월 9일)
조선의용대의 과거와 금후 한지성(韓志成)

10월 10일은 조선의용대 탄생 2주년 기념일이다. 대서양과 지중해에서 시작된 제국주의 침략전쟁이 태평양과 인도양에까지 번진 오늘, 조선의용대 성립 2주년을 기념하는 것은 중대한 의의를 지니고 있다.

조선의용대는 조선 민족의 기치를 내걸고 맨 먼저 중국 항전에 참가한 조선의 혁명대오이다. 조선의용대는 중국 항전 과정에서 맨 먼저 출현한 국제의용대오이다. 역사적으로 조선의용대는 동방 각 민족 반일연합작전의 발동을 완성한 선구적 작용을 하였다. 이 한 가지 사실만으로도 조선의용대는 커다란 존재의 의미를 지니고 있다.

지금 적들은 조선에서 '일선일체(日鮮一體)' 정책을 펼치고 있다. 이는 조선 민족을 멸망시켜 일본 민족의 일원으로 만들려는 음모이다. 목하 조선 민족이 공전의 위기에 처해 있기 때문에 조선 민족의 앞날을 위해 우리가 띠고 있는 임무가 얼마나 중대한지 분명하게 알아야 할 것이다.

지난 2년간 우리는 시종 전장을 벗어난 일이 없었고, 단 한순간도 공작을 멈춘 적이 없었다. 조선의용대의 주요한 활동은 재작년(1938) 12월 호남 북부에서 참전한 것을 시작으로, 작년 3월에는 절강 북부에서 석산(錫山) 공격전에 참가하였다. 작년 5월에는 남경(南京)과 상해(上海) 일대 적 점령구역에 대원을 파견하여 적의 각종 시설을 조사하도록 하였다. 같은 달에는 호북 북부에서 전개된 회전(會戰)에 참가하는 한편으로 대원을 무한(武漢) 일대에 파견하여 적군을 와해시키기 위한 공작을 진행하였다. 12월에는 광서 남부의 곤륜관(崑崙關) 쟁탈전에 참가하였다. 또한 같은 달에는 하남

북부의 적 점령구역에 대원을 파견 적 후방의 민중을 지도하여 철도를 파괴하였다. 역시 같은 달 평한철도(平漢鐵道) 북단에 대원을 파견하여 적군의 상황을 조사하고 와해공작을 전개하였다.(…… 중략 ……)

지난 2년간 조선의용대는 6개 전구(戰區), 13개 성(省) 및 적후에서 공작을 진행하였다. 우리는 최전방에서 적들을 향해 육성으로 반선전구호를 외치고, 적의 진지에 선전전단을 살포하였다. 적이 주둔하는 곳이라면 그곳이 어디든지 우리는 반전표어를 붙이고, 일본형제들이 일본 강도집단에 맞서 우리와 같은 전선에서 싸우도록 선전활동을 전개하였다. 우리는 우리가 뿌린 혁명의 씨앗이 적들의 마음 한 가운데서 싹트기를 조용히 기다리는 한편으로, 완강한 적군 포로들에 대한 감화교육에도 열성을 다하였다. 그 결과 일부 포로들은 우리와 같은 대오에 동참하여 일본 군벌을 상대로 투쟁을 전개하기도 하였다. 우리는 군사공작을 진행하는 와중에도 대적선전간부 양성에 심혈을 기울였다. (…… 중략 ……)

조선 동포들과 조선의용대 사이를 이간질시키기 위해 적들은 호북과 화북에서 조선의용대원 한 사람에게 5천 원의 현상금을 걸고 있다. 적들은 상해에서는 ○○ 등 어용단체를 조직하고 ○○ 등 출판물을 간행하여, 표면적으로는 조선의용대를 동정하고 원조하는 입장을 보이는 척하고 있지만, 사실은 이간공작을 진행하고 있다.

얼마 전 이 잡지에는 "○○ 지역의 조선 청년들은 조선의용대에 참가하기를 열렬히 바라고 있다. 청년들의 열정이 너무나도 가상하다. 우리는 마땅히 조선의용대의 발전에 협조해야 한다. 그러나 우리는 이를 위해서는 주도면밀한 계획과 방법을 마련해야 한다. 굳이 직접 의용대에 참가하지 않아도 적 점령구역에 거주하고 있는 우리들이 단결을 이루고 조선의용대와 연락을 취하는 것만으로도 충분하다. ……" 동시에 적들은 북평과 천진 일대에서 또 다른 '조선의용대'를 조직하여 우리의 조선의용대와 중국 동포들 간의 친밀한 관계를 파괴하려고 기도하고 있다.(…… 중략 ……)

이상의 목표를 달성하기 위해 우리는 아래와 같이 3년차의 구체적인 공작목표를 제출하는 바이다. 첫째, 해외의 조선 동포들을 민족독립혁명의 길로 인도하고, 그들이 중국 항전에 적극 동참할 수 있도록 독려한다. 둘째, 무장화하고 전투화 하는 한편 적 후방에 있는 조선 민중 사이에 우리의 대적선전 및 전투의 근거지를 구축한다. 셋째, 조선 국내 및 동북의 반일 민족혁명역량과의 유대와 연락을 강화하여 반일역량의 통일과 공고한 단결을 이룬다.

물론 우리가 목표로 하는 공작을 완수하기란 쉽지 않다는 것을 잘 알고 있다. 그러나 지난 2년간의 경험을 기초로 삼는다면, 우리는 분명 목하 우리에게 주어진 혁명임무를 훌륭하게 완수할 수 있을 것이다. 마지막으로, 중국 동포들과 반일 혁명에 뜻을 같이하는 전 세계의 모든 인사들이 우리에게 동정을 보내고 경제적 · 군사적 원조를 제공해 주기를 열렬히 바라는 바이다.

❖ 김원봉 『조선의용대통신』(1940년)

"본대는 조선에서 성립되어 중국에 파견되어 온 것이 아니다. 또 중국 정부가 모집한 것도 아니다. 중국의 조선동포들이 자발적으로 조직한 것이다. 조직의 의의는 직접 중국항전에 참가하는 것, 동방 피압박민족 및 전 세계 약소 민족에게 호소하여 공동전선에 서서 일본강도를 타도하는 것이다. 우리가 당면한 임무는 중국 항전 전장에서 대적선전공작을 전개하고, 각 국제 친우들을 도와 우리들과 같은 대오를 조직하는 것이다. 또 중국 항전을 불씨로 하여 동방 각 민족이 모든 혁명의 횃불을 붙였다.

이는 동방피압박민족의 반일본제국주의 혁명의 새로운 발전이며, 이 새로운 발전은 장차 동방 각 민족해방 후의 우의의 기초를 세울 것이다. 때문에 우리들은 목전의 가장 주요한 공작이 재중국 각 민족의 무장대오 건립임을 깨닫고, 아울러 각기 국내의 혁명군중과 각 민족간에 긴밀히 연대하여야 한다. 이리하여야만 비로소 중국항전의 승리와 동방 각 민족의 해방을 촉진할 수 있을 것이다. 재중국 각 민족 무장대오의 건립은 각 민족이 해방의 기간대오를 쟁취하는 것일 뿐만 아니라, 이들은 중국 항전 승리 후 동방평화를 보장하는 동맹군이다. 이 때문에 우리들의 무장대오 건립의 의의는 완전히 중국 항전 승리와 동방 각 민족의 영원한 우의적 연합을 위한 것이다."

❖《신화일보(新華日報)》(1944년 7월 5일)
조선민족혁명당의 과거와 현재 신기언(申基彦)

일구(日寇)에 의해 나라가 망한 뒤 의병운동, 3·1혁명 등 조선 민족의 반항운동이 폭풍처럼 거세게 일어났다. 망국의 치욕을 씻기 위해 조선 혁명운동자들은 온갖 어려움을 극복해 가며 적과 피나는 투쟁을 전개하였다. 그러나 건전한 조직을 갖지 못한 데다 계획이 치밀하지 못하고, 지휘의 통일을 이루지 못한 데다 역량이 집중되지 못하는 등, 내부적인 여러 문제로 인하여 여러 차례의 혁명운동은 끝내 실패로 마감되었다. 이후 조선에 대한 적의 압박은 날이 갈수록 심해지고, 국제정세 또한 급격하게 변화되기 시작하였다. 이런 환경의 변화는 조선 혁명운동의 발전을 촉진하고, 조선혁명 당파의 단결을 촉구하는 요인으로 작용하였다. 따라서 1919년 3·1운동이 실패한 이후 조선혁명의 절박한 요구는 '전 민족적 대동단결체의 결성'과 '전 민족의 혁명적 통일지도기구 조직'이라는 두 가지 과제로 모아졌다.

1923년, 국내외에서 활동하고 있던 60여 개 단체의 대표가 상해에 모여 국민대표대회를 거행하였다. 이 자리에서는 전 민족 통일대당의 결성 문제가 집중적으로 논의되었다. 그러나 회의에 참석한 각 당 대표들의 조선혁명에 관한 주장이 엇갈리고 견해가 일치되지 못하여 결국 아무런 결과도 얻지 못하였다. 1928년에는 국내외 각지에서 '민족통일당조직촉성회(民族統一黨組織促成會)' 운동이 보편적으로 진행되어 전 민족의 통일대당 결성을 위한 논의가 다시 활발하게 전개되었다. 그러나 이때도 여전히 각 당파 간의 이견을 좁히지 못해, 운동은 아무 소득 없이 유야무야되고 말았다.

9·18사변이 폭발한 이후 원동의 정세 발전은 조선 혁명운동에 커다란 자극을 주었다. 이에 '통일조직'의 필요성이 더욱 강하고 절박하게 대두되었다. 1932년 10월, 한국독립당(韓國獨立黨)·한국혁명당(韓國革命黨)·조선의열단(朝鮮義烈團)·광복동지회(光復同志會) 등 단체의 대표 유동열(柳東說)·최동오(崔東旿)·김두봉(金斗奉)·이유필(李裕弼)·신익희(申翼熙)·성주식(成周寔)·이진선(李振善)·위사원(韋思源)·김규식(金奎植) 등 9인이 상해에 모여 '한국대일전선통일동맹(韓國對日戰線統一同盟)'을 조직하고, 동맹의 상임위원 김규식을 미국에 파견하여 선전활동을 전개하였다. 그 결과 미주국민회·하와이 동지회 등 한교 단체가 전후하여 동맹에 참가하였다. 이로써 '한국대일전선통일동맹'은 한동안 한국혁명진영의 유일대당으로 인식되었다.

1934년 '한국대일전선통일동맹' 제2차 대회 시 참석자들은 '동맹'을 '통일조직'으로 개편하기로 결의하고 국내외 각 혁명단체에 동참을 요구하는 서한을 발송하였다. 그 결과 1935년 봄 각 혁명단체의 대표대회가 남경에서 거행되어 7월 4일 원만하게 폐막되었다. 당일 오후에는 김두봉·김규식 등 13인의 대표가 출석한 가운데 신당창립대표대회가 열렸다. 각 대표들은 '항일독립, 민주국가 건설'의 원칙에 근거하여 당의·당강·정책을 제정하는 한편 당원 676명에 대한 심사를 완료하였다.

동시에 창립대표대회는 조선혁명당(朝鮮革命黨)·한국독립당(韓國獨立黨)·신한독립당(新韓獨立黨)·대한독립당(大韓獨立黨)·조선의열단(朝鮮義烈團) 등 5개 단체의 취소를 알리고, "강철과 같은 단결로 민족혁명의 최고조직체인 '민족혁명당'을 결성할 것을 서약한다. …… 따라서 민족혁명당의 일원이 될 각 단체가 과거에 세웠던 혁혁한 전적과 투쟁의 역사는 이제 민족혁명당의 장엄한 권위의 일부를 이루게 되었다. 각 단체가 과거 혹독한 시련 속에 개별적인 투쟁을 통해 얻은 혁명 경험은 이제 민족혁명당의 강대한 무기가 되었다. 우리가 신당에 제공한 숭고한 권위와 강대한 무기는 전 민족의 혁명역량을 집중시켜 왜적을 타도하고 민족의 자유독립을 쟁취하는 밑거름이 될 것으로 믿어 의심치 않는다."(상기 5단체의 해체선언 중에서)는 내용의 연합선언을 발표하였다.

조선혁명당은 창립 당시부터 혁명간부의 양성과 국내외 혁명민중의 조직에 특히 주의를 기울였다. 따라서 창립 직후 남경에 '조선혁명간부학교(朝鮮革命幹部學校)'를 설립하여 혁명간부 양성에 나섰다. 이후 려산(廬山)과 강릉(江陵) 등지에 다수의 조선 청년을 모아 군사교육을 실시하였으며, 1937년에는 '조선의용대'를 조직하여 4년간이나 중국 항전에 직접 참가하여 많은 전적을 세웠다. 그러다 1942년 군사지휘를 통일하고 혁명역량을 집중시킬 필요에서 조선의용대는 한국광복군에 편입되었고, 조선민족혁명당도 한국임시정부에 참가하게 되었다.

작년(1942)에 확대 개조를 단행한 조선민족혁명당은 정치 주장과 강령 및 정책을 더욱 명확히 규정하였다. 확대 개조 후의 조선민족혁명당은 어느 특정한 주의를 받든다거나 혹은 어느 한 계급을 대표하는 정당이 아니다. 조선민족혁명당은 조선 민족 가운데 항일 독립을 주장하는 모든 이가 융합된 정당이다.

일구(日寇)의 압박과 착취의 결과 조선 인민의 절대다수는 이미 빈궁한 공농계층으로 전락하였다. 조선민족혁명당은 다수의 조선 인민을 대표할 수 있기 위해 노력하나, 그 가운데서도 특히 소자산계급과 공농계층을 기초로 하고 있다. 따라서 조선민족혁명당의 당강은 특정한 주의나 특정한 계급을 대표하는 것이 아니라, 전 민족의 일치단결을 기본 강령으로 하고 있다.

조선민족혁명당의 본질은 이미 살펴본 대로이다. 따라서 조선민족혁명당은 일관되게 '항일독립'의 기본원칙하에 행동의 통일을 추구하였을 뿐, 당파 조직의 통일을 단결의 전제조건으로 간주하지 않았다. 이런 이유로 조선민족혁명당은 한국혁명진영의 단결을 위해 각 혁명정당이 진정으로 단결을 이룬다는 원칙을 지킨다면, 공동으로 임시정부에 참가할 의향이 있음을 누차 공언하였다. 아울러 조선민족혁명당은 임시정부가 국내외 혁명집단과 혁명민중을 기초로 삼아 민족독립운동 영도기구로서의 기능을 발휘하여 항일건국의 역사적 사명을 완수할 수 있도록 도울 것이다.

1944년 7월 5일 조선민족혁명당 창립 제9주년을 기념하여

❖ 중경 《중앙일보》(1942년 5월 21일) 조선의용대의 광복군 편입

한국 독립운동을 촉진하고 한국 혁명 역량을 집중하기 위하여 본월 15일 우리 군위회(軍委會)에서 특별히 명령하여 조선의용대를 개편하고 그 전체 부대원은 일률적으로 한국광복군에 편입되었다. 제1지대는 총사령에게 직속되어 이청천 장군이 통할하고, 전 조선의용대대장 김약산은 광부군부사령으로 임명되고, 개편된 날부터 조선의용대는 바로 취소된다. 김약산은 오는 21일에 이총사령을 만나 개편의 사무를 물어보고 반드시 최단기간 내에 그 실현을 구하고 한국 무장역량을 한층 더 집중적으로 운용할 수 있게 했다. 또 광부군총사령부는 중경에 잠시 설치하기로 결정하고, 원래 서안에 있던 중요한 간부는 장차 투(중경)로 와서 총부 공작에 참여할 것이다.

참고문헌

국사편찬위원회, 『한국사』 44-50, 2003

박찬승, 『한국근대정치사상사연구』, 역사비평사, 2006

______, 『한국근현대사를 읽는다』, 경인문화사, 2014

서영희, 『대한제국정치사연구』, 서울대출판부, 2003

신용하, 『일제식민지 정책과 식민지 근대화론 비판』, 문학과 지성사, 2006

왕현종, 『한국 근대국가의 형성과 갑오개혁』, 역사비평사, 2003

이민원, 『명성황후시해와 아관파천 — 한국을 둘러싼 러·일 갈등』, 국학자료원, 2002

장영숙, 『고종의 정치사상과 정치개혁론』, 선인, 2010

정연태, 『한국근대와 식민지 근대화 논쟁』, 푸른역사, 2011

정재정, 『일제침략과 한국철도(1892~1945)』, 서울대출판부, 1999

최문형, 『한국을 둘러싼 제국주의 열강의 각축』, 지식산업사, 2001

편집부, 『한국사특강』, 서울대출판부, 2008

하원호, 『개항 이후 일제의 침략』, 독립기념관 한국독립운동사연구소, 2009

______, 『한국근대경제사』, 신서원, 1997

한국역사연구회, 『시민의 한국사』 2(근현대편), 돌베개, 2022

한국역사연구회, 『1894년 농민전쟁연구』 1-5, 역사비평사, 1997

____________, 『한국역사입문③』, 근대 현대편, 풀빛, 1996

한영우, 『다시 찾는 우리역사』, 경세원, 2014

한일관계사연구논집 편찬위원회, 『일제 식민지지배의 구조와 성격』, 경인문화사, 2005

8장

현대사회

1 현대사회의 성립

1945년 제2차 세계대전이 연합국의 승리로 끝나면서 미국을 중심으로 하는 자본주의 진영과 소련을 중심으로 하는 사회주의 진영으로 나누어지는 냉전 체제가 형성되었다. 한편, 제2차 세계대전 이후 대다수의 식민지들이 독립하게 되면서 비동맹 중립노선의 제3세계 또는 제3세력을 형성하기도 하였다.

1960년대 이후 점차 데탕트 분위기가 고조되다가 1990년대 이후에는 소련이 붕괴되고 동유럽 사회주의 정권이 몰락하면서 냉전체제가 종식되었다. 이로써 현대사회는 체제나 이념보다는 자국의 이익을 중시하는 국제관계로 변모하기 시작했다.

1) 광복 직후의 정세

1945년 8월 14일 조선총독부는 일제의 패망을 염두에 두고 건국동맹을 결성하여 해방을 준비해 온 여운형을 만나 일본인의 생명과 재산을 보호받으려 했다. 8월 15일 건국동맹을 기반으로 여운형이 결성한 건국준비위원회는 치안유지와 물자확보 등 실질적인 행정기관 역할을 했다. 건국준비위원회 지도부는 미군의 남한 진주가 다가오자 조선인민공화국을 선포했지만 좌익세력의 영향력이 확대되자 이에 민족주의 세력이 탈퇴하였다.

9월 8일 인천에 상륙한 미군은 일본군의 항복을 받은 뒤 남한 주둔 사령관 하지가 군정을 실시하였다. 그리고 미군정만을 인정하여 인공 등을 부정하였다. 미국의 입장에서는 남한의 좌익세력을 제거하고 친미 우익세력을 육성하는 일에 치중하여 해방 직전의 현상 유지 정책을 펴나갔다.

소련의 경우 8월 8일 일본에 선전포고를 하고 만주로부터 일본군을 공격하여 일본군을 무장해제 시킨 후 8월 24일 평양에 들어왔다. 이로써 38선을 경계로 하여 미소의 분할점령이 시행되었다.

광복

1945년 12월, 미국과 영국, 소련 세 나라는 모스크바에서 외상회담을 열어 한반도의 전후처리 방안으로 임시정부를 건설하고 미소공동위원회를 설치하여 임시정부와 협력하여 최고 5년 기한으로 신탁통치를 실시한다는 내용을 발표하였다.

이러한 내용이 국내에는 신탁통치문제로 불거지면서 즉시 독립을 바라던 일반대중의 감정을 분노시켰다. 우익은 일반대중의 분노를 이용하여 대대적인 반탁운동을 벌였고 좌익은 처음에 반탁 입장에 있다가 모스크바 3상회의가 임시정부 수립이라는 사실을 확인하고 지지로 돌아섰다. 이로써 좌우가 신탁통치 문제를 둘러싸고 극심하게 대립하는 상황이 되었다.

2) 분단정부의 수립

임시정부를 위한 미소공동위원회가 개최되었지만, 임시정부 수립에 참여하는 정당, 사회단체의 자격 문제를 두고 미국과 소련이 논란을 거듭하였다. 이에 분단을 막기 위해 여운형과 김규식을 중심으로 좌우합작이 추진되었으나 실패로 돌아갔다.

한편, 1946년 6월 3일에 이승만은 정읍발언을 통해 남한만의 단독정부를 세우자고 주장하였으며, 1947년에 미소 갈등과 냉전체제를 기반으로 한 트루먼 독트린은 한반도에도 영향을 미쳐 미국은 남한만의 단독정부를 수립하는 방향으로 한반도

정책을 바꾸었다. 이에 미국이 주도한 유엔이 인구비례에 따른 남북한 총선거 실시를 결정하였고, 이후 소련과 북한이 유엔한국임시위원단의 입북을 거절하자 유엔소총회는 남한만의 총선거를 결정하였다.

이러한 상황에서 김구, 김규식 등은 민족 분단을 막으려고 북한과의 협상을 꾀해 1948년 북한에서 남북요인회담을 가졌다. 하지만, 남북분단으로 기운 물길을 막을 수 없었다.

1948년 5월 10일 남한에서는 김구를 제외한 우익이 주로 참여한 가운데 단독선거가 실시되었으며 7월 17일 헌법을 공포하고 8월 15일 대한민국 정부수립을 선포하였다.

북한도 1947년 북조선인민위원회를 구성하고 남한에서 단독정부가 수립되자 1948년 8월 21일 해주에서 인민대표자대회를 열어 대의원을 선출하고 9월 2일 평양에서 최고인민회의를 열어 헌법을 제정한 후 9월 9일 조선민주주의인민공화국 정부수립을 선포했다.

이로써 한반도는 미소대립과 국내 정치 세력의 이해 대립 속에서 분단으로 귀결되었으며 급기야 1950년 북한 인민군의 총공세로 한국전쟁이 발발하게 된다. 3년간에 걸친 한국전쟁은 1953년 7월 27일 휴전협정의 체결로 막을 내렸지만, 국토가 초토화되는 등 막대한 인명 피해와 경제적 손실이 있었다. 또한 전쟁 이후 강화된 이데올로기는 남북한 정권을 강화시키는 구실을 하였으며 오히려 분단을 더욱 고착화시켰다.

2 4·19혁명

1950년 5월 30일 총선거에서 이승만 정권은 자신을 지지하는 국회의 의석수가 210석 가운데 겨우 30석만을 얻게 되는 상황에 이르렀다. 이로써 이승만 정권은 국회의원의 간접선거로 선출하는 대통령선거에서 다시 당선될 가능성이 없어지자 대통령 직선제 개헌을 서둘렀다. 1952년 5월 자유당은 공비토벌 등을 목적으로 부산 일대 계엄령을 선포하여 경찰과 군으로 국회를 포위하고 내각제를 찬성하는 야당의원을 체포 감금한 후 7월에는 발췌개헌안을 기립표결에 의해 강제적으로 통과시켰다(발췌개헌). 개정된 헌법에 따라 8월 대통령 직선제에 의해 이승만이 제2대 대통령에 당선되었다.

발췌 개헌(拔萃改憲)

1952년 부산에서 대통령 이승만의 재선을 목적으로 추진된 제1차 개헌이다. 1950년 5월 30일 국회의원 총선거 결과 야당이 승리하였으므로 이승만 대통령의 재선이 어려워졌다. 1951년 이승만 정부는 국회에 대통령 직선제 개헌안을 제출하였으나 부결되었다. 이에 이승만 정부는 국회를 해산시키고자 부산 일원에 계엄령을 선포하여 국회의원 정한주 등을 구속하였다. 그러나 국제적으로 비난받자 국회 해산을 보류하였다.

이승만은 대통령 직선제의 정부안과 내각 책임제의 국회안을 발췌, 혼합하여 발췌 개헌안을 만들었고, 1952년 7월 4일 경찰과 군대가 국회 의사당을 포위한 가운데 기립 방식으로 투표하여 참석 국회의원 163명, 찬성 163명으로 발췌 개헌안을 통과시켰다. 계엄령을 선포한 후 대통령 직선제에 의해 이승만 대통령이 당선되었다. 당시 대통령 임기는 4년이었다.

1954년 5월 실시된 제3대 총선거에서 자유당이 크게 승리하자 이승만은 장기집권을 도모하고자 국회에 초대대통령에 한하여 3선 제한을 철폐한다는 내용의 개헌안을 제출했다. 개헌안은 재적의원 203명 가운데 135명이 찬성하여 개헌선에서 1표가 모자라 부결되었다. 그러나 이틀 뒤 자유당은 사사오입하면 135표라는 억지 논리로 통과를 선언했다(사사오입개헌). 이로써 이승만은 제3대 대통령선거에 출마할 수 있게 되었다.

사사오입 개헌(四捨五入改憲)

1954년 11월 29일, 집권당 자유당이 사사오입의 논리를 펼치며 정족수 미달의 헌법개정안을 불법으로 통과시킨 2차 헌법 개정이다. 제3대 민의원선거(1954년 5월 20일 실시)에서 자유당은 원내 압도적 다수석을 확보했는데, 목표로 했던 개헌정족수 136석 확보에는 실패했다. 그러자 초대 대통령만은 중임제한을 두지 않는다는 내용을 중심으로 하는 헌법개정안을 자유당 의원과 무소속 의원 서명하에 국회에 제출하였다. 많은 국민적 관심 속에서 진행된 개헌안 과정은 여야의 사활을 걸 만큼 신경전이 치열했으며, 11월 27일 국회 표결에 부쳐지게 된다. 그 결과, 재적의원 203명 중 참여한 202명 가운데 찬성 135표, 반대 60표, 기권 7표가 나와 개헌정족수에 1표가 부족해 부결이 선포되었다. 그러나 자유당은 이를 받아들이지 않고 이틀 후인 29일에 사사오입이라는 이상한 논리를 펼치며 개헌안이 가결되었음을 선포하였다. 역사적으로 사사오입 개헌은 헌법정신에 위배되는 위헌적인 개헌일 뿐만 아니라 자유당 소속 소장파의원 12명이 한꺼번에 탈당하는 소동을 낳기도 하였다.

1956년 5월에 실시된 제3대 정부통령 선거에서는 '못살겠다 갈아보자'는 민주당의 선거구호가 민심을 크게 파고들었다. 민주당 대통령 후보 신익희의 돌연한 서거로 인해 대통령에 이승만, 부통령에 민주당 후보인 장면이 당선되었다. 또한 대통령 후보로 나선 무소속의 조봉암이 총 투표수의 약 30%를 얻는 커다란 이변이 일어났다. 이러한 국민적 지지를 바탕으로 1956년 조봉암은 혁신정당을 표방한 진보당을 창당하였고 평화통일론을 내세우며 이승만의 북진통일론에 정면으로 도전하였다. 그러자 1958년 진보당의 강령, 정책이 북한의 주의, 주장과 같으며, 조봉암 등 진보당 간부들이 간첩이라는 혐의를 씌워 당은 불법화되었고 결국 조봉암은 사형을 당하였다.

1960년 3월, 제4대 정부통령 선거에서 조병옥 후보의 서거로 이승만이 대통령에 당선되었으나 부통령에 이기붕을 당선시키기 위해 3·15 부정선거가 자행되었다. 이처럼 자유당의 치밀한 사전 계획 하에 부정선거가 치러지자 이에 격분한 학생과 시민들이 독재 정권 타도와 부정선거를 규탄하는 4·19혁명을 일으켰다. 경찰이 시위 군중에게 총을 발포하는 등 많은 희생이 따랐으며 상황이 불리하게 돌아가자 결국 이승만은 하야 성명을 발표하고 하와이로 망명하였다.

4·19혁명은 학생과 시민이 중심이 되어 독재정권을 무너뜨린 민주 혁명으로 이로 인해 민주주의의 새로운 발전이 이루어졌다.

3 5·16쿠데타와 유신체제

이승만의 하야 이후 과도정부는 1960년 6월 내각책임제로 개헌을 하고 7월 29일 총선거를 실시하여 윤보선을 대통령으로 하는 장면 내각의 제2공화국을 수립하였다.

그러나 장면정권은 4·19혁명으로 분출된 국민의 요구를 제대로 받아들이지 못하고 민주화와 혁명완수를 요구하는 시위를 '반공법'과 '데모규제법'을 만들어 막으려고 하였으며 민주당도 신파와 구파로 나뉘어 파벌싸움을 벌였다.

학생세력과 일부 혁신세력은 남북의 적대관계를 철폐하는 민족통일이 무엇보다도 필요하다고 생각하고 민족분단을 해결하고자 통일운동에 힘을 쏟았다. 1961년에는 통일운동 열기가 높아져 5월에는 민족통일연맹 대의원대회에서 남북학생회담을 제의하였고, 민족자주통일중앙협의회 주최로 통일촉진 궐기대회가 열렸다.

그러나 민주주의와 민족통일을 지향한 4·19혁명은 이후 반공을 국시로 한 5·16군사쿠데타로 인해 미완의 혁명이 되고 말았다.

1961년 5월 16일 박정희를 중심으로 한 일부 군부세력이 군사정변을 일으켰다. 이들은 정권을 잡고 즉각 헌정을 중단한 뒤 국가재건최고회의를 구성하여 군정을 실시하였다.

민정으로 이양할 시기가 다가오자 쿠데타 세력은 이에 대비하여 민주공화당을 조직했으며 강력한 대통령 중심제의 새 헌법으로 개정하였다. 결국 군정은 1963년 민정이양을 했지만, 당초 군 복귀를 약속했던 박정희는 1963년 8월 육군 대장으로 진급한 날 군복을 벗고 다음날 공화당의 대통령 후보로 나섰다.

1963년 10월, 제5대 대통령 선거에서 민주공화당 후보인 박정희가 민정당 후보인 윤보선을 근소한 차이로 누르고 당선됨으로써 제3공화국이 수립되었다.

조국근대화를 기치로 내건 박 정권은 성장 위주의 경제정책을 채택하였는데, 이를 실현시키기 위해 미국의 지지와 경제개발에 필요한 자본과 기술이 시급했다. 이 무렵 미국은 일본의 자본주의를 중심으로 북방 사회주의권에 대항하는 지역통합 전략을 마련하고자 한국에 강력한 반공정부 구축과 한일국교정상화를 요구했다. 이는 박 정권에게 미국의 지지와 경제개발에 필요한 자본과 기술을 지원받을 수 있는 기회가 되기도 했다.

한일협상이 시작되자 국민의 관심은 과거 식민지배에 대한 일본의 사과와 손해배상, 즉 대일 청구권 문제 등에 집중되었다. 그러나 제대로 된 사과와 정당한 보상을 받지 못하는 굴욕적인 회담이라는 사실이 알려지면서 국민들은 거세게 반대했다 (6·3시위). 박 정권은 비상계엄을 선포하고 휴교령을 내린 강압적인 분위기 속에서 결국 1965년 6월 한일협정을 체결하였다.

또한 미국으로부터 한국군 장비의 현대화와 경제개발을 위한 차관 제공 약속을 받고 1965년부터 1970년대 초까지 베트남 전선에 군대를 파견하였다. 베트남 특수에 힘입은 경제발전 덕분에 박정희는 1967년 제6대 대통령선거에서 윤보선을 누르고 당선되었다. 6월 실시된 제7대 국회의원 선거에서 민주공화당은 부정선거의 시비 속에서 국회의원 재적수의 2/3를 넘는 129석을 차지하였다.

개헌선을 확보한 박 정권은 장기집권을 위한 3선 개헌을 꾀했다. 1968년 6월 서울대학교 법대생 500여 명이 '헌정수호 성토대회'를 개최한 이후 1969년 12월까지 야당과 재야, 대학생들의 개헌 반대운동이 일어났다. 그러나 1969년 9월, 야당 의원들이 제외된 상황에서 3선개헌안을 변칙적으로 통과시킨 후 국민투표에 의해 확정되었다.

1971년 제7대 대통령 선거에서 박정희는 신민당의 김대중 후보를 누르고 재집권하였으나 국회의원 선거에서는 공화당이 113석, 신민당이 89석을 차지하여 박 정권의 독주를 견제할 수 있는 힘을 얻게 되었다.

국제적으로 1960년대 후반부터는 데탕트의 분위기 속에서 미국과 일본이 중국과 국교를 정상화하는 등 정세의 변화가 있었다. 또한 국제 원유파동으로 경제 불황에 직면하자 냉전과 분단체제에 기대어 반공과 경제성장을 무기로 정권을 유지하던 박 정권은 정치적 위기에 직면하였다.

이후 1971년 12월, 박 정권은 장기집권을 보다 확실히 하기 위하여 안보를 구실로 비상사태를 선포하고 국회에서 통과된 '국가보위에 관한 특별조치법'을 소급적용하여 헌법 기능도 정지시킬 수 있는 초헌법적 비상대권을 갖게 되었다.

한편, 남북대화에 대한 미국의 종용과 경제성장으로 자신감을 얻은 박 정권은 1970년 8·15선언을 시작으로 1971년 남북이산가족 찾기 운동, 1972년 남북적십자회담 등을 추진했다.

1972년 7월 4일에는 남북한 당국자간의 합의로 '자주, 평화, 민족대단결'의 평화통일 3대원칙을 핵심 내용으로 하는 7·4 남북공동성명을 발표하였다.

그러나 박 정권은 1972년 10월 비상계엄을 선포하고 국회를 해산하고 정치활동을 금지한 후 10월 유신을 선포하였으며, 북한도 사회주의 헌법을 제정하여 수령의 유일체제를 강화하는 등 김일성의 절대 권력을 제도화하였다. 결국 통일논의는 자신의 권력기반 강화와 체제유지에 이용하려는 남북한 권력자들의 정치적 의도로 인해 그 빛을 잃게 되었다.

박 정권에 의한 유신체제는 통일주체국민회의에서 대통령을 간접 선출토록 하여 종신집권을 가능하게 하였다. 또한 국민의 참정권이 부정되고 입법부, 사법부도

행정부에 종속되는 체제였다.

박 정권은 유신체제에 대한 국민의 저항을 긴급조치로 탄압하였으며 헌법 개정논의를 금지시키고 비상군법회의를 두어 위반자를 처벌하였다. 결국 민청학련 사건, 3·1민주구국선언 발표, YH 무역 시위, 부마항쟁 등 민주화운동과 유신정권의 탄압이 계속되는 가운데 1979년 10월 26일 중앙정보부장 김재규가 박정희를 시해함으로써 유신체제는 종결되었다.

긴급조치 제9호

'긴급조치 제9호'는 박정희 정부 때인 1975년 5월 13일 선포된 긴급조치로, 유신헌법을 부정 · 반대 · 비방하는 행위 등을 금지하고 이를 어길 경우 1년 이상의 징역에 처한다는 내용 등을 담고 있다. 긴급조치는 우리나라 제4공화국의 유신헌법에 규정돼 있던 대통령의 권한으로 할 수 있는 특별조치로 1975년까지 9차례에 걸쳐 내려졌는데, 긴급조치 제9호는 마지막으로 내려진 조치였다. 긴급조치 9호는 1979년 10 · 26사건으로 박정희 전 대통령이 사망한 직후 신군부의 주도로 헌법이 개정될 때까지 약 4년간 지속되면서 국민들의 기본권을 제약했다.

/탐구과제/

○ 산업화의 명과 암

□ 6 · 25전쟁의 폐허를 딛고 '한강의 기적'을 이끈 원동력은 어디에 있었는지 탐구한다.
□ 산업화의 과정에서 드러난 박정희 정권의 공과 과를 살펴본다.
□ 산업화가 가져다준 '명'은 무엇이고, 그 뒤에 숨어 있는 '암'은 무엇인지 탐구해 보자.

1950년대의 우리나라 경제는 미국의 원조를 받아 유지했다. 그러나 1950년대 후반부터 미국의 원조가 줄어들면서 우리나라는 스스로 경제를 발전시킬 방안을 찾기 시작했다. 4 · 19혁명으로 이승만 정부가 무너진 뒤 들어선 제2공화국은 경제개발 5개년 계획을 세웠다. 그러나 이 계획은 5 · 16 군사쿠데타로 제2공화국이 무너지면서 실행되지 못했다.

5 · 16군사쿠데타으로 권력을 잡은 박정희 정부는 '근대화'를 나라 정책의 목표로 세우고 경제개발 5개년 계획을 추진했다. 박정희 정부의 기본적인 경제 성장 정책은 수출을 늘리는 것이었다. 1960년대에는 임금은 적게 받으면서도 일을 잘하는 우리나라 노동자들의 노력을 바탕으로 경공업이 크게 발전했다. 1970년대에는 정유와 조선, 비료 등 중화학 공업의 비중이 늘어났고, 자동차 산업도 차츰 성장하기 시작했다. 성실하고 실력 있는 인력(노동력)도 수출했다. 1960년대에는 독일에 광부와 간호사를 보냈고, 1970년대에는 중동 지역에 건설 노동자를 보내 일하게 했다.

정부와 국민들이 힘써 노력한 결과, 우리나라 경제는 크게 성장했다. 1인당 국민소득은 1953년

67달러에 불과했지만 1977년에는 1,000달러, 2000년에는 1만 달러를 넘어섰다. 수출은 1957년에 약 2,200만 달러이던 것이 1977년에는 100억 달러, 2000년에는 1,700억 달러를 넘어섰다. 불과 30여 년 사이에 수백 배의 성장을 이룬 것이다. 이로 인해 '한강의 기적'이라는 말이 나오게 되었다. 아래의 기록은 '산업화'의 과정에서 이루어진 '경제개발5개년계획안' '한일기본조약' '브라운각서' '수출 100억 달러 수출기념 연설문' 등을 제시하였다. 이러한 자료들을 통해 과연 산업화의 과장에서 일어난 명과 암에 대하여 탐구해 보자.

❖ 장면 국무총리(1961년 2월 9일) 추가경정 예산안을 국회에 제출하면서 행한 시정연설

실업자의 가동과 농촌 소득의 증대와 국토의 보존 및 사회자본의 증대를 연결하는 국토건설계획이 또한 그 조속한 실시를 기다리고 있습니다. 그 주요 내용은 미잉여 농산물을 주로 한 400억 환의 재원으로 연인원 약 4천500만 명을 동원하여 치산, 치수 등 공공사업을 하는 것이며, 한편 소양강 댐, 춘천강 댐, 남강 댐 등을 건설하는 것도 동 계획에 포함되고 있습니다.

❖ 제2공화국이 수립한 경제개발 5개년 계획 계획안

1. 전력 석탄 등 에너지 공급원의 확보와 비료, 시멘트, 정유, 철강 등 수입 대체 산업의 건설
2. 농어촌 개발을 종합적으로 추진, 그 생산력의 증대에 의한 농어촌 소득의 상승과 국민경제의 구조적 불균형 시정
3. 유휴자원의 활용, 특히 유휴 노동력의 생산적 흡수와 토지 등 자원 이용도의 증진
4. 도로, 항만, 철도 등 수송력의 확보와 기간산업의 확충 및 사회간접자본의 충족 등

❖ 박정희 군사혁명위원회 혁명 포고문

① 반공을 국시의 제일의(第一義)로 삼는다.
② 유엔헌장을 준수하고 미국을 위시한 자유 우방과의 유대를 더욱 공고히 한다.
③ 모든 부패와 구악을 일소하고 청신한 기풍을 진작시킨다.
④ 절망과 기아선상에서 허덕이는 민생고를 시급히 해결하고 국가 자주경제 재건에 총력을 경주한다.
⑤ 공산주의와 대결할 수 있는 실력 배양에 전력을 집중한다.
⑥ 이와 같은 우리의 과업이 성취되면 참신하고도 양심적인 정치인들에게 언제든지 정권을 이양하고 우리들은 본연의 임무에 복귀할 준비를 갖춘다.

❖ 대한민국과 일본 간의 기본관계에 관한 조약

대한민국과 일본은 양국 국민관계의 역사적 배경과, 선린관계와 주권 상호존중의 원칙에 입각한 양국 관계의 정상화에 대한 상호 희망을 고려하며, 양국의 상호 복지와 공통 이익을 증진하고 국제 평화와 안전을 유지하는 데 있어서 양국이 국제연합 헌장의 원칙에 합당하게 긴밀히 협력함이 중요하다는 것을 인정하며, 또한 1951. 9. 8. 샌프란시스코시에서 서명된 일본과의 평화조약의 관계 규정과 1948. 12. 12. 국제연합 총회에서 채택된 결의 제195호(III)을 상기하며, 본 기본관계에 관한 조약을

체결하기로 결정하여, 이에 다음과 같이 양국 간의 전권위원을 임명하였다.

대한민국
대한민국 외무부장관 이동원(李東元)
대한민국 특명전권대사 김동조(金東祚)
일본국
일본국 외무대신 시이나 에쓰사부로(椎名悅三郎)
다카스기 신이치(高杉晋一)

이들 전권위원은 그들의 전권위임장을 상호 제시하고 그것이 상호 타당하다고 인정한 후 다음의 제 조항에 합의하였다.

제1조 양 체약 당사국 간에 외교 및 영사관계를 수립한다. 양 체약 당사국은 대사급 외교사절을 지체없이 교환한다. 양 체약 당사국은 또한 양국 정부에 의하여 합의되는 장소에 영사관을 설치한다.

제2조 1910년 8월 22일 및 그 이전에 대한제국과 대일본제국 간에 체결된 모든 조약 및 협정이 이미 무효임을 확인한다.

제3조 대한민국 정부가 국제연합 총회의 결정 제195호(III)에 명시된 바와 같이 한반도에 있어서의 유일한 합법정부임을 확인한다.

제4조 (가) 양 체약 당사국은 양국 상호 간의 관계에 있어서 국제연합 헌장의 원칙을 지침으로 한다. (나) 양 체약 당사국은 양국의 상호의 복지와 공통의 이익을 증진함에 있어서 국제연합 헌장의 원칙에 합당하게 협력한다.

제5조 양 체약 당사국은 양국의 무역, 해운 및 기타 통상상의 관계를 안정되고 우호적인 기초 위에 두기 위하여 조약 또는 협정을 체결하기 위한 교섭을 실행 가능한 한 조속히 시작한다.

제6조 양 체약 당사국은 민간항공 운수에 관한 협정을 체결하기 위하여 실행 가능한 한 조속히 교섭을 시작한다.

제7조 본 조약은 비준되어야 한다. 비준서는 가능한 한 조속히 서울에서 교환한다.

본 조약은 비준서가 교환된 날로부터 효력을 발생한다. 이상의 증거로써 각 전권위원은 본 조약에 서명 날인한다.

1965년 6월 22일 동경에서 동등히 정본인 한국어, 일본어 및 영어로 2통을 작성하였다. 해석에 상위가 있을 경우에는 영어본에 따른다.

대한민국을 위하여 이동원 김동조
일본을 위하여 추명열삼낭(椎名悅三郎) 고삼진일(高杉晋一)

❖ 김종필-오히라 메모

1. 무상원조에 대해 한국 측은 3억 5천만 달러, 일본 측은 2억 5천만 달러를 주장한바, 3억 달러를 10년에 걸쳐 공여하는 조건으로 양측 수뇌에게 건의함.

2. 유상 원조(해외경제협력기금)에 대해 한국 측은 2억 5천만 달러, 일본 측은 1억 달러를 주장한바, 2억 달러를 10년간에 걸쳐 이자율 3.5%로 제공하기로 양측 수뇌에게 건의함.

3. 수출입 은행 차관에 대해 한국 측은 별개 취급을 희망하고 일본 측은 1억 달러 이상을 프로젝트

에 따라 늘릴 수 있도록 하자고 주장한바, 양측 합의에 따라 국교 정상화 이전이라도 협력하도록 추진할 것을 양측 수뇌에게 건의함.

1962년 11월 24일~30일 간에 양측 의견을 교환함.

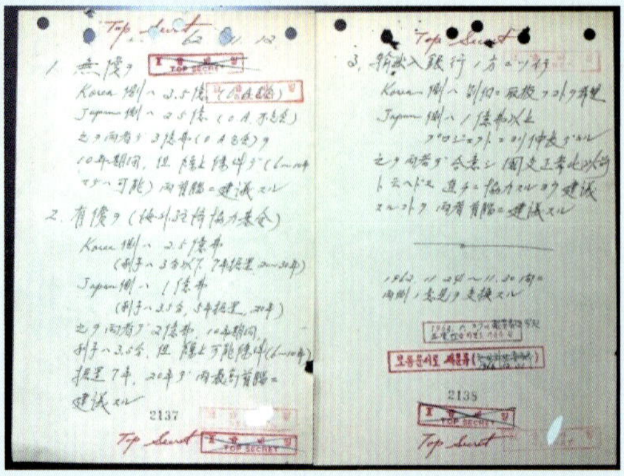

❖ 브라운 각서(Brown Memorandum)

브라운 각서 제1차(1966. 3. 4.)

이동원 외무부장관 귀하

귀하께서는 대한민국 정부가 월남공화국 정부로부터 월남에 대한 한국 전투부대 증파에 관한 요청을 접수했음을 본인에게 통고했습니다.

귀하는 또한 대한민국 정부가 한국의 헌법절차에 따라 국회의 승인을 얻는 대로 1개 연대의 전투부대를 4월에, 1개 사단 병력을 7월에 각각 도착시키도록 하는 방식으로 월남 정부에서 요청받은 원조를 월남정부에 제공키로 결정했다고 진술하였습니다.

본인은 대한민국 정부가 월남전선을 한국의 안전과 직결된 한국의 제2전선이라고 생각하고 있기 때문에 대한민국이 그 같은 결정을 내린 것이라는 귀하의 설명에 유의했습니다.

미국 정부는 월남에서 싸우고 있는 자유세계 군대에 대한 고도로 효과적인 기여를 다시 증강하려는 대한민국 정부의 결정을 충심으로 환영합니다. 본인은 한국의 안전과 발전에 대한 우리의 공동이익에 비추어 미국은 한국방위와 경제적 발전이 더욱 증진되기 위하여 다음의 조치를 취할 용의가 있음을 말씀드릴 권한을 받았습니다.

A. 군사원조

1. 한국에 있는 한국군의 현대화 계획을 위하여 앞으로 수년 동안에 걸쳐 상당량의 장비를 제공한다.

2. 월남에 파견되는 추가 증파병력에 필요한 장비를 제공하는 한편, 증파에 따른 모든 추가적 '원'화 경비를 부담한다.

3. 월남에 파견되는 추가병력을 완전히 대치하게 될 보충 병력을 장비하고 훈련하며 이에 따른 재정을 부담한다.

4. 한국의 대간첩 활동능력을 개선하기 위하여 한미 합동으로 연구한 결과에 따라 한미 양국 정부가 필요하다고 결정한 요구사항을 충족시키는 데 기여한다.

…… (중략) ……

B. 경제원조

1. 이 같은 추가병력의 월남파병과 한국에서 1개 예비사단, 1개 예비여단 및 지원부대를 동원 유지하는 데 필요한 순추가비용의 전액과 동액의 추가 '원'화를 한국 측 예산을 위하여 방출한다.

2. 상당수의 한국병력, 최소한 2개 사단병력이 월남에 주둔하고 있는 동안 군원이관(軍援移管)을 중지하는 한편 1967년 미회계 연도에는 66회계 연도에 중지된 품목과 67회계연도 회계표에 있는 품목을 한국에서 역외 조달한다.

……(중략)……

4. 수출을 진흥시키기 위한 모든 분야에서 한국에 대한 기술 원조를 강화한다.

5. 1965년 5월에 한국에 대해 약속했던 1억 5천만 달러 규모의 차관에 덧붙여 미국 정부는 적절한 사업이 개발됨에 따라 1억 5천만 달러 제공 약속에 적용되는 같은 정신과 고려 밑에 한국의 경제발전을 돕기 위한 추가 AID 차관을 제공한다.

…… (중략) ……

윈드롭 G 브라운

❖ 100억 달러 수출의 날 치사

전국의 기업인과 근로자 여러분!

드디어 우리는 수출 100억 달러를 돌파했습니다. 오늘 우리는 그 기쁨을 함께 나누고자 이 자리에 모였습니다. 민족중흥의 창업 도정에 획기적 이정표가 될 자랑스러운 이 금자탑을 쌓아 올리기 위하여, 그 동안 우리는 한 덩어리가 되어 일하고 또 일해 왔습니다. 자주, 자립을 향한 우리 겨레의 집념은 그 어떤 시련도, 도전도 물리친 것입니다. 그동안 불철주야 헌신해 온 전국의 기업인과 산업역군, 그리고 수출 유관기관 임직원과 특히 오늘 수상의 영예를 차지한 기업체와 수출 유공자 여러분의 노고에 대하여, 나는 충심으로 치하와 격려를 보내는 바입니다.

국민 여러분! 돌이켜보면 제1차 경제개발 5개년 계획이 시작되었던 1962년만 하더라도 우리나라의 수출 실적은 겨우 5천여만 불의 미미한 것이었으며, 그나마도 대부분이 농수산물과 광산물 등 1차 산품이었습니다. 그로부터 불과 15년이 지난 오늘, 이제는 단일 업체가 6억 달러 수출을 하게 되었는가 하면, 1억 달러 이상 수출한 업체만도 17개사가 넘는 등, 엄청난 기록들을 세웠습니다. 그리하여, 우리는 당초 목표를 4년이나 앞당겨 100억 달러 수출을 무난히 실현하였습니다. 이는 우리가 일찍이 '수출입국'의 목표 아래 굳게 뭉쳐서 국력 배양에 노력해온 성과입니다. 세계 경제 대국의 하나로 불리고 있는 서독이 수출 10억 달러에 100억 달러에 이르는 데 11년이 걸렸으며, 일본도 1951년에 10억 불이었던 그들의 수출고를 100억 달러로 끌어올리는데 16년이라는 세월이 걸린 데 비하여, 우리나라는 1970년부터 7년이 걸렸을 뿐입니다. 이웃 나라 일본은 국토의 면적과 인구가 우리보다 클 뿐 아니라, 세계 경제의 호경기 등 유리한 여건 속에서 100억 달러를 이룩했던 것입니다. 우리는 분단된 국토에서 호전적 침략주의자들과 대치하면서, 세계적 자원난과 경제 불황 등 갖가지 역경을 극복하고 이와 같은 성과를 올린 것입니다. 그렇기 때문에, 우리가 이룩한 이 100억 달러 수출은 비단 물량의 크기에서뿐만 아니라, 겨레의 무한한 저력과 가능성을 과시했다는 점에서 더 큰 의의와 보람이 있다고 믿습니다. 지금까지 네 차례의 경제개발 5개년 계획을 성공적으로 추진해오는 과정에서, 이제 우리의 중화학 공업은 선진국 수준으로 착실히 확충되어 가고 있으며,

우리가 만든 상품들은 5대양 6대주로 뻗어나가 세계 도처에서 국위를 떨치고 있습니다. 중동 지역을 비롯하여 동남아와 아프리카 등 세계 여러 나라에 진출한 우리 건설 역군과 원양 어업 종사원들은, 현지의 익숙지 못한 기후 조건 속에서도 구슬땀을 흘리며 우리 겨레의 기상을 세계 속에 심고 있습니다. 전국 고속 도로망의 건설과 치산 치수에 역점을 둔 국토 개발 계획의 진척 등으로, 이제 해마다 대풍의 수확을 거두고 있으며, 도시와 농촌은 1일 생활권을 형성하면서 고루 살기 좋은 나라로 하루가 다르게 변모해 가고 있습니다. 근면, 자조, 협동의 새마을 정신은 우리 국민 생활 속에 뿌리를 내렸으며, 온 국민의 가슴 속에 넘치는 '하면 된다'는 자신감이야말로 새 역사 창조의 막강한 추진력이 되고 있습니다. 지난 10여 년 동안 우리 온 국민이 힘 모아 키워 온 국력은 이처럼 물질 면에 있어서나 정신면에 있어서나 커다란 변화로 나타나고 있습니다. 그러나, 민족 중흥을 이룩하려는 우리 앞에는 아직도 많은 과제와 시련이 가로놓여 있습니다. 비록, 지금 우리가 100억 달러 수출의 자랑스러운 고비를 넘어섰다 할지라도, 오늘의 이 시점은 자립 경제를 달성하기 위한 '수출 한국'의 또 하나의 출발점이라는 것을 우리 모두가 명심해야 하겠습니다. 이렇다 할 부존자원이 없는 우리 형편으로 볼 때, 여전히 계속되고 있는 세계적 자원난이라든가, 과거와는 달리 우리나라를 새로운 수출 경쟁국으로 의식하면서 보호무역의 장벽을 쌓고 있는 세계 경제의 현황 등에 비추어 볼 때 우리는 새로운 결의와 분발을 다짐하지 않을 수 없습니다. 우리는 전진의 발걸음을 잠시도 늦추지 말고 남보다 더 머리를 쓰고 더 부지런하게 노력해 나가야만 합니다. 우리는 어떤 일이 있더라도 80년대에는 고도 산업 사회를 건설함으로써 조국의 평화적 통일과 민족 중흥의 발판을 반석같이 다져 놓아야 합니다. 이 목표를 차질 없이 달성하기 위해서는 무엇보다도 우리 산업의 국제 경쟁력을 더욱 강화하는 일이 급선무이며, 그러기 위해서는 우리 나라 산업 구조를 중화학 공업 위주로 과감히 개편하고 기술 혁신을 촉진해야만 합니다. 이제 우리는 기술의 대외 의존도를 차차 줄여 나가면서, 독자적 기술 개발에 주력하여 수출 상품의 다양화와 품질의 고급화, 그리고 기술 집약적인 두뇌 산업 육성에 총력을 기울여 나가야 할 때입니다. 또, 이에 못지 않게 중요한 것은, 생산과 건설에 종사하는 모든 사람들이 국가 발전의 제일선에서 헌신하고 있다는 드높은 긍지와 자부심을 견지하고 맡은바 직분에서 더욱 창의를 발휘하고 최선을 다하는 일입니다. 기업인은 국가와 사회의 발전에 이바지하는 공기가 바로 기업임을 명심하고, 기업 활동에서 얻은 이윤은 다시 국가 사회 발전에 되돌린다는 투철한 기업 윤리를 생활신조로 삼아야 하며, 종업원의 처우 개선과 복지 향상에 더 많은 관심과 노력을 기울여 나가야 할 것입니다. 모든 기업인과 종업원이 서로 돕고 아끼며 가족과 같은 따뜻한 분위기 속에서 일체감을 북돋아 나가는 일이야말로 우리 나라 공장 새마을 운동의 정신이며, 또한 우리의 수출 산업이 난관을 뚫고 세계 무대로 끝없이 뻗어나갈 수 있는 힘의 원천이라고 확신합니다. 국민 여러분도 생활에 다소 여유가 생겼다 해서 행여 무절제하고 낭비하는 행동, 안일하고 나태한 생활에 흐르는 일이 있어서는 안될 것입니다. 근면, 성실하고 검소, 절약하는 강건한 기풍을 국민 생활의 미덕으로 삼아 나가는 데 변함이 없어야 하겠습니다.

친애하는 국민 여러분! 오늘 이 국민적 경축의 식전에서 나는 그동안 우리 국민 여러분이 허리띠를 졸라매고 오직 부강한 조국을 건설하겠다는 일념으로, 묵묵히 땀 흘리며 매진해 온 지난 일들을 회상하면서 가슴 벅찬 감회를 누를 길이 없습니다. 이 기쁨과 보람은 결코 기적이 아니요, 모두가 국민 여러분의 고귀한 땀과 불굴의 집념이 낳은 값진 소산입니다. 지나긴 민족사의 소중한 한 시대를 일하고, 또 일하면서 살아온 우리 세대의 땀에 젖은 발자취는 자손만대에 길이 빛날 것입니다. 끝으로, 그동안 일신의 안락을 돌보지 않고 증산에 힘써온 모든 근로 역군, 기술인, 기업인들과 중동 지역을 비롯하여 멀리 해외에서 활약하고 있는 건설 역군, 의료진, 원양 어업 종사원, 그리고 수출 일선에서 일해 온 모든 기업체 및 관계 기관 임직원과 공무원 여러분의 헌신적 노고를 나는 다시 한 번 위로하며 높이 치하하는 바입니다. 우리 모두 오늘의 이 기쁨과 보람을 민족 웅비의 도약대로 삼아 줄기찬 전진을 계속합시다.

1977년 12월 22일 대통령 박정희

4 민주화 운동

10·26사태 이후 1979년 12월 6일 국무총리였던 최규하가 통일주체국민회의를 통해 제10대 대통령으로 선출되었다. 국민들은 유신체제와 군부독재를 끝내고 민주정부의 등장을 기대했지만, 12월 12일 전두환을 중심으로 한 신군부가 쿠데타를 일으켜 정치실권을 장악하였다. 신군부 세력은 비상계엄령을 유지하면서 집권 준비를 하고 있었고 합동수사본부장인 전두환은 중앙정보부장까지 겸하면서 권력을 강화하였다.

1980년 민주화를 요구하는 학생들의 요구가 분출되면서 '서울의 봄'을 맞이했지만, 신군부 세력은 5월 17일 계엄령 확대를 실시하여 정치적 통제로 억압하였다.

특히 5월 18일 광주에서는 신군부 집권에 반대하고 군사독재에 항거하는 시위에서 공수부대원의 과잉진압으로 인해 많은 사상자가 나왔다. 5월 21일에는 공수부대원의 집단발포가 있어 대한민국 국군이 대한민국 국민을 상대로 총탄을 발포한 참혹한 상황이 전개되었다. 이후 시민들이 일시적으로 공수부대를 몰아냈으나, 5월 27일 계엄군에 의해 도청진압이 이루어지기까지 10일 동안 수많은 시민과 학생들이 희생되었다.

5·18민주화운동은 1970년대 이래 쌓인 반독재민주화운동의 연장으로 1980년대 민주화운동의 토대가 되었고 학생운동의 새로운 전환점이 되었다.

광주항쟁을 무력 진압한 전두환의 신군부는 1980년 5월 31일 국가보위비상대책위원회를 만들어 정치인의 활동을 규제하는 등 정권찬탈을 위한 준비에 들어갔다.

8월에는 최규하가 대통령에서 사임하고 전두환이 통일주체국민회의에서 제11대 대통령으로 선출되었다. 10월에는 개헌작업이 추진되어 대통령 임기 7년의 단임제와 대통령 선거인단에 의한 간접선거 등 유신헌법을 일부 수정한 신헌법을 제정하였다. 이에 1981년 민주정의당의 전두환을 제12대 대통령으로 하는 제5공화국이 출범하였다.

전 정권은 언론사를 통폐합하고 민주화운동을 강경 진압하는 정책을 취해 반공법을 통합한 국가보안법을 만드는 등 강력한 탄압정책으로 일관했다. 반면, 야간통행금지 해제와 중고등학교 교복자율화, 프로야구 실시 등 유화정책을 실시하기도 하였다.

제5공화국

1980년 10월 27일 공포 · 시행된 제5공화국 헌법에 따라 81년 3월 3일 전두환이 제12대 대통령으로 취임함으로써 정식 출범, 88년 2월 25일 제6공화국 출범 전까지 만 7년 동안 지속된 우리나라의 다섯 번째 공화헌정체제이다.

제5공화국은 박정희 정권과 마찬가지로 쿠데타로 성립된 군사독재정권이었다. 1980년 5월 광주민주화운동을 무력으로 진압하고 탄생한 이 정권은 물가안정, 서울올림픽대회 유치 등의 업적을 남겼으나, 부정부패와 민주화운동탄압, 고문 등의 인권유린행위로 국민들의 비판을 받았다.

1985년 후반에 들어서 야당과 재야 세력은 독재체제를 종식시키고자 대통령직선제 개헌 운동을 전개하였다. 1987년 초 박종철 고문치사 사건으로 정권의 부도덕성이 드러나면서 전 정권은 위기에 봉착하게 된다. 이러한 위기 속에 4·13 호헌조치가 발표되자, 6월 10일을 기점으로 학생과 시민들은 호헌철폐와 독재타도를 주장하며 시위를 전개하였고 이 과정에서 이한열 사망 사건이 발생하여 시위는 격렬하게 확산되었다.

6월 민주항쟁 결과 5년 단임의 대통령직선제로 헌법이 개정되어 1987년 12월 대통령 선거가 실시되었다. 그러나 야권의 김대중과 김영삼의 후보 단일화 실패로 인하여 민정당의 노태우 후보가 당선되었다.

한편, 국회는 여소야대 국면이 되어 국회에서 '5공청문회'를 열고 전두환 등의 신군부 쿠데타와 광주문제, 전두환 일가의 비리를 단죄하려 하였다. 당시 노 정권은 전 정권과의 차별성을 부각시켜 정치적 입지를 확보하려고 했다. 그러나 여소야대 국면에서 계속 끌려가던 노 정권은 결국 1990년 김영삼, 김종필과 더불어 3당 합당을 선언하며 민주자유당을 창당하게 되었다.

보수 대연합으로 정국을 뒤집은 노 정권은 88 서울 올림픽과 사회주의권의 붕괴를 계기로 북방정책을 추진하였다. 소련 등 동구권 및 중국과 수교를 하고 북한과의 관계개선에 나섰다. 이에 1991년 9월 18일 남북한이 유엔에 동시가입하고 12월 13일에는 남북한이 화해 및 불가침, 교류협력 등에 관한 합의서를 체결하였다.

광주 5 · 18민주화운동 기념탑

/탐구과제/

○ 한국 민주주의의 시련과 발전

- ▫ 민주주의를 위한 우리나라 정치의 변화 과정을 탐구해본다.
- ▫ 민주 과정에서 발표된 각종 선언문의 배경을 살펴본다.
- ▫ 우리나라의 개헌 과정에 어떠한 문제점이 있었는지를 고찰해본다.
- ▫ 각 시대별 헌법의 특징이 무엇인지를 조사해본다.

이승만 정권의 독재체제는 4 · 19혁명으로 인해 막을 내렸지만, 박정희를 비롯한 일부 군인들의 의한 5 · 16쿠데타로 인해 민주주의는 다시 시련을 맞게 된다. 박정희 정권은 3선개헌과 유신헌법 등을 통해 장기 독재체제를 유지하려 하였지만, 결국 1979년 10 · 26사태로 박정희는 시해되었다. 이후 국민들은 민주정부의 등장을 기대했지만, 전두환을 중심으로 한 신군부에 의해 쿠데타가 일어남으로써 또 다시 민주주의는 시련을 맞게 된다. 이에 5 · 18민주화운동 등 반독재투쟁이 계속되었고 결국 1987년 6월 민주항쟁 결과 5년 단임의 대통령직선제로 헌법이 개정되게 된다.

아래의 자료는 민주주의가 시련을 당하던 시기에 발표된 서울대 4 · 19선언문, 한일굴욕외교반대투위 재경대학교수단 선언문, 3선 개헌 반대 투쟁 선언문, 3 · 1민주구국선언, 5 · 18광주시민군 궐기문, 6 · 10국민대회 선언의 내용이다. 이들 기록을 통해 각종 선언문이 발표된 배경을 살펴보고 온갖 시련 속에서도 우리나라의 민주주의가 발전하는 과정을 탐구해보기로 하자.

❖ 발췌개헌안

헌법 중 다음과 같이 개정한다.

제31조 입법권은 국회가 행한다. 국회는 민의원과 참의원으로써 구성한다.

제32조 양원은 국민의 보통·평등·직접·비밀투표에 의하여 선거된 의원으로써 조직한다. 누구든지 양원의 의원을 겸할 수 없다. 국회의원의 정수와 선거에 관한 사항은 법률로써 정한다.

제33조 민의원 의원의 임기는 4년으로 한다. 참의원 의원의 임기는 6년으로 하고 2년마다 의원의 3분지 1을 개선한다.

제53조 대통령과 부통령은 국민의 보통·평등·직접·비밀투표에 의하여 각각 선거한다. 국회 폐회 중에 대통령과 부통령을 선거할 때에는 그 선거보고를 받기 위하여 양원의 의장은 국회의 집회를 공고하여야 한다. 대통령과 부통령의 선거에 관한 개표보고는 특별시와 도의 선거위원회가 입후보자의 득표수를 명기하여 봉함한 후 참의원 의장에게 송부하여야 한다. 참의원 의장은 즉시 각원의 재적의원 과반수가 출석한 공개된 양원합동회의에서 전항의 득표수를 계산하여 당선된 대통령과 부통령을 공포하여야 한다. 대통령과 부통령의 당선은 최고득표수로써 결정한다. 최고득표자가 2인 이상인 때에는 전항의 양원합동회의에서 다수결로써 당선자를 결정한다. 대통령과 부통령의 선거에 관한 사항은 법률로써 정한다. 대통령과 부통령은 국무총리 또는 국회의원을 겸할 수 없다.

❖ 사사오입개정안

헌법개정안 전문(1954년 9월 6일 정식제출)

헌법 중 다음과 같이 개정한다.

제55조 대통령과 부통령의 임기는 4년으로 한다. 단 재선에 의하여 1차 중임할 수 있다. 대통령이 궐위된 때에는 부통령이 대통령이 되고 잔임기간 중 재임한다. 부통령이 궐위된 때에는 즉시 그 후임자를 선거하되 잔임기간 중 재임한다. 대통령, 부통령이 모두 궐위된 때에는 제 52조에 의한 법률의 규정한 순위에 따라 국무위원이 대통령의 권한을 대행하되 궐위된 날로부터 3개월 이내에 대통령과 부통령을 선출하여야 한다.

부칙 이 헌법 공포 당시의 대통령에 대하여는 제55조 제1항 단서의 제한을 적용하지 아니한다.

❖ 계엄포고 1호

1972년 10월 17일 19시를 기하여 하기 사항을 포고함

(1) 모든 정치 활동 목적의 옥내외 집회 및 시위를 일절 금한다. 정치활동 목적이 아닌 옥내외 집회는 허가를 받아야 한다. 단, 관혼상제와 의례적인 비정치적 종교 행사의 경우는 예외로 한다.

(2) 언론 출판 보도 및 방송은 사전 검열을 받아야 한다.

(3) 각 대학은 당분간 휴교 조치한다.

(4) 정당한 이유 없는 직장 이탈이나 태업 행위를 금한다.

(5) 유언비어의 날조 및 유포를 금한다.

(6) 야간통행금지는 종전대로 시행한다.

(7) 정상적 경제 활동과 국민의 일상 생업의 자유는 이를 보장한다.

(8) 외국인의 출입국과 국내 여행 등 활동의 자유는 이를 최대한 보장한다.

이 포고를 위반한 자는 영장 없이 수색, 구속한다.

계엄사령관 육군대장 노재현

❖ 유신헌법

제39조 대통령은 통일주체국민회의에서 토론없이 무기명 투표로 선거한다.

제40조 통일주체국민회의는 국회의원 정수의 1/3에 해당하는 수의 국회의원을 선거한다.

제43조 대통령은 조국의 평화적 통일을 위한 성실한 의무를 진다.

제76조 국회는 국민의 보통 · 평등 · 직접 · 비밀선거에 의하여 선출된 의원 및 통일주체국민회의가 선거하는 의원으로 구성한다.

제77조 국회의원의 임기는 6년으로 한다. 다만, 통일주체국민회의가 선거한 국회의원의 임기는 3년으로 한다.

❖ 대통령 긴급조치 제9호

1. 다음 각호의 행위를 금한다.

가. 유언비어를 날조, 유포하거나 사실을 왜곡하여 전파하는 행위

나. 집회 · 시위 또는 신문, 방송, 통신 등 공중전파 수단이나 문서, 도화, 음반 등 표현물에 의하여 대한민국 헌법을 부정 · 반대 · 왜곡 또는 비방하거나 그 개정 또는 폐지를 주장 · 청원 · 선동 또는 선전하는 행위

다. 학교 당국의 지도, 감독하에 행하는 수업, 연구 또는 학교장의 사전 허가를 받았거나 기타 의례적 비정치적 활동을 제외한 학생의 집회·시위 또는 정치 관여 행위

라. 이 조치를 공연히 비방하는 행위

2. 제1에 위반한 내용을 방송·보도 기타의 방법으로 공연히 전파하거나, 그 내용의 표현물을 제작 · 배포 · 판매 · 소지 또는 전시하는 행위를 금한다. …… 중략 ……

14. 이 조치는 1975년 5월 13일 15시부터 시행한다.

❖ 제5공화국 헌법

제39조 ① 대통령은 대통령 선거인단에서 무기명 투표로 선거한다.

제40조 ① 대통령 선거인단은 국민의 보통 평등 직접 비밀선거에 의해 선출된 대통령 선거인으로 구성한다.

제45조 대통령의 임기는 7년으로 하며, 중임할 수 없다.

❖ 서울대 4 · 19 선언문(1960년 4월 19일)

상아의 진리탑을 박차고 거리에 나선 우리는 질풍과 같은 역사의 조류에 자신을 참여시킴으로써 이성과 진리, 그리고 자유의 대학정신을 현실의 참담한 박토(薄土)에 뿌리려 하는 바이다.

오늘의 우리는 자신들의 지성과 양심의 엄숙한 명령으로 하여 사악(邪惡)과 잔학(殘虐)의 현상을 규탄 광정(匡正)하려고 주체적 판단과 사명감의 발로임을 떳떳이 선명하는 바이다.

우리의 지성은 암담한 이 거리의 현상이 민주와 자유를 위장한 전체주의의 표독한 전횡에 기인한 것임을 단정한다. 무릇 모든 민주주의의 정치사는 자유의 투쟁사이나 그것은 또한 여하한 형태의 전제정치도 민중 앞에 군림하는 종이로 만든 호랑이같이 어설픈 것임을 알려 준다.

한국의 일천한 대학의 역사가 적색전제(赤色專制)에의 과감한 투쟁의 거획(巨劃)을 담당하고 있는데 크나큰 자부를 느끼는 것과 똑같은 논리의 연역(演繹)에서 민주주의를 위장한 백색전제(白色專制)에의 항의를 가장 높은 영광으로 우리는 자부한다.

근대적 민주주의의 근간은 자유다. 우리에게서 자유는 상실되어가고 있다는 것을, 아니 송두리째 박탈되고 있다는 것을 우리는 이성의 혜안(慧眼)으로 직시한다.

이제 막 자유의 전장엔 불이 붙기 시작하였다. 정당히 가져야 할 권리를 탈환하기 위한 자유의 전역(戰域)은 바야흐로 풍성해 가고 있는 것이다.

민주주의와 민중의 공복(公僕)이며 중립적 권력체인 관료와 경찰은 민주를 위장한 가부장적 전제권력의 하수인으로 발 벗었다. 민주주의 이념에서 가장 기본적인 공리인 선거권마저 권력의 마수

앞에 농단되었다. 언론 · 출판 · 집회 · 결사 및 사상의 자유의 불빛은 무식한 전제 권력의 악랄한 발악으로 하여 깜박이던 빛조차 사라졌다. 긴 칠흑 같은 밤의 계속이다.

나이 어린 학생 김주열의 참혹한 시신을 보라! 그것은 가식 없는 전제주의 전횡의 발가벗은 나상(裸像)밖에 아무것도 아니다.

저들을 보라! 비굴하게도 위하(威嚇)와 폭력으로써 우리들을 대하려 한다. 우리는 백보를 양보하고라도 인간적으로 부르짖어야 할 같은 학생의 양심을 느낀다.

보라! 우리는 기쁨에 넘쳐 자유의 횃불을 올린다.

보라! 우리는 캄캄한 밤의 침묵에 자유의 종을 난타하는 타수(打手)의 일익(一翼)임을 자랑한다. 일제의 철퇴 하에 미칠 듯 자유를 환호한 나의 아버지 형제들과 같이 양심은 부끄럽지 않다. 외롭지도 않다. 영원한 민주주의의 사수파(死守派)는 영광스럽기만 하다.

보라! 현실의 뒷골목에서 용기 없는 자학을 되씹는 자까지 우리의 대열을 따른다.

나가자! 자유의 비결은 용기일 뿐이다. 우리의 대열은 이성과 양심과 평화, 그리고 자유에의 열렬한 사랑의 대열이다. 모든 법은 우리를 보장한다.

❖ 한일굴욕외교반대투위 재경대학교수단 선언문

대한민국의 주권자는 엄연히 국민이다. 국민은 정부의 정책을 언제나 자유로이 비판하는 권리를 가진다. 그럼에도 불구하고 정부는 국민의 비등하는 여론을 최루탄과 경찰봉에 의한 폭압 및 가식에 찬 선전으로 봉쇄하는 한편 일본에 대해서는 이해할 수 없는 초조와 애걸로써 굴욕적인 협정에 조인하고 말았다.

우리 교수 일동은 한일협정의 내용을 신중히 분석 검토한 끝에 다음과 같은 이유로 그것이 우리의 민족적 자주성과 국가적 이익에 막대한 손실을 가져올 뿐더러 장차 심히 우려할 사태가 전개될 것이 예견되므로 이에 그 비준의 반대를 선언한다.

첫째로 기본조약은 과거 일본제국주의 침략을 합법화시켰을 뿐 아니라 우리 주권의 약화 및 제반 협정의 불평등과 국가적 손실을 초래한 굴욕적인 전제를 설정해 놓았다.

둘째로 청구권은 당당히 요구할 수 있는 재산상의 피해를 보상하는 것이 못 되고, 무상제공 또는 경제협력이라는 미명 아래 경제적 시혜를 가장하였으며 일본자본의 경제적 지배를 위한 소지를 마련해 주었다.

셋째로 어업협정은 허다한 국제적 관례와 선례에 비추어 의당히 정당화되는 평화선을 포기함으로써 우리 어민의 생존권을 치명적으로 위협하고 한국어업을 일본어업자본에 예속시키는 결과를 초래하였다.

넷째로 재일교포의 법적 지위에 관한 제 규정은 종래의 식민주의적 처우를 청산시키기는커녕 징병, 징용 등 일본 군국주의의 강제노력동원 등에 의해 야기된 제 결과를 피해자(재일교포)에 전가시킴으로써 비인도적 배신을 자행했다.

다섯째 강탈 또는 절취로 불법 반입해간 문화재의 반환에 있어서 정부는 과장적 나열에 그친 실속 없는 품목만을 인도받음으로써 마땅히 요구해야 할 귀중한 품목의 반환을 자진 포기한 결과가 되었다. 정부는 이 모든 희생을 무릅쓰는 이유가 일본과 제휴하여 반공태세를 강화하는 데 있다고 주장 미국 역시 이를 뒷받침하여 왔다. 그러나 일본측은 여전히 한일국교정상화가 반공을 위한 조치는 결코 아니라고 밝히고 있으니 굴욕외교의 명분은 어디서 찾아볼 수 있겠는가.

국민의 압도적 다수가 맹렬히 반대하는 한일협정의 비준을 정부가 그대로 강행하는 경우에는 한국을 위해서는 물론 올바른 한일국교정상화를 위해서나 전통적인 한미 간의 우호 관계를 위해서나 불행한 결과만을 가져오리라고 우리는 단정한다.

이상의 모든 점을 고려한 끝에 우리들은 다음과 같이 요구한다.

첫째 국회는 여야를 막론하고 당파적 이해를 초월하여 이 치욕적인 불평등협정을 결연히 거부하라.

둘째 정부는 그동안의 애국학생들에 대한 비인도적 만행을 사과하고 구속학생들을 즉시 석방하라.

〈동아일보〉, 1965년 7월 12일자

❖ 3선 개헌 반대 투쟁

역사 앞에 선언한다.

우리나라는 해방과 함께 38선을 경계로 공산독재체제와 자유민주체제의 세계사적 대결의 최전선이 되었다. 그러므로 대한민국이 자유민주체제를 확립 신장시켜야 한다는 것은 우리나라 역사만 아니라 자유진영 전체가 요구하는 지상명령이다.

이북 4백만 동포가 모든 소유를 버리고 생명을 모험하면서까지 남하한 것은 이남에는 '자유가 있다'는 사실을 동경한 까닭이었으며, 남하 후 극도의 곤경 속에서도 후회하지 않는 것은 자유민주의 가능성이 아직도 이 땅에 남아있다는 희망 때문이다. 우리가 외치는 것은 반공을 위한 반공이 아니라 자유민주체제의 확립과 신장을 위한 승공인 것이며, 우리가 염원하는 통일 역시 자유민주체제에서의 통일인 것은 우리 국민의 고귀한 불문율이다. 6 · 25 공산침략에 대결하여 세계 자유진영 16개국의 젊은이들과 함께 우리 국민이 피 흘린 것도 이 자유민주의 제단이었으며 4월혁명의 정신도 이 자유민주에의 헌신이었다. 그러므로 이 땅의 자유민주체제의 방향을 경시 · 왜곡 또는 역행하는 정권이나 운동은 결코 용납될 수 없는 민족사의 이단이다.

박 정권 10년의 집권기록은 어떠한가? 자유민주체제의 마비와 말살을 지향하고 있다.

1. 학원은 세밀한 데까지 정부의 지시에 굴종하게 되고, 구김살 없는 민족정기의 기수인 젊은 학생들의 바른 외침은 무장경찰의 폭력 밑에 무자비하게 유린되고 있고, 국민의 자녀교육과 인재육성에 무리한 제재를 가하여 인물한국의 장래를 위태롭게 하고 있다.

2. 언론은 취재와 비판의 자유를 대폭 상실하였고 특히 정부에 대한 솔직한 비판은 거의 함구에 가까운 형편이다.

3. 국회는 부정선거에 의하여 선출된 절대 다수의 여당의원과 소수의 야당의원으로 구성되었고 정부의 시녀화한 무력한 허수아비로 전락하여 변칙 · 횡포의 의사진행 등으로 민주헌정의 미덕을 상실한 지 오래다.

4. 사회는 대체로 공법이 집권자의 도구로 악용되고 자금이 매수의 만능약으로 신봉되는 오염기류에 덮여있다. 그럼에도 불구하고 정의가 침묵 속에 감금되고 사찰이 악의 진원지를 건드리지 못하는 실정이므로 이제 절대 권력의 절대부패 현상이 각 방면에서 드러나고 있다.

5. 박 정권이 가장 과시하는 '경제건설'은 어떠한가. 부패 · 의혹 및 특혜로 말미암아 중소기업과 농촌은 거의 전적인 몰락과정을 밟고 있다. 소수의 특혜기업도 속속 부실기업화하여 도산이 속출하는 가운데 수삼의 정상재벌이 남을지 모르나 관의 과대겸병 때문에 전 국민의 원부(怨府)로 화하고 있다.

고속도로, 고층건물, 공업단지 등이 견실한 경제이론보다도 정권연장을 위한 전시효과를 앞세우며 무리하게 결행되어 종내 국가경제의 파탄을 초래하고 있으니, 이것은 과잉의욕과 시행착오 정도로 눈가림하기에는 너무도 심각한 저주를 우리 역사에 심어 놓은 경제민주화의 역행이다.

이런 상황임에도 불구하고 집권자는 자존망대하여 1인의 장기집권을 위한 3선개헌을 추진하고 있다. 만약에 이와 같은 배신과 우롱에 주권자인 국민이 묵종한다면 그것은 자유민주 한국의 임종을 재촉하는 것밖에 다른 아무것도 없을 것이다.

우리는 합법적인 법절차에 따라 헌법을 고친다는 것을 문제 삼지 않는다. 우리의 문제는 그 이전에 있다. 누가 무엇을 위해 개헌하려는 것인가 하는 근본을 문제 삼는 것이다. 특정인의 장기집권을 위한 3선개헌의 종장은 무한전술에 의한 무한독재임이 자명하다.

박 정권은 북괴침공의 위협을 선전한다. 그러나 박정권 자신이 민주국민의 충고를 무시하고 헌정을 말살하는 3선개헌을 강행하여 국론 분열과 사회의 격동을 조장한다면 그것이야말로 북괴의 흉계에 호기를 제공하는 것이다.

우리는 이제 3선개헌을 감행하여 자유민주에의 반역을 기도하는 어떤 명분이나 위장된 강변에도 현혹됨이 없이 헌정 20년 간 모든 호헌세력들의 공통된 신념과 결단 위에서 전 국민의 힘을 뭉쳐 단호히 이에 대처하려 한다. 집권자에 의해서 자유민주에의 기대가 끝내 배신당할 때, 조국을 수호하려는 전 국민은 요원의 불길처럼 봉기할 것이다. 우리는 날로 그 우방을 확장시키고 있고, 선악의 대결과 진부(眞否)의 결전에서 용솟음치는 결의를 가지고 있다.

자유국민의 조국은 영원하다.

영원한 조국을 가진 국민은 용감하다.

전 국민이여! 자유민주의 헌정수호 대열에 빠짐없이 참여하라.

3선개헌 반대 범국민투쟁위원회

1969년 7월 17일

❖ 3 · 1 민주구국선언

오늘로 3 · 1절 쉰일곱 돌을 맞으면서 우리는 1919년 3월 1일 전 세계에 울려 퍼지던 이 민족의 함성, 자주독립을 부르짖던 그 아우성이 쟁쟁히 울려와서 이대로 앉아있는 것은 구국선열들의 피를 땅에 묻어버리는 죄가 되는 것 같아 우리의 뜻을 모아 '민주구국선언'을 국내외에 선포하고자 한다.

8 · 15해방의 부푼 희망을 부수어 버린 국토 분단의 비극은 이 민족에게 거듭되는 시련을 안겨주었지만 이 민족은 끝내 희망을 버리지 않았다. 6 · 25동란의 피해를 딛고 일어섰고, 4 · 19학생의거로 이승만 독재를 무너뜨려 '자유민주주의'에 대한 신념을 가슴 가슴에 희생시켰다.

그러나 그것도 잠깐, 이 민족은 또다시 독재정권의 쇠사슬에 매이게 되었다. 삼권분립은 허울만 남고 말았다. 국가안보라는 구실 아래 신앙과 양심의 자유는 날로 위축되어 가고 언론의 자유와 학원의 자주성은 압살당하고 말았다.

현 정권 아래서 체결된 한일협정은 이 나라의 경제를 일본경제에 완전히 예속시켜 모든 산업과 노동력을 일본경제침략의 희생제물로 만들어 버렸다.

……(중략)……

이리하여 이 민족은 목적의식과 방향감각 민주주의에 대한 신념을 잃고 총파국을 향해 한 걸음씩 다가서고 있다. 우리는 이를 보고만 있을 수 없어 여·야의 정치적인 전략이나 이해를 넘어 이 나라의 먼 앞길을 내다보면서 '민주구국선언'을 선포하는 바이다.

1. 이 나라는 민주주의 기반 위에 서야 한다.

민주주의는 대한민국의 국시(國是)다. 따라서 대한민국의 정통성은 민주주의에 있다. 그러므로 어떤 구실로도 민주주의가 위축되어서는 안 된다. 이북 공산주의 정권과 치열한 경쟁에 뛰어든 이 마당에 우리가 길러야 할 힘은 민주 역량이다. 국방력도 경제력도 길러야 하지만 민주 역량의 뒷받침이 없을 때 그것은 모래 위에 세운 집과 같다. ……(중략)……

그러므로 민주주의는 '국민을 위해서'보다는 '국민에게서'가 앞서야 한다. 무엇이 나라와 겨레를 '위해서' 좋으냐는 판단이 '국민에게서' 나와야 한다는 말이다. ……(중략)……

첫째로 우리는 국민의 자유를 억압하는 긴급조치를 곧 철폐하고 민주주의를 요구하다가 투옥된 민주인사들과 학생들을 석방하라고 요구한다. 국민의 의사가 자유로이 표명될 수 있도록 언론, 집회, 출판의 자유를 국민에게 돌리라고 요구한다.

둘째로 우리는 유신헌법으로 허울만 남은 의회정치가 회복되어야 한다고 주장한다. 자유로이 표현되는 민의를 국회는 입법에 반영시켜야 하고 정부는 이를 행정에 반영시켜야 한다. 이것을 꺼리고 막는 정권은 국민을 위한다면서 실은 국민을 위하려는 뜻이 없는 정권이다.

셋째로, 우리는 사법권의 독립을 촉구한다. 사법권의 독립 없이 국민은 강자의 횡포에서 보호받을 길이 없기 때문이다. 그러므로 사법부를 시녀로 거느리는 정권은 처음부터 국민을 위하려는 뜻이 없다고 보아야 한다.

2. 경제입국의 구상과 자세가 근본적으로 재검토되어야 한다.

경제발전이 국력배양에 중요하다는 것을 우리는 잘 안다. 그렇다고 경제력이 곧 국력인 것은 아니다. 그런데 현 정권은 경제력이 곧 국력이라는 좁은 생각을 가지고 모든 것을 희생시키면서 경제발전에 전력을 쏟아왔다.

그런데 그 결과는 어떠한가? 국민경제의 수탈을 발판으로 한 수출산업은 1974년, 1975년 두 해에 40억불이라는 엄청난 무역적자를 내었고, 그 적자폭은 앞으로 줄어들 가망이 없다. 1975년 말 현재 우리나라의 외채 총액은 57억 8천만 불에 이르렀다. 차관기업들이 부실기업으로 도산하고 난 다음 이 엄청난 빚은 누구의 어깨에 매어질 것인가?

……(중략)……

사태가 이에 이르고 보면 박정권은 책임을 지고 물러날밖에 다른 길이 없다. 경제파국을 미연에 방지하여 국제사회에서 아주 신임을 잃지 않도록, 차관상환의 유예를 차관 국가들과 은행들에 요청하기 위해서라도 정권교체는 불가피하다는 것이 우리의 판단이다.

……(중략)……

3. 민족통일은 오늘 이 겨레가 짊어진 지상의 과업이다.

국토 분단의 비극은 해방 후 30년 동안 남과 북에 독재의 구실을 마련해 주었고 국가의 번영과 민족의 행복, 창조적 발전을 위해서 동원되어야 할 정신적, 물질적 자원을 고갈시키고 있다. 외국의 군사원조 없이 백만을 넘는 남북한의 상비군을 현대 무기로 무장하고 이를 유지한다는 것은 한반도의 생산력과 경제력만으로는 도저히 감당할 수 없는 일이다. 더욱 참을 수 없는 일은 우리의 문화창조에 동원되어야 할 이 겨레의 슬기와 창의가 파괴적으로 낭비되고 있다는 사실이다.

그러므로 민족통일은 지금 이 겨레가 짊어진 지상의 과업이다. 5천만 겨레의 슬기와 힘으로 무너뜨려야 할 장벽이다. 어떤 개인이나 집단이 민족통일을 저희들의 전략적인 목적을 위해서 이용한다거나 지지한다면 이는 역사의 준엄한 심판을 면하지 못할 것이다.

……(중략)……

이것이야말로 통일된 민족으로 정의가 실현되고 인권이 보장되는 평화스런 나라와 국민으로 국제사회에서 어깨를 펴고 떳떳이 살게 하는 일이다.

민주주의 만세!

1976년 3월 1일

함석헌, 윤보선, 정일형, 김대중, 윤반웅,
안병무, 이문영, 서남동, 문동환, 이우정

❖ 광주시민군 궐기문

우리는 왜 총을 들 수밖에 없었는가?

먼저 이 고장과 민주주의를 수호하기 위해 피를 흘리며 싸우다 목숨을 바친 시민, 학생들의 명복을 빕니다.

우리는 왜 총을 들 수밖에 없었는가? 그 대답은 너무나 간단합니다. 너무나 무자비한 만행을 더 이상 보고 있을 수만 없어서 너도 나도 총을 들고 나섰던 것입니다. 본인이 알기로는 우리 학생들과 시민들은 과도 정부의 중대발표와 또 자제하고 관망하라는 말을 듣고 학생들은 17일부터 학업에, 시민들은 생업에 종사하고 있었습니다.

그러나 정부당국에서는 17일 야간에 계엄령을 확대 선포하고 일부 학생과 민주인사, 정치인을 도무지 믿을 수 없는 구실로 불법 연행했습니다. 이에 우리 시민 모두는 의아해 했습니다. 또한 18일 아침에 각 학교에 공수부대를 투입하고 이에 반발하는 학생들에게 대검을 꽂고 '돌격, 앞으로'를 감행하였고, 이에 우리 학생들은 다시 거리로 뛰쳐나와 정부당국의 불법처사를 규탄하였던 것입니다.

그러나 아! 이럴 수가 있단 말입니까? 계엄당국은 18일 오후부터 공수부대를 대량 투입하여 시내 곳곳에서 학생, 젊은이들에게 무차별 살상을 자행하였으니! 아! 설마, 설마! 설마 했던 일들이 벌어졌으니, 우리의 부모형제들이 무참히 대검에 찔리고, 귀를 잘리고, 연약한 아녀자들이 젖가슴을 잘리우고 차마 입으로 말할 수 없는 무자비하고도 잔인한 만행이 저질러졌습니다. 또한 나중에 알고 보니 군 당국은 계획적으로 경상도 출신 제7공수병들로 구성하여 이들에게 지역감정을 충동질하였으며, 더구나 이놈들은 3일씩이나 굶기고 더군다나 술과 흥분제를 복용시켰다 합니다.

시민 여러분!

너무나 경악스런 또 하나의 사실은 20일 밤부터 계엄당국은 발포명령을 내려 무차별 발포를 시작했다는 것입니다. 이 고장을 지키고자 이 자리에 모이신 민주시민 여러분! 그런 상황에서 우리가 할 수 있는 일이 무엇이겠습니까? 우리가 어떻게 해야 되겠습니까? 묻고 싶습니다. 우리는 더 이상 당할 수만은 없었습니다. 그래서 우리는 이 고장을 지키고 우리 부모형제를 지키고자 손에 손에 총을 들었던 것입니다. 그런데도 정부와 언론에서는 계속 불순배, 폭도로 몰고 있습니다.

여러분!

잔인무도한 만행을 일삼았던 계엄군이 폭돕니까? 이 고장을 지키겠다고 나선 우리 시민군이 폭돕니까? 아닙니다. 그런데도 당국에서는 계속 허위날조, 유포하는 데 혈안이 되어 있습니다.

시민 여러분!

우리 시민군은 온갖 방해에도 불구하고 여러분의 안전을 끝까지 지킬 것입니다. 또한 협상이 올바른 방향대로 진행되면 우리는 즉각 총을 놓겠습니다. 일부에서는 우리 시민군에 대해 오해가 많은 것 같습니다.

민주시민 여러분!

우리 시민군을 절대 믿어 주시고 적극 협조해 주시기 바랍니다. 감사합니다.

1980년 5월 25일

❖ 6 · 10국민대회 선언

국민합의 배신한 4 · 13호헌조치는 무효임을 전 국민의 이름으로 선언한다.

오늘 우리는 전 세계 이목이 우리를 주시하는 가운데 40년 독재정치를 청산하고 희망찬 민주국가를 건설하기 위한 거보를 전 국민과 함께 내딛는다. 국가의 미래요 소망인 꽃다운 젊은이를 야만적인 고문으로 죽여 놓고 그것도 모자라 뻔뻔스럽게 국민을 속이려 했던 현 정권에게 국민의 분노가 무엇인지를 분명히 보여주고, 국민적 여망인 개헌을 일방적으로 파기한 4 · 13폭거를 철회시키기 위한 민주장정을 시작한다.

오늘, 광주학살에 참여한 정치군인들 사이의 요식적인 자리바꿈을 위한 영구집권의 시나리오가 수만 전투경찰의 삼엄한 엄호 속에 치러졌다. 이번 민정당 전당대회는 국민전체의 뜻을 배반한 독재자의 결정사항을 박수소리로 통과시키려는 또 하나의 폭거요 요식적인 국민 기만행위에 지나지 않는다. 따라서 우리는 그와 같은 민정당의 전당대회는 독재세력의 내부행사일 뿐 국민의 민주적 여망과는 아무 관계가 없는 것임을 전 국민의 이름으로 선언한다.

우리 국민은 민정당이 대단한 결단이나 되는 것처럼 강조하는 현 대통령의 7년 단임 공약에 큰 기대를 걸고 있지 않다. 현 정권이 제1의 통치명분으로 내세워온 평화적 정권교체라는 것도 실은 현대통령의 형식적 퇴임 이후 친정체제와 수렴첨정 하에 광주학살에 참여한 장성들 간의 자리바꿈에 지나지 않는다는 것을 지각 있는 국민이라면 상식으로 간주하고 있는 사실이다. 언제부턴가 평화적 '정권교체'라는 말이 '정부이양'이라는 애매모호한 말로 슬쩍 둔갑해버린 것도 저들의 이러한 속셈을 잘 말해주고 있다. 그것은 군부독재의 통치를 영구화하려는 요식행위에 불과하다.

무엇보다도 우리는 이른바 4 · 13 대통령의 특별조치를 국민의 이름으로 무효임을 선언한다. 이 나라는 전제군주국가가 아니다. 이 나라의 주인은 국민이요, 국민이 국가권력의 주체이다. 따라서 전국민적 여망인 민주헌법쟁취를 통한 민주정부의 수립의지를 정면으로 거부한 이 폭거는 결코 인정할 수 없다.

광주학살 이후 계엄령하에서 급조된 현행헌법에서조차 대통령은 오직 헌법개정에 관한 발의권밖에 가지지 못하도록 되어 있다. 그런데도 행정부의 수반이 국민의 대표기관인 국회의 개헌논의 중지를 선언하고 이를 재개하는 자를 의법조치하겠다고 엄포를 놓은 것은 위헌적인 월권행위요, 민주주의의 요체인 3권분립을 파기한 폭군적 망동이었다. 헌법 개정의 주체는 오로지 국민이다. 국민 이외에 어느 누구도 이 신성한 권리를 대행하거나 파기할 수 없다.

그러므로 국민적 의사를 전적으로 묵살한 4 · 13폭거는 시대적 대세인 민주화를 거스르려는 음모요 국가 권력의 주인인 국민을 향한 도전장이 아닐 수 없다. 결국 민주화를 요구하는 국민의 힘에 밀려, "여야가 국회에서 합의하면 개헌에 반대하지 않겠다."고 한 전 대통령의 작년 4 · 30발언은 영구집권음모를 은폐하기 위한 한낱 속임수에 지나지 않았음이 분명해지고 말았다. 애초부터 개헌의 의사는 눈곱만치도 없었으며, 그동안 마치 날치기 통과라도 강행할 것 같던 내각책임제 개헌안도 국민의 대통령직선제 개헌열망을 무마하고 민주세력을 이간시켜 탄압하면서 원래의 의도인 호헌의 명분을 만들기 위한 위장전술에 지나지 않았다.

따라서 모든 국민의 기대에 찬물을 끼얹고 국민들을 한없는 배신감과 절망으로 몰아간 4 · 13폭거는 마땅히 철회되어야 한다. 우리는 이러한 4 · 13조치에 기초하여 현 정권이 영구집권을 위한 시나리오를 강행한다면, 국내외의 조롱과 비난을 면치 못할 것이며 돌이킬 수 없는 엄청난 사태를 스스로 잉태하는 것임을 경고해둔다.

이제 우리 국민은 이 민족의 40년 숙원인 민주화를 달성하기 위해 일어섰다. 이 민주화라는 과제가 88올림픽을 이유로 연기될 수 없다. 인류평화의 제전이요 민족의 축제가 되어야 할 88올림픽이 민주화를 늦추고 현행헌법대로 독재정권을 연장시키는 데 악용되어서는 안 된다. 우리는 민주화라는 '민족적 대사'를 완수한 이후에 전 국민의 압도적 지지 위에 세워진 튼튼한 민주정부하에서 다가오는 88올림픽을 민주시민의 감격과 긍지를 가지고 치러야 한다.

외세의 강점하에 반도가 분단되어 허리 잘린 통한의 삶을 살아온 지 어언 40여 년, 그동안 우리는 분단과 경제발전을 빌미로 한 독재권력에 의해 숨 한 번 제대로 쉬지 못하고 살아왔지만 지금 이 나라는 총칼로도 잠재울 수 없는 전 국민의 민주화 열기로 노도치고 있다. 성직자, 교수, 법조인, 작가, 미술인, 출판인, 영화감독, 의사, 정치인 그리고 청년 학생, 노동자, 농민, 도시빈민 등 각계각층에서 터져 나오는 양심의 소리는 독재로 찌든 조국을 흔들어 깨우고 있다.

이제 우리 국민은 그 어떠한 이유나 명분으로도 더 이상 민주화의 실현이 지연되어서는 안 된다고 요구하고 있다. 분단을 이유로, 경제개발을 이유로, 그리고 지금은 올림픽을 이유로 민주화를 유보하자는 역대 독재정권의 거짓 논리에서 이제는 깨어나고 있다.

오늘 고 박종철 군을 고문살인하고 은폐 조작한 거짓 정권을 규탄하고 국민의 여망을 배신한 4 · 13폭거가 무효임을 선언하는 우리 국민들의 행진은 이제 거스를 수 없는 역사의 대세가 되었다. 세계의 양심과 이성이 우리를 격려하고 민주제단에 피 뿌린 민주영령들이 우리를 향도하며, 민주화 의지로 사기충전한 온 국민의 민주화 결의가 큰 강줄기를 형성하니 무엇이 두려운가.

자! 이제 우리의 자리를 박차고 일어나 찬연한 민주새벽의 그날을 앞당기자. 민주, 민권승리의 확신과 필승의 의지를 가지고 오늘 우리 모두에게 맡겨진 민족의 과제 앞에 힘차게 전진하자.

1987년 6월 10일

호헌반대 민주헌법쟁취 운동본부

5 민주주의의 진전과 통일을 위한 노력

1992년 12월 실시한 대통령선거에서 민간인 출신인 민주자유당의 김영삼이 당선되었다. 김영삼의 문민정부는 정권 초기 국민적 지지를 바탕으로 공직자 재산등록, 금융실명제 실시, 지방자치제의 전면 실시 등 일련의 개혁정책을 시행하였다. 또한 12 · 12사태를 쿠데타로 규정하고 1995년에 반란 내란죄 혐의로 노태우, 전두환을 구속 기소하였다.

그러나 1996년 2월 민주자유당에서 신한국당으로 이름을 바꾼 여당은 그해 12월 정리해고제, 변형근로시간제 등 노동시장 유연화를 내세우며 노동법을 날치기로 통과시켜 국민들의 저항에 부딪쳤다. 1996년에는 경제개발협력기구(OECD)에 가입하고 시장 개방 정책을 추진하다가 국제경제 여건 악화와 외화부족으로 1997년 외환위기를 맞게 되었다. 이는 그동안 쌓여왔던 한국경제의 구조적 모순이 폭발한 것으로 11월 21일 국제통화기금(IMF)에 구제금융 지원을 요청하면서 경제 주권이 심각하게 위축되었다.

1997년 12월 대통령선거에서는 새정치국민회의의 김대중 후보가 여당 후보인 이회창을 물리치고 대통령에 당선되어 헌정사상 최초의 수평적 정권의 교체가 이루어졌다. 그러나 당시 김대중은 자유민주연합을 창당한 김종필과 연립정부와 내각제 실시를 약속하고 선거에 승리했기 때문에 지역주의의 한계를 벗어나지 못하였다.

국민의 정부로 출범한 김대중 정부가 가장 먼저 해야 할 일은 외환위기 극복이었다. 결국 IMF가 제시한 신자유주의 방향에서 구조조정을 단행하여 단기간에 외환위기에서 벗어났다. 하지만, 그 과정에서 신자유주의 정책이 고착화되면서 수많은 노동자들이 해고되거나 비정규직 노동자가 되었다.

한편 국민의 정부는 남북의 화해와 협력, 공존과 평화를 위한 대북화해 협력정책(햇볕정책)을 적극 추진했다. 1998년 현대그룹 회장인 정주영의 소떼 방북에 이어 11월 18일 금강산관광사업이 시작되었다. 이를 계기로 2000년 6월 15일에는 남북정상회담이 실시되어 한반도의 통일과 평화정착, 민족의 화해와 단합, 남북 간의 교류와 협력 등이 논의되었고 6 · 15남북공동선언의 결실을 얻었다.

2002년 12월 19일 치러진 제16대 대통령선거에서는 여당인 새천년민주당의 노무현 후보가 당선되었다. 향후의 국정운영에 국민의 참여가 핵심 역할을 할 것이라는 의미로 참여정부로 명명하고 정경유착과 단절, 권위주의 청산, 시민사회 성장 등을 추진하였다. 2003년에는 6 · 15남북공동선언 이후 남북교류협력의 하나로 추진되었던 개성공단이 착공되어 남측의 자본과 북측의 노동력이 결합한 남북교류협력의 새로운 장을 마련하였다. 이후 2007년 제2차 남북정상회담을 통해 남북관계 발전과 평화번영을 위한 10 · 4남북공동선언을 발표했다.

판문점

/탐구과제/

○ 통일을 위한 노력

- ▫ 시기별 남북정부간 통일정책이 무엇이었는지 살펴본다.
- ▫ 남북의 통일을 위한 남북한 간의 논의 과정을 탐구해본다.
- ▫ 남북 간에 발표한 성명과 합의서의 내용이 무엇을 의미하고 있는지 살펴본다.
- ▫ 남북의 통일을 위해서는 어떠한 과정이 필요한지 고찰해보기로 하자.

광복 이후 통일 국가의 수립이 좌절되면서 통일국가를 수립하는 일이 민족 최대의 과제가 되었다. 4 · 19 혁명 직후 중립화 통일론이나 남북협상론 등이 제기되었지만, 진전되지 못했고 결국 1970년대 들어 자주, 평화, 민족 대단결을 원칙으로 한 7 · 4남북 공동성명이 발표되었다. 1990년대 들어와 남북한이 동시에 유엔에 가입하고 남북사이의 화해와 불가침 및 교류 협력에 관한 합의서가 채택되었으며 한반도의 비핵화에 관한 공동선언이 채택되기도 하였다. 결국 2000년에는 6 · 15남북공동선언이, 2007년 10 · 4선언이 발표되어 남북 간의 긴장완화와 평화번영을 위한 노력이 한층 진전되었다.

아래의 자료는 남북한이 공동으로 발표한 7 · 4남북공동성명, 남북 사이의 화해와 불가침 및 교류 · 협력에 관한 합의서, 6 · 15 남북 공동선언, 남북관계 발전과 평화번영을 위한 선언의 전문이다. 이들 기록을 통해 남북 정부 간 통일 정책이 무엇인지를 살펴보고 남북 간 통일에 대한 논의가 어떻게 진전되었는지에 대해 탐구해보기로 하자. 또한 이를 토대로 향후 남북통일을 위한 우리의 과제에 대해서도 함께 논의해보기로 하자.

❖ 7 · 4남북공동성명

최근 평양과 서울에서 남북관계를 개선하며 갈라진 조국을 통일하는 문제를 협의하기 위한 회담이 있었다.

서울의 이후락 중앙정보부장이 1972년 5월 2일부터 5월 5일까지 평양을 방문하여 평양의 김영주 조직지도부장과 회담을 진행하였으며 김영주 부장을 대신한 박성철 제2부수상이 1972년 5월 29일부터 6월 1일까지 서울을 방문하여 이후락 부장과 회담을 진행하였다.

이 회담들에서 쌍방은 조국의 평화적 통일을 하루빨리 가져와야 한다는 공통된 염원을 안고 허심탄회하게 의견을 교환하였으며 서로의 이해를 증진시키는데서 큰 성과를 거두었다. 이 과정에서 쌍방은 오랫동안 서로 만나보지 못한 결과로 생긴 남북사이의 오해와 불신을 풀고 긴장의 고조를 완화시키며 나아가서 조국통일을 촉진시키기 위하여 다음과 같은 문제들에 완전한 견해의 일치를 보았다.

1. 쌍방은 다음과 같은 조국통일원칙들에 합의를 보았다.

첫째, 통일은 외세에 의존하거나 외세의 간섭을 받음이 없이 자주적으로 해결하여야 한다.

둘째, 통일은 서로 상대방을 반대하는 무력행사에 의거하지 않고 평화적 방법으로 실현하여야 한다.

셋째, 사상과 이념, 제도의 차이를 초월하여 우선 하나의 민족으로서 민족적 대단결을 도모하여야 한다.

2. 쌍방은 남북사이의 긴장상태를 완화하고 신뢰의 분위기를 조성하기 위하여 서로 상대방을 중상비방하지 않으며 크고 작은 것을 막론하고 무장도발을 하지 않으며 불의의 군사적 충돌사건을 방지하기 위한 적극적인 조치를 취하기로 합의하였다.

3. 쌍방은 끊어졌던 민족적 연계를 회복하며 서로 이해를 증진시키고 자주적 평화통일을 촉진시키기 위하여 남북 사이에 다방면적인 제반교류를 실시하기로 합의하였다.

4. 쌍방은 지금 온 민족의 거대한 기대 속에 진행되고 있는 남북적십자회담이 하루빨리 성사되도록 적극 협조하는데 합의하였다.

5. 쌍방은 돌발적 군사사고를 방지하고 남북 사이에 제기되는 문제들을 직접, 신속 정확히 처리하기 위하여 평양과 서울 사이에 상설직통전화를 놓기로 합의하였다.

6. 쌍방은 이러한 합의사항을 추진시킴과 함께 남북 사이의 제반 문제를 개선해결하며 또 합의된 조국통일원칙에 기초하여 나라의 통일문제를 해결할 목적으로 김영주 부장과 이후락 부장을 공동위원장으로 하는 남북조절위원회를 구성운영하기로 합의하였다.

7. 쌍방은 이상의 합의사항이 조국통일을 일일천추로 갈망하는 온 겨레의 한결같은 염원에 부합된다고 확신하면서 이 합의사항을 성실히 이행할 것을 온 민족 앞에 엄숙히 약속한다.

서로 상부의 뜻을 받들어

이후락, 김영주

1972년 7월 4일

❖ 남북 사이의 화해와 불가침 및 교류 · 협력에 관한 합의서(남북기본합의서)

(1992. 2. 19. 발효)

남과 북은 분단된 조국의 평화적 통일을 염원하는 온 겨레의 뜻에 따라, 7 · 4남북공동성명에서 천명된 "조국통일 3대 원칙"을 재확인하고, 정치 군사적 대결상태를 해소하여 민족적 화해를 이룩하고, 무력에 의한 침략과 충돌을 막고 긴장 완화와 평화를 보장하며, 다각적인 교류 & 협력을 실현하여 민족공동의 이익과 번영을 도모하며, 쌍방 사이의 관계가 나라와 나라 사이의 관계가 아닌 통일을 지향하는 과정에서 잠정적으로 형성되는 특수관계라는 것을 인정하고, 평화 통일을 성취하기 위한 공동의 노력을 경주할 것을 다짐하면서, 다음과 같이 합의하였다.

제1장 남북화해

제1조 남과 북은 서로 상대방의 체제를 인정하고 존중한다.

제2조 남과 북은 상대방의 내부문제에 간섭하지 아니한다.

제3조 남과 북은 상대방에 대한 비방 & 중상을 하지 아니한다.

제4조 남과 북은 상대방을 파괴 & 전복하려는 일체 행위를 하지 아니한다.

제5조 남과 북은 현(現)정전상태를 남북 사이의 공고한 평화상태로 전환시키기 위하여 공동으로 노력하며 이러한 평화상태가 이룩될 때까지 현(現)군사정전협정을 준수한다.

제6조 남과 북은 국제무대에서 대결과 경쟁을 중지하고 서로 협력하며 민족의 존엄과 이익을 위하여 공동으로 노력한다.

제7조 남과 북은 서로의 긴밀한 연락과 협의를 위하여 이 합의서 발효 후 3개월 안에 판문점에 남북연락사무소를 설치 & 운영한다.

제8조 남과 북은 이 합의서 발효 후 1개월 안에 본 회담 테두리 안에서 남북정치분과위원회를 구성하여 남북화해에 관한 합의의 이행과 준수를 위한 구체적 대책을 협의한다.

제2장 남북불가침

제9조 남과 북은 상대방에 대하여 무력을 사용하지 않으며 상대방을 무력으로 침략하지 아니한다.

제10조 남과 북은 의견대립과 분쟁문제들을 대화와 협상을 통하여 평화적으로 해결한다.

제11조 남과 북의 불가침 경계선과 구역은 1953년 7월 27일자 군사정전에 관한 협정에 규정된 군사분계선과 지금까지 쌍방이 관할하여 온 구역으로 한다.

제12조 남과 북은 불가침의 이행과 보장을 위하여 이 합의서 발효 후 3개월 안에 남북군사 공동위원회를 구성 & 운영한다. 남북군사공동위원회에서는 대규모 부대이동과 군사연습의 통보 및 통제문제, 비무장지대의 평화적 이용문제, 군(軍)인사교류 및 정보교환 문제, 대량살상무기와 공격능력의 제거를 비롯한 단계적 군축 실현문제, 검증문제 등 군사적 신뢰조성과 군축을 실현하기 위한 문제를 협의 & 추진한다.

제13조 남과 북은 우발적인 무력충돌과 그 확대를 방지하기 위하여 쌍방 군사당국자 사이에 직통전화를 설치 & 운영한다.

제14조 남과 북은 이 합의서 발효 후 1개월 안에 본(本)회담 테두리 안에서 남북군사분과위원회를 구성하여 불가침에 관한 합의의 이행과 준수 및 군사적 대결상태를 해소하기 위한 구체적 대책을 협의한다.

제3장 남북교류 & 협력

제15조 남과 북은 민족경제의 통일적이며 균형적인 발전과 민족전체의 복리향상을 도모하기 위하여 자원의 공동개발, 민족 내부 교류로서의 물자교류, 합작투자 등 경제교류와 협력을 실시한다.

제16조 남과 북은 과학 & 기술, 교육, 문화 & 예술, 보건, 체육, 환경과 신문, 라디오, 텔레비전 및 출판물을 비롯한 출판 & 보도 등 여러 분야에서 교류와 협력을 실시한다.

제17조 남과 북은 민족구성원들의 자유로운 왕래와 접촉을 실현한다.

제18조 남과 북은 흩어진 가족 · 친척들의 자유로운 서신거래와 왕래와 상봉 및 방문을 실시하고 자유의사에 의한 재결합을 실현하며, 기타 인도적으로 해결할 문제에 대한 대책을 강구한다.

제19조 남과 북은 끊어진 철도와 도로를 연결하고 해로, 항로를 개설한다.

제20조 남과 북은 우편과 전기통신교류에 필요한 시설을 설치 & 연결하며, 우편 & 전기통신교류의 비밀을 보장한다.

제21조 남과 북은 국제무대에서 경제와 문화 등 여러 분야에서 서로 협력하며 대외에 공동으로 진출한다.

제22조 남과 북은 경제와 문화 등 각 분야의 교류와 협력을 실현하기 위한 합의의 이행을 위하여 이 합의서 발효 후 3개월 안에 남북경제교류 & 협력공동위원회를 비롯한 부문별 공동위원회들을 구성 & 운영한다.

제23조 남과 북은 이 합의서 발효 후 1개월 안에 본(本)회담 테두리 안에서 남북교류 & 협력분과위원회를 구성하여 남북교류 & 협력에 관한 합의의 이행과 준수를 위한 구체적 대책을 협의한다.

제4장 수정 및 발효

제24조 이 합의서는 쌍방의 합의에 의하여 수정 & 보충할 수 있다.

제25조 이 합의서는 남과 북이 각기 발효에 필요한 절차를 거쳐 그 문본(文本)을 서로 교환한 날부터 효력을 발생한다.

1991년 12월 13일

남북 고위급 회담	북남 고위급 회담
남측 대표단 수석 대표	북측 대표단 단장
대한민국	조선민주주의 인민공화국
국무총리 정원식	정무원 총리 연형묵

❖ 6 · 15 남북 공동선언

조국의 평화적 통일을 염원하는 온 겨레의 숭고한 뜻에 따라 대한민국 김대중 대통령과 조선민주주의 인민 공화국 김정일 국방 위원장은 2000년 6월 13일부터 6월 15일까지 평양에서 역사적인 상봉을 하였으며 정상 회담을 가졌다. 남 · 북 정상은 분단 역사상 최초로 열린 이번 상봉과 회담이 서로 이해를 증진시키고 남북관계를 발전시키며 평화 통일을 실현하는 데 중대한 의의를 갖는다고 평가하고 다음과 같이 선언한다.

1. 남과 북은 나라의 통일 문제를 그 주인인 우리 민족끼리 서로 힘을 합쳐 자주적으로 해결해 나가기로 하였다.

2. 남과 북은 나라의 통일을 위한 남측의 연합제안과 북측의 낮은 단계의 연방제안이 서로 공통성이 있다고 인정하고, 앞으로 이 방향에서 통일을 지향시켜 나가기로 하였다.

3. 남과 북은 올해 8 · 15에 즈음하여 흩어진 가족, 친척 방문단을 교환하며 비전향 장기수 문제를 해결하는 등 인도적 문제를 조속히 풀어나가기로 하였다.

4. 남과 북은 경제 협력을 통하여 민족 경제를 균형적으로 발전시키고 사회 · 문화 · 체육 · 보건 · 환경 등 제반 분야의 협력과 교류를 활성화하여 서로의 신뢰를 다져 나가기로 하였다.

5. 남과 북은 이상과 같은 합의 사항을 조속히 실천에 옮기기 위하여 빠른 시일 안에 당국 사이의 대화를 개최하기로 하였다.

김대중 대통령은 김정일 국방위원장이 서울을 방문하도록 정중히 초청하였으며 김정일 국방위원장은 앞으로 적절한 시기에 서울을 방문하기로 하였다.

2000년 6월 15일

대 한 민 국	조선민주주의 인민공화국
대통령 김 대 중	국방위원장 김 정 일

❖ 남북관계 발전과 평화번영을 위한 선언 (10 · 4 선언)

대한민국 노무현 대통령과 조선민주주의인민공화국 김정일 국방위원장 사이의 합의에 따라 노무현 대통령이 2007년 10월 2일부터 4일까지 평양을 방문하였다.

방문 기간 중 역사적인 상봉과 회담들이 있었다.

상봉과 회담에서는 6 · 15 공동선언의 정신을 재확인하고 남북관계발전과 한반도 평화, 민족공동의 번영과 통일을 실현하는데 따른 제반 문제들을 허심탄회하게 협의하였다.

쌍방은 우리민족끼리 뜻과 힘을 합치면 민족번영의 시대, 자주통일의 새 시대를 열어 나갈 수 있다는 확신을 표명하면서 6 · 15 공동선언에 기초하여 남북관계를 확대 · 발전시켜 나가기 위하여 다음과 같이 선언한다.

1. 남과 북은 6 · 15 공동선언을 고수하고 적극 구현해 나간다.

남과 북은 우리민족끼리 정신에 따라 통일문제를 자주적으로 해결해 나가며 민족의 존엄과 이익을 중시하고 모든 것을 이에 지향시켜 나가기로 하였다.

남과 북은 6 · 15 공동선언을 변함없이 이행해 나가려는 의지를 반영하여 6월 15일을 기념하는 방안을 강구하기로 하였다.

2. 남과 북은 사상과 제도의 차이를 초월하여 남북관계를 상호존중과 신뢰 관계로 확고히 전환시켜

나가기로 하였다.

남과 북은 내부문제에 간섭하지 않으며 남북관계 문제들을 화해와 협력, 통일에 부합되게 해결해 나가기로 하였다.

남과 북은 남북관계를 통일 지향적으로 발전시켜 나가기 위하여 각기 법률적 · 제도적 장치들을 정비해 나가기로 하였다.

남과 북은 남북관계 확대와 발전을 위한 문제들을 민족의 염원에 맞게 해결하기 위해 양측 의회 등 각 분야의 대화와 접촉을 적극 추진해 나가기로 하였다.

3. 남과 북은 군사적 적대관계를 종식시키고 한반도에서 긴장완화와 평화를 보장하기 위해 긴밀히 협력하기로 하였다.

남과 북은 서로 적대시하지 않고 군사적 긴장을 완화하며 분쟁문제들을 대화와 협상을 통하여 해결하기로 하였다.

남과 북은 한반도에서 어떤 전쟁도 반대하며 불가침의무를 확고히 준수하기로 하였다.

남과 북은 서해에서의 우발적 충돌방지를 위해 공동어로수역을 지정하고 이 수역을 평화수역으로 만들기 위한 방안과 각종 협력 사업에 대한 군사적 보장조치 문제 등 군사적 신뢰구축조치를 협의하기 위하여 남측 국방부 장관과 북측 인민무력부 부장간 회담을 금년 11월중에 평양에서 개최하기로 하였다.

4. 남과 북은 현 정전체제를 종식시키고 항구적인 평화체제를 구축해 나가야 한다는데 인식을 같이하고 직접 관련된 3자 또는 4자 정상들이 한반도지역에서 만나 종전을 선언하는 문제를 추진하기 위해 협력해 나가기로 하였다.

남과 북은 한반도 핵문제 해결을 위해 6자회담 9 · 19 공동성명과 2 · 13 합의가 순조롭게 이행되도록 공동으로 노력하기로 하였다.

5. 남과 북은 민족경제의 균형적 발전과 공동의 번영을 위해 경제협력사업을 공리공영과 유무상통의 원칙에서 적극 활성화하고 지속적으로 확대 발전시켜 나가기로 하였다.

남과 북은 경제협력을 위한 투자를 장려하고 기반시설 확충과 자원개발을 적극 추진하며 민족내부 협력사업의 특수성에 맞게 각종 우대조건과 특혜를 우선적으로 부여하기로 하였다.

남과 북은 해주지역과 주변해역을 포괄하는 서해평화협력특별지대를 설치하고 공동어로구역과 평화수역 설정, 경제특구건설과 해주항 활용, 민간선박의 해주직항로 통과, 한강하구 공동이용 등을 적극 추진해 나가기로 하였다.

남과 북은 개성공업지구 1단계 건설을 빠른 시일 안에 완공하고 2단계 개발에 착수하며 문산-봉동간 철도화물수송을 시작하고, 통행 · 통신 · 통관 문제를 비롯한 제반 제도적 보장조치들을 조속히 완비해 나가기로 하였다.

남과 북은 개성-신의주 철도와 개성-평양 고속도로를 공동으로 이용하기 위해 개보수 문제를 협의 · 추진해 가기로 하였다.

남과 북은 안변과 남포에 조선협력단지를 건설하며 농업, 보건의료, 환경보호 등 여러 분야에서의 협력사업을 진행해 나가기로 하였다.

남과 북은 남북 경제협력사업의 원활한 추진을 위해 현재의 남북경제협력추진위원회를 부총리급 남북경제협력공동위원회로 격상하기로 하였다.

6. 남과 북은 민족의 유구한 역사와 우수한 문화를 빛내기 위해 역사, 언어, 교육, 과학기술,

문화예술, 체육 등 사회문화 분야의 교류와 협력을 발전시켜 나가기로 하였다.

남과 북은 백두산관광을 실시하며 이를 위해 백두산-서울 직항로를 개설하기로 하였다.

남과 북은 2008년 북경 올림픽경기대회에 남북응원단이 경의선 열차를 처음으로 이용하여 참가하기로 하였다.

7. 남과 북은 인도주의 협력 사업을 적극 추진해 나가기로 하였다.

남과 북은 흩어진 가족과 친척들의 상봉을 확대하며 영상 편지 교환사업을 추진하기로 하였다.

이를 위해 금강산면회소가 완공되는데 따라 쌍방 대표를 상주시키고 흩어진 가족과 친척의 상봉을 상시적으로 진행하기로 하였다.

남과 북은 자연재해를 비롯하여 재난이 발생하는 경우 동포애와 인도주의, 상부상조의 원칙에 따라 적극 협력해 나가기로 하였다.

8. 남과 북은 국제무대에서 민족의 이익과 해외 동포들의 권리와 이익을 위한 협력을 강화해 나가기로 하였다

* 남과 북은 이 선언의 이행을 위하여 남북총리회담을 개최하기로 하고, 제1차회의를 금년 11월 중 서울에서 갖기로 하였다.

* 남과 북은 남북관계 발전을 위해 정상들이 수시로 만나 현안 문제들을 협의하기로 하였다.

2007년 10월 4일 평 양

대 한 민 국	조선민주주의 인민공화국
대통령 노 무 현	국방위원장 김 정 일

❖ 한반도의 평화와 번영, 통일을 위한 판문점선언

국대한민국 문재인 대통령과 조선민주주의인민공화국 김정은 국무위원장은 평화와 번영, 통일을 염원하는 온 겨레의 한결같은 지향을 담아 한반도에서 역사적인 전환이 일어나고 있는 뜻깊은 시기에 2018년 4월 27일 판문점 평화의 집에서 남북정상회담을 진행하였다.

양 정상은 한반도에 더 이상 전쟁은 없을 것이며 새로운 평화의 시대가 열리었음을 8천만 우리 겨레와 전 세계에 엄숙히 천명하였다.

양 정상은 냉전의 산물인 오랜 분단과 대결을 하루빨리 종식시키고 민족적 화해와 평화번영의 새로운 시대를 과감하게 열어나가며 남북관계를 보다 적극적으로 개선하고 발전시켜 나가야 한다는 확고한 의지를 담아 역사의 땅 판문점에서 다음과 같이 선언하였다.

1. 남과 북은 남북 관계의 전면적이며 획기적인 개선과 발전을 이룩함으로써 끊어진 민족의 혈맥을 잇고 공동번영과 자주통일의 미래를 앞당겨 나갈 것이다.

남북관계를 개선하고 발전시키는 것은 온 겨레의 한결같은 소망이며 더 이상 미룰 수 없는 시대의 절박한 요구이다.

① 남과 북은 우리 민족의 운명은 우리 스스로 결정한다는 민족 자주의 원칙을 확인하였으며 이미 채택된 남북 선언들과 모든 협의들을 철저히 이행함으로써 관계 개선과 발전의 전환적 국면을 열어나가기로 하였다.

② 남과 북은 고위급 회담을 비롯한 각 분야의 대화와 협상을 빠른 시일 안에 개최하여 정상회담에서 합의된 문제들을 실천하기 위한 적극적인 대책을 세워나가기로 하였다.

③ 남과 북은 당국 간 협의를 긴밀히 하고 민간교류와 협력을 원만히 보장하기 위하여 쌍방 당국자가 상주하는 남북공동연락사무소를 개성지역에 설치하기로 하였다.

④ 남과 북은 민족적 화해와 단합의 분위기를 고조시켜 나가기 위하여 각계각층의 다방면적인 협력과 교류, 왕래와 접촉을 활성화하기로 하였다.

안으로는 6 · 15를 비롯하여 남과북에 다같이 의의가 있는 날들을 계기로 당국과 국회, 정당, 지방자치단체, 민간단체 등 각계각층이 참가하는 민족공동행사를 적극 추진하여 화해와 협력의 분위기를 고조시키며, 밖으로는 2018년 아시아경기대회를 비롯한 국제경기들에 공동으로 진출하여 민족의 슬기와 재능, 단합된 모습을 전 세계에 과시하기로 하였다.

⑤ 남과 북은 민족 분단으로 발생된 인도적 문제를 시급히 해결하기 위하여 노력하며, 남북 적십자 회담을 개최하여 이산가족 · 친척상봉을 비롯한 제반 문제들을 협의 해결해 나가기로 하였다.

당면하여 오는 8 · 15를 계기로 이산가족 · 친척 상봉을 진행하기로 하였다.

⑥ 남과 북은 민족경제의 균형적 발전과 공동번영을 이룩하기 위하여 10 · 4선언에서 합의된 사업들을 적극 추진해 나가며 1차적으로 동해선 및 경의선 철도와 도로들을 연결하고 현대화하여 활용하기 위한 실천적 대책들을 취해나가기로 하였다.

2. 남과 북은 한반도에서 첨예한 군사적 긴장상태를 완화하고 전쟁 위험을 실질적으로 해소하기 위하여 공동으로 노력해 나갈 것이다.

한반도의 군사적 긴장상태를 완화하고 전쟁위험을 해소하는 것은 민족의 운명과 관련되는 매우 중대한 문제이며 우리 겨레의 평화롭고 안정된 삶을 보장하기 위한 관건적인 문제이다.

① 남과 북은 지상과 해상, 공중을 비롯한 모든 공간에서 군사적 긴장과 충돌의 근원으로 되는 상대방에 대한 일체의 적대행위를 전면 중지하기로 하였다.

당면하여 5월 1일부터 군사분계선 일대에서 확성기 방송과 전단살포[3]를 비롯한 모든 적대 행위들을 중지하고 그 수단을 철폐하며 앞으로 비무장지대를 실질적인 평화지대로 만들어 나가기로 하였다.

② 남과 북은 서해 북방한계선 일대를 평화수역으로 만들어 우발적인 군사적 충돌을 방지하고 안전한 어로 활동을 보장하기 위한 실제적인 대책을 세워나가기로 하였다.

③ 남과 북은 상호협력과 교류, 왕래와 접촉이 활성화 되는 데 따른 여러 가지 군사적 보장대책을 취하기로 하였다.

남과 북은 쌍방 사이에 제기되는 군사적 문제를 지체 없이 협의 해결하기 위하여 국방부장관회담을 비롯한 군사당국자회담을 자주 개최하며 5월 중에 먼저 장성급 군사회담을 열기로 하였다.

3. 남과 북은 한반도의 항구적이며 공고한 평화체제 구축을 위하여 적극 협력해 나갈 것이다.

한반도에서 비정상적인 현재의 정전상태를 종식시키고 확고한 평화체제를 수립하는 것은 더 이상 미룰 수 없는 역사적 과제이다.

① 남과 북은 그 어떤 형태의 무력도 서로 사용하지 않을 때 대한 불가침 합의를 재확인하고 엄격히 준수해 나가기로 하였다.

② 남과 북은 군사적 긴장이 해소되고 서로의 군사적 신뢰가 실질적으로 구축되는 데 따라 단계적으로 군축을 실현해 나가기로 하였다.

③ 남과 북은 정전협정체결 65년이 되는 올해에 종전을 선언하고[4] 정전협정을 평화협정으로 전환하며 항구적이고 공고한 평화체제 구축을 위한 남 · 북 · 미 3자 또는 남 · 북 · 미 · 중 4자회담 개최를 적극 추진해 나가기로 하였다.

④ 남과 북은 완전한 비핵화를 통해 핵 없는 한반도를 실현한다는 공동의 목표를 확인하였다.

남과 북은 북측이 취하고 있는 주동적인 조치들이 한반도 비핵화를 위해 대단히 의의 있고 중대한 조치라는 데 인식을 같이 하고 앞으로 각기 자기의 책임과 역할을 다하기로 하였다.

남과 북은 한반도 비핵화를 위한 국제사회의 지지와 협력을 위해 적극 노력하기로 하였다.

양 정상은 정기적인 회담과 직통전화를 통하여 민족의 중대사를 수시로 진지하게 논의하고 신뢰를 굳건히 하며, 남북관계의 지속적인 발전과 한반도의 평화와 번영, 통일을 향한 좋은 흐름을 더욱 확대해 나가기 위하여 함께 노력하기로 하였다.

당면하여 문재인 대통령은 올해 가을 평양을 방문하기로 하였다.

2018년 4월 27일 판문점

대 한 민 국	조선민주주의 인민공화국
대통령 문 재 인	국무위원회 위원장 김 정 은

참고문헌

강만길, 『고쳐 쓴 한국현대사』, 창작과 비평사, 1994

국사편찬위원회, 『한국사』 52, 2013

문정인, 『1950년대 한국사의 재조명』, 선인, 2004

서중석, 『한국현대민족운동연구』, 역사비평사, 1991

송찬섭 외, 『한국사의 이해』, 방송대출판부, 2012

역사문제연구소, 『분단 50년과 통일시대의 과제』, 역사비평사, 1995

찾아보기

ㄱ

ㄴ

ㄷ

ㄹ

ㅁ

ㅂ

ㅅ

ㅈ

ㅊ

ㅌ